Les sûretés et garanties réelles dans les procédures collectives

Logiques Juridiques

Fondée par Gérard Marcou
Dirigée par Jean-Claude Némery et Thomas Perroud

Le droit n'est pas seulement un savoir, il est d'abord un ensemble de rapports et pratiques que l'on rencontre dans presque toutes les formes de sociétés. C'est pourquoi il a toujours donné lieu à la fois à une littérature de juristes professionnels, produisant le savoir juridique, et à une littérature sur le droit, produite par des philosophes, des sociologues ou des économistes notamment.

Parce que le domaine du droit s'étend sans cesse et rend de plus en plus souvent nécessaire le recours au savoir juridique spécialisé, même dans des matières où il n'avait jadis qu'une importance secondaire, les ouvrages juridiques à caractère professionnel ou pédagogique dominent l'édition, et ils tendent à réduire la recherche en droit à sa seule dimension positive. À l'inverse de cette tendance, la collection « Logiques juridiques » des éditions L'Harmattan est ouverte à toutes les approches du droit. Tout en publiant aussi des ouvrages à vocation professionnelle ou pédagogique, elle se fixe avant tout pour but de contribuer à la publication et à la diffusion des recherches en droit, ainsi qu'au dialogue scientifique sur le droit. Comme son nom l'indique, elle se veut plurielle.

Dernières parutions

Sangoné THIAM, *Droits de la défense et enquête policière*, 2019.
Georges-Philippe ZAKHOUR, *Les investissements étrangers, Droit application et tribunal compétent*, 2019.
Rachid EL BAZZIM, *Conseil de la concurrence au Maroc*, 2019.
Bienvenu OKIEMY, *L'OMC, une ingénierie juridique et commerciale à reconfigurer*, 2019.
Didier JAMOT, *Annuaire des engagements internationaux ayant fait l'objet d'une loi d'autorisation sous la Ve République*, 2019.
Sotirios LYTRAS, *Le phénomène disciplinaire dans le droit public héllenique contemporain,* 2019.
Massimo VOGLIOTTI, *Pour une nouvelle éducation juridique*, 2018.
Claire AGUILON, *Justice constitutionnelle et subsidiarité. L'apport de l'expérience canadienne pour la construction européenne*, 2018.
Jackeline Patricia CESPEDES ARTEAGA, *La contribution de la CJUE dans la construction du droit de la Communauté andine*, 2018.
Michaël MARTINEZ, *Le train de vie en droit privé*, 2018.
Hafedh BOUAZIZ, *La conversion des actes juridiques,* 2018.
Gabriel ECKERT et Jean-Philippe KOVAR, *La régulation économique et financière face aux défis de l'information,* 2018.

Yaya DIALLO

LES SURETES ET GARANTIES REELLES DANS LES PROCEDURES COLLECTIVES

Préface de Philippe Delebecque

L'Harmattan

5-7, rue de l'École-Polytechnique ; 75005 Paris

http://www.editions-harmattan.fr

ISBN : 978-2-343-15222-6

EAN : 9782343152226

À la mémoire de mon père,
À ma mère,
À mes enfants.

REMERCIEMENTS

Cette thèse n'aurait pu être réalisée sans la confiance que m'a accordée le Professeur Philippe DELEBECQUE. Je tiens à lui exprimer toute ma reconnaissance et mes profonds remerciements.

Je remercie également l'ensemble des membres du jury, Dorothé Cossi SOSSA, Marius TCHENDJOU et Philippe ROUSSEL GALLE, d'avoir accepté de me lire.

Cette thèse n'aurait pu aboutir sans tout le soutien et les encouragements de ma famille et de mes amis. Je les remercie tous avec beaucoup d'émotion.

Je ne saurais terminer sans adresser mes vifs remerciements et témoigner toute ma gratitude à mes oncles Bassirou Doro LY dit Yéro LY, Ismaila Hadiya SALL, Ousmane Korguel DIALLO et Mamoudou DIA de m'avoir très tôt soutenu dans mon parcours universitaire dont cette présente thèse constitue le plus bel aboutissement.

PRÉFACE

Monsieur Diallo nous offre dans sa thèse de doctorat une étude de grande qualité sur les sûretés dans les procédures collectives au regard tant du droit français que du droit applicable dans l'espace OHADA. Confronter le droit des sûretés aux exigences des procédures collectives est un exercice essentiel : le droit des sûretés trouve son sens dans les procédures de redressement et de liquidation. Il en va des sûretés réelles comme des sûretés personnelles, même s'il est vrai que ce sont principalement les sûretés réelles qui se trouvent, comme le dit très justement l'auteur, sous l'emprise des procédures collectives et de leur discipline commune. Mais encore faut-il, ajoute-t-il très justement, s'entendre, car les sûretés réelles ne se limitent plus aux gages, aux nantissements, aux hypothèques ou aux privilèges, mobiliers ou immobiliers, elles englobent aujourd'hui les nombreuses techniques de garantie fondées sur la propriété, la propriété retenue comme la réserve de propriété ou transférée à l'exemple des opérations fiduciaires. Or, ces nouvelles techniques connaissent un réel essor, ce qui se comprend, car le droit classique des faillites ne pouvait pas, par la force des choses, les prendre en considération et les professionnels ont bien compris les avantages qu'elles présentaient. La vie des affaires a ses impératifs : il faut aller vite et les créanciers ne peuvent pas ou plus se permettre d'attendre de longs mois, voire de nombreuses années, avant de connaître leur sort. Pour autant, faut-il les mettre à l'abri de toute contrainte, les laisser faire et contourner les objectifs contemporains des procédures collectives qui ne réduisent plus au paiement des créanciers, mais visent des objectifs économiques et sociaux ? C'est au fond la question qui traverse toute la thèse de Monsieur Diallo et anime ses analyses.

L'étude est articulée autour d'un plan qui s'impose avec une parfaite logique, l'auteur étudiant dans une première partie l'emprise « naturelle » des procédures collectives sur les sûretés réelles « préférentielles », c'est-à-dire sur les sûretés réelles traditionnelles, la seconde partie étant consacrée à l'emprise « nécessaire » des procédures collectives sur les sûretés réelles « exclusives », en d'autres termes sur les sûretés plus récentes, en tout cas apparues plus récemment, accordant à leur titulaire une exclusivité, à l'exemple de la réserve de propriété, le crédit-bail et les différentes techniques fiduciaires. La première partie s'efforce de démontrer les fondements de cette soumission au droit des procédures collectives et sa portée, ce qui nous vaut des développements à la fois théoriques et pratiques et des précisions très utiles, notamment sur la situation des créanciers « de la faillite », dont la créance est née postérieurement à l'ouverture du jugement déclaratif, et sur celle des rétenteurs. La seconde partie, très actuelle et qui, à notre connaissance n'avait pas, jusqu'à présent, fait l'objet d'une étude systématique, porte sur les droits de ces nouveaux créanciers en situation d'exclusivité. Tout en rendant compte de ces droits, Monsieur Diallo en révèle le caractère dérogatoire.

On l'aura compris, l'auteur très soucieux de la cohérence des règles juridiques et, en particulier, de la discipline qu'est le droit des procédures collectives, plaide pour que tous les créanciers rentrent, si l'on ose dire, dans le rang, en écartant toute dualité. Il est vrai que l'on comprend mal pourquoi les créanciers titulaires d'une réserve de propriété sont dispensés de toute déclaration de créance et pourquoi les établissements de crédit porteurs de bordereaux de cession de créance ne voient pas leurs poursuites suspendues, du moins si les créances cédées sont nées antérieurement au jugement d'ouverture. Il est donc plus logique de systématiser la discipline collective, comme le préconise l'auteur en suivant du reste la doctrine du regretté Christian Mouly. Sans doute des aménagements, des corrections, des réformes, notamment sur les privilèges, s'imposent-ils, car les sûretés réelles ne sont pas toutes sur le même pied. Mais sur le fond, la proposition ne manque pas d'intérêt, car, compte tenu des prérogatives résultant des sûretés sur la propriété, il est certain que, le plus souvent, les actifs des entreprises sont déjà entre les mains des principaux créanciers et que tout rétablissement de la situation économique est, dès l'origine, compromis. Comment redresser une entreprise dont les actifs ne lui appartiennent plus ? Si l'on ajoute que prendre le parti inverse qui consisterait à dissocier, comme cela avait été fait avant les réformes de 1967, le sort des créanciers chirographaires de celui des créanciers privilégiés, est voué à l'échec, sauf à réduire drastiquement le nombre des privilégiés, la thèse de Monsieur Diallo est donc des plus convaincantes.

Au-delà de son fil directeur, l'étude que l'on va lire ne manque pas d'intérêt sur des aspects plus techniques, mais aussi et surtout par les comparaisons qu'elle s'autorise entre le droit positif français sans cesse amendé et le droit de l'OHADA en plein essor et promis à un bel avenir. Les différences ne sont pas fondamentales, sans doute parce que les approches sont sensiblement les mêmes, ce qui ne veut pas dire que les données soient identiques. Dans l'espace OHADA, la place du secteur informel est encore prédominante, ce dont les observateurs et Monsieur Diallo en particulier sont appelés nécessairement à prendre en considération.

Il nous reste à souligner la qualité formelle de la thèse de Monsieur Diallo qui se lit facilement et à adresser à ce brillant représentant de la jeune doctrine africaine, tous nos compliments, tout en lui souhaitant le succès qu'il mérite, dans le prolongement des félicitations accordées par un jury unanime, composé des Professeurs Dorothé Cosi Sossa, Secrétaire permanent de l'OHADA, Philippe Roussel-Galle, Marius Tchendjou et du soussigné.

Philippe Delebecque
Professeur à l'Université de Paris-I
(Panthéon-Sorbonne)

AVANT-PROPOS

Le droit des sûretés et le droit des procédures collectives entretiennent des relations souvent conflictuelles, en partie en raison de leurs finalités respectives. L'étude de leur articulation, particulièrement s'agissant des sûretés et garanties réelles, est donc essentielle. Monsieur Diallo nous livre cette étude dans sa thèse de doctorat, qui plus est dans un cadre comparatif, entre le droit français et le droit de l'OHADA. C'est dire si cet ouvrage est intéressant, riche et destiné à devenir un incontournable.

Certes, la sûreté permet d'obtenir du crédit et elle doit bien sûr avoir une certaine efficacité, tout particulièrement en cas de procédure collective puisque dans le monde des affaires, c'est dans cette hypothèse qu'elle a vocation à être mise en œuvre. Toutefois, cette mise en œuvre se heurte aux finalités économiques du droit des procédures collectives, qui non seulement participe d'une discipline collective des créanciers mais aussi de la volonté de sauvegarder l'entreprise, à tout le moins lorsqu'elle est viable. A vrai dire, cette dimension économique se double d'une dimension politique, les législateurs selon les époques et les lieux, étant plus ou moins enclins à favoriser le redressement de l'entreprise ou la protection des créanciers, notamment.

Mais, quel que soit le point d'équilibre retenu, le droit des procédures collectives exerce une emprise naturelle, comme le relève fort justement Monsieur Diallo, sur les sûretés réelles et plus particulièrement sur les suretés réelles préférentielles. Même s'il existe des divergences entre le droit français et celui de l'OHADA, la primauté du droit des procédures collectives est alors incontestable et se manifeste notamment par son caractère d'ordre public.

Le traitement de ces sûretés réelles n'en est pas moins toujours uniforme, on songe au privilège accordé aux créanciers postérieurs en droit français ou encore au privilège de new money mais aussi aux créanciers rétenteurs, dont le sort est bien différent de celui des autres créanciers antérieurs, quand bien même ils seraient titulaires de sûretés. Les deux législateurs tentent à cet égard de rechercher des équilibres entre les deux corpus de règles, prenant en compte leurs finalités respectives, avec plus ou moins de bonheur et de constance.

Parallèlement au sort de ces sûretés préférentielles, celui des sûretés réelles exclusives est bien différent puisqu'il aboutit au contournement de la discipline collective. Le droit de propriété en particulier est de plus en plus utilisé dans cet objectif, ce qui aboutit selon Monsieur Diallo à des incohérences législatives qu'il propose de résoudre en appliquant de manière extensive la discipline collective à toutes les sûretés réelles tout en les rationalisant. Car c'est bien de cela qu'il s'agit, imposer une discipline collective aux créanciers titulaires de sûretés réelles et en particulier éviter que certains échappent à cette discipline.

L'exercice est difficile, car il suppose de rationaliser les sûretés réelles et sans doute d'en limiter le nombre et la diversité en allant pourquoi pas, comme le propose cet auteur, vers leur unification, pour ensuite permettre un traitement cohérent en cas de procédure collective, en prenant en compte la dimension économique et même politique de cette matière. C'est à ce prix qu'un régime cohérent et équilibré entre droit des sûretés et droit des procédures collectives pourra être atteint. Or, il est manifeste que tant le législateur français que son homologue de l'OHADA ne sont pas parvenus à atteindre cet équilibre.

Gageons que les excellents travaux de Monsieur Diallo l'y aideront et les inspireront dans l'avenir !

Philippe Roussel Galle
Professeur à l'Université Paris Descartes. Sorbonne Paris Cité.

ACRONYMES ET ABRÉVIATIONS

AUCE : Acte Uniforme sur la comptabilité des entreprises
AUCTMR : Acte uniforme relatif aux contrats de transport de marchandises par route
AUA : Acte Uniforme sur le Droit de l'Arbitrage
AUDCG : Acte uniforme relatif au droit commercial général
AUDSC : Acte Uniforme sur le Droit des Sociétés Coopératives
AUSCGIE : Acte uniforme relatif au droit des sociétés commerciales et du groupement d'intérêt économique
AUS : Acte uniforme portant organisation des sûretés
AUPC : Acte uniforme portant organisation des procédures collectives d'apurement du passif d'apurement du passif
AUPSRVE : Acte uniforme portant organisation des procédures simplifiées de recouvrement et des voies d'exécution
BJE : Bulletin Joly Entreprises en difficulté
Bull : Bulletin
CA : Cour d'appel
Cass. Civ : Chambre civile de la cour de cassation
Cass. Com : Chambre commerciale de la cour de cassation
CCI : Chambre de Commerce Internationale
C. com : Chambre commerciale
CCJA : Cour Commune de Justice et d'Arbitrage
CEDEAO : Communauté économique des Etats de l'Afrique de l'ouest
CEDH : Cour européenne des droits de l'homme
Ch. civ. et com : Chambre civile et commerciale
Chron : Chronique
Comm : Commentaire
Cons. Const : Conseil constitutionnel
D : Dalloz
DC : Décision
DDHC : Déclaration des droits de l'Homme et du citoyen
Dr. & Pat.; Dr. & patrim : Droit et patrimoine
Gaz. Pal : La Gazette du Palais
IBLJ : International business law journal
JBE : Journal of business & economic statistics
JCP : Jurisclasseur périodique
JCP G : Juris-classeur (périodique) (anciennement semaine juridique)
JCPE : (Juris-classeur périodique) La semaine juridique entreprise et affaires
L : loi
LPA : Les petites affiches
OAMCE : Organisation africaine et malgache de coopération économique (ancêtre de l'OHADA).
obs : observatio
OHADA : Organisation pour l'harmonisation en Afrique du droit des affaires

Ord : ordonnance
PUA : Presses universitaires d'Afrique
PUAM : Presses Universitaires d'Aix-Marseille
Préf : Préface
QPC : Question prioritaire de constitutionnalité
RCCM : Registre du commerce et du crédit mobilier
RDAI : Revue de droit des affaires internationales
RC. DIP : Revue critique de droit international privé
RD banc. Fin : Revue de droit bancaire et financier
RDP : Revue de droit public
RIDE : Revue internationale de droit économique
RJ com : Revue de jurisprudence commerciale
RLDA : Revue Lamy de droit des affaires
RJDA : Revue de jurisprudence de droit des affaires
RLDC : Revue Lamy de droit civil
RPC : Revue des procédures collectives
RRJ : Revue de la recherche juridique
RTD civ : Revue trimestrielle de droit civil
RTD com : Revue trimestrielle de droit commercial
RTDF : Revue trimestrielle de droit financier
S. Sirey (éditeur)
Spéc : Spécial (numéro, dossier)
T. civ : Tribunal civil
TGI : Tribunal de grande instance
TRHC : Tribunal régional H
UEMOA : union économique et monétaire ouest africaine

SOMMAIRE

(*Une table des matières détaillée figure à la fin de l'ouvrage*)

INTRODUCTION GÉNÉRALE

1. Le risque d'insolvabilité d'un débiteur constitue la raison d'être de toute sûreté ou garantie de créance. En cas d'insolvabilité, la prise en charge judiciaire des traitements des difficultés de l'entreprise, obéit à un droit spécialement conçu pour la circonstance, qui déroge au droit commun. Il s'agit du droit des procédures collectives. Tenant compte des intérêts antagonistes en présence dans le cadre de la faillite d'une entreprise, des procédures collectives sont organisées pour tenter d'assurer un traitement égal à tous les créanciers.

Anciennement appelé dans le droit positif français « *droit de la faillite* », puis « *droit des procédures collectives* », ce dernier est devenu « *droit des entreprises en difficulté* » depuis la loi n° 2005-845 du 26 juillet 2005 dite de sauvegarde des entreprises. Dans le droit OHADA[1], ce droit est connu sous l'appellation de droit « *des procédures collectives d'apurement du passif* » depuis l'ancien acte uniforme portant organisation des procédures collectives d'apurement du passif de 1998. Le nouvel acte uniforme portant organisation des procédures collectives d'apurement du passif issu de la révision adoptée[2] n'a pas modifié cette appellation malgré l'affirmation et l'institutionnalisation des procédures dédiées à la prévention des difficultés des entreprises.

2. Le droit des sûretés et/ou garanties et le droit des procédures collectives sont deux composantes du droit du crédit très étroitement liées mais dont les logiques respectives sont fondamentalement antagonistes. L'un sécurise le crédit en protégeant les créanciers contre l'insolvabilité du débiteur, tandis que l'autre sauve le crédit à travers la prévention des difficultés et le traitement de la défaillance du débiteur en assurant prioritairement la sauvegarde et la continuité de l'activité, le maintien des emplois et seulement quand ces objectifs ne peuvent être atteints, le

---

[1] Instituée par le Traité de Port Louis du 17 octobre 1993, l'OHADA (Organisation pour l'Harmonisation en Afrique du Droit des Affaires) est un espace économique composé de dix-sept Etats Parties africains : le Benin, le Burkina-Faso, le Congo (Brazzaville), le Cameroun, la Côte d'Ivoire, le Gabon, la Guinée Conakry, la Guinée-Bissau, la Guinée-Equatoriale, le Niger, la République Centrafricaine, le Sénégal, le Mali, le Tchad, le Togo, l'Union des Comores et la République Démocratique du Congo.

[2] La réforme de l'acte uniforme portant organisation des procédures collectives d'apurement du passif est adoptée les 9, 10 et 11 septembre 2015 à Abidjan. Le nouvel acte uniforme révisé publié au JO OHADA, le 25 septembre 2015 est entré en vigueur le 24 décembre 2015.

règlement collectif des créanciers. Aussi, tandis que le premier régit principalement des relations d'obligations de créance entre particuliers et est constitué donc essentiellement de dispositions d'ordre privé[3] le second porté à la fois par l'intérêt de l'entreprise, l'intérêt collectif des créanciers et l'intérêt général économique, s'est historiquement constitué en dispositif de droit d'ordre public.

3. Organiquement liées et interdépendantes, ces deux branches de droit économique ne s'articulent cependant pas de manière cohérente et logique. Aucun ordonnancement hiérarchique logique entre les deux disciplines n'a été explicitement défini, du moins si défini, jamais rigoureusement respecté. En effet, même si ces matières régissent toutes deux des problèmes économiques communs, il n'empêche que chacune d'elle suit d'abord ses logiques propres. Cet état de fait menace la cohérence des systèmes juridiques. Des critères de priorisation, de hiérarchisation des priorités qui permettraient d'aider à assurer une bonne articulation juridique entre les deux disciplines demandent à être déterminés. Cette thèse propose une argumentation qui pourrait permettre de fonder cette hiérarchisation.

4. Le règlement des problèmes de la défaillance économique des entreprises, représente un enjeu d'importance majeure pour la société. Il s'agit rien moins que de la préservation de l'ordre public économique[4]. La défense de cet ordre public économique constitue dans l'approche présentée ici, un principe de fond qui oriente la manière d'appréhender les problèmes et la recherche de solutions à l'absence d'articulation entre les différentes matières juridiques dont relèvent les problèmes de l'entreprise en difficulté. En effet, la conjugaison des sûretés réelles aux procédures collectives ne pourrait-elle pas passer par le respect des dispositions du droit d'ordre public[5] et de la règle de primauté conférée à celles-ci sur les autres règles de droit commun ou moins spéciales ?

5. Il existe de multiples définitions de l'ordre public, aucune ne faisant consensus. C'est pourquoi, il sera retenu dans le cadre de cette étude, la

---

[3] Issu d'un mélange entre le droit des obligations et le droit des biens, le droit des sûretés est traditionnellement considéré comme une composante du droit civil depuis l'antiquité égyptienne en passant par l'appropriation romaine de ce droit égyptien à travers les douze tables. Ce legs historique de droit romain repris par l'ancien droit a été perpétué par le Code civil français de 1804. De nos jours, le droit des sûretés occupe le livre IV du Code civil ; v. également en ce sens, P. ANCEL, *Droit des sûretés,* 6e édition, LexisNexis.2011, n° 2, p.1 et s. Cet auteur souligne que le droit des sûretés est principalement réglementé dans le Code civil au titre de droit commun, même s'il tend de nos jours, à intégrer le « *droit des affaires* ».

[4] G. RIPERT, « L'ordre public et la liberté contractuelle », *Mélanges,* F. Gény, Sirey, t. II, 1935, p. 347 ; Ph. MALAURIE, *Les contrats contraires à l'ordre public : étude de droit civil comparé : France, Angleterre,* Thèse. 1951 ; G. FARJAT, *L'ordre public économique,* L.G.D.J., coll. « Bibl. de droit privé », 1963 ; Ch. VAUTROT-SCHWARZ, « L'ordre public économique », *in L'ordre public,* Actes du colloque des 15 et 16 déc. 2011, Centre Michel de l'Hôpital de l'Université d'Auvergne,.ed. Cujus 2012 p. 187 et s.

[5] Au-delà de la trilogie traditionnelle : sécurité, insalubrité et tranquillité publiques, une loi d'ordre public s'apparente ici à celle qui préserve le plus l'intérêt général dans les activités économiques et sociales. Il s'agit de l'ordre public de droit privé ou « moderne ».

conception de Planiol selon laquelle « *une disposition est d'ordre public toutes les fois qu'elle est imposée par une considération d'intérêt général qui se trouverait compromise si les particuliers étaient libres d'empêcher l'application de la loi.* [6]». Ce principe d'ordre public permet de justifier concrètement le choix d'attribuer une prééminence des dispositions d'une discipline sur celles de l'autre. En sus de ce principe de fond, l'identification de critères de priorisation s'appuie également, dans notre approche, sur l'analyse de chacune de ces deux disciplines.

6. Les deux disciplines sont à la fois contradictoires et complémentaires. Les sûretés réelles sont censées protéger individuellement les créanciers qui en bénéficient contre l'insolvabilité du débiteur en temps normal (c'est-à-dire hors temps de procédure collective). Le droit des procédures collectives est quant à lui, censé protéger collectivement et équitablement tous les créanciers dans la période exceptionnelle de traitement collectif et organisé de la faillite du débiteur commun. On peut dire comme certains auteurs, que le droit des procédures collectives constitue en soi une sorte de sûreté donnée à tous les créanciers[7]du débiteur commun. Toutefois, le droit des sûretés produit une rupture d'égalité entre les créanciers en faveur des titulaires de sûretés suivant notamment la qualité de la sûreté ou de la garantie réelle, alors que le droit des procédures collectives, sorte de « *sûreté pour tous les créanciers* », est censé rétablir un certain équilibre tout au moins procédural.

7. Etablir un ordre de priorité entre les deux matières selon l'essence de chacune, convoque au préalable à s'interroger sur la nécessité de distinguer les notions de sûreté et de garantie **(I)** avant de voir en quoi le droit des procédures collectives en tant qu'un droit spécial et dérogatoire aurait vocation à s'imposer à toutes **(II)**.

I) Notions de sûreté et/ou de garantie : une fausse distinction ?

8. Il n'existe pas de définitions légales des notions de sûreté et de garantie d'une manière générale ni de sûreté et de garantie réelle en particulier. Cette absence traduit-elle l'inutilité d'une telle distinction ou son caractère improbable ? La distinction forgée entre les deux notions d'une manière générale n'entraine-t-elle pas celle de sûreté et de garantie réelle ? Cette dernière aurait-elle pour seul motif de légitimer une différenciation de régime juridique propre à la sûreté et à la garantie réelle pendant la mise en œuvre des procédures collectives du débiteur commun ? S'il n'est pas aisé

[6] Cité par A. LE POMMELEC, « La signification de l'ordre public en droit des obligations », *in Ch.* VAUTROT-SCHWARZ, *L'Ordre public*, 2012 op.cit. p. 73 et s.

[7] E. THALLER, *Traité élémentaire de droit commercial*, 3e éd., A. Rousseau, Paris, 1904, n° 1698, p. 838. Selon cet auteur « *la faillite constitue une sorte de sûreté, donnée par le négociant non pas à un seul, mais à tous les créanciers, et en vertu du statut même sous lequel il est placé* ».

de répondre, tout au moins les lignes qui suivent invitent objectivement à un libre constat.

9. Absence de définition légale de sûreté dans le droit positif français. A ce jour, dans le droit positif français, il n'existe aucune définition légale de la notion de sûreté ni aucune qualification de sûreté de la notion de garantie. Le législateur de l'ordonnance de 23 mars 2006 a plutôt assimilé les notions de sûreté et de garantie réelles en consacrant ces dernières dans le même livre IV du Code civil réservé au droit des sûretés. Sans la définir, la jurisprudence retient une conception large[8] de la notion de sûreté[9]. La doctrine quant à elle, ne partage pas à l'unanimité cette acception extensive de la notion de sûreté[10].

10. Mais, le développement de solutions de garantie en substitution aux sûretés réelles classiques[11] a fini par imposer l'idée même de distinguer ces deux notions[12]. Certains auteurs[13], ont formulé des définitions visant à établir une distinction entre sûreté et garantie. Toutefois, cette partie de la doctrine française n'est pas non plus unanime autour d'une seule définition des notions de sûreté et de garantie. Il en résulte même deux thèses opposées.

11. La première voit les sûretés comme des procédés spécifiques de garantie de paiement des dettes. La sûreté est définie comme « *l'affectation à la satisfaction du créancier d'un bien, d'un ensemble de biens ou d'un patrimoine, par l'adjonction aux droits résultant normalement pour lui du contrat d'un droit d'agir accessoire à son droit de créance* [14]». Selon le même auteur, les garanties sont quant à elles, *« tous les avantages spécifiques à un ou plusieurs créanciers dont la finalité est de suppléer à l'exécution régulière d'une obligation ou d'en prévenir l'inexécution*[15]». Ainsi pour cet auteur, la garantie aurait un *caractère fonctionnel*[16] tandis que la sûreté, un *caractère conceptuel*[17].

---

[8] Cass. com, 9 mai 1995, pourvoi n° 92-20.811, non publié au *Bulletin*, qualifie la propriété réservée de sûreté réelle.

[9] Ph. SIMLER et Ph. DELEBECQUE, « *Droit civil. Les sûretés. La publicité foncière* », 6e éd., Dalloz. 2012, p. 28.

[10] Ibid.

[11] D. LEGEAIS, *Sûretés et garanties du crédit,* 9e édition, L.G.D.J.. 2013, p.11 ; M. BOURASSIN, V. BREMOND, M.-N. JOBARD-BACHELIER, *Droit des sûretés*, 4e éd. Sirey. 2014. n° 24, p. 13.

[12] D. LEGEAIS, *Sûretés et garanties du crédit,* op.cit.

[13] P. CROCQ, *Propriété et garantie,* L.G.D.J., 1995, n°261 et s ; M. BOURASSIN, V. BREMOND, M.-N. JOBARD-BACHELIER, *Droit des sûretés*, op.cit.

[14] P. CROCQ, *Propriété et garantie,* 1995, n°261 et s ; J. MESTRE, E. PUTMAN et M. BILLIAU, *Traité de droit civil : Droit commun des sûretés réelles, Théorie générale,* L.G.D.J., 1996, n° 5, p. 5.

[15] P. CROCQ, op.cit., n°283 et s.

[16] Ibid.; v. également A. M. TOLEDO, *Notion de sûreté ; Recherche sur les sûretés dans le droit du commerce international,* Thèse Paris 1, Ronéo 1997.

[17] P. CROCQ, op. cit, n° 287 ; M. BOURASSIN, V. BREMOND, M.-N. JOBARD-BACHELIER, *Droit des sûretés*, 4e éd. 2014, op.cit. n° 7, 8 et 9.

12. Cette définition de la sûreté est très restrictive car elle exclut de fait tout autre mécanisme remplissant la même fonction de garantie d'exécution d'obligations y compris les sûretés personnelles[18]. En effet, ne seraient retenus comme sûreté au sens de cette définition, que les droits réels accessoires assortis de droit de préférence et de droit de suite[19]. Cette définition correspond finalement au mécanisme traditionnel qui avait été considéré comme sûreté par la règle dite de *numerus clausus* relative à la création de droits réels en l'occurrence en droit des sûretés. Cette règle est supposée limiter légalement la faculté de créer de nouveaux droits réels par convention entre les parties.

13. Or, avec l'avènement de l'ordonnance de 2006, les dispositions du livre IV du Code civil auraient implicitement dépassé cette règle de *numerus clausus* en consacrant la propriété ayant fonction de sûreté c'est-à-dire utilisée à titre de garantie comme accessoire de la créance dont elle garantit le paiement ou l'exécution de l'obligation du débiteur. De plus, la définition de la sûreté et celle de la garantie livrées par M. Crocq semblent antinomiques alors qu'il est unanimement reconnu par une partie de la doctrine, et par l'auteur lui-même, que la sûreté est une garantie[20]. Enfin, cette position reste inconciliable avec celle retenue par d'autres auteurs[21] pour qui, une conception fonctionnelle de la notion de sûreté incluant même la propriété utilisée à des fins de garantie[22] serait plus appropriée. Ces derniers sont plus en phase avec les auteurs[23] qui, s'abstenant de toute distinction entre sûreté et garantie, définissent de manière plus large la notion de sûreté.

14. Une distinction impossible. Face au caractère improbable de la distinction entre sûreté et garantie[24], et eu égard notamment au défaut de

[18] Ph. SIMLER, Ph. DELEBECQUE, op. cit. n° 37, p. 29.

[19] Ibidem.

[20] P. JOURDAIN, « Quelques réflexions sur la notion de garantie en droit privé », *Mélanges Malinvaud*, Litec, 2007, p. 303. Cet auteur distingue les sûretés qui seraient une espèce dont les garanties de paiement constitueraient le genre. Toutefois, il considère que « *certaines institutions du droit de biens tels que la propriété réservée ou cédée à garantie ou le droit de rétention ne sont pas assimilables à des sûretés.* », p. 305 ; Ph. MALAURIE, L. AYNES et P. CROCQ, *Droit civil, Les sûretés, La publicité foncière*, 8e édition, L.G.D.J.. 2014, n° 2, p.1 ; M. BOURASSIN, V. BREMOND, M.-N JOBARD-BACHELIER, op.cit, n° 7.

[21] M. CABRILLAC, Ch. MOULY, S. CABRILLAC et Ph. PETEL, *Droit des sûretés*, 9e édition, Litec. 2010, n° 2.p. 2.

[22] H, L et J. MAZEAUD, F. CHABAS, Y. PICOD, *Sûretés, Publicité foncière*, 7e édition, Montchrestien. 1999, n°5-1, p. 12 ; D. LEGEAIS, *Sûretés et garanties du crédit*, 9e édition, L.G.D.J. 2013,.n° 1 ; P. ANCEL, *Droit des sûretés*, 6e édition. LexisNexis. 2011, n° 2, p. 14.

[23] Ph. SIMLER, Ph. DELEBECQUE, *Droit civil, Les sûretés, La publicité foncière*,.op.cit.; Y. CHARTIER, Rapport de synthèse, in *L'évolution du droit des sûretés : Rev. jur. com.* n° spéc. févr. 1982, p. 150. Dans ce rapport, l'auteur préconisait déjà une conception large de la notion de sûreté afin d'éviter l'éclatement du droit des sûretés.

[24] M. BOURASSIN, V. BREMOND, M.-N JOBARD-BACHELIER, op.cit. n°11, p. 5. Ces auteurs pensent qu'une distinction pratique est inutile mais elle est possible théoriquement.

critères précis qui puissent être retenus[25] comme éléments de démarcation, certains auteurs ont estimé toute définition inutile voire impossible[26], tandis que d'autres auteurs ont proposé de retenir une conception fonctionnelle de la notion de sûreté de sorte qu'elle soit plus conforme à la réalité. Selon ces derniers auteurs, la sûreté est « *une prérogative superposée aux prérogatives ordinaires du créancier par le contrat, la loi, un jugement ou une démarche conservatoire et qui a pour finalité juridique exclusive de le protéger contre l'insolvabilité de son débiteur*[27] ». Cette définition qui se veut fonctionnelle de la notion de sûreté est effectivement *vague* comme l'ont prévenu ses auteurs. A quoi les termes de « *prérogative superposée* » renvoient-ils ? S'agit-il de droits, de pouvoirs, de moyens ou de quelconques outils juridiques à mettre en œuvre au moment opportun ? Peut-on considérer que le droit de préférence et le droit exclusif constituent des prérogatives superposées susceptibles d'être conférées par la même sûreté ?

15. Les auteurs expliquent leur démarche en deux idées principales. D'abord, il y a l'idée d'accroitre ses chances d'être payé[28] au-delà de ce qui pourrait être garanti par « *le droit de gage général* » dont dispose tout créancier sur les biens de son débiteur. Et, la seconde idée est celle de l'affectation de la valeur d'un bien ou d'un ensemble de biens au paiement de la créance[29] qui permette au créancier d'être protégé efficacement contre l'insolvabilité de son débiteur. Cependant, les auteurs reconnaissent eux-mêmes que ces idées à elles seules ne suffisent pas à créer une notion juridique de sûreté[30]. Quand bien même ils avaient pleine assurance de leur définition fonctionnelle de la notion de sûreté, ces auteurs n'ont pas dégagé davantage d'éléments précis permettant l'assimilation ou l'extension de la notion de sûreté et/à celle de garantie à moins de reconnaitre que cette dernière notion est incluse dans la définition extensive de sûreté.

16. Toutes ces tentatives de distinction entre sûreté et garantie dans le droit français paraissent insuffisantes et improbables. Toutefois, elles ont contribué à permettre au nouveau mécanisme de garantie de bénéficier d'un régime juridique spécifique particulièrement favorisé pendant les procédures collectives du débiteur.

17. Existence d'une définition légale de sûreté dans le droit OHADA. Le droit OHADA ne distinguant pas sûreté et garantie, l'Acte uniforme portant organisation des sûretés révisé offre une définition légale et

---

[25] P. CROCQ, op.cit.; C. GINESTET, « La qualification des sûretés », *Defrénois* 1999, art. 36927 et 369940 ; A.-M. TOLEDO, Thèse, op.cit, citée par D. LEGEAIS, *Sûretés et garanties du crédit,* 9e édition, L.G.D.J.. 2013, n° 20, p. 21.

[26] Ph. THERY, *Sûretés et publicité foncière,* 2e édition, PUF. 1998, n°2.

[27] M. CABRILLAC, Ch. MOULY, S. CABRILLAC et Ph. PETEL, *Droit des sûretés*, op. cit. Ces auteurs soulignent que toute définition de la notion de sûreté est « *introuvable* » sinon « *nécessairement vague* », faute de critères précis.

[28] Ibid.

[29] Ibid.

[30] Ibid.

extensive de la notion de sûreté. Celle-ci est définie comme « *l'affectation au bénéfice d'un créancier d'un bien, d'un ensemble de biens ou d'un patrimoine afin de garantir l'exécution d'une obligation ou d'un ensemble d'obligations, quelle que soit la nature juridique de celles-ci et notamment qu'elles soient présentes ou futures, déterminées ou déterminables, conditionnelles ou inconditionnelles, et que leur montant soit fixe ou fluctuant* [31]». L'acte uniforme des sûretés révisé qualifie la propriété réservée ou cédée à titre de garantie tout comme le droit de rétention, de sûretés réelles à part entière au même titre que les sûretés réelles classiques[32]. Et, l'article 2 de l'AUS révisé précise que toutes les sûretés sont accessoires de l'obligation dont elles garantissent l'exécution. La distinction entre la notion de sûreté et la notion de garantie est inconnue en droit OHADA.

18. Toutefois, même si sûretés réelles classiques et sûretés réelles nouvelles sont qualifiées de sûreté, il n'empêche qu'elles ne sont pas soumises au même régime juridique pendant les procédures collectives du débiteur commun. Dans le droit français, l'absence de définition légale de la notion de sûreté et de qualification de sûreté qui devait être conférée aux propriétés-sûretés pourrait expliquer la divergence avec le droit OHADA. Mais, contrairement au droit français, la différenciation de régime juridique entre ces deux formes de sûretés réelles reste inexpliquée dans le droit OHADA dès lors que la qualification de sûreté réelle a été octroyée aux nouveaux mécanismes de garantie de créance basés sur la propriété et que celle-ci a été consacrée légalement par la définition de la notion de sûreté réelle.

19. La notion de *sûreté réelle*. Dans le droit OHADA, la sûreté réelle trouve une définition légale alors que dans le droit positif français, il n'en existe pas. Néanmoins, la doctrine s'est employée à donner une définition à la sûreté réelle. Ainsi, certains auteurs la définissent comme « *tout droit préférentiel conféré dans le même but au créancier sur le patrimoine ou sur tels biens déterminés du débiteur ou d'un tiers, qu'il s'agisse d'un droit réel principal ou accessoire ou que ce droit ne relève pas de la catégorie des droits réels* [33] ». Cette définition réduirait la sûreté réelle au seul droit préférentiel conféré au créancier. Or, de nos jours, la conception retenue d'une sûreté réelle dans le droit français comme dans le droit OHADA est en pratique bien plus large. Dans le droit OHADA, l'article 4 al. 2 de l'AUS révisé, définit la sûreté réelle comme celle qui « *consiste soit dans le droit du créancier de se faire payer par préférence sur le prix de la réalisation d'un bien affecté à la garantie de l'obligation de son débiteur, soit dans le droit de recouvrer la libre disposition d'un bien dont il est propriétaire à titre de garantie de cette obligation* ».

---

[31] V. Article 1er de l'Acte uniforme portant organisation des sûretés révisé (AUSr).
[32] V. art. 50 AUSr.
[33] Ph. SIMLER et Ph. DELEBECQUE, op.cit.n° 37, p. 29.

20. Ces deux définitions divergent sur les attributs que peut procurer la sûreté réelle et donc sur les mécanismes de garantie qui peuvent en découler. Ainsi, on peut distinguer les mécanismes classiques qui octroient au titulaire d'une sûreté réelle, un droit de préférence et de suite d'une part et les nouveaux mécanismes qui confèrent à leurs titulaires un droit exclusif communément appelé *l'exclusivité* dans le droit français et *droit de recouvrer la libre disposition d'un bien...*, objet de la garantie, dans le droit OHADA.

21. Un droit de préférence. Attribut traditionnel de la sûreté réelle, le droit de préférence est un avantage qui consiste, pour un créancier, à être payé avant tout autre créancier sans concourir avec ce dernier[34]. C'est un droit réel conféré au créancier sur le bien objet de sa sûreté. Ainsi en cas de défaillance du débiteur, le créancier, s'il détient un rang favorable ou s'il est le seul créancier à détenir ce droit sur le bien, peut alors exercer son droit de préférence en vendant le bien et se faire payer. Dans le droit français, la loi reconnait expressément tout mécanisme de garantie de créance générateur de droit de préférence comme étant une *cause légitime de préférence* entre les créanciers d'un même débiteur, caractéristique de la sûreté réelle[35]. Dans le droit OHADA, le droit de préférence est un des attributs de la sûreté réelle.

22. Un droit exclusif. Notion à multiple usage, l'exclusivité est définie en droit des contrats comme une « *modalité affectant une obligation contractuelle, en vertu de laquelle le débiteur réserve à son créancier, à l'exclusion de tout autre bénéficiaire, un genre de prestations mises à sa charge par le contrat*[36] ». L'exclusivité a pour source un contrat et est un droit qui exclut tout concours d'un autre créancier. Dans ce sens, le droit de préférence pourrait d'ailleurs être considéré dans une certaine mesure, comme un droit d'exclusivité. Mais, cette définition de l'exclusivité se rapportant au contrat d'une manière générale[37], souligne son caractère contractuel. Appliquée au droit des biens, l'exclusivité s'apparente à une forme d'opposition du droit de propriété aux autres droits réels[38]. Ainsi, cette dernière approche caractéristique du droit de propriété appariée à l'exclusivité se retrouve transférée au-delà du droit des biens notamment en matière de garantie de paiement pour être opposée aux sûretés réelles

---

[34] V. Anciens articles 2096, 2097 du Code civil repris *in* CORNU. G, *Vocabulaire juridique*, Association Henri Capitant, PUF Quadrige, 11e Edition 2016.

[35] V. article 2285 du Code civil (ancien article 2093).

[36] G. CORNU, *Vocabulaire juridique*, Association Henri Capitant, PUF, Quadrige 2010, p. 383.

[37] D. BOSCO, *L'obligation d'exclusivité*, Bruylant. 2008 ; N. ERESEO, *L'exclusivité contractuelle*, Bibl. dr. de l'entreprise, t. 79, Litec, 2008.

[38] F. ZENATI, *Essai sur la nature juridique de la propriété. Contribution à la théorie juridique du droit subjectif*, Thèse, Lyon 1981, v. paragraphe n° 399 et s ; voir également, « Pour une rénovation de la théorie de la propriété », *RTD civ.* 1993, 305 ; P. GOURDON, *L'exclusivité*, préf. P. LE CANNU, Bibl. de dr. privé, t. 455, L.G.D.J., 2006.

conférant un droit de préférence[39]. Pourtant, étudiant l'exclusivité dans le cadre des garanties de paiement, un auteur a pu rapprocher cette nouvelle technique de celle du droit de préférence utilisée dans les sûretés réelles classiques[40]. Dans le droit OHADA, *le droit de recouvrer la libre disposition d'un bien* objet de la garantie de créance, forme de droit exclusif est reconnu comme un nouvel attribut de sûreté spécifique à la sûreté réelle fondée sur la propriété. Le droit exclusif est-il donc une nouvelle forme d'attribut de la sûreté réelle ? Si oui alors peut-on affirmer que l'exclusivité est exclusive de toute forme de sûreté ? Autrement dit, le droit exclusif est-il l'apanage des seules propriétés-sûretés ou bien est-il susceptible d'être également un attribut des sûretés réelles préférentielles ?

23. Une partie de la doctrine notamment française admet communément deux catégories de sûretés réelles - celles qui confèrent un droit de préférence au créancier titulaire et celles qui octroient un droit exclusif à leurs titulaires-, mais il subsiste encore des zones d'ombre sur la nature d'attribut de sûreté de l'exclusivité. Selon d'autres auteurs adeptes de la distinction entre sûreté et garantie notamment ceux qui mettent en avant la règle de *numerus clausus* pour écarter la qualification de sûreté aux garanties fondées sur la propriété, considèrent, que l'exclusivité ne constitue pas une cause légitime de préférence. Compte tenu de cette position, la nature juridique de l'exclusivité suscite beaucoup de questions qui demeurent sans doute liées au problème de qualification de sûreté des nouveaux mécanismes de garantie de créance.

24. Face à l'absence d'une définition convergente de la sûreté réelle nous proposons de retenir dans le cadre de cette thèse, que la sûreté réelle correspond à tout droit réel (de préférence ou exclusif) accessoire de la créance dont il garantit le paiement, mis à la disposition du créancier et portant sur un bien ou un ensemble de biens meubles et/ou immeubles appartenant ou ayant vocation à appartenir au débiteur ou à un tiers, en vue de prémunir le créancier contre l'insolvabilité de son débiteur. Ce droit réel accessoire peut donc être un simple droit de préférence ou un droit exclusif[41]. Cette conception extensive de la sûreté réelle renfermerait en elle-même la notion de garantie réelle.

25. La garantie réelle serait-elle une sûreté réelle ? S'il est conventionnellement admis à travers la maxime devenue notoire, « *toute*

---

[39] Ph. THERY, *Sûreté et publicité foncière,* 2ème éd., PUF, 1998, n° 299 ; P. ANCEL, *Droit des sûretés,* Cours de droit, 7ème éd., Paris, LexisNexis. 2014 ; M. BOURASSIN, V. BREMOND et M.-N. JOBARD-BACHELIER, *Droit des sûretés,* 4ème éd., Sirey, 2014 ; Y. PICOD, *Droit des sûretés,* PUF, Thémis, 2ème éd., 2011 ; L. AYNES et P. CROCQ, *Les sûretés, la publicité foncière,* 8ème éd., L.G.D.J., Lextenson éd., 2014.

[40] L. BOUGEROL-PRUD'HOMME, *Exclusivité et garanties de paiement*, Thèse, Paris II Assas, 2010.

[41] H, L et J. MAZEAUD, F. CHABAS, Y. PICOD, *Sûretés, Publicité foncière*, op.cit.; D. LEGEAIS, *Sûretés et garanties du crédit,* op.cit.; P. ANCEL, *Droit des sûretés,* op.cit.; Ph. MALAURIE, L. AYNES, P. CROCQ, *Les sûretés, La publicité foncière*, op.cit., n° 6, p. 4.

sûreté est une garantie, l'inverse n'est pas vrai », la notion de garantie étant entendue de manière plus large que celle de sûreté, il n'est pas aussi évident que la notion de garantie réelle, quant à elle, obéisse à la même asymétrie avec la notion de sûreté réelle. Les garanties réelles instituées dans les droits français et de l'espace OHADA, répondant à la même finalité que celle de la sûreté réelle classique, à savoir accroitre les chances du créancier d'être payé, étant des accessoires au droit de créance dont elles assurent également le paiement et constitutives d'une rupture d'égalité devant le droit de gage général des créanciers du débiteur commun, seraient-elles ni plus ni moins que des sûretés réelles octroyant à leurs titulaires un droit de préférence[42] exclusive[43] ?

26. Rupture d'égalité caractéristique de sûreté. En effet, la sûreté ou la garantie réelle, par le mécanisme de garantie de créance qu'elle actionne, entraîne une rupture d'égalité entre les créanciers du débiteur en conférant un avantage supplémentaire aux droits que le créancier tient normalement de son droit de gage général[44] dans le droit français ou de l'hypothèque générale des créanciers[45] dans le droit OHADA. En d'autres termes, la sûreté ou la garantie réelle permet aux créanciers bénéficiaires d'accroitre leurs chances d'être payés notamment en cas de mise en œuvre des procédures collectives à l'encontre du débiteur commun[46]. Mais, celles-ci ne devraient-elles pas concerner tous les créanciers du débiteur commun pour rester collectives et équitables ?

27. La notion de *procédures collectives*. On peut distinguer deux approches de la notion de procédures collectives. Une approche fonctionnelle ou traditionnelle qui renvoie aux caractères substantiels de ces procédures ainsi qu'à la genèse de ce droit spécial. Et, une nouvelle approche des procédures collectives qui est plutôt institutionnelle. La première définit en soi les procédures collectives tandis que la seconde vise à les distinguer des nouvelles procédures préventives instituées. Ces nouvelles procédures préventives résultent des évolutions des objectifs et des finalités poursuivis par le droit de la faillite devenu droit de la prévention et du traitement de la défaillance des entreprises. L'approche fonctionnelle marque l'évolution du droit de la faillite en permettant d'entériner la mutation du sujet de la faillite passant ainsi de la personne du failli à l'entreprise en mettant cette dernière au cœur du dispositif légal pour ensuite donner naissance à la nouvelle approche institutionnelle des procédures collectives.

28. L'approche fonctionnelle des procédures collectives. Les procédures collectives se définissent comme des procédures judiciaires spéciales d'exécution dans lesquelles le règlement des dettes à travers la

---

[42] M. BOURASSIN, V. BREMOND, M.-N. JOBARD-BACHELIER, *Droit des sûretés*, 4e éd. 2014, op.cit. n° 12, p. 8.
[43] L. BOUGEROL-PRUD'HOMME, *Exclusivité et garanties de paiement*, op. cit.
[44] P. CROCQ, « *Propriété et garantie*, op. cit.
[45] V. Article 74 AUSr.
[46] Ibid.

liquidation des biens du débiteur ne sont pas abandonnés à l'initiative individuelle de chaque créancier, mais organisés de manière à ce que tous les créanciers puissent faire valoir leurs droits[47]. En ce sens, elles se sont très tôt distinguées des procédures civiles d'exécution qui elles relèvent du droit commun et permettent le recouvrement de créances civiles. Ainsi, traditionnellement depuis le droit romain en passant par l'ancien droit français, la procédure collective est une procédure patrimoniale spéciale qui appréhende les actifs du débiteur en vue d'apurer son passif en soumettant l'ensemble de ses créanciers à une discipline collective. Elles sont dites collectives parce que, non seulement elles sont pensées pour répondre à l'intérêt de la collectivité des créanciers mais également parce qu'elles emportent une saisie collective de l'ensemble des biens du débiteur commun afin de procéder à l'apurement de son passif par distribution à ses créanciers. A l'origine et pendant longtemps, elles étaient donc des procédures essentiellement liquidatives[48].

Mais, l'analyse de cette approche fonctionnelle des procédures collectives oblige à remonter à la genèse de ce droit spécial et dérogatoire ainsi qu'à ses différentes évolutions ou mutations du début jusqu'à nos jours.

II) Genèse d'un droit spécial et dérogatoire de droit commun

29. Les procédures collectives naissent du droit de la faillite[49] qui trouve lui-même ses origines dans le droit commercial, du fait, selon un auteur, que « *le monde du commerce ne pouvait s'accommoder des modalités du traitement de l'insolvabilité par le droit civil*[50] ». Selon cet auteur, il ne fait aucun doute que les procédures collectives sont issues d'une technique propre au droit commercial[51]. En effet, alors que le droit civil se borne à offrir aux créanciers impayés des voies d'exécution ordinaires où chacun doit, en principe, poursuivre individuellement le débiteur, dans une course où tout paiement de l'un menace potentiellement le paiement des autres, ceci engendrant beaucoup de frustrations, le droit commercial a conçu des voies d'exécution spéciales, dérogatoires de droit commun et collectives. Selon M. Petel, elles doivent la qualification de procédures collectives au fait qu'elles ont été conçues pour se substituer aux voies d'exécutions individuelles et assurer un règlement collectif des créanciers [52]. Elles ont occasionné l'éclosion d'un droit spécial puisqu'elles ne concernaient que les débiteurs commerçants et leurs créanciers. En cas de faillite, le sort du débiteur-

---

[47] CORNU G. (Dir.), *Vocabulaire juridique,* Association Henri Capitant, PUF Quadrige, édition 2016.

[48] F. PEROCHON, *Entreprise en difficulté,* op.cit., p. 21 ; B. THUILLIER, op.cit.

[49] C. SAINT-ALARY-HOUIN, *Droit des entreprises en difficulté, 9e éd.* L.G.D.J. - Lextenso éditions, 2014.

[50] Ph. PETEL, *Procédures collectives*, 8e édition Dalloz. 2014, p. 1.

[51] Ibid.

[52] Ibid.

personne physique était lié à celui de son activité commerciale car pendant longtemps aucune distinction n'était encore faite entre le dirigeant et l'entreprise. Le droit de la faillite tel qu'il était issu de la loi du 12 septembre 1807 et introduit dans le livre III du Code de commerce avait alors deux aspects : la sanction du débiteur failli et la liquidation de ses biens en vue d'apurer son passif. De ce dernier aspect sont directement nées les procédures collectives de paiement par le biais desquelles il est opéré une saisie collective du patrimoine du débiteur afin de désintéresser équitablement tous ses créanciers[53]. L'aspect répressif de la faillite, alors fondé sur le fait que des comportements jugés abusifs de certains commerçants entrainant des situations de banqueroutes restaient impunis, a pendant longtemps perduré. Ainsi, dans le droit français, pendant près de deux siècles, le commerçant failli était vu comme un délinquant économique à déshonorer et à châtier pour le mal qu'il a commis en cessant ses paiements. Mais cette philosophie de la faillite, marquée par son contexte historique, a été sévèrement critiquée par la doctrine[54] et a fini par être dépassée car elle devenait inadaptée aux réalités économiques et sociales[55]. De même que la mise en liquidation quasi-systématique[56] des entreprises qui pouvaient être pourtant économiquement viables aboutissait à un constat d'échec [57] qu'il fallait absolument rénover. C'est le début de grandes mutations du droit de la faillite ayant entrainé une évolution terminologique[58] de la discipline.

30. Dissociation du sort de l'entreprise de celui du dirigeant. L'évolution de la législation du 13 juillet 1967 marque un tournant dans l'organisation des procédures collectives. En dissociant le sort du dirigeant de celui de l'entreprise, le législateur de 1967 offre de nouvelles issues au traitement de la faillite. Dorénavant, débarrassé de toutes considérations morales, le droit des procédures collectives pouvait s'ouvrir à de nouvelles finalités dictées par des réalités économiques et sociales du moment. Ainsi, les procédures collectives cessaient d'être essentiellement liquidatives pour constituer un règlement judiciaire offrant une alternative aux entreprises viables pour déboucher sur un concordat de redressement par lequel les créanciers consentaient des remises de dettes et des délais en repoussant les échéances. Ainsi, le règlement collectif des créanciers n'est plus une urgence devant une entreprise susceptible d'être redressée. Ce début de hiérarchisation des finalités selon les priorités n'évacue en rien l'objectif

---

[53] D. VOINOT, *Procédures collectives,* Montchrestien, 2011.p.5.

[54] Cl. CHAMPAUD, « La responsabilité commerciale de Colbert à Badinterr », *in Mélanges A. DECOCQ*, Paris, Litec, 2004, p. 95.

[55] E. SOPGUI, *Les sûretés conventionnelles à l'épreuve des procédures collectives dans l'espace OHADA,* Thèse Université de Yaoundé II SOA, 2008, p. 2.

[56] Sauf dans des cas rarissimes où les créanciers décidaient dans leur intérêt collectif et exclusif de redresser l'entreprise.

[57] E. SOPGUI, Thèse. op. cit.

[58] Ph. PETEL, *Procédures collectives,* op. cit.

traditionnel de protection des créanciers qui sont également pour l'essentiel des entreprises.

Dans cette nouvelle perspective, la loi ne préservait pas pour autant le dirigeant rendu coupable par négligence ou par des erreurs de gestion des affaires de l'entreprise[59]. Des sanctions civiles et professionnelles étaient donc aussi prévues et réservées aux dirigeants dont les comportements auraient contribué directement ou indirectement à la défaillance de l'entreprise[60].

31. La prééminence de l'entreprise. Cette nouvelle conception du droit de la faillite, tout en gardant une méfiance vis-à-vis du débiteur failli par exemple en le dessaisissant de l'administration et de la disposition des biens[61] dont les siens propres et d'autres qui étaient en sa possession dès l'ouverture d'une procédure collective, a érigé le redressement de l'entreprise en difficulté comme la finalité prioritaire du nouveau droit des procédures collectives. Cette prééminence de l'entreprise est légitimée par la considération selon laquelle l'entreprise constitue un confluent d'intérêts et un maillon important du tissu économique à préserver. Cette démarche entamée par le législateur de 1967 a été maintenue, en France, par les lois n°85-98 du 25 janvier 1985 et n° 94-75 du 10 juin 1994 et renforcée par la loi de sauvegarde des entreprises n° 2005-845 du 26 juillet 2005. Cette dernière affiche très clairement la sauvegarde des entreprises en difficulté comme finalité principale. Ainsi, depuis cette dissociation, l'entreprise est placée à la tête des priorités de toutes les législations contemporaines relatives à la défaillance des entreprises, sans pour autant donner une définition légale de l'entreprise encore moins celle d'une entreprise dite en difficulté. Il est simplement retenu une acception large de la notion d'entreprise laquelle ne se limite plus à une simple entité commerciale. D'ailleurs, en France comme dans l'espace OHADA, le champ d'application du droit des procédures collectives ou droit des entreprises en difficulté est étendu à toutes les personnes morales de droit privé qu'elles soient civiles ou commerciales. Nous retiendrons donc la définition selon laquelle l'entreprise correspond à toute entité économique qu'elle soit civile, commerciale ou agricole. L'entreprise en difficulté sera alors une entité économique civile, commerciale ou agricole se trouvant dans un état de crise structurelle financière et économique.

La prééminence de l'entreprise a ainsi orientée d'une manière structurante toutes les législations relatives à la défaillance des entreprises[62]. Cette prééminence accordée à l'entreprise comme entité économique donne plus ou moins explicitement au droit de l'insolvabilité des entreprises une ascendance légitime sur les autres droits communs ou moins spéciaux par

[59] E. SOPGUI, Thèse. op.cit.

[60] Ibid.

[61] Ibid.

[62] J.-L. VALLENS, *L'insolvabilité des entreprises en droit comparé,* Pratique des affaires. Joly Editions, 2011.

rapport aux enjeux d'ordre public qu'ils véhiculent. Des exemples comparables peuvent être trouvés[63] dans d'autres systèmes tels que le droit Allemand[64], le droit Anglais, le droit des Etats-Unis[65] et le droit canadien qui ont fait primer le droit de l'insolvabilité des entreprises[66] sur tous les autres droits notamment sur le droit des sûretés.

32. La discipline collective : Un droit dérogatoire dont la vocation devrait être de s'imposer à tous. Dans le droit français comme dans le droit de l'espace OHADA, la prééminence de l'entreprise s'est traduite par l'institution d'un corps de règles impératives et constitutives d'une discipline collective dont l'application devrait s'imposer à tous dès l'ouverture d'une procédure collective. Ce sont les règles de procédure telles que l'interdiction des poursuites individuelles, l'interdiction des paiements, l'obligation de déclaration ou de production de créances à la procédure ouverte, l'interdiction de constituer de nouvelles sûretés etc. Ce corps de règles impératives et dérogatoires devrait permettre entre autre l'identification, l'évaluation et la préservation du patrimoine du débiteur failli. D'une manière générale l'application des règles dérogatoires de la discipline collective devrait ainsi assurer le bon déroulement des procédures collectives qu'il s'agisse de la poursuite de l'activité de l'entreprise en aidant à la sauvegarde de celle-ci, de son redressement ou de sa liquidation, en facilitant le règlement collectif et équitable des créanciers. A partir de la loi du 13 juillet 1967, les procédures collectives organisaient tous les créanciers du débiteur en masses de créanciers. Les créanciers dont les créances étaient nées avant la décision d'ouverture étaient appelés les créanciers dans la masse. L'intérêt collectif des créanciers dans la masse était représenté par le syndic. Alors, le principal critère de l'application de la discipline collective était l'antériorité du droit de créance à la décision d'ouverture. Certains auteurs[67] ont pu considérer que la discipline collective ne devait s'appliquer qu'aux créanciers chirographaires en soutenant que les créanciers titulaires des sûretés réelles échappaient à la discipline collective jusqu'à la loi du 13 juillet 1967, alors même qu'à cette époque la technique de sûreté réelle n'était pas aussi développée qu'elle l'était déjà devenue au moment de la législation de 1967.

33. Le principe de soumission totale des créanciers à la discipline collective. Mais, à partir de cette date, avec le développement des sûretés

---

[63] J.-L. VALLENS, « La réforme des procédures collectives, du bon usage du droit comparé », *LPA* 18 sept. 1998, n° 112, p. 14 s.

[64] E. DELZANT, « Les sûretés fiduciaires en droit allemand », *in Insolvabilité et restructuration en Allemagne,* Schultze, Braun & Faz, 2010, p. 16.

[65] R. DAMMANN et G. PODEUR, « Les sûretés-propriétés face au plan de sauvegarde », *D.*2008, p. 928 et s. Dans son article l'auteur fait une étude comparative (Allemagne, Etats-Unis, Royaume-Uni).

[66] J.-L. VALLENS, *L'insolvabilité des entreprises en droit comparé,* op. cit..

[67] Ph. DUPICHOT, « L'efficience économique du droit des sûretés réelles », prestation orale non publiée.

réelles, le législateur de la loi du 13 juillet 1967 soucieux du respect du principe d'égalité devant la procédure collective a soumis tous les créanciers titulaires de sûretés réelles à l'obligation de production et de vérification de leurs créances ainsi qu'à la suspension des poursuites individuelles. Ainsi, les créanciers chirographaires et les créanciers titulaires de sûretés réelles étaient traités de manière identique pendant les procédures collectives en subissant conjointement toute la rigueur de la discipline collective[68].

34. Une égalité effective. Cette égalité presque parfaite entre les créanciers devant la procédure collective s'est maintenue et accentuée sous la loi n°85-98 du 25 janvier 1985 relative au redressement et à la liquidation judiciaire des entreprises. Mais, elle est présentée par une partie de la doctrine comme un «*jeu de massacre* [69]» à l'endroit des sûretés réelles, comme si le droit des procédures collectives était conçu à l'encontre des sûretés réelles. Pourtant suivant cette approche équitable des procédures collectives, les atteintes portées aux droits des créanciers semblent toutes légitimées par les finalités assignées à ce droit. Néanmoins, ces critiques faites par la doctrine ont fortement nuit à la cohérence même de la matière. Elles ont en effet fini par influencer le législateur de la loi n° 94-75 du 10 juin 1994 qui, par souci d'équilibre entre les objectifs poursuivis, a amélioré le sort des créanciers titulaires des sûretés réelles pendant la phase de liquidation judiciaire. Cette amélioration est tout à fait en phase avec les objectifs poursuivis. C'est ainsi que certains auteurs ont parlé de printemps des sûretés réelles[70]. La loi n° 2005-845 du 26 juillet 2005 a, malgré tout, préservé la prééminence de l'entreprise comme principe directeur du droit des entreprises en difficulté. Cependant, sous le poids des critiques doctrinales relatives au sort des sûretés réelles dans les procédures collectives et leurs conséquences sur l'accès au crédit d'une part et face aux défis de la poursuite de l'activité de l'entreprise en difficulté d'autre part, le législateur de la loi de sauvegarde de 2005 a été obligé de faire des concessions en faveur de certains créanciers notamment aux créanciers postérieurs. Les masses de créanciers dans le droit français disparaissent et cèdent alors la place à la distinction des créances antérieures et des créances postérieures à la décision d'ouverture. Ainsi, l'on passe d'une conception de droit unique avec une application rigoureuse de la discipline collective à une conception de droit plus mouvante, à géométrie variable du fait de la contractualisation mais toujours qui serait justifiée par le souci de la réalisation des objectifs poursuivis.

---

[68] Cass. com., 24 janvier 1973, Bull. civ. IV, n° 42 ; v. également, Cass. ass. Plén., 13 février 1976, Bull. des arrêts Ass. Plénière, n° 3, *D.* 1976, p. 237, Concl. R. Schmelk, note F. Darrida, obs. A. Honorat, *JCP* 1977, II, 18518, note Ch. Gavalda.

[69] Ph. DUPICHOT, « Efficience économique du droit des sûretés réelles », 16 avril 2010, *LPA,* n° 76, p. 7, spéc. n° 3.

[70] M. CABRILLAC, Ph. PETEL, « Juin 1994, le printemps des sûretés réelles », *D. 1994, Chron,* p. 243.

35. La contractualisation du droit des procédures collectives. Ce rapport de force législatif suscité par les intérêts contradictoires en présence a ainsi ouvert une voie vers la contractualisation du droit des entreprises en difficulté. Ainsi, pour convaincre les créanciers d'accompagner une entreprise déjà en état de difficulté financière, a-t-il fallu instituer des différences de traitement légitimées par l'engagement consenti par chaque créancier pour contribuer à la poursuite de l'activité de l'entreprise en difficulté. Dans le droit français, cette nouvelle dynamique s'est traduite par l'institutionnalisation des privilèges de droit des procédures collectives. Cette institutionnalisation des privilèges entamée par la loi du 25 janvier 1985 a été renforcée par le législateur de la loi de sauvegarde des entreprises du 26 juillet 2005 et perpétuée par les ordonnances n° 2014-326 du 12 mars et n° 2014-1088 du 26 septembre 2014 relatives aux réformes de la prévention des difficultés des entreprises et des procédures collectives.

36. Dans le droit de l'espace OHADA, cette dynamique était implicitement intégrée dans la conception du droit des procédures collectives. En effet, largement inspiré de la législation française du 13 juillet 1967, l'ancien acte uniforme portant organisation des procédures collectives d'apurement du passif de 1998 ayant gardé le concept de masses pour classer les créanciers suivant la date de naissance de leurs créances par rapport au jugement d'ouverture de procédure collective, distinguait déjà implicitement les créanciers *dans* la masse des créanciers *de* la masse. Les premiers, *dans* la masse, subissaient toute la rigueur de la discipline collective, excepté les créanciers titulaires de sûretés réelles fondées sur la propriété. Les derniers, créanciers *de* la masse, bénéficient d'un traitement préférentiel du fait de la postériorité de leurs créances. En mettant un accent particulier sur les créanciers antérieurs chirographaires et titulaires de sûretés réelles classiques et spéciales qui sont entièrement soumis à la discipline collective et en traitant différemment les créanciers postérieurs, il a été reproché au droit des procédures collectives OHADA d'être un droit qui n'organise en fait que des procédures semi-collectives. Finalement, le nouvel acte uniforme portant organisation des procédures collectives d'apurement du passif qui vient d'être révisé en septembre 2015 a dorénavant institué de manière explicite un privilège de procédure qui traduit également cette contractualisation du droit des procédures collectives. Il s'agit du nouveau privilège de conciliation[71], de règlement préventif[72] et de redressement judiciaire[73].

37. Mais au fond, l'on peut se demander si cette dynamique de contractualisation commune aux deux droits, n'a-t-elle pas fragilisé l'élan souverainiste du droit des procédures collectives dans les deux systèmes juridiques. Si la réponse est affirmative. Cette fragilisation du droit des

[71] V. le nouvel article 5-11 de l'AUPC révisé.
[72] V. le nouvel article 11-1 de l'AUPC révisé.
[73] V. le nouvel article 33-1 de l'AUPC révisé.

procédures collectives n'a-t-elle pas à son tour dénaturé certains principes directeurs traditionnels tels que le caractère collectif des procédures et le principe d'égalité entre les créanciers ? Autant de questions auxquelles ces travaux s'efforceront d'apporter une réponse.

38. En attendant, l'on peut tout au moins croire que cette dernière évolution du droit des procédures collectives basée sur la prééminence de l'entreprise en difficulté ainsi que l'extension de son domaine d'application notamment en matière de prévention des difficultés sont à l'origine du changement d'appellation dans le droit positif français. Dans le droit OHADA, même si l'AUPC révisé n'a pas procédé au changement d'appellation, il n'empêche qu'il distingue désormais expressément les procédures préventives des procédures collectives. Toutefois, cette absence de changement d'appellation dans le droit OHADA, a fait que nous avons été amenés à utiliser indifféremment tout au long des présents travaux, les termes de « *droit des entreprises en difficulté* » ou de « *droit des procédures collectives* ». C'est pourquoi par souci de concision et de clarté, nous avons adopté une nouvelle approche des procédures collectives que nous qualifions « *d'approche institutionnelle* ». Ceci nous permet de lever toute ambiguïté sur une allusion jusque-là restée implicite de « *procédures collectives* » utilisée pour distinguer la partie curative de la partie préventive (*procédures préventives*) du droit des entreprises en difficulté en soi.

39. L'approche institutionnelle des procédures collectives. Ainsi, au-delà de la définition substantielle des procédures collectives, les termes institutionnels de « *droit des procédures collectives* » ont pu ensuite pendant longtemps, constituer une appellation de substitution au droit des faillites avant de devenir le droit des entreprises en difficulté[74], en France. En effet, le sens attribué à la notion de procédures collectives a ainsi évolué. De nos jours, dans les droits positifs en vigueur en France et dans l'espace OHADA, elles ne constituent plus que la composante curative d'un droit désormais plus étendu destiné à la prévention et au traitement des difficultés des entreprises.

Par conséquent, le sens de la notion des procédures collectives dans le cadre de cette étude renvoie essentiellement aux procédures qui traitent de la défaillance avérée des entreprises. Désormais, les procédures préventives et les procédures collectives forment le socle du droit contemporain des entreprises en difficulté. Cela n'occulte pas pour autant leur caractère substantiel assorti d'un droit spécial constitué au fil des siècles et au bout de

[74] J. PAILLUSSEAU, « Du droit des faillites au droit des entreprises en difficulté », *Etudes offertes à Roger HOUIN,* Dalloz, 1985, p. 109 ; C. SAINT-ALARY-HOUIN, « De la faillite au droit des entreprises en difficulté. Regards sur les évolutions du dernier quart de siècle », *in Regards sur quelques évolutions récentes du droit,* Travaux de l'IFR, Mutations des normes juridiques, PU Toulouse I, 2005, p. 299 ; « La modernisation du droit des faillites. Du droit des faillites au droit des entreprises en difficulté », *in La modernisation du droit des affaires,* G. JAZOTTES (Dir.), Litec, coll. Colloques, 2007, p. 77.

profondes mutations[75], notamment en France. Aujourd'hui, la constatation d'un état de cessation de paiements pourrait par exemple permettre de reconnaitre cette approche institutionnelle des procédures collectives. Alors que du point de vue substantiel, quand on fait allusion aux procédures collectives, on pense à leur caractère collectif et à l'application rigoureuse du principe d'égalité entre les créanciers dont le sens premier ne subsiste presque plus[76].

40. Etat de cessation de paiement. Selon certains auteurs, les procédures collectives seraient caractérisées par la constatation de l'état de cessation des paiements[77]. En effet, l'état de cessation de paiements du débiteur a été, à l'origine, le critère historique qui permettait de déclencher la mise en œuvre des procédures collectives de paiement des créanciers à l'encontre du commerçant qui avait failli dans ses affaires. La cessation des paiements est l'état où le débiteur se trouve dans l'impossibilité de faire face à son passif exigible avec son actif disponible. Cette définition d'origine jurisprudentielle a été reprise par le nouvel article 1-3 de l'AUPC révisé[78]. Toutefois, de nos jours, certaines procédures collectives peuvent être ouvertes sans que l'état de cessation de paiements ne soit constaté ou officiellement caractérisé, c'est le cas de la procédure collective de sauvegarde dans le droit français ou du règlement préventif OHADA, tout au moins jusqu'à la récente réforme de l'acte uniforme portant organisation des procédures collectives d'apurement du passif d'apurement du passif. En tout état de cause, que son ouverture soit marquée ou non par l'état de cessation des paiements, la procédure collective était censée être une procédure égalitaire et s'appliquer à tous les créanciers sans distinction aucune. Tel était le sens premier du principe d'égalité devant la loi de la procédure collective.

41. Le sens premier du principe d'égalité entre créanciers. Traditionnellement, l'ouverture d'une procédure collective entrainant l'application de la discipline collective, le respect du principe d'égalité entre les créanciers constituait un principe régulateur tout au long de la procédure. En effet, les procédures collectives étaient caractérisées par le respect et la mise en application rigoureuse du principe d'égalité entre tous les créanciers de l'entreprise débitrice en difficulté. Qualifié de principe d'ordre public[79] dès le début du 20e siècle en France, le principe d'égalité des créanciers a été pensé à l'origine pour garantir l'égalité de traitement de tous les créanciers,

---

[75] C. SAINT-ALARY-HOUIN, *Droit des entreprises en difficulté, 2014* op.cit

[76] M. SENECHAL et G. COUTURIER, « Créanciers antérieurs : l'égalité a-t-elle vécu ? », *BJE* sept. 2012, p. 328.

[77] J. VALLANSAN, « Que reste-t-il de la cessation des paiements ? », *Revue des Proc. Coll.* Dossier – Mai –juin 2012, p. 77 et s.

[78] V. Article 1-3 alinéa 1er AUPC révisé reprend la définition suivante de « *cessation de paiements* »: « *l'état où le débiteur se trouve dans l'impossibilité de faire face à son passif exigible avec son actif disponible, à l'exclusion des situations où les réserves de crédit ou les délais de paiement dont le débiteur bénéficie de la part de ses créanciers lui permettent de faire face à son passif exigible* ».

[79] Cass. req., 13 juillet 1910, Journal des faillites, p. 385.

sans distinction aucune[80], devant les biens du débiteur constitutifs de gage commun des créanciers[81] et devant la procédure collective ouverte. Assurer un traitement égal à tous les créanciers répondait à l'hypothèse suivant laquelle « *le débiteur n'est pas en mesure de régler tous ses créanciers, la procédure collective à laquelle il est soumis doit faire supporter à chacun une part égale dans la perte commune* »[82]. Le principe d'égalité n'était donc pas destiné à être appliqué exclusivement aux créanciers chirographaires mais plutôt à placer l'ensemble des créanciers sur un pied devant la procédure. Etant entendu que s'il y avait des causes légitimes de préférence c'est-à-dire des sûretés ou garanties réelles au profit de certains créanciers, celles-ci seraient susceptibles de créer une rupture d'égalité non pas devant la procédure ni devant le gage commun des créanciers en tant que tel mais devant le classement pour la distribution des deniers en leur octroyant un meilleur rang[83]. Dans le droit français, le principe d'égalité des créanciers trouve son fondement dans l'ancien article 2093 du Code civil devenu l'article 2285 qui consacre le *principe de gage général* des créanciers sur les biens du débiteur commun. Il a toujours été le principe de base qui assurait la sécurité juridique élémentaire, l'intérêt collectif de la masse des créanciers et l'équilibre dans la procédure collective. C'est à ce titre d'ailleurs, que le principe d'égalité des créanciers se retrouve traditionnellement[84] dans toutes les législations[85] relatives au droit de la faillite[86]. Le droit des procédures collectives dans l'espace OHADA n'est pas en reste[87].

Or, bien que reconnu d'ordre public interne et international[88], le principe d'égalité des créanciers n'a pas eu la portée absolue qu'il lui aurait fallu. Il a même, dans le droit français, fait l'objet d'une tentative dangereuse de remise en cause.

42. Une remise en cause du principe d'égalité des créanciers. Ce mouvement initié par une partie de la doctrine a très vite trouvé écho favorable aussi bien dans la jurisprudence que du côté législatif. La

---

[80] Ibid.

[81] Ph. DELMOTTE, « L'égalité des créanciers dans les procédures collectives », *in Rapport 2003 de la Cour de cassation.*

[82] F. PEROCHON, op.cit., p. 21.

[83] V. Les anciens articles 2092 et 2093 devenus les articles 2284 et 2285 du Code civil.

[84] R. SZRAMKIEWICZ et O. DESCAMPS, *Histoire du droit des affaires, L.G.D.J.* 2e édition 2013, Coll. Précis Domat spéc. n°442 s.,M. CABRILLAC, « Les ambiguïtés de l'égalité entre les créanciers ». *Mélange en hommage à A. Breton et F. Derrida,* Dalloz 1991, p. 31. M. SENECHAL et G. COUTURIER, « Créanciers antérieurs : l'égalité a-t-elle vécu ? », op. cit.; F. PEROCHON, *Entreprise en difficulté*, op. cit ; D. VOINOT, *Procédures collectives,* op. cit, J.-L. VALLENS, *L'insolvabilité des entreprises en droit comparé,* op.cit.

[85] En ce sens, voir l'article 20 du Règlement (CE) n°1346/2000 du 29 mai 2000 relatif à l'insolvabilité des entreprises, cité par M. SENECHAL et G. COUTURIER, « Créanciers antérieurs : l'égalité a-t-elle vécu ? », op.cit.

[86] F. PEROCHON, op.cit.

[87] S. NANDJIP MONEYANG, « Réflexion sur l'égalité des créanciers dans les procédures collectives », *in RPC – juillet-août 2010*, p. 24 et s, n° 22.

[88] Cass. 1re civ. 4 février 1992, n°90-12569 : Bull. civ. II, n°38.

démarche a eu un effet corrosif sur l'effectivité du principe d'égalité des créanciers dans les procédures collectives. Ceci a même alors poussé certains auteurs à se demander si le principe d'égalité des créanciers dans les procédures collectives était un mythe ou une réalité[89]. C'est ainsi que certains auteurs ont pu juger que ce principe d'égalité n'est plus prépondérant[90]. D'abord, estimé n'être applicable qu'aux seuls créanciers commerçants[91], le déni de la généralisation du principe d'égalité des créanciers dans les procédures collectives a fini par cantonner son champ d'application aux chirographaires. Cette nouvelle interprétation du principe d'égalité des créanciers a prospéré. D'autant plus qu'abondant récemment dans ce sens, la juridiction constitutionnelle française, emboitant le pas à la Cour de cassation, a adopté une interprétation similaire de l'égalité[92]. En effet, dans cette décision sur l'égalité devant la loi, le Conseil constitutionnel a estimé que « *le principe d'égalité n'interdit pas que le législateur traite de manière différente des situations différentes, ni même de créer de dérogations à l'égalité si elles sont justifiées*[93] ». Cette décision constitutionnelle relative à l'égalité devant la loi aurait-elle conforter de manière définitive l'interprétation de la Cour de cassation sur l'égalité des créanciers dans les procédures collectives qui a déjà permis d'admettre la différence de traitement entre les créanciers ? Quelle que soit la réponse, la fissure semble solidifiée car le principe d'égalité entre les créanciers chirographaires a déjà obtenu une consécration légale. L'ordonnance du 12 mars 2014 vient de spécifier clairement que le principe d'égalité des créanciers ne concerne que les créanciers chirographaires en le renommant « *la règle de l'égalité des créanciers chirographaires* »[94]. Dans le droit OHADA, cette même évolution de l'égalité des créanciers semble prise en compte[95].

Pour autant, peut-on résolument désespérément croire que la portée du principe d'égalité des créanciers dans les procédures collectives a fini d'être vidée de sa substance et de son caractère absolu par le législateur lui-même à travers des mécanismes contractuels nouveaux intégrant le droit des sûretés ? Cette étude s'attèlera à démontrer que le maintien du sens premier du principe de l'égalité entre les créanciers est plus que jamais nécessaire pour la cohérence de cette discipline.

---

[89] J.-L. COUDERT, « Les procédures collectives, l'égalité des créanciers est-elle un mythe ou une réalité ? », *LPA 26 août 1992, n° 103, p. 12 et s.*

[90] Ph. DELMOTTE, « Le principe d'égalité dans les procédures collectives n'est plus prépondérant », in *L'égalité*, rapport 2003 de la Cour de cassation, ed. La Documentation Française, https://www.courdecassation.fr/IMG/pdf/Rapport_2003_optimise.pdf

[91] F. POLLAUD-DULIAN, « Cette procédure collective égalitaire est applicable au seul créancier commerçant », *JCP* G 1998. I. 138, n° 23.

[92] Dc° C. constit., 6 février 2015, n° 2014-447.

[93] Ibid.

[94] V. Le nouvel article L.643-7-1 du Code de commerce.

[95] S. NANDJIP MONEYANG, « Réflexion sur l'égalité des créanciers dans les procédures collectives OHADA », op. cit.

43. Détermination du domaine d'étude. Traitant exclusivement des sûretés et garanties réelles dans les procédures collectives, seront donc écartées dans le cadre de cette étude les sûretés personnelles et autres garanties d'exécution d'obligations autres que celles attachées accessoirement au paiement d'une créance, et ne reposant pas sur la technique du *droit réel.* Sont donc écartées de l'étendue de l'étude, toutes les garanties issues du *droit commun des obligations* notamment la compensation, la subrogation, la solidarité passive, la délégation imparfaite, l'action oblique, l'action paulienne etc…

Il convient également de préciser que seule l'approche institutionnelle des procédures collectives est retenue pour le domaine de l'étude. Autrement dit, l'attention est particulièrement fixée sur les procédures dites collectives parce qu'elles traitent de manière curative la défaillance de l'entreprise. Ce sont principalement les procédures collectives de sauvegarde, de redressement et de liquidation judiciaires concernant le droit français, et dans le droit OHADA, le règlement préventif, le redressement judiciaire et la liquidation des biens. Est incluse la sauvegarde même si le statut de procédure collective de cette dernière suscite un débat non encore tranché notamment sur le fait que la procédure collective est susceptible d'être ouverte sans que l'état de cessation du débiteur ne soit constaté. Il en va de même pour le statut de procédure collective du règlement préventif du droit OHADA qui était aussi sujet à discussion avant la réforme. En effet, l'ancien Acte uniforme portant organisation des procédures collectives d'apurement du passif ne faisait aucune précision sur le statut de procédure collective du règlement préventif, même s'il y avait deux raisons qui présageaient qu'il ne l'avait pas. D'une part il s'agit d'un règlement *« préventif »* donc d'une procédure à titre préventif, et, d'autre part, l'ouverture de la procédure de règlement préventif n'est pas conditionnée par la constatation de l'état de cessation des paiements du débiteur. Malgré, ces deux bonnes raisons et compte tenu de l'absence de précision, le règlement préventif pouvait être considéré comme une procédure collective à l'instar de la procédure de sauvegarde du droit français. Car le règlement préventif, comme la sauvegarde, a tous les effets attachés à une procédure collective en l'occurrence les règles impératives et dérogatoires constitutives de la discipline collective. C'est la raison pour laquelle, nous avons inclus le règlement préventif tout comme la sauvegarde dans le champ de cette étude. Ce choix se trouve conforté par la contradiction des articles 1 al.1er, 5 et 2 al. 2 de l'AUPC révisé. Tant dis que les deux premiers textes classent le règlement préventif dans les procédures préventives, le troisième le qualifie de procédure collective.

44. Nous avons considéré que la sauvegarde et le règlement préventif sont des procédures collectives parce que d'une part elles s'appliquent aux mêmes créanciers visés par les autres procédures collectives et d'autre part parce qu'elles produisent les mêmes effets sur les mêmes créanciers. Pour nous, la constatation de l'état de cessation des paiements du débiteur ne saurait à elle seule déterminer la nature de procédure collective, l'entreprise débitrice pouvant de fait être en état de cessation des paiements sans pour autant qu'il ne soit juridiquement constaté. En revanche, la nature de procédure collective devrait être reconnaissable par le caractère collectif et par la finalité curative des difficultés économiques et financières de l'entreprise débitrice, de la procédure.

Par conséquent toutes les procédures dites préventives et semi-collectives sont donc par principe exclues du champ de l'étude excepté celles qui viennent d'être retenues. Les procédures préventives sont comme leur nom l'indique des procédures qui préviennent les difficultés pouvant conduire à la défaillance de l'entreprise débitrice. Il s'agit donc de la prévention des difficultés et non du traitement de celles-ci. Dans le droit français des entreprises en difficulté, la conciliation est par excellence une procédure préventive. Dans le droit OHADA, le nouvel acte uniforme portant organisation des procédures collectives d'apurement du passif consacre son titre II aux *procédures préventives* parmi lesquelles il compte la nouvelle procédure de conciliation[96]. La seconde série des procédures exclues du champ de cette étude est celle des procédures semi-collectives ou d'urgence. Celles-ci sont dites semi-collectives parce qu'elles ne concernent que quelques créanciers, des plus influents, généralement, les créanciers financiers. Et, elles sont réputées rapides parce qu'accélérées et simplifiées. Ce sont les procédures de la sauvegarde accélérée[97], de la sauvegarde financière accélérée[98], de la liquidation judiciaire simplifiée ou la procédure de *rétablissement professionnel*[99], pour le droit français. Dans le droit OHADA, les nouvelles procédures de *redressement judiciaire simplifié*[100] et de *liquidation des biens simplifiée*[101], seront également exclues.

Enfin, est écartée du cadre de cette étude l'hypothèse de la cession d'entreprise comme issue possible des procédures collectives.

45. L'intérêt de la recherche. Depuis 2008, la crise économique qui sévit dans presque tous les pays du monde a fragilisé le tissu des entreprises qui forme la base des économies nationales et des grands ensembles économiques. Les statistiques montrent l'accroissement de la défaillance des entreprises depuis l'année 2013. En France, sur la période 2010-2014, 62600 défaillances d'entreprise ont été enregistrées, confirmant une situation difficile au sein du tissu économique du pays[102]. Cette situation de crise s'est aggravée en 2015. Les dernières études montrent que les défaillances d'entreprise enregistrées sur la période allant de fin avril 2014 à mai 2015 ont augmenté de 0,6%. Ce qui élève le nombre des défaillances enregistrées

---

[96] La nouvelle procédure de conciliation est consacrée aux articles 5-1 à 5-14 AUPC révisé.
[97] V. Articles L628-1 à L628-8 du Code de commerce
[98] V. Articles L628-9 à L628-10 du code de commerce
[99] V. Articles L645-1 à L645-12 du Code de commerce
[100] V. Article 145 à 145-9 AUPC révisé
[101] V. Article 179 à 179-10 AUPC révisé
[102] DELOITTE-ALTARES, « L'entreprise en difficulté en France », 10e édition, mars 2015.

à 63780[103]. Les entreprises ayant entre elles des liens d'interdépendances, ces échecs d'entreprises provoquent inévitablement des difficultés économiques et financières en chaîne[104]sur l'ensemble du tissu économique du pays.

Dans les Etats parties de l'OHADA, même si les rapports *Doing Business 2015*[105] *et 2016*[106] de la Banque Mondiale attestent de la bonne vitalité économique dans certains Etats d'Afrique Sub-saharienne qui se retrouvent parmi les dix premiers pays, sur les 189 pays évalués[107], ayant sensiblement amélioré leur règlementation des affaires notamment grâce aux réformes OHADA favorables aux entreprises, il n'empêche que le tissu économique régional reste touché par des défaillances d'entreprise précipitées par la crise économique mondiale. Toutefois, selon cette dernière évaluation dont un nouveau critère est basé sur la reconnaissance des bonnes pratiques internationales en matière de règlement d'insolvabilité des entreprises, les Etats parties de l'OHADA semblent bénéficier d'un environnement juridique acceptable. Abondant dans ce sens, le secrétaire permanent de l'OHADA a récemment affirmé qu'« *en dépit des soubresauts de l'économie mondiale, les Etats membres de l'OHADA connaissent, depuis plusieurs années, une croissance à la fois vigoureuse et soutenue, à laquelle la rationalisation de l'environnement des affaires n'est point étrangère*[108] ». Pour appuyer ce propos, il se réfère aux résultats de la dernière étude d'impact économique qui ont montré que le taux de croissance moyen annuel dans les pays de la zone OHADA était passé de 2,7% entre 1985 et 1997 à 4,2% entre 1998 et 2011. Cette résistance économique des Etats parties de l'espace OHADA a fini par rassurer les fournisseurs de crédits en haussant le taux des investissements directs étrangers entre 5,19 % et 6,38% pendant cette période dans l'espace OHADA[109].

Ces différents constats soulignent l'importance du rôle du droit des entreprises en difficulté pour maintenir un tissu économique national ou régional. Ils désignent l'intérêt pratique du sujet de cette étude liés aux enjeux macroéconomiques de la construction juridique et économique. L'articulation cohérente des deux disciplines de droit économique ciblées tenant compte des priorités placées en chacune d'elles est d'une grande

---

[103] Banque de France, « Défaillance d'entreprises », Actualité : mai 2015, *www.banque-france.fr*

[104] J.Y. ARCHER« Défaillances d'entreprises : chiffres en trompe-œil », *Le Cercle-Les Echos*, 13-08-2014, *Les Echos.fr*

[105] Rapport du Groupe de la Banque Mondiale « Au-delà de l'efficience », *Doing Business 2015, 29 octobre 2014,* http://www.doingbusiness.org, p. 85 et s.

[106] Rapport du Groupe de la Banque Mondiale, « Mesure de la qualité et Efficacité du Cadre règlementaire », *Doing Business 2016,* 27 octobre 2015, http://www.doingbusiness.org

[107] Rapport *Doing Business 2015*, op. cit.

[108] D. C. SOSSA, « OHADA : 22 ans déjà et la marche continue », « Message du Secrétaire Permanent à l'occasion du 22e anniversaire de l'Organisation pour l'Harmonisation en Afrique du Droit des Affaires (OHADA), 21 octobre 2015, *ohada.org*

[109] D. C. SOSSA, op. cit.

importance pour garantir l'efficience du système juridique ainsi que la vitalité des ensembles économiques étudiés. Les enjeux sont de taille.

46. Sur le plan microéconomique et individuel, l'intérêt pratique du sujet concerne aussi bien l'entreprise débitrice que ses créanciers. En effet, du point de vue de l'entreprise débitrice, parler des sûretés et garanties réelles dans les procédures collectives c'est anticiper, en dépit de ses dettes et sûretés consenties, sur les moyens juridiques dont elle dispose pour assurer son redressement économique et la poursuite de son activité. C'est aussi un moyen de connaître son sort patrimonial après l'ouverture de la procédure collective de liquidation. Concernant le créancier, cette connaissance lui permettra de situer le sort de sa créance : les contraintes à subir, les chances de la recouvrer et les moyens de réalisation de sa sûreté ou garantie réelle dans le cadre spécifique de la mise en œuvre des procédures collectives.

47. En dehors de cet intérêt pratique, le sujet présente aussi un intérêt théorique et académique. Il contribue au débat français non encore clôt sur la nécessité ou pas de distinguer les notions de sûreté et de garantie, en apportant un point de vue nouveau. D'une manière générale, cette étude souhaite contribuer à la réflexion sur la façon de mieux articuler le droit des procédures collectives et le droit des sûretés réelles en tentant de défaire plusieurs nœuds de confusion et de contradiction à la fois doctrinale, législative et jurisprudentielle construits autour de ces deux matières de droit économique d'inégale importance. Un intérêt théorique de ce travail consiste à mettre à jour la relation de primauté et de cohérence entre le droit des sûretés et garanties réelles et le droit des procédures collectives mais également à s'efforcer de clarifier l'absence de différence entre les sûretés réelles et les garanties réelles instituées dans les deux systèmes juridiques.

48. La démarche adoptée. Depuis quelques décennies, le droit des sûretés n'est plus homogène, non seulement par la prolifération du nombre des sûretés et des régimes juridiques spéciaux mais aussi parce que d'autres mécanismes de garantie ont vu le jour dans le droit français et dans le droit OHADA. En effet, les dispositifs de droit de sûretés dans les deux systèmes juridiques ont été successivement enrichis de nouveaux mécanismes de garantie de créance basés sur la propriété réservée, cédée et retenue.

49. En France, ils ont été introduits par l'ordonnance du 23 mars 2006. Depuis cette date, des mutations considérables ont été apportées par leur institutionnalisation et leur introduction dans le livre IV du code civil. Cette tendance entamée en 2006 a été prolongée par la loi du 19 février 2007 qui a introduit la fiducie-sûreté aux articles 2011 et suivants du même code, avant que la loi du 4 août 2008 relative à la modernisation de l'économie et que l'ordonnance du 30 janvier 2009 ne viennent en préciser le régime juridique. Ces réformes ont changé le visage du droit des sûretés d'une manière générale et des sûretés réelles en particulier. Le droit des sûretés en est ressorti éclaté et avec une double nature créant ainsi un problème de cohérence dans les attributs de sûreté, de qualification de sûreté et de hiérarchisation des créanciers selon la qualité de la créance et de la garantie octroyées. Ainsi, selon que la créance est garantie par une sûreté octroyant un droit classique de préférence ou une situation d'exclusivité au créancier titulaire, le sort de celle-ci est différent pendant les procédures collectives. Il en résulte une différence de traitement entre les créanciers chirographaires et titulaires de sûretés réelles classiques d'une part et entre ces deux premiers et les créanciers titulaires de sûretés exclusives d'autre part. Certains de ces derniers se sont même totalement affranchis des règles impératives et dérogatoires du droit des procédures collectives. Ainsi, cet éclatement des sûretés réelles en particulier a fini par bouleverser le rapport traditionnel entre le droit des sûretés et le droit des procédures collectives. En effet, alors que les sûretés réelles classiques subissent naturellement l'application de la discipline collective pendant le déroulement des procédures collectives, les garanties de substitution non encore bien définies ni parfaitement règlementées, échappent principalement aux règles impératives du droit des procédures collectives[110]. Or, ce contournement des règles impératives du droit des procédures collectives est assez problématique car il semble reposer sur une construction juridique artificielle qui serait elle-même basée sur une interprétation confuse et erronée de la notion de sûreté et de la notion de propriété.

50. Pourtant, l'article 2287 du Code civil pose de manière très claire et explicite la primauté des règles impératives du livre VI du Code de commerce relatives notamment aux procédures collectives sur les dispositions d'ordre privé du livre IV du Code civil consacré au droit des sûretés. Mais, faisant fi de cette règle d'articulation presque parfaite, la dérogation aux règles de la discipline collective et donc à la primauté du droit des procédures collectives sur les sûretés du livre IV du Code civil au bénéfice des créanciers titulaires des sûretés réelles exclusives, semble délibérément dévier l'application du principe de subsidiarité des dispositions relatives aux sûretés réelles[111] dès lors qu'une procédure collective est ouverte à l'encontre de l'entreprise débitrice.

Or, si une sûreté ou garantie, par son essence même de sûreté, entraine une rupture d'égalité entre les créanciers sur le gage commun conformément aux articles 2284 et 2285 du Code civil, l'essence du droit des procédures collectives est, quant à elle, de traiter collectivement tous les créanciers de manière égalitaire et équitable de sorte que cette rupture d'égalité ne se perpétue pas devant la loi de la procédure. Mais, depuis la loi n° 2005-845 du 26 juillet 2005 dite de sauvegarde des entreprises en difficulté, ce déséquilibre n'a pas été corrigé.

51. Impossible coordination des réformes. Les réformes du droit des sûretés et celles du droit des entreprises en difficulté se sont superposées

[110] D. LEGEAIS, *Sûretés et garanties du crédit,* 9e édition, L.G.D.J., 2013, n° 32, p. 29.

[111] M. BOURASSIN, V. BREMOND, M.-N. JOBARD-BACHELIER, *Droit des sûretés,* op.cit.

mais jamais parfaitement coordonnées [112] entre elles de telle sorte que certains auteurs ont même qualifié cette démarche législative d' « *art de mal légiférer*[113] ». L'ordonnance n° 2008-1345 du 18 décembre 2008 relative à la réforme des entreprises en difficulté a tenté de réduire l'écart de traitement entre les créanciers titulaires de sûretés réelles préférentielles et ceux titulaires de sûretés réelles exclusives en neutralisant notamment les effets de la fiducie-sûreté et du crédit-bail pendant les procédures collectives de sauvegarde et de redressement judiciaire. Mais, ces ajustements sont jugés insuffisants. Car, il n'en est rien pour les créanciers titulaires de la propriété réservée et retenue à titre de garantie, qui peuvent à tout moment de la procédure collective, se faire payer leur droit de créance par la revendication ou restitution des biens présumés leur appartenir mais qui pourraient également avoir vocation contractuelle d'appartenir au débiteur ou être de fait la propriété de ce dernier par la possession. Le déséquilibre entre les créanciers pendant les procédures collectives se maintenant et se pérennisant suscite des interrogations sur ce qui reste des principes traditionnels des procédures collectives ? Les dernières réformes introduites successivement par l'ordonnance n° 2014-326 du 12 mars 2014 portant réforme de la prévention des difficultés des entreprises et des procédures collectives et par l'ordonnance n° 2014-1088 du 26 septembre 2014 qui l'a modifiée, n'ont rien changé.

En outre, comme par effet de cascade, ce déséquilibre a entrainé d'autres différences de traitement résultant notamment de la contractualisation du droit des procédures collectives. Ce nouveau phénomène s'est matérialisé par la différenciation de traitement par catégorie de créanciers allant jusqu'à légitimer de nouvelles procédures officiellement semi-collectives et créant ainsi d'autres droits spéciaux des procédures collectives. Comme si l'objectif visé était de réduire le droit spécial des procédures collectives en un droit commun des procédures collectives. La contractualisation aurait également contribué à la multiplication de privilèges et à la diversification du nombre des sûretés réelles.

Or, cette application selon « deux poids deux mesures » des règles spéciales du droit des procédures collectives est préjudiciable aux créanciers chirographaires et titulaires de sûretés réelles préférentielles. En effet, la multiplication des privilèges et la différence de traitement consécutive feraient revenir entre les mains des créanciers privilégiés l'essentiel de l'actif disponible de l'entreprise débitrice[114]. Enfin, le droit de rétention exercé soit

---

[112] P. CROCQ, « La réforme des procédures collectives et le droit des sûretés », *D.* 2006, Chron, p. 1306 et s.

[113] D. LEGEAIS, « La réforme du droit des garanties ou l'art de mal légiférer », Mélanges Ph. Simler, Litec-Dalloz 2006, p. 367 et s. G. PIETTE, « De l'art de faire n'importe quoi : l'œuvre législative en droit des sûretés », *in Lexbase Hebdo*, Ed. Affaires, septembre 2014, n° 394.

[114] P. SERLOOTEN, « L'entreprise en difficulté, le Trésor, la Sécurité Sociale et les autres », *Etudes Weill,* Dalloz/Litec, 1983, p. 495.

par un créancier gagiste soit par le détenteur du bien, est toujours susceptible de représenter un réel blocage pendant les procédures collectives sans que ce droit ne puisse trouver de solutions souveraines qui soient commandées par l'ordre public et les objectifs prioritaires poursuivis.

52. Dans le droit OHADA, l'acte uniforme portant organisation des sûretés révisé[115] a introduit pour la première fois de nouveaux mécanismes de garantie de créance en consacrant également la propriété réservée, cédée et retenue à titre de garantie. Ainsi à l'instar du droit français, le nouveau droit des sûretés de l'espace OHADA dispose de deux formes de sûretés réelles. Les sûretés réelles classiques (l'hypothèque, le gage, le nantissement et les privilèges) qui confèrent à leurs titulaires des droits préférentiels sur les biens objet de garantie de leur créance d'une part et des nouvelles sûretés réelles octroyant un droit exclusif à leurs titulaires sur le ou le(s) bien(s) objet de créance d'autre part. Ce nouvel attribut de sûreté met également ses titulaires dans une situation de supériorité et hors concours des autres créanciers et sape de manière irréversible l'égalité des créanciers[116].

53. Pourtant, l'article 50 AUS révisé qualifie sans équivoque ces nouveaux mécanismes de garantie de créance ainsi que le droit de rétention, de sûreté réelle à part entière. A ce titre, le titulaire du droit de rétention devrait suivre le même régime juridique que les autres créanciers en subissant la discipline collective imposée par le droit des procédures collectives, ce qui pourrait amenuiser le risque de blocage qui résulterait de l'exercice de droit de rétention dans les procédures collectives OHADA. Quelques équivoques qui existaient dans l'ancien acte uniforme portant organisation des sûretés, relatives au régime du droit de rétention ont ainsi été rendues plus lisibles et corrigées par le nouvel acte uniforme[117].

Toutefois, cette qualification de sûreté réelle n'a pas été non plus suivie des conséquences juridiques logiquement attendues. A l'instar du droit positif français, on retrouve à certains égards, quasiment les mêmes problèmes de différence de traitement et de déséquilibre entre créanciers pendant les procédures collectives malgré cette qualification juridique de sûreté.

54. La conséquence juridique logique de cette qualification aurait pourtant été de voir l'application des dispositions relatives au droit des sûretés subsidiairement liée à celle des règles impératives des procédures collectives. Même si contrairement au droit français, le principe de primauté des règles impératives du droit des procédures collectives n'est pas explicitement consacré par l'acte uniforme portant organisation des sûretés, celui-ci semble rester implicite conformément à l'adage *specialia*

---

[115] Adopté le 15 décembre 2010 par le Conseil des ministres de la Justice et des finances de l'OHADA à Lomé (Togo), le nouvel acte uniforme portant organisation des sûretés publié le 15 février 2011 est entré en vigueur depuis le 16 mai 2011 ; V. également dans ce sens,

[116] S. NANDJIB MONEYANG, op. cit.

[117] P. CROCQ, « Les grandes orientations du projet de réforme de l'acte uniforme portant organisation des sûretés », in Revue *Droit et Patrimoine,* 2010. P.52.

generalibus derogant. Mais, il n'en est rien. Il en résulte que les propriétés-sûretés échappent partiellement à la discipline collective du droit des procédures collectives. Mêmes causes et mêmes conséquences qu'en droit français, ce morcellement du droit des sûretés a eu pour conséquence de saper la souveraineté du droit des procédures collectives en entraînant un déséquilibre entre les créanciers titulaires de sûretés réelles préférentielles et ceux titulaires des propriétés-sûretés. A l'instar du droit français, ce déséquilibre a conduit également à l'institutionnalisation de privilèges de procédure et tend à conforter la diversification du nombre des sûretés et les différents régimes juridiques qui en ont résulté. La récente réforme de l'acte uniforme portant organisation des procédures collectives d'apurement du passif adopté le 10 septembre 2015 et entrée en vigueur le 24 décembre 2015 n'a pas corrigé cette mauvaise articulation entre le droit des sûretés et le droit des procédures collectives OHADA.

55. La méthodologie adoptée. Partant, des caractères spécial, collectif et d'ordre public ainsi que des finalités du droit des procédures collectives, nous voulons démontrer la légitimité des atteintes et des aménagements apportés aux droits communs ou moins spéciaux des créanciers notamment leurs droits de sûretés réelles et la vocation des règles impératives constitutives de discipline collective à s'imposer à tous les créanciers du débiteur de manière collective et égalitaire pendant la mise en œuvre des procédures collectives. Pour justifier cette démarche, nous allons nous intéresser au fondement même de la différence de traitement accordée aux créanciers titulaires de sûretés réelles fondées sur la propriété ainsi qu'à la véritable nature de ces nouvelles institutions. Comment a-t-on construit et légitimé leur affranchissement par rapport à l'emprise du droit des procédures collectives et quelles en seront, les conséquences logiques à long terme à la fois sur la cohérence et sur l'essence même du droit des procédures collectives ?

51. Il apparait donc nécessaire d'analyser en profondeur le supposé nouvel attribut : l'exclusivité au regard du statut de sûreté que l'on pourrait attribuer à ces nouveaux mécanismes de garantie de créance. Pour ce faire, la confrontation des techniques, attributs et finalité des sûretés réelles classiques et les sûretés réelles fondées sur la propriété nous permettra de connaitre la véritable nature de ces dernières à travers tous les points communs ou similitudes qui pourraient exister entre ces deux formes de sûretés réelles et qui rendraient absurde leur différence de traitement pendant les procédures collectives.

52. La démarche adoptée est comparative, centrée sur les sorts des créanciers et sur le déséquilibre de traitement existant entre eux pendant la mise en œuvre des procédures collectives, selon qu'ils soient chirographaires, titulaires de sûretés réelles préférentielles ou titulaires de sûretés réelles exclusives. Toutefois, nous ne dressons pas une étude casuistique et exhaustive de toutes les sûretés réelles préférentielles ou exclusives, nous les traiterons d'une manière globale en prenant des exemples ici et là.

53. L'intérêt de l'approche comparative. Elle permettra de mettre en lumière les incohérences, contradictions et problèmes d'articulation entre le droit des sûretés réelles et le droit des procédures collectives dans chacun des deux systèmes juridiques. Notre approche s'appuiera sur l'analyse des textes du droit positif de chaque système de droit au regard des principes fondamentaux qui sous-tendent et président à la construction juridique bien ordonnancée. Elle s'appuiera également sur la doctrine et sur les décisions de la jurisprudence dont elle questionnera constamment la conformité avec la lettre comme avec l'esprit des législations en matière de procédures collectives au regard des considérations juridiques, économiques et sociales qui déterminent leurs finalités. Il va s'agir d'identifier la source des problèmes de droit posés dans chaque système juridique et voir si des solutions trouvées dans l'un peuvent éclairer l'autre et réciproquement. Lorsqu'aucun des deux systèmes juridiques n'offre de solutions à un problème commun, nous convoquons le droit comparé avec d'autres systèmes juridiques étrangers (allemand, anglais, américain et québécois), pour mieux outiller et structurer nos propositions de solution aux problèmes posés.

54. Plan. Si l'emprise du droit des procédures collectives sur les sûretés réelles classiques (**Partie 1**) pourrait être naturelle puisque justifiée et légitimée par les fondements d'ordre public du droit spécial de l'insolvabilité des entreprises en difficulté, l'articulation entre le droit des sûretés réelles et le droit des procédures collectives ne pourrait, selon nous, être harmonieusement trouvée qu'en étendant nécessairement cette emprise à toutes les sûretés réelles exclusives (**Partie 2**).

Première partie : L'emprise naturelle du droit des procédures collectives sur les sûretés réelles préférentielles.

Seconde partie : L'emprise nécessaire du droit des procédures collectives aux sûretés réelles exclusives.

PREMIÈRE PARTIE

L'EMPRISE NATURELLE DU DROIT DES PROCÉDURES COLLECTIVES SUR LES SÛRETÉS RÉELLES PRÉFÉRENTIELLES

55. La défaillance d'une entreprise consistant à ne pas honorer ses dettes soit en raison d'une impossibilité, soit en raison d'un refus[118], est une situation dangereuse pour la bonne santé du tissu économique de manière générale et pour les relations commerciales de l'entreprise en particulier. En effet, en relation intégrée d'interdépendance économique, l'insolvabilité d'une entreprise peut représenter un risque de contagion et de faillites en cascade. Ce souci fondamentalement économique et d'intérêt général a nécessité l'intervention des pouvoirs publics[119] dans/et l'organisation des procédures collectives d'exécution[120].

56. L'intervention des pouvoirs publics répond à deux objectifs : un objectif de régulation et un objectif d'arbitrage. La régulation permet d'éviter les poursuites individuelles et dispersées des créanciers, des abus et des comportements injustes[121] contre le débiteur et/ou entre ses créanciers. Mais également, elle permet de revêtir les procédures de l'ordre public et de soumettre l'ensemble des acteurs de la vie de l'entreprise en difficulté notamment ses créanciers à une discipline collective[122] c'est-à-dire un ensemble de règles impératives et dérogatoires du droit commun. L'arbitrage répond à une autre nécessité : en effet, puisque dans la défaillance de l'entreprise plusieurs intérêts sont en jeu notamment l'intérêt collectif des créanciers, les pouvoirs publics veillent au respect de la légalité et au bon

---

[118] D. VOINOT, *Procédures collectives,* 2e édition, L.G.D.J. 2013, p. 1.

[119] B. SOINNE, *Traité des procédures collectives, Commentaires des textes, formules,* Litec, 1995.

[120] Ph. PETEL, *Procédures collectives,* op.cit.

[121] D. VOINOT, *Procédures collectives,* op.cit.

[122] Ibidem.

déroulement des procédures collectives. L'intervention étatique notamment sur le plan judiciaire est donc essentielle dans les procédures collectives[123].

57. L'organisation des procédures collectives d'exécution a engendré un droit spécial et d'ordre public qui eu égards à l'importance et à la gravité de la situation de défaillance dans la vie économique et sociale des affaires déroge aux règles de droit commun. Ainsi, de par son essence même, le droit des procédures collectives a une prééminence sur les autres droits tels que le droit des voies d'exécution civiles et commerciales[124], le droit commercial général et le droit des sûretés.

Mais, l'application de cette logique dérogatoire et animée par le respect du principe d'égalité entre les créanciers, du départ, est-elle consubstantiellement conçue pour résister aux évolutions du droit de la faillite ?

58. Au départ, le fondement principal du droit des procédures collectives était donc la défaillance puis au fil des années au gré des évolutions et des orientations politiques, il a fini par asseoir un autre fondement plus général à savoir les difficultés de l'entreprise[125] afin de mieux prévenir l'insolvabilité de l'entreprise[126]. Ainsi, alors qu'à l'origine, il s'agissait d'organiser avec les créanciers directement impliqués le règlement collectif de leurs créances nées régulièrement et antérieurement à la procédure judiciaire, dorénavant les procédures collectives visant prioritairement le redressement de l'entreprise susceptible d'être redressée, les objectifs sont résolument tournés vers l'avenir. Il est alors devenu nécessaire de composer avec les anciens créanciers mais également d'inciter des futurs créanciers à bien vouloir accompagner une entreprise déjà en situation de difficultés financières. Mais, faut-il pour autant perdre de vue les caractères d'ordre public et de droit spécial donc dérogatoire du droit des procédures collectives ?

59. L'étude de l'emprise du droit des procédures collectives sur les sûretés réelles nécessite de rappeler les finalités et principes fondamentaux qui sous-tendent ce droit économique et qui constituent les fondements impérieux d'ordre public, dont l'application n'est possible sans entorse ou restrictions aux droits des créanciers- même si par pure opportunité, il est accordé quelques concessions à certains créanciers afin de réaliser les objectifs auxquels ce droit des entreprises en difficulté s'est assignés.

Ainsi, les fondements d'ordre public de l'emprise du droit des procédures collectives (**Titre 1**) légitiment les atteintes portées aux sûretés réelles (**Titre 2**).

---

[123] F.-M. SAWADOGO, Propos introductifs au commentaire de l'AUPC, *in Code Vert OHADA*, 2012, p. 1128 à 1133.

[124] F. PEROCHON, « Le périmètre de la règle de l'arrêt des voies d'exécution », *in mesures d'exécution et procédures collectives*, P. M. Le Corre (Dir.), Ed. Brulant 2012, p. 9 et s.

[125] D. VOINOT, *Les procédures collectives*, op. cit.

[126] J. PAILLUSSEAU, « Du droit des faillites au droit des entreprises en difficulté, *Mélanges*, p. 109 et s. op.cit.

TITRE 1

LES FONDEMENTS D'ORDRE PUBLIC DE L'EMPRISE

60. Le droit des procédures collectives n'a pas connu la même trajectoire dans le droit français et dans le droit des affaires unifié de l'espace OHADA. Mais, les histoires des droits des procédures collectives respectives de ces deux systèmes de droit sont étroitement liées. Pour cause, en raison du passé colonial[127] des Etats membres de l'espace OHADA avec la France, l'acte uniforme portant organisation des procédures collectives d'apurement du passif (AUPC) OHADA, adopté le 10 avril 1998 et entré en vigueur depuis le 1er juillet de la même année s'est largement inspiré de la législation française du 13 juillet 1967, en la matière. Cet acte uniforme a été révisé pour la première fois en septembre 2015. Mais, cette révision n'a occasionné aucune modification quant à l'esprit et à la lettre d'origine de cet acte uniforme.

61. Toutefois, en France comme dans les Etats membres de l'OHADA, le droit des procédures collectives a connu une évolution dans le temps et parfois même dans l'espace[128] et dans les finalités poursuivies[129]. Les finalités changent au gré des évolutions philosophiques et sociales et des orientations de politique économique prônées. Mais, compte tenu des raisons d'intérêt général, de la gravité de la défaillance d'une entreprise au sein de la chaîne économique nationale ou régionale et de la nécessité d'assainir le

---

[127] Majoritairement indépendants dans les années 60, les Etats francophones membres de l'OHADA exceptée la République Démocratique du Congo, avaient, pour éviter le vide juridique en matière de faillite, soit gardé les anciens textes français soit plus tard adopté la législation française du 13 juillet 1967.

[128] F. M. SAWADOGO, « L'application judiciaire du droit des procédures collectives en Afrique francophone, à partir de l'exemple du Burkina », *Revue Burkinabe de Droit,* n°26 juillet 1994, p. 191 à 248.

[129] B. SOINNE, *Traité des procédures collectives*, op.cit.; G. RIPERT, R. ROBLOT, Ph. DELEBECQUE, M. GERMAIN, *Traité de droit commercial,* Tome 2, 17e édition, L.G.D.J. 2004, p. 803 et s.; Ph M. PETEL, *Procédures collectives,* 8e édition, Dalloz. 2014 ; D. VOINOT, *Procédures collectives,* 2e édition, L.G.D.J. 2013 ; P. M. LE CORRE, *Droit et pratique des procédures collectives,* 8e édition, Dalloz Action 2015/2016.

milieu des affaires, le droit des procédures collectives bénéficie toujours dès sa conception d'un statut de droit spécial dont les règles dérogatoires ont vocation à s'imposer. L'atteinte des objectifs poursuivis passe nécessairement par la primauté accordée soit explicitement ou soit implicitement par le législateur à cette discipline de droit économique.

62. En France comme dans l'espace OHADA, le droit des entreprises en difficulté ou droit des procédures collectives repose sur des finalités d'orientation et d'assainissement économiques des affaires[130]. Pour asseoir et réaliser ces desseins d'ordre public économique [131] les législateurs ont consacré expressément dans le droit français et de manière implicite dans le droit de l'espace OHADA, le principe de la primauté de ce droit qui fait primer les règles spéciales du droit des procédures collectives sur le droit commun en général et le droit des sûretés réelles en particulier, dès l'ouverture d'une procédure collective.

Ainsi, les fondements de l'emprise du droit des procédures collectives sur les sûretés réelles reposent aussi bien sur les finalités (**Chapitre 1**) que sur la primauté (**Chapitre 2**) accordées au premier sur les dernières.

---

[130] A. PIETRANCOSTA, S. VERMEILLE, « Le droit des procédures collectives à l'épreuve de l'analyse économique du droit Perspective d'avenir ? », RTDF n° 1 – 2010.

[131] Nous reviendrons assez amplement sur cette notion dans nos développements à avenir.

CHAPITRE 1

LES FINALITÉS DU DROIT DES PROCÉDURES COLLECTIVES

63. La finalité peut être définie comme ce vers quoi une action est ordonnée[132] afin d'obtenir un résultat bien déterminé. Dans le cadre du droit des procédures collectives, les finalités se confondent avec les objectifs ou même avec les fonctions assignées à ce droit spécial. Partant d'une situation économique concrète à savoir la défaillance d'une entreprise, les objectifs du droit des procédures collectives ont évolué dans le temps notamment en France avec la prise en charge de la prévention et du traitement judiciaire des difficultés de l'entreprise [133]. Cette nouvelle donne crée désormais une alternative à la finalité traditionnelle qu'était l'apurement du passif en organisant un règlement judiciaire et collectif des créanciers même si cet objectif reste toujours l'une des finalités incontournables du droit des entreprises en difficulté[134].

64. De nos jours, les droits des procédures collectives ont trois principales finalités ou fonctions, qui sont, sans établir aucun ordre hiérarchique, les suivants : sauvetage des entreprises susceptibles d'être redressées, protection des emplois et règlement des créanciers. Un auteur a eu à considérer que les procédures collectives ont une quatrième fonction qui consiste à assurer la restructuration de l'économie dans un contexte concurrentiel[135]. Faut dire que la dynamique d'ensemble des trois finalités précitées concoure d'une manière ou d'autre à assainir et à assurer la restructuration du tissu économique. Sur le plan concurrentiel, la clarté dans les objectifs poursuivis

---

[132] CORNU G. (Dir.), *Vocabulaire juridique,* Association Henri Capitant, op. cit.

[133] D. VOINOT, *Procédures collectives*, op.cit. p. 4.

[134] F. AUBERT, « Les finalités des procédures collectives », *Prospective du droit économique, Dialogues avec M. Jeantin, Dalloz,* 1999, p.379, « (…) *La défense des intérêts des créanciers et le paiement de leurs créanciers demeurent l'une des finalités incontournables du droit des entreprises en difficulté et celle à laquelle on a coutume de se référer pour mesurer le succès d'une réforme »*, cité par D. VOINOT, *Procédures collectives, op.cit.* p. 5.

[135] M. JEANTIN, *Droit commercial, Instruments de paiement et de crédit, Entreprises en difficulté,* Précis Dalloz, 4e édition 1995.

permet une meilleure prévisibilité des textes et rassure les investisseurs en termes de sécurité juridique et judiciaire. C'est notamment le cas dans l'espace africain du droit des affaires unifié OHADA, où le législateur est tenu notamment par l'exigence du marché à savoir la sécurité juridique et judiciaire des affaires.

65. D'une manière ou d'une autre, ces trois finalités se retrouvent dans toutes les législations[136] contemporaines relatives au droit de l'insolvabilité des entreprises. Ces finalités du droit des procédures collectives sont donc certes identiques dans tous les systèmes juridiques, mais l'objectif prioritaire peut différer d'un texte à un autre. La hiérarchisation des objectifs fait que chaque texte instituant le droit de l'insolvabilité des entreprises affiche une priorité ne serait-ce que d'une manière théorique. Cela dénote de l'esprit et de la philosophie du législateur. Ainsi, l'AUPC comme son nom le laisse entendre affiche très clairement l'objectif d'apurement du passif du débiteur, sans toutefois négliger l'importance de l'objectif de sauvetage de l'entreprise[137]. Tandis que la loi de sauvegarde des entreprises du 26 juillet 2005 toujours en vigueur en France, en dépit du fait qu'elle ait été plusieurs fois modifiée dont la dernière en date du 12 mars 2014, met en avant l'objectif de la sauvegarde des entreprises en difficulté. Pour autant, cette hiérarchisation affichée des objectifs du droit des procédures collectives a-t-elle un impact réel sur le déroulement et la manière d'appréhender le traitement judiciaire des difficultés de l'entreprise ?

L'analyse des orientations économiques des textes instituant le droit des procédures collectives (***Section 1)*** dans le droit français et dans le droit OHADA permettra de mieux comprendre les finalités [138] ou objectifs juridiques portés par ces textes aussi bien dans leur postulat respectif de départ que dans ce qui est advenu au fil de leur évolution dans le temps et/ou dans l'espace (***Section 2)***.

SECTION 1. LES ORIENTATIONS ÉCONOMIQUES DU DROIT DES PROCÉDURES COLLECTIVES EN FRANCE ET DANS L'ESPACE OHADA

66. Dès son origine appelé le droit de la faillite puis devenu aujourd'hui le droit des entreprises en difficulté en passant par le droit des procédures collectives, ce droit d'appellation historique multiple est une matière marquée de par sa construction historique par l'intervention forte et

---

[136] F.M. SAWADOGO, commentaire sous l'AUPC, op.cit. p. 1127.

[137] V. l'arrêt Cour d'Appel de Dakar n°450 du 9 septembre 2000 ordonnant la défense à l'exécution du jugement du 5 juillet 2000 du Tribunal régional hors classe de Dakar, cité par F.M. SAWADOGO, *in commentaire AUPC, op.cit.* p.1128.

[138] F. AUBERT, « Les finalités des procédures collectives », *Prospective du droit économique, Dialogues avec M. Jeantin, Dalloz,* 1999, p.371 et suivants.

croissante de la puissance publique[139] en France. Ainsi, l'esprit de la législation sur le droit des entreprises en difficulté y a pris une tournure changeante dans le temps selon les enjeux et contraintes économiques du moment. De leur côté, la plupart des Etats membres de l'OHADA, avait adopté une législation fortement inspirée de la loi française de 1967. Mais cette similitude de départ tend maintenant vers des évolutions distinctes.

67. Reposant sur cette base, l'esprit du droit OHADA, avec l'acte uniforme portant organisation des procédures collectives d'apurement du passif (AUPC) révisé, se différencie fortement de l'esprit de la loi française du 26 juillet 2005 sur la sauvegarde des entreprises, toujours en vigueur. En effet, l'AUPC révisé, comme son nom le laisse entendre, adopte une philosophie de séduction et d'attraction du crédit en ce qu'elle tend à protéger les droits des créanciers. L'expression « apurement du passif » accolée à l'intitulé de l'acte uniforme organisant les procédures collectives dénote le souci du législateur africain de l'espace OHADA de rassurer et séduire des investisseurs et pourvoyeurs de crédit dans la région d'intégration économique. Acculé par l'ordre public concurrentiel de l'économie d'un marché mondialisé[140], la volonté du législateur communautaire était d'ouvrir grand les portes aux investisseurs aussi bien internationaux que nationaux en permettant aux petites et moyennes entreprises se trouvant sur les territoires concernés d'accéder le plus largement possible au crédit.

Alors que le droit français adopte au fil des années une orientation d'assainissement économique (**Sous-section 1**) dans le secteur des affaires, le droit OHADA quant à lui prend une logique de séduction et d'attraction de crédit en mettant en avant la protection des créanciers (**Sous-section 2**).

§1) L'orientation d'ordre public d'assainissement économique du droit français

68. Composante majeure du droit de l'économie[141] de marché[142], le droit des entreprises en difficulté est à l'instar du droit de la concurrence, un droit marqué par l'interventionnisme étatique. En effet, ce droit fait l'objet d'une intervention et d'une régulation de l'Etat en fonction des principes et impératifs fondamentaux dictés par la politique économique. La préservation des entreprises viables constituant notamment un des objectifs phares du

---

[139] D. VOINOT, *Droit économique des entreprises en difficulté*, L.G.D.J., 2007 ; R. SZRAMKIEWICS, *Histoire du droit des affaires*, Montchrestien, 1989 ; J. HILAIRE, *Introduction historique au droit commercial*, PUF, 1986, p. 15 et s.

[140] C. L. DE LEYSSAC et G. PARLEANI, *Droit du marché*, PUF, 1ère édition, THEMIS, 2002, p. 48.

[141] D. VOINOT., *Droit économique des entreprises en difficulté,* L.G.D.J. 2007.p. 5.

[142] C. L. DE LEYSSAC, G. PARLEANI, op. cit.

droit de l'économie de marché[143], elle est devenue l'objectif prioritaire du droit des entreprises en difficulté.

Cet impératif consiste à assainir le milieu économique des affaires (B), à travers la défense, la protection et le respect d'un ordre public contemporain qui est l'ordre public économique (A).

A) L'ordre public économique

69. La connaissance de l'approche retenue du concept de l'ordre public économique (1°) permet de mieux comprendre les mutations du droit de la faillite et de la manière dont la défaillance est appréhendée (2°).

1°) Définitions de l'ordre public économique

70. D'émergence contemporaine, l'ordre public économique est une conception nouvelle de l'interventionnisme étatique dans les affaires économiques. Il constitue un nouveau corps de règles impératives et érigées comme impérieuses au nom d'une certaine politique économique[144]. Il est aussi défini comme étant « *l'ensemble des règles obligatoires dans les rapports contractuels, relatives à l'organisation économique, aux rapports sociaux et à l'économie interne du contrat*[145] ». Dans cette deuxième acception, l'ordre public économique est un ordre public moderne marqué par l'interventionnisme étatique au nom de l'efficacité et de l'efficience économiques et à ce titre, a pour vocation de réguler ou encadrer la liberté contractuelle des parties au contrat.

71. Il peut revêtir un caractère d'ordre public de direction quand il vise à préserver ou sauvegarder l'intérêt général, en l'occurrence dans la régulation du droit des procédures collectives. Il peut également prendre un caractère d'ordre public de protection, quand il s'agit de promouvoir le rétablissement ou l'équilibre entre les parties au profit de la plus faible, notamment lorsque l'économie interne du contrat est menacée. Cet ordre public contemporain cumule donc les deux objectifs traditionnels ou fonctions de l'ordre public : absolu ou/et relatif. En effet, il est absolu quand il défend l'intérêt général économique. Il est relatif quand il protège une partie faible au contrat notamment quand il s'agit de défendre la pérennité de l'emploi des salariés d'une entreprise en difficulté en procédant par exemple à une cession de l'entreprise. Mais de manière principale, l'ordre public moderne ou l'ordre public économique a émergé dans le souci de contrôler l'économie de marché et constitue un instrument pour la mise en œuvre d'une politique

---

[143] Ibid.

[144] J. MESTRE., *L'ordre public dans les relations économiques, in L'ordre public à la fin du XXème siècle,* Th. REVET (Dir.). Dalloz, 1996, p.38.

[145] G. FARJAT, *L'ordre public économique,* L.G.D.J., coll. « Bibl. de droit privé », 1963.

économique tracée par les autorités publiques[146], même si dans le même temps, il a permis en agissant sur la liberté contractuelle d'ouvrir la porte à la contractualisation du droit dans certains domaines professionnels. [147] D'ailleurs, pour certains acteurs ce deuxième rôle du nouvel ordre public économique diminue incontestablement son extension et sa ferveur[148] mais également favorise un recul de l'impérativité découlant de l'ordre public traditionnel.

2°) De la répression du failli, à la recherche d'un compromis plus ou moins contraignant pour la sauvegarde de l'entreprise

72. Partant d'une réalité économique [149], le droit des procédures collectives est caractérisé par la volonté législative de préserver l'ordre public économique qui se matérialise par un effort constant de conciliation et d'articulation des intérêts économiques pourtant contraires. Avec l'avènement de l'ordre public économique, l'accent est mis sur la protection de l'entité économique que représente l'entreprise [150]. L'ordre public économique se résume donc dans le cas de figure d'une entreprise en difficulté comme l'intérêt général ou l'intérêt public, dans le sens où l'on veut faire converger les intérêts des créanciers et des salariés vers le maintien de l'emploi et la sauvegarde de l'activité de l'entreprise, tous identifiés comme un intérêt commun. Le caractère d'ordre public des procédures collectives fait assujettir les créanciers à une discipline collective par le biais de laquelle, est organisé le paiement de leurs créances selon un ordre déterminé et en considération de l'état économique et financier de l'entreprise débitrice[151].

73. Longtemps assimilée à une politique répressive pour le débiteur professionnel qui a failli dans ses affaires, la protection de l'ordre public économique des affaires a évolué au cours des législations en même temps

---

[146] La politique économique du gouvernent placée sous la tutelle du ministère de l'économie et des finances en France dont la mise œuvre est assurée par le représentant du ministère au parquet qui veille au respect des principes fondamentaux. Ces impératifs économiques orientent et servent de guide au législateur, selon les circonstances économiques du moment, pour la règlementation.

[147] F.TERRE., Ph. SIMLER., et Y. LEQUETE, *Droit civil, les obligations,* Dalloz, 9ème édition, 2005, n° 382.

[148] J. MESTRE., *L'ordre public dans les relations économiques, in L'ordre public à la fin du XXème siècle,* Th. REVET (Dir.) Dalloz, 1996, p.38.

[149] D. VOINOT., *Procédures collectives*, L.G.D.J. Lextenso éditions, 2e édition 2013, p.4.

[150] L'entreprise selon CORNU (op.cit.): *« Ensemble de moyens humains et matériels concourant, sous une direction économique, à la réalisation d'un objectif économique (...) organisme se proposant essentiellement de produire pour les marchés certains biens ou services, financièrement indépendants de tout autre organisme ».*

[151] F. PEROCHON., R. BONHOMME., *Entreprises en difficulté : instruments de crédit et de paiement*, L.G.D.J., 7e édition, 2006.p.1 et s.

que le droit des entreprises en difficulté a connu des modifications[152]. En effet, héritage du droit romain[153], aussi bien dans l'ancien droit que dans le Code de commerce de 1806, l'intérêt accordé à la nécessaire préservation des affaires économiques et à l'assainissement du milieu était érigé en soi comme un intérêt général d'ordre public dont le non-respect était même passible de peine corporelle[154]. Le commerçant failli était châtié, il fallait non seulement apurer ses dettes vis-à-vis de ses créanciers mais aussi il s'exposait physiquement à des sanctions car, par son insolvabilité, il aurait manqué à ses engagements et perturbé l'ordre économique et juridique. Alors, la solution traditionnelle mue par les raisons impérieuses de protection et de maintien en état sain de l'ordre public économique face au risque pour l'économie et la production locales voire nationales, était de supprimer à l'aide d'instruments juridiques, le « maillon faible » et de procéder à sa liquidation organisée. Parce que dans le monde des affaires soumis à la rigueur et au bon usage du crédit, toute défaillance du débiteur était déjà considérée comme un préjudice porté à la sécurité et au fonctionnement normal des transactions financières[155]. Procédant ainsi, le législateur voulait éviter les faillites en chaîne et prévenir le risque de contagion et d'effet domino d'une entreprise malade à d'autres entreprises de la chaîne économique nationale.

74. Mais, des mutations législatives importantes ont été effectuées à partir de 1967 en matière de gestion de la faillite économique en France. A compter de cette date un changement de paradigmes de protection d'ordre public économique est intervenu et a introduit deux nouvelles idées-forces sans précédent [156]. Dorénavant, une distinction fondamentale entre l'entrepreneur et l'entreprise d'une part et le mécanisme de détection précoce et de prévention des difficultés de l'entreprise d'autre part supplantent les méthodes archaïques de protection d'ordre public économique en transférant l'intérêt économique vers la préservation de l'entité économique que constitue l'entreprise. Depuis cette date, la législation française sur les procédures collectives, toujours par souci impérieux d'ordre public économique[157], n'a cessé d'évoluer dans le but de mieux assainir le milieu économique des affaires en repensant et en améliorant notamment les

[152] C. LE GALLOU, *Droit des sûretés et droit des procédures collectives*, Larcier 2012. P.154.

[153] E. LE CORRE-BROLY, *Droit des entreprises en difficulté,* Dalloz. 2001. p.1 et s.

[154] F. PEROCHON, R. BONHOMME., *Entreprises en difficulté : instruments de crédit et de paiement*, op.cit.

[155] A. JACQUEMONT, *Droit des entreprises en difficulté,* Litec, 7ème édition, 2011.p. 7.

[156] Ibidem.

[157] B. LAGARDE., *Traité économique et fiscal de la sauvegarde de l'entreprise,* éd. B. Lagarde, 2009. aussi V. RIPERT, R. ROBLOT, Ph. par Ph. DELEBECQUE et M. GERMAIN, *Traité de droit commercial,* t. II. L.G.D.J., 17ème édition. 2007 ; D. VOINOT., *Droit économique des entreprises en difficulté, L.G.D.J.*, 2007.

mécanismes de prévention, de sauvegarde et de liquidation[158]. En définitive, nous pouvons dire que l'ordre public traditionnel et sa variante moderne communément appelé l'ordre public économique, ont toujours servi de bases à l'interventionnisme étatique et justifié la nécessité d'une politique économique efficace à la hauteur des intérêts économiques que renferme cette matière de droit économique. Ainsi, du fait de son caractère exceptionnel, les dispositions relatives au droit économique des entreprises en difficulté bénéficient d'une primauté à l'égard du droit commun et ont vocation à s'imposer à tous les acteurs économiques. Dès lors, il est tout à fait naturel que ce droit spécial et exceptionnel prenne une emprise certaine, rigoureuse mais aussi équilibrée sur les matières du droit commun en l'occurrence le droit des sûretés.

B) La nécessité d'un assainissement économique des affaires

75. Utiliser la science juridique au service de l'économie pour assainir le milieu des affaires est le principal dessein du droit des entreprises en difficulté. L'objectif est de mieux parvenir à préserver la vitalité et la croissance économiques et à sauvegarder les entreprises viables. Cette articulation entre le droit et l'économie est pourtant nécessaire voire vitale dans un état policé et souverain. A ce titre, la France même si elle est inscrite dans la dynamique de la politique économique communautaire et en conséquence soumise à un ordre public concurrentiel dicté par les normes règlementaires de droit de l'Union européenne, se réserve la compétence de régulation législative dans les domaines de droit de la concurrence et de droit des entreprises en difficulté. Ces quelques compétences dites souvent exclusives des Etats membres de l'Union européenne dénotent de la réserve de souveraineté législative que détiennent ces Etats dans les domaines cruciaux pour leur économie nationale.

76. Ces domaines de compétence exclusive dans lesquels les Etats bénéficient d'une liberté législative peuvent être justifiés au niveau communautaire soit par l'ordre public national, soit par des raisons impérieuses d'intérêt général. Car contrairement à d'autres matières non harmonisées par le droit communautaire où les Etats ont encore toute la latitude législative, il existe au niveau communautaire des droits

[158] L. n° 84-148 du 1 mars 1984 relative à la prévention et au règlement amiable des difficultés des entreprises ; L. n°85-98 du 25 janvier 1985 relative au redressement et à la liquidation judiciaire des entreprises ; Loi n° 85-99 du 25 janvier 1985 relative aux administrateurs judiciaires, aux mandataires judiciaires à la liquidation des entreprises, et enfin, la Loi n° 2005-845 du 26 juillet 2005 sur la sauvegarde des entreprises en difficulté, suivie des décrets., 23 déc. 2006 et de l'ord. du 12 février 2008, plus récemment par l'ord. du 18 décembre 2008, la loi de régulation bancaire et financière du 22 octobre 2010 et enfin par l'ord. du 9 décembre 2010 relative à l'extension du droit des entreprises en difficulté à l'entreprise individuelle à responsabilité limitée.

supranationaux ou communautaires[159] de la concurrence et de l'insolvabilité des entreprises[160].

77. Dans ces deux matières constitutives du droit de l'économie de marché national et communautaire, les Etats restent encore[161] les maîtres du jeu [162]. Sur le plan interne, l'interventionnisme étatique à travers une réglementation rigoureuse de l'économie par le droit s'impose. Les droits nationaux en matière du droit des entreprises en difficulté sont à ce titre très divers. La commission européenne considère ceci comme une contrainte au développement de l'activité économique communautaire, et montre du doigt notamment la diversité des critères d'ouverture de procédures collectives d'un Etat membre à un autre[163]comme étant une forme de concurrence entre pays.

78. Cette course à la régulation instrumentalisant ainsi le droit au profit de l'économie, a amené un auteur à se demander si la science juridique ne serait pas devenue la maîtresse de la science économique [164].Cette interrogation découle bel et bien d'un contexte où « le droit est saisi par l'économie[165] ». Selon nous, en accord avec certains auteurs qui parlent de relations bilatérales[166] cela souligne concrètement la complémentarité et la nécessaire coexistence des deux sciences, juridique et économique pour la construction économique de la société. En effet, pour développer et pérenniser une économie saine et viable, il faut nécessairement concevoir un ordre d'encadrement et de régulation des comportements de tous les acteurs économiques qui concourent à la création des richesses. Et, ceci est valable

---

[159] C. GAVALDA, G. PARLEANI, *Droit des affaires de l'Union européenne*, Litec, 4e éd 2002.

[160] V. Règlement (CE) n° 1346/2000 du Conseil du 29 mai 2000 relatif aux procédures d'insolvabilité. Malgré ce règlement, la coordination des droits nationaux des entreprises en difficulté n'existe toujours pas. Cet objectif est encore loin d'être atteint tant les enjeux économiques de ce droit sont importants pour l'économie nationale respective des Etats membres.

[161] En attendant d'éventuels bouleversements qu'aurait apportés la modification annoncée du règlement (CE) n°1346/2000 du 29 mai 2000 ; à ce propos v. M. MENJUCQ, « Modification du règlement insolvabilité : dernière étape avant l'harmonisation des droits nationaux des procédures collectives ? », *in RPC civiles et commerciales,* n° 1, janvier-février 2013 – 28e année, p.1.

[162] D. VOINOT, *Droit économique des entreprises en difficulté*, L.G.D.J. 2007, p.11.

[163] M. MENJUCQ, « Modification du règlement insolvabilité : dernière étape avant l'harmonisation des droits nationaux des procédures collectives ? », *in RPC civiles et commerciales,* n° 1, janvier-février 2013 – 28e année, p.1.

[164] D. DANET, « La science juridique, maîtresse de la science économique ?», *RIDE*, 1993, n°1, p.5.

[165] Y. CHAPUT, *Le droit au défi de l'économie,* Publications de la Sorbonne, 2002, p. 11 et s.

[166] D. VOINOT, *Droit économique des entreprises en difficulté,* op.cit.; sur les rapports entre droit et l'économie, v. A. HANNEQUART, « Droit et économie », *in Encyclopédie économique,* éd. X. Greffe, J. Mairesse, J.-L. Reiffers,,Economica, 1990, p.253 et s.; B. OPPETIT, « Droit et économie », *in Droit et modernité,* PUF Doctrine juridique, 1998, p.169 ; L. VOGEL, « L'économie, serviteur ou maître du droit ? », *Mélanges A. Decocq,* Litec 2004, p.605 ; v. aussi COLLECTIF, *Droit et Economie,APD*, t. 37, Sirey, 1992.

aussi bien dans le cadre d'une économie traditionnelle type primaire et communautaire que dans le jeu d'une économie de marché. En ce sens MM. De Leyssac et Parleani éclairent l'opinion en écrivant : « *dans une économie libérale, le droit de l'économie est un droit dont les règles s'imposent à tous, entreprises et administration, et créent un ordre public au sens traditionnel de ce concept juridique, toutefois cet ordre public présente une particularité très forte : il est orienté vers la recherche de buts économiques, ce qui lui enlève de la rigidité et lui donne même une certaine plasticité lui permettant de s'adapter à la diversité des marchés et des circonstances* [167]». Dès lors il convient de parler de la nécessité de « régulation » afin que la mise en application de la règle de droit soit appropriée ou adaptée à l'environnement et aux circonstances économiques du milieu des affaires donné[168].

78. Ainsi de nos jours, un représentant du parquet, gardien de l'ordre public économique devra veiller au respect de la légalité des moyens de régulation mis en œuvre par le ministre de l'économie et qui s'imposent aux entreprises comme aux créanciers de celles-ci à travers une politique économique respectueuse de ces principes économiques fondamentaux. Par conséquent, nous pouvons affirmer que, contrairement aux idées reçues, même une économie libérale n'est pas une économie dépourvue de tout ordre législatif souverain. Cet ordre est l'exigence impérieuse qui revient aux autorités publiques d'imposer des règles fondamentales d'ordre public aux acteurs économiques et de veiller à leur respect afin d'assainir le milieu des affaires.

79. En Afrique, on peut se demander si les Etats membres de l'Organisation pour l'harmonisation en Afrique du droit des affaires ont une réelle politique économique nationale ou si elle est supranationale et commune à l'ensemble des Etats. Cette question nécessite d'autant plus d'être posée que le titre « harmonisation » qui est censé laisser aux Etats les moyens d'harmoniser leurs politiques, est trompeur. Et le terme qui conviendrait serait peut-être plutôt l'unification ou l'uniformisation du droit des affaires en Afrique de l'espace OHADA, au lieu d'harmonisation par ce que conformément à l'article 10 du Traité instituant OHADA[169], les Etats membres abandonnent toute souveraineté législative dans l'ensemble des matières[170] du droit des affaires traitées par l'organisation. Au départ, les matières étaient au nombre de huit : droit commercial général[171], droit des sociétés commerciales et de groupements d'intérêt économique[172], droit des

---

[167] C.L. DE LEYSSAC, G. PARLEANI., op.cit., p.44.

[168] A cet égard toute transplantation de droit ou d'idéologie pourrait souffrir d'une inadéquation et serait vouée à l'échec. Une théorie de droit est circonstancielle et doit s'adapter aux valeurs du milieu.

[169] Traité du 17 octobre 1993 relatif à l'harmonisation du droit des affaires en Afrique.

[170] Ph. TIGER, *Le droit des affaires en Afrique OHADA,* PUF, Coll. Que sais-je ?, 2001. p.51.

[171] AUDCG, adopté le 17 avril 1997, JO OHADA n° 1, le 01/10/97, p. 1 et s, révisé le 15 décembre 2010, JO OHADA n° 23, 15/02/11, p. 1 et s.

[172] AUSCGIE, adopté le 17 avril 1997, JO OHADA, n° 2, 01/10/97, p. 1 et s.

sûretés[173], droit des procédures collectives d'apurement du passif[174], droit de recouvrement et voie d'exécution[175], droit de l'arbitrage[176], droit de la comptabilité des entreprises[177] et droit de contrat de transport de marchandise par route[178]. En décembre 2010, le nombre des matières concernées est porté à neuf (9) avec l'adoption de l'acte uniforme relatif au droit des sociétés coopératives[179]. Ce nombre est susceptible d'être élargi à l'ensemble des composantes du droit des affaires notamment le droit du travail, le droit pénal des affaires et le droit des contrats dont les projets sont à l'étude. Toutes les compétences législatives dans ces matières ayant été transférées à l'organisation institutionnelle OHADA, les actes uniformes ont un effet prioritaire et d'application immédiate dans toute l'étendue des territoires des Etats parties[180].

80. Ainsi, comme nous le verrons plus amplement ultérieurement, la politique économique qui oriente les règles fondamentales de l'AUPC[181], n'émane pas des Etats membres mais d'un ordre supranational voire régional[182]. En ce sens M. Sawadogo évoque la problématique de la supranationalité des actes uniformes OHADA sur les Etats Parties, qui « *consiste en l'existence d'un système institutionnel autonome permettant de privilégier le bien commun par rapport aux intérêts nationaux et d'édicter des normes qui, non seulement s'imposent aux Etats, mais aussi régissent directement la situation juridique des particuliers*[183]».

81. Ces propos illustrent la nécessité de la règlementation ou régulation des matières économiques en l'occurrence le droit économique des entreprises en difficultés[184] par des règles et principes fondamentaux d'ordre public qui s'imposent à tous. L'effectivité de ces règles d'ordre public économique est le gage de sécurité, d'équilibre et de cohérence pour

---

[173] AUS, adopté le 17 avril 1997, JO OHADA, n° 7, 01/07/98, p.1. révisé le 15 décembre 2010, JO OHADA, n° 22, 15/02/11.

[174] AUPC, adopté le 10 avril 1998, JO OHADA, n° 7, 01/07/98, p.1 et s.

[175] AUPSRVE, adopté, le 10 avril 1998, JO OHADA, n° 6, 01/06/98, p. 1 et s.

[176] AUDA, adopté, 11 mars 1999, JO OHADA, 15/05/99, p.2.

[177] AUCE, adopté, le 24 mars 2000, JO OHADA, n° 10, 20/11/00, p. 1 et s.

[178] AUCTMR, adopté, le 22 mars 2003, JO OHADA, n° 13, 31/07/03, p.3 et s.

[179] AUDSC, adopté, le 15 décembre 2010, JO OHADA, n° 23, 15/02/11.

[180] L'article 10 du Traité fondateur OHADA dispose que « *les actes uniformes sont directement applicables et obligatoires dans les Etats Parties nonobstant toute disposition contraire de droit interne, antérieure ou postérieure* ».

[181] Acte uniforme du 10 avril 1998 portant organisation des procédures collectives d'apurement du passif, JO OHADA n°7, 01/07/98, p.1 et s.

[182] F.M. SAWADOGO, « La problématique de la cohabitation des ordres juridiques OHADA, UEMOA, CEDEAO », *in Actes du Colloque sur la mise en cohérence des processus d'intégration économique et juridique,* Ouagadougou, 8, 9, 10 janvier 2007, non publié mais repris dans *OHADA Traités et Actes uniformes commentés et annotés*, 4ème éd. Juriscope, 2012.p.38.

[183] Ibid.

[184] Expression empruntée à M. M.VOINOT, préc ; que nous trouvons très appropriée pour mieux simplifier ce droit à plusieurs substituts.

tous les acteurs économiques, entreprises, autorités publiques et créanciers. Il est aussi un moyen de donner plus d'autorité, de sens et de l'efficience à cette branche du droit économique. Ainsi, que le pouvoir de décision qui définit et oriente la politique économique émane des autorités publiques nationales autrement dit de l'interventionnisme étatique, ou d'une institution supranationale autonome ou communautaire comme dans le cas de l'espace OHADA, importe peu. L'essentiel étant d'aboutir à une effectivité des règles du jeu imposées, qui doivent répondre à la réalité économique du milieu et tenir compte aussi bien des intérêts des entreprises que ceux des créanciers d'une manière équitable sans créer de distorsions au principe d'égalité vis-à-vis de ces derniers. Un principe qui constitue par ailleurs l'une des règles de base du droit des entreprises en difficulté.

§2) Politique d'attractivité économique et de sécurisation du crédit OHADA

82. Très tôt après leurs indépendances, les jeunes Etats africains d'expression francophone ont ressenti la nécessité d'une intégration économique comme étape essentielle pour aboutir à terme à l'unité africaine[185]. Ils étaient donc conscients de leurs difficultés communes institutionnelles, politiques et économiques, comme autant de défis à relever car tout était à faire ou à réorganiser[186]. Leur premier objectif étant d'asseoir un système juridique et institutionnel fort pour impulser leur développement économique, préalable voire condition *sine qua non* à l'acquisition d'une véritable indépendance[187], ils aspiraient déjà à une harmonisation juridique et économique. Dès lors, ils ont mis sur pied l'organisation africaine et malgache de coopération économique (OAMCE). L'OAMCE a été instituée par le traité international du 28 mars 1961 et signé par douze Etats membres : le Cameroun, la République Centrafricaine, le Congo-Brazzaville, la Côte d'Ivoire, le Dahomey (devenu Bénin), le Gabon, la Haute-Volta (devenu le Burkina Fasso), Madagascar, la Mauritanie, le Niger, le Sénégal et le Tchad.

83. Mais ce qu'il convient désormais d'appeler l'ancêtre institutionnel de l'OHADA, a échoué et n'a pu atteindre son dessein[188]. Il est dès lors important de tirer des enseignements de ce qui a empêché la réalisation de cette organisation des débuts des indépendances que les douze Etats membres avaient pourtant souhaitée. Selon Gabriel D'Arboussier juriste sénégalais et ancien ministre de la justice, « *l'échec de l'organisation est dû*

---

[185] V. KUPER, H. and KUPER L. (eds.), African Law : Adaptation and Development, Berkeley, University of California Press, 1965.
[186] G. D'ARBOUSSIER, « L'évolution de la législation dans les pays africains d'expression française et à Madagascar », *in* Kuper, H. and Kuper L. (eds.), *African Law : Adaptation and Development*, Berkeley, University of California Press, 1965, p.165 et s.
[187] G. D'ARBOUSSIER, préc.
[188] G. D'ARBOUSSIER, op. cit.

à l'incapacité de ces jeunes Etats à trouver l'équilibre entre les nouvelles institutions et les droits hérités de l'ancienne puissance coloniale »[189]. Ces droits hérités ne régissaient les rapports entre acteurs économiques que pour les élites, complètement assimilées et pour l'Etat tandis que le reste des masses populaires étaient assujetties au droit traditionnel ou coutumier[190] et donc dans le système de l'informel. Ce décalage issu de l'époque coloniale n'a pas été transformé par le droit de la nouvelle OAMCE. Il est resté tellement considérable que certains auteurs n'ont pas hésité à dire que le droit issu de l'organisation n'était pas fait au profit des populations africaines concernées mais servait plutôt les intérêts étrangers des multinationales liés à l'exploitation des matières premières[191]. En définitive, il y avait un réel problème d'adaptation et de gestion de ce pluralisme juridique déjà existant.

84. Après l'échec de l'intégration économique, vit le jour quelques décennies plus tard, en 1993, l'Organisation pour l'Harmonisation en Afrique du Droit des Affaires (OHADA). Cette institution contemporaine d'intégration économique doit donc éviter les écueils de la précédente, surmonter les difficultés qui ont été fatales à cette dernière et relever de nombreux défis : s'intégrer dans la mondialisation des échanges tout en intégrant les valeurs socio-économiques africaines, conjuguer et équilibrer le droit écrit et les droits coutumiers par une formalisation ou la codification du droit traditionnel ou coutumier non écrit mais profondément ancré dans la mémoire collective des sociétés africaines[192]. Ce travail d'adaptation qui incombe aux juristes africains est nécessaire afin de construire des matériaux utilisables du point de vue de la pensée juridique moderne[193].

85. Selon les propos du juge K. Mbaye[194], l'OHADA est « *un outil juridique imaginé et réalisé par l'Afrique pour servir l'intégration*

---

[189] Ibidem.

[190] Ibidem.

[191] J. VANDERLINDEN, *Les systèmes juridiques africains,* PUF, Coll. Que sais-je ? 1ère éd. 1983 ; C. NTAMPAKA, *Introduction aux systèmes juridiques africains,* Presse Universitaire de Namur, 2005. Ces mêmes reproches sont également portés contre l'OHADA. En ce sens v. S. KWEMO, *L'OHADA et le secteur informel*, Thèse Paris 1 Panthéon-Sorbonne, 2012. Selon cette auteure, « *les règles de l'OHADA procèdent d'une sorte de transplantation des solutions retenues par le droit des affaires français* », p. 19.

[192] J. VANDERLINDEN, *Les systèmes juridiques africains,* op. cit ; C. NTAMPAKA, *Introduction aux systèmes juridiques africains,* op. cit.

[193] T. OLAWALE ELIAS, *La nature du droit coutumier africain,* Présence Africaine, 1961.p.11.

[194] L'un des pères fondateurs de l'OHADA, le juge Kéba Mbaye, ancien Président de la Cour Suprême du Sénégal et ancien juge à la Cour Pénale Internationale de Justice de la Haye, a été chargé de direction de la commission d'étude, d'information du projet d'élaboration de l'OHADA – V. ERNST & YOUNG International. Actes uniformes OHADA, Les études pratiques de Ernst & Young en Afrique, Editions FFA, 1ère édition, oct-06, p. 395 à 426. Il a été aussi à l'origine de la création de l'Association pour l'Unification du Droit en Afrique (UNIDA) pour accompagner l'OHADA – Voir www.ohada.com; V. également KWEMO S. *L'OHADA et le secteur informel,* thèse. op.cit.p. 24.

économique et la croissance[195] ». Mais, la croissance n'est pas synonyme de développement économique ! La déclaration des chefs d'Etats des pays membres constitue le préambule du traité institutionnel fondateur. Y sont mentionnés les objectifs visés en particulier l'aspiration des chefs d'Etat à « *réaliser un espace juridique doté d'un droit des affaires harmonisé, simple, moderne et adapté afin de faciliter l'activité des entreprises, de garantir la sécurité juridique des activités économiques, de favoriser l'essor de celles-ci et d'encourager l'investissement* »[196].

86. Ces objectifs ont orienté tous les actes uniformes déjà adoptés par le conseil des ministres de l'OHADA[197] et orienteront ceux à venir dans les différents domaines du droit des affaires[198]. Ils ont servi de guide au législateur africain pour asseoir une politique économique et élaborer les finalités de l'acte uniforme portant organisation des procédures collectives d'apurement du passif OHADA (AUPC). Conscient que le droit des procédures collectives est une composante fondamentale du droit économique dont la régulation peut avoir un impact bénéfique sur l'économie de la région, le législateur africain se veut avant tout rassurant et avenant. Ainsi, malgré l'absence notable du rappel des grandes orientations économiques due probablement à un simple renvoi au préambule du traité fondateur de la part de ses rédacteurs, l'esprit ou la politique économique de l'AUPC répond à la nécessité de garantir la sécurité juridique des activités économiques (A) notamment en mettant à la disposition des acteurs économiques un droit attrayant, simplifié et prévisible afin de faciliter l'activité des entreprises (B), une condition essentielle pour encourager l'investissement dans la zone économique et juridique OHADA[199].

---

195 K. MBAYE, « L'histoire et les objectifs de l'OHADA », *Petites Affiches,* n° 205, 13 octobre 2004, p. 4 ; voir également ces propos repris comme mots de Préface pour les premières éditions du *Code Vert OHADA : Traité et actes uniformes commentés et annotés, Juriscope 2012.p.9.*

196 Préambule du Traité OHADA – Voir J. ISSA–SAYEGH *et. alii., in* Code Vert OHADA : Traité et Actes uniformes commentés et annotés, *op.cit.* p.23.

197 Le conseil des ministres OHADA, composé des ministres de finance et de la Justice de chaque Etat membre, est l'organe législatif de l'intégration juridique et économique OHADA.

198 L.-D. MUKA TSHIBENDE, « Harmonisation et simplification du droit francophone africain des affaires » *in Recueil d'études sur OHADA et UEMOA,* Presse Universitaire d'Aix-Marseille (PUAM), *Collection Horizons Juridiques Africains,* Vol 1, 2013.p.13.

199 L.-D. MUKA TSHIBENDE, « La sécurisation juridique et judiciaire issue du droit OHADA » *in Recueil d'études sur OHADA et UEMOA* Presse Universitaire d'Aix-Marseille (PUAM), *Collection Horizons Juridiques Africains,* Vol 1., 2013 ; M. MAHOVE, « Le système pénal OHADA ou l'uniformisation à mi-chemin » *in Penant : Revue de droit des pays d'Afrique* n°846, janvier–mars 2004, Paris Edition Africa, p.87 ; R. MASAMBA, « OHADA et le climat d'investissement en Afrique », *Penant : Revue de droit des pays d'Afrique*, 2006 n° 855, p.137 – 150 ; P. MEYER, « La sécurité juridique et judiciaire dans l'espace OHADA », *Penant : Revue de droit des pays d'Afrique*, 2006 n° 855, p.151-175.

A) La nécessité de garantir la sécurité juridique des activités économiques

87. Un rappel historique sur l'état de droit existant avant l'institution de l'espace OHADA permet de mesurer l'importance notamment en termes de prouesse législative accomplie, l'opportunité et les défis de cette législation.

1°) La mosaïque législative d'avant : une source d'insécurité juridique et judiciaire

88. Avant la création d'un espace économique et juridique et l'adoption de l'AUPC, les pays de l'Afrique subsaharienne d'expression française pâtissaient de l'existence de législations éparses et divergentes en droit économique des entreprises en difficulté[200]. La plupart d'entre eux, gardait encore des lois héritées de la puissance coloniale devenues obsolètes et inadaptées[201]. Ainsi en droit commercial en général et en droit de la faillite des entreprises en particulier, certains d'entre eux avaient adopté les dispositions du code de commerce français qui datait de 1806, non remis à jour et de la loi du 13 juillet 1967 sur le droit de la faillite[202]. D'autres avaient adopté les dispositions des lois de 1985 et de 1994[203], toutefois, sans tenir compte ni des circonstances particulières de leur milieu économique ni même des évolutions de ce droit déjà opérées en France. Ce déphasage était tel qu'il était devenu difficile voire risqué d'investir dans l'économie de la sous-région principalement régie par une mosaïque juridique[204] propre à rendre incertaine l'issue des possibles litiges.

89. Cette hétérogénéité des législations nationales sur la faillite des entreprises était jugé défavorable pour attirer les investissements directs étrangers [205]. Il y créait une insécurité juridique mais également judiciaire dans le sens où les lois applicables n'étant plus adaptées, les juridictions se livraient à des interprétations diverses et tranchaient les litiges au cas par cas. De cette pratique empirique et rudimentaire découlait une jurisprudence non constante et incertaine[206]. En outre, cette insécurité était accentuée par l'absence de publication d'une jurisprudence fiable, éditée et commentée par la doctrine et des jurisconsultes rendant impopulaires les décisions de justice[207]. De cela résultait un manque de lisibilité globale et de cohérence des règles en vigueur en l'occurrence sur le régime juridique applicable en matière de défaillance des entreprises. Ceci n'a pas manqué

---

[200] Ph. TIGER, *Le droit des affaires en Afrique : OHADA*, op.cit.

[201] J. VANDERLINDEN, *Les systèmes juridiques africains*, op. cit.; C. NTAMPAKAN, *Introduction aux systèmes juridiques africains*, op. cit.

[202] Ph. TIGER, op. cit.

[203] Ibidem

[204] Ph. TIGER, préc. note 38.

[205] Ibidem.

[206] Ibid.

[207] Ibid.

d'être relevé comme étant un facteur susceptible de dissuader les investissements dans la région francophone de l'Afrique noire[208]. Face à cette mosaïque juridique confuse et incohérente d'un pays à un autre, un travail de convergence législative cohérente et lisible d'ensemble était dès lors nécessaire.

90. Pour redonner confiance [209] aux investisseurs, l'harmonisation juridique était dès lors perçue comme le seul remède pour éradiquer l'insécurité juridique et judiciaire qui prévalait et qui serait à l'origine « *du phénomène de désinvestissement et de marginalisation économique de la zone franc de l'investissement direct mondial* » [210]. A l'heure de la mondialisation et de la constitution de grands ensembles économiques compétitifs, maintenir l'état préexistant des législations, constituait un handicap économique certain et une menace pour leurs économies nationales respectives. Ceci était dommageable pour ces Etats car comme l'ont souligné certains auteurs, « *le droit doit faciliter l'activité économique au lieu de la contrarier* [211] ». Conscient de cette étroite corrélation entre le droit et l'économie, le législateur africain de l'espace OHADA, à l'instar du législateur français, a misé sur le droit qu'il a utilisé au service de l'économie pour une meilleure attractivité de l'espace économique. L'objectif global est d'attirer, d'impulser et de faciliter les investissements locaux et internationaux dans la zone d'intégration économique, et à ce titre l'AUPC et les autres actes uniformes s'inscrivent pleinement dans cette visée. Ce qui fait du droit OHADA une bonne illustration du lien entre droit et économie[212].

91. A la différence du législateur français dont l'objectif en matière de politique économique est marqué par la volonté de faire émerger un ordre public économique, le législateur africain de l'espace OHADA, à travers le texte organisant le droit des procédures collectives, s'est servi du droit pour asseoir une réglementation simplifiée et clarifiée de la vie économique afin d'établir une sécurité juridique, faciliter l'activité des entreprises et par là même assainir le milieu des affaires.

---

[208] J. NGUEBOU, *Le droit commercial général dans l'acte uniforme OHADA,* Presse Universitaires d'Afrique, *Collection droit uniforme*, Yaoundé, 1998, p.3.

[209] K. MBAYE, in Avant- propos, *Penant,* Numéro spécial OHADA, n° 827, mai-aout 1998, Ediéna, Le Vésinet, 1998. p.126.

[210] M. DIAKHATE, « Les procédures simplifiées et les voies d'exécution : la difficile gestation d'une législation communautaire », *in Revue sénégalaise du droit des affaires*, Dakar, n°2-3-4 2003-2004, p.11.

[211] R. MASAMBA. P-G. POUGOUE, « Attractivité économique du droit OHADA », *in Encyclopédie du droit OHADA,* 2012, p. 377.

[212] R. MASAMBA. P-G. POUGOUE, « Attractivité économique du droit OHADA », op. cit.

2°) Etablir la sécurité juridique : un impératif économique de l'AUPC

92. L'insécurité juridique dénoncée à juste titre par les opérateurs économiques investisseurs et banquiers a suscité chez les autorités politiques des Etats membres de l'OHADA une volonté ferme de réformer le droit économique à travers une voie d'harmonisation législative afin de simplifier, d'unifier mais aussi de moderniser entre autres disciplines le droit économique des procédures collectives. L'acte uniforme portant organisation des procédures collectives d'apurement du passif répond ainsi à cette logique d'ensemble du traité fondateur OHADA[213] qui est la nécessité de garantir la sécurité juridique et judiciaire[214], en l'occurrence en matière d'insolvabilité des entreprises dans l'espace OHADA[215]. En effet, la préoccupation majeure de l'AUPC a été d'améliorer le cadre juridique en abrogeant les législations obsolètes et éparses qui préexistaient avant l'harmonisation du droit des procédures collectives pour les remplacer par d'autres dispositions impératives. Conformément à l'article 10 du traité OHADA, le nouveau dispositif est d'application directe et prime sur les droits nationaux postérieurs (en la matière) qui lui seraient contraires. L'AUPC veille à la bonne santé des entreprises et à l'assainissement de l'environnement des affaires [216] afin de reconquérir définitivement la confiance des investisseurs[217]. Il a également pour ambition de formaliser les commerçants du secteur informel[218] considéré comme une dominante économique en Afrique[219].

93. Ainsi, le législateur africain de l'espace OHADA a permis à l'ensemble des Etats parties de bénéficier d'un droit adapté aussi bien aux

---

[213] P.G. POUGOUE, *Présentation générale et procédure en OHADA*, PUA, 1998, voir aussi PAILLUSSEAU J., « Une révolution juridique en Afrique, l'OHADA », in COLLECTIF, Dialogues avec Michel Jeantin, Prospectives du droit économique, Dalloz, Coll. Etudes, mélanges, travaux, 1999 ; J. PAILLUSEAU, « Le droit OHADA, un droit très important et original », *JCPE, Cahiers de droit de l'entreprise, supplément* n°5, 2004, p.3.

[214] L. BENKEMOUN, « Sécurité juridique et investissements internationaux », *In Penant* Avril-juin 2006 n° 855, p.193. Ohadata J.06.52 ; J. YOUMSI, « L'OHADA : un instrument pour le développement des investissements dans un climat de sécurité juridique et judiciaire », *Juridis Périodique* n°30, avril-mai-juin 1997, p.98 et s.; L-D. MUKA TSHIBENDE, « La sécurisation juridique et judiciaire du droit OHADA », *in Recueil d'études sur l'OHADA et l'UEMOA*, éd. PUAM., Coll. Horizons Juridiques Africains, Vol1. 2013. p.13.

[215] V. commentaires sous l'article 1er du titre préliminaire de l'acte uniforme portant organisation des procédures collectives d'apurement du passif (AUPC), *in OHADA : Traité et actes uniformes commentés et annotés*, Juriscope 2012.p.1145.

[216] R. MASAMBA. P-G. POUGOUE, « L'attractivité économique du droit OHADA », *in Encyclopédie du droit OHADA*.2012. p.377 et s.

[217] R. MASAMBA, « L'OHADA et le climat de l'investissement en Afrique », *in Penant : Revue de droit des pays d'Afrique, Paris,*Juris Africa,Avril-juin 2006. N°855, p.137 à 150 ; L-D. MUKA TSHIBENDE, « La sécurité juridique et judiciaire issue du droit OHADA »*in Recueil d'Etudes sur OHADA et l'UEMOA,* Ed. Presse Universitaire d'Aix-Marseille (PUAM), Coll. Horizons Juridiques Africains Vol. 1, p.43 et s.

[218] S. KWEMO, *L'OHADA et le secteur informel*, Thèse Paris 1 Panthéon-Sorbonne, 2012.

[219] L. BENKEMOUN, « Sécurité juridique et investissements internationaux », op.cit.

normes et exigences internationales du marché [220] qu'aux réalités économiques africaines[221]. Pour rétablir la sécurité juridique et stimuler le développement économique de la région, il a satisfait aux exigences formulées par les opérateurs économiques[222]. Ces exigences qui étaient d'ordre sécurité juridique et judiciaire devaient se matérialiser par la mise en place d'un droit plus souple, prévisible et moderne. Le Groupe Banque Mondiale en a fait siennes quelques unes pour l'évaluation annuelle par le rapport *Doing Business* de 189 économies nationales dans le monde dont celles des Etats membres de l'OHADA[223]. Il s'agit entre autres de voir si les règlementations en place permettent la création simplifiée des sociétés, l'accès au crédit, la régularité, exécution et le respect des contrats, le recouvrement effectif des créances et la gestion responsable de l'insolvabilité des entreprises. A travers l'AUPC, le législateur africain de l'espace OHADA fournit plus de clarté, de lisibilité et de prévisibilité nécessaires aux investisseurs et réussit à dissiper leur crainte.

94. Enfin, en simplifiant le droit des procédures collectives, en le rendant homogène entre les Etats membres, le législateur a permis de donner confiance aux investisseurs et de favoriser l'essor des activités économiques dans l'étendue des territoires de ces Etats membres[224].

B) Faciliter l'activité des entreprises et prévenir les risques de l'insolvabilité dans l'espace OHADA

95. Les objectifs de l'acte uniforme portant organisation des procédures collectives d'apurement du passif sont clairs. Pour faciliter l'activité des entreprises dans la zone, le législateur promeut un droit moderne et adapté aux pratiques des affaires afin d'assurer la compétitivité et la performance économiques de celles-ci.

---

[220] V Groupe de la Banque Mondiale, *r*apports *Doing Business* dans les Etats membres de l'OHADA 2012, p. 3 et s., « Au-delà de l'efficience », rapport *Doing Business* 2015, 29 octobre 2014, p. 85 http://francais.doingbusiness.org/reports/global-reports/doing-business-2015

[221] Ph. TIGER, op.cit ; J. PAILLUSEAU, « Le droit OHADA, un droit très important et original », op.cit.

[222] Ph. TIGER, op.cit.

[223] V. Groupe de la Banque Mondiale, *r*apports *Doing Business* 2012 et 2015, op.cit ; voir aussi, A. ROCHER, « L'évaluation de l'Organisation pour l'Harmonisation en Afrique du Droit des affaires (OHADA) par le *Doing Business* », *in Revue du Droit des affaires en Afrique (RDAA)* - mai 2015.

[224] V. Groupe de la Banque Mondiale, « Au-delà de l'efficience », rapport *Doing Business* 2015, op.cit.

1°) Promouvoir un droit moderne et adapté afin de redonner confiance

96. Véritable catalyseur de la croissance[225], la sécurité juridique et judiciaire promue[226] donne confiance aux entrepreneurs pour s'installer dans la zone économique OHADA. Ainsi, à l'instar de tous les actes uniformes OHADA, celui portant organisation des procédures collectives d'apurement du passif, outre son apport en termes de simplification du droit des entreprises en difficulté et de sécurité juridique et judiciaire, suscite l'esprit d'entreprendre, de conquête et de la croissance aux entreprises[227] en leur offrant plus de prévisibilité notamment par la clarification des règles du jeu et le régime applicable en cas de défaillance[228]ou d'insolvabilité. L'activité des entreprises est également stimulée par l'accès au crédit, rendu possible grâce à l'acte uniforme portant organisation des sûretés. Rassurés par les dispositions claires de l'AUPC en cas de défaillances et de l'articulation de celui-ci avec les autres actes uniformes en l'occurrence celui relatif au droit des sûretés, les créanciers et futurs investisseurs savent désormais à l'avance le sort de leurs créances. Ainsi le risque d'insolvabilité est à moitié prévenu puisque garanti sur l'étendue de tous les territoires des Etats membres de l'OHADA. En outre, les futurs investisseurs et pourvoyeurs de fonds sont revigorés par le penchant protecteur des intérêts des créanciers de l'acte uniforme relatif au droit des procédures collectives. Cela permet aux entreprises d'avoir des soutiens financiers et d'accéder au crédit même en cas de difficultés. Cette assurance juridique et judiciaire des créanciers et des potentiels futurs créanciers est donc très favorable aux activités des entreprises. Ce faisant, le législateur africain de l'espace juridique et économique OHADA promeut l'essor et la croissance des activités économiques, et ambitionne d'assurer plus de performance aux entreprises qui sont établies sur les territoires des Etats membres de l'organisation.

2°) Assurer la performance des entreprises

97. L'AUPC révisé en organisant le traitement préventif des difficultés des entreprises sans même qu'il y ait eu un constat de cessation des paiements institue un mécanisme juridique innovant[229] à certains égards par

---

[225] M. KIRSH, « Dixième anniversaire de la signature du traité concernant l'harmonisation du droit des affaires en Afrique », *Penant*, n°845, oct-déc. 2003, p.845 Paris, Editions Juris Africa.

[226] L-D. MUKA TSHIBENDE, « La sécurité juridique et judiciaire issue du droit OHADA »*in Recueil d'Etudes sur OHADA et l'UEMOA, 2013,* Vol. 1, p.43 et s.

[227] J. ISSA-SAYEGH, Répertoire quinquennal OHADA, 2000-2005, p.197.

[228] ERNST & YOUNG International. Actes uniformes OHADA, Les études pratiques de Ernst & Young en Afrique, Editions FFA, 1ère édition, oct-06, p.5 et 6.

[229] G. BLANC, « Prévenir et traiter les difficultés », *Actes du colloque « La sécurisation des investissements des entreprises en Afrique francophone : le droit O.H.A.D.A »,* organisé le 20 mars 2009, Université Aix-Marseilles III Centre de Droit Economique, sous les auspices Louis-Daniel Muka Tshibende, Ed. PUAM, 2009.

rapport à d'autres textes de traitement de l'insolvabilité des entreprises qui existaient auparavant dans les Etats membres, et plus efficace pour anticiper et pallier la défaillance[230] des entreprises. En articulation avec les autres actes uniformes notamment celui portant organisation du droit commercial général et celui organisant le droit comptable qui ont consacré le système d'alerte et d'informations sur l'état des comptes et la comptabilité des entreprises, l'AUPC voit s'éclairer davantage les limites et contours de son champ d'application. En effet, ce système d'alerte et d'information précoce sur l'état financier des entreprises permet très efficacement de détecter les difficultés des entreprises et d'agir en conséquence d'une manière préventive, rapide et efficace. Le mécanisme de traitement et de prévention des difficultés permet la prise en charge de l'entreprise très tôt avant même la cessation des paiements et de trouver des solutions idoines à sa survie et à la continuité de son activité[231]. Le cas échéant, il prévoit aussi avec une volonté réelle de célérité les phases traditionnelles de redressement judiciaire et de liquidation des biens dans des délais record comparables aux normes et standards internationaux en matière de défaillance. La célérité est davantage prise en compte lors de la récente réforme avec l'introduction de nouvelles procédures semi-collectives simplifiées ou d'urgence à savoir : le règlement préventif simplifié[232], le redressement judiciaire simplifié[233] et la liquidation des biens simplifiée[234]. En ce sens, nous pouvons convenir qu'il s'agit d'une rupture sans précédent avec les textes vétustes, obsolètes et disparates[235] qui prévalaient dans la région, c'est une véritable révolution[236].

98. Les auteurs de l'AUPC misent ainsi sur la performance du dispositif juridique mis en place qui a consisté à veiller à la bonne santé des entreprises et à la prévention précoce des difficultés afin de sauver les entreprises viables et élimination dans un délai raisonnablement court le maillon faible de la chaîne de productivité et de la croissance économiques en vue d'assainir le milieu des affaires dans la zone OHADA. L'objectif visé étant l'accomplissement, la fiabilité et la réussite des entreprises déjà établies afin d'inciter de nouvelles créations d'entreprise et de relever l'essor des activités économiques dans l'espace harmonisé du droit des affaires en Afrique est globalement réalisé.

---

[230] A. S. ALGADI, *Contrats et Droit OHADA des procédures collectives : étude à la lumière du droit français,* L'Harmattan, Paris 2009, n°9.

[231] C'est tout le sens des dispositions du titre II relatives à la procédure préventive de la conciliation et de la procédure collective dite de règlement préventif (articles 6 à 24) de l'AUPC révisé OHADA.

[232] V. Les articles 24 à 24-5 nouveaux de l'AUPC révisé.

[233] V. Les articles 145 à 145-9 nouveaux de l'AUPC révisé.

[234] V. Les articles 179 à 179-10 nouveaux de l'AUPC révisé.

[235] J-R. GOMEZ, « Entreprises en difficulté : Lecture de l'Acte Uniforme de l'OHADA portant organisation des procédures collectives d'apurement du passif à la lumière du droit français », *Revue d'Analyses et de Prospectives Africaines*, Ed. Bajag – Meri, 2003 pp.13. 19 et 20.

[236] J. PAILLUSESAU, préc.

SECTION 2. LES OBJECTIFS JURIDIQUES : DIVERGENCE DE PRIORITÉ ENTRE LE DROIT FRANÇAIS ET LE DROIT OHADA

99. De nos jours, les objectifs poursuivis par le droit des procédures collectives sont au nombre de trois à savoir le règlement collectif des créanciers, la sauvegarde de l'entreprise et le maintien des emplois[237]. Le droit est censé pouvoir permettre à ces objectifs *a priori* plutôt antagonistes d'être conciliés. La recherche du juste équilibre entre ces intérêts sera la principale difficulté pour le législateur. Certains auteurs qualifient ce droit de droit de compromis et de réalisme[238] pour montrer la complexité et le caractère sinon opportuniste du moins pragmatique du droit des procédures collectives. Néanmoins certains législateurs en l'occurrence les législateurs français et de l'espace OHADA, mettent plus ou moins explicitement en avant un objectif principal d'orientation juridique prévalant sur les autres objectifs jugés secondaires. Cette hiérarchisation des objectifs selon celui qui est considéré comme prioritaire, permet ainsi de connaître précisément l'esprit ou l'orientation juridique ainsi que le degré d'interventionnisme étatique, communautaire ou institutionnel attachés au texte organisant le droit des procédures collectives.

100. Cependant, l'importance des enjeux économiques (conserver la bonne santé économique, la croissance, et la production des richesses) et le rôle de la régulation du droit des entreprises en difficulté pour conserver cette bonne santé économique, commandent un règlement collectif et organisé de la défaillance. Ceci fait du droit des procédures collectives, un droit spécial et dérogatoire au droit commun. Ainsi, indépendamment de l'orientation juridique attachée à cette matière de droit économique, une discipline collective rigoureuse régissant l'entreprise débitrice et l'ensemble de ses créanciers s'impose très souvent d'abord pour sauver l'entreprise et préserver les emplois avant d'envisager le cas échéant la liquidation et l'apurement de son passif. Une logique qui relègue systématiquement sinon d'une manière implicite l'objectif de règlement des créanciers au second plan.

101. De manière générale, le traitement de la défaillance obéit à une trilogie classique en trois phases que sont : la prévention et proposition de quête de solution à l'amiable, le redressement judiciaire et la liquidation des biens ou l'apurement du passif de l'entreprise. Toutefois quel que soit l'objectif affiché prioritairement par le texte organisant le droit des entreprises en difficulté, cette trilogie classique permet d'envisager d'abord de sauvegarder l'activité de l'entreprise et de préserver les emplois.

---

[237] J.-L. VALLENS, *L'insolvabilité des entreprises en droit comparé*, Pratique des affaires, Joly Ed. 2011.

[238] J-R. GOMEZ, op.cit.

102. Ainsi, le droit OHADA des procédures collectives d'apurement du passif, inspiré substantiellement par la législation française du 13 juillet 1967 sur les procédures collectives, bien que favorable et affichant une préoccupation singulière pour le paiement des créanciers, encourage d'abord le sauvetage des entreprises. Il dispose d'un arsenal juridique parfois même très novateur pour permettre aux entreprises de remédier tôt à leurs difficultés.

103. Dans le droit positif français, le législateur, confronté à la même réalité économique, est passé au fil des années, de la finalité affichée de faire du droit des procédures collectives, un droit de règlement collectif et organisé des créanciers et donc protecteur des intérêts des créanciers, à un droit des entreprises en difficulté axé prioritairement sur la sauvegarde de l'entreprise. La réforme française du droit des procédures collectives introduite par la loi du 26 juillet 2005 qui s'intitule expressément « loi de sauvegarde des entreprises », illustre bien le changement opéré sur la priorisation des objectifs.

104. Quelle que soit la finalité juridique et économique affichée, le droit des procédures collectives, comme son nom l'indique, régit, le règlement curatif des difficultés de l'entreprise en impliquant tous les créanciers de celle-ci, d'une manière collective et organisée, spéciale et circonstancielle. En cela, il déroge et prime sur le droit commun, en l'occurrence sur le droit des sûretés ou les droits des créanciers. En effet, ces derniers doivent supporter l'emprise du droit des procédures collectives et consentir quelques efforts pour tenter de redresser d'abord l'entreprise débitrice. Dans la mesure où celle-ci est viable, l'objectif de redresser l'entreprise devient un impératif découlant directement de la nouvelle raison d'être du droit des procédures collectives. Au nom de ses finalités réputées supérieures[239], le droit des procédures collectives bénéficie d'une primauté légale, ou implicite selon les législations, sur les diverses règles du droit commun des contrats et plus particulièrement sur le droit des sûretés. Certains auteurs[240] trouvent que ces dispositions du droit commun des contrats et plus précisément des sûretés sont malmenées par l'autoritarisme des règles spéciales du droit des procédures collectives. Mais, cette position parait trop tranchée. Compte tenu du caractère spécial et d'ordre public du droit des procédures collectives, établir un ordre graduel de primauté dérogatoire au droit commun est nécessaire. En France, la primauté du droit des procédures collectives découlant justement de ses finalités supérieures et impératives d'ordre public économique bénéficie d'une consécration légale tandis que dans le droit OHADA la supériorité de l'acte uniforme portant organisation

---

[239] Ph. ROUSSEL GALLE, « Finalités des procédures collectives en QPC », *LPA*, 29 septembre 2011, n°194, p.66.

[240] L. M. MARTIN, « Suretés traquées : crédit détraqué », *Banque* 1975, 1133 ; L. AYNES, « Rapport de synthèse », in *Les garanties de financement,* 82ème Congrès des Notaires, Nice, Defrénois 1986, 909, n° 1 et 2 ; en ce sens voir également, L. BOUGEROL-PRUD'HOMME, *Exclusivité et garanties de paiement*, Thèse Paris II Assas, 2010, p. 10.

des procédures collectives d'apurement du passif sur les autres actes uniformes notamment celui relatif au droit des sûretés demeure tacite.

Ainsi, si en France, l'esprit des textes relatifs au droit de la faillite ainsi que leur nom, ont connu fondamentalement une évolution dans le temps **(§1),** l'acte uniforme portant organisation des procédures collectives d'apurement du passif OHADA lui, a adopté un esprit affiché de protection des droits des créanciers en optant pour le paiement des créanciers **(§2)**. Même, si on doit par ailleurs réserver quelques nuances eu égard aux conditions préalables à l'application de cet esprit dans la pratique.

§1) L'évolution des objectifs du droit français des procédures collectives

105. Etudier l'évolution des finalités du droit français de la faillite[241] nous permet ainsi de voir comment la gestion de la faillite a engendré la naissance d'un droit impératif, spécial et collectif qui a vocation à s'imposer aussi bien au débiteur qu'à l'ensemble de ses créanciers. En effet, le caractère collectif du règlement de la situation du commerçant failli pour assurer un traitement égal de tous les créanciers ainsi que l'intérêt économique d'ordre public, ont forgé un droit dont l'essence même fait qu'il est dérogatoire sur le droit commun[242]. Ainsi, du droit de la faillite au droit des entreprises en difficulté en passant par le droit des procédures collectives, cette matière a changé de nom au gré des intérêts en jeu et de l'évolution de ses objectifs. A l'origine, le mot faillite du latin *fallere* signifiant « tromper » s'appliquait au commerçant qui n'a pas honoré ses engagements et qui aurait donc trompé la confiance de ses créanciers[243]. Inspiré par le droit romain, le droit de la faillite d'avant le code de commerce de 1807 poursuivait une[244] seule finalité, l'assainissement organisé[245]. L'assainissement organisé avait un double but : d'une part, il consistait à sanctionner et à éliminer les débiteurs en cessation de paiements alors assimilés à des délinquants économiques, et d'autre part à liquider leurs biens en les répartissant équitablement entre tous les créanciers[246]. La notion de faillite recouvrait donc une double fonction[247]: punitive sur la personne physique du défaillant et liquidative sur le plan

[241] La faillite a été instituée pour la première dans le droit français par la Grande Ordonnance de 1673 appelée Code Savary.

[242] En abondant dans ce sens, l'article 2287 consacre dans le Code civil la primauté du droit des procédures collectives sur le droit commun des sûretés.

[243] André JACQUEMONT, *Droit des entreprises en difficulté,* 7ème édition, Litec 2011.

[244] R. SZRAMKIEWICS, *Histoire du droit des affaires,* Montchrestien, Coll. Précis-Domat1989. – V. aussi C. SAINT-ALARY-HOUIN, *Droit des entreprises en difficulté,* Montchrestien, Coll. Précis-Domat. 2011.

[245] A. JACQUEMONT, op. cit.

[246] Ibidem.

[247] P. LE CANNU, J-M. LUCHEUX, M. PILTRON et J-P. SENECHAL, *Entreprises en difficulté : prévention, redressement et liquidation judiciaires,* in Joly Editions, Coll. Pratiques des affaires. 1995. p. 1et s.

patrimonial du débiteur. Le failli perçu comme quelqu'un en état de « déchéance » morale qui n'a pas respecté ses engagements envers ses créanciers était donc passible de sanction physique[248]. L'état de la faillite pour le commerçant était constitué quand la cessation des paiements était constatée par le tribunal du commerce[249]. En effet, instituée pour la première fois en France, par la grande ordonnance de 1673 relative au commerce autrement appelée le Code Savary avant d'être consacrée dans le livre trois (III) du code de commerce de 1807, la faillite représentait une procédure rigoureuse voire même excessive[250] pour le failli et ses biens. De cette procédure judiciaire de liquidation des biens du failli pour apurer son passif au profit de l'ensemble de ses créanciers était née l'expression de la procédure collective. Ce terme subsiste encore pour désigner ce droit spécial de l'insolvabilité des entreprises mais rebaptisé dans le droit positif français depuis la loi du 26 juillet 2005, « droit des entreprises en difficulté ». Ce n'est qu'à partir de la loi du 13 juillet 1967 qui opère une distinction entre la personne du failli et le sort de l'entreprise, que l'objectif de redressement de l'entreprise est apparu comme un deuxième objectif du droit des procédures collectives[251]. Ce deuxième objectif a été ultérieurement classé comme prioritaire dans une procédure collective notamment de redressement judiciaire dans la loi du 25 janvier 1985. Il a été applicable jusqu'à récemment aux procédures ouvertes avant le 1er janvier 2006[252]. Mais la réforme introduite par la loi du 10 juin 1994 souhaitant un rééquilibrage[253] entre le redressement des entreprises et la préservation des intérêts des créanciers, rétablit le paiement des créanciers[254] comme objectif prioritaire avant de pencher finalement de nouveau vers la sauvegarde avec la loi de sauvegarde des entreprises intervenue le 26 juillet 2005.

106. Qualifié de droit instable[255] parce que lieu de constants changements et ajustements pour tendre vers un idéal d'équilibre entre les intérêts en jeu, parfois contradictoires, l'esprit du droit des procédures collectives ou droit des entreprises en difficulté a beaucoup évolué dans le droit français. Ainsi, la volonté du législateur est passée de l'idée de la protection des créanciers dans les procédures collectives en mettant en avant le règlement collectif et

---

[248] E. SOPGUI, *Les sûretés conventionnelles à l'épreuve des procédures collectives*, Thèse, Université Yaoundé II, 2008, p. 2 et s

[249] CORNU G. (Dir.), *Vocabulaire juridique,* Association Henri Capitant, 8e édition QUADRIGE / PUF, 2010, p. 399.

[250] A. JACQUEMONT., préc.

[251] Ibidem.

[252] Ibidem.

[253] F. PEROCHON., R. BONHOMME., *Entreprises en difficulté : instrument de crédit et de paiement*, 7ème Ed. L.G.D.J. 2006.

[254] M. CABRILLAC et Ph. PETEL., « Juin 1994 : Le printemps des sûretés réelles », *Dalloz.* 1994, 243. CHAPUT (Dir.), *L'apurement des dettes,* Creda, 1998.

[255] P. LE CANNU, J.M. LUCHEUX, M.PITRON et J.P. SENECHAL., *Entreprises en difficulté : prévention, redressement et liquidation judiciaires*, Ed. Joly, Coll. Pratiques des affaires. 1995.

organisé des créanciers (A) et le principe d'égalité comme instrument de mesure entre ces derniers[256], à la sauvegarde des entreprises en difficulté économique (B) en vue de préserver la bonne santé économique et la croissance du milieu des affaires.

A) Du règlement collectif et organisé des créanciers…

107. Le règlement des créanciers a toujours été un objectif primordial du droit de la faillite[257]. L'objectif prioritaire était alors le désintéressement des créanciers. En effet, considérés à l'origine comme victimes d'une mauvaise gestion du débiteur failli, les créanciers étaient au cœur de l'intérêt public du traitement de la défaillance. Pour assurer un dénouement, il fallait réaliser le traitement de la défaillance de manière organisée sous contrôle de l'autorité publique et imposer une discipline collective à l'ensemble des acteurs économiques de la vie de l'entreprise. Ainsi, « *il est apparu nécessaire de régler la question sous une forme collective c'est-à-dire de ne pas laisser chaque créancier agir individuellement… mais opérer une saisie collective du patrimoine du débiteur afin de payer équitablement les différents créanciers* [258] ». D'où la notion du règlement collectif et organisé des créanciers qui a donné naissance aux procédures collectives de paiement et le droit qui en a découlé.

1°) Apurement du passif : une procédure collective et organisée de liquidation des biens

108. Cette approche de la gestion de la faillite a dominé en France pendant tout le 19ème siècle. Ainsi, sans aucune connotation commerciale la faillite était gérée comme une procédure civile de paiement des créanciers du débiteur. Celle-ci était organisée sous contrôle de l'autorité publique compétente, et était quasi collective déjà car concernée par l'ensemble des créanciers connus ou déclarés auprès de l'autorité publique. Le traitement de la faillite s'apparentait à une procédure ayant pour but de régler les relations entre le débiteur et ses créanciers. Il consistait à apurer la dette exigible sur l'actif disponible donc de résoudre une difficulté d'ordre patrimonial du débiteur[259].

109. A partir de 1967, la législation du 13 juillet 1967 opérant une distinction sans précédent entre l'homme et l'entreprise, introduit une procédure collective fondamentalement commerciale et acquiert définitivement son caractère collectif du fait de l'état de cessation des

---

256 Du moins, jusqu'à une période récente avant la remise en cause de ce principe, pour les créanciers chirographaires.
257 D. VOINOT, *Procédures collectives,* Montchrestien, Lextenso éditions, 2011. p.5.
258 Ibidem,
259 D. VOINOT., op.cit.

paiements[260] vis-à-vis des créanciers. L'état de cessation des paiements, constat d'une faillite aggravée de l'entreprise, était apprécié par le tribunal de commerce qui prenait la décision de procéder à la liquidation des biens de l'entreprise, seule issue alors envisageable. Cette liquidation passait notamment par une vente globale inspirée de l'expression latine du droit romain : la *venditio bonorum*.

110. La loi du 10 juin 1994, rétablit l'objectif de règlement des créanciers comme objectif prioritaire du droit des procédures collectives après son éclipse dans les années 80 avec les législations de 1984 et de 1985 qui, elles, privilégiaient l'objectif de redressement judiciaire de l'entreprise débitrice en difficulté[261].

Il importe de retenir que l'objectif du règlement des créanciers, que ce soit sous sa forme traditionnelle d'avant 1967 ou sous l'aspect commercial (avènement d'une procédure collective) telle qu'elle est connue dans la loi de 1994 à nos jours, est caractérisé par une rigoureuse discipline collective imposée autant au débiteur qu'à l'ensemble de ses créanciers.

2°) Imposition d'une discipline collective

111. La naissance du droit des procédures collectives ne date pas de celle du droit de la faillite mais plutôt du moment où la gestion de cette dernière a pris une tournure commerciale. En effet, avant 1967, le traitement de la faillite sous forme des voies d'exécution civile des biens du débiteur en vue de recouvrer la dette était basé sur les règles du droit commun. C'était alors le droit commun de la faillite. C'est-à-dire que excepté le cas de la mise en vente globale des biens du débiteur sous le magistère d'un tiers chargé de régler les dettes du débiteur[262], le paiement des créanciers pouvait se faire individuellement et séparément créancier par créancier.

102. Mais, c'est à partir du moment où la procédure de règlement de la faillite emprunte un aspect commercial[263] (en intégrant la notion de cessation des paiements[264]) et érige une discipline collective composée des règles spéciales, impératives et circonstancielles dérogeant au droit commun des voies d'exécution civiles, faisant intervenir comme régulateur[265] du rapport traditionnel débiteur-créancier, un organisme public tiers que le droit des procédures collectives est né comme une matière de droit à part entière et autonome. En effet, ce n'est qu'avec l'avènement de cette discipline

---

[260] D. VOINOT., op.cit.

[261] V. GRELLIERE, « Les procédures instaurées par la loi du 25 janvier 1985 sont-elles des procédures collectives de paiement ? », *LPA*, 1987, n° 81 et s.

[262] Ibidem,

[263] R. SZRAMKIEWICZ., *Histoire du droit des affaires,* Montchrestien, Coll. Précis-Domat, 1989.

[264] V. La définition de la notion de cessation des paiements à l'article L631-1 du Code de commerce.

[265] P. LE CANNU., J.-M. LUCHEUX, M. PITRON., J.-P. SENECHAL., *Entreprises en difficulté : prévention, redressement et liquidation judiciaire »* op.cit.

collective de règlement des créanciers introduit par la législation du 13 juillet 1967 que l'on peut parler du droit des procédures collectives[266]. Cette discipline collective consiste à faire en sorte que tous les créanciers du débiteur fassent obligatoirement partie de la procédure et soient soumis à ses règles impératives, qu'ils fassent l'objet d'un traitement semblable[267] et supportent conjointement les sacrifices imposés. Ainsi, constitués en masses de créanciers ou plus tard par des comités de créanciers, les droits des créanciers sont pris en compte tout au long de la procédure collective notamment dans la phase de liquidation judiciaire où ils sont d'une part représentés par le syndic des créanciers et d'autre part pris en charge par l'administrateur judiciaire chargé de la liquidation judiciaire. Enfin, pour l'issue de la procédure et son dénouement, le paiement des créanciers se fait selon le rang de chacun d'entre eux.

B) …A la sauvegarde des entreprises en difficulté

113. Avant que la sauvegarde de l'entreprise ne devienne l'objectif prioritaire du nouveau droit des entreprises en difficulté, l'idée de redresser les entreprises viables[268] avait déjà été la préoccupation du législateur de 1985. En effet, depuis cette date, l'approche du législateur sur le traitement de la défaillance a changé et présente désormais une orientation économique en faveur de la continuité de l'activité de l'entreprise. L'article 1er de la loi du 25 janvier 1985 dispose comme suit « *Il est institué une procédure de redressement judiciaire destinée à permettre la sauvegarde de l'entreprise, le maintien de l'activité et de l'emploi et l'apurement du passif* ». Le juge apprécie la viabilité de l'entreprise notamment son potentiel à réaliser du profit. Il prend également en compte d'autres facteurs pouvant justifier un sauvetage tels que le potentiel industriel, économique et social[269]. Le législateur a considéré qu'une entreprise dont l'activité est susceptible d'être relancée et faisant à ce titre l'objet d'un redressement pourrait non seulement maintenir les emplois de ses salariés mais aussi à courte échéance être en mesure de payer ses créanciers. Par conséquent, la liquidation judiciaire des biens a été reléguée au second plan et les créanciers ont vu leurs droits restreints par cette nouvelle volonté économique du législateur de 1985. Ce même nouvel état d'esprit a été corroboré par le Conseil d'Etat énonçant en 1992 que « *Les règles juridiques doivent s'incliner devant la nécessité de maintenir en vie l'entreprise, non seulement pour elles-mêmes, mais pour ne*

---

[266] C. LABRUSSE-RIOU, « L'évolution du droit français depuis le Code de commerce », *in* R. RODIERE (Dir.), *Faillites*, Dalloz, 1970, p. 5 et s.

[267] P. LE CANNU., J.-M. LUCHEUX, M. PITRON., J.-P. SENECHAL., *Entreprises en difficulté : prévention, redressement et liquidation judiciaire »* op.cit.

[268] F. AUBERT, « Les finalités des procédures collectives », *in Prospectives du droit économique, Dialogues avec Michel Jeantin, Dalloz*, 1999, p.368.

[269] Ibidem.

pas déchirer le tissu économique national »[270]. La nécessité de sauver l'activité et corrélativement la vie de l'entreprise s'impose dans le droit français dès lors qu'un plan de sauvegarde ou de redressement de l'entreprise est rendu possible. Cependant, l'objectif de redressement de l'entreprise introduit par la loi de 1985 ne s'applique qu'en cas de constatation d'un état de cessation des paiements avéré de l'entreprise en difficulté.

Puis la loi de sauvegarde des entreprises du 26 juillet 2005 a encore innové en instituant le redressement anticipé (c'est-à-dire avant même qu'il ait été fait état de la cessation des paiements), comme un objectif prioritaire de la sauvegarde de l'entreprise. La sauvegarde de l'entreprise est une nouvelle procédure collective caractérisée par l'absence de l'état de cessation des paiements. C'est une phase de post-prévention et un début de traitement collectif des difficultés des entreprises.

114. L'évolution des priorités du droit des entreprises en difficulté en France depuis le règlement collectif et organisé des créanciers jusqu'à la sauvegarde de l'entreprise, en passant par son redressement résulte d'une volonté législative impulsée par de nouvelles configurations économiques entre les intérêts de l'entreprise et ceux des partenaires créanciers, à la recherche du maintien, de l'efficacité et de l'assainissement du milieu des affaires au sein du tissu économique national. Mais c'est aussi un long processus au cours duquel un droit spécial imposant ses règles impératives et dérogatoires, a été forgé au gré des desseins législatifs. Mais quelque soit leur objectif prioritaire du moment, les dispositions souveraines du droit des entreprises en difficulté ont constitué une discipline collective régissant d'une part les rapports entre l'entreprise débitrice et ses créanciers et imposant d'autre part, la conduite à suivre pour atteindre le but législatif poursuivi. Cependant, depuis 2007 des récentes législations[271] souhaitant notamment redonner efficacité au droit des sûretés réelles[272], ont marqué le recul du droit des entreprises en difficulté[273] sur ses principes traditionnels[274] et fondamentaux issus de son essence spécifique comme droit spécial et dérogatoire. Ces auteurs [275] exposent notamment les bouleversements

[270] CE, 15 mai 1992, Association Girondins de Bordeaux Football club, Juris-data n° 041 229, D. ? 1991, IR, p. 171. Cité par Le CANNU, LUCHEUX, PITRON et SENECHAL, op. cit.

[271] Pour ne citer que celles-ci, la loi sur la modernisation de l'économie du 4 août 2008 et l'ordonnance du 18 décembre 2008.

[272] P.-M. LE CORRE, « Le sort des créanciers : quel état des lieux ? » *in Droit & Patrimoine*, 2013 223, Dossier « La loi de sauvegarde à l'âge de raison ».

[273] Ph. PETEL, « Le nouveau droit des entreprises en difficulté : acte II – commentaire de l'ordonnance n° 2009-1345 du 18 décembre 2008 », *in JCP E* 2009, 1049.

[274] F.-X. LUCAS, « Caractère collectif de la procédure et sauvegarde financière accélérée », *RPC* Mai-Juin 2012, article 18 du dossier consacré au colloque 25 nov. 2011, université de Nanterre « *Que reste-t-il des principes traditionnels des procédures collectives face au morcellement du traitement de la défaillance* », p.93.

[275] Ph. PETEL, « Le nouveau droit des entreprises en difficulté : acte II – commentaire de l'ordonnance n° 2009-1345 du 18 décembre 2009 », op.cit ; F.-X. LUCAS, op.cit.

produits dans le droit des entreprises en difficulté avec l'avènement des sûretés réelles fondées sur l'exclusivité conférée par l'instrumentalisation du droit de propriété comme la fiducie-sûreté, le droit de rétention issu du gage sans dépossession, la réserve de propriété etc...Mais, plus loin au cours de cette étude, nous reviendrons amplement sur cette problématique liée à la reconfiguration introduite par l'avènement des nouvelles sûretés réelles dites émancipées[276] du droit des entreprises en difficulté.

§2) L'esprit protecteur des droits des créanciers de l'AUPC de l'espace OHADA

115. Inspiré par la législation française du 13 juillet 1967, l'Acte uniforme portant organisation des procédures collectives d'apurement du passif OHADA présente des innovations majeures et une originalité[277] qui le démarquent de sa source d'inspiration [278] initiale et le différencie fondamentalement du droit français des entreprises en difficulté en vigueur à ce jour[279]. En effet, s'il lui emprunte l'esprit protecteur des créanciers de la loi française de 1967 ainsi que les deux principales procédures collectives, à savoir le redressement judiciaire et la liquidation, l'AUPC se distingue par le *modus operandi* de ces procédures et par l'orthographe des termes utilisés. En outre, l'AUPC a adopté le règlement préventif des difficultés, phase pré-procédure collective qui n'est pas véritablement, en soi, une procédure collective. Le règlement préventif se solde par un concordat entre le débiteur et ses créanciers les plus importants. En consentant des remises et des délais à l'entreprise qui connait des difficultés financières mais pas au point d'être en état de cessation des paiements, ces derniers participent à sa remise en selle. Le concordat est obtenu avec l'implication des partenaires et est homologué par la juridiction compétente[280]. Celle-ci est saisie sur requête du débiteur exposant sa situation économique[281]. Ce dernier doit élaborer un plan de redressement de l'entreprise appelé concordat préventif lequel doit préciser les mesures et les conditions devant conduire à son exécution[282].

116. Cependant, même si le règlement préventif n'est pas considéré comme une procédure collective[283] à proprement parlé, il produit tout de même les mêmes effets que les procédures curatives (redressement judiciaire et liquidation des biens), notamment l'interdiction des poursuites

---

[276] P.-M. Le CORRE, préc.

[277] J. PAILLUSSEAU, « Le droit de l'OHADA, un droit très important et original », *JCP E, Cahiers de droit de l'entreprise, supplément* n°5, 2004, p.3.

[278] Le droit français de la législation du 13 juillet 1967 pour l'essentiel.

[279] En l'occurrence, la loi de sauvegarde des entreprises du 26 juillet 2005.

[280] V. Article 7 AUPC.

[281] V. Article 5 AUPC.

[282] V. Article 7 al. 1er, 1°, 2° et 3° de l'AUPC révisé.

[283] V. Articles 1er al. 1er, 5 de l'AUPC révisé.

individuelles[284]. Mais, le règlement préventif ne pourra aboutir que lors qu'un expert désigné par le président de la juridiction compétente saisie par requête du débiteur aura rendu son rapport sur la situation économique du débiteur devant permettre à la juridiction d'apprécier la situation financière du débiteur et d'approuver le plan de concordat préventif proposé par le débiteur[285]. La constatation de l'état de cessation de paiements enclenche la phase curative.

L'état de cessation des paiements est désormais défini par les nouveaux articles 1-3 al. 1er et 25 al. 2 de l'AUPC révisé comme « *l'état où le débiteur se trouve dans l'impossibilité de faire face à son passif exigible avec son actif disponible, à l'exclusion des situations ou les réserves de crédit ou les délais de paiement dont le débiteur bénéficie de la part de ses créanciers lui permettent de faire face à son passif exigible* ». Avant la révision de l'AUPC, la définition retenue était essentiellement issue de la jurisprudence[286].

117. L'appréciation de la cessation des paiements. Il nécessite un examen des documents comptables de l'entreprise débitrice[287]. Le passif exigible est l'ensemble des obligations du débiteur devant donner lieu à un paiement immédiat tandis que l'actif disponible se définit comme tout ce qui est susceptible d'être immédiatement transformé en liquidité[288]. Selon le jugement du tribunal de la grande instance de Bobo Dioulasso en date du 22 novembre 2006 précité, l'état de cessation de paiement se traduit de manière concrète par l'installation d'une situation financière désespérée de l'entreprise, caractérisée par l'impossibilité de payer une ou plusieurs créances certaines, liquides et exigibles[289]. La Cour d'Appel de Lomé donne une définition plutôt descriptive et empirique d'une société en état de cessation de paiements. Ainsi, dans son arrêt du 20 avril 2009 n°066/09 affaire BIA-TOGO, SOCIETE SICOME SARL, SAS-TOGO, SOCIETE MIDNIGHT SUN SA, SOCIETE BATIMEX-TOGO/UDECTO, elle considère que « *est en cessation des paiements, la société dont les dettes ont*

---

[284] V. Articles 9, 10 et 11 de l'AUPC révisé.

[285] V. Les articles 7, 8 et 9 de l'AUPC révisé.

[286] La définition retenue de l'état de cessation des paiements est celle qu'avait forgée la cour de cassation française puis reprise respectivement dans l'article L631-1 du code de commerce français. L'ancien article 25 AUPC fait simplement allusion à l'état de cessation de paiement tel que défini par le texte de Code de commerce ; Voir dans ce sens. C. SAINT-ALARY-HOUIN, *Droit des entreprises en difficulté*, 7ème édition, Montchrestien 2011, p.640 ; M. JORGE, *Droit des affaires*, Armand Colin Paris, 2ème édition, Coll. Compact 2001.p.284 ; définition reprise récemment par Cass. Com., 03 juillet 2012, n°11-18026, affaire SODIMEDICAL, obs. R. Bonhomme, *in Bulletin Joly entreprises en difficulté* 01 septembre 2012, n°5, p.279.

[287] TRHC Dakar, 27 août 2001 : Ministère public et sté TOUTELECTRIC c./ P. A. G., Ohadata, J-03-101.

[288] TGI Bobo-Dioulasso (Burbina Faso), n° 308, 22-11-2006 : BOA & FIB c./ SOPROFA & SODEGRAN, Ohadata J-09-85.

[289] TGI Bobo-Dioulasso (Burbina Faso), n° 308, 22-11-2006 : BOA & FIB c./ SOPROFA & SODEGRAN, op.cit.

connu un accroissement de l'ordre de treize pourcent (13%) depuis plus de trois ans et dont le seul espoir pour un redressement est le recours à des nouveaux partenaires[290]». Une société en état de cessation des paiements est donc une société qui connait d'énormes difficultés de trésorerie dont le chiffre des dettes est exponentiel et s'avère être insurmontable. En droit OHADA, la constatation de cet état de fait relève de la seule appréciation de la juridiction compétente.

118. Les termes utilisés. Pour se démarquer de sa source d'inspiration française, le texte africain de l'espace OHADA relatif aux procédures collectives met en avant sa finalité prioritaire dans son intitulé, à savoir l'apurement du passif. Le législateur OHADA n'a pas repris le terme français de « règlement collectif et organisé des créanciers » mais met plutôt en avant le paiement des créanciers à travers les termes d' « *apurement du passif* ». Et là où l'ancienne législation française de la faillite a utilisé la liquidation judiciaire, le texte de l'OHADA des procédures collectives opte pour *la liquidation des biens*.

119. *Modus operandi* des procédures collectives. L'AUPC innove surtout dans le mode opératoire ou dans le mécanisme de la mise en œuvre de ses deux procédures collectives, redressement judiciaire et / ou liquidation des biens. Il n'existe pas dans la législation africaine de l'espace OHADA ce qu'on appelle en droit français la *période d'observation.* La période d'observation dans le droit français consiste en une période pendant laquelle le tribunal laisse l'entreprise en difficulté fonctionner afin d'essayer de mesurer ses difficultés réelles et ses chances de redressement [291]. L'inexistence de cette institution dans le droit OHADA s'explique sans doute par un pragmatisme du législateur africain ainsi que la recherche d'une célérité dans la prise en charge des difficultés de l'entreprise défaillante. Les créanciers et partenaires investisseurs ne souhaitent pas supporter les lourdeurs et l'enlisement des procédures.

Aussi, une procédure collective est mise en œuvre suite à la décision de la juridiction compétente[292] constatant l'état de cessation de paiement dénoncé

---

[290] CA de Lomé, 20 avril 2009, arrêt n° 066/09 affaire BIA-TOGO, SOCIETE SICOME SARL, SAS-TOGO, SOCIETE MIDNIGHT SUN SA, SOCIETE BATIMEX-TOGO/UDECTO, *in* Ohada.com.

[291] M. JORGE, préc, note 116.

[292] Selon l'article 32 al1 modifié de l'AUPC révisé, une procédure collective de redressement judiciaire ou de liquidation des biens ne peut résulter que d'une décision de justice émanant de la juridiction compétente.

par un tiers[293], un créancier[294] ou un représentant du ministère public[295] ou reconnu et déclaré par le débiteur lui-même[296].

Par conséquent, il n'existe pas dans le droit OHADA des procédures collectives un état de la « faillite de fait », comme celle-ci s'est développée un temps en France sous l'empire du code de commerce[297]. C'est une condamnation de principe de la faillite de fait[298]. Ce faisant le législateur OHADA souhaite contrôler la véracité des faillites et lutter contre des fraudes et simulacres de faillites qui viseraient pour l'entreprise à bénéficier de manière indue de soutiens financiers et de remises de dettes de la part de l'Etat et des partenaires créanciers. Ainsi, pour mettre en œuvre une quelconque procédure collective de redressement judiciaire ou de liquidation des biens, il faut en amont obtenir la constatation judiciaire de l'état de cessation des paiements[299].

Toutefois même s'il protège les droits des créanciers et s'il adopte un esprit favorable à ces derniers en ciblant comme objectif prioritaire, le paiement des créanciers ou l'apurement du passif, l'AUPC, tempère cette priorité en la réduisant à son expression théorique (**A**) et en favorisant préalablement le redressement ou le sauvetage de l'entreprise en difficulté (**B**).

A) Priorité théorique au paiement des créanciers

120. Espace juridique relativement jeune[300], promoteur d'un droit des affaires unifié qui se veut moderne et attractif, l'AUPC, à l'instar de l'ensemble des actes uniformes OHADA, est soucieux des droits des créanciers car leur apport en crédits et en investissements est vital pour l'économie des Etats membres. Le nom même de l'AUPC reflète cette importance accordée au paiement des créanciers. Mais est-ce la réalité dans la pratique de ce droit ? En vertu de cette loi les entreprises en difficulté dans l'espace OHADA sont-elles systématiquement liquidées et leurs passifs apurés pour satisfaire les créanciers ? Inspiré par l'ancienne législation française de 1967 qui elle-même avait placé le règlement collectif et organisé des créanciers comme objectif prioritaire en dissociant l'homme et

---

[293] V. Article 28 al. 1er modifié de l'AUPC révisé, conformément à ce texte, la procédure collective peut être ouverte sur demande d'un créancier quelle que soit sa créance pourvu qu'elle soit certaine, liquide et exigible. Une telle demande vaut également dénonciation de l'état de cessation des paiements.

[294] V. Article 28 al. 2 AUPC révisé.

[295] V. Article 29 al. 1er AUPC révisé.

[296] Article 25 al. 4 AUPC révisé.

[297] V. commentaires sous l'article 32 de l'AUPC, *OHADA, traités et actes uniformes commentés et annotés*, 4ème édition Juriscope 2012.p.1180 et s.

[298] Ibidem, p.1181.

[299] Article 15 al. 1, 29 et 33 AUPC révisé.

[300] Il a fêté ses 20 ans en octobre 2013.

l'entreprise[301], L'AUPC bien que gardant ces mêmes considérations vis-à-vis des créanciers, ne reste pas moins réaliste et conciliant dans la pratique. Cet objectif prioritaire de paiement des créanciers réalisable par la liquidation des biens du débiteur est ajourné à chaque fois que les entreprises concernées sont viables et susceptibles d'être redressées. En effet, considérant qu'une entreprise redressée, redynamisée qui continue son activité de manière assainie, doit pouvoir désintéresser ses créanciers et que ce cas de figure est encourageant pour la chaîne économique et le milieu des affaires en général le législateur de l'AUPC a tempéré la priorité du règlement des créanciers devenue priorité simplement théorique. Il essaie de concilier l'intérêt des créanciers et le sauvetage de l'entreprise en offrant une possibilité de redressement de l'entreprise au regard des éléments de faits de l'espèce donc empiriquement. Ainsi, la classification ou la hiérarchisation de ces deux principaux objectifs n'est finalement que superficielle. Il importe de souligner cette particularité du droit OHADA des procédures collectives. En effet, après un règlement préventif, qui se solde généralement par un accord de concordant préventif, l'AUPC prévoit au même niveau selon les circonstances et situation du débiteur deux procédures collectives curatives des difficultés : le redressement judiciaire et la liquidation des biens.

121. Le règlement préventif étant une procédure contractuelle avec quelques créanciers, même après son homologation par le juge, n'est opposable qu'aux créanciers concernés qui y ont consenti[302]. Toutefois, le concordat préventif homologué et qui a donc acquis la force de la chose jugée est rendu obligatoire pour tous les créanciers antérieurs à la décision du règlement préventif pendant toute la durée de son exécution (soit trois ans), que leurs créances soient chirographaires ou garanties par une sûreté[303]. Le plan de concordat ainsi obtenu est censé relever l'entreprise de ses difficultés[304]. Si tel n'est pas le cas, alors, une procédure de redressement ou de liquidation des biens pourrait être envisagée. Le choix va alors dépendre de l'appréciation du juge sur le rapport de l'expert[305], désigné par lui, relatif à l'état de la situation économique de l'entreprise. Généralement, si le rapport est favorable au règlement préventif et n'a pas conclu à la liquidation des biens, il n'y a pas d'opposition du juge sauf si en cours de procédure des éléments négatifs mettent en cause le règlement préventif précédemment

[301] M. JORGE, *Droit des affaires*, 2ème édition Armand Colin Paris, Coll. Compact 2001, p.262.

[302] V. CA Abidjan, n° 1129, 8-11-2002 : J. M. c./GOMP – CI, Ohadata, J-03-291.

[303] V. Article 18 al. 1er AUPC révisé.

[304] TGI Bobo-Dioulasso (Burkina Faso), n°244, 9-8-2006 : Requête aux fins de règlement préventif c./Entreprise SOFACI, Ohadata J-09-92.

[305] V. Article 12 al. 1 et 2 et article 13 al. 1 et 2 de l'AUPC révisé.

accordé[306] ou si la juridiction constate la cessation des paiements de l'entreprise[307].

122. Avant la réforme de septembre 2015, ce choix pour ne pas être arbitraire ou sans fondement argumenté devait s'appuyer sur un ou des critères bien déterminé(s). Le critère alors retenu par l'acte uniforme est celui de « *proposition de concordat sérieux* ». L'entreprise défaillante devait proposer à la juridiction, dans un délai de 15 à 30 jours, un « *concordat sérieux* » pour remporter la conviction des juges et bénéficier soit d'un règlement préventif[308] conformément à l'ancienne version de l'article 15 AUPC et ce nonobstant la constatation d'un état de cessation des paiements, ou soit d'un redressement judiciaire[309]. Au cas échéant, si la juridiction estimait que la proposition faite n'avait pas le caractère d'un concordat sérieux elle décidait de la liquidation des biens[310]. A côté de ce critère légal, la doctrine et la jurisprudence retenaient également le critère de « *situation irrémédiablement compromise* [311] » de l'entreprise pour décider de la liquidation des biens. En effet, à défaut de proposition de la part du débiteur d'un concordat sérieux qui devait rassurer à la fois les créanciers et emporter la conviction de la juridiction compétente, et que de surcroit l'entreprise était estimée se trouvant dans « *une situation irrémédiablement compromise* », la juridiction saisie devait alors prononcer la liquidation des biens et procéder au paiement collectif et organisé des créanciers. Mais, alors une difficulté résidait dans l'appréciation du caractère « sérieux » du concordat proposé. Le jugement n° 100 bis de l'affaire KORGO et Frères par le tribunal de grande instance de Ouagadougou le 24 janvier 2001 illustre bien le flottement autour de cette notion de « sérieux ». Pour donner une idée d'une proposition de « *concordat non sérieux* », non satisfaisante et n'emportant pas donc la conviction du tribunal pour déclarer le redressement judiciaire, ce tribunal à l'occasion de cette affaire livre cette définition du concordat sérieux ; « *la proposition de concordat pour être sérieuse et gagner la conviction du tribunal, ne doit pas consister en des perspectives bien*

[306] TGI Ouagadougou, 25-5-2004, Ohadata J-05-249, note Filiga Michel Sawadogo, *Revue burkinabé de droit*, n°45.

[307] V. Article 15 al. 1 de l'AUPC révisé.

[308] TRHC Dakar, n° 6, 9-1-2004 : IPRES c./ EURAFRICAINE D'INDUSTRIES, Ohada.com ; Ohadata J-04-259. Le tribunal a admis le concordat proposé par le débiteur alors même qu'il était assigné en liquidation des biens. Mais statuant au visa de l'article 15 AUPC, le tribunal a décidé que le débiteur peut être admis au règlement préventif dans la mesure où le concordat est sérieux et présente des chances de redressement.

[309] Généralement, quand le juge prononce une décision constatant l'état de cessation paiement, il ne peut envisager que, au mieux le redressement judiciaire, au pire la liquidation des biens. En principe, le règlement préventif est accordé en l'absence de cessation des paiements.

[310] TGI Ouagadougou, 25-5-2004, Revue burkinabé de droit, n°45, op.cit.

[311] Notion reprise par TRHC Dakar, com., n° 422 SDV, 6-3-2002 : SENEGAL c./ Sté SOSETRA, Ohadata J-05-47 ; par TGI Moungo (Cameroun), du 08 mai 2007, n°/CIV, Affaire La société BERARDI – CAM, C/ ALKO SARL, CNPS et autres, Ohadata J-07-146, note, Y.R. KALIEU,.

évaluées mais plutôt en des mesures concrètes et des propositions réelles tout aussi bien quant au personnel qu'aux ressources et à des remises des créanciers et délais obtenus en vue de redémarrer l'activité et apurer collectivement le passif». Dans cette espèce, l'ensemble des conditions posées par le TGI de Ouagadougou n'étant pas réunies, ce dernier a refusé le redressement judiciaire et prononcé la liquidation des biens. Mais ce jugement a été par la suite infirmé par la cour d'appel de Ouagadougou par son arrêt n° 32, du 4 mai 2001 qui lui, a trouvé sérieuse la proposition de concordat de l'Etablissement KORGO & Frères viable.

123. Cette variation d'une juridiction à une autre illustre bien le caractère subjectif et empirique de l'appréciation des difficultés de l'entreprise. Le tribunal de première instance de Libreville dans son jugement émanant de la chambre commerciale répertorié au n° 27/2004-2005 du 4 avril 2005 affaire SARL Super Glass, a fait un effort pour fixer une définition générale et objective d'une situation de difficultés susceptible d'entraîner une liquidation des biens de l'entreprise. Dans cette espèce, le TPI de Libreville a prononcé la liquidation des biens de la SARL Super Glass en estimant que la société «*se trouvant dans une situation telle qu'elle est dans l'impossibilité de faire face à son très lourd passif exigible avec son actif disponible*» et qu'«*il n'existe aucune alternative autre qu'une liquidation*». Autrement dit, le TPI de Libreville reprend presque mot pour mot les termes de la définition de l'état de cessation des paiements «*l'impossibilité de faire face au passif exigible avec l'actif disponible*» et cela lui suffit pour liquider l'entreprise. Cette tentative sème plus de confusion qu'elle ne clarifie l'appréciation de la réalité financière de l'entreprise en difficulté devant ou non mener à la décision d'ouvrir une procédure collective de redressement ou de liquidation des biens.

Dans une autre affaire nommée de la SOTRAO, le TGI de Ouagadougou dans son jugement n° 224 du 20 mars 2002, a soutenu «*qu'une proposition de concordat impossible à réaliser ne saurait être retenue*» et prononcé la liquidation des biens de la société SOTRAO. Dans ce cas d'espèce quelques créanciers ont imposé un rapport de force en refusant par le vote, d'accepter le concordat et en plaidant pour l'ouverture d'une liquidation des biens[312].

Depuis la réforme de l'AUPC, l'article 8 al. 1er donne au président de la juridiction compétente le pouvoir d'apprécier le caractère sérieux du projet de concordat préventif présenté par le débiteur[313]. Il a également le choix de faire appel au service d'un expert en désignant celui-ci pour l'occasion. Le règlement préventif n'étant pas une procédure collective, si la situation du débiteur présente des aspects graves, le président de la juridiction compétente pourrait passer d'une perspective de redressement judiciaire à la

---

[312] F. M. SAWADOGO, commentaires sous l'article 33 AUPC, *in* Code Vert OHADA, JURISCOPE 2012, p.1183.

[313] Conformément à l'article 7 de l'AUPC révisé.

liquidation des biens selon que la dite situation soit irrémédiablement compromise ou non.

124. A défaut d'une hiérarchisation clairement posée des procédures collectives dans la pratique, des éléments d'appréciation objectifs, bien arrêtés, clairs et précis permettraient d'écarter l'incertitude et l'imprévisibilité sur la procédure collective à mettre en œuvre par la juridiction saisie. Sinon, cela génère différents risques liés au rapport de force et de domination entre les partenaires créanciers les plus déterminants et l'entreprise dans l'espace OHADA. Cependant, l'absence de critères précis d'appréciation, le flou et l'imprévisibilité sur l'appréciation de la gravité de la situation d'une entreprise laissent une marge de manœuvre aux créanciers qui pèsent dans un rapport de force déséquilibré au détriment du débiteur et donc du sauvetage de l'entreprise.

B) Redressement ou sauvetage de l'entreprise comme une condition préalable

125. Selon l'article 33 al. 1er de l'AUPC révisé, dès lors que la juridiction compétente constate la cessation des paiements de l'entreprise, elle peut prononcer soit le redressement judiciaire, soit l'ouverture de la liquidation des biens. Mais, en tout état de cause, l'option de sauvetage de l'entreprise en difficulté est un préalable quand l'entreprise présente des chances de viabilité. Pour ce faire, il faut qu'elle soit en mesure de proposer « *un concordat sérieux* » (**1°**) et il ne faut pas qu'elle soit dans une situation dite « *irrémédiablement compromise* » (**2°**).

1°) Proposition d'un concordat sérieux

126. L'article 33 al 2 de l'AUPC, dispose, en effet, que la juridiction compétente « *prononce le redressement judiciaire s'il lui apparait que le débiteur a proposé un concordat sérieux* ». Mais le texte susvisé ne donne pas de définition claire et précise de ce qu'est un concordat sérieux. C'est donc la doctrine qui peut livrer des éléments de définition. Ainsi, commentant l'article précité, le professeur Sawadogo donne la définition de concordat sérieux suivante : « *le concordat sérieux est probablement celui qui, tout en préservant et en favorisant l'assainissement de l'entreprise, assure le paiement des créanciers dans des conditions acceptables* »[314]. Cette définition du concordat sérieux provient certes de l'interprétation de l'ancien article 33 AUPC précité mais aussi en référence aux dispositions de l'ancien article 27 du même acte uniforme relatives aux mesures et conditions exigées pour le redressement de l'entreprise. En effet, l'ancien article 27 de l'AUPC sans définir le concordat sérieux s'est contenté d'énumérer les mesures et conditions qui doivent être réunies pour que

[314]Ibid.

l'entreprise bénéficie d'une procédure collective de redressement judiciaire. Pour que la juridiction saisie décide de la procédure collective de redressement judiciaire OHADA, il faut que l'entreprise présente non seulement des mesures de redressement conformément à l'ancien article 27 et un plan de paiement des créanciers qui soit satisfaisant et convaincant mais aussi des garanties d'exécution de ses engagements. Ainsi, le Tribunal régional hors classe de Dakar dans son jugement en date du 14 aout 2001 sur l'affaire Société GPL Dakar Frais, a considéré que « *doit être déclarée en redressement judiciaire, conformément à l'article 33 AUPC, la société dont l'état de cessation des paiements est caractérisé et qui présente un concordat sérieux susceptible de préserver l'entreprise et d'assurer le paiement des créanciers dans les conditions acceptables* [315]». Dans cette espèce, le Tribunal de Dakar livre les caractéristiques déterminantes d'un concordat sérieux et trace un schéma type pouvant aboutir à une procédure collective de redressement judiciaire. Il estime qu'un concordat sérieux est celui qui est susceptible de préserver l'entreprise et d'assurer le paiement des créanciers. En d'autres termes l'entreprise en difficulté doit planifier les modalités crédibles de paiement des créanciers sans que cela ne soit préjudiciable à ces derniers. Elle doit prévoir le dénouement prochain des créanciers dans des conditions acceptables. Mais pour ce faire, l'entreprise doit, en amont, bénéficier d'une sorte de crédibilité de la part de ses créanciers et partenaires importants qui acceptent de lui accorder des remises et délais pour être dans des conditions optimales de réaliser le futur plan de redressement. Enfin, pour réussir à gagner cette confiance à la fois de ses créanciers et de la juridiction devant statuer en faveur d'un redressement judiciaire, l'entreprise en difficulté ne doit pas se trouver dans une situation dite « *irrémédiablement compromise* ».

2°) Ne pas être dans une situation irrémédiablement compromise

127. Si le critère de proposition d'un concordat sérieux est le choix consacré par le texte portant droit des procédures collectives OHADA, celui découlant d'une appréciation d'une « *situation irrémédiablement compromise* », emprunté au droit français, est aussi souvent utilisé par certaines juridictions de l'espace économique et juridique harmonisé des affaires africain. Ce critère jurisprudentiel souvent usité n'est pas seulement fondé sur le fait d'être en difficulté purement financière, il tient également compte de plusieurs autres facteurs, notamment la motivation des dirigeants de l'entreprise défaillante[316]. Par exemple, comme l'a souligné le professeur Sawadogo, une entreprise peut s'avérer être « *redressable* » mais si les dirigeants n'ont pas pu respecter le délai imparti pour déposer une proposition de concordat sérieux, quand bien même le concordat est sérieux,

---

[315] Ibid.
[316] Ibid.

ce non respect des délais peut refléter un manque de bonne volonté des dirigeants, et de mettre ainsi l'entreprise dans une situation dite irrémédiablement compromise.

128. La détermination des dirigeants étant indispensable, si celle-ci fait défaut, la liquidation des biens s'impose. Ainsi, tout fait de nature à aggraver la situation de l'entreprise peut compromettre son redressement judiciaire. Ce cas de figure peut représenter à tout moment de la procédure collective de redressement judiciaire un motif de reconversion[317]. A titre illustratif, la chambre commerciale du Tribunal de première instance de Libreville, dans une affaire dite de la Société Translog répertoriée 2005-2006 en date du 20 avril 2006 a prononcé une reconversion du redressement judiciaire de la Société Translog en liquidation des biens : « *au regard des résultats négatifs cumulés* [...], *on peut admettre sans risque de se tromper que la situation de la dite société est irrémédiablement compromise* ». Le tribunal n'a toutefois pas livré des éléments de motivation qui puissent définir ne serait ce que d'une manière empirique une situation de difficultés considérée comme irrémédiablement compromise.

---

[317] V. Article 33 al 5 de l'AUPC révisé.

CONCLUSION DU CHAPITRE 1

129. L'élaboration du droit des entreprises en difficulté en France est, comme nous venons de voir, le résultat d'un long processus d'évolution législative au gré des intérêts et orientation économiques. L'esprit et les finalités du droit de la faillite y ont changé et le nombre des objectifs poursuivis a évolué au fil du temps. En raison de l'impact économique de la matière et de ses orientations économiques nouvelles, l'entreprise a été placée au cœur du droit des procédures collectives. Ainsi, on est passé de l'objectif prioritaire du règlement collectif et organisé des créanciers à celui de la sauvegarde de l'entreprise. La dernière législation en date du 26 juillet 2005 en porte la marque en rebaptisant le droit des procédures collectives en droit des entreprises en difficulté. De son coté, bien qu'inspiré par le droit français, le droit OHADA n'adopte pas le même processus. Du fait d'une orientation économique différente qui tend à séduire les investisseurs et à assurer la sécurité juridique et judiciaire des investissements dans l'espace l'OHADA, le droit des procédures collectives à l'instar des autres actes uniformes se veut avant tout protecteur des droits des créanciers et place l'objectif de paiements des créanciers au premier plan. Cependant, l'acte uniforme sur le droit des procédures collectives d'apurement du passif OHADA garde certes l'esprit protecteur des droits des créanciers comme cela a été le cas dans la législation française de 1967 dont il s'inspire, mais il reste conciliant dans ses objectifs juridiques. Par conséquent, l'ordre de priorité textuel affiché peut céder à une variabilité empirique de la priorité au sauvetage de l'entreprise si celle-ci est viable et susceptible d'être redressée. En définitive, si l'esprit de l'acte uniforme OHADA portant le droit des procédures collectives rappelle celui adopté en France dans les temps anciens, dans la pratique, il n'en reste pas moins un droit actualisé, simplifié et original. Excepté quelques points d'affirmation de choix législatif et de démarcations qui lui ont donné son originalité, l'objectif de l'AUPC est d'offrir un droit des procédures collectives qui a pour vocation de s'imposer et de régir les opérations économiques d'une entreprise en difficulté. Enfin, il a vocation à s'appliquer à tous les acteurs et opérateurs concernés par la vie des affaires[318] de l'entreprise en difficulté.

---

[318] I. NDAW, « La coordination de souverainetés dans l'espace OHADA », *in Revue juridique des pays d'Afrique francophone PENANT 878 janv.-mars 2012*.p.71.

130. Il a été constaté que le traitement des difficultés n'est pas standardisé mais adapté à la situation de l'entreprise. Le choix et la mise en œuvre de chaque procédure collective sont faits en rapport avec les difficultés réelles de l'entreprise et de ses relations avec les créanciers. Mais, à l'instar du droit français des procédures collectives, l'AUPC impose une discipline collective à l'ensemble des créanciers de l'entreprise en difficulté. Ces derniers peuvent être regroupés plus ou moins équitablement, selon leur appartenance dans ou hors la masse[319] qu'ils soient chirographaires ou titulaires des sûretés[320]. Les principaux fondements de la dissemblance de choix législatif et d'importance attachée aux finalités juridiques entre les droits français et africain de l'espace OHADA, résident dans la philosophie et l'orientation économique prônées par chacun.

131. Toutefois, l'un comme l'autre de ces textes a pour vocation à s'imposer aux acteurs économiques et est doté d'un effet spécial dérogatoire au droit commun comme en atteste le principe de primauté du droit des procédures collectives sur le droit des sûretés. L'application rigoureuse d'une discipline collective dès l'ouverture d'une procédure collective rend à cette primauté toute son effectivité.

---

[319] La masse est le collectif des créanciers directement concernés par la procédure collective du fait d'être titulaire d'une créance née avant la décision d'ouverture de la procédure collective.

[320] M. F. M. SAWADOGO, « Avant-propos de l'Acte uniforme du 10 avril 1998 portant organisation des procédures collectives d'apurement du passif » *In Code Vert OHADA 2012*, op. cit.p.1127.

CHAPITRE 2

LA PRIMAUTÉ DU DROIT DES PROCÉDURES COLLECTIVES

132. Définition du principe de primauté. Le principe de primauté est une règle juridique établie par un texte en termes généraux, destinée à inspirer diverses applications et s'imposant avec une autorité supérieure[321]. Doter une règle de droit du principe de primauté, c'est lui conférer une autorité supérieure, la vocation à s'appliquer, en cas de contradiction vis-à-vis d'une autre règle de droit. Il ressort de cette définition que le principe de primauté est nécessairement consacré par un texte et ne saurait être implicite. Cependant, il est également fait implicitement référence à certaines maximes qui constituent des propositions normatives et des instruments d'interprétation dont l'application à une règle spéciale confère à celle-ci une autorité supérieure.

133. L'impérialisme du droit des procédures collectives tenant substantiellement à son essence spéciale d'une matière de droit économique et d'ordre public, découle de la primauté que les législateurs accordent implicitement ou explicitement aux règles impératives constitutives de ce droit. La primauté est soit déclarée expressément, soit reconnue d'une manière discrète, tacite, ou disparate au moyen de différentes dispositions garantissant son application[322]. En l'occurrence, la primauté accordée au droit des procédures collectives fait primer les règles issues de ce droit sur les autres branches du droit pas seulement sur des matières dites de droit commun mais également sur celles jugées moins spéciales ou plus circonstancielles.

134. Le bien-fondé d'un recours au principe de primauté. Le recours au principe de primauté peut résulter d'un ordre de priorité voulu par le législateur[323] qui, lui-même, procède de l'autorité de la méthode législative[324]

---

[321] CORNU G. (Dir.), *Vocabulaire juridique,* Association Henri Capitant, 8e édition QUADRIGE / PUF, 2010.

[322] J.-L. VALLENS., « Les modifications apportées par l'ordonnance sur les sûretés au droit des procédures collectives »; *in RLDA n°7 juillet 2006*.p.75.

[323] Ibid, note 129.

pour la cohérence [325] d'un système de droit [326]. Ainsi, consacrer la prééminence des règles spéciales du droit des procédures collectives pendant la mise en œuvre de celles-ci est d'une part nécessaire pour l'effectivité du droit des entreprises en difficulté mais aussi logique pour en déterminer son champ d'application[327] exclusif et souverain d'autre part. L'articulation entre le droit des procédures collectives et les autres matières du droit devant obéir à un ordonnancement cohérent [328] et intelligible n'est pas toujours évidemment possible sans un ordre de priorité explicite[329] ou tacite[330] qui permet d'éviter tout conflit lié à la coexistence de dispositions législatives ou normatives contradictoires.

135. Cette supériorité, aussi légitime soit-elle, ne peut reposer que sur des règles et principes fondamentaux d'intérêt général constitutifs de bases qui justifient la primauté ainsi accordée ou observée. Cette primauté accordée s'explique également par le souci de garantir une cohérence, l'articulation et la coordination[331] nécessaires à la construction de tout système juridique bien ordonné.

L'étude des fondements du principe de primauté du droit des procédures collectives (**Section 1**) nous permettra de mieux comprendre les raisons des consécrations et pourquoi l'effectivité doit encore être affirmée pour la consolidation de celle-ci (**Section 2**).

SECTION 1. LES FONDEMENTS DU PRINCIPE DE PRIMAUTÉ

136. L'article 2287 du Code civil consacre le principe de primauté des dispositions du livre VI du Code de commerce relatives au droit des entreprises en difficulté sur les dispositions du livre IV du Code civil réservé au droit des sûretés. Le législateur de l'ordonnance du 23 mars de 2006 qui l'a introduit, a sans doute voulu établir un ordre de priorité entre les matières de droit économique. Mais, les véritables fondements de la primauté des règles issues du droit des procédures collectives peuvent être trouvés, dans la

---

[324]B. SAINTOURENS, Essai sur la méthode législative : droit commun et droit commun, Thèse Bordeaux, 1986.

[325] R. GASSIN, « Lois spéciales et droit commun », *D,* 1961, I, 91 et s.

[326] J. DABIN, *Théorie générale du droit*, Dalloz, 1969.

[327] Ibid.

[328] Ibid.

[329] Par une consécration législative ou jurisprudentielle d'un principe de primauté, à l'instar de l'article 2287 du code civil concernant les rapports entre droit commun des sûretés et droit des procédures collectives dans le droit français.

[330] Par référence implicite à certains adages constitutifs des principes fondamentaux de la théorie du droit notamment celui voulant que la règle spéciale prime sur la règle générale servant de guide d'interprétation pour déterminer le champ d'application d'une règle juridique.

[331] J.-L. BERGEL, « Méthodologie fondamentale : Méthodes et principes de coordinations des règles juridiques » *in Méthodologie juridique,* PUF, 2001.p 190.

nécessité de faire respecter l'ordre public et l'intérêt général tiré notamment de l'intérêt de la collectivité des créanciers.

Ce caractère d'ordre public confère aux dispositions régissant ce droit, un statut impératif et spécial (**Sous-section 1**) faisant de cette discipline autonome et dérogatoire, un droit qui a vocation à s'imposer et à s'affirmer. On peut aussi identifier l'interprétation de la règle *specilia generalibus derogant* (**Sous-section 2**) comme un fondement d'où découle la primauté.

§1) Un principe d'ordre public

137. Un principe est dit d'ordre public quand il présente une règle qui s'impose avec une force particulière au sein d'un ordre juridique déterminé[332]. Le principe de primauté du droit des procédures collectives est une exigence fondamentale (économique et sociale) qui répond à une nécessité d'ordre public. En consacrant ce principe dans le Code civil, le législateur accorde au droit des procédures collectives une prééminence sur les dispositions d'ordre privé du livre IV du même code.

Et, à ce titre, les dispositions régissant cette discipline de droit économique revêtent également le caractère impératif (**A**) mais aussi de la nature spéciale (**B**) de cette discipline.

A) Le caractère impératif du droit des procédures collectives

Portalis écrivait ceci : « *Le maintien de l'ordre public dans une société est la loi suprême. Protéger des conventions contre cette loi, ce serait placer des volontés particulières au-dessus de la volonté générale, ce serait dissoudre l'Etat*[333]».

138. Les lois d'ordre public sont celles qui touchent aux intérêts essentiels de l'Etat ou de la collectivité ou qui fixent, dans le droit privé, les bases juridiques fondamentales sur lesquelles repose la société[334]. Le droit de la défaillance des entreprises étant une matière économique et sociale, intéresse au premier chef les lois d'ordre public[335]. A ce titre, il constitue lui-même un ensemble de dispositions d'ordre public.

Si les règles qui gouvernent le droit des procédures collectives sont dites d'ordre public, le principe de primauté qui permet de conforter ces règles et de les faire triompher sur d'autres règles de droit répond alors forcément à une nécessité d'ordre public. Cette dernière consiste à encadrer efficacement le droit de la faillite ou d'insolvabilité des entreprises, en lui permettant ainsi d'avoir un champ d'application exclusif. Cette application exclusive des règles des procédures collectives pourrait se justifier par le fait que cette

---

[332] G. CORNU, *Vocabulaire juridique*, Association Henri Capitant, PUF, 2014.

[333] J. E. M. PORTALIS, « Exposé des motifs du préliminaire du Code Napoléonien », *in Ecrits et discours juridiques et politiques*, PUAM, 1988, p.78.

[334] J.-L. BERGEL., *Méthodologie juridique*, PUF, 2001.p.185.

[335] Ibid.

matière du droit économique se trouve être au cœur de l'intérêt général économique (**1°**) à préserver, représente un impératif, et donc le respect stricte de la règlementation relèverait d'utilité publique (**2°**) aussi bien pour l'entreprise que pour l'ensemble de ses créanciers.

1°) La préservation de l'intérêt général économique : un impératif

140. La volonté législative explicite ou tacite de conférer la primauté aux règles issues du droit des procédures collectives sur d'autres règles de droit pendant la mise en œuvre des procédures collectives à l'encontre du débiteur principal défaillant répond à une nécessité d'ordre public. En effet, cette primauté consacrée explicitement ou tacitement délimite les domaines de compétence et confère au droit des procédures collectives une exclusivité et une applicabilité souveraine. La discipline renfermant, comme nous avons pu le voir, un intérêt général économique eu égard à son impact sur le fonctionnement et la santé de l'économie nationale ou communautaire, le législateur se donne des moyens réalistes de conciliation des intérêts en jeu pour ainsi préserver l'intérêt général. L'intérêt général à préserver ici est la somme des intérêts contradictoires mais constitutifs du droit des entreprises en difficulté ; même si cet intérêt général est souvent assimilé par certains auteurs proches des établissements de crédit, à l'intérêt des procédures collectives qui serait opposé à celui du créancier titulaire de sûretés[336]. L'intérêt des procédures collectives « *que risqueront toujours de faire prévaloir les juges nonobstant une disposition particulière* [337]» du code du commerce qui consacrerait d'une manière spécifique la primauté des procédures collectives sur les sûretés, n'est rien d'autre que l'intérêt général lequel est la somme des intérêts en jeu pendant les procédures collectives. De là découle la volonté des pouvoirs publics de maintenir la primauté des procédures collectives[338]. Le principe de primauté du droit des procédures collectives permet l'affirmation de la discipline collective caractéristique substantielle de ce droit éponyme sans laquelle il n'y a point de droit des entreprises en difficulté[339].

141. La discipline collective attachée au droit de la faillite des entreprises tient justement compte de l'intérêt général économique c'est-à-dire l'intérêt de l'entreprise débitrice et celui des créanciers de celle-ci toutes catégories confondues [340]. Ainsi, la suprématie des règles constitutives de cette

---

[336] A. BAC., « Le point de vue des établissements de crédit sur l'ordonnance », *in RLDA supplément N°7, P.38.*

[337] Une crainte ou une mise en garde exprimée par Bac A., Directeur des affaires juridiques Fédération Bancaire Française FBF, dans son article précité note 120.

[338] BAC A., précit.

[339] J.-P. BRILL., « L'incidence de la réforme des sûretés sur le droit des procédures collectives », actes du colloque du Centre de Droit de l'Entreprise, 22 septembre 2006université de Strasbourg, *www.cde.u-strasbg.fr.*

[340] Parmi les créanciers de l'entreprise se trouvent principalement les partenaires économiques de celle-ci qui peuvent être des créanciers titulaires des sûretés, privilèges ou autres garanties

discipline collective répond à une nécessité d'ordre public de préserver l'intérêt général économique en jeu pendant le traitement judiciaire des difficultés de l'entreprise et conforte la vocation assignée à cette discipline de droit économique. Loin d'être cantonnée seulement eu égard au droit des sûretés où certains auteurs la qualifient de fortuite[341] et constitutive d'une contrepartie à l'amélioration et à la revalorisation des sûretés[342] opérées par le législateur de l'ordonnance du 23 mars 2006, la primauté du droit des procédures collectives s'applique également à d'autres domaines du droit dits de droit commun. Les règles impératives constitutives de la discipline collective telle que la suspension des poursuites individuelles à l'encontre du débiteur principal en sont une parfaite illustration. La suprématie du droit des procédures collectives s'affirme donc au-delà du droit commun des sûretés. La cour de cassation statuant sur les contrats en cours dans les procédures collectives a affirmé dans son arrêt du 7 novembre 2006 que « *les dispositions de la loi du 25 janvier 1985 sont d'ordre public* », tout comme celles de la loi de sauvegarde du 26 juillet 2005, et à ce titre elles priment sur le droit commun des contrats[343].

2°) L'utilité publique liée au respect du principe de primauté

142. Respecter la primauté des procédures collectives c'est privilégier l'application des dispositions relatives à l'organisation collective du traitement des difficultés de l'entreprise à partir du moment où ces difficultés sont avérées. Cette organisation de la faillite des entreprises mobilisant organes d'autorité publique, représentant des créanciers et de l'entreprise, correspond à une prise en charge d'utilité publique des difficultés des entreprises et est conforme au principe d'égalité des créanciers pendant cette période difficile de la vie de l'entreprise. Dès lors l'application prioritaire et sans réserve des règles des procédures collectives à tous les acteurs économiques impliqués dans la vie de l'entreprise défaillante dès le jugement d'ouverture d'une procédure collective doit être effective.

L'utilité publique de l'application du principe de primauté des règles issues du droit des procédures collectives est de ce fait notoire aussi bien vis-à-vis de l'entreprise débitrice (a) que vis-à-vis de ses créanciers (b).

---

ou des créanciers simplement chirographaires, mais également les salariés titulaires de créances salariales dites alimentaires dont l'intérêt principal réside dans le maintien de l'emploi et dans la continuité de l'activité de l'entreprise.

[341] A. BAC., op.cit.

[342] J.-P. BRILL., op.cit.

[343] Cass. com., et fin. 7 novembre 2006, arrêt n° 1214, pourvoi n° 05.17.112.

a) L'utilité de l'application du principe de primauté vis-à-vis de l'entreprise

143. L'application prioritaire des règles issues du droit des procédures collectives protège l'entreprise en difficulté. Elle lui donne la chance d'être redressée quand elle est susceptible de l'être grâce aux soutiens et à l'implication de ses principaux partenaires. Soutiens et implication qui sont rendus possibles et favorisés par le droit des entreprises en difficulté. Le cas échéant, quand elle est passée en liquidation judiciaire ou liquidation des biens c'est à dire de son actif disponible, les dettes restant impayées seront épongées. Même si son actif disponible est largement insuffisant face à son passif exigible, les créanciers ne pourront plus la poursuivre ultérieurement une fois la procédure collective clôturée. L'entreprise est ainsi « immunisée » contre des poursuites individuelles de ses créanciers dont les créances seraient restées impayées. Celles-ci seront jugées irrécupérables.

Par conséquent grâce à l'application des règles des procédures collectives, l'entreprise défaillante bénéficie d'un avantage concurrentiel vis-à-vis de ses concurrents bien portant sur le marché économique. C'est une distorsion de concurrence évidente mais tolérée au nom de l'intérêt général et du souci législatif d'assainir le milieu économique des affaires. C'est ce que M. Jeantin a nommé fonction type concurrentiel du droit des procédures collectives[344].

b) L'utilité de l'application du principe de primauté vis-à-vis des créanciers

144. L'utilité publique de l'application prioritaire des règles issues des procédures collectives vis-à-vis des créanciers réside dans la gestion collective de la crise (b-i) que connait leur débiteur principal commun. Le sens premier du principe d'égalité entre les créanciers (b-ii), généré par le règlement collectif et organisé des procédures collectives, trouve sa portée primordiale en traitant plus ou moins également tous les créanciers dont les créances satisfont aux exigences posées par les dispositions impératives du droit des entreprises en difficulté.

b-i) Le traitement collectif et organisé des difficultés de l'entreprise

145. Le caractère collectif du traitement de la défaillance de l'entreprise débitrice impliquant *de facto* tous les créanciers connus de l'entreprise dès le jugement d'ouverture de la procédure collective, évite les poursuites individuelles, des visées d'intérêts individualistes[345] de certains créanciers et l'écrasement par les créanciers les plus forts des créanciers moins forts.

[344] M. JEANTIN, « Généralités sur le redressement et la liquidation judiciaires », *J.-Cl. Com., fasc.2150, par.35.*

[345] A. RIZZI, *La protection des créanciers à travers l'évolution des procédures collectives,* Thèse Perpignan, 2003.

L'ouverture d'une procédure collective et l'application des règles impératives de ce droit permettent également d'éviter à ce que le débiteur dilapide ou dissimule une partie de son patrimoine au profit de certains créanciers. Ainsi, le traitement collectif et organisé des procédures collectives permet de maîtriser la situation du débiteur et de mobiliser son actif disponible au profit de la collectivité de ses créanciers, l'autorité publique étant le garant du respect du principe d'égalité des créanciers devant la procédure collective et devant la loi de la procédure. C'est la raison pour laquelle dès l'ouverture d'une procédure collective, un syndic et/ou un représentant des créanciers doit être nommé. Le représentant des créanciers est le défenseur de l'ensemble des intérêts de la collectivité des créanciers sans distinction basée sur la qualité du créancier et de la créance. Il a par ailleurs seul le droit d'agir au nom et pour le compte de la collectivité des créanciers qu'il représente.

b-ii) Le principe d'égalité entre les créanciers

146. Le principe d'égalité entre les créanciers s'entend ici dans son acception primordiale et se trouve dans la plénitude de sa portée même si par la suite, comme nous le verrons, ce principe est écorné et perd de son sens. Le principe d'égalité comme instrument de mesure de l'équité et d'équilibre dans le traitement collectif des difficultés de l'entreprise s'entend par le fait que tous les créanciers de l'entreprise débitrice sont égaux devant les règles du droit des procédures collectives c'est-à-dire tous soumis à celles-ci. C'est aussi l'égalité de tous les créanciers devant le patrimoine de l'entreprise en défaillance (qui est en réalité le gage commun ou l'hypothèque générale de ses créanciers) et devant la procédure auprès du tribunal compétent. En effet, les dispositions dérogatoires du droit des procédures collectives, au nom de ses finalités particulières, rétablissent l'égalité entre les créanciers [346] ; laquelle, égalité, a connu une rupture du fait de la constitution de garanties et des sûretés[347].

En outre, il ressort de l'application des procédures collectives, la compétence exclusive du tribunal de commerce du ressort du débiteur, ce qui est d'emblée un gage de stabilité pour une bonne coordination procédurale pour l'ensemble de ses créanciers. Enfin, en matière de procédures collectives, pour assurer la défense de l'ordre public économique, le ministère public pourrait être amené, quelquefois, à agir d'office[348].

147. L'application du principe de primauté des règles impératives issues des procédures collectives sécurise donc les créanciers en évitant des conflits entre dispositions de droit contradictoires d'une part et entre créanciers eux-mêmes pour des litiges liés au rang et au titre d'autre part. En cas de liquidation des biens du débiteur principal, elle permet le dénuement des

---

[346] A. BOLZE, *Procédures collectives et sûretés,* Dyna' Sup Droit, Vuibert, 2005.p.1.
[347] D. LEGEAIS, op.cit.
[348] J.-L. BERGEL, op.cit.,.p.189.

créanciers par l'application du rang légalement établi et l'actif disponible est proportionnellement redistribué au *pro rota* de la dette de chaque créancier selon son rang. Sans cet arbitrage de l'autorité publique du juge commissaire ou d'un mandataire *ad hoc* selon les cas et du syndic, dont le but est de concilier les intérêts en jeu dans l'équité et l'équilibre, certains créanciers se retrouveraient lésés.

Par conséquent le dispositif a priori ne devrait laisser aucune faille qui pourrait permettre à certains créanciers d'être dispensés de l'emprise de ce droit de régulation économique et d'assainissement des affaires ou d'une application partielle du type « deux poids, deux mesures », sauf si ce n'est pour le besoin et par l'expression même des règles de procédures collectives. Or, le cas de figure existe où d'un côté l'emprise du droit des procédures collectives s'impose à la fois au débiteur et à certains de ses créanciers dès l'ouverture d'une procédure collective et de l'autre des créanciers de ce même débiteur échappent entièrement ou presque aux règles du droit des entreprises en difficulté. Cette situation sape la cohérence et la logique vocationnelle et de prédilection de ce droit et menace fortement le principe d'égalité entre les créanciers.

B) La nature spéciale des règles du droit des procédures collectives

148. Spécial, un adjectif dérivé du mot latin « *specialis* » désigne une particularité relative à son espèce, ce qui ne concerne qu'un ensemble de cas constituant une espèce étroite exorbitant et dérogatoire en opposition à ce qui est commun[349]. Est spécial ce « *qui ne concerne qu'un ensemble de cas abstraitement défini mais constituant une espèce assez étroite* [...] *par opposition à un genre plus étendu régi par une règle générale* » ou « *dans un sens voisin, ce qui est propre à une espèce d'acte ou de fait, par opposition à ce qui est commun à toutes les espèces du genre*[350]».

Au regard de ces qualificatifs, pouvons-nous déduire que les dispositions régissant les procédures collectives sont spéciales ? Si oui, par rapport à quelles dispositions générales sont-elles spéciales ? Mais, d'abord, quelles caractéristiques un droit ou un corps de règles dites spéciales renferment-ils ?

149. Beaucoup d'auteurs ont écrit sur les rapports entre le droit commun et le droit spécial. Certains[351], s'interrogeant sur la véritable distinction et la frontière entre les deux, ont retenu quelques caractéristiques d'un droit

---

[349] CORNU G. (Dir.), *Vocabulaire juridique,* Association Henri Capitant, 8e édition QUADRIGE / PUF, 2010.

[350] Ibid. p.882.

[351] F. POLLAUD-DULIAN, « Du droit commun au droit spécial – Et retour » *in* COLLECTIF, *Aspects actuels du droit des affaires, Mélanges en l'honneur de Yves Guyon,* Dalloz,. Coll. Etudes, Mélanges, Travaux, 2003 p.925 et s.; Ch. GOLDIE-GENICON, *Contributions à l'étude des rapports entre le droit commun et le droit spécial des contrats,* L.G.D.J., Lextenso éditions, 2009. P.142 et s.; S. DELEGOVE, Le droit commun et le droit spécial, Thèse Paris II, 2011.

spécial vu comme un droit autonome[352]. D'autres évoquent le particularisme voire la spécificité[353] du droit spécial. Selon ces auteurs un droit spécial est un droit particulier, spécifique et autonome du droit commun duquel il doit se démarquer pour affirmer son existence. C'est de cette démarcation que tiennent à la fois l'existence des deux droits et l'intérêt de la distinction droit commun et droit spécial. Abondant dans ce même sens un auteur affirme que « *le droit commun a vocation à jouer partout où il n'est pas expressément écarté par une règle d'exception ou encore, à défaut de disposition expressément contraire, chaque fois qu'il n'entre pas en contradiction avec l'esprit d'une loi, avec les principes d'une institution ou l'économie particulière d'une législation spéciale*[354] ».

150. Cependant, si le droit spécial se distingue facilement du droit commun du fait de sa singularité ou sa particularité, la distinction est moins évidente sous l'angle de l'autonomie ou de l'indépendance totale au droit commun. A propos de l'autonomie du droit spécial vis-à-vis du droit commun, Mme Ch. Goldie-Genicon donne la qualification suivante de l'autonomie d'une branche de droit spécial : « *Un droit ne peut prétendre à la qualification d'autonome que si le juge qui en assure la sanction ne prête pas une allégeance nécessaire aux règles qui lui sont extérieures et accepte, devant le mutisme du corps autonome, de forger des solutions qui vont à l'encontre de ces normes étrangères* [355] ». Ce paradigme de différenciation de la règle spéciale par rapport à la règle générale est moins évident. Car, la différenciation se fait *a posteriori* et est dépendante de la perception du juge au regard de ce droit. L'autonomie est d'autant moins évidente que le lien entre le droit commun et le droit spécial est très étroit.

Approchées du point de vue fonctionnel, René Gassin livre cette définition des lois spéciales : « *Les lois spéciales édictent des règles particulières à une série de cas déterminés relevant par ailleurs de la loi générale* [356] ». L'analyse de cet auteur révèle moins le caractère nécessairement autonome du droit spécial que la concession de son étendue par le droit commun plus général.

M. Jean Louis Bergel quant à lui plaçant la distinction dans un autre sens, estime que les dispositions spéciales ou particulières sont d'exception ou de circonstance[357].

Toutefois, malgré leur divergence de vues sur la concision ou l'exactitude des caractéristiques approchées, nous retenons de notre part, que ce qui fait un droit spécial est la spécificité de ses dispositions lui permettant ainsi de déroger aux règles générales et que son application souveraine et exclusive

---

[352] F. POLLAUD-DULIAN ; Ch. GOLDIE-GENICON., op. cit. e

[353] J.-L. BERGEL, *Méthodologie juridique,* op.cit. p.191 et s.; Ch. GOLDI-GENICON, op.cit,, p.142.

[354] F. POLLAUD-DULIAN., « Du droit commun au droit spécial – et retour », op.cit.

[355] Ch. GOLDIE-GENICON, op.cit. p.143.

[356] R. GASSIN, « Lois spéciales et droit commun », *D,* 1961, I, 91 et s.

[357] J.-L. BERGEL, op. cit. p.191.

dans son champ d'application doit par conséquent s'imposer. Pour répondre aux questions ci-dessus posées, nous pouvons donc considérer que le droit des entreprises en difficulté est un droit spécial, car il est composé de dispositions particulières et spécifiques à certaines personnes morales ou physiques de droit privé en l'occurrence des entreprises se trouvant dans une circonstance exceptionnelle d'insolvabilité dont la gravité est avérée par le constat d'un état de cessation de paiements ou prévisible grâce à un certain nombre d'indicateurs. Issu d'une législation spéciale, le droit des procédures collectives ou droit des entreprises en difficulté est une discipline de droit économique où des dispositions spéciales, exorbitantes, dérogatoires[358] et distinctes du droit commun sont utilisées au service des finalités particulières.

151. Mais, cette législation particulière a encore la particularité d'être distincte aussi bien de certaines branches de droit déjà reconnu comme spécial que vis-à-vis du droit commun. Par exemple elle déroge au droit commercial général qui lui-même en tant qu'un droit d'exception et circonstanciel, déroge au droit civil. Elle déroge également au droit commun notamment le droit des sûretés, le droit des contrats et le droit des voies d'exécution civiles et commerciales constitutifs du droit civil général. En effet, le régime de droit commun des sûretés change pendant la période d'insolvabilité des entreprises dès le jugement d'ouverture d'une procédure collective pour céder la place à un régime dérogatoire imposé par l'application des règles constitutives de la discipline collective du droit des procédures collectives. La réalisation des sûretés sera alors régie non pas par les voies d'exécution civiles et commerciales mais par des dispositions spéciales et circonstancielles dédiées aux entreprises en difficulté. Ainsi, pendant cette période ce n'est pas seulement le droit des sûretés qui est affecté mais bien d'autres matières régies par des dispositions générales autrement dit par le droit commun, c'est le cas notamment du droit des contrats. En outre, circonstancielles et circonscrites à un domaine d'application exclusif, les règles spéciales du droit des procédures collectives évincent même certaines dispositions spéciales pendant le traitement des difficultés de l'entreprise. Par exemple certains contrats spéciaux comme le contrat de bail changent exceptionnellement de régime dans les procédures collectives.

152. La légitimité accordée à cette supériorité faisant du droit des entreprises en difficulté un droit par essence dérogatoire résulte autant du caractère spécial de cette branche du droit économique que de l'expression de l'adage traditionnel voulant qu'une loi spéciale déroge nécessairement à une loi générale : *Specialia generalibus derogant*. Ce qui fait que même si la primauté du droit des procédures collectives sur les autres droits n'est pas explicitement consacrée, elle l'est toujours implicitement dans presque tous les systèmes juridiques.

---

[358] A. BOLZE, *Procédures collectives et sûretés,* Dyna' Sup Droit, Vuibert, 2006. p.1.

§2) La règle « specialia generalibus derogant »

153. Parmi les maximes qui ont pour objectif de faire prévaloir la norme spéciale sur la norme générale, l'expression la plus notoirement connue et la plus habituelle[359] est sans doute : « *specialia generalibus derogant* » ce qui veut dire, ce qui est spécial déroge à ce qui est général. Cette maxime est aussi connue sous une formulation plus complète : *in toto jure generi per specialia derogatur* ; ce qui signifie que dans tout le droit, il est toujours dérogé au genre par l'espèce. Cet adage fait désormais l'objet d'une consécration dans le code civil à l'article 1105 nouveau issu de la réforme du droit des contrats et des obligations[360]. Ce qui renvoie à un ordonnancement systémique des règles de droit. En effet, tous les systèmes juridiques sont construits sur la base d'une coordination intelligible inspirée de l'esprit de cet adage. Mais la suprématie de la norme spéciale ressort également dans l'autre expression du même adage : *Generalia specialibus non derogant* ou bien *« Legi speciali per generalem non derogatur »:* ce qui est général ne déroge pas à ce qui est spécial. Ainsi, le principe de primauté des règles spéciales des procédures collectives pourrait trouver sa légitimité dans l'application de l'adage *specialia generalibus derogant,* d'une part, à travers la signification et l'enseignement prodigué par cet adage (**A**) et d'autre part, à travers sa portée d'autorité normative ou pas (B) que génère son application à ce droit spécial des entreprises en difficulté.

A) La signification de l'adage « specialia generalibus derogant »

154. L'adage *specialia generalibus derogant*, a une double signification. Il signifie, d'une part, que ce qui est spécial déroge à ce qui est général, mettant ainsi en exergue l'effet dérogatoire de la règle spéciale (**1°**) et d'autre part que, lorsque deux règles de droit entrent en contradiction et devant être appliquées à une espèce donnée, c'est la règle spéciale qui doit primer sur la règle générale soulignant la prééminence du droit spécial sur le droit commun (**2°**).

1°) L'essence dérogatoire du droit spécial

155. L'adage enseigne que la règle spéciale déroge à la règle générale. Autrement dit, la règle spéciale fait exception à la règle générale. Elle constitue donc une entité autonome[361] et indépendante, vis-à-vis du droit commun, dans le domaine d'application qui lui est réservé, dans lequel, il s'applique exclusivement. Elle régit une situation particulière et spécifique

---

[359] B. SAINTOURENS., *Essai sur la méthode législative : droit commun et droit spécial*, Thèse Bordeau 1, 1987, p150.
[360] V. l'article 1105 al. 3 issu de l'ordonnance n° 2016-131 du 10 février 2016.
[361] Ch. GOLDIE-GENICON, op.cit.

qui n'est pas prise en charge par la règle générale, et représente la fraction de l'objet de celle-ci[362].

Pour M. Bernard Saintourens, le principal objectif des droits spéciaux envisagé par cette maxime et ses différentes dérivées, et qui en constitue sa portée en tant qu'une norme particulière, est de déterminer le domaine d'application exclusif ou d'exception en limitant les hypothèses d'application large[363]. C'est pourquoi, il est attaché à l'application d'un droit spécial, le principe d'interprétation stricte relative à toute règle d'exception : *Exceptio est strictissimae interpretationis.* Cette dernière règle constitue à la fois une confirmation de la rigueur accordée à l'adage *specialia generalibus derogant,* mais également sa limitation en tant que faveur attachée à une règle spéciale régissant une circonstance particulière dérogatoire à la règle générale dite de droit commun. En effet, le principe de l'interprétation stricte de l'exception vient confirmer la rigueur accordée à la règle dérogatoire, son étendue étant étroitement déterminée, elle ne peut recevoir une interprétation ample. Il limite l'exercice de cette dérogation en ce sens où il vient encadrer et délimiter la fraction de l'objet du genre ou bien le domaine réservé à la règle spéciale par la règle générale.

En définitive, nous retenons, au bout de ce raisonnement, que ce qui confère au droit spécial la primauté est son caractère dérogatoire aux règles du droit commun et que la primauté est un principe devant être strictement interprété.

2°) De la prééminence du droit spécial

156. D'une manière générale, la maxime proclame la primauté d'une règle spéciale sur la règle générale. Elle énonce une règle interprétative légitimant la prééminence de la règle spéciale sur la règle de droit commun. En effet, si l'adage peut représenter un instrument d'interprétation pour la résolution des conflits entre deux règles matérielles applicables, en instruisant notamment qu'en présence d'une situation juridique susceptible d'être régie concurremment par un droit spécial (en l'occurrence le droit des entreprises en difficulté) et un texte général relevant du droit commun, sans qu'intervienne un rapport d'ordre chronologique entre les textes en cause, la préférence sera donnée au texte de droit spécial[364], il légitime, par ailleurs dans son acception générale, la prééminence d'une règle de droit spéciale sur la règle générale. En d'autres termes, l'adage *specialia generalibus derogant* et ses nombreuses autres déclinaisons vient affirmer la supériorité du droit spécial sur le droit commun. Ainsi, bénéficiant de l'interprétation stricte du principe *specialia generalibus derogant,* les dispositions spéciales du droit

[362] J. CARBONNIER, *Droit civil, Introduction – les personnes, PUF.*, Coll. Thèmis, 1984, p.123.
[363] B. SAINTOURENS, op.cit.
[364] Ibid, p. 154.

des procédures collectives l'emportent, dans son domaine strict, sur les dispositions générales du droit commun[365].

L'analyse de l'effectivité de l'application de cette maxime aux règles spéciales et du principe de primauté de celles-ci sur les règles générales résultant justement de cette application, M. Bergel conclut en affirmant qu'« *en définitive, il faut admettre le principe de la primauté, dans les limites de son champ d'application, de la loi spéciale sur la loi générale* ». C'est aussi la nôtre.

B) La portée de la règle « specialia generalibus derogant »

157. L'adage est une formule générale écrite toujours au présent, impersonnelle et impérative ou simplement directive. Pour le doyen Cornu, la vocation de tout adage est d'instruire. Ainsi, considérant l'adage comme l'expression d'un message du passé au présent, il attribue à tout adage trois vertus correspondant à trois traits d'enseignements. Premièrement, l'adage constitue un enseignement intemporel parce qu'appartenant à la *littérature sapientielle.* Deuxièmement, l'adage s'en tient à dire l'essentiel et, troisièmement, il est directif[366]. Ces leçons, dit-il, sont « *des leçons de logique, de bon sens, de morale, de justice, d'équité, de prudence, de sagacité* ». L'adage, en s'inscrivant durablement dans le temps, acquiert la force normative d'une coutume. Le doyen Cornu affirme que : « *l'adage est une parole de sagesse passé en force de coutume* ». Cependant, tempère l'auteur, cette pratique ancienne générée par l'adage au fur et à mesure du temps, a besoin quelques fois d'une forme législative que l'adage viendrait corroborer. Autrement dit, bien que prodiguant des leçons intemporelles, essentielles et directives, l'adage n'obtient sa véritable force normative que dans « sa mise en forme » législative. Toutefois, nous pouvons donc affirmer avec le doyen Cornu, tant qu'il acquiert valeur d'une coutume, l'adage est par conséquent une source de droit.

158. Valeur normative de l'adage. A propos de la valeur normative de cet adage, beaucoup d'auteurs ont écrit et pris quelques fois des positions bien tranchées sur la question de savoir si l'adage bénéficie ou non d'une force normative. Ils sont d'avis divergents sur la portée réelle de l'adage. En effet, pour certains auteurs, bien qu'elle soit usitée de manière sporadique par la jurisprudence, la règle ne bénéficie d'aucune onction législative lui conférant une force normative[367] et n'est jamais consacrée en jurisprudence comme un principe général du droit[368]. Pour d'autres, l'adage s'apparente

---

[365] J.-L. BERGEL, op. cit.

[366] G. CORNU, *Linguistique juridique*, Domat droit privé, 3e éd. Montchrestien, 2005. p. 383 et 384.

[367] Ch. GOLDIE-GENICON., *op.cit.* t.509, n°355, p.459.

[368] S. MAUCLAIR., « La force normative de l'adage *specialia generalibus derogant* », *In La force normative, naissance d'un concept,* L.G.D.J. –Bruylant, 2009, p.227.; F. BUSSY-DUNAUD, *Le concours d'actions en justice entre les mêmes parties : l'étendue de la faculté*

plutôt à une directive d'interprétation pour le juge mais ne renferme aucune force obligatoire à son égard. C'est une règle de bon sens qui lui sert de guide en cas de conflit entre loi spéciale et une loi générale et qui repose sur l'intention présumée du législateur[369]mais lui reconnaissent, néanmoins, une autorité [370] dédoublée d'une notoriété universelle comme un guide d'interprétation. Selon M.Saintourens, la portée de l'adage est une proposition normative mais aussi une référence d'interprétation des textes qui consiste non pas à rechercher leur signification mais bien plutôt à déterminer le domaine d'application[371] de règle de droit[372]. Dans le même sens, B. Dutoit et F. Majoros, voient l'utilité de l'adage comme instrument référentiel d'interprétation pour la résolution des conflits de lois aussi bien sur le plan interne que sur le plan international[373] en matière de droit international privé. Cette approche vient confirmer la portée internationale et d'autorité universelle[374] de l'adage *specialia generalibus derogant*. Enfin selon R. Gassin, « *la valeur de l'adage specialia generalibus derogant est celle d'une simple directive non contraignante d'interprétation qui repose sur l'intention présumée du législateur, à savoir qu'en adoptant un texte dérogatoire pour régir une situation donnée, il a voulu soustraire cette situation du domaine de la loi générale* [375]».

Par conséquent, même si aucune loi ne consacre explicitement l'esprit de cet adage, contrairement à d'autres adages qui ont été consacrés par le législateur en une loi ou par la jurisprudence en un principe général de droit, l'esprit de l'adage *specialia generalibus derogant* appliqué à un droit spécial existant confère à celui-ci une supériorité immédiate qui découle à la fois de « l'autorité normative » et de la force interprétative de l'adage. Cette règle servant de guide aussi bien au législateur qu'aux juges et autres professionnels de droit matérialise dans l'imaginaire de tous [376], cette affirmation de supériorité, en ce sens qu'elle bénéficie d'une autorité universelle[377]. Elle représente dans plusieurs systèmes de droit un usage

---

de choix du plaideur, préface de J. GHESTIN, L.G.D.J., Coll. Bibliothèque de droit privé, 1988, p. 263, n°561 où l'auteure relève justement concernant la règle *Specialia generalibus derogant,* que « cette règle, qui n'est pas posée en principe par la Cour de cassation, ne fait pas l'objet d'une application systématique. Dans le même sens, v. Ch. GOLDIE-GENICON., op. cit.

[369] S. MAUCLAIR., op. cit

[370] S. MAUCLAIR., op.cit., p.224.

[371] B. SAINTOURESNS., op.cit.

[372] J. CARBONNIER., *Introduction Générale – Les personnes,* Thémis, 1977, 11ème éd., t. 1, p.175 ; G. CORNU, *Droit civil – Introduction – Les personnes – Les biens*, éd. Montchrestien, 1980, n°400 et s.

[373] B. DUTOIT, F. MAJOROS, « Le lacis des conflits de conventions en droit privé et leurs solutions possibles », *RC. DIP.*.1984, p.565 et s.

[374] B. SAINTOURENS, op. cit.

[375] R. GASSIN, « Lois spéciales et droit commun », D. 1961, chr., p. 91 et s.

[376] J. CARBONNIER, « La supériorité de la norme spéciale sur la norme générale », *in RTD Civ.* 1961, p. 332 n° 1.

[377] B. SAINTOURENS., op. cit.

commun et universel voire même une coutume générale du droit. En définitive, même si, comme nous l'avons déjà souligné, certains auteurs contestent l'adage quant à sa force normative et sa valeur de principe général de droit, il n'en demeure pas moins qu'il renferme une autorité normative et potentielle source de droit voire une source de droit à part entière[378]. Son application au texte spécial assure à ce dernier, une supériorité qu'il vient corroborer et légitimer sur un texte général. Pour nous, il résulterait donc de l'applicabilité de la règle *specialia generalibus derogant,* un instrument juridique nécessaire pour faire prévaloir la règle spéciale, édictée généralement pour répondre à un idéal d'une justice distributive[379]. Ce faisant, il est évident que par souci de cohérence et de justice distributive, à chaque fois qu'une loi spéciale se confronte à une loi générale ou moins spécifique, la première prime sur la dernière. Cet adage exprime un principe indispensable à tout système de droit. L'application de cette maxime permet la coordination[380] des règles de droit.

159. Une nécessité d'ordre public. A propos de la nécessité d'ordre public de poser clairement le principe de primauté des règles des procédures collectives, un auteur écrit *« sous peine de réduire le droit des entreprises en difficulté à sa plus simple expression, voire à néant, l'affirmation de ce principe s'imposait* [381]». Donc, à chaque fois que de besoin, l'affirmation de l'esprit de l'adage *specialia generalibus derogant* est plus que nécessaire, elle doit s'imposer, sans avoir besoin d'une onction législative. L'adage a une autorité supérieure à une loi dans ce sens qu'il constitue une philosophie générale du droit et une méthode législative[382].

Cette onction législative est sans doute réalisée à chaque fois que le principe de primauté du droit des procédures collectives a été explicitement consacré.

SECTION 2. CONSÉCRATIONS ET EFFECTIVITÉ DU PRINCIPE DE PRIMAUTÉ DU DROIT DES PROCÉDURES COLLECTIVES

160. La mise en œuvre du droit des procédures collectives ou du droit des entreprises en difficulté impose l'application des règles constitutives d'une discipline collective. Ce corps de règles impératives et dérogatoires se saisit

[378] Au sens du Doyen Cornu, qui considère d'une manière générale que les adages acquièrent une force de coutume.

[379] Justice équitable et conciliant plusieurs intérêts parfois contradictoires mais représentatifs de l'intérêt général.

[380] J-L. M. JEAN LOUIS BERGEL,op.cit

[381] J.P. BRILL., « L'incidence de la réforme des sûretés sur le droit des procédures collectives », actes du colloque du Centre de Droit de l'Entreprise, 22 septembre 2006université de Strasbourg, *www.cde.u-strasbg.fr.*

[382] B. SAINTOURENS., op. cit.

alors de la circonstance exceptionnelle et se substitue aux règles du droit commun. Ainsi, la mise en œuvre de ce droit spécial d'insolvabilité des entreprises entrainant naturellement le dessaisissement du débiteur et le regroupement des créanciers autour d'un intérêt collectif[383] né de cette circonstance, dès l'ouverture d'une procédure collective, fait primer les règles formant la discipline collective sur le droit commun. La notion de l'intérêt collectif intrinsèquement liée à l'identité du droit des entreprises en difficulté[384], constitue le fondement de cette matière de droit économique. La préservation de l'intérêt collectif commande l'idée de regroupement impératif de tous les acteurs économiques concernés par la vie de l'entreprise en difficulté, leur implication obligatoire dans la procédure et leur nécessaire soumission aux règles spéciales constitutives de discipline collective. Le dessaisissement du débiteur, le regroupement des créanciers ainsi que leur implication dans la procédure et l'application exclusive des règles impératives et dérogatoires du droit des entreprises en difficulté sont les principaux effets de l'ouverture d'une procédure collective. Au lieu de s'en tenir aux effets, un auteur parle même de principe fondateur du droit des procédures collectives[385]. Ainsi, la procédure collective constitue un mode de traitement collectif qui supplante la tentative individuelle animée par le réflexe individualiste, de poursuite par les voies d'exécution civiles et commerciales du droit commun. A titre d'exemple, le recouvrement de la créance par l'application de ces règles ordinaires de droit commun est supplanté par les règles impératives du droit des entreprises en difficulté au nom du principe de primauté du droit des procédures collectives. Autrement dit, il n'est plus question de recouvrement individuel de dette. Mais de paiement des créanciers, de leur désintéressement ou dénouement selon les conditions établies par le droit des procédures collectives.

161. Cependant, si dans le droit positif français le principe de primauté du droit des procédures collectives est explicitement consacré[386] au moins en ce qui concerne les rapports entre le droit des entreprises en difficulté[387] et le droit des sûretés[388]. Dans le système juridique de l'espace OHADA, sur la question relative à la consécration du principe de primauté de l'acte uniforme portant organisation des procédures collectives d'apurement du

---

[383] A. RIZZI., *La protection des créanciers à travers l'évolution des procédures collectives*, Thèse, Perpignan, 2003..

[384] Ibidem,

[385] A. RIZZI, op, cit, p.245.

[386] L'article 2287 du Code civil dispose que « *Les dispositions du présent livre ne font pas obstacle à l'application des règles prévues en cas d'ouverture d'une procédure de sauvegarde, de redressement judiciaire ou de liquidation judiciaire ou encore en cas d'ouverture d'une procédure de traitement des situations de surendettement des particuliers* ».

[387] En France, le droit relatif aux difficultés des entreprises est consacré par le Livre VI du Code de commerce.

[388] Le droit commun des sûretés est quant à lui consacré par les dispositions du Livre IV du Code civil.

passif vis-à-vis des autres actes uniformes notamment celui du droit des sûretés, le doyen Sawadogo a répondu[389] qu'il est implicite et que la référence est celle exprimée par l'adage traditionnel devenu en quelque sorte « *théorie générale de droit : specialia generalibus derogant* ».

L'analyse des différentes consécrations explicites, implicites et partielles du principe de primauté du droit des procédures collectives (**Sous-section 1**), nous permettra de mesurer l'effectivité (**Sous-section 2**) de ce principe à travers ses applications jurisprudentielles et ses instruments d'interprétation que ce soit sur la base légale ou sur la base d'une simple référence à l'esprit de l'adage *specialia generalibus derogant*.

§1) Les consécrations du principe de la primauté

162. Le principe de primauté accordé aux dispositions du droit des entreprises en difficulté permet leur application exclusive en dérogation des règles du droit commun. Ainsi, implicitement ou explicitement dans toutes les législations relatives à la défaillance des entreprises, il est accordé aux dispositions de ce droit un ordre d'application prioritaire. En France, il est expressément prévu tandis que dans le droit OHADA, l'on pourrait croire que le principe de primauté de l'acte uniforme portant organisation des procédures collectives d'apurement du passif sur les autres actes uniformes de manière générale et sur l'acte uniforme organisant le droit des sûretés en particulier, s'il a été pensé, reste implicite.

Le principe de primauté du droit des procédures collectives a reçu une consécration légale dans le droit positif français (**A**), mais dans le droit africain de l'espace OHADA, la consécration reste implicite (**B**).

A. La consécration légale du principe de primauté dans le droit français

163. Le droit français a consacré le principe de primauté du droit des procédures collectives sur le droit des sûretés à deux niveaux : dans le Code civil (**1°**) et dans le Code de commerce (**2°**).

1°) Dans le Code civil : les dispositions de l'article 2287

164. Introduite dans le code civil par la réforme de 2006[390], cette consécration est plus large, elle concerne toutes les dispositions du livre quatrième du code précité consacré aux sûretés. Ainsi, l'article 2287 du code civil dispose que : « *Les dispositions du présent livre ne font pas obstacle à l'application des règles prévues en cas d'ouverture d'une procédure*

[389] Lors du colloque international sur l'efficacité du droit OHADA : Bilan et défis à relever, co-organisé le 20 juin 2013 par l'IRJS et l'association pour l'efficacité du droit et justice (AEDJ).
[390] Ord. n° 2006-346 du 23 mars 2006, ratifiée par L. n° 2007-212 du 20 févr. 2007, art. 10-1.

collective de sauvegarde, de redressement judiciaire ou de liquidation judiciaire ». Ce texte pose expressément que les dispositions de droit commun relatives aux sûretés ne font pas obstacles aux dispositions du droit des procédures collectives. Il consacre un principe général de primauté des règles du droit des entreprises en difficulté sur le droit des sûretés d'une manière temporaire et ponctuelle à savoir au moment où l'entreprise débitrice est mise en procédures collectives. Ainsi, en cas de procédure collective les règles impératives et dérogatoires du droit des entreprises en difficulté s'appliquent exclusivement aux créanciers titulaires des sûretés et régissent dorénavant les rapports entre ces derniers et leur débiteur principal soumis aux procédures collectives. Cette nouvelle configuration de leurs rapports a pour effet de supplanter le régime de droit commun au profit d'un régime spécial occasionné par la circonstance. Mais, le principe de primauté du droit des procédures collectives posé par l'article 2287 précité ne concerne que les rapports entre créanciers titulaires des sûretés figurant dans le livre quatrième du Code civil et le droit des entreprises en difficulté soumises au traitement préventif, judiciaire et collectif. En effet, le livre quatrième du Code civil regroupe l'essentiel du droit des sûretés français. Toutefois, ne s'y trouvent répertoriées exclusivement que les sûretés à caractère civil. Sont donc concernées par les dispositions de l'article 2287 du Code civil toutes les catégories classiques de sûretés aussi bien personnelles que réelles. Les sûretés réelles mobilières et immobilières posées respectivement par les articles 2329 et 2373 du Code civil, sont donc en l'occurrence soumises à la règle de primauté du droit des procédures collectives. Ce texte vient encadrer et limiter l'application de ces sûretés en cas de procédures collectives mais par la même occasion il fait respecter le champ d'application circonstanciel du droit des entreprises en difficulté.

165. En outre, l'article 2427 aliéna 3 du même Code civil en renvoyant la situation spécifique d'inscription des sûretés des créanciers privilégiés et hypothécaires en cas d'ouverture des procédures collectives aux dispositions des titres II, III ou IV du livre sixième du Code de commerce, consacre également mais indirectement le principe de primauté des procédures collectives. Autrement dit, l'article 2427 pose la primauté des dispositions du Code de commerce sur celles du Code civil en cas de procédures collectives. En France, cette matière rebaptisée depuis 2005 droit des entreprises en difficulté est régie par certaines dispositions du Code de commerce et par celles du Code des procédures collectives. L'ordonnance de 2006 relative à la réforme des sûretés a ainsi consacré de manière claire le principe de primauté ou la prééminence du droit des entreprises en difficulté sur le droit commun des sûretés[391].

166. Cette réserve posée par l'article 2287 du Code civil est doublement nécessaire. D'une part, elle permet de parer à la perversité du mécanisme de

---

[391] M. BOURASSIN, V. BREMOND, M.-N. JOBARD-BACHELIER, *Droit des sûretés*, 4ème Edition, Sirey.2014. p.632 et s.

certaines sûretés parfois et d'autre part elle permet de garantir l'application des règles des procédures collectives[392] et l'essence même du droit des entreprises en difficulté. La règle de primauté du droit des procédures collectives est censée jouer pleinement à chaque fois que les dispositions issues de l'ordonnance du 23 mars 2006 sont en contradiction avec celles de la loi de sauvegarde des entreprises du 26 juillet 2005.

2°) Dans le Code de commerce

167. Dans ce code, l'affirmation du principe de primauté du droit des procédures collectives pourrait être qualifiée seulement d'affirmation de principe de primauté (sans cibler le droit des procédures collectives) car elle est consacrée par les dispositions qui justement sont applicables en période de procédure collective. Cependant, elle ne concerne que quelques types de sûretés. Certains auteurs identifient cette consécration non pas à celle du principe de primauté des procédures collectives mais à celle du principe de subsidiarité du droit des sûretés au droit des procédures collectives[393]. Cette consécration ne régissant que les rapports entre le droit des procédures collectives et le droit des sûretés en période du traitement d'insolvabilité des entreprises, on pourrait même se demander si cette consécration peut être généralisée à d'autres matières. N'est-elle pas partielle ? Consacre-t-elle par conséquent le principe de primauté générale de droit des procédures collectives sur tout le droit commun ?

L'analyse de la double consécration du principe de primauté des procédures collectives sur les sûretés est un préalable pour comprendre la nature et la portée véritables du principe de primauté ainsi consacré.

168. Certes, le code de commerce ne consacre pas spécifiquement le principe de primauté des règles impératives et dérogatoires du droit des procédures collectives d'une manière générale, mais il tente de permettre d'éviter certains conflits d'application de ces règles avec d'autres institutions du droit commercial. Ce faisant, il consacre néanmoins d'une manière disparate et parcellaire le principe de primauté des règles issues du droit des procédures collectives. C'est ainsi que l'article 624-10 du Code de commerce introduit par la réforme de 2005[394], vient règlementer la réserve de propriété qui, voit ses effets paralysés ou atténués en cas de procédures collectives, au risque de heurter sérieusement les règles impératives du droit des procédures collectives. Ce texte pose que *« Le propriétaire d'un bien est dispensé de faire reconnaitre son droit de propriété lorsque le contrat portant sur ce bien a fait l'objet d'une publicité. Il peut réclamer la restitution de son bien dans les conditions fixées par décret en Conseil*

---

[392] J.-L. VALLENS., « Les modifications apportées par l'ordonnance sur les sûretés au droit des procédures collectives », *in RLDA n°7 juillet 2006*, p.75 et s.

[393] M. BOURASSIN, V. BREMOND. M.-N. JOBARD-BACHELIER, *Droit des sûretés*, op.cit.

[394] L. n° 2005-845 du 26 juillet 2005, art.51.

d'Etat ». Ces dispositions du Code de commerce sont bien évidemment d'application étroite et stricte et ne concernent que l'hypothèse de l'ouverture d'une procédure collective à l'encontre de l'acquéreur d'un bien sous réserve de propriété. Mais elles sont illustratives de la volonté du législateur de faire primer les dispositions spéciales du droit des procédures collectives et de montrer leur effet dérogatoire sur d'autres droits et institutions du droit commercial en l'occurrence l'institution de la réserve de propriété. De même les articles L622-7 al 3, L631-14 et L641-3 du Code de commerce, en disposant que l'ouverture d'une procédure collective de sauvegarde, de redressement et de liquidation judiciaires fait obstacle à la conclusion et à la réalisation de pacte commissoire consacrent la primauté des règles des procédures collectives sur le droit commun du pacte commissoire[395] en particulier et accessoirement des contrats. Des mêmes restrictions sont faites concernant l'attribution judiciaire[396] dont le droit commun est écarté par le principe de primauté du droit des procédures collectives.

169. La portée juridique des consécrations légales. La consécration légale du principe de primauté du droit des procédures collectives aussi bien par les dispositions de l'article 2287 du Code civil que celle traitée par les dispositions éparses du Code de commerce précitées, est de nature circonscrite et ne concerne généralement que les rapports entre les sûretés du livre quatrième du Code civil et les dispositions des titres II, III ou IV du sixième livre du Code de commerce consacrés aux difficultés des entreprises. Par conséquent, il convient d'en déduire que le principe de primauté du droit des procédures collectives consacré par le droit français est partiel et inachevé par ce qu'il ne couvre pas tous les rapports entre toutes les sûretés réelles et le droit des procédures collectives. En définitive, il ne résout pas tous les problèmes liés aux conflits et contradictions qui pourraient surgir des rapports entre le droit des sûretés et le droit des procédures collectives. Face à ces lacunes du législateur qui sont aussi à l'origine de l'incohérence existant actuellement entre le droit des sûretés et le droit des entreprises en difficulté notamment, il est souvent fait référence à l'adage *specialia generalibus derogant*, pour résoudre les litiges sur la base de la prééminence du droit spécial sur le droit commun. Il n'empêche que faire une consécration générale du principe de primauté qui serait étendu à l'ensemble des sûretés civiles et commerciales permettrait de remédier à ces lacunes. Mieux, il serait plus cohérent de poser un principe général de primauté du droit des procédures collectives. Celui-ci ne régirait plus seulement les rapports des sûretés civiles et le droit des procédures collectives mais l'ensemble des matières du droit commun notamment le droit des contrats d'une manière générale et le droit commun des voies

[395] J.-L. VALLENS, op, cit.; L. AYNES et Ph. DUPICHOT., « Les grandes lignes d'un nouveau visage » *Droit et patrimoine n°166 janvier 2008*, p.82 et s.
[396] J.-L. VALLENS, op, cit.

civiles et commerciales d'exécution. Du fait justement de la particularité de ce droit qui est « *d'être une science de l'organisation, une science de la rénovation des relations fondamentales, et une science de la réalisation de droit*[397] » au nom notamment du caractère représentatif de l'intérêt collectif de cette matière, consacrer un tel principe serait un signe fort de reconnaissance et de cohérence. Une telle consécration permettrait d'une part d'appliquer la discipline collective à tous les acteurs économiques concernés par la vie de l'entreprise en instance de traitement des difficultés, mais également résoudrait d'une manière définitive le problème d'incohérence entre le droit des sûretés et le droit des procédures collectives.

B) La consécration implicite du principe de primauté dans le droit OHADA

170. Jusqu'ici, à notre connaissance, personne, nous semble-t-il, n'a écrit sur les rapports de primauté des actes uniformes OHADA entre eux, en l'occurrence pour illustrer le principe de primauté de l'acte uniforme portant organisation des procédures collectives d'apurement du passif (AUPC) sur les autres actes uniformes. Sinon, rares sont les auteurs qui ont consacré un temps de réflexion sur la prééminence de l'acte uniforme relatif au droit des procédures collectives sur les droits consacrés par les autres actes uniformes. Et, pour autant le constat est que dans le droit de l'espace OHADA, il n y a pas de texte accordant explicitement primauté aux dispositions de l'acte uniforme portant organisation des procédures collectives d'apurement du passif. A titre particulier non plus, contrairement au droit français, dans le droit africain de l'espace OHADA aucun texte ne consacre le principe de primauté de l'acte uniforme relatif au droit des procédures collectives sur les dispositions de l'acte uniforme des sûretés.

171. Le titre préliminaire de l'acte uniforme portant organisation des sûretés (AUS) intitulé « *Définitions et domaines d'application des sûretés* », donne les définitions des différentes catégories de sûretés en mettant l'accent notamment sur le caractère accessoire de celles-ci. Mais les rédacteurs de l'AUS ne précisent pas le domaine d'application de celui-ci et ses limites ; ou alors la précision du domaine d'application des sûretés qui est donnée, ne distingue pas l'assiette des sûretés de ce qu'ils ont nommé « domaine d'application ». Ils ont par conséquent laissé un flou –et donc une marge de manœuvre- quant au champ d'application de l'AUS et ses limites par rapport à l'acte uniforme portant droit des procédures collectives. Tout se passe comme s'il y avait un principe mutuel, implicite de respect et de non empiétement entre les actes uniformes et que chaque acte uniforme régissait de manière exclusive son domaine d'application. Placés au même niveau législatif et spécialisés par matière, tous les actes uniformes seraient donc

---

[397] M.A. FRISON-ROCHE, *Le caractère collectif des procédures collectives,* Rev. Jur. Com. 1996, p. 294 ; A. RIZZI., La protection des créanciers à travers l'évolution des procédures collectives, op, cit, p. 283.

des droits spéciaux. Dans pareille hypothèse, il s'avère difficile de situer un acte de droit spécial sur un autre d'autant plus qu'il n y a pas un droit commun à l'origine du droit OHADA comme un tronc commun à partir duquel surgissent tous les actes uniformes. Et pourtant, il y a des actes uniformes plus spéciaux que d'autres et certains parmi les moins spéciaux pourraient représenter un droit commun en attendant l'adoption prochaine de l'acte uniforme sur le droit des contrats et des obligations civiles et commerciales. C'est la raison pour laquelle sans doute, on pourrait penser que toute consécration de primauté de l'acte uniforme portant organisation des procédures collectives d'apurement du passif sur l'acte uniforme portant organisation des sûretés ou sur les autres actes uniformes reste implicite. Ainsi, l'on pourrait croire que la prééminence du droit des procédures collectives OHADA sur les autres actes uniformes notamment sur l'acte uniforme portant organisation des sûretés serait accordée en référence aux caractères spécifique et exceptionnel de cette première matière de droit économique (**1°**) d'une part et par l'interprétation de l'adage *Specialia generalibus derogant* (**2°**) d'autre part. Cette analyse est confortée par la réponse donnée par le doyen Sawadogo relative à l'existence d'une primauté tacite de l'acte uniforme portant droit des procédures collectives.

1°) Par référence aux caractères spécifiques et exceptionnels du droit des procédures collectives

172. A l'image de tous les autres actes uniformes, l'acte uniforme organisant les procédures collectives institue un droit autonome et indépendant. La délimitation des domaines et l'articulation harmonieuse des rapports entre eux évacuent tout problème majeur d'interdépendance. Ainsi, la spécificité de l'AUPC est remarquable du fait qu'il déroge d'abord au droit commercial général duquel il a puisé l'essentiel de ses sources, et régit une circonstance exceptionnelle[398] de la vie de l'entreprise. Puis considérant cette spécificité de régir la vie de l'entreprise en difficulté et compte tenu de l'intérêt collectif en jeu, il déroge au droit commun des contrats en général et à celui de la réalisation ordinaire des sûretés en particulier. Et enfin, en modifiant le régime de réalisation des sûretés, les dispositions impératives de l'AUPC dérogent accessoirement et donc priment également sur l'acte uniforme portant organisation des procédures simplifiées de recouvrement et des voies d'exécution. En effet, face au caractère de droit d'exception du droit des procédures collectives ou des entreprises en difficulté[399], affirme un auteur, les procédures ordinaires d'exécution s'éclipsent[400].

---

[398] F. M. SAWADOGO, *OHADA – Droit des entreprises en difficulté*, Bruylant, 2002.

[399] L'expression a été déjà consacrée ou appliquée en ce qui concerne le droit OHADA par F.M. SAWADOGO,*OHADA-Droit des entreprises en difficulté,* op. cit.

[400] E.SOUPGUI., Les sûretés conventionnelles à l'épreuve des procédures collectives, op.cit. P.76.

Par conséquent, certaines dispositions des actes uniformes sur les sûretés et des procédures collectives se référant à cette spécificité consacrent implicitement la prééminence des dispositions dérogatoires de l'acte uniforme organisant les procédures collectives sur les autres actes uniformes en l'occurrence sur celui portant organisation du droit des sûretés OHADA. Ainsi, c'est le cas par exemple des textes 225 et 226 du titre quatre de l'acte uniforme sur les sûretés relatifs à la distribution des deniers et classement des créanciers pour la réalisation des sûretés à plusieurs créanciers[401], qui régissent le rang en temps normal de paiement et constituent le droit commun[402]. Ainsi, sauf renvoi aux dispositions de l'AUS, en cas de mise en œuvre des procédures collectives, ce rang des créanciers pour la réalisation des sûretés est substitué par celui établi par les dispositions des articles 166 et 167 de l'AUPC relatives à l'ordre de paiement des créanciers respectivement pour les biens meubles et immeubles. La procédure de distribution du prix des biens réalisés qui en droit commun est réglée par les articles 324 et suivants de l'acte uniforme sur les voies civiles et commerciales d'exécution, est également écartée au profit de la discipline collective instituée dans l'AUPC. En définitive, les dispositions impératives, de l'acte uniforme portant organisation des procédures collectives d'apurement du passif, constitutives de la discipline collective en imposant une nouvelle condition juridique à tous les créanciers dès l'ouverture d'une procédure collective nonobstant leurs droits antérieurs tenus des autres actes uniformes, consacrent implicitement le principe de primauté du droit de cet acte uniforme sur ceux des autres.

2°) Par référence à l'esprit de l'adage Specialia generalibus derogant

173. Nouveau né et n'ayant pas encore constitué de socle propre de théorie générale de droit et de principes fondamentaux qui soient adoptés pour de nouveaux paradigmes qui seraient les siens propres, le système juridique de l'espace OHADA s'inspire des systèmes de droit parallèles[403] et se nourrit des adages issus d'un lointain héritage juridique[404]. Il utilise alors

---

[401] J. ISSA-SAYEH, Commentaire sous l'article 224 de l'acte uniforme portant organisation des sûretés (AUS), *in Code Vert OHADA : traité et actes uniformes,* op.cit.p. 968.

[402] F.M. SAWADOGO, Commentaire sous l'article 166 de l'acte uniforme du 10 avril 1998 portant organisation des procédures collectives d'apurement du passif, *in Code Vert OHADA : Traité et actes uniformes commentés et annotés,* JURISCOPE.4ème Ed. 2012. p. 1267.

[403] Principalement le système de tradition civiliste dit droit continental à travers le système juridique français et incidemment le système dit de *Common Law.*

[404] L'héritage le plus contemporain et qui est le plus légitimé et donc plus cité, est celui du droit romain d'où la romanisation des adages et maximes de droit anciens rebaptisés plus tard en conséquence de ce phénomène, de locutions latines. Or, l'on sait maintenant que le droit romain est lui-même l'héritier du droit de l'Egypte antique à travers les grecs. En ce sens voir, E. REVILLOUT, *Les origines égyptiennes du droit civil romain,* Paris, Librairie Paul GEUTHNER. 1912. Sur l'héritage de l'Occident à l'Egypte antique de manière générale v. Ch. DESROCHES NOBLECOURT, *Le fabuleux héritage de l'Egypte,* Editions SW – Télémaque, Paris Pocket. 2011.

tant que le besoin se fait sentir ces matériaux nécessaires pour construire un système juridique cohérent dans lequel les règles matérielles sont intelligibles et bien ordonnancées. Ainsi, le législateur africain de l'espace OHADA, les professionnels de droit et experts qui concourent à l'élaboration du droit des affaires unifié pour l'Afrique ont eu recours à l'adage *specialia generalibus derogant* pour approuver l'existence implicite d'un principe de primauté du droit des procédures collectives sur les autres actes uniformes de droit matériel pour l'espace OHADA. En effet, conformément à l'esprit de cet adage, le droit OHADA des procédures collectives du fait de sa nature spéciale et exceptionnelle devrait sans doute primer sur les autres actes uniformes dont le droit consacré est moins spécial voire constitue le droit commun. Par exemple l'acte uniforme sur les sûretés, est moins spécial que celui régissant le droit des procédures collectives. D'après un auteur, l'acte uniforme portant organisation des sûretés constitue même un droit commun[405].

Par conséquent, nous pouvons affirmer que la prééminence du droit des procédures collectives est implicitement reconnue dans le droit OHADA. Cependant, ce caractère implicite ou tacite de la reconnaissance de la prééminence, aussi évidente paraît-elle peut poser des problèmes pour l'effectivité de la mise en œuvre de cette primauté d'application des règles issues de l'acte uniforme portant organisation des procédures collectives d'apurement du passif. Ce risque est d'autant plus pesant qu'aucune obligation d'interprétation et d'application de cet adage ne pèse sur le juge.

§2) De l'effectivité du principe de primauté

174. Comme nous venons de le voir, l'application du principe de primauté des procédures collectives peut résulter à la fois de la référence à la règle *specialia generalibus derogant* et de l'effet d'une consécration légale. Pour autant, l'application est-elle efficace et effective ? Bien que bénéficiant d'une onction législative en l'occurrence dans le droit français, l'effectivité du principe de primauté des règles du droit des entreprises en difficulté reste encore à affirmer. Ce principe souffre d'une part d'une application limitée ou de l'absence d'une application systématique de l'article 2287 du code civil (**A**) et de l'efficacité incertaine ou bien de l'incertitude dans l'usage du dit adage (**B**) d'autre part.

A) L'application limitée de l'article 2287 Code civil

175. Dans le droit positif français, conformément à la règle de primauté du droit des procédures collectives posée par l'article 2287 du Code civil, les dispositions du livre sixième du code de commerce dédiées au traitement des entreprises en difficulté doivent s'appliquer sans encombre, ni obstacle

[405] J. ISSA-SAYEGH,commentaires, *in Code Vert OHADA,* op. cit.

provenant du droit des sûretés, tout au moins en tout cas, concernant toutes les sûretés notamment réelles qui sont consacrées dans le livre quatrième du Code civil. Mais, si l'énoncé de cette règle est clair et sans équivoque, son application effective à toutes les sûretés notamment à certaines sûretés réelles n'est pas exempte de toute nuance. D'emblée faut-il signaler que l'idée de la consécration du principe de primauté du droit des procédures collectives sur les sûretés n'a pas été partagée par toute la doctrine. Si quelques auteurs[406] qui y ont consacré quelques rares réflexions et voient le bien fondée du principe, d'autres[407] à l'inverse manifestent une hostilité en fustigeant sans apporter de critique réellement constructive ou manifestent une absence d'intérêt pour contribuer. Ainsi, très critiquée depuis son introduction par l'ordonnance du 23 mars 2006 portant réforme des sûretés, l'application toute relative de la règle de primauté du droit des entreprises en difficulté sur les suretés correspond-elle au *desiderata* de ses détracteurs ?

L'application de la règle de primauté est contrastée selon qu'elle porte sur certaines sûretés se trouvant dans le livre quatrième (**1°**) et sur d'autres sûretés se trouvant hors du livre quatrième du Code civil (**2°**).

1°) La non-application du principe de primauté sur certaines sûretés se trouvant dans le livre quatrième du Code civil : l'exemple de la clause de réserve de propriété

176. Les articles 2329 et 2373 du Code civil énumèrent respectivement les sûretés réelles mobilières et les sûretés réelles immobilières. Cependant parmi ces sûretés réelles, si les sûretés réelles dites classiques[408] se voient appliquer sans réserve le principe de primauté des règles du livre sixième du Code de commerce régissant le droit des entreprises en difficulté, son application est moins évidente concernant les nouvelles sûretés basées sur la propriété retenue ou cédée à titre de garantie. En effet, selon les dispositions de ce texte, aucun exercice de droit de sûreté ou d'autre quelconque garantie de créance ne devrait représenter un obstacle à la mise en œuvre des règles du droit des procédures collectives dès lors qu'elle se trouve être consacrée dans le livre précité du Code civil. Or, l'on constate que déjà, avant même la loi du 19 février 2007 introduisant la fiducie dans le droit positif français, l'ouverture était donnée à de nouvelles garanties de créance appelées sûretés-propriétés[409]. Ces nouvelles institutions reconnues comme des suretés à part entière semblent pour la plupart affranchies des règles du droit des procédures collectives. Elles viennent mettre en échec l'effectivité de la

---

[406]J.-L. VALLENS, « Les modifications apportées par l'ordonnance sur les sûretés au droit des procédures collectives », *Revue Lamy Droit des Affaires*- 2006 – n° 7.

[407] A. BAC, op.cit.

[408] Les sûretés réelles classiques sont celles qui octroient à leurs titulaires le droit de préférence sur les biens aux elles sont greffées. Ce sont principalement le gage, le nantissement et l'hypothèque.

[409] V. Articles 2329 4° et 2373 alinéa 2 dans le livre IV du Code civil.

règle de primauté du droit des entreprises en difficulté. Pourtant ces nouvelles sûretés, principalement des sûretés réelles, sont consacrées respectivement par l'article 2329 4° du Code civil pour la propriété mobilière[410] et l'article 2373 al 2 du même code pour la propriété de l'immeuble[411].Dans la section sur la propriété retenue à titre de garantie, figure explicitement la clause de réserve de propriété, reconnue comme une sûreté réelle. Mais on peut aussi considérer que le droit de rétention est une forme de propriété, donc à ce titre même si le droit de rétention n'est pas reconnu comme une sûreté réelle à part entière, on peut le considérer comme intégrable dans la section sur la propriété retenue à titre de garantie. Ces sûretés réelles sont donc classées à la même enseigne que les sûretés classiques c'est-à-dire dans le livre quatrième du Code civil. Logiquement comme les sûretés classiques, les nouvelles sûretés basées sur la propriété retenue ou cédée devraient être soumises aux dispositions impératives de l'article 2287 du Code civil. Mais, il n'en est rien. Dans la pratique ces nouvelles sûretés réelles en l'occurrence les propriétés-sûretés n'obéissent pas forcément à la règle de primauté posée par l'article 2287 du Code civil.

177. L'exemple de la clause de réserve de propriété. Reconnue plutôt par la jurisprudence comme une sûreté[412] à part entière, la clause de réserve de propriété a été introduite comme telle par l'ordonnance du 23 mars 2006 portant réforme des sûretés dans le livre quatrième du Code civil. Elle est qualifiée de sûreté en ce qu'elle constitue l'accessoire de la créance dont elle assure le paiement. L'article 2367 du code civil mentionne en effet que « *La propriété d'un bien peut être retenue par l'effet d'une clause de réserve de propriété qui suspend l'effet translatif d'un contrat jusqu'au complet paiement de l'obligation qui en constitue la contrepartie* ».Cette mention n'enferme pas la clause de réserve de propriété figée dans une définition restrictive. De manière générale, la réserve de propriété est une clause dans un contrat de vente[413] suspendant l'effet translatif de propriété du bien vendu au complet paiement du prix, mais elle pourrait aussi être insérée dans un quelconque autre contrat à effet translatif notamment le contrat d'entreprise[414]. Elle pourrait être définie comme toute clause en vertu de laquelle l'effet translatif d'un contrat est suspendu jusqu'au complet paiement de l'obligation qui en constitue la contrepartie. La suprême efficacité de la clause de réserve de propriété tient au fait qu'elle permet à

---

[410] Ord. n° 2009-112 du 30 janvier 2009, art. 3, en vigueur le 1er février 2009.

[411] Introduite par l'article 6 de l'ord. n° 2009-112 du 30 janvier 2009, op. cit.

[412] Cass. com., 9 mai 1995, *RTD civ. 1996, p. 441*, obs. P. CROCQ *; Cass. com., 23 jan 2001, Bull. civ. IV, n° 23 ; JCP G, 2001.I.321, n° 13,* obs. M. Cabrillac ; *RTD civ. 2001, p. 399 et s.,* obs. P. CROCQ.

[413] Ph. MALAURIE, L. AYNES et P. CROCQ, *Les sûretés : la publicité foncière,* 6ème éd. Defrénois. 2012. P.387.

[414] Cass.com., 29 mai 2001, *RTD civ.* 2001, p. 930 et s. obs. P. CROCQ ; Cass. com., 19 nov. 2003, n° 01-01.137, *Bull. Civ. VI.* N° 174 *JCP G 2004, I, 153, n°13, obs. M. Cabrillac ; JCP G 2004, I,113, n°1, obs. Ch. Caron.*

son titulaire de demander la restitution du bien en cas de non-paiement intégral du prix à l'échéance[415]. Lorsque le débiteur fait l'objet de l'ouverture d'une procédure collective, une demande à l'amiable en revendication doit intervenir effectivement dans les trois mois à compter de la publication du jugement d'ouverture[416]. En d'autres termes, les biens vendus avec réserve de propriété peuvent être valablement revendiqués en cas de procédure collective à l'encontre du débiteur. Ainsi, l'exercice des droits conférés par la clause de réserve de propriété à son titulaire, n'est nullement altéré par le principe de primauté nonobstant la règle de primauté posée par l'article 2287 du Code civil. Et ce, malgré le fait que l'institution en question ait été reconnue comme une sûreté et consacrée dans le livre quatrième du Code civil.

2°) L'ineffectivité du principe de primauté posé par l'article 2287 du Code civil sur les sûretés hors du livre quatrième du même code

178. Parmi les sûretés à caractère civil ou commercial hors du livre quatrième du Code civil, la fiducie-sûreté (**a**) et le crédit-bail (**b**) attirent notre attention en ce qu'elles doivent servir de baromètre pour apprécier la portée et l'effectivité du principe de primauté des procédures collectives posé par l'article 2287 du Code civil.

a) La fiducie-sûreté

179. Introduite par la loi du 19 février 2007 qui a occasionné la création de nouveaux articles - 2011 à 2031 et 2328-1, qui la consacrent au titre XIV du livre troisième du Code civil. Elle est définie par l'article 2011 du Code civil comme *« l'opération par laquelle un ou plusieurs constituants transfèrent des biens, des droits ou des sûretés, ou un ensemble de biens, de droits ou de sûretés, présents ou futurs, à un ou plusieurs fiduciaires qui, les tenant séparés de leur patrimoine propre, agissent dans un but déterminé au profit d'un ou plusieurs bénéficiaires »*. En d'autres termes la fiducie est un transfert de biens, au profit du fiduciaire, dans un patrimoine affecté à ses fins. Ce transfert peut porter sur un bien, un ensemble de biens ou sur des droits greffés à un bien ou à un ensemble de biens présents ou à déterminer dans l'avenir. A ce titre, la fiducie présente une double fonction : elle peut être utilisée aussi bien à des fins de gestion de patrimoine que de sûreté ou les deux à la fois. Quand elle est utilisée à des fins de sûreté, elle est alors qualifiée de fiducie-sûreté. Ainsi, la garantie procurée par la fiducie-sûreté est accessoire de la créance garantie. Cela implique nécessairement qu'elle doit s'éteindre automatiquement avec l'extinction de la créance initiale. Pour cela, elle est estimée souple, malléable et réutilisable au profit des créances futures, si les parties la souhaitent ainsi dès sa constitution. La fiducie-sûreté

---

[415] V. article 2371 du Code civil.
[416] Article L624-9 du Code de commerce.

est considérée comme une sûreté à part entière au sens classique du terme : être l'accessoire de la créance dont elle garantit le paiement. La fiducie-sûreté est simplement une forme originale et admise de sûreté réelle[417]. En effet, elle représente une forme de propriété cédée à titre de garantie donc une sûreté réelle conformément aux articles 2329 al 4 et 2373 al 2 du Code civil. En outre, cette forme de sûreté susceptible d'être constituée pour le compte d'autrui est reconnue par l'article 2328-1 du Code civil comme une des caractéristiques d'une sûreté réelle. Selon ce texte qui est également situé au cœur du livre quatrième du Code civil, « *toute sûreté réelle peut être constituée, inscrite, gérée et réalisée pour le compte des créanciers de l'obligation garantie par une personne qu'ils désignent à cette fin dans l'acte qui constate cette obligation* ». Enfin, la fiducie-sûreté peut, comme elle a été instituée dans le droit OHADA lors de la récente réforme de l'AUS, prendre la forme d'une cession fiduciaire de somme d'argent, de portefeuille, de parts sociales etc… à titre de garantie. Mais, pourquoi la fiducie-sûreté n'est-elle pas soumise aux dispositions de l'article 2287 du Code civil en cas de mise en œuvre des procédures collectives à l'encontre du débiteur de l'obligation ou de la créance garantie ?

180. En l'état actuel du droit positif français, la fiducie-sûreté, à l'instar de toutes les sûretés basées sur la propriété cédée ou retenue, déroge au principe de primauté du droit des procédures collectives, une discipline dont elle s'affranchit presque des règles contraignantes. Ainsi, telle qu'elle a été instituée par la loi 2007, la fiducie produit ses effets indépendamment de l'ouverture de procédures collectives. Elle met le titulaire de la fiducie entièrement à l'abri de la procédure collective de son débiteur. La loi de sauvegarde des entreprises du 26 juillet 2005, n'avait pas envisagé ce cas de figure. L'ordonnance de 2008 portant réforme du droit des entreprises en difficulté est intervenue et a tenté d'atténuer les effets de la fiducie-sûreté pendant les procédures collectives de sauvegarde et de redressement judiciaire. Mais cette réforme s'est avérée insuffisante et n'a pas pu résoudre le problème d'articulation entre le droit des sûretés et le droit des procédures collectives. Raison pour laquelle, certains auteurs[418] regrettent et parlent d'une occasion manquée[419]. Selon nous, la solution a déjà été trouvée par l'ordonnance du 23 mars 2006. Il s'agirait de respecter strictement les dispositions de l'article 2287 du Code civil et de rendre effective son application généralisée à toutes les sûretés qu'elles soient classiques ou nouvelles, sans exception. D'autant plus que la fiducie-sûreté en

---

[417] L. n° 2008-776 du 4 août 2008, art. 80, complétant L. n° 2007-211 du 19 février 2007, art. 16. Cette nouvelle forme de sûreté est consacrée par l'article 2328-1 du livre quatrième du Code civil.

[418] J.-L. VALLENS, « Les modifications apportées par l'ordonnance sur les sûretés au droit des procédures collectives », *RLDA*-2006, n° 7 ; P. CROCQ, « La réforme des procédures collectives et le droit des sûretés », *DALLOZ*. 2006, Chron. p. 1306.

[419] R. DAMMANN, « La réforme des sûretés mobilières : une occasion manquée », *DALLOZ*. 2006, p. 1298.

l'occurrence comme nous venons de le voir, cumule parfaitement tout ou presque les critères posés par l'article 2287 du Code civil pour respecter le principe de primauté des règles du droit des entreprises en difficulté. Elle est une propriété cédée à titre de garantie au sens des articles 2329 al 4 et 2373 al 2 et elle constitue réellement une forme admise et consacrée de sûreté réelle par l'article 2328-1 précité du même code. Pour toutes ces considérations, la fiducie-sûreté en tant que sûreté réelle à part entière par le mécanisme de propriété cédée à titre de garantie, ne devrait pas faire obstacle aux règles impérieuses du droit des entreprises en difficulté tel que consacré par l'article 2287 précité.

b) Le crédit-bail

181. Défini comme une opération par laquelle un établissement de crédit achète un bien à la demande, et à la place de son client puis le lui loue en lui reconnaissant une faculté d'achat à terme[420], donc la possibilité de devenir le propriétaire du bien loué, le crédit-bail est un mécanisme de garantie qui trouve ses sources dans le droit du crédit ou droit financier. A l'origine ayant pour assiette exclusivement un bien corporel, le mécanisme est aujourd'hui étendu aux biens incorporel ou immatériel. Ainsi, l'opération de crédit-bail peut désormais porter notamment sur un fonds de commerce et des éléments du fonds, tel le bail commercial[421]. Le crédit-bail est susceptible de porter aussi bien sur un bien meuble que sur un bien immeuble. Mais, contrairement à la clause de réserve de propriété qui a pu trouver une place de choix dans le livre quatrième du Code civil consacré aux sûretés, le crédit-bail n'a ni fait l'objet d'une reconnaissance expresse comme une sûreté, ni été logé dans la partie réservée aux sûretés du Code civil. D'ailleurs, il n'est consacré nulle part dans le Code civil.

182. Cependant, en considérant qu'une sûreté peut être constituée par le mécanisme d'une propriété retenue à titre de garantie, le législateur, à travers l'ordonnance du 23 mars 2006 et la loi du 19 février 2007 instituant la fiducie-sûreté c'est-à-dire une propriété cédée à titre de garantie, a implicitement conféré au crédit-bail le statut d'une sûreté. Certains auteurs l'ont déjà assimilée à une sûreté assise sur la propriété[422]. En effet, même si le crédit-bail n'a pas été nommément classé dans le livre quatrième du Code civil, les articles 2329 al 4 et 2373 al 2 précités ont reconnu la propriété retenue à titre de garantie comme une sûreté. Et parmi celle-ci, il est composé de crédit-bail et de la clause de réserve de propriété. Par conséquent, le crédit-bail, constituant une forme de propriété retenue à titre de garantie reconnue comme une sûreté à part entière, consacrée de surcroit

[420] Le crédit-bail est consacré par les articles L.313-7 et s. et L. 515-2 du Code monétaire et financier.
[421] M.-N. JOBARD-BACHELIER, *Droit civil : Sûretés, publicité foncière*, 15ème éd. Dalloz, Mémento 2007, p.46.
[422] M.-N. JOBARD-BACHELIER, *op. cit.*

par les textes précités (livre quatrième du Code civil), son régime juridique devrait être soumis au principe de primauté du droit des procédures collectives[423] tel que consacré à l'article 2287 du Code civil. De surcroit, il devrait être logé au sein du livre IV du code civil.

183. Mais le constat est que malgré les dispositions très claires de l'article 2287 du Code civil, ni le régime du crédit-bail ni celui réservé à la clause de réserve de propriété, à l'instar et à certains égards du régime de la fiducie-sûreté, ne respectent le principe consistant à interdire tout obstacle à l'application prioritaire des règles impérieuses et dérogatoires du droit des entreprises en difficulté. Alors qu'il est disposé qu'en cas d'ouverture d'une procédure collective aucun exercice de réalisation de sûreté ne devrait pouvoir prospérer en méconnaissance des règles de cette procédure. Or, ces nouvelles sûretés sont toujours susceptibles d'être mises en œuvre indépendamment de l'ouverture d'une procédure collective. Il a bien fallu l'intervention du législateur par les biais de l'ordonnance du 18 décembre 2008 portant réforme du droit des entreprises en difficulté pour atténuer sous certaines conditions leurs effets pendant les phases de sauvegarde et de redressement judiciaires. Cependant, malgré, les ajustements apportés par l'ordonnance de 2008, il n'est pas obtenu ni jugé nécessaire que la règle de l'article 2287 du Code civil s'applique aux propriétés-sûretés. Cette indifférence au principe de primauté du droit des procédures collectives vide la consécration de l'article 2287 du Code civil de tout sens.

184. En définitive, seule l'effectivité d'un principe général de la primauté du droit des entreprises en difficulté vis-à-vis de toutes les catégories de sûretés permettrait de résoudre définitivement ce problème d'incohérence dans les régimes des sûretés pendant la mise en œuvre des procédures collectives et par voie de conséquence de réussir une meilleure articulation entre le droit des sûretés et le droit des entreprises en difficulté.

B) De l'incertitude dans l'usage de l'adage specialia generalibus derogant

185. On peut estimer que l'adage est peu usité par la jurisprudence à des fins d'interprétation en cas de contradiction entre les règles issues du droit des procédures collectives et des dispositions d'autres disciplines de droit. Mais, en considération du caractère spécial du droit des procédures collectives, l'interprétation de cet adage permettrait de trancher en faveur de la primauté de ses règles vis-à-vis des règles générales constitutives du droit commun en l'occurrence le droit des sûretés. Toutefois, l'incertitude quant à la réelle portée de cet adage et à son caractère normatif et obligatoire pour le juge, limite les ardeurs des juges et justiciers à recourir au principe *specialia generalibus derogant* pour interpréter la prééminence des règles du droit des

[423] J.-L. VALLENS, "Les modifications apportées par l'ordonnance sur les sûretés au droit des procédures collectives », op.cit.

entreprises en difficulté sur les autres branches de droit moins spéciales et moins circonstancielles. Ce constat peut, toutefois, être atténué désormais avec la consécration de cet adage par le nouvel article 1105 al. 3 du code civil issu de la réforme française du droit des contrats et des obligations introduite par l'ordonnance du 10 février 2016.

186. En France, l'interprétation de cet adage en faveur de la primauté du droit des procédures collectives était d'autant plus incertaine. En effet, même si le texte de l'article 2287 pouvait constituer une de ses applications possibles avant d'obtenir une onction législative, une telle occasion ne serait presque jamais produite. Quelquefois l'existence d'une consécration légale du principe de primauté par l'article 2287 (même si, comme nous venons de le voir, son application est elle aussi limitée), représente un frein au rayonnement et à la crédibilité de l'usage de l'adage. Ainsi, l'application de cette règle en faveur du droit des procédures collectives sur le droit des sûretés de manière générale est ainsi limitée.

187. Pour autant l'application de l'esprit et l'interprétation de l'adage *spécialia generalibus derogant* en faveur des règles spéciales du droit des procédures collectives s'est illustrée en faveur de la primauté de celles-ci sur d'autres disciplines de droit commun autres que le droit des sûretés. Ainsi, après la chambre criminelle[424], la chambre commerciale de la cour de cassation statuant sur les contrats en cours dans les procédures collectives a considéré que la règle *specialia generalibus derogant* est un principe d'ordre public[425]. En effet, dans son arrêt du 7 novembre 2006, la cour estimant que « *les dispositions de la loi du 25 janvier 1985 tout comme celles de la loi de sauvegarde constituent des règles spéciales dérogeant aux règles générales* » a décidé qu'il n'y a pas de résiliation de plein droit mais qu'il faut conformément aux dispositions du livre six du code de commerce consacrées au droit des entreprises en difficulté, mettre en demeure l'administrateur judiciaire, si celui-ci ne se décide pas. Plus récemment encore, la chambre commerciale a fait prévaloir les règles spéciales propres aux procédures collectives en application de l'adage *specialia generalibus derogant*, en jugeant que la condamnation prononcée à l'encontre des dirigeants de l'entreprise en difficulté pour insuffisance d'actif « *pouvait être arrêtée, si les moyens d'appel présentés étaient sérieux suivant les règles du livre six du Code de commerce*[426] ».

188. Cependant, si l'incertitude se pose dans l'application du principe ou l'esprit de l'adage en faveur du droit des procédures collectives dans le droit français, dans le droit africain de l'espace OHADA la question ne se pose même pas. Comme la primauté de l'acte uniforme portant organisation du droit des procédures collectives sur les autres actes uniformes découle

---

[424]Cass. crim., 21 novembre 2001- pourvoi n° 00.88.103, arrêt n°7350.

[425]Cass. com, fin. et éco, 07 nov.2006, pourvoi n° 05-17.112, arrêt n°1214 ; Cass. com. fin. Et éco. (en formation restreinte), 13 avr. 2010, n° 09-11.851.

[426] Cass. com. 1er fév. 2011, n°10-10.161, JCP E 2011, n° 1193, p. 15. Note Legros. J.P.

directement de la règle *specialia generalibus derogant,* celle-ci intègre parfaitement la logique d'élaboration et d'articulation harmonieuse des actes uniformes[427]. Le dénouement en cas de contradiction, si jamais un tel problème se posait, se fait implicitement à l'aide de l'esprit de cet adage. Dans le droit OHADA, le pouvoir d'interprétation des actes uniformes appartient à la Cour Commune de Justice et d'arbitrage (CCJA). Ce pouvoir d'interprétation des actes uniformes est délégué aux cours suprêmes nationaux de chaque Etat-Partie en première instance dans la limite de leur compétence sur la question[428]. Mais, il appartient à la CCJA d'interpréter les actes uniformes en dernier ressort[429] dans les conditions prévues dans le Règlement de procédure[430]. Ce pouvoir exclusif d'interprétation de la CCJA sur les actes uniformes permet aussi une uniformisation jurisprudentielle des décisions de justice et participe à la délimitation des domaines d'application respectifs des actes uniformes et à la consolidation de cette primauté tacite de l'AUPC sur les autres droits consacrés. Ceci limite l'existence des conflits du droit matériel dans l'espace OHADA.

---

427 F.-M. SAWADOGO., op, cit.
428 V. Article 13 du Traité OHADA.
429 V. Article 14 du Traité OHADA.
430 V. Articles 28 et 46 du Règlement de Procédure devant la Cour Commune de Justice et d'Arbitrage (CCJA) OHADA.

CONCLUSION DU CHAPITRE 2

189. La primauté du droit des entreprises en difficulté se justifie d'abord par l'intérêt collectif, au nom des objectifs poursuivis, parfois contradictoires, de la matière. Elle peut également découler directement du caractère spécial et circonstanciel de ce droit économique. En effet, du fait de sa nature de droit spécial la primauté des dispositions dérogatoires et constitutives de la discipline collective du droit des procédures collectives, s'impose comme une règle non écrite de construction et d'ordonnancement des règles de droit. Aussi, elle trouve implicitement justification dans l'esprit de l'adage traditionnel de droit voulant que la règle spéciale prime sur la règle plus générale. Si la primauté est consacrée explicitement dans le droit positif français venant renforcer ainsi la normativité de l'adage en lui donnant onction et force législatives, dans le droit africain des affaires, seul l'adage suffit comme règle de référence implicite. Aussi, ceci serait pris en compte dès l'élaboration même des actes uniformes constitutifs du droit africain des affaires. L'esprit de l'adage a donc servi sans le proclamer ni le consacrer une ligne de démarcation et de respect des domaines respectifs de compétence des actes uniformes. Il a aussi favorisé, nous semble-t-il, une meilleure articulation entre eux. Cependant, comme la valeur normative de l'adage *specialia generalibus derogant* reste très fortement discutée voire contestée dans le droit français, la consécration de son esprit en faveur des règles issues du droit des procédures collectives n'a pu acquérir une réelle effectivité.

190. La consécration du principe de primauté du droit des procédures collectives par l'article 2287 du Code civil s'avère être très résiduel et partiel. Elle gagnerait en effectivité et rendrait son application efficace si elle avait été étendue à l'ensemble des sûretés civiles et commerciales. Plus large que cette consécration légale, la règle *specialia generalibus derogant* est souvent utilisée par la jurisprudence pour appuyer la prééminence des règles du droit des entreprises en difficulté. Mais son application systématique reste incertaine compte tenu de la contestation de la valeur normative et juridique de l'adage.

191. Néanmoins, nous avons constaté, que le principe de primauté du droit des procédures collectives sur les sûretés consacré par le texte du code civil précité aurait pu solutionner le problème d'articulation au moins entre le droit des sûretés et le droit des entreprises en difficulté s'il était pleinement rendu effectif dans le droit français. Rendre plus effectif l'article 2287 du code civil consisterait à faire de ses dispositions un principe général vis-à-vis de toutes les sûretés et garanties de créance, qu'elles soient civiles ou commerciales, sans distinction liée à l'origine de la sûreté ni même à l'endroit (livre) où elle est consacrée. Enfin, pour réussir ce travail de clarification et de précision devant permettre la meilleure compréhension de la règle de primauté du droit des procédures collectives posée par le texte du code civil, il faudrait procéder à la réunification de toutes les dispositions éparses du droit des sûretés dans un seul livre du Code civil.

CONCLUSION DU TITRE 1

192. Les fondements économiques et d'ordre public du droit des procédures collectives qui font, à juste titre, de cette discipline de droit économique un droit spécial, justifient la primauté accordée à ses règles impératives et dérogatoires sur les autres droits, même si cette primauté reste encore à affirmer et à consolider pour bien des égards. Ils légitiment ainsi l'emprise du droit des entreprises en difficulté, dont les dispositions spéciales et dérogatoires ont vocation à s'imposer à tous les acteurs économiques impliqués dans le traitement des difficultés des entreprises, sur les droits, sûretés et garanties des créanciers de celles-ci. Ainsi les fondements et objectifs économiques de la discipline, joints à ses caractères spécial et circonstanciel ou exceptionnel ont permis la prééminence tacite de ses dispositions sur l'ensemble du droit des sûretés institué par l'acte uniforme des sûretés pour le système OHADA et justifié la consécration du principe de primauté du droit des entreprises en difficulté sur les sûretés dans le droit positif français.

L'ensemble de ses fondements et ses caractères préside et légitime l'emprise du droit des procédures collectives sur les droits et les sûretés des créanciers.

TITRE 2

LA LÉGITIMITÉ DE L'EMPRISE : LES ATTEINTES PORTÉES AUX SÛRETÉS RÉELLES ET CONCESSIONS INSTITUÉES

193. L'ouverture d'une procédure collective légitime l'application d'une discipline collective à tous les acteurs de la vie de l'entreprise en difficulté pendant tout au long du traitement de ses difficultés. Cette légitimité tient à la fois des finalités du droit des procédures collectives et du caractère spécial et d'ordre public de la matière. La discipline collective est constituée des règles impératives et d'ordre public du droit des entreprises en difficulté devant permettre la sauvegarde et le redressement de l'activité de l'entreprise en difficulté. Elle est donc utile et sert à harmoniser et à équilibrer les rapports entre le débiteur et ses créanciers d'une part et à maintenir sinon restaurer la rigueur du principe d'égalité entre créanciers eux-mêmes devant la procédure collective d'autre part. Un auteur abondant dans le même sens écrit : « *En somme, les procédures collectives rétablissent l'égalité entre les créanciers qui a été rompue par l'existence des sûretés*[431] ».

194. Rappelons ici que, certains auteurs, des plus autorisés en la matière, affirment que l'existence des sûretés en soi est constitutive de rupture d'égalité entre les créanciers[432]. En d'autres termes, la sûreté a pour but de conférer à son bénéficiaire plus de chance d'être payé qu'à quelqu'un dont la créance n'est pas garantie (chirographaire). Ainsi, cette fonction régulatrice et égalitariste des droits et des prérogatives des créanciers propre au droit des procédures collectives, contribue à la légitimation de l'emprise de ce droit sur le droit des sûretés en l'occurrence sur les sûretés réelles classiques. La question est alors de savoir pourquoi la discipline collective ne s'applique-t-elle pas de manière uniforme à tous les créanciers pendant la mise en œuvre de la procédure collective ?

---

[431] A. BOLZE, *Procédures collectives et sûretés,* op.cit.

[432] M. CABRILLAC, Ch. MOULY, S. CABRILLAC, Ph. PETEL, op. cit ; voir également la définition de la sûreté reprise notamment par D. LEGEAIS.

195. Dans le droit français, la discipline collective s'applique traditionnellement pendant les trois procédures collectives que sont la sauvegarde, le redressement et la liquidation judiciaires[433]. Et, depuis les réformes récentes[434], elle a vocation à s'appliquer mais de manière plus souple aux créanciers concernés par les procédures semi-collectives de sauvegarde accélérée[435] et de rétablissement professionnel[436]. S'agissant du droit OHADA, la discipline collective s'applique à tous les créanciers dont les créances sont nées avant l'ouverture de la procédure dite du règlement préventif, du redressement judiciaire et de la liquidation des biens. Puis que bien que reconnu comme une procédure préventive[437], le règlement préventif produit les mêmes effets que les deux procédures collectives de redressement judiciaire et de liquidation des biens excepté l'obligation de production de créance[438].

196. Cependant, dans le droit OHADA comme dans le droit français, la discipline collective instituée de part et d'autre ne s'applique pas de manière homogène. En effet, une différence de traitement existe à deux niveaux : d'abord entre les créances antérieures et les créances postérieures à la décision d'ouverture de procédure collective, puis selon la nature et la qualité de la garantie de créance les créanciers sont différemment appréhendés. Mais, si dans le premier cas, le mécanisme de traitement préférentiel institué justifie le phénomène de contractualisation afin de permettre l'implication et de gagner la confiance des créanciers les plus méritants ayant consenti à l'effort de redressement et de poursuite de l'activité de l'entreprise en difficulté. Dans le second cas, en l'occurrence, la différence de traitement entre créanciers titulaires de sûretés préférentielles et ceux titulaires de propriétés-sûretés semble-t-il échapper à toute logique du droit des procédures collectives.

Ainsi, l'emprise du droit des procédures collectives sur les sûretés réelles se matérialise par l'application rigoureuse de la discipline collective qui vient légitimement porter des atteintes et des restrictions aux droits et aux sûretés réelles classiques des créanciers dont la créance est née avant l'ouverture de la procédure collective (**Chapitre 1**). Mais, elle se traduit également par le fait de consentir à des concessions accordées (**Chapitre 2**) aux créanciers postérieurs afin de réaliser les objectifs poursuivis de sauvegarde ou de redressement de l'activité de l'entreprise en difficulté.

---

433 P.-M. LE CORRE, *Droit et pratique des procédures collectives,* Dalloz, 7ème édition, 2013-2014, t.631.12 ; Ph. PETEL, *Procédures collectives*, op.cit., n° 167 ; F. PEROCHON, Entreprise en difficulté, op.cit. N°548.

434 Introduites respectivement par la loi de la modernisation de l'économie de 2010 instituant la sauvegarde accélérée et l'ordonnance de mars 2014 consacrant le rétablissement professionnel.

435 V. Articles L.628-1 à L.628-10 nouveaux du code de commerce.

436 V. Articles L.645-1 à L.645-12 nouveaux du code de commerce.

437 V. Articles 1 al. 1er et 5 de l'AUPC révisé.

438 V. Articles 9, 10 et 11 de l'AUPC révisé.

CHAPITRE 1

LES RESTRICTIONS AUX DROITS DES CRÉANCIERS

197. Pour réaliser ses objectifs de sauvegarde, de continuation de l'activité de l'entreprise, le législateur de 2005 maintient et renforce le dispositif traditionnel existant consistant à associer tous les créanciers de l'entreprise à consentir des efforts et à soutenir le débiteur principal pour redresser son entreprise. Ainsi, se basant sur le principe fondamental de l'égalité des créanciers, ce dispositif impose une condition juridique plus ou moins identique et équilibrée.

Dans le droit africain OHADA, ces principes cardinaux du droit de la faillite sont également maintenus. L'acte uniforme relatif au droit des procédures collectives impose la soumission aux règles constitutives de discipline collective[439] dès la décision d'ouverture du règlement préventif et des procédures collectives de redressement judiciaire et de liquidation des biens.

198. Dans le droit français comme dans le droit communautaire africain, l'ouverture d'une procédure collective prend effet immédiatement aussi bien à l'égard du débiteur que vis-à-vis de ses créanciers. Ces effets sont identiques quelle que soit la procédure, de sauvegarde, ou de redressement judiciaire pour les créanciers antérieurs, similaires ou inscrits dans la continuité pour l'entreprise débitrice. Ainsi dès le jour du jugement d'ouverture d'une procédure collective le débiteur est assisté[440] dans ses fonctions d'administration et de disposition ou en est dessaisi, selon la procédure en cours. Puis, il appartiendra à l'organe de procédure collective le dessaisissant ou l'assistant, d'établir un bilan d'activité afin d'avoir un aperçu global sur la crise, d'évaluer et de connaitre le patrimoine passif et actif du débiteur. Dans le droit communautaire africain cette tâche est

[439] V. Articles 9, 10, 11, 75 et suivants de l'AUPC révisé.

[440] Le débiteur est assisté dans sa fonction d'administration en procédure de sauvegarde dans le droit français, mais dans le droit OHADA, le débiteur est assisté dans la phase de redressement judiciaire uniquement (article 52 AUPC). En phase de règlement préventif, il est fait confiance jusqu'à la preuve du contraire à l'entreprise débitrice et ses dirigeants.

dévolue à l'expert désigné par le président du tribunal compétent [441] notamment dans la procédure de règlement préventif aussitôt que la décision d'ouverture est rendue. Celui-ci a pour mission de dresser un rapport sur la situation économique et financière du débiteur[442]. Il s'ensuivra alors des restrictions aux droits et aux sûretés des créanciers. Ces restrictions consistent à procéder au figement[443] et à la fixation de leurs droits.

199. Dans le droit français comme dans le droit de l'espace OHADA, l'organe de la procédure collective, qui peut être un mandataire judiciaire en France ou juge commissaire[444] dans l'espace OHADA nommé par le tribunal compétent assistant le débiteur en procédure de règlement préventif/sauvegarde ou le dessaisissant en phase de redressement judiciaire, représentera aussi bien le débiteur que les créanciers au nom de l'intérêt collectif[445]. En cas de carence[446] de cet organe de procédure, les créanciers désignés contrôleurs[447] assistés par le représentant des créanciers en droit français ou par le syndic en droit OHADA, avec le débiteur ont qualité pour agir au nom de l'intérêt collectif des créanciers et de l'entreprise débitrice.

200. Cette opération comptable qui doit être faite par l'organe de procédure ou son substitut permet de mesurer l'ampleur des difficultés de l'entreprise et d'envisager des solutions appropriées : sauvegarde, redressement ou liquidation. Si l'entreprise est viable et susceptible de bénéficier d'un plan de sauvegarde pour le droit français, ou d'un concordat préventif[448] de redressement de l'entreprise spécifique au droit OHADA, ou d'un plan de redressement judiciaire, alors une discipline collective visant à geler son passif et à déterminer l'étendue effective de celui-ci est imposée à l'ensemble de ses créanciers chirographaires et ses créanciers titulaires de sûretés réelles préférentielles dont les créances sont nées avant ou après la décision d'ouverture de la procédure collective, à l'entreprise elle-même et à ses dirigeants ou représentants.

---

[441] Y. R. KALIEU ELONGO, « Notion de procédure collective » *in Encyclopédie du droit OHADA*, P.G. POUGUE (Dir.), Lamy, 2011, p. 1257.

[442] Ibidem.

[443] P.-M. LE CORRE, E. LE CORRE-BROLY, *Droit des entreprises en difficulté,* 2ème édition. Sirey, 2006.

[444] V. Article 35 de l'AUPC.

[445] Article L622-20 aliéna 1 Code de commerce français : « *Le mandataire judiciaire désigné par le tribunal a seul qualité pour agir au nom de l'intérêt collectif* », ici, il est évident que la notion de l'intérêt va au-delà de l'intérêt collectif des créanciers mais elle prend en compte aussi l'intérêt de l'entreprise défaillante.

[446] V. Article L622-20 alinéa 2 du Code de commerce français qui confère au créancier nommé contrôleur, en cas de carence du mandataire judiciaire, qualité pour agir au nom de l'intérêt collectif ; la cour de cassation française dans son avis du 3 juin 2013 interprétant l'article précité valide l'action en extension de procédure collective par les contrôleurs.

[447] R. BONHOMME, « Action en extension de procédure et rôle des contrôleurs », *in RPC*, n° 4 – juillet – août 2013.p.13 et s.

[448] Consacré par l'article 5 AUPC, le règlement préventif permet à un débiteur *in bonis* de ne pas payer momentanément ses dettes.

Ainsi, dans le droit français comme dans le droit OHADA, les règles constitutives de la discipline collective soutiennent le bon déroulement de la procédure collective. Elles permettent d'une part l'identification et le gel du passif de l'entreprise en difficulté (**SECTION 1**) et d'autre part la détermination et la protection de l'actif du débiteur (**SECTION 2**).

SECTION 1. IDENTIFICATION ET GEL DU PASSIF DU DÉBITEUR

201. Dans le droit français comme dans le droit OHADA, l'ouverture de la procédure collective emporte saisie collective des biens du débiteur. Dès cet instant, le débiteur n'est plus maître de son patrimoine qu'il ne peut plus administrer ou disposer sans assistance de l'organe de procédure compétent. Celui agissant seul ou assistant le débiteur selon la procédure collective ouverture doit procéder à l'identification du patrimoine saisi et au gel de son passif. Cette étape est cruciale pour la suite, elle constitue une mesure de conservation et de protection du patrimoine saisi du débiteur.

Ainsi, l'identification du passif de l'entreprise en difficulté (**Sous-section 1)** est nécessaire dès l'ouverture d'une procédure collective afin de rendre possible le gel de certains droits et sûretés régulièrement constituées (**Sous-section 2**).

§1) L'Identification du passif de l'entreprise en difficulté

202. Elle permet de connaitre l'ensemble du passif du débiteur failli. Et, par la même occasion elle permet de jauger la profondeur des difficultés de l'entreprise débitrice et de mesurer ses chances d'être sauvée. Pour réaliser cette étape importante de la procédure collective, tous les créanciers chirographaires et titulaires de sûretés réelles préférentielles de l'entreprise, dont les créances sont nées antérieurement à la décision d'ouverture, doivent nécessairement se manifester au risque de ne pas compromettre leurs droits de créance. Dans le droit OHADA comme dans le droit français, l'obligation de déclarer ou de produire sa créance est un effet attaché à la décision d'ouverture de procédure collective.

Ainsi, l'obligation de déclaration ou de production de créance (**A**), est suivie de vérification et l'admission des créances par les organes compétents de la procédure (**B**).

A) L'obligation de déclaration ou de production de créance

203. Pendant l'épreuve de la procédure collective, la détermination du patrimoine du débiteur constitue une étape incontournable puisque essentielle[449] pour deux raisons principales : d'abord, voir si l'entreprise dispose d'une capacité patrimoniale suffisante lui permettant une prompte résilience économique pour envisager et assurer une poursuite d'activité et ensuite pour permettre le dénouement des créanciers. Cette détermination concerne donc aussi bien l'actif que le passif du débiteur.

204. Mais, alors que dans le droit français, l'obligation de déclaration des créances constitue un effet de décision d'ouverture de toutes les procédures collectives : sauvegarde, redressement et liquidation judiciaire, dans le droit OHADA, l'obligation de production des créances n'est désormais requise que pour les procédures collectives de redressement judiciaire et de liquidation des biens[450].

205. Pendant ces procédures collectives, tous les créanciers concernés, ont l'obligation de déclarer ou de produire[451] leurs créances dans les délais impartis auprès du mandataire [452], administrateur [453] ou liquidateur [454] judiciaires côté droit français selon la procédure, ou auprès du syndic[455] côté droit OHADA, sous peine de forclusion de la créance concernée. Alors que dans le droit français l'exception est donnée aux salariés[456], dans le droit africain de l'espace OHADA elle bénéficie désormais aux créanciers d'aliments[457].

206. L'acte de production ou de déclaration de créance protège le créancier. Si elle est effectuée dans les délais impartis, la déclaration ou production de créance interrompt la prescription extinctive de la créance[458]. Dans le droit français, la déclaration de créance vaut désormais acte de poursuites[459] pour le créancier déclarant. Mais, passé le délai imparti pour la déclaration ou production de créance, les créances concernées tombent dans le domaine de la forclusion. Cette forclusion, si elle n'est pas levée, entraîne l'inopposabilité de la créance à la procédure voire même l'extinction purement et simplement de celle-ci, selon le régime juridique consacré.

---

449 D. VOINOT, *Procédures collectives,* Montchrestien, Lextenso éditions, 2011.p.149.

450 V. Article 78 al. 1er modifié de l'AUPC révisé.

451 Les deux verbes expriment la même obligation des créanciers : dans le droit français on dit « déclaration de créance » tandis que dans le droit OHADA on parle de « production de créance ».

452 C.com.,art. L.622-24 3° concernant la procédure collective de sauvegarde.

453 C.com. art. L. 631-14, al. 1er auprès de l'administrateur judiciaire pour le redressement judiciaire.

454 C.com. art. L. 641-1 et s. auprès du liquidateur judiciaire pour la procédure collective liquidative.

455 Art. 78 al. 1er de l'AUPC révisé.

456 C. com., art. L.622-24 al.1er

457 Article 78 al. 1er de l'AUPC révisé.

458 V. Nouvel article L.622-25-1 du Code de commerce pour le droit français et l'article 78 al. 3. de l'AUPC révisé pour le droit OHADA.

459 V. Nouvel article L622-25-1 issu de l'ordonnance du 12 mars 2014 portant réforme de la prévention des difficultés et des procédures collectives, dispose : « *La déclaration de créance interrompt la prescription jusqu'à la clôture de la procédure ; elle dispense de toute mise en demeure et vaut acte de poursuites* ».

207. L'admission ou le rejet de créances consécutifs à l'acte de déclaration ou de production des créances puis le fait d'être passé au crible d'une vérification rigoureuse, permet ou non au créancier d'avoir le droit de participer aux répartitions et dividendes[460]. Promue par la nécessité de déterminer le patrimoine en l'occurrence le passif du débiteur en faillite, l'obligation de déclaration ou de production de créance fait partie intégrante de la discipline collective imposée aux créanciers par les règles spéciales du droit des procédures collectives. Cette règle comme toutes les autres règles formant la discipline collective est légitimée par les objectifs qu'elle poursuit. Pour autant, par son étendue conceptuelle et systémique permet-elle d'assurer véritablement le respect du principe d'égalité entre tous les créanciers ?

La réponse à cette question résultera des conclusions tirées de l'étude du contenu donné à l'obligation de déclaration ou production de créance (**1°**) dans les deux systèmes juridiques. L'étude examinera sa portée sur les créanciers (**2°**) ainsi que son impact réel au regard du principe d'égalité sensé garantir l'équité et l'équilibre entre eux dans les procédures collectives.

1°) Le contenu de l'obligation de déclaration de créance

208. Seront examinés ici le fond (**a**), la forme (**b**) et les limites (**c**) du principe de déclaration de créance consacré dans le droit français comme dans le droit de l'espace OHADA des procédures collectives.

a) Sur le fond

209. Les créances concernées : doivent être déclarées ou produites les créances nées antérieurement à la décision d'ouverture de chaque procédure collective. Dans le droit français depuis la loi du 26 juillet 2005, les créances postérieures au jugement d'ouverture non couvertes par le privilège de procédure consacré à l'article L. 622-17, I du Code de commerce sont aussi concernées par l'obligation de déclaration de créance. Ces dernières sont alors traitées comme des créances antérieures[461] ainsi que l'a précisé le nouvel alinéa 4 de l'article L.622-24 du même code qui dispose que « …*ces créances sont soumises à la déclaration* ». Il résulte également de la nouvelle lecture du texte que les créances bénéficiant du privilège de conciliation sont désormais soumises à la déclaration car elles sont bel et bien antérieures au jugement d'ouverture et ne sont donc pas couvertes par l'article L.622-17, I, du fait de la date de leur naissance.

210. Dans le droit de l'espace OHADA, l'obligation de production de créance est consacrée par l'article 78 de l'AUPC. Selon les nouvelles

[460] Art. L.622-26, al 1 du Code de commerce.

[461] Ph. ROUSSEL GALLE, *Réforme du droit des entreprises en difficulté par la loi de sauvegarde des entreprises du 26 juillet 2005,* Litec. 2005, p.198.

dispositions de ce texte, seules les créances nées antérieurement à la décision d'ouverture de la procédure collective et composant la masse sont désormais concernées par l'obligation de production de créance. Tandis que dans le droit positif français actuel, l'obligation de déclaration incombe tant aux créanciers antérieurs qu'à certains créanciers postérieurs qu'ils soient chirographaires, privilégiés et munis de sûretés réelles. Dans le droit OHADA, les créanciers dans la masse ont l'obligation de production de créance et ce, qu'ils soient, aussi, chirographaires ou titulaires de privilèges généraux ou de sûretés réelles spéciales. Sont également soumis à l'obligation de production de créance, les créanciers munis d'un titre de créance ou pas, qui ont déjà introduit, avant la décision d'ouverture, une procédure en condamnation en vertu de ce titre ou, à défaut du titre, une action en reconnaissance de leurs droits[462]. Enfin, est désormais soumis à l'obligation de production de créance, un créancier porteur d'engagements souscrits, endossés ou garantis solidairement par deux ou plusieurs coobligés et qui ont cessé leur paiement. Ce créancier est libre de produire sa créance dans toutes les masses pour le montant intégral de sa créance, s'il n'a reçu aucun paiement avant l'ouverture de la procédure collective[463].

211. La soumission à l'obligation de production de créance pour les créanciers titulaires de droit de revendication, jadis spécifiée par l'ancien article 78 al. 2, a été supprimée. Dorénavant, si ces derniers ne composent pas la masse des créanciers, ils seront dispensés de l'obligation de production de créance.

212. Personnes habilitées à faire la déclaration de créance. A titre principal, tout créancier soumis à l'obligation de déclaration ou de production de créance est habilité de par cette qualité à effectuer sa déclaration ou production de créance.

213. En France la jurisprudence ayant considéré que la déclaration équivaut à une demande en justice[464], il est indispensable que, la personne qui fait la déclaration, si ce n'est pas le créancier lui-même, ait une habilitation ou délégation formelle de la part de ce dernier. Ainsi, en l'absence du créancier titulaire de la créance à déclarer, le préposé ou le mandataire de celui-ci doit être valablement habilité et muni d'un pouvoir spécial, donné par écrit[465] à déclarer la créance. En effet, elle l'a récemment rappelé dans le dispositif de cet arrêt en ces termes clairs et précis : « *Mais attendu que la déclaration de créance équivaut à une demande en justice ; que la personne qui déclare la créance d'un tiers doit, si elle n'est pas avocat, être munie d'un pouvoir spécial, donné par écrit, avant l'expiration*

---

[462] V. Article 78 al. 3 de l'AUPC révisé.

[463] V. Article 91 AUPC.

[464] Cass. com., 15 oct. 1991, *Bull. civ.*IV, n°297 ; *JCP* E 1992, I, 136, n° 11, obs. M. Cabrillac ; dans le même sens Cass.com.ass. plén. 4 févr. 2011.

[465] Cass. com., ass. Plén., 4 févr. 2011, n° 09-14619.

du délai de déclaration des créances ; qu'en cas de contestation il peut en être justifié jusqu'au jour où le juge statue[466] ».

214. Mais, depuis l'avènement de l'ordonnance du 12 mars 2014, plus qu'une demande en justice, la déclaration de créance vaut désormais un acte de poursuites[467].

215. Dans le droit OHADA, il n'existe pas, à notre connaissance, une décision de justice sur la qualification ou plutôt le statut juridique de l'obligation de production de créance. Et, la récente réforme de l'acte uniforme du droit des procédures collectives n'apporte pas davantage de précision sur la qualification juridique de l'obligation de production de créance. Toutefois, certains auteurs ont déjà assimilé la procédure de production de créance sur le point de vue procédural « à une demande originale en justice[468] ». Pour d'autres, plus qu'une simple affirmation de qualité de créancier, la production de créance peut être considérée comme un acte grave et sérieux[469].

216. La qualification juridique de l'obligation de production serait intéressante et opportune. Elle permettrait d'envisager les problématiques de représentation ou de production par procuration notamment pour les créanciers qui se trouvent dans l'impossibilité physique de s'y procéder. La représentation par procuration peut être ainsi une option pour permettre à certains créanciers notamment ceux qui se trouvent hors du territoire de l'Etat partie d'où la procédure collective est ouverte, d'échapper à la limite du délai imparti[470]. Mais, pour l'heure sans donner de qualification juridique de la production de créance, l'article 80 al. 3 envisage la possibilité pour le créancier de faire produire sa créance par un préposé ou par toute personne qu'il donne mandat.

217. Le délai. Le nouvel article 78 al. 1er de l'AUPC révisé fixe les modalités de production de créance. Le texte prend bien en considération le temps pouvant s'écouler entre la décision d'ouverture et la publication de celle-ci selon les modalités retenues. Ainsi, le délai réglementaire est fixé à soixante (60) jours ouvrables suivant la deuxième insertion dans un journal d'annonces légales de l'Etat partie concerné pour les créanciers qui y résident[471] ou à compter de la notification de l'avertissement du syndic pour les créanciers bénéficiant d'une sûreté ayant fait l'objet d'une publicité ou

---

466 Ibid.

467 V. Nouvel article L622-25-1 du Code de commerce.

468 P.G. POUGOUE, Commentaire de l'ordonnance n°90/003 du 27 avr. 1990 modifiant et complétant les dispositions de l'ordonnance n° 85/002 du 31 août 1985 relative à l'exercice des établissements de crédit, *Juris Info,*n° 3 spécial, 1990, p. 77 et s.. A. GHOZI, Nature juridique de la production des créances dans les procédures collectives de règlement de passif, *RTD.Com.,* 1976, p. 1 et s.

469 S. WOUAM NKONCHOU., « La production n'est pas une simple affirmation de la qualité de créancier, ce qui renverrait à la déclaration », cité par E. SOUPGUI., op. cit.p. 83.

470 V. Article 78 al. 2 de l'AUPC révisé.

471 V. Article 78 al. 1er de l'AUPC révisé.

liés au débiteur par un contrat publié[472]. Ces derniers, tout comme les créanciers déjà connus pour avoir été inscrits au bilan ou figurant sur la liste prévue à cet effet, ne sont pas soumis au même délai que les autres créanciers pour produire leurs créances. Ils sont en cela privilégiés. Sauf négligence, ils ne manqueront pas de produire ou de déclarer leur créance. Le délai est fixé à quatre-vingt-dix (90) jours pour les créanciers domiciliés hors du territoire national d'où la procédure collective est ouverte. En dehors de ces délais, il est désormais accordé un délai particulier concernant les créances dues au titre des dommages et intérêts nés de la résiliation d'un contrat encours, le créancier dispose d'un délai de trente (30) jours à compter de la résiliation pour produire ses créances à la procédure collective[473].

218. Dans le droit français, avant la réforme de 2014, le délai de déclaration des créances était en principe de deux (2) mois soit 60 jours à compter de la publication du jugement d'ouverture au *Bodacc*[474] pour les créanciers domiciliés non loin du lieu d'où la procédure collective est ouverte. Ce délai pouvait être rallongé de deux mois supplémentaires dans le cas contraire[475]. Ce délai principal était aussi susceptible d'être augmenté d'un mois pour les cocontractants dont le contrat était en cours à l'ouverture de la procédure, à compter de la date de résiliation de plein droit ou de la notification de la décision prononçant la résiliation afin de déclarer au passif la créance consécutive à cette résiliation. Il en était de même pour des créanciers titulaires d'indemnités et de pénalités au titre de l'article L.622-17, III, 2° du Code de commerce en cas de résiliation d'un contrat régulièrement poursuivi[476]. Enfin, le délai était augmenté de quinze jours lorsque l'AGS[477] avance le montant des salaires[478].

219. Mais, depuis la réforme introduite par l'ordonnance du 12 mars 2014, la déclaration de créance se fait selon la situation géographique de chaque créancier dans les délais fixés par décret en Conseil d'Etat[479]. Un autre point lié au délai de la déclaration de créance a été réglé par l'ordonnance de 12 mars 2014. En effet, concernant un créancier qui serait à l'étranger et qui prétendrait être dans l'impossibilité de connaître l'obligation du débiteur avant l'expiration du délai de six mois nécessaire pour agir en relevé de forclusion. Dorénavant, le délai court à compter de la date à laquelle il est établi qu'il ne pouvait ignorer l'existence de sa créance[480].

---

[472] V. Article 79 al. 1er de l'AUPC révisé.
[473] V. La nouvelle version de l'article 109 al. 3 issu de la réforme de l'AUPC.
[474] V. Article R. 222-24 du Code de commerce.
[475] Ibid.
[476] V. Article R.622-21, al, 1er.du Code de commerce.
[477] Assurance de Garantie des Salaires.
[478] V. Article R.622-21, dernier alinéa, du Code de commerce.
[479] V. Art. L.622-24, al. 1. du Code de commerce.
[480] V. Nouvelle version de l'article L.622-26 al. 3. du Code de commerce issue de l'ordonnance du 12 mars 2014 entrée en vigueur le 1er juillet 2014.

b) Sur la forme

220. Formalité procédurale. La procédure de déclaration ou de production de créance à l'instar d'une demande en justice doit respecter certaines formalités. Le créancier doit formuler sa demande par écrit et apposer sa signature. Aucune forme de l'écrit n'ayant été requise par les textes, selon la Cour de cassation française [481], il appartient au juge d'apprécier souverainement si l'écrit traduit clairement la volonté du créancier déclarant. Le juge doit également vérifier[482]. Mais de manière générale, toute créance ayant fait l'objet d'une déclaration est certifiée sincère. Dans le doute, le juge commissaire peut demander le visa du commissaire au compte ou de l'expert-comptable du créancier déclarant. Cependant, s'il n'existe aucune forme typique de déclaration ou production de créance, celle-ci doit obligatoirement mentionner le montant de la créance due au jour de la décision d'ouverture[483], des sommes à échoir et des dates de leurs échéances[484]. En outre, dans le droit OHADA, il doit être précisé dans la déclaration, la nature de la sûreté dont la créance est éventuellement assortie[485]. Enfin, le créancier déclarant doit joindre tous les éléments de nature à prouver l'existence et le montant de la créance due si elle ne résulte pas d'un titre[486]. Si jamais le montant de la créance due n'est pas déterminé jusqu'au jour du jugement d'ouverture pour une raison ou pour une autre, une évaluation de la créance doit être faite et jointe à la demande[487]; et si besoin est, le déclarant doit préciser les modalités de calcul des intérêts dont le cours n'est pas arrêté.

221. Le destinataire attitré de la déclaration de créance – tous les créanciers soumis à l'obligation de déclarer ou de produire leurs créances doivent le faire dans les délais impartis auprès de l'organe de procédure habilité.

222. En France, la déclaration de créance doit être adressée au mandataire judiciaire [488] pour les procédures collectives de sauvegarde et de redressement judiciaire ou au liquidateur[489] pour la procédure de liquidation judiciaire. Elle ne doit être adressée ni à l'administrateur, ni au juge

---

[481] Cass. com., 15 févr. 2011, *D.* 2011, Actu.673, obs. A. Lienhard ; *Gaz. Pal. 1er avr. 2011*, p.32, obs. E. Le Corre-Broly ; *Leden* avr. 2011, p. 2, obs. G. Berthelot.

[482] Cass. com., 30 novembre 2010, *D.* 2011, chron. C. cass. 1178, obs. F. Arbellot ; *D.* 2010, Actu. 2904, obs. A. Lienhard ; *Revue des societies* 2011.195, obs. Ph. Roussel Galle ; *Leden* févr. 2011, p. 2, obs. S. Gorrias ; *RJDA* 2011, n° 336 ; *Gaz. Pal.* 1er-2 avr. 2011, p. 33, obs. E. Le Corre-Broly.

[483] Cass. Com 8 juin 2010, *CP* E 2010, n°35, obs. M. Cabrillac ; *Gaz. Pal.* 15-16 oct. 2010, p. 32, obs. E. Le Corre-Broly.

[484] V. Article 80, al. 1er AUPC. Ce texte a repris les mêmes termes que l'article L.622-35 du Code de commerce français.

[485] V. Article 80 al. 2 de l'AUPC révisé.

[486] V. Article 80, al, 2.

[487] V. Article L.622-24, al. 3 ; art. R. 622-23, 1° du Code de commerce

[488] C. com. art. L.622-24 al. 1 et L. 631-14 al. 1.

[489] C. com, art. L.641 – 1.

commissaire au risque d'être disqualifiée[490] si elle ne parvient pas dans le délai légal aux mains de qui de droit et enregistrée par celui-ci.

223. Dans le droit OHADA, les créanciers doivent remettre leur production de créance directement ou par pli recommandé au syndic[491]. A la remise de la production, le syndic doit donner à chaque créancier un récépissé prouvant le dépôt de dossier. Contrairement au droit français, dans le droit OHADA, le représentant des créanciers ou le syndic est un organe de procédure à part entière. En cela, il est distinct de l'institution française de représentant des créanciers qui jadis avait été appelé syndic, au sens du droit français, ou même administrateur. Le syndic ayant été supprimé par la loi de sauvegarde du 26 juillet 2005, le représentant des créanciers est désormais le mandataire judiciaire en même temps qu'il défend l'intérêt de l'entreprise débitrice. Le syndic OHADA est un acteur incontournable dans la procédure collective en l'occurrence pour la production, admission et vérification de créance, tout comme l'est le mandataire judiciaire français à certains égards pour les procédures de sauvegarde et de redressement judiciaire.

c) Les limites du principe de déclaration ou de production de créance

224. Selon que l'on se place du côté du droit français ou du droit OHADA, les limites à l'obligation de déclaration ou de production des créances sont différentes.

225. Tandis que dans le droit français, l'obligation de déclaration connait des limites par exceptions ou aménagements. Pour le droit OHADA, les limites étaient faites par voie d'exclusion du champ d'application du principe de production de créance. Autrement dit, le principe ne connaissait pas d'exception. Pour les créanciers antérieurs (obligés de produire), il n'y avait aucune dérogation qui était faite, même pas au profit des créanciers alimentaires[492].

226. Mais depuis la réforme, la nouvelle version de l'article 78 aliéna 1er de l'AUPC révisé contient désormais une exception de production de créance au profit des créanciers d'aliments[493]. Cette nouvelle exception vient donc s'ajouter aux limites posées à la production de créance par son propre domaine d'application. Ainsi, sont hors du champ d'application de l'obligation de production de créance OHADA et y échappent à ce titre, tous les créanciers qui sont hors la masse ou de la masse. Etant entendu que

[490] Cass. com., 6 janv. 1998, *RJDA* 98/5, n°619.

[491] Article 80, 1° de l'AUPC révisé : ce texte est resté inchangé malgré la réforme.

[492] L'ancienne version de l'article 78 AUPC s'adressait à tous les créanciers composant la masse sans exception.

[493] Dorénavant, le nouvel article 78 al. 1er de l'AUPC révisé dispose que : « *A partir de la décision d'ouverture du redressement judiciaire ou de la liquidation des biens et jusqu'à l'expiration d'un délai de soixante jours (60) jours suivant la deuxième insertion dans un journal d'annonces légales de l'Etat partie concerné tel que défini à l'article 1-3 ci-dessus, tous les créanciers composant la masse, à l'exception des créanciers d'aliments, doivent, sous peine de forclusion, produire leurs créances auprès du syndic* ».

l'obligation de production de créance ne s'applique qu'aux créanciers dans la masse ou composant la masse c'est-à-dire ceux dont les créances sont régulièrement nées avant la procédure collective, tous les créanciers dont les créances sont régulièrement nées après le jugement d'ouverture de la procédure collective ne sont pas concernés. Les créanciers hors la masse sont aussi des créanciers antérieurs mais dont les créances sont irrégulières. Et enfin, les créanciers de la masse ne sont pas non plus concernés parce que leurs créances sont nées postérieurement au jugement d'ouverture. Ainsi dans le droit OHADA, l'obligation de production des créances connait des limites dès sa conception. La nouvelle exception élargit le nombre des créanciers échappant à cette règle fondamentale de la discipline collective.

227. S'agissant du droit français, le principe de l'obligation de déclaration des créances est limité par des exceptions et des aménagements confondus. Mise à part, la désormais seule limite légale accordée aux créanciers bénéficiaires du privilège de l'article L.622-17, d'autres créanciers, par exception ou par aménagement, échappent à l'obligation de déclaration. Il en est ainsi notamment pour des salariés, des créanciers d'aliments, des créanciers obligataires, des créanciers bénéficiant d'une action directe et des coobligés.

2°) La portée de l'obligation de déclaration de créance

228. Quels sont les effets directs ou indirects de cette obligation de déclaration ou de production de créance sur les destinataires ? En particulier, la sanction qui est prévue en cas de manquement ou de défaut d'accomplissement de l'obligation de déclaration ou de production par les destinataires permet-elle de garantir l'effectivité et l'efficacité de cette règle ?

229. L'effectivité mesure l'écart entre la règle de droit posée et les comportements suivis[494]. Tandis que l'efficacité quant à elle, mesure l'écart entre l'objectif poursuivi par la règle et le résultat obtenu[495]. Ces deux paramètres de la règle de droit sont reconnaissables par la sanction apportée au défaut de déclaration ou de production de créance (**a**) même si les incidences liées à l'égalité des créanciers sont ainsi tolérées (**b**).

---

[494] CORNU G. (Dir.), *Vocabulaire juridique,* Association Henri Capitant, 8e édition PUF Quadrige, 2015

[495] R. ENCINAS DE MUNAGORRI, G. LHUILLIER, *Introduction au droit,* Flammarion, 2002, p.211, cité par Y. R. KALIEU ELONGO : « Réflexions à partir du droit des entreprises en difficulté » *in Droit et attractivité économique : le cas de l'OHADA,,*, Actes du Colloque international du 20 juin 2013 de l'Association pour l'efficacité du droit et de la Justice (AEDJ) dans l'espace OHADA, L. Cadiet (Dir.), Coll. Bibliothèque de l'IRJS – *André Tunc.* 2013 –p.92.

a) La sanction du défaut de déclaration ou de production de créance

230. Dans le droit OHADA, le défaut de production dans les délais prévus entraine la forclusion de la créance non déclarée. Toutefois, le créancier défaillant peut former par voie de requête une demande en relevé de forclusion, tant que l'état des créances n'a pas été arrêté et déposé, auprès du juge commissaire[496]. Pour ce faire, il doit apporter la preuve que sa défaillance n'est pas de son fait[497]. Le relevé de forclusion n'intervient donc que dans des conditions strictes de délai et de preuve. Et même, s'il y parvient, ses droits restent limités dans la mesure où il ne peut prétendre qu'aux répartitions de dividendes postérieures à sa demande[498]. Or, cette non participation aux répartitions de dividendes en soi représente déjà un préjudice considérable pour le créancier, alors même qu'il peut avoir prouvé à temps l'absence de faute de sa part. Il peut arriver que la juridiction compétente (désormais le juge commissaire) pour le relevé de forclusion rejette la demande du créancier pour insuffisance ou absence de preuve. C'est le cas du jugement rendu par le Tribunal régional hors classe de Dakar, le 8 avril 2005 affaire[499] dite PROTOCOPE[500], c/ Aliou Faye et Abdoulaye Dramé. Dans ce jugement, le tribunal rejette une demande de relevé de forclusion formulée par PROTOCOPE au motif que : « *la preuve exigée par l'article 83, à savoir que les défaillants doivent démontrer que leur défaillance n'est pas due à leur propre fait, n'est pas rapportée* ». Le tribunal avait un pouvoir d'appréciation souveraine sur les éléments de preuve apportés par le créancier prétendant au relevé de forclusion. Ainsi, il ne pardonnait pas l'existence de faute de la part du créancier sur sa non production de créance.

231. L'absence de relevé de forclusion conforte et rend effective la forclusion. La décision du tribunal ou désormais l'ordonnance du juge commissaire revêtira l'autorité de la chose jugée. Ainsi la forclusion de la créance entraine, selon la procédure, deux conséquences qui sont à tout point de vue fâcheuses. Soit les créances concernées sont ignorées purement et simplement par la procédure. Soit elles sont éteintes dans le cas particulier du redressement judiciaire[501]. Dans ce dernier cas, les créances ne peuvent être sauvées de l'extinction qu'en cas de stipulation d'une clause de retour à meilleure fortune et sous réserve des remises concordataires[502].

232. Alors la question est de savoir quel sort serait-il réservé aux créanciers victimes d'une omission sur la liste dressée par le syndic et

---

[496] V. Article 83 al. 3 de l'AUPC révisé.
[497] V. Article. 83, al. 1, de l'AUPC révisé.
[498] V. Article. 83, dernier alinéa de l'AUPC révisé.
[499] TRHC Dakar, n° 847 du 8 avril 2005, Ohadata.com, affaire rapportée et commentée dans le Code Vert OHADA. JURISCOPE. 2012, sous l'article 83 AUPC.p. 1224.
[500] Nom du créancier défaillant : Projet Forestier communautaire et de protection de l'environnement (PROTOCOPE).
[501] Art. 83, al. 2 de l'AUPC.
[502] Ibidem.

consécutivement au défaut d'envoi d'avertissement du dépôt de l'état de créance par le greffier au sens de l'article 87, 1 et 2 AUPC ? Même si la survenance d'un tel cas semble rarissime. Ce problème mérite d'être soulevé. D'ailleurs à ce propos, beaucoup d'auteurs ont déjà attiré l'attention du législateur communautaire sur cette faille. En effet, le syndic, étant humain, il peut commettre des erreurs, omettre par exemple de classer une créance dans la liste des créances déclarées ou produites ou ayant fait l'objet d'une publicité par inscription de la part de son titulaire. Une telle hypothèse ne serait pas alors qualifiée de défaut de production mais d'une omission de classement de créance. Le créancier oublié par le syndic pourrait réagir à temps et montrer son récépissé de production de créance, avant le dépôt de l'état des créanciers au greffe. Mais ignorant qu'il est victime d'une omission de la part du syndic et n'étant donc pas inscrit sur l'état des créances déposé au greffe, il ne serait pas avisé par le greffier au sens de l'article 87 AUPC de la publication de l'état des créances. Ne recevant pas de notification (copie intégrale de l'état de créance) le créancier ne pourrait pas réagir dans les quinze jours de délai imparti et prévu par l'article 87 al. 3 et 88 al. 1er de l'AUPC révisé en vue de former une réclamation. S'il réagit bien plus tard, constatant qu'il n'a plus de nouvelle, pourrait-il être rétabli dans ses droits ou serait-il considéré comme forclos ?

233. Malgré la réforme adoptée le 10 septembre 2015, les textes n'envisagent aucune réponse pour pallier à pareil cas de figure. L'on peut supposer qu'une telle situation pourrait être régularisable du fait notamment de la faute de l'omission commise indépendamment de la volonté du créancier. Et, que ce dernier obtiendrait la clémence du juge commissaire.

234. En France, la Cour de cassation avait relevé que *« l'omission de la créance sur la liste dressée par le débiteur ou le défaut d'envoi de l'avertissement prévu à l'article 66 du décret du 27 décembre 1985 n'ont pas pour effet de dispenser le créancier retardataire d'établir qu'avant l'expiration du délai de déclaration des créances, sa défaillance n'était pas due à son fait*[503] *»*. Selon la haute juridiction française, le créancier victime d'une omission de la part du débiteur est un créancier retardataire et à ce titre, il est soumis à la procédure stricte du relevé de forclusion avant l'expiration du délai imparti pour ce faire. Tout au moins, il lui serait facile alors de démontrer que son retard n'est pas dû à son propre fait.

235. En revanche, si le créancier omis était traité de la même manière que celui qui est victime d'un défaut d'envoi d'avertissement, il aurait fallu préciser que le défaut d'envoi auquel faisait référence la Cour de cassation française dans cette espèce était différent de celui prévu par l'article 87 de l'AUPC révisé. Dans le droit OHADA, il s'agit plutôt de l'avertissement dont bénéficient les créanciers titulaires des sûretés réelles publiées, au sens non pas de l'article 87 mais de celui de l'article 79 al 1 de l'AUPC révisé. Par conséquent, la solution retenue par la Cour de cassation dans cette

[503] Cass. com., 19 déc. 2006, n° 05-19-257.

décision ne répond qu'à moitié à notre question. Toutefois, il est important de relever que selon la Cour de cassation, le créancier victime d'une omission est un créancier qui, s'il ne réagit pas dans le délai pour former une action en relevé de forclusion, peut voir sa créance tomber en forclusion, donc est susceptible d'être sanctionné pour un fait dont il n'est pas responsable.

236. En tout état de cause, de notre de point de vue, un créancier victime d'une omission et par ricochet d'un défaut d'envoi d'avis de la part du greffier ne devrait pas être considéré comme un défaillant à l'obligation de production. Même, s'il est prévu que les créanciers forclos disposent d'un délai de six mois[504] dans le droit français, et tant que l'état des créances n'a pas été arrêté et déposé[505] dans le droit OHADA, pour former une action ou une demande par voie de requête en relevé de forclusion. La sanction de forclusion ne semble pas appropriée à sa situation. Pour autant aucune solution n'est prévue pour parer à cette éventualité dans l'acte uniforme OHADA relatif au droit des procédures collectives d'apurement du passif révisé. En outre la responsabilité du syndic dans un tel cas de figure n'est même pas mise en cause. Or, il en va de la bonne protection des créanciers, que de prévoir des solutions qui devraient d'une part les protéger contre de tels abus ou plutôt de tels aléas de procédure et d'autre part assurer la parfaite égalité entre les créanciers soumis à l'obligation de production de créance. Dans le droit français également, nous trouvons, la sanction de forclusion très inappropriée pour la situation. Mais heureusement que dans le droit français, contrairement au droit OHADA, la forclusion pour défaut de déclaration n'entraîne plus l'extinction des créances concernées.

237. Action ou demande par voie de requête en relevé de forclusion – la Cour de cassation a jugé également que la demande de relevé de forclusion, à l'instar de la déclaration de créance, équivaut à une demande en justice[506]. Il faut rappeler que les créanciers présumés défaillants doivent ainsi agir dans les délais impartis et démontrer que leur défaillance n'est pas due à leur propre fait. Les créanciers titulaires de sûretés publiées ou liés au débiteur par un contrat publié bénéficient d'un traitement privilégié par rapport au délai. En effet, ces derniers doivent d'une part exercer leur action en relevé de forclusion non pas à compter de la publication du jugement d'ouverture mais à compter de la réception de l'avis personnel qui leur est donné de déclarer leur créance, d'autre part ils disposent de quatre mois pour exercer une action en relevé de forclusion à partir du dépassement du délai légal de deux mois.

238. L'action en relevé de forclusion relève de la compétence exclusive du juge commissaire. Celui-ci a l'obligation de statuer prioritairement sur la demande avant de vérifier l'existence de la créance quand bien même celle-

---

[504] C.com., art. L. 622-26, al. 2.
[505] V. Article 83 al. 2 de l'AUPC révisé.
[506] Cass. com., 19 déc. 1995, *BRDA* 96-4.

ci fait l'objet de contestation de la part du débiteur[507]. A l'issue de sa saisine, le juge commissaire peut déclarer le relevé de forclusion si le créancier arrive à démontrer que le défaut de déclaration ne relève pas de sa faute[508] ou bien que sa défaillance est due à une omission du débiteur lors de l'établissement de la liste des créances que doit dresser ce dernier et remettre à l'administrateur et au mandataire judiciaire[509]. En cas de relevé de forclusion, le créancier pourra concourir aux répartitions de dividendes. En revanche, si le créancier défaillant n'exerce pas son action en relevé de forclusion dans les délais impartis ou n'arrive pas à établir que sa défaillance n'est pas due à son fait, alors la forclusion de sa créance devient définitive.

239. Abandon de l'extinction de créance et mise en conformité avec l'article 5 du règlement communautaire sur l'insolvabilité[510] – en France, jusqu'à la réforme de 2005, la forclusion de la créance pour cause de défaut de déclaration de celle-ci par son titulaire dans les délais, entraînait l'extinction de la créance forclose. Cette sanction était alors jugée trop sévère et incompatible avec le règlement communautaire de l'Union européenne du 29 mai 2000 relatif à l'insolvabilité. Plus précisément, l'extinction de créance pour défaut de déclaration était contraire aux dispositions de l'article 5 du règlement. Ce texte qui n'est pas modifié par la révision récente dispose en effet que : « *l'ouverture de la procédure collective n'affecte pas le droit réel d'un créancier ou d'un tiers sur des biens corporels ou incorporels, meubles ou immeubles…et qui se trouve au moment de l'ouverture de la procédure collective sur le territoire d'un autre état membre* ». En clair, l'article 5 du règlement communautaire sur l'insolvabilité défend toute modification substantielle affectant le droit réel, dont le droit de créance sur un bien d'un débiteur consécutive à la procédure collective mise en œuvre à l'encontre de ce dernier.

240. Plus embarrassant encore, la sanction de l'extinction de créance permettait à la caution de se prévaloir de l'extinction de créance du créancier pour se décharger de son engagement. La sanction tombait ainsi sous le coup des dispositions de l'article 2314 du Code civil, qui permettaient à la caution de se prévaloir des fautes commises par le créancier dans ses droits et obligations, pour se libérer.

241. Cependant, depuis la réforme opérée par la loi de sauvegarde n° 2005-845 du 26 juillet 2005 qui a supprimé la sanction de l'extinction,

---

[507] Cass. com., 12 janv. 2010 : *Bull.civ.*IV, n° 6 ; *Rev. societies* 2010. 196., obs. Roussel Galle ; *RTD com.* 2010. 606., obs A. Martin-Serf ; *Actu.proc.coll.* 2010, n° 69, obs. STAES O.; *Gaz. Pal.* 16-17 avr.2010, p. 35, obs. E. Lecorre-Broly.

[508] C. com. art. L. 622-26, al. 1.

[509] Cass. com., 16 mars 2010, *RTD com.* 2010. 606, obs. MARTIN- SERF ;.

[510] Règlement européen (CE) n°1346/2000 du 29 mai 2000 relatif aux procédures d'insolvabilité, *JO* n° L 160, 30 juin 2000 ; entré en vigueur le 31 mai 2002. Ce règlement est révisé et amélioré par le Nouveau règlement (UE) 2015/848 du Parlement Européen et du Conseil, du 20 mai 2015, *JOUE* du 5 juin 2015, *n° L 141* et entrera en vigueur le 26 juin 2017.

l'inopposabilité de la créance reste la seule sanction des créanciers retardataires. Ainsi, depuis le 1er janvier 2006, le créancier forclos ne peut plus se voir opposer l'extinction de la créance par la caution qui souhaiterait se décharger de son engagement. Cette précision importante pour le créancier retardataire a été rappelée par la Cour de cassation dans son arrêt du 12 juillet 2011. Dans cet arrêt, la Cour déclare : *« que le créancier retardataire, s'il est privé de tout droit aux dividendes et aux répartitions dans la procédure, il conserve néanmoins la possibilité de mettre en œuvre le cautionnement*[511]*»*. En d'autres termes, si la créance frappée de forclusion est inopposable à la procédure, la Cour affirme dans cet arrêt que le créancier retardataire peut néanmoins faire jouer le cautionnement, s'il en dispose, pour se faire payer sa créance.

b) Les incidences sur l'égalité entre les créanciers

242. A travers l'obligation de déclaration ou de production de créances, les législateurs français et africain de l'espace OHADA souhaitent déterminer le passif du débiteur après la saisie collective des biens de celui-ci. Ainsi, comme le recommandent l'intérêt collectif et l'effet réel de la procédure collective[512], tous les créanciers sont censés être sur un pied d'égalité devant la procédure. D'ailleurs les principes procéduraux constitutifs de la discipline collective sont tous en quelque sorte configurés par le principe d'égalité des créanciers. Pourtant, dans les faits il n'en est rien. Il ressort de notre analyse que l'application du principe de déclaration ou de production des créances, comme nous venons de le voir, n'est fidèle ni aux ambitions législatives annoncées ni à la lettre du principe. Les incidences de la règle sur les créanciers heurtent le principe d'égalité entre les créanciers dans la mesure où ces derniers sont différemment interceptés par l'obligation de déclaration ou de production et par la sanction du défaut dans son accomplissement. D'une part, selon le système juridique, tous les créanciers du débiteur ne sont pas concernés. D'autre part, même au sein de la même catégorie concernée certains créanciers sont privilégiés par rapport à d'autres.

243. Dans le droit OHADA, seuls les créanciers composant la masse c'est-à-dire ceux dont la créance est née avant la décision d'ouverture sont concernés par l'obligation de production de créances. Les créanciers postérieurs échappent tous à l'obligation de production ainsi qu'à ses effets restrictifs sur des droits et des sûretés. Alors que dans le droit français, les créanciers antérieurs comme les créanciers postérieurs, excepté ceux qui bénéficient du privilège de l'article L.622-17, I, sont tous concernés en principe par la déclaration de créance. Il y a bien sûr, des exceptions telles qu'on vient de citer plus haut. Toutefois, dans le droit français comme dans

---

[511] Cass. com., 12 juillet 2011, n° 09-71.113, P+P+R+I.

[512] M. SENECHAL, L'effet réel de la procédure collective, Thèse, Toulouse 2001.

le droit OHADA, subsiste une différence de traitement y compris au sein même de la catégorie des créanciers concernés par le principe de déclaration ou de production de créances. C'est le cas des créanciers titulaires des sûretés réelles publiées ou liés au débiteur par un contrat publié, comme nous venons de le voir plus haut. En effet, bien que soumis à la règle de déclaration ou de production ces créanciers bénéficient d'un traitement privilégié consistant à leur envoyer des avis personnalisés les invitant à procéder à la déclaration ou à la production. Il en est de même pour l'action en relevé de forclusion et du délai. Dans l'exemple des créanciers titulaires de sûretés réelles publiées dans le droit français, ce sont ceux de l'article L.622-30 du Code de commerce et ceux dont les sûretés réelles sont soumises à l'obligation de publicité par l'inscription qui sont privilégiés. C'est le cas d'un créancier hypothécaire, ou d'un crédit-bailleur. Ces derniers bénéficient d'un traitement particulier quand d'autres créanciers ne disposent pas de cette attention particulière. En outre, certains créanciers titulaires de sûretés réelles occultes échappent aussi à l'obligation de déclaration ou de production. C'est le cas pour les sûretés réelles nouvelles fondées sur la propriété telles que la fiducie-sûreté et la clause de réserve de propriété.

B) Vérification et Admissions des créances

244. L'obligation de déclaration ou de production de créance est une étape décisive pour la suite de la procédure collective pour les créanciers. Elle occasionne nombre de contentieux notamment lors de la vérification et admissions des créances par l'organe de la procédure compétent. Les contentieux portent généralement sur la contestation suite à une décision de rejet partiel de la créance et de refus de son admission à la procédure collective. L'étude du processus de vérification et d'admission de créances ainsi que des contentieux occasionnés en droit OHADA et en droit français (**1°**), permet de comprendre le rôle des organes pivot à cette étape de la procédure collective en l'occurrence celui du juge commissaire dans les deux systèmes juridiques (**2°**).

1°) Le processus de vérification et d'admission de créance en France et dans l'espace l'OHADA

245. La vérification des créances est obligatoire[513]. En droit OHADA, elle est faite par le syndic. Elle doit avoir lieu nécessairement au fur et à mesure des productions avec la présence du débiteur et des contrôleurs, si ces derniers ont été nommés, sinon à tout état de cause dans les quatre mois suivant la deuxième insertion de la décision d'ouverture de la procédure collective dans un journal d'annonces légales de l'Etat partie concerné[514].

[513] Article 84, al. 1er de l'AUPC révisé.
[514] Article 84, al. 2 de l'AUPC révisé.

Ensuite, il dresse un état de créance, après discussion ou contestation, avec des propositions d'admission définitive, provisoire ou de rejet de créances. Puis, l'état de créance est déposé par le syndic au greffe après vérification et signature du juge commissaire[515]. Ce dernier décide en dernier ressort de l'admission provisoire ou de rejet de la créance[516]. Toute décision de rejet en tout ou partie de créance ou d'incompétence doit être prise après avoir entendu ou dûment appelé le créancier[517].

246. Dans le droit français, après réception des déclarations de créance, le mandataire judiciaire ou liquidateur établit dans le délai fixé par le tribunal la liste des créances, après avoir sollicité les observations du débiteur[518]. Il doit pour ce faire procéder à leur vérification. Le juge commissaire après visa des propositions faites par le mandataire judiciaire ou le liquidateur selon la procédure collective, décide de l'admission ou du rejet des créances[519]. Il peut constater aussi soit qu'une instance est en cours, soit que la contestation ne relève pas de son domaine de compétence. L'état des créances est déposé au greffe où n'importe qui peut en prendre connaissance.

247. Dans tous les cas, dans le droit français comme dans le droit OHADA, après vérification et admission ou rejet définitifs des créances déclarées ou produites et après publication[520], les créanciers et revendiquants dont la créance ou la revendication est rejetée totalement ou partiellement ou la sûreté refusée, disposent d'un délai pour former une action en réclamation, et ce malgré l'existence d'autres mesures constitutives de la discipline collective qui les vise principalement, telle que l'interdiction des poursuites. En droit OHADA, la réclamation est faite par voie d'opposition formée soit directement auprès du greffe soit par signification d'huissier ou notification par tout moyen[521]. Passé le délai (15 jours) sans une opposition dûment formée, la décision du juge commissaire revêt l'autorité de la chose jugée et devient irrévocable[522]. Ainsi, comme c'est le cas dans le droit français, la créance ne peut plus être modifiée, ni être contestée même en cas d'erreur manifeste d'appréciation sur son antériorité ou sur son irrégularité qui serait liée à une constitution en période suspecte[523]. En ce sens, le dispositif récent de la Cour de cassation est sans appel. Elle a considéré que *« la décision irrévocable d'admission d'une créance au passif ayant autorité de la chose jugée quant à la date de naissance de la créance déclarée…son antériorité par rapport à la date d'ouverture de la procédure collective ne peut plus*

---

[515] Article 86, al. 3 de l'AUPC révisé.
[516] Article 86, al. 4 de l'AUPC révisé.
[517] Article 86, al. 4 précité.
[518] Article L.624-1 du Code de commerce.
[519] Article L.624-2 al. 1er du Code de commerce.
[520] V. Article 87, al. 1er et 3 de l'AUPC révisé ; et l'article R. 624- 8 Code de commerce.
[521] V. Article 88, al. 1er de l'AUPC révisé.
[522] V. Article 88, al. 2 de l'AUPC révisé.
[523]. Cass. com., 12 nov. 1997, *RJDA* 1998/3, n° 313.

être contestée »[524]. Cette décision de la Cour de cassation en dit long sur la nature des décisions rendues par le juge commissaire[525] ainsi que sur les pouvoirs juridictionnels de celui-ci dans l'étendue de tous les domaines de compétence[526] qui lui sont délégués pendant les procédures collectives.

2°) Le rôle du juge commissaire dans le droit français et dans le droit OHADA

248. Organe important de la procédure collective dans le droit français comme dans le droit OHADA, le rôle du juge commissaire est différemment défini dans les deux systèmes juridiques. La compétence du juge commissaire et l'étendue de ses pouvoirs juridictionnels en l'occurrence dans l'étape de vérification et admission des créances seront donc distinctement étudiées dans le droit français (**a**) et dans le droit OHADA (**b**).

a) Dans le droit français

249. Jusqu'à la réforme du livre VI du Code de commerce introduite par l'ordonnance n°2014-326, du 12 mars 2014, l'ancienne version de l'article L.624-2 du même code disposait que « *Au vu des propositions du mandataire judiciaire, le juge commissaire décide de l'admission ou du rejet des créances ou constate soit qu'une instance est en cours, soit que la contestation ne relève pas de sa compétence* ». Les dispositions de ce texte laissaient planer un doute sur la nature juridique de la compétence du juge commissaire notamment dans l'étape de vérification et d'admission des créances déclarées par les créanciers. Et, l'on se demandait même à juste titre s'il avait des pouvoirs juridictionnels et si oui quelle en était l'étendue ? En effet, si on s'en tenait à la lecture littérale de cette désormais ancienne version du texte précité, on était tenté de retenir qu'un pouvoir décisionnel et pas forcément juridictionnel du juge commissaire. C'était sans doute pour cette raison que beaucoup de décisions antérieures de la Cour de cassation prises sur cette base amplifiaient les incertitudes[527] sur la compétence de ce magistrat pendant les procédures collectives. Ainsi, la chambre commerciale de la Cour de cassation avait limité les pouvoirs du juge commissaire à la seule appréciation des créances qui ne faisaient pas l'objet d'une contestation sérieuse et ne lui reconnaissait aucun pouvoir de statuer sur le

---

[524] Cass. com., 3 mai 2011, F10-18031, *D.*2011, Actu., obs. Lienhard.

[525] J. THERON, « Réflexions sur la nature et l'autorité des décisions rendues en matière d'admission de créances », *RTD com.* 4, 2011, p. 635-651.

[526] J.M. DELENEUVILLE, « Compétence du juge-commissaire », *RPC* 1995. p.391.

[527] P. CAGNOLI, « Réflexions critiques sur les restrictions jurisprudentielles au pouvoir juridictionnel du juge-commissaire en matière de vérification des créances », *RPC* 2009, Etude 23 *;* J. THERON, « Réflexions sur la nature et l'autorité des décisions en matière d'admission de créance », *RTD com. 2011, p.635-651*.

fond du droit[528]. Tandis que la chambre civile de la même cour de cassation considérait qu'il pouvait statuer sur la validité du contrat *instrumentum* d'une créance[529]. La limitation de la compétence du juge commissaire a aussi été pendant longtemps et constamment entretenue par la chambre commerciale de la Cour de cassation notamment lorsqu'une instance est en cours ou quand une créance fait déjà l'objet d'une contestation parallèle devant un autre juge. En effet, il a été décidé depuis un arrêt de 14 juin 1994 que lorsqu'une instance est en cours, le juge commissaire doit déclarer son incompétence et laisser la juridiction compétente se prononcer[530]. Vingt ans plus tard, la même chambre commerciale reste sur la même position en rendant un arrêt de rejet en date du 18 novembre 2014 dans lequel elle a retenu que « *l'ordonnance par laquelle le juge commissaire constate, fût-ce à tort, qu'une instance est en cours, le dessaisit et rend irrecevable toute nouvelle demande devant lui pour la même créance*[531] ».

250. Par ailleurs, la limite de la créance déjà contestée aurait pu également expliquer la reconnaissance d'une saisine combinée du juge des référés et du juge commissaire, notamment sur une demande de constatation de la résiliation d'un bail commercial[532]. Alors que la constatation du bail commercial en application d'une clause résolutoire relevait de la seule compétence du juge des référés[533] notamment lorsqu'il s'agissait de tirer des conséquences de la renonciation par l'administrateur ou par le liquidateur judiciaires à poursuivre le bail en cours[534]. Certes, un fondement légal avait déjà établi un partage de compétence entre le juge commissaire et le juge des référés sur la constatation de la résiliation du bail commercial. L'article 25 du décret n°53960 du 30 septembre 1953 devenu l'article L.145-41 du code de commerce donne pouvoir au juge des référés pour statuer en application d'une clause résolutoire insérée au bail indépendamment de la procédure collective[535]. Ce texte confère au juge des référés le pouvoir non seulement de constater la résiliation du bail mais également de fixer la provision des

---

[528] Cass.com., 18 sept. 2012, n° 11-18.353 et n° 11-18.315, *RTD com. 2013, n°1, p. 153, obs.* J.-L. VALLENS.

[529] Cass. civ. 1re, 11 sept. 2013, n°11-17.201, *Bull..civ.* I, n° 161, *D.* 2013, p. 2891, comm.. N. Borga et J. Daniel, cité par J.-L. VALLENS, « Une réforme efficace et mésurée du livre VI du code de commerce », *RLDA -2014, n° 93.*

[530] Cass. com., 14 juin 1994, n°92-15.217.

[531] Cass.com., 18 nov. 2014, n° 13-24.007.

[532] Ch.-H. GALLET, « La demande de contestation de la résiliation d'un bail commercial par saisine du juge des référés et du juge-commissaire », *Revue des loyers-2007, n°878.*

[533] Cass.com., 25 janvier 1994, n° 91-16.776, *Bull. civ.* IV, n° 36, p. 27,; Cass.com., 20 février 1996, n° 93-18.713, 93-19.368 et 93-19.672, *Bull. civ.* IV, n° 57, p. 44, *Rev. des loyers* 1997, p. 105, note Ch.-H. Gallet ; Cass.com., 26 mai 1998, n° 96-12.484, *AJDI* 2000, p. 1031.

[534] Cass.com., 10 juillet 2001, n° 99-10.397, *Revue des loyers, 2002, n° 823.* note Ch.-H. Gallet

[535] Cette compétence est reconnue au juge des référés aussi bien quand le preneur est *in bonis* que lorsqu'il fait l'objet d'une procédure collective : Cass. civ. 3e, 19 déc. 1983, n° 82-11.205, *Bull. civ.* III, n° 265, p. 202,: Cass. civ. 3e, 26 juin 1991, n° 90-11.948, *Bull. civ.* III, n° 193, p. 113, *Loyers et copr.*. 1991, n° 433, p. 9, note Ph.-H. Brault.

créances dues au titre des loyers ultérieures[536]. Ces questions ne relèvent donc pas traditionnellement de la compétence du juge commissaire. Et, l'article R.622-13 al. 2 du code de commerce accorde le même pouvoir au juge commissaire conformément aux articles L.622-13 et L622-14 du même code pendant les procédures collectives. Mais cette reconnaissance de saisine combinée par la cour de cassation est surtout justifiée par le fait de l'existence d'une contestation de créance qui ne relève pas de la compétence du juge commissaire[537]. En effet, dans une espèce du 13 mars 2007, la chambre commerciale de la cour de cassation a d'abord affirmé l'existence de compétences distinctes du juge des référés et du juge commissaire. Puis elle a déclaré que la saisine du juge commissaire est non seulement recevable mais que ce dernier est compétent pour ne pas constater la résiliation du bail et écarter l'application de la clause résolutoire dont la suspension a été constatée par le juge des référés et les délais accordés par celui-ci sont respectés par l'administrateur judiciaire[538]. En d'autres termes, dans cet arrêt le juge des référés a eu à statuer sur la créance due et fixer la provision et des délais de remboursement à l'échéance.

251. En définitive, l'on peut affirmer que l'incertitude sur l'étendue des pouvoirs juridictionnels du juge commissaire qui subsistait, était liée surtout à ces limites qui elles-mêmes étaient laissées à la seule appréciation du juge. Tout au moins, cette jurisprudence rappelant les compétences respectives du juge commissaire et du juge des référés répond partiellement à la question de savoir si le juge commissaire est un juge des référés ou un juge du fond. Pour rappel, un juge des référés est un juge de l'urgence et ne statue jamais sur le principal. Il est le juge avant dire droit et ses décisions sont provisoires[539].Tandis qu'un juge du fond est le juge qui statue principalement sur les faits et sur le droit. Ses décisions peuvent être définitives si elles ne font pas l'objet de contestation, elles acquièrent l'autorité de la chose jugée.

252. Depuis l'ordonnance du 12 mars 2014 quelques zones d'ombre ont été éclaircies sur la compétence du juge commissaire et l'étendue de ses pouvoirs juridictionnels[540]. En effet, l'article 34 de cette ordonnance de 2014 a rajouté à l'article L.624-2 du code de commerce la nouvelle proposition suivante : « *En l'absence de contestation sérieuse le juge commissaire a également compétence, dans les limites de la compétence matérielle de la juridiction qui l'a désigné, pour statuer sur tout moyen opposé à la demande d'admission* ». Désormais, l'étendue des pouvoirs juridictionnels du juge commissaire n'est plus sujette à la seule interprétation du juge. Elle est clairement énoncée de manière non équivoque. Les pouvoirs juridictionnels

---

[536] Cass. com., 10 juillet 2001, n° 99-10.397.
[537] V. Article L.624-2 du code de commerce.
[538] Cass.com., 13 mars 2007, n° 05-21.117, *Revue des loyers,* 2007, n°878, comm. Ch. H. Gallet.
[539] V. Article 484 du Code de procédure civile.
[540] J.-L. VALLENS, « Une réforme efficace et mesurée du livre VI du code de commerce », op.cit.

du juge commissaire s'étendent à la compétence matérielle de la juridiction qui l'a désigné et sur tout moyen susceptible d'être évoqué ou opposé à la demande d'admission. Autrement dit, en tant qu'un magistrat délégué, il dispose de tous les pouvoirs juridictionnels de la juridiction qui le délègue dans la limite de cette attribution.

253. Par conséquent, l'on peut affirmer que dans le cadre de cette compétence déléguée, le juge commissaire peut pleinement statuer sur le fond du droit. Donc, il peut être un juge du fond notamment quand il statue sur une contestation de non admission de créance ou sur une revendication. En effet, lorsque le juge commissaire est appelé à statuer sur une contestation de non admission de créance, il juge à la fois sur des faits et sur le droit. Il doit statuer sur la déclaration de créance et sa validité y compris sur l'existence même de la créance[541] et est en conformité avec la procédure légale c'est-à-dire le respect du délai imparti et des conditions de forme. De même, quand il doit statuer sur la revendication, il juge également sur l'existence du droit de propriété et voit si toutes les conditions sont réunies : déclaration préalable de la créance concernée ou preuve de la publicité du contrat qui la constitue ou bien encore de la dispense s'il en est ainsi, respect des délais etc…Dans ces circonstances, le juge commissaire est un juge du fond. D'autant plus que si ses décisions ou ordonnances ne font l'objet d'aucune opposition, elles revêtent l'autorité de la chose jugée et donc irrévocables[542].

254. Toutefois, une ambiguïté subsiste toujours car le juge commissaire ne peut exercer pleinement sa fonction de juge du fond que sous réserve de *l'absence de contestation sérieuse*. Cette condition est peu explicite. En effet, que peut-on entendre par « *en l'absence de contestation sérieuse ?* Est-ce une contestation axée uniquement sur le droit de créance lui-même et non sur les faits ? Enfin à quel degré la contestation est-elle sérieuse ?

255. Malheureusement, rien ne le détermine clairement. Ce doute subsistant pourrait encore denier au juge commissaire la fonction de juge du fond. Ce qui représenterait une contradiction entre la première proposition et la seconde proposition du rajout opéré à l'occasion de cette réforme introduite par l'ordonnance du 12 mars 2014, venant ainsi compléter les anciennes dispositions lacunaires sur ce point de l'article L.624-2 du code de commerce. En tout état de cause, dans le droit français, le juge commissaire est un juge délégué pouvant pleinement exercer toute la compétence matérielle de la juridiction qui l'a désigné et dans la limite de sa compétence d'attribution en l'occurrence pendant le déroulement d'une procédure collective. Pour conclure, il faut noter tout de même que *l'absence de contestation sérieuse* est une des conditions de la compétence du juge des référés.

---

[541] Cass. com. 27 oct. 1998, *RTD* com. 2000, 191, obs, J.-L. Vallens.

[542] Cass. com., 13 nov. 2007 : *Bull. civ.* IV, n° 241 *; JCP E* 2008, 1432, n° 11, obs. *M.* Cabrillac ; *RTD com.* 2008, 179, obs. A. Martin Serf.

b) Dans le droit OHADA

256. Le nouvel acte uniforme portant organisation des procédures collectives d'apurement du passif révisé vient d'apporter quelques modifications à la compétence du juge commissaire consacrée par ses articles 39 et 40. Conformément aux nouvelles dispositions de l'article 39 al. 1er de l'AUPC révisé « *le juge commissaire veille, sous l'autorité de la juridiction compétente, au déroulement régulier et rapide de la procédure collective et à la protection des intérêts en présence et à l'atteinte des objectifs poursuivis* ». Ce texte dégage de manière générale la fonction du juge commissaire pendant les procédures collectives de redressement judiciaire et de liquidation des biens du débiteur. Où, le juge commissaire doit jouer une mission de veille, d'arbitre et de collecte d'informations utiles à la procédure collective. Pour autant, le texte ne précise pas les pouvoirs juridictionnels de ce magistrat encore moins l'étendue de ses pouvoirs.

257. Mais, l'article 40 al. 1er de l'AUPC révisé en disposant que « *le juge commissaire statue sur les demandes, contestations et revendications relevant de sa compétence, dans le délai de huit jours à compter de sa saisine...* », confère au juge commissaire des pouvoirs juridictionnels. En effet, s'il est saisi pour des demandes de contestation et revendication de créance, le juge commissaire est tenu de statuer dans un délai de huit jours. A défaut de statuer ou passé ce délai, il est réputé avoir rendu une décision de rejet. Cependant, l'aliéna 3 du même texte de l'article 40, indique d'une part que les décisions du juge commissaire sont susceptibles d'opposition et que pendant le même délai de la saisine du juge commissaire, la juridiction compétente peut se saisir d'office et réformer ou annuler les décisions du juge commissaire, d'autre part. Dans ces conditions, peut-on affirmer que le juge commissaire dispose d'un pouvoir de juger sur le fond des demandes, contestations et revendications nées de la procédure collective ?

258. L'article 39 al.2 nouveau de l'AUPC révisé, dispose que « *la fonction du juge commissaire est exclusive de l'exercice de toute autre attribution juridictionnelle relative à la procédure collective pour laquelle il a été désigné en cette qualité* ». Pourtant, ce texte semble conférer au juge commissaire la compétence exclusive d'attribution notamment pour connaître toutes les questions d'ordre juridique relatives aux procédures collectives pour lesquelles il a été désigné en cette qualité. Si l'on se contente de ces seules dispositions de ce texte, la compétence du juge commissaire exclut donc toute intervention parallèle d'un autre juge sur les questions relevant de la procédure collective. Ce qui ferait du juge commissaire OHADA, un juge spécialement délégué voire même une juridiction spéciale pour les procédures collectives. L'on pourrait alors à juste titre considérer qu'en cette qualité de juge spécial délégué aux procédures collectives, le juge commissaire peut pleinement statuer sur le fond de toutes les demandes, contestations et revendications nées de la procédure collective objet de sa saisine.

259. Toutefois, l'article 3 al. 2 qui n'a pas été modifié par la réforme, dispose que la juridiction est également compétente pour connaitre des contestations nées de la procédure collective. Ce texte suppose en quelque sorte un partage de compétence entre le juge commissaire et la juridiction compétente pendant la procédure collective. Et, l'article 3-2 al.2 nouveau dispose que « *la juridiction, si elle se déclare compétente, doit statuer aussi sur le fond dans la même décision, qui ne peut être attaquée sur la compétence et sur le fond que par la voie d'appel* ». Ce texte vient accentuer l'idée d'une compétence partagée et non pas seulement une délégation de compétence qui serait supervisée et mise sous l'autorité de la juridiction compétente. Car, tout porte à croire que l'expression suivante de l'article 3-2 al. 2 : « *...doit statuer aussi sur le fond...* », fait implicitement allusion à la compétence déléguée au juge commissaire de statuer également sur les demandes et contestations posée par l'article 40 de l'AUPC révisé. Cela peut en attester très clairement l'existence de compétence partagée. En tout état de cause, ces deux textes précités viennent contredire les dispositions de l'article 39 al. 2 du même acte uniforme.

260. Enfin, l'article 83 al.3 non modifié de l'AUPC révisé, dispose que « *le juge commissaire ne peut rejeter en tout ou en partie une créance ou une revendication ou se déclarer incompétent qu'après avoir entendu ou dûment appelé le créancier ou le revendiquant, le débiteur et le syndic par lettre recommandée avec accusé de réception ou par tout moyen laissant trace écrite* ». Ce texte précise le pouvoir du juge commissaire sur l'admission de créance ou revendication de celle-ci mais en même temps il fixe ses limites. Il souligne qu'à partir du moment où le juge commissaire est saisi s'il estime compétent ou incompétent, dans tous les cas, il doit entendre ou dûment appeler toutes les parties concernées. En revanche, ce que le texte ne précise pas est quand il s'estime compétent, ses décisions de rejet partiel ou total ou d'admission de créance tranchent-elles sur le fond ou se contentent-elles juste de trancher au regard des faits ?

261. L'article 89 al. 1er nouveau de l'AUPC révisé semble détenir quelques éléments de réponse en disposant que « *les créances contestées ou admises provisoirement sont renvoyées à la juridiction compétente en matière de procédures collectives, par les soins du greffier, à la première audience utile, pour être jugées sur rapport du juge commissaire, si la matière est de la compétence de cette juridiction* ». Conformément à ce texte, c'est la juridiction compétente qui juge les contestations, au fond. Donc, même si les décisions du juge commissaire sont motivées, et même si elles peuvent devenir irrévocables en l'absence d'opposition, le juge commissaire ne juge pas au fond, il se contente de faire un rapport à la juridiction compétente. Les décisions du juge commissaire en cas de contestation ou d'admission provisoire de créance doivent être jugées sur le fond et tranchées par la juridiction compétente.

262. En définitive, même si l'article 39 al.2 nouveau de l'AUPC révisé confère au juge commissaire une compétence exclusive de l'exercice de toute attribution juridictionnelle pendant les procédures collectives tendant même à faire de ce magistrat délégué une juridiction spéciale, il n'en demeure pas moins que d'autres dispositions du même acte uniforme montrent un certain partage de pouvoirs avec la juridiction compétente qui le désigne en cette qualité. Il ressort également de l'analyse de l'article 89 al. 1er précité qu'en cas de contestation de créance ou d'admission provisoire, le juge commissaire n'est pas le juge du fond. Il appartient alors à la juridiction compétente de statuer au fond en première audience utile.

263. Par conséquent, l'on peut déduire au regard de sa compétence d'attribution exclusive sur la ou les question(s) pour la ou lesquelle(s) il a été désigné et du rôle en dernier ressort de la juridiction compétente, que le juge commissaire OHADA apparait plutôt comme un juge spécial de l'urgence qu'un juge du fond.

§2) Le gel des droits et des sûretés réelles régulièrement constitués

264. L'ouverture d'une procédure collective entraine également l'interdiction ou la suspension des poursuites individuelles des créanciers à l'encontre du débiteur commun. L'application de ce principe concerne aussi bien les droits des créanciers chirographaires que ceux munis de sûretés réelles classiques. Le principe d'interdiction ou de suspension des poursuites individuelles est différemment appréhendé selon qu'on se place dans le droit français ou dans le droit OHADA.

Mais, il convient d'étudier comparativement et non séparément l'étendue du principe d'interdiction des poursuites individuelles (**A**) et le régime (**B**) de la suspension des poursuites individuelles.

A) L'étendue de l'interdiction des poursuites individuelles

265. L'interdiction ou l'interruption des poursuites individuelles est une règle d'ordre public aussi bien interne[543] qu'international[544]. A l'instar de toutes les règles impératives et dérogatoires du droit des procédures collectives, elle est une règle fondamentale et classique de la discipline collective imposée aux créanciers antérieurs de l'entreprise en difficulté pendant le déroulement des procédures collectives de sauvegarde[545], redressement[546] et liquidation[547] judiciaires du débiteur dans le droit français,

---

[543] Cass. civ. 1er, 6 mai 2009, n° 08-10.281, arrêt n° 509, *D.*2009, AJ 1422., obs. X. Delpech, *Pan.* 2959, obs. T. Clay, *Gaz. Pal. 26-28* juillet 2009, p. 9, note F. Melin ; *Act.proc.coll.* 2009, n° 12, n° 182, obs. T. Mastrullo.

[544] J.-L. VALLENS, « L'arrêt des poursuites individuelles est d'ordre public international », *RTD com. 2010,* p. 208..A. JACQUEMONT, *Droit des entreprises en difficulté,* 8e éd. n° 467 et n°470.

[545] C. com. article L.622-21, I.

[546] C. com. article L.631-14.

[547] C. com. article L.641-3.

de règlement préventif[548], du redressement judiciaire et de liquidation des biens[549] du débiteur du côté du droit OHADA. Considérée comme l'une des conséquences majeures [550] de la décision d'ouverture, elle exprime le caractère collectif de la procédure. Elle est une mesure de répit financier nécessaire pour le sauvetage de l'entreprise en difficulté mais également un moyen de protection de l'actif[551] du débiteur. Enfin, elle peut constituer une fin de non recevoir devant être relevée d'office par le juge en cas de violation[552].

266. Toutefois, si dans les deux systèmes de droits étudiés, la décision ou le jugement d'ouverture de procédure collective emporte interdiction ou suspension des poursuites individuelles à l'encontre du débiteur, la règle de l'interruption ou de l'interdiction des poursuites individuelles est posée différemment [553]. En effet, l'article L.622-21, I alinéa 1, du Code de commerce dispose, que « *le jugement d'ouverture interrompt ou interdit toute action en justice de la part de tous les créanciers dont la créance n'est pas mentionnée au I de l'article L. 622-17 et tendant à la condamnation du débiteur au paiement d'une somme d'argent ; à la résolution d'un contrat pour défaut de paiement d'une somme d'argent* ». Tandis que dans le droit OHADA, les nouvelles dispositions de l'article 75 al 1er de l'AUPC révisé posent que « *A partir de la décision d'ouverture du redressement judiciaire ou de la liquidation des biens et jusqu'à l'expiration d'un délai de soixante (60) jours suivant la deuxième insertion dans un Journal d'annonces légales de l'Etat partie concerné tel que défini à l'article 1-3 ci-dessus tous les créanciers composant la masse, à l'exception des créanciers d'aliments, doivent, sous peine de forclusion, produire leurs créances auprès du syndic* ». Ce texte pourrait être complété, pour les besoins de cette étude, par l'article 9 alinéa 1er de l'AUPC révisé[554] qui consacre le même principe en faveur de la procédure collective[555] du règlement préventif.

Il résulte de ces deux énoncés une étendue du principe différente, tant pour les créanciers frappés (**1°**) par cette mesure que pour les actions ciblées (**2°**) par les deux textes.

---

[548] V. Article 9 de l'AUPC révisé.
[549] V. Article 75 al. 1er de l'AUPC révisé.
[550] F.M. SAWADOGO, commentaire sous l'article 75 AUPC, *in Code Vert OHADA*, op.cit. p. 1219
[551] D. VOINOT, op. cit. n° 399, p. 139.
[552] Cass. com., 12 janvier 2010 : *D.* 2010, *act.jurispr.*p.263, obs. A. Lienhard.
[553] Art. L.622-21, I du Code de commerce et l'article 75 al 1 de l'AUPC révisé.
[554] L'article 9 al. 1er de l'AUPC révisé dispose que « *La décision d'ouverture du règlement préventif suspend ou interdit toutes les poursuites tendant à obtenir le paiement des créances antérieures à la dite décision pour une durée de trois (3) mois, qui peut être prorogé d'un (1) mois dans les conditions prévues à l'article 13, alinéa 2, sans préjudice de l'application de l'article 14 alinéa 3 ci-dessus* ».
[555] V. Article 2 al. 2 de l'AUPC révisé.

1°) Les créanciers frappés par la règle de l'interdiction ou suspension des poursuites individuelles à l'encontre du débiteur

267. Alors que dans le droit communautaire africain de l'espace OHADA, l'arrêt ou la suspension des poursuites individuelles ne concernent que les créanciers composant la masse c'est-à-dire les créanciers dont les créances sont nées antérieurement à la décision d'ouverture, pour des actions tendant à obtenir paiement et portant sur les meubles et immeubles du débiteur, dans le droit français, la règle de l'arrêt ou l'interruption des poursuites individuelles s'applique à tous les créanciers non éligibles au traitement préférentiel posé par l'article L.622-17, I du Code de commerce. L'étendue du principe vis-à-vis des créanciers concernés est donc plus large dans le droit français. Dans le droit OHADA, les créanciers de la masse ou postérieurs peuvent être payés à l'échéance. Le principal risque de cette règle, contrairement au droit français qui protège le débiteur des poursuites des créanciers antérieurs et de certains créanciers postérieurs, se trouve dans la possibilité laissée ouverte aux créanciers postérieurs, d'exiger un paiement comptant alors que l'entreprise débitrice a besoin d'une période de répit afin de se refaire une meilleure trésorerie. Une telle exigence serait totalement contre-productive pour l'objectif de redressement de l'entreprise en difficulté.

268. Le nouveau champ d'application de la règle issu de la réforme OHADA. L'article 9 AUPC révisé complétant l'article 75 du même acte uniforme, dispose que la règle de suspension des poursuites individuelles, pendant la phase de règlement préventif, s'applique à tous les créanciers dont la créance est née antérieurement à la décision d'ouverture, qu'ils soient chirographaires et munis de privilèges généraux ou de sûretés réelles spéciales telles que, notamment, un privilège mobilier spécial, un gage, un nantissement ou une hypothèque. Seules les créances salariales et d'aliments échappent à la règle[556].

269. La réforme de l'AUPC adoptée le 10 septembre 2015 a levé l'ambiguïté qui existait dans l'ancienne version de l'aliéna 1er du même acte uniforme. En effet, en disposant que la décision d'ouverture de règlement préventif suspend ou interdit toutes poursuites individuelles visant à obtenir paiement des créances désignées par le débiteur, l'ancienne version de l'alinéa 1er de l'article 9 limitait non seulement l'application de ce principe qu'aux créances dressées sur la liste présentée par le débiteur mais donnait un sacré pouvoir au débiteur sur l'existence des créances antérieures à la décision d'ouverture. Cela pouvait créer des problèmes en cas d'oubli ou d'omission du débiteur. D'ailleurs cette disposition avait été vivement critiquée. Certains auteurs [557] ont alors estimé qu'en disposant ainsi le désormais ancien article 9 al 1 de l'AUPC pouvait permettre à un créancier

[556] V. Article 9 al. 3 de l'AUPC révisé.

[557] B. MARTOR, N. PILKINGTON, D. SELLERS, S. THOUVENOT, *Le droit uniforme africain des affaires issu de l'OHADA,* 2e éd. Litec. 2009, p.183.

antérieur oublié de la liste établie par le débiteur d'échapper à la règle de l'interdiction ou suspension des poursuites pendant la procédure collective. C'est une hypothèse qui pouvait tout à fait survenir. En effet, il n y avait qu'une porte de sortie si une telle hypothèse se produisait. Même dans la jurisprudence, la Cour d'appel d'Abidjan a eu à rappeler que l'ordonnance de règlement préventif n'entraînant pas systématiquement la suspension de l'exécution de toutes les créances, seules sont concernées celles qui sont antérieures à la décision de suspension des poursuites et qui ont été visées dans la requête du débiteur[558]. Cette imperfection, pouvait donc alors entrainer une défaillance technique de l'application de cette règle fondamentale de la discipline collective, de l'acte uniforme que certains auteurs avaient décrié comme étant une incomplétude, serait aussi une atteinte au principe d'égalité entre créanciers[559]. En effet, l'égalité entre créanciers composant la masse pouvait être menacée du seul fait de l'omission du débiteur de mentionner une créance sur la liste des créances antérieures au jugement d'ouverture. La conséquence immédiate d'un tel manquement serait, en effet, l'insoumission de cette créance à la règle d'interdiction des poursuites individuelles. Mais, les enjeux d'une telle omission étaient très importants dans la procédure collective, car cela pouvait compromettre l'assainissement de l'entreprise[560]. Encore fallait-il s'assurer que le débiteur n'oubliait pas sciemment de mentionner un créancier dans sa requête, dans le but de le favoriser. Il était donc impératif de réformer l'ancienne disposition de l'alinéa 1er de l'article 9.

Par conséquent, en supprimant cette ambiguïté le nouvel alinéa 1er de l'article 9 de l'AUPC révisé éclaircit davantage son champ d'application et évite toute éventuelle manœuvre arbitraire ou mal intentionnée du débiteur pendant l'établissement des créances.

2°) Les actions en justice concernées

270. L'alinéa 1er de l'article L.622-21, I vise toutes les actions en justice tendant à la condamnation du débiteur au paiement d'une somme d'argent, et à la résolution d'un contrat pour défaut de paiement d'une somme d'argent de la part du débiteur. Deux catégories d'action en justice contre le débiteur en vue d'obtenir paiement d'une somme d'argent sont proscrites. Conformément à l'article précité il n y a ni action en condamnation, ni résiliation d'un contrat en vue d'obtenir paiement d'une somme d'argent. L'arrêt des poursuites individuelles interdit au créancier antérieur, et au créancier postérieur non éligible au bénéfice des dispositions de l'article L.622-17, I, depuis la loi de sauvegarde, de procéder à la résiliation de son

---

[558] CA. Abidjan, 22/07/ 2003, *arrêt n° 1030, K.B c/ La Société Equip-Agro CI,* Le Juris Ohada n° 1/2005, janvier-mars 2005, p. 35.
[559] B. MARTOR, N. PILKINGTON, D. SELLERS, S. THOUVENOT, op. cit.
[560] F.M. SAWADOGO, commentaire sous l'article 9 AUPC, *in Code vert OHADA : traité et actes uniformes commentés*, éd.2012, p.1157.

contrat pour défaut de paiement de la part du débiteur. Mais d'autres actions visant à obtenir paiement non plus en argent mais en nature ou par obligation de faire, seraient-elles permises ?

271. De toute évidence d'après l'énoncé du texte précité, les actions tendant au paiement en nature ne sont pas interdites. De même qu'une action en résiliation ou en résolution d'un contrat pour un motif autre que l'obtention d'un paiement d'une somme d'argent, est possible. Par exemple, un créancier peut intenter une action en résiliation d'un contrat de bail pour défaut d'assurance en responsabilité civile. En revanche, pour les actions tendant à mettre en jeu l'obligation de faire du débiteur, puisque ces genres d'actions si elles ne sont pas exécutées par le débiteur se traduisent en une demande de paiement de dommages et intérêts, sont soumises à la règle d'interdiction ou suspension des poursuites individuelles[561] du fait justement de leur finalité. Ne sont pas concernées, en outre, par la règle de l'interdiction ou de l'interruption des poursuites individuelles, les actions dirigées contre les tiers, cautions solidaires ou coobligées du débiteur. En cas de paiement, ces derniers ne peuvent pas non plus exercer immédiatement des actions en subrogation contre le débiteur pendant le déroulement de la procédure collective. Ils devront attendre, à l'image des autres créanciers du débiteur, la clôture de la procédure collective devant permettre la reprise des poursuites individuelles.

272. Dans le droit OHADA, le panel d'actions en justice et de procédures interdites est désormais plus restreint qu'auparavant. L'interdiction des poursuites individuelles appelle toute action en justice émanant des créanciers composant la masse tendant à la condamnation du débiteur au paiement d'une somme d'argent[562] ou à la résolution d'un contrat pour défaut de paiement d'une somme d'argent[563]. Est aussi interdite ou suspendue toute forme d'exécution tant sur les meubles que sur les immeubles appartenant au débiteur et toute procédure de distribution n'ayant produit son effet attributif avant la décision d'ouverture de la procédure collective[564]. Les instances en cours sont, en principe, également toutes suspendues au moins jusqu'à ce que le créancier poursuivant produise sa créance[565]. Et, ensuite seules les actions tendant à la contestation des créances et à la fixation de leur montant peuvent désormais être reprises de plein droit. La décision d'ouverture du règlement préventif interdit ou suspend également de plein droit les poursuites individuelles tendant à obtenir paiement de toutes les créances nées antérieurement[566]. Aussi, elle suspend toutes les voies d'exécution et mesures conservatoires y compris

---

[561] P-M. LE CORRE, *Droit des entreprises en difficulté*, 5e édition – 2013, Dalloz. p. 130.
[562] V. Article 75 al. 1er 1° de l'AUPC révisé.
[563] V. Article 75 al. 1er 2° de l'AUPC révisé.
[564] V. Article 75 al. 2 de l'AUPC révisé.
[565] V. Article 75 al. 4 de l'AUPC révisé.
[566] V. Article 9 al. 1er de l'AUPC révisé.

toute mesure d'exécution extrajudiciaire[567]. En effet, depuis la réforme de l'AUPC, l'interdiction des poursuites individuelles est devenue un effet immédiat de la décision d'ouverture de règlement préventif à l'instar de celle qui ouvre les procédures collectives de redressement judiciaire et de liquidation des biens. Alors qu'auparavant il fallait que le président de la juridiction compétente eût rendu une décision de suspension des poursuites[568]. Même si sa décision n'était susceptible d'aucune voie de recours[569]. Abondant dans ce sens, la Cour d'Appel de Lomé a rejeté une demande d'annulation d'une ordonnance de suspension des poursuites individuelles[570] au motif que celle-ci n'est pas susceptible d'un recours, conformément à l'ancien article 22 de l'AUPC désormais abrogé.

273. Les actions en justice exclues du domaine de l'interdiction des poursuites. Toute action en justice ou toute procédure d'exécution non spécifiquement ciblée par les alinéas 1 et 2 de l'article 75 précité de l'AUPC révisé peut dorénavant être exercée ou poursuivie pendant les procédures collectives de redressement judiciaire et liquidation des biens[571]. Alors que pendant la procédure collective du règlement préventif, seules les actions en justice tendant à la reconnaissance des droits ou des créances contestées et les actions cambiaires dirigées contre les signataires d'effets de commerce autres que le débiteur échappent à l'interdiction des poursuites individuelles[572]. Procédant par élimination les actions en justice exclues du champ d'application du principe d'interdiction ou de suspension des poursuites individuelles consacré par les alinéas 1 et 2 de l'article 75 nouveau de l'AUPC révisé sont plus nombreuses ou étendues. Toute action ou procédure non ciblée est admise et donc exclue d'office du champ d'application. Ainsi, les actions tendant à la reconnaissance des droits ou créances contestées ainsi que les actions cambiaires dirigées contre les signataires d'effets de commerce autres que le débiteur lui-même sont également permises pendant les procédures collectives de redressement judiciaire et de liquidation des biens.

274. Au fond, la mise œuvre de ces actions nonobstant la règle de l'interdiction ou de la suspension des poursuites individuelles est considérée conforme au principe d'égalité entre les créanciers dans la mesure où les créanciers concernés cherchent simplement à obtenir non pas paiement immédiat mais un titre afin d'être placés sur un même pied d'égalité que les autres créanciers du débiteur. Les actions dirigées contre les tiers garants ne rompent pas non plus l'égalité entre les créanciers. Statuant précisément sur ce point, dans le cadre d'un règlement préventif, la Cour d'Appel de Dakar a

[567] V. Article 9 al. 2 de l'AUPC révisé.
[568] V. L'ancienne version de l'article 8 al. 1er de l'AUPC.
[569] V. L'ancienne version de l'article 22 AUPC désormais abrogé par l'AUPC révisé.
[570] CA *Lomé, Chambre civile, arrêt n° 176/08 du 2 septembre 2008,* Affaire BIAO-TOGO c/ UDECTO, *OHADA J*-10-160.
[571] V. Article 75 al. 5, nouveau, de l'AUPC révisé.
[572] V. Article 9 al. 4 de l'AUPC révisé.

estimé que « *si aucune exécution forcée en paiement n'est possible dans les conditions décrites par l'article 8 AUPC (ancienne version), tout créancier peut agir en reconnaissance de ses droits ou de sa créance contestée*[573]... ». Abondant dans le même sens, la Cour d'Appel d'Abidjan a estimé que « *si l'ordonnance de suspension des poursuites individuelles, rendue par le président du tribunal dans le cadre d'une procédure de règlement préventif interdit une action en paiement de créance, celle-ci ne fait pas obstacle pour autant à l'action en reconnaissance de créance*[574] ». Plus récemment encore, la Cour d'Appel de Dakar condamne la Société Grands Travaux de l'Ouest Africain (GTO) soumise pourtant à la procédure de règlement préventif à payer à l'un de ses créanciers, la PMI SARL, sa créance nonobstant la suspension des poursuites, au motif que cette règle fondamentale ne s'applique pas aux actions tendant à la reconnaissance des droits et créances contestées au sens de l'article 9 de l'AUPC[575]. C'est une décision purement symbolique car si la suspension des poursuites ne fait pas obstacle à une telle action, elle empêche tout de même la mise en exécution forcée de la décision de condamnation à payer obtenue à l'issue de cette action en reconnaissance des droits et créances contestées. L'action peut donc prospérer mais ne saurait déboucher sur un paiement immédiat de la part du débiteur. Enfin, ces actions ne peuvent être exercées ou poursuivies qu'à l'encontre du débiteur assisté par le syndic en cas de redressement judiciaire ou bien représenté par celui-ci en cas de liquidation des biens[576].

275. Les actions en nullité ou en résolution sont une autre limite légale à la règle de l'interdiction ou de suspension des poursuites individuelles. Toutes celles qui ne tendent pas directement à condamner le débiteur ou à résilier un contrat dans le but d'obtenir paiement sont permises. Cette limite peut s'avérer dangereuse et fatale pour le débiteur. Un créancier révolté peut réagir face à l'inopposabilité des poursuites individuelles au débiteur, par une action résolutoire du contrat. Or, une action en nullité ou en résolution contractuelle mettrait le débiteur dans une situation délicate. Cependant, cette disposition est totalement contradictoire avec l'article 107de l'AUPC révisé relatif à l'obligation de poursuite des contrats en cours. Cet article dispose en effet, qu' « *aucune résolution ou résiliation d'un contrat en cours ne peut résulter du seul fait de l'ouverture du redressement judiciaire ou de liquidation des biens* ». En d'autres termes, un créancier qui veut contourner la règle de la suspension des poursuites individuelles en orientant son action en justice par une action en résolution ou en nullité, ne verra pas son action

---

[573] *CA Dakar, Chambre civ. et com 1, n° 397 du 9 septembre 2000*, affaire Les Nouvelles Brasseries Africaines vs Compagnie sucrière du Sénégal, reporté *in Code Vert OHADA, Ed. 2012,* obs, F.M. SAWADOGO.

[574] CA Abidjan, Chambre civ. et com., arrêt n° 633 du 11 juin 2004, Affaire Société DAFNE et un autre c/ SGBCI CI.

[575] CA Dakar, Chambre civile et commerciale, arrêt n° 594 du 29 juillet 201*0.in Code Vert OHADA. Ed. 2012.* Obs. F.M. Sawadogo. p. 1159.

[576] V. Article 75 al. 5 de l'AUPC révisé.

prospérer malgré le fait qu'elle ne soit pas interdite. Mais, cette disposition de l'article 107 précité ne défend le débiteur que dans les procédures collectives ci-mentionnées. Dans la « procédure collective » de règlement préventif une telle action intentée à l'encontre du débiteur pourrait bien prospérer. Mais, cela est peut être jugé moins grave par le législateur d'autant plus que le débiteur est censé ne pas être en état de cessation des paiements.

B) Le régime juridique de la suspension des poursuites individuelles

276. Il s'agit d'interrompre toute action en justice ou procédure visée par le principe. C'est-à-dire d'une manière générale est interdite ou suspendue toute action tendant à obtenir paiement de la part du débiteur ou toute procédure d'exécution portant sur les biens meubles ou immeubles du débiteur, venant d'un créancier et poursuivant le même but de se faire payer. En effet, si le créancier avait engagé son action avant la décision d'ouverture, la poursuite de celle-ci doit être suspendue à compter du jour du jugement d'ouverture de la procédure collective. Toutes les instances en cours seront donc suspendues. Le créancier poursuivant doit procéder à la déclaration de sa créance au risque de la perdre définitivement, afin que l'instance en cours puisse reprendre son cours[577], si elle y est autorisée. Dès lors, il est important d'identifier une instance en cours. Une instance en cours est donc celle qui a été entamée par le créancier avant le jugement d'ouverture mais non aboutie au jour de cette même ouverture. Contrairement à une instance en référé[578] ou une action qui produit ses effets au jour de l'ouverture qui, elles, ne sont pas affectées par la règle de suspension des poursuites individuelles, l'action en instance en cours, elle, est soumise au principe. Celle-ci doit, selon une définition donnée par la chambre commerciale de la cour de cassation française[579], tendre à obtenir une décision définitive sur le montant et l'existence de cette créance.

277. Dans le droit OHADA, également les actions tendant à fixer le montant et d'autres non ciblées peuvent désormais être poursuivies nonobstant la règle de suspension[580]. Mais, selon le cas de figure, une décision de justice prise à l'issue de cette action pourrait ne pas être immédiatement exécutée. Le créancier poursuivant peut donc à l'issue de cette action obtenir que sa créance soit déterminée dans son montant ou obtenir un titre exécutoire. Mais, son titre ne pourra pas être exécuté. Ce qui revient au même esprit que dans le droit français. Après déclaration de sa créance, le créancier est autorisé à reprendre la poursuite de plein droit pour obtenir de la juridiction saisie du principal, une décision définitive sur le

---

[577] Cass. com., 6 oct. 2009, n° 08-12.416, *D.* 2009, JA 2485, obs. A. Lienhard.

[578] A. MARTIN-SERF, « Une instance en référé n'est pas une instance en cours interrompue par le jugement d'ouverture », *RTD com.* 2010, p. 198.

[579] Cass. com., 6 oct. 2009, n° 08-12.416, *D.* 2009. op. cit.

[580] V. Article 75 al. 5 de l'AUPC révisé.

montant ou l'existence de cette créance. Toutefois, contrairement au droit français où les instances susceptibles d'être reprises tendent exclusivement à la constatation des créances et à la fixation de leurs montants[581], dans le droit OHADA, les actions et les procédures d'exécution susceptibles d'être reprises peuvent être diverses et pas seulement celles portant sur la constatation et sur la fixation de créance[582]. Ces instances poursuivies à l'encontre du débiteur seront toutefois sous le contrôle de l'organe de procédure compétent : le débiteur doit être assisté par le syndic en cas de redressement judiciaire ou représenté par ce dernier en cas de liquidation des biens.

278. En définitive, L'article L. 622-21, I, al 1 interdit les actions en justice tendant au paiement d'une somme d'argent à l'encontre du débiteur au cas où celles-ci n'ont pas été engagées mais aussi si de telles actions sont déjà engagées, elles doivent être suspendues purement et simplement et elles ne peuvent pas faire l'objet d'une reprise. Le principe est identiquement posé par l'article 75 de l'acte uniforme des procédures collectives. Ainsi, en France comme dans l'espace OHADA, la procédure que le créancier antérieur a commencée avant la délibération de la décision d'ouverture tendant soit à condamner le débiteur à payer, soit à mettre en exécution une voie d'exécution pour le même objectif, doit être immédiatement interrompue. Le créancier sera alors contraint de faire un choix de procédure ; soit, il se désiste de son instance et se soumet à la procédure d'admission et de vérification des créances, soit, il reprend son instance en déclarant sa créance et en mettant en cause le juge commissaire, ou, selon le cas de figure, le liquidateur. Une telle procédure aura pour objet non pas de condamner le débiteur à payer mais de fixer le montant de la créance afin d'être admise au passif du débiteur.

SECTION 2. DÉTERMINATION ET PROTECTION DE L'ACTIF

279. Seconde étape nécessaire à la procédure collective, elle se matérialise également par des restrictions et des atteintes portées aux droits et aux sûretés des créanciers. Elle constitue une mesure qui vise à sécuriser l'actif du débiteur contre tout acte frauduleux ou de la dilapidation. Ces atteintes sont donc légitimées par l'intérêt de l'entreprise débitrice et par l'intérêt collectif des créanciers.

Elles doivent permettre la détermination de l'actif du débiteur (**Sous-section 1**). Mais toutes ces restrictions sont également liées à la nécessité d'assurer la préservation de cet actif (**Sous-section 2**) du débiteur failli.

---

[581] C. com., article L.622-22.
[582] V. Article 75 al. 5 de l'AUPC révisé.

§1) Des restrictions liées à la détermination de l'actif

280. Pendant la période suspecte, le débiteur en difficulté pourrait être tenté d'organiser sa faillite ou d'y contribuer en posant des actes frauduleux avec la complicité de certains créanciers. C'est la raison pour laquelle tout acte de constitution ou d'inscription de nouvelle sûreté est susceptible d'être annulé. Cette manière de restreindre certains droits ou même des sûretés des créanciers est une mesure devant permettre de garder intacte le patrimoine actif pendant tout au long du traitement des difficultés de l'entreprise.

Ainsi, afin d'avoir une vue d'ensemble sur l'actif de l'entreprise en difficulté et de lutter efficacement contre les fraudes et malveillance du débiteur désormais dessaisi ou assisté par l'organe de la procédure, il est procédé de manière systématique à l'invalidation des sûretés réelles constituées en période suspecte (**A**) et à l'interdiction de nouvelles inscriptions de sûretés réelles (**B**).

A) L'invalidation des sûretés réelles constituées en période suspecte

281. Parmi les règles impératives du droit des procédures collectives constitutives de la discipline collective imposée aux créanciers notamment les créanciers titulaires de sûretés réelles dites préférentielles et visant à déterminer le patrimoine du débiteur, figurent les nullités ou plus exactement l'invalidation de certaines sûretés constituées en période suspecte. En effet, ces sûretés sont considérées comme des sûretés irrégulières du fait justement de la période de leur constitution. La période suspecte est une période au cours de laquelle les actes passés par une entreprise en difficulté financière, notamment une sûreté réelle constituée pour garantir des dettes antérieures, sont susceptibles d'être mis en cause en étant frappée d'inopposabilité[583]. Etroitement liée à l'état de cessation des paiements, la période suspecte est celle qui s'étend de la date de constatation de l'état de cessation des paiements [584] de l'entreprise débitrice à la décision d'ouverture de la procédure collective de redressement judiciaire ou de liquidation judiciaire[585] en droit français, du jugement d'ouverture d'une procédure collective de redressement judiciaire ou de liquidation des biens pour le droit OHADA[586].

282. Dans les deux systèmes juridiques, elle est donc inconcevable en l'absence de cessation des paiements[587] comme c'est souvent le cas dans la procédure de sauvegarde[588] pour le droit français et de règlement préventif dans le droit communautaire de l'espace juridique des affaires OHADA. Elle est tout aussi improbable quand la date de cessation des paiements n'a pas

---

[583] F. M. SAWADOGO, Période suspecte : inopposabilités, *in encyclopédie du droit OHADA*. Lamy 2012, p. 1334.

[584] V. Article 34 de l'AUPC révisé.

[585] C. com. L.632-1, I.

[586] V. Article 67 de l'AUPC révisé.

[587] F. PEROCHON., op. cit. n°1283.

[588] Notamment dans le cas saisi par l'article L. 622-10, al. 3 Code de commerce.

été fixée par la juridiction compétente. En tout état de cause, dans le droit OHADA, elle ne peut s'étendre sur plus de dix huit (18) mois avant la décision d'ouverture de procédure collective[589]. Ce qui est suffisamment long pour se prémunir contre d'éventuels abus du débiteur. Cette période précédant la décision d'ouverture d'une procédure collective est un moment très délicate pour le débiteur, car c'est une période trouble et indécise pendant laquelle la procédure collective proprement dite n'est pas encore ouverte bien que le débiteur soit en état de cessation des paiements. Alors que le débiteur détient encore la plénitude de ses pouvoirs d'administration et de disposition de ses biens, celui-ci doit être surveillé. En effet, affaibli financièrement et souvent sous la pression de certains créanciers il pourrait être tenté pendant ce laps de temps de dilapider tout ou partie de ses actifs ou de favoriser tel ou tel partenaire-créancier au mépris du principe d'égalité entre les créanciers.

283. Pour parer à ces risques de fraude ou de favoritisme contraint, certains actes accomplis notamment des sûretés réelles par le débiteur pendant la période dite suspecte au mépris des règles de transparence et du respect de l'égalité des créanciers sont sanctionnés par les nullités dites de période suspecte[590]. En effet, le droit de la faillite permet traditionnellement de combattre ce genre de pratiques ou tentatives frauduleuses et corruptrices du débiteur.

284. De manière générale, trois conditions doivent être requises pour qu'un acte accompli en période suspecte soit inopposable à la procédure collective. D'abord, l'acte doit avoir causé un préjudice aux créanciers ; ensuite, il doit avoir été effectué par le débiteur susceptible d'être soumis instantanément à la procédure collective, et enfin l'acte incriminé doit avoir été accompli entre la date de la cessation des paiements et le jugement d'ouverture de la procédure collective. Cependant, certaines dispositions énumèrent précisément certains actes, qui, s'ils sont accomplis en période suspecte notamment la constitution des sûretés réelles, sont inopposables de droit parce qu'ils sont forcément préjudiciables aux autres créanciers. Ainsi, il importe de poser le principe d'invalidation (**1°**) de la constitution des sûretés réelles dans la période suspecte pour en appréhender le bien-fondé de la sanction (**2°**).

1°) Le principe de l'invalidation

285. Le principe d'invalidation des sûretés réelles constituées en vue de payer des dettes antérieures est posé respectivement par l'article L. 632-1, I, 6° du Code de commerce dans le droit français et par l'article 68, 5° de

---

[589] V. Article 34 al. 2 de l'AUPC révisé.

[590] SAINT-ALARY-HOUIN et MONSERIE-BON, *J.-Cl. Proc.coll.,* fasc.2502, 2505, 2507, 2508 et 2510, 2012, VINCKEL, *JCP* E 2006. 1118 ; ARRIGHI, *GPC* 10 septembre 2005, p. 9 ; WICKER *RPC* 2006. 12 ; BLANC, *RPC* 2006. 66 ; MACORIG-VENIER et SAINT-ALARY-HOUIN, *RPC* 2009-1, p. 65, n°45, cités par F. PEROCHON, op. cit. p.685.

l'AUPC révisé. Ces deux textes interdisent toute constitution ou institution de sûreté réelle conventionnelle. Si en dépit de cette interdiction formelle, ces sûretés ont été constituées pendant la période suspecte, les deux textes présentent deux conditions de pour procéder à leur annulation. D'abord, premièrement, il faut que la constitution ait eu lieu pendant la période qui sépare la date de la cessation des paiements du débiteur qui les a contractées. Et, deuxième, il faut que la finalité de cette constitution de sûretés ait servi à éponger des dettes antérieures. La dette garantie doit donc être antérieure à la constitution de la sûreté en question. Cette condition est essentielle pour l'annulation de l'acte. Pour faciliter la comparaison de l'antériorité de la dette devant être garantie par cette nouvelle constitution de sûreté réelle, il est nécessaire que les deux opérations soient bien déterminées et aient chacune une date certaine. La comparaison est plus difficile dans le cas contraire, notamment quand les deux opérations sont concomitantes, ou, encore moins évident, quand la sûreté nouvellement consentie vise à garantir le solde d'un compte courant en cours de fonctionnement. Face à cette problématique de détermination de l'antériorité de la dette constatée dans un compte-courant, la Cour de cassation française, avant le revirement de 1976 en la matière, adoptait le principe de l'indivisibilité du compte courant et considérait que toute sûreté réelle conventionnelle constituée au cours de fonctionnement du compte garantit une dette future. Ce qui rendait la sûreté opposable à la masse des créanciers. Cette solution jugée trop favorable aux établissements de crédit, était vivement critiquée par la doctrine. Mais, même en dérogeant au principe d'indivisibilité du compte courant, suite à la pression de la doctrine unanime et à de multiples revirements, la jurisprudence admet que la sûreté est valablement constituée dès lors que des dettes naissent au moment ou après cette constitution sous la forme de nouvelles avances consenties par la banque[591]. Cette nouvelle position est plus claire, dans la mesure où la question de l'inopposabilité ou de l'opposabilité aux créanciers est définitivement écartée. Elle a introduit une nouvelle méthode de comparaison et de détermination de l'antériorité de la dette constatée dans un compte courant avec la prise en compte de l'expression « *de nouvelles avances consenties* », ce qui suppose dorés et déjà une analyse des mouvements du compte postérieurs à la constitution de la sûreté[592]. En effet, la comparaison simple du solde provisoire constaté à la date de la constitution de la sûreté et du solde débiteur définitif n'exclut pas que celui-ci ait bénéficié de nouvelles avances[593] notamment un droit de découvert octroyant une avance, qui elle-même serait garantie par la sûreté antérieurement consentie.

286. Toutefois, nous pouvons déduire de cette nouvelle logique de jurisprudence, que si le débiteur n'a jamais bénéficié de nouvelles avances

---

[591] Cass. com., 11 février et 16 décembre 1976 : *JCP* 1977, II, 16704, note C. Gavalda.
[592] A. JACQUEMONT, op. cit. p. 365.
[593] Cass. com., 10 janvier 1983 : *D.* 1983, inf. rap. p. 264, obs. A. Honorat.

de la part de son établissement bancaire pendant cette période, ce qui est parfaitement déterminable et prouvable notamment en étudiant les conditions générales d'ouverture de compte et des services dont peut bénéficier le débiteur-client, alors la sureté constituée pour couvrir un solde définitif débiteur constaté avant et au moment de la constitution de la dite sûreté devrait être inopposable aux autres créanciers.

287. Dans le droit OHADA, l'étendue du principe d'invalidation des sûretés dans la période suspecte est plus large et plus circonscrite, elle vise essentiellement les sûretés réelles dites classiques. L'article 68 5° de l'AUPC révisé pose le principe d'inopposabilité de toute sûreté réelle conventionnelle qui est constituée dans le seul but de garantir une dette antérieurement contractée à la décision d'ouverture de la procédure collective.

a) L'étendue du principe

288. L'étendue concerne toute constitution de sûretés réelles dans la période suspecte. Ces actes doivent être accomplis avant le jugement d'ouverture[594] de procédure de redressement[595] ou de liquidation judiciaires et à compter de la date de cessation des paiements[596].

289. Dans le droit français, si l'article L.632-1, I 6° précité vise les sûretés réelles classiques telles que la constitution de toute catégorie d'hypothèque (conventionnelle, judiciaire et légale), d'un nantissement ou d'un gage. Mais, les 9° et 10° du même article L.632-1 déclarent également nulles certaines garanties dont les transferts fiduciaires dont la finalité vise à garantir des dettes antérieures pendant la période suspecte. La fiducie-gestion et la fiducie-sûreté contractées [597] pour le même but sont par conséquent alignées sur le même régime de nullités que les sûretés réelles classiques qui, jusqu'à la réforme des sûretés de 2006, étaient seules affectées. La seule condition est que la finalité de cette constitution de sûreté ou garantie soit pour garantir des dettes antérieures. En d'autres termes, toute constitution de sûreté ou de garantie nouvelle pour garantir une dette antérieure, est nulle. Cependant malgré cet alignement de régime juridique de nullités des sûretés et des autres garanties pendant la période suspecte, les sûretés réelles en l'occurrence les sûretés réelles préférentielles restent sans

[594] Cass.com., 19 janvier 1999, n°96-18772 : *"La nullité (..) ne peut atteindre que des actes accomplis au cours de la période suspecte, et ceux que le débiteur ...auraient passés...postérieurement au jugement d'ouverture »* (la cour statuait la validité d'une convention de divorce attribuant à l'épouse l'immeuble et le fonds de commerce); Soc. 16décembre 2008, n°07-43379 (en l'espèce un contrat de travail conclu après le jugement d'ouverture).

[595] F. VINCKEL., *JCP* E 2006. 1118, n°10, où l'auteur évoque la cessation des paiements au cours de la sauvegarde, cité par F. PEROCHON, op.cit. n° 1288.p.687.

[596] Sur le départ de la durée de la période suspecte ou la notion de l'effet à 0h, v. Article L.631-8 Code de commerce ; et plus récemment son application jurisprudentielle par Cass. Com. 11 avril 2012, n° 09-12431, FD, *BJE* juill. 2012 n° 117, p. 228, note. R. Bonhomme.

[597] V. Art. L.632-1, I, 9° nouveau du Code de commerce.

conteste les plus affectées par les nullités ou invalidations de droit. En effet, le gage, le nantissement et l'hypothèque sont beaucoup plus touchées par ces nullités que les autres sûretés réelles notamment basées sur le droit de propriété. Ceci est lié au fait notamment que pour être valides, elles sont soumises au régime de publicité obligatoire, contrairement aux garanties telle que les fiducie-sûretés qui ont la réputation d'être occultes. Celles-ci sont donc les plus malmenées par la mesure de nullité de droit de l'article L.632-1, I précité. Ce déséquilibre entre les sûretés réelles classiques et les sûretés réelles dites nouvelles reste encore palpable malgré les rajouts (les 9° et 10°) introduits dans l'étendue principe de nullité de période suspecte par l'ordonnance de 2008. Ces rajouts qui ne concernent principalement que la fiducie-sûreté et dans une certaine mesure le crédit-bail sont jugés insuffisants car ne réglant pas le problème des autres garanties réelles basées sur la propriété telles que la clause de réserve de propriété.

290. Dans le droit OHADA, on peut distinguer deux sortes d'inopposabilité. L'inopposabilité de droit [598] et l'inopposabilité sous condition d'existence d'un préjudice consécutivement causé[599] par les actes constitués ou inscrits en période suspecte. Alors que l'inopposabilité de droit s'applique nommément et exclusivement aux sûretés préférentielles constituées ou inscrites en période suspecte[600]. L'inopposabilité de droit concerne également tous les actes à titre gratuit translatifs de propriété mobilière ou immobilière tout contrat commutatif dans lequel les obligations du débiteur sont jugées excédentaires et tout paiement de dettes échues ou non échues effectué autrement que par effets de commerce ou autres instruments de paiement reconnus [601]. L'inopposabilité conditionnée à l'existence d'un préjudice causé, quant à elle, concerne tout acte gratuit ou onéreux translatif de propriété mobilière ou immobilière[602], ou tout acte de paiements volontaires de dettes échues[603].

L'on peut ainsi aisément remarquer qu'aucune propriété-sûreté OHADA n'est exhaustivement visée par ces deux inopposabilités. Pour autant, peut-on déduire des dispositions de l'article 68 al. 1er 1°, 2°, et/ou de l'article 69 al. 1er, 1° du 2°, de l'AUPC révisé, pour inclure dans le champ d'application des inopposabilités de la période suspecte aux nouvelles sûretés réelles OHADA ?

291. Sauf cas de fraude, si les propriétés-sûretés sont des contrats translatifs de propriété, ces derniers ne sont pas pour autant conclus à titre gratuit. Aussi dans ces contrats translatifs de propriété généralement du créancier vers le débiteur, mêmes les obligations de ce dernier consistant à payer l'intégralité du prix de la créance garantie sont d'une valeur

---

598 V. Article 68 al. 1er de l'AUPC révisé.
599 V. Article 69 al. 1er de l'AUPC révisé.
600 V. Article 68 al. 1er, 5° et 6° de l'AUPC révisé.
601 V. Article 68 al. 1er, 1°, 2°, 3° et 4° de l'AUPC révisé.
602 V. Article 69 al. 1er, 1° et 2° de l'AUPC révisé.
603 V. Article 69 al. 1er, 3° de l'AUPC révisé.

équivalente au bien, celles-ci ne sauraient être jugées excédents eu égards à celles du créancier.

292. Par conséquent, l'on peut affirmer que, dans le droit OHADA, le champ d'application des inopposabilités de période suspecte ne s'étend pas aux sûretés réelles exclusives. Il y a donc là une différence de traitement entre les sûretés réelles classiques et les sûretés réelles nouvelles.

b) Les limites apportées au principe dans le droit français

293. Le principe d'invalidation de la constitution de sûretés réelles pendant la période suspecte connait toutefois des limites. Ces limites sont soit liées à la difficulté de la détermination comme nous venons de voir plus haut, ou soit liées à son domaine stricte d'application. Ainsi, la jurisprudence a admis qu'une sûreté accordée par le débiteur pendant la période suspecte en remplacement de la sûreté initiale prise avant cette période dite suspecte, en l'occurrence l'octroi d'une hypothèque sur un nouvel immeuble pour permettre la cession d'un premier, n'est pas constitutive d'une sûreté nouvellement constituée et par conséquent elle n'est pas jugée nulle[604]. La même position a été adoptée pour le gage portant sur un ensemble de biens présents ou futurs : le remplacement effectué ultérieurement est réputé avoir pris effet par subrogation réelle, et à ce titre n'est donc pas soumis au principe d'invalidation de sûreté réelle constituée en période suspecte[605]. Il en va de même pour l'hypothèque rechargeable[606] introduite par la réforme des sûretés de l'ordonnance du 23 mars 2006.

294. Cette hypothèque soulève une difficulté quant à l'antériorité de sa constitution initiale et son rechargement futur, notamment lorsqu'elle est constituée avant la cessation des paiements mais qu'une convention de rechargement pour garantir une nouvelle créance née antérieurement est passée pendant la période suspecte. Dans ce cas de figure le mécanisme de l'hypothèque rechargeable ou d'un gage[607] portant sur un ensemble de biens présents ou futurs, permet de déroger au principe d'invalidation des sûretés réelles constituées pendant la période suspecte. Cependant, comme l'a, à juste titre, remarqué un auteur[608], même si littéralement cette hypothèse échappe à la lettre de l'article L.631-I, 6° du Code de commerce, il n'en demeure pas moins que dans l'esprit de cette législation qui vise la protection du patrimoine actif du débiteur contre les fraudes et à préserver l'égalité entre les créanciers, ne pas soumettre ces nouveaux mécanismes techniques échappatoires au principe d'invalidation est contradictoire. Il faudrait donc allier la lettre à l'esprit de la législation. Il est étonnant que le législateur n'ait pas saisi l'occasion de l'ordonnance de 2008 pour aligner le

---

[604] Cass. com., 20 janvier 1998 : *JCP* E 1998, p.655, obs. M. C.

[605] A. JACQUEMONT., op. cit. p.364.

[606] V. Article 2422 du Code civil.

[607] C. civ., art. 2333 et 2355.

[608] A. JACQUEMONT. Op.cit.

régime de l'hypothèque rechargeable et du gage portant sur un ensemble de biens présents ou futurs sur celui des autres sûretés réelles classiques comme c'est le cas pour la recharge d'une fiducie[609] en garantie d'une dette antérieure à l'avenant de recharge[610]. La cession de créances professionnelles par un bordereau Dailly ou une « cession Dailly » échappe également au principe d'invalidation de constitution de nouvelle sûreté réelle. Cette cession n'est pas considérée comme étant une constitution d'un certain droit de nantissement sur un bien du débiteur. Elle n'est donc pas visée par le texte[611].

c) Un principe, deux justifications différentes

295. Si un seul principe d'invalidation de certains actes accomplis dans la période suspecte permet de rendre la constitution et l'inscription de nouvelles sûretés nulles ou inopposables relativement aux créanciers titulaires des créances antérieures, les objectifs visés pour justifier cette inopposabilité ou nullité ne sont pas les mêmes dans le droit français que dans le droit OHADA.

296. Dans le droit français, depuis la nouvelle orientation législative introduite par la loi de sauvegarde de 2005, le principe de nullité des sûretés et garanties réelles constituées dans la période suspecte pour garantir des dettes antérieures, vise non seulement à protéger le débiteur, à l'aider à la détermination et à la préservation de tout ou partie de son actif, mais aussi à rétablir le principe d'égalité rompu entre les créanciers par cet acte. L'idée est partie du soupçon que du jour de la cessation effective des paiements à celui de la décision d'ouverture, les actes accomplis par le débiteur peuvent être suspects de fraude de celui-ci avec la complicité du créancier concerné[612]. L'article L.632-1, en énumérant les actes, qui, s'ils sont accomplis dans la période suspecte, ne peuvent relever que d'une fraude. Le législateur français depuis 1985 met le redressement de l'entreprise au cœur de la nouvelle orientation économique. Celle-ci, renforcée par la réforme de 2005, concilie l'intérêt de l'entreprise et l'intérêt collectif des créanciers. Ce souci pour l'intérêt collectif des créanciers se traduit par la volonté de faire respecter le principe d'égalité entre les créanciers.

297. A l'inverse, dans le droit OHADA, les inopposabilités sont certes fondées, sur l'idée de la fraude et sur celle de rupture injustifiée de l'égalité entre les créanciers[613], mais le principe d'invalidation vis-à-vis de la masse

---

[609] DAMMANN et ROBINET, *JCP* E *CDE* août 2009, n° 23, p.40 ; GRIMALDI et DAMMANN, *D.* 2009. 670, n°12 et 25 ; M. M. CROCQ, *RPC* 2009-1, p. 75, n°21 ; DUPICHOT, *JCP* G 2009, I, 132, n°9 s.
[610] F. PEROCHON, op. cit. p. 701.
[611] Cass. Com. 28 mai 1996, *Bull.* 151 ; *RTD* civ. 1996. 671, obs. M. M. CROCQ.
[612] RIPERT et ROBLOT, DELEBECQUE et GERMAIN, *traité de droit commercial, L.G.D.J.*, tome 2, 2007, 17è éd, n°3108.
[613] F.M. SAWADOGO, op. cit.

des sûretés réelles conventionnelles constituées dans la période suspecte pour garantir des dettes antérieures, vise à protéger exclusivement sinon prioritairement l'intérêt collectif de la masse des créanciers dans le but de rétablir l'égalité entre eux, rompue par cet acte, plus qu'il ne vise à préserver l'actif de l'entreprise contre sa dilapidation pour l'aider à se redresser financièrement. L'acte uniforme OHADA sur le droit des procédures collectives d'apurement du passif du débiteur au profit de ses créanciers reste fidèle à ce principe fondamental. Les inopposabilités de droit comme les inopposabilités facultatives de la période suspecte trouvent donc des justifications différentes selon l'orientation économique ou sociale assignée au droit des procédures collectives. Ainsi, un principe équivalent dans les deux systèmes, possède des justifications distinctes selon que l'on se trouve en France ou dans l'espace juridique africain du droit des affaires unifié OHADA.

2°) La sanction

298. La principale sanction de tous les actes frappés par le principe d'invalidation de la période suspecte notamment des sûretés réelles constituées pour garantir des dettes antérieures, est l'inopposabilité à la procédure collective. En tout cas, tel est l'objectif de l'action juridique à poser à l'encontre de tels actes. Dans les deux systèmes juridiques, ces actions sont des actions en inopposabilité. Cependant, il existe une différence sur la terminologie utilisée pour qualifier l'effet-sanction à l'issue de ces actions en inopposabilité dans le droit français et dans le droit OHADA. Dans le droit français on parle de nullité de l'acte, tandis que dans le droit OHADA, il s'agit simplement de rendre l'acte jugé frauduleux inopposable à la masse des créanciers.

Ainsi, devant de tels actes, le législateur OHADA et son homologue français, ont prévu d'une part une action en inopposabilité devant aboutir à une nullité de droit (**a**) de l'acte et une action paulienne pouvant être exercée par les créanciers (**b**) notamment pour obtenir annulation d'une sûreté de constitution douteuse et préjudiciable à l'intérêt collectif des créanciers ou au moins une inopposabilité vis-à-vis du ou des requérants.

a) Action en inopposabilité

299. Dans le droit français, l'action en inopposabilité est réservée aux organes de la procédure collective. Ni le débiteur, ni les créanciers ne peuvent agir[614] en annulation des actes présumés suspects accomplis dans la période suspecte. Il appartient au mandataire judiciaire ou commissaire à l'exécution du plan, administrateur et, depuis la loi de sauvegarde, le ministère public conformément à l'article L.632-4 du Code de commerce, ou

[614] Cass. Soc. 13 févr. 2008, n° 06-44234...Pour un cas de fraude aux droits de l'AGS, validée par un motif de pur droit.

tout autre organe de la procédure[615], d'agir en annulation de tels actes. L'exercice de l'action en inopposabilité d'actes suspects, en l'occurrence des sûretés réelles visées par l'article L.632-1, 6°, par ses titulaires institutionnels, est libre et n'est enfermée dans aucun délai[616]. Si l'action en inopposabilité est exercée par l'un de ses titulaires précités, l'acte de constitution de sûretés réelles devient sans effet. Avant, le principe était que, l'acte serait rétroactivement anéanti par une nullité en opérant d'une manière *erga omnes*. En effet dans un arrêt de la Cour de cassation la chambre commerciale avait annulé l'acte de constitution d'une sûreté et condamné le créancier à la restitution du prix des marchandises vendues[617]. L'on parlait ainsi, avant, depuis plusieurs siècles[618] de principe de nullités de la période suspecte. Mais, analysant le système de nullités alors en vigueur, la doctrine du XXe siècle découvre qu'il s'agit en réalité plutôt d'inopposabilités à la masse que de nullités[619]. En effet, la nullité suppose que l'acte est attaqué dans ses conditions de validité, que l'acte n'est pas valable. Or la période suspecte n'est pas un déterminant de validité de l'acte. Car, elle ne pose pas les conditions de validité de tel acte accompli. En revanche, elle pose des conditions pour rendre celui-ci sans effet. Ainsi, cette expression juridique inappropriée a été modifiée après la loi du 25 janvier 1985. Jusqu'à l'avènement de la loi de 1985 précitée il était fait encore état de ces nullités (et non d'inopposabilités). L'article L.632-1, I, 6° parle néanmoins de nullité des actes notamment des sûretés réelles constituées en vue de garantir des dettes antérieures en période suspecte. Sans doute, raison pour laquelle certains auteurs parlent de nullité de la sûreté réelle constituée dans la période suspecte, mais une telle nullité ne peut être que relative, sinon ce serait un abus de langage. Car une nullité, contrairement à une simple inopposabilité qui temporaire, est définitive. C'est la raison pour laquelle, nous préconisons l'utilisation du terme invalidation des sûretés réelles constituées pour garantir des dettes antérieures dans la période suspecte. Il nous semble plus adéquat.

300. Outre, les titulaires institutionnels précités, l'action en inopposabilité peut être également exercée par le ou les créanciers nommés contrôleurs de la procédure collective, après une mise en demeure pour agir restée sans succès adressée au mandataire judiciaire ou au juge commissaire par une lettre recommandée avec accusé de réception. En tout état de cause l'action

---

[615] Comme il est encore possible pour le liquidateur d'agir en annulation de l'acte d'apparence frauduleuse ; de même il est admis que certains créanciers nommés contrôleurs et représentants d'intérêts collectifs, puissent agir en annulation de l'acte jugé suspect conformément à l'article L.622-20 et en cas de carence du mandataire judiciaire (Condition : la carence doit être caractérisée par l'absence de réaction de la part du mandataire, deux mois après une lettre recommandée le sommant d'agir).

[616] Cass. Com. 21 sept. 2010, n°08-21030, *Bul.* 140 ; *D.*2010, 2221, note. Lienhard.

[617] Cass. Com. 11 juill.2000, *Bull.* 14.

[618] Le Code de commerce de 1807 déclarait de façon radicale, nuls sans distinction, tous les actes accomplis pendant la période suspecte.

[619] F. M. SAWADOGO, « Période suspecte. Inopposabilités », op.cit. p. 1335.

en inopposabilité contre un acte de constitution de sûretés réelles pour garantir une dette antérieure conformément aux dispositions de l'article L.632-1, I, 6° du Code de commerce aboutit forcément à une nullité de l'acte. Car, il s'agit d'une inopposabilité de droit.

301. Dans le droit OHADA aussi, l'inopposabilité de l'acte de constitution de sûretés conventionnelles énumérées par l'article 68 al. 1er, 5° de l'AUPC révisé est une inopposabilité de droit. Une inopposabilité de droit n'est pas une inopposabilité de plein droit. Alors que l'inopposabilité de plein droit ne nécessite pas de porter l'action devant un tribunal compétent, l'acte étant censé être nul sans aucun jugement, l'inopposabilité de droit doit résulter d'une action portée devant la juridiction compétente. Celle-ci doit prononcer la révocation ou plus exactement l'inopposabilité de l'acte, une fois les conditions requises réunies[620]. En effet, devant une action en inopposabilité contre un acte de constitution de sûretés réelles visées par l'article 68 al. 1er, 5° AUPC précité, le tribunal compétent ne peut faire autrement que de déclarer l'acte inopposable (donc rétroactivement sans effet) aux créanciers de la masse. Il n'a aucune marge d'appréciation et doit appliquer strictement le texte. La différence entre l'inopposabilité et la nullité de l'acte est fondamentale. Quand un acte est réputé nul, c'est sa validité même qui est remise en cause, tandis qu'un acte inopposable reste néanmoins valable. En d'autres termes l'inopposabilité rend l'acte sans effet vis-à-vis des créanciers de la masse, en ce sens et uniquement en cela qu'il est nul.

302. En ce qui concerne le titulaire de l'action en inopposabilité, seul le syndic a la qualité pour agir au nom et dans l'intérêt de la masse[621]. L'action en inopposabilité doit être portée devant la juridiction compétente c'est-à-dire celle devant laquelle est ouverte la procédure collective. Contrairement au droit français où l'exercice de l'action n'est renfermé dans aucune limite de délai, l'action en inopposabilité contre l'acte de constitution de sûretés réelles en période suspecte OHADA ne peut plus être exercée par le syndic après le dépôt de l'état de créances[622]. L'action n'est pas non plus enfermée dans un délai bien précis, seulement il y a une limitation à son exercice. Le syndic, seul titulaire de l'action en inopposabilité étant lui-même celui qui doit déposer l'état des créances auprès du juge commissaire, a la maîtrise de l'action. Reste à savoir s'il n'exerce pas sa responsabilité par négligence, sera-t-elle mise en cause ou engagée par les contrôleurs par exemple ?

303. En principe, s'il y a eu des actes accomplis pendant la période suspecte, le syndic qui représente l'intérêt collectif des créanciers en l'occurrence celui de la masse pour le cas de constitution de sûretés réelles conventionnelles pour garantir les dettes antérieures, doit agir en inopposabilité conformément aux articles 68 al. 1er, 5° et 70 AUPC révisé.

620 F.M. SAWADOGO, op. cit..p. 1337.

621 V. Article 70 AUPC révisé.

622 V. Article 70, al. 2 AUPC révisé.

Cela rentre parfaitement dans ses missions et compétence en qualité de représentant des créanciers. Alors, s'il omet d'agir en action en inopposabilité devant un acte présumé frauduleux accompli en période suspecte conformément aux deux textes précités, il laisse par ce fait le débiteur rompre l'égalité entre les créanciers, ce qui est préjudiciable à ces derniers. En cela, il commet une faute caractérisée vis-à-vis des créanciers représentés. Cependant, aucun texte ne précise la conséquence de l'inaction en inopposabilité d'un acte accompli en période suspecte par rapport à la responsabilité du syndic. La conséquence sur les créanciers est quant à elle très prévisible : la sûreté réelle constituée pour garantir des dettes antérieures pourrait passer et serait opposable aux créanciers de la masse. Sauf, si le ou les créanciers menacé(s) par un tel acte, agisse(nt) subsidiairement en vertu de l'action paulienne.

b) Action paulienne

304. C'est une action en inopposabilité de droit commun en dernier ressort non pas pour une inopposabilité relative à un seul d'entre eux mais relative à l'ensemble des créanciers dans la masse. Dans le droit français, l'action paulienne est consacrée par l'article 1341-2 nouveau du Code civil. La mise en œuvre de l'action paulienne peut être justifiée par la fraude du débiteur. Elle est dirigée contre le tiers détenteur ou nouvel acquéreur du bien. Elle permet qu'un bien sorti du patrimoine du débiteur en fraude par rapport aux droits des créanciers, soit réintégré. L'action paulienne au sens civil du terme a un effet relatif et individuel[623], c'est-à-dire qu'elle permet au créancier poursuivant de rétablir son ou ses droits sur le bien litigieux. L'action exercée par un créancier ouvre droit de poursuite ou un privilège[624] à ce seul créancier sur le bien sorti frauduleusement du patrimoine du débiteur. D'origine civile, l'action paulienne est transposée, en guise de remède, au droit des procédures collectives en complément de l'action en inopposabilité dans le cadre des nullités de la période suspecte qui est renfermée dans un délai limité. Mais si en France (**b-i**) son effet relatif a suscité des débats et occasionné des repositionnements jurisprudentiels conformément à l'orientation qui lui est assignée par le droit des entreprises en difficulté, dans le droit OHADA seul l'effet collectif de l'action paulienne est envisagé par l'acte uniforme portant organisation des procédures collectives d'apurement du passif (**b-ii**).

---

[623] Cass. civ., 4 déc. 1923, *S.* 1923, 1, p. 254.

[624] B. STARCK, H. ROLAND et L. BOYER, *Obligations,* t.III, Régime général, Litec, 6ème édition. 1999, n° 178.

b-i) Le maintien controversé de l'effet relatif de l'action paulienne en France

305. La difficulté provient sans doute du fait de la transposition de l'action paulienne depuis son giron civil d'origine vers le droit des procédures collectives. Son aménagement avec les objectifs du droit des entreprises en difficulté n'a toutefois pas dénaturé son effet relatif et individuel qui reste maintenu.

306. D'une règle générale de droit (civil) commun au droit spécial des procédures collectives. Face à la limite du délai (huit mois) dans laquelle est enfermée l'action en inopposabilité des actes accomplis dans la période suspecte, l'action paulienne a été promue dans le cadre du droit des procédures collectives comme un remède complémentaire ou subsidiaire. Elle a donc été admise dans le droit des procédures collectives en France dans cette perspective. Cette immixtion d'une règle générale issue du droit commun des obligations dans une matière spéciale comme le droit des entreprises en difficulté, peut susciter des interrogations. Mais, ce mécanisme résulte de la corrélation ou de l'interdépendance entre une règle générale et une règle spéciale. En effet, à chaque fois qu'une règle spéciale s'avère incapable de régir une situation, il est souvent fait recours à une règle générale. Ainsi, le recours à la règle générale permet de pallier les insuffisances[625] de la règle spéciale. Dans ce cas de figure, c'est le droit des obligations qui offre l'action paulienne, au droit spécial des procédures collectives, comme un moyen supplémentaire pour combattre efficacement des actes présumés frauduleux passés dans la période suspecte[626].

307. L'effet relatif individuel maintenu dans le droit français. L'action paulienne en procédures collectives est un moyen offert à un ou plusieurs créancier(s) de révoquer un acte accompli par le débiteur en période suspecte, acte soupçonné frauduleux lui ou leur portant préjudice[627]. Elle peut être exercée par et au profit d'un seul créancier ou par un organe de la procédure collective au nom de l'intérêt collectif des créanciers. Qu'elle soit exercée par un seul créancier, par un organe de la procédure collective représentant des créanciers, ou par plusieurs créanciers, l'action paulienne est une action en inopposabilité dirigée contre le tiers complice de la fraude présumée du débiteur et ayant eu connaissance de la cessation des paiements de ce dernier. Son exercice a certes pour but de lutter contre la fraude du débiteur en cette période suspecte mais surtout de protéger le créancier auteur de l'action en inopposabilité. Cette action en inopposabilité exercée par un seul créancier ne peut pas profiter à l'ensemble des autres

---

[625] C. PIZZIO-DELAPORTE, L'action paulienne dans les procédures collectives, *RTD com.* (4), octobre-décembre 1995, p.716.

[626] A. JACQUEMONT, *Droit des entreprises en difficulté*, 2e éd. Litec. 2002, n°478 ; A. RIZZI, op. cit. p.364 et s.; CA. Douai, 17 décembre 1992 et CA. Versailles, 28 janvier 1993, *Rev.proc.coll.*, 1994, 257, cité par E. SOUPGUI, op. cit. p.40.

[627] CORNU G. (Dir.), *Vocabulaire juridique*, Association Henri Capitant, 8e édition PUF Quadrige, 2010, p.21.

créanciers[628], donc en cela elle ne vise pas spécifiquement à rétablir l'égalité entre créanciers mais à réparer un préjudice subi par le créancier poursuivant. Pourtant, les dispositions de l'article 1341-2 nouveau du Code civil ne consacrent pas la qualité à agir exclusivement à un seul créancier. Le texte consacre[629] la qualité à agir à tous les créanciers parce qu'ils ont tous intérêt à agir contre un acte frauduleux accompli par le débiteur en période suspecte. En reproduisant son effet individuel comme dans le droit civil, l'action paulienne exercée par un seul créancier dans le cadre du droit des entreprises en difficulté, ne pourvoit pas au rétablissement de l'égalité entre les créanciers, objectif pourtant visé par ce droit. C'est en cela qu'elle est controversée.

b-ii) Une action à caractère collectif dans le droit OHADA

308. D'inspiration française du Code civil[630] l'action paulienne est pourtant transposée différemment dans le droit des procédures collectives OHADA. L'action paulienne exercée au profit non plus d'un seul créancier mais au nom de l'intérêt collectif des créanciers, est une spécificité caractéristique du droit OHADA des procédures collectives. En effet, si dans le droit français l'intérêt à agir est accordé à un seul créancier pour exercer une action paulienne en inopposabilité d'actes accomplis par le débiteur en période suspecte, dans le droit OHADA, il est exclu que l'exercice de l'action paulienne soit uniquement au profit d'un seul créancier. L'exercice d'une action paulienne pour obtenir une inopposabilité d'actes réalisés par le débiteur en période suspecte est pourtant reconnu dans le droit OHADA, mais au profit exclusif de l'intérêt collectif des créanciers[631]. L'acte de constitution d'une sûreté réelle pour garantir une dette antérieure accompli en période suspecte par le débiteur entrainant une rupture sérieuse d'égalité entre les créanciers dans la masse constitue un préjudice certain à l'intérêt collectif de ces derniers. En l'absence d'une action en inopposabilité de l'acte par le représentant des créanciers dans les procédures collectives OHADA, en l'occurrence le syndic, le ou les créanciers nommé(s) contrôleur(s) peut ou peuvent alors agir en inopposabilité par une action paulienne.

Enfin pour conclure, une dernière question est celle de savoir si l'action paulienne en droit des procédures collectives est une action subsidiaire ou complémentaire ?

309. D'après la conception et l'application de l'action paulienne en période suspecte dans les deux systèmes de droit sus-décrites, nous pouvons

---

[628] Cass. Req., 28 août 1871, *DP* 1874, 1, p. 78, *S.* 1578, 1, p. 316.

[629] L'article 1167 du Code civil français dispose: »*Ils (les créanciers) peuvent aussi, en leur nom personnel, attaquer les actes faits par le débiteur en fraude de leurs droits* ».

[630] L'action paulienne OHADA s'inspire des dispositions de l'article 1167 du Code civil français.

[631] V. Article 71 al. 1er de l'AUPC révisé.

conclure que dans le droit positif français, l'action paulienne comme une action contre l'opposabilité des actes accomplis en période suspecte à la procédure collective est une action subsidiaire. Alors que dans le droit OHADA, l'action paulienne peut être analysée comme étant une action plutôt complémentaire. En effet, côté français l'action principale en inopposabilité, est cantonnée dans un délai à agir et exige des qualités pour agir spécifiques et limitées tandis que côté OHADA l'exercice de l'action en inopposabilité ne rencontre pas de limite de délai.

310. En définitive, d'une manière générale, l'on peut constater qu'en droit OHADA l'inopposabilité concerne exclusivement les sûretés réelles préférentielles tandis que son homologue français cible diverses garanties et aligne le régime d'invalidation de certaines garanties sur celui des sûretés réelles préférentielles[632]. En outre, la justification du principe est différente dans les deux systèmes de droit. Enfin, tandis que dans le droit OHADA, la sanction est l'inopposabilité, dans le droit français, ces actes sont déclarés nuls[633].

B) L'interdiction de nouvelles inscriptions de sûretés réelles

311. Si pour certaines sûretés réelles notamment celles qui ne sont pas soumises à l'obligation de publicité, l'inscription n'est pas une condition de validité, elle est tout au moins une condition essentielle pour les rendre opposables aux tiers. La réforme des sûretés introduite par l'ordonnance du 23 mars 2006 en France a accru l'importance de l'inscription des sûretés réelles. A titre d'exemple un défaut d'inscription d'hypothèque entraine perte de droit de préférence et de rang pour le créancier[634]. De plus, à défaut d'inscription son droit de préférence n'est pas opposable. L'inscription est donc une condition essentielle dans la vie d'une sûreté réelle préférentielle. Elle constitue une mesure conservatoire garantissant l'opposabilité de la sûreté. C'est pourquoi, dans le droit français comme dans le droit OHADA, l'inopposabilité de toute inscription des sûretés réelles dans la période suspecte[635] se trouve confortée voire prolongée par le principe d'interdiction ou d'arrêt des inscriptions. Cette mesure concourt à assurer le gel du passif du débiteur et est justifiée par la nécessité de préserver tous les objectifs de la procédure collective. En effet, dans le droit français, l'article L.622-30 al 1er du code de commerce consacre le principe de l'arrêt des inscriptions de sûretés réelles après le jugement d'ouverture. Dans le droit OHADA, l'article 73 AUPC révisé consacre le principe de suspension du cours des inscriptions de toute sûreté mobilière ou immobilière après la décision

---

632 V. C. com. art. L.632-1, I, 6°, 9° et 10°.
633 C. com. art. L.632-1, I.
634 V. Article 2425 du Code civil.
635 V. Article 68, al 1er, 6° AUPC et l'article L.632-1, I. 7° du code de commerce.

d'ouverture du redressement judiciaire et de la liquidation des biens, excepté l'inscription de l'hypothèque générale de la masse[636].

312. Mais, si de part et d'autre des deux systèmes de droit, le principe d'arrêt ou d'interdiction des inscriptions des sûretés réelles tel qu'il est énoncé respectivement par les textes précités, est justifié par la même nécessité et poursuit des objectifs similaires, il n'en demeure pas moins que l'étendue accordée au principe diffère d'un système à l'autre et n'a pas les mêmes conséquences quant à l'égalité de traitement entre les créanciers. Ainsi, il convient d'abord d'étudier le champ d'application et les effets du principe de l'arrêt ou de l'interdiction des inscriptions (**1°**) pour ensuite démonter la différence de traitement entre les sûretés réelles classiques et les nouvelles sûretés réelles fondées sur la propriété (**2°**), existant ou favorisée selon l'étendue accordée au même principe aussi bien dans le droit OHADA que dans le droit français des procédures collectives.

1°) Champ d'application et effets du principe de l'interdiction des inscriptions

313. D'appellation différente dans le droit français et le droit OHADA, l'interdiction ou l'arrêt des inscriptions des sûretés réelles, véhicule le même principe. En effet, découlant de la mise en œuvre immédiate de la saisie collective suite au jugement d'ouverture, le principe d'interdiction ou d'arrêt des inscriptions des sûretés réelles constitue une suite logique du principe des inopposabilités des actes accomplis entre la période dite suspecte et la décision d'ouverture. Selon le concept retenu, le domaine d'application de l'interdiction ou de l'arrêt des inscriptions n'est pas le même tant au niveau du principe que dans ses limites dans le droit positif français et le droit OHADA, même si les effets et les enjeux qui s'y rattachent restent relativement identiques dans les deux systèmes juridiques.

a) Le domaine de l'interdiction ou suspension

314. L'interdiction des inscriptions posée par l'article L622-30 du Code de commerce concerne exclusivement les sûretés réelles classiques ou préférentielles dont la validation est soumise à une mesure de publicité et constituées antérieurement sur des biens appartenant au débiteur. Par conséquent, elle ne concerne pas des sûretés réelles, même classiques, constituées postérieurement, celles-ci étant couvertes par le privilège de l'article L.622-7,

II du Code de commerce. L'interdiction vise spécifiquement les premières inscriptions ou inscriptions principales c'est-à-dire celles qui confèrent au créancier titulaire le rang sur le bien objet de la sûreté. Ainsi, la date de l'inscription est censée déterminer l'ordre du créancier inscrit. Le

[636] V. Article 74 al. 1er de l'AUPC révisé.

défaut d'inscription dans les délais impartis entraine la perte du rang pour le créancier négligent. Celui-ci deviendra alors un simple créancier chirographaire. De ce fait, les renouvellements des inscriptions ainsi que les inscriptions définitives échappent, au champ d'application de l'article L622-30. De même, l'inscription demeure possible lorsqu'elle ne vient que compléter une inscription antérieure à la décision d'ouverture. Enfin, l'article L622-30 prévoit deux exceptions, l'une pour certaines créances du Trésor public, celui-ci peut inscrire son privilège au greffe du tribunal de commerce après l'ouverture de la procédure collective et l'autre en faveur du vendeur de fonds de commerce[637] qui est aussi autorisé à inscrire son privilège, malgré le fait que l'acheteur soit soumis à une procédure collective. Il dispose d'un délai de quinze jours à compter de la date de l'acte de vente, sous peine de nullité[638]. Mais, cependant ce cas de figure reste quand même très rare. En effet, comme l'a remarqué un auteur[639], dans la pratique, un débiteur n'aurait aucune raison d'acheter un fonds de commerce juste avant de déposer son bilan, ce serait pour le moins absurde.

315. Dans le droit OHADA, la décision d'ouverture d'une procédure collective de redressement judiciaire et de la liquidation des biens arrête le cours des inscriptions[640] de sûreté mobilière et immobilière sans exception. En d'autres termes, elle est censée s'appliquer aussi bien aux sûretés réelles classiques qu'aux sûretés réelles exclusives. Dans tous les cas, il s'agit donc des sûretés réelles régulièrement constituées avant le jugement d'ouverture mais dont la publication est soit pendante soit non entamée jusqu'à la date de celui-ci. De toute évidence, l'arrêt des inscriptions concerne des sûretés régulières antérieurement constituées à la décision d'ouverture excepté l'inscription de l'hypothèque légale de la masse [641]. Là également, l'exception n'en est pas une parce que l'exercice de l'hypothèque légale de la masse ne profite à celle-ci que dans le cas rarissime d'ouverture d'une seconde procédure collective contre le même débiteur. Contrairement à son homologue français qui a conféré une exception légale au profit de certaines créances du Trésor public, le législateur africain ne place pas celui-ci au-dessus des autres créanciers.

b) Les effets escomptés de la mesure d'interdiction ou d'arrêt

316. L'inscription en matière de sûreté est une mesure de publicité et donc un moyen de communication et d'information pour porter à la connaissance des tiers l'existence d'une sûreté réelle mobilière ou immobilière. De ce fait, il ne convient pas d'aborder les effets sans rappeler au passage l'importance de l'information en droit des sûretés (**b-i**) et la

---

[637] Article L622-30, al 2 et 3 du Code de commerce.

[638] Article L.141-6 du Code de commerce.

[639] F. PEROCHON, *Entreprises en difficulté*, L.G.D.J., 9e édition. 2012.p.322, note 248.

[640] Article 73, inchangé, de l'AUPC révisé.

[641] Article 74 AUPC, constitue la seule limite légale aux dispositions de l'article 73 précité.

portée de l'inscription (**b-ii**) d'une sûreté réelle. En effet, pour mieux appréhender les effets du principe de l'arrêt ou de l'interdiction des inscriptions, il est nécessaire de connaitre les conséquences de l'acte d'inscription de sûreté.

b-i) L'importance de l'information en droit des sûretés

317. En matière de sûretés réelles, l'information est capitale. Ainsi, la relation entre les créanciers et le débiteur est fortifiée par l'effectivité et l'efficacité des instruments de l'information. En effet, très tôt l'enjeu de l'accès à l'information sur les biens du débiteur pour les tiers, a été une préoccupation majeure. Dès le XVII siècle, une véritable information sur les sociétés est mise en place par la création de la procédure d'enregistrement, ce qui a donné naissance plus tard au registre du commerce et des sociétés. Mais ce n'est qu'au XXe siècle avec l'explosion du crédit que la véritable information relative aux sûretés a connu un essor exponentiel[642]. Ainsi, pour porter à la connaissance de tous les tiers, l'existence des suretés réelles, celles-ci sont inscrites. De nos jours, plusieurs systèmes juridiques ont adopté, en matière de sûretés, la publicité en guise d'information. Ainsi, quasiment toutes les sûretés réelles sont soumises, notamment au nom du droit à l'information et de la transparence pour les tiers, à une mesure de publicité par l'inscription.

318. A titre comparatif, les pays du droit anglo-saxon, optant pour le pragmatisme et l'efficacité économique soumettent toutes les sûretés réelles à la publicité. Aux Etats Unis d'Amérique l'ensemble de leurs sûretés dont la plus emblématique est le *Security Interest* est soumise à la publicité[643]. Dans le droit anglais, la publicité est obligatoire pour la clause de réserve de propriété mais aussi pour la « *floating charge*[644] » ou charge flottante[645]. Le droit nord-américain aussi n'est pas en reste. Enfin, le droit Québécois des sûretés aussi connait la publicité. Celle-ci s'applique obligatoirement à l'hypothèque générale concernant les meubles, les immeubles et les universalités[646]. En fin de compte, très peu de systèmes juridiques dans le monde méconnaissent le système de publicité pour diffuser l'information en matière de sûretés. L'un des rares systèmes juridiques se trouvant dans ce cas de figure et considérant la publicité comme étant une formalité lourde et couteuse, est l'Allemagne. En effet, l'Allemagne pour ces raisons, n'a pas

---

[642] J. SOINNE, "La publicité des garanties financières de l'entreprise : gage d'efficacité », *Petites Affiches*, du 26 mai 2005, n°104, p.19.

[643] A.-M. MORGAN DE RIVERY-GUILLAUD, *Le droit nord-américain des sûretés mobilières,* L.G.D.J., éd. 1990.

[644] M. ELLAND- GOLDSMITH, « Les sûretés réelles mobilières du droit anglais », *RDAI,* n° 2. 1995.

[645] La « *floating charge* » est une sûreté par laquelle une société peut affecter l'ensemble de ses biens présents et futurs à la garantie de crédit. C'est un peu à l'image de l'hypothèque rechargeable française.

[646] Ibidem.

adopté un mécanisme de publicité des sûretés mobilières et de la clause de réserve de propriété[647].

319. Dans le droit OHADA, à côté des mécanismes nationaux de publicité foncière, le nouvel acte uniforme portant organisation des sûretés en permettant la publicité des garanties réelles portant sur les biens mobiliers, l'a renforcée par une modernisation des registres du commerce et du crédit mobilier (RCCM). Ce faisant, les créanciers dans l'espace OHADA désormais procèdent facilement à la publicité des sûretés réelles à travers un RCCM local qui est connecté et centralisé au niveau national et régional[648].

b-ii) La portée d'une inscription de sûreté réelle

320. L'inscription apparait comme une exigence majeure de la sûreté réelle tant immobilière que mobilière dans plusieurs systèmes de droit des sûretés. Il en va de même pour le droit OHADA. A l'instar du droit français après la réforme des sûretés de 2006 avec l'avènement des sûretés réelles mobilières sans dépossession notamment la nouvelle forme de gage, le nouveau droit OHADA des sûretés a consacré la généralisation [649] de l'inscription des sûretés réelles mobilières sans dépossession. Il est à rappeler comme l'a souligné un auteur, que l'un des objectifs de cette généralisation de l'inscription est justement d'instituer un régime commun de la publicité de toutes les sûretés réelles[650] d'une manière générale, mais davantage celui des sûretés réelles mobilières sans dépossession en particulier. Avant la réforme intervenue le 15 décembre 2010 en matière de sûretés OHADA, il était obligatoire de combiner les formalités de l'enregistrement de la sûreté réelle et son inscription. Ce qui rendait excessivement lourde et lente la procédure. Depuis la réforme, le nouvel acte OHADA sur les sûretés consacre la seule inscription qui est destinée désormais à la fois à l'information des tiers et à donner une date certaine à la garantie. Mais outre le fait que l'inscription permette au créancier titulaire de la sûreté réelle qui l'a accompli d'obtenir un rang favorable sur le bien objet de la sûreté elle est aussi si importante que l'on peut se demander toujours si elle ne constitue pas véritablement, à certains égards bien sûr, une condition même de validité de la sûreté réelle ?

---

[647] J. SOINNE, "La publicité des garanties financières de l'entreprise : gage d'efficacité », op. cit. p.19.

[648] L.Y. BLACK : "Les enjeux de la réforme de l'acte uniforme OHADA portant organisation des sûretés : un atout pour faciliter l'accès au crédit », *Revue Droit et Patrimoine* – 2010- n°197, du 11 janvier 2010.

[649] P-G. POUGOUE, "Régime général des sûretés » *in Encyclopédie du droit OHADA*, Lamy. 2012. p.1481 et s.

[650] Ibidem.p. n°89, p.1493.

321. Ce vieux débat semble être dépassé puisque tranché en jurisprudence par la plus haute juridiction française en matière civile et commerciale[651]. Cependant, les opinions restent divergentes sur la solution consacrée. D'autant plus que la question n'a été traitée jusque-là que d'une manière empirique. Il a été décidé en effet, par la cour de cassation française à plusieurs occasions que l'inscription n'est une condition ni d'existence ni de validité du gage[652]. Il est aussi admis que l'inscription ne constitue pas non plus une condition de validité de l'hypothèque[653]. La cour de cassation a estimé, tant pour le gage [654] que pour l'hypothèque, que la mesure de l'inscription n'est qu'une condition d'opposabilité aux tiers, de sorte qu'elle ne constitue pas une condition de validité[655]. Le gage comme l'hypothèque non inscrits restent implicitement valables entre les parties les constituant. Certaines Cours d'appel partageaient déjà cette solution notamment la Cour d'appel de Versailles qui a considéré dans son arrêt du 20 septembre 1995 que l'inscription d'un gage n'est pas une condition de validité de celui-ci mais une condition d'opposabilité, et ce bien avant l'intervention de la Cour de cassation. Ces deux exemples empiriques sur la question suffisent-ils pour autant à récuser à l'inscription, la condition de validité de la sûreté réelle qu'elle constate ?

322. Cette solution ne remporte pas l'approbation de tous notamment dans le milieu judiciaire. En effet, certaines décisions[656] de Cours d'appel ont admis dans le passé que l'inscription de gage automobile était une condition de validité. Dès lors un gage automobile non inscrit, n'est de ce fait pas valable. Même si ces dernières ont été par la suite désavouées par la haute juridiction, beaucoup d'auteurs ne partagent pas pour autant l'avis de la Cour de cassation et l'interprétation concordante de nombreuses Cours d'appel. En effet, sur cette question certains auteurs estiment que sans inscription, l'écrit qui constaterait la sûreté réelle serait tout simplement vain et inutile. Selon eux, l'inscription permettrait de rendre manifeste l'intention aussi bien du constituant que le titulaire de bénéficier de son existence. Ce qui fait que pour ces auteurs, l'inscription de la sûreté est plus qu'obligation, elle

---

[651] Cass. Civ. 1ère, 10 juillet 1996, *Bull. civ. I, n°312, RTD Civ.* 1996, p. 955, obs. P. CROCQ ; Cass. com. 22 janvier 2002, n°°99-14.445 ; Cass. com, 19 décembre 2006, n° 04-643, Cass. crim,10 mai 2007, n° 06-88.053, Lamyline.

[652] Cass. Civ. 1ère, 10 juillet 1996, *Bull. civ. I, n°312, RTD Civ.* 1996, obs. P. CROCQ, op.cit *; JCP G* 1997, I, n° 3991, spec. n°22, obs. Ph. Simler, et Ph. Delebecque.

[653] PH. SIMLER, PH. DELEBECQUE, *Droit civil : sûretés et publicité foncière »,* Précis DALLOZ. 6ème éd. 2012, p. 451.

[654] La solution reste inchangée depuis 1996 ; dans le même sens : Cass. com. 22 janvier 2002, n°°99-14.445 ; Cass. com, 19 décembre 2006, n° 04-643, Cass. crim, 10 mai 2007, n° 06-88.053, Lamyline.

[655] Dans cet arrêt du 10 juillet 1996, la 1ère chambre civile venait de censurer la décision de la Cour d'appel de Montpellier qui estimait que l'inscription étant une condition de validité, un gage automobile non inscrit est de ce fait non valable.

[656] Notamment des décisions antérieures à l'arrêt de la 1ère chambre civile de la Cour de cassation du 1996, dont l'arrêt de la Cour d'appel de Montpellier qui a fait l'objet de cassation.

constitue une condition de validité de la sureté assujettie à la mesure de publicité.

323. Les effets ou l'objectif visé par l'interdiction ou l'arrêt des inscriptions. L'interdiction ou l'arrêt des inscriptions devrait viser à la fois à protéger le débiteur mais également à veiller à assurer l'égalité des créanciers. Dans les systèmes OHADA et français, la validité de certaines sûretés réelles qu'elles soient conventionnelles, légales ou judiciaires, est liée à une mesure de publicité, qui est essentielle pour leur opposabilité aux tiers. Interdire l'inscription après le jugement d'ouverture de procédure collective, constitue un important levier de protection tant vis-à-vis du débiteur en difficulté financière en lui permettant d'améliorer sa trésorerie que vis-à-vis des créanciers antérieurs qui voient leurs sûretés réelles suspendues pendant cette épreuve. De ce fait, elle génèrerait un double effet. Elle devrait permettre d'une part de geler le passif et de ne pas alourdir le déficit du débiteur par l'invalidation des sûretés en question, puisqu'une sûreté non inscrite entraine la péremption du droit de son titulaire, l'intérêt de la règle étant bien évidemment de paralyser les sûretés réelles en période de procédure collective. D'autre part, elle permettrait de protéger les créanciers de la masse par l'effet d'inopposabilité de sûretés invalides puisque n'ayant pas rempli la condition de publicité. Ce faisant, une sûreté inscrite malgré la décision d'ouverture et donc sans tenir compte de l'interdiction d'inscrire après le jugement d'ouverture, serait sans effet dans la procédure entamée à l'encontre du débiteur, car, réputée non inscrite et non publiée. Par conséquent elle est inopposable à la masse. Ces deux principaux effets de la mesure d'interdiction ou d'arrêt des inscriptions de sûretés réelles conjugués, constitueraient la sanction qui ferait l'efficacité de cette règle.

324. Mais, en définitive, l'opinion dominante y compris judiciaire, retient que l'inscription représente plus une condition d'opposabilité que de validité de la sûreté. Alors selon les termes de ces conclusions, les effets attendus de l'interdiction ou de l'arrêt des inscriptions des sûretés réelles après la décision d'ouverture de procédure collective, ne peuvent être que ponctués par le fruit de ces premières. Il est toutefois incontestable que l'interdiction ou l'arrêt des inscriptions vise principalement qu'à protéger les créanciers dans la procédure collective. Par conséquent l'objectif recherché par cette mesure après le jugement d'ouverture serait donc l'inopposabilité de la sûreté aux tiers. Autrement dit, l'inopposabilité de la sûreté réelle constituée postérieurement à la décision d'ouverture de procédure collective aux créanciers antérieurs principalement, constitue donc l'effet et la sanction rendant effectif le principe lui-même.

325. Cependant, cette sanction censée faire respecter l'égalité des créanciers devant l'acte de saisie collective des biens du débiteur, pourrait être plus efficace si elle s'appliquait indistinctement à tous les créanciers titulaires de sûretés réelles soumises à la condition de publicité sans établir de différence de traitement entrainant une sorte de hiérarchisation entre les sûretés réelles classiques et celles basées sur la propriété. C'est en examinant l'étendue accordée à ce principe fondamental du droit des procédures collectives sur les sûretés réelles concernées que l'inégalité de traitement entre les créanciers peut être mise en évidence.

2°) Mise en exergue de la différence de traitement

326. L'interdiction ou l'arrêt des inscriptions ne concerne que quelques sûretés réelles malgré le fait que plusieurs sûretés réelles soient soumises à une mesure de publicité. En effet, dans le droit français comme dans le droit de l'espace OHADA, les sûretés réelles immobilières en l'occurrence l'hypothèque, doivent être inscrites et formalisées dans un fichier immobilier ou au bureau des hypothèques de la situation du bien immobilier.

327. Mais, si l'article 73 de l'AUPC révisé dispose sans distinction que : « *la décision d'ouverture de procédure collective arrête l'inscription de toute sûreté réelle mobilière ou immobilière* », l'article L.622-30 du Code de commerce, quant à lui énumère expressément une liste de sûretés réelles frappées par l'interdiction des inscriptions. Selon l'aliéna 1er de ce dernier, l'interdiction des inscriptions ne s'applique qu'aux hypothèques, gages, nantissements et privilèges. Ainsi, les autres sûretés réelles ne sont pas concernées par la mesure d'interdiction. Dans le droit OHADA, toutes les sûretés réelles doivent être obligatoirement inscrites. Ainsi, contrairement au droit français, l'article 73 AUPC est censé être applicable à toutes les sûretés réelles confondues, les classiques comme les nouvelles fondées sur la propriété. D'emblée, certaines sûretés réelles quand bien même elles sont soumises à la mesure d'inscription ne sont pas pour autant concernées par l'interdiction des inscriptions.

L'analyse des deux textes révèle comment, par la méthode *summa divisio* des sûretés réelles immobilières (**a**) et mobilières (**b**), une différence de traitement est à l'œuvre, mettant en défaut le respect du principe d'égalité entre les créanciers.

a) Les sûretés réelles immobilières

328. De manière classique, elles représentent les privilèges généraux issus de la vente sur les biens immobiliers et l'hypothèque. Dans les deux systèmes de droit étudiés, l'inscription des privilèges sur la vente des biens immobiliers et l'hypothèque est obligatoire. Ces deux sûretés réelles dites classiques sont toutes deux concernées par la règle de l'interdiction ou de l'arrêt des inscriptions aussi bien dans le droit français que le droit OHADA. Cependant, les sûretés réelles immobilières basées sur la propriété telle que la fiducie-sûreté sur un bien immobilier consacrée en droit français n'est pas concernée par les dispositions de l'article L622-30 aliéna 1er du Code de commerce qui n'énumère que les privilèges et l'hypothèque. Sur quel critère le législateur français s'est-il fondé ? L'on pourrait supposer qu'il s'est fondé sur la soumission préalable et obligatoire d'une telle sûreté à la mesure de publicité. Si tel était le cas, l'obligation de publicité de la sûreté réelle serait la condition pour appliquer le principe d'interdiction des inscriptions après le jugement d'ouverture. Ainsi, la différence de traitement établie par l'article L.622-30 précité entre les deux sûretés réelles classique et nouvelle fondée sur la propriété cédée serait bien justifiée. Puisque, cette dernière sûreté réelle est par nature occulte. Dans le droit OHADA, la sûreté réelle fiduciaire portant sur les biens immobiliers n'existant pas, les propriétés-sûretés étant toutes mobilières, le problème ne se pose pas. Mais, il serait opportun de le poser dans le traitement réservé aux sûretés réelles mobilières.

b) Les sûretés réelles mobilières

329. Le droit français répertorie plusieurs types de sûretés réelles mobilières : le gage, le nantissement, la clause de réserve de propriété et le crédit-bail. D'abord, seuls le gage et le nantissement étaient consacrés dans le Code civil d'une manière classique. Puis depuis la réforme introduite par l'ordonnance du 23 mars 2006, la clause de réserve de propriété a été intégrée dans la partie réservée au droit des sûretés. Cependant, l'article L.622-30 al 1er ne s'applique qu'au gage et au nantissement, excepté le nantissement sur le fonds de commerce qui peut être publié dans les quinze jours suivant la décision d'ouverture de la procédure collective. Le principe de l'interdiction des inscriptions ne s'applique ni au crédit-bail, ni à la clause de réserve de propriété.

Si le critère de cette différence de traitement était la condition de publicité, comme nous l'avions supposé plus haut, alors cela justifierait pour la clause de réserve de propriété, celle-ci n'étant pas soumise à l'obligation de publicité dans le droit français contrairement au droit OHADA. En revanche, rien ne justifie l'inapplication du principe de l'interdiction des inscriptions au créancier crédit-bailleur, puisque le crédit-bail doit être inscrit.

330. A la différence du droit français, toutes les sûretés réelles mobilières sont soumises obligatoirement à la mesure d'inscription donc à la publicité au RCCM, dans le droit OHADA. En guise de rappel, l'acte uniforme des sûretés révisé consacre : le gage avec ou sans dépossession[657], plusieurs formes de nantissements dont le nantissement des créances[658], nantissement de compte bancaire[659], le nantissement des droits d'associés, valeurs

[657] V. Article 97 al. 1er AUS r qui dispose que : « *le contrat de gage est opposable aux tiers, soit par l'inscription au RCCM, soit par la remise du bien gagé entre les mains du créancier gagiste ou d'un tiers convenu entre les parties* ».

[658] V. Articles 127 à 135 AUS r.

[659] V. Articles 136 à 139 AUS r.

mobiliers [660], le nantissement de comptes de titres financiers [661], le nantissement des droits de propriété intellectuelle [662], le nantissement du fonds de commerce et privilège du vendeur de fonds de commerce [663], la clause de réserve de propriété [664], le transfert fiduciaire de somme d'argent [665] et la cession de créance à titre de garantie [666]. Elles sont toutes soumises à l'obligation d'inscription au RCCM [667]. Concernant le transfert fiduciaire de somme d'argent et la cession de créance, ces deux sûretés sont dans la catégorie des sûretés réelles mobilières et proches d'une certaine forme de nantissement, mais la forme scripturale du transfert fiduciaire de somme d'argent, s'apparente à une sorte de transfert de droits donc à une sûreté réelle incorporelle. Le régime de ces deux sûretés pourrait donc être assimilable à celui du nantissement. Or, elles n'ont pas le même traitement que les sûretés réelles classiques. Pourtant, d'après les dispositions de l'article 73 de l'AUPC révisé précité, la règle de l'arrêt des inscriptions est susceptible de s'appliquer, de droit, à elles. Mais, dans les faits, cette règle ne s'applique ni au créancier titulaire d'un transfert fiduciaire de sommes d'argent, ni au créancier titulaire d'une cession de créances. Et, ce, nonobstant le fait qu'il soit précisé que la cession de créance doit être inscrite au RCCM [668] pour son opposabilité aux tiers. Quant au transfert fiduciaire de somme d'argent, même s'il ne fait pas l'objet d'une inscription au RCCM, il devient opposable aux tiers dès sa notification à l'établissement teneur du compte, pourvu que les dites sommes soient inscrites sur le compte bloqué [669].

331. Ainsi, dans le droit OHADA la logique et le critère suivis par le législateur pour asseoir cette différence de traitement entre les créanciers titulaires de sûretés réelles immobilières ne sont pas plus déchiffrables que

---

[660] V. Articles 140 à 145 AUS r. L'article 140 dispose d'emblée, que les droits d'associés et valeurs mobilières des sociétés commerciales et ceux cessibles sont assujettis à l'immatriculation au RCCM.

[661] V. Articles 146 à 155 AUS r.

[662] V. Articles 156 à 161 AUS r, l'article 160 dispose que pour être opposable, le nantissement des droits de propriété intellectuelle doit être inscrit au RCCM.

[663] V. Articles 162 à 168 AUS r. L'article 165 AUSr pose l'obligation d'inscription de cette sûreté au RCCM.

[664] V. Articles 72 à 78 AUS r. L'article 74 AUS r dispose que « *La réserve de propriété n'est opposable aux tiers que si celle-ci a été régulièrement publiée au Registre du Commerce et du Crédit mobilier, conformément aux dispositions des articles 51 à 66 du présent acte uniforme* ».

[665] V. Articles 87 à 91 AUS r. L'article 89 du même acte lie l'opposabilité du transfert fiduciaire d'une somme d'argent aux tiers à la date de sa notification à l'établissement teneur du compte et à ce que les fonds soient inscrits dans un compte bloqué.

[666] V. Articles 80 à 86 AUS r. L'article 82 dispose que « … *la cession de créance devient opposable aux tiers à compter de son inscription au Registre du Commerce et du Crédit Mobilier…* ».

[667] V. Les articles 51 à 66 AUS consacrés au chapitre 1 relatif à l'« *Inscription des sûretés mobilières au registre du commerce et du crédit mobilier* ».

[668] Article 82 al 1er AUPC ;

[669] Article 89 AUPC ;

ceux utilisés dans le droit français. Il ressort donc clairement de l'analyse du champ d'application du principe de l'interdiction ou de l'arrêt des inscriptions dans le droit français comme dans le droit OHADA, une incohérence de conception qui mène à une différence de traitement explicite entre les sûretés réelles classiques et les sûretés réelles basées sur la propriété. De toutes les manières dans les deux systèmes de droit, même si le critère de choix de la règle de l'interdiction ou d'arrêt des inscriptions était celui de la publicité de la sûreté réelle, il y aurait, quand même, eu rupture d'égalité entre les créanciers. Car, si certaines sûretés réelles fondées sur la propriété sont par nature occultes, d'autres comme le crédit-bail et la clause de réserve de propriété sont assujetties à la mesure de publicité. Finalement l'analyse montre que cette différence de traitement provient de la conception législative du principe en elle-même.

§2) Des restrictions liées à la préservation de l'actif

332. L'actif du débiteur constitue le gage général commun à tous ses créanciers. Mais, aussi il est la principale ressource de l'entreprise sur laquelle peut dépendre la sauvegarde de l'activité ou de redressement économique de celle-ci. C'est pour toutes ces raisons que l'actif de l'entreprise en difficulté doit être nécessairement préservé. En ce sens, le droit des procédures collectives prévoit deux principales mesures marquant effets de l'ouverture de procédure collective.

Il s'agit de l'interdiction des paiements (**A**) et l'arrêt du cours des intérêts, (**B**) et de délais spécifique au droit OHADA des procédures collectives.

A) Le principe de l'interdiction des paiements

333. L'interdiction des paiements repose sur deux raisons : éviter qu'une pression financière trop forte ne pèse sur la trésorerie du débiteur à l'ouverture de la procédure collective d'une part, et d'empêcher un phénomène de concurrence entre créanciers d'autre part[670]. L'interdiction des paiements, une règle d'ordre public, est donc conçue pour protéger l'entreprise de l'agressivité de ses créanciers précisément dans cette période sensible mais surtout pour lui permettre d'envisager plus sereinement son sauvetage financier. Cette interdiction opposable à tous les créanciers antérieurs du débiteur, en plus d'être en phase avec le principe d'égalité entre ces derniers, constitue, une nécessité[671] dans la procédure collective notamment quand elle est basée sur le constat d'un état de cessation des paiements avérée. Elle se révèle importante [672] aussi bien pour la

---

[670] D. VOINOT, *procédures collectives*, édition 2011, Montchrestien, p. 128.

[671] F. PEROCHON, *Entreprises en difficulté*, 9ème édition. L.G.D.J. 2012, p.277.

[672] S. BECQUE-ICKOWICZ, *in* La loi de sauvegarde article par article (1ère partie), *LPA* 8 févr. 2006, p. 43.

sauvegarde[673] ou dans le cadre d'un règlement préventif OHADA que pour le redressement judiciaire de l'entreprise en difficulté. Mais cela suppose de reconnaître que l'application de cette prérogative de la discipline collective puisse profiter à un débiteur qui n'a pas connu de cessation des paiements comme c'est le cas en particulier dans la procédure de règlement préventif du droit OHADA. Ce point est toutefois vivement critiqué[674]. Considéré comme une traduction fidèle du principe d'égalité[675] entre les créanciers duquel il procède et symbolisant le caractère collectif de la procédure, le principe d'interdiction des paiements ne concernait traditionnellement, en France, et ce jusqu'à l'entrée en vigueur de la loi du 26 juillet 2005, que les créances dites antérieures[676] au jugement d'ouverture de la procédure collective. Depuis cette date, il est étendu à certaines créances postérieures[677] non couvertes par le privilège de procédure de l'article L622-17 du code de commerce.

Est-ce là un progrès, un pas de gagner pour la discipline collective ou est-ce le signe d'un effritement progressif programmé ?

334. Très critiqué et accusé d'être une manœuvre dénaturant le principe d'égalité des créanciers[678], cet alignement du sort de certaines créances postérieures au régime juridique des créances antérieures pour la raison que ces premières ne servent pas la finalité de la procédure collective, est jugé comme obscurcissant la clarté et la lisibilité de la réforme de 2005[679]. Au point que certains regrettent le fait que l'ordonnance du 18 décembre 2008 n'ait pas rectifié cette assimilation discriminatoire.

335. Dans le droit OHADA, l'article 11 al. 1° consacre l'interdiction de payer les créances nées antérieurement à la décision d'ouverture de la procédure collective de règlement préventif. En revanche, aucun texte ne prévoit de manière explicite le principe de l'interdiction des paiements comme effet attaché à la décision d'ouverture de procédure collective de redressement judiciaire. Néanmoins, peut-on considérer que le principe de l'interdiction des paiements n'existe, en ce qui concerne la procédure collective de redressement judiciaire, que par ricochet comme un corolaire du principe de l'interdiction des poursuites individuelles ? L'on pourrait

---

[673] Même si pour certains auteurs cette règle constitue une faveur extraordinaire pour la sauvegarde étant caractérisée par l'absence de cessation des paiements.

[674] Ph. ROUSSEL GALLE, « OHADA et difficultés des entreprises, Etude critique des conditions et effets de l'ouverture de la procédure de règlement préventif », *Revue de jurisprudence commerciale,* février-mars 2001, p. 9 à 19 et p. 62 à 69 ; F.M. SAWADOGO, *OHADA – Droit des entreprises en, difficulté,* Bruylant, Bruxelles, Collection Droit uniforme africain, 2002.

[675] M.SENECHAL. G. COUTURIER, « Créanciers antérieurs : l'égalité a-t-elle vécu ? », *Bulletin Joly Entreprises en difficulté,* 01 septembre 2012, n°5, p. 328.

[676] F. PEROCHON, op. cit.

[677] V. Article L622-7 nouveau du code de commerce.

[678] M. SENECHAL. G. COUTURIER, « Créanciers antérieurs : l'égalité a-t-elle vécu ? », *op. cit.*

[679] Ibidem.

supposer que l'interdiction des poursuites en vue d'obtenir un paiement consacrée par l'article 75 al. 1er, 1° de l'AUPC révisé précité le renferme notamment lorsqu'il est défendu tout paiement par une somme d'argent de la part du débiteur.

Il convient de poser d'abord la nature et l'étendue du principe de l'interdiction des paiements (**1°**) avant d'analyser en profondeur la portée de cette règle (**2°**) vis-à-vis des créanciers.

1°) Nature et étendue du principe

336. Décrit comme l'une des règles fondamentales de la discipline collective, ce principe commun[680] aux procédures de sauvegarde et de redressement judiciaire dans le droit français, du règlement préventif est autant justifiable dans la procédure collective de redressement judiciaire OHADA. Dans le droit français, l'article L622-7 al 1 du code de commerce dispose que « *le jugement ouvrant la procédure emporte, de plein droit, interdiction de payer toute créance née antérieurement au jugement d'ouverture, à l'exception du paiement par compensation de créances connexes. Il emporte également, de plein droit, interdiction de payer toute créance née après le jugement d'ouverture, non mentionnée au I de l'article L.622-17. Ces interdictions ne sont pas applicables au paiement des créances alimentaires* ».

337. Dans le droit de l'OHADA, l'article 11, al. 1er, 1° dispose que « *sauf autorisation motivée du président de la juridiction compétente, la décision d'ouverture du règlement préventif interdit au débiteur, à peine de nullité de droit : - de payer, en tout ou partie, des créances nées antérieurement à la décision d'ouverture* ». Et, l'article 75 al. 1er, 1° de l'AUPC révisé interdit, quant à lui, dès la décision d'ouverture du redressement judiciaire ou de la liquidation des biens « *toute action en justice de la part des créanciers composant la masse, qui tend à la condamnation du débiteur au paiement d'une somme d'argent* ».

Il résulte des dispositions de ces différents textes français et africains de l'espace OHADA, que le principe de l'interdiction des paiements consacré est posé différemment dans les deux systèmes juridiques aussi bien dans le champ d'application du principe proprement dit (**a**) que dans son étendue (**b**), mais tout en gardant de part et d'autre l'esprit collectif et contraignant envers les créanciers.

a) Le principe d'interdiction de payer

338. Sans définir le principe d'interdiction de payer, les textes le présentent respectivement comme un effet immédiat de la procédure

---

[680] A. JACQUEMONT, *Droit des entreprises en difficulté*, 8ème édition. LexisNexis. 2013, p.230.

collective sur les créanciers[681]. Cet effet direct de la procédure collective, puisque il s'applique ou s'impose de plein droit aux créanciers antérieurs de l'entreprise en difficulté, doit se manifester, comme il est précisé dans les deux articles précités, dès la décision d'ouverture. Dans le droit français, le principe prohibe[682] tout paiement de la part du débiteur principal de créances antérieures échues ou non échues et exigibles[683] à compter de la date du jugement d'ouverture, quels que soient le montant et la qualité de la créance. Et ce, que le débiteur soit en état de cessation de paiements constatée ou non dans le droit français. Tandis que dans le droit de l'espace OHADA, cette interdiction pourrait paraître plus contestable encore puisque dans la procédure de règlement préventif, le débiteur peut ne pas être en état de cessation de paiements. Toutefois, la décision qui ouvre le règlement préventif interdit au débiteur de procéder au paiement des créances antérieures[684]. L'article 75 al. 1er, 1° poserait inversement le principe en interdisant les créanciers composant la masse de procéder à toute action tendant au paiement des créances antérieures. Mais, dans tous les cas, l'interdiction vise donc exclusivement les paiements faits par le débiteur, et non ceux qu'il doit encaisser : il n'est pas interdit au débiteur de se faire payer par ses propres débiteurs. Elle ne s'applique pas non plus aux cautions et coobligés du débiteur.

339. En définitive, dans le droit français comme dans le droit OHADA, la nature de l'interdiction des paiements est en définitive une obligation faite au débiteur de ne pas satisfaire aux demandes en paiement formulées. Cette obligation concerne également les créanciers auxquels elle est opposable.

340. Sanction de l'interdiction de payer. La violation de la règle de l'interdiction des paiements dans le droit français comme dans le droit uniforme africain de l'espace OHADA est sanctionnée par la nullité[685]. En effet, tout paiement effectué par le débiteur est sujet à répétition car celui-ci est réputé nul[686]. Cette nullité peut être demandée par tout intéressé. La chambre commerciale de la Cour de cassation a estimé que l'annulation d'un paiement effectué après jugement d'ouverture est justifiée dès que le juge du fond en charge de l'affaire constate que le paiement aurait permis de payer une créance antérieure ou une créance postérieure non éligible au traitement

---

[681] Les créanciers antérieurs et certains créanciers postérieurs pour le droit français et les créanciers dans la masse pour le droit OHADA.

[682] Cass. Com. 12 janv. 2010, n° 08-20241 ; *JCP* E 2010, 1296, n° 3, obs. M. Cabrillac ; Cass Com. 31 janv. 2006, n° 04-15315, *Bull.*18 et rapp.; *GPC* 30 avr. 2006, p. 47, obs. R. Bonhomme.

[683] P-M LE CORRE, *Droit et pratique des procédures collectives* op. cit. p. 140.

[684] V. Article 11, al.1er, 1° de l'AUPC révisé.

[685] Article L. 622-7 III du Code de commerce.

[686] Article L.622-7 al. 4 issu de la loi de sauvegarde de l'entreprise du 26 juillet 2005 ; puis l'article L.622-7-III issu de la rédaction de l'ord. du 18 octobre 2008.

préférentiel[687]. La violation de la règle de l'interdiction des paiements est alors assortie d'une double sanction civile et pénale[688].

b) L'étendue de l'interdiction des paiements

341. Le principe de l'interdiction des paiements a un domaine d'application (**b-i**) traditionnel inscrit chronologiquement dans le temps et délimité. Mais depuis la loi de sauvegarde de 2005 en France, il a conquis un nouveau domaine. Toutefois, en France comme dans le droit communautaire africain OHADA, ce principe admet quelques exceptions (**b-ii**).

b-i) Le domaine d'application du principe d'interdiction des paiements

342. Le domaine réservé à l'application de la règle d'interdiction des paiements a évolué dans le droit français depuis la réforme introduite par la loi du 26 juillet 2005 tandis que dans le droit OHADA, la spécificité d'une interdiction des paiements implicite ou par ricochet demeure inscrite dans la condition traditionnelle de l'antériorité des créances concernées par rapport à la décision d'ouverture de la procédure collective. Toutefois dans le droit français comme dans le droit l'espace OHADA l'interdiction de payer frappe tous les modes de paiement.

343. L'évolution du domaine en droit français depuis la réforme de 2005. Traditionnellement l'interdiction des paiements s'appliquait exclusivement aux créanciers dont la créance est née antérieurement à la décision d'ouverture de procédure collective. La date de naissance de la créance était la condition d'assujettissement pour les créanciers concernés et représentait le seul critère d'inopposabilité pour l'entreprise débitrice aux demandes de paiement de ses créanciers. Malgré le caractère non équivoque de la distinction entre antériorité et postériorité de la créance, un nombre important de contentieux, notamment des litiges relatifs au mode de paiements, ont été enregistré. En effet, du fait de la rétroactivité à zéro heure de la date de la décision d'ouverture, le paiement effectué le jour du jugement d'ouverture est considéré comme étant postérieur à celui-ci, et donc proscrit[689]. Le même problème se pose pour certains modes de paiements qui retardent l'encaissement et aboutissent ultérieurement à la date du jugement d'ouverture. La solution retenue est qu'étant une règle impérative de procédure collective, l'interdiction des paiements ne peut être ignorée[690] par un créancier antérieur.

---

[687] Cass. Com. 3 nov. 2010, n° 09-69.533, *Bull. Civ. IV*, n° 167, n° 1088 F-P+B ; *AJ* 2644, obs. Lienhard ; *Gaz. Pal.* Ed. spéc. Dr. entr. en diff., 7 et 8 janv. 2011, p. 35, note Roussel Galle ; *JCP E* 2011, 1002, note Ch. Lebel, *RPC* Mars/avr. 2011, comm. 76, p. 75, note M.P. Dumont-Lefrand ; *LPA* 29 avr. 2011, n 85, p. 5, note Zattara-Gros.

[688] V. Article L. 654-8 du Code de commerce français.

[689] P-M. LE CORRE. E. LE CORRE-BROLY, op. cit. p. 344.

[690] F. PEROCHON, 2014, op. cit. p.280.

344. Extension du domaine. Depuis la loi du 26 juillet 2005, le législateur a étendu l'interdiction des paiements à certaines créances postérieures. En effet, le nouvel alinéa 2 de l'article L 622-7 issu de la réforme de 2005 soumet au même régime juridique que les créances antérieures certaines créances postérieures non couvertes par le privilège de procédure. L'ordonnance du 18 décembre 2008 a maintenu et perpétué cette extension. De ce fait, coexistent le domaine classique de l'interdiction des paiements et le nouveau domaine[691] dont la délimitation et la qualification restent assez floues et sujettes à confusion. Cette extension neutralise d'une certaine manière la division classique axée sur l'antériorité et postériorité de la créance au jugement d'ouverture. Le principe d'égalité entre créanciers s'en retrouve, tout de même, préservé voire même renforcé. Même si l'on peut constater et dire : alors que les créanciers antérieurs sont tous mis sur un pied d'égalité, qu'ils soient chirographaires ou titulaires de sûretés réelles préférentielles, les créanciers postérieurs, eux, sont triés et certains retenus et d'autres déclassés. Cette extension du principe d'interdiction des paiements aux autres créanciers demeure tout de même un pas en avance sur le droit OHADA.

345. La spécificité du droit OHADA : l'étendue d'une interdiction implicite. Concernant l'application du principe d'interdiction des paiements dans le règlement préventif, les dispositions expresses de l'article 11 al. 1, 1° de l'AUPC révisé ne laissent subsister aucun doute quant à l'étendue. Elle concerne les créances nées antérieurement à la décision d'ouverture du règlement préventif. Mais, pour la procédure collective de redressement judiciaire si interdiction des paiements il y a, implicitement, son étendue reste confondue avec celle de l'interdiction des poursuites individuelles. Conformément à l'article 75 AUPC révisé toute diligence portée par un créancier dans la masse[692] contre le débiteur en vue d'obtenir paiement de sa dette est prohibée. Et si une telle action était entamée avant le jugement d'ouverture, elle doit être suspendue à compter de la date de la décision ouvrant la procédure collective. A la différence de l'article L.622-7 du Code de commerce français, l'article 75 AUPC révisé n'utilise pas l'expression même de l'interdiction des paiements mais vise en amont toute action tendant à obtenir paiement de la part du débiteur. Ainsi, le texte ne pose pas l'interdiction des paiements comme une adresse faite au débiteur mais il interpelle plutôt les créanciers qui tiennent à recouvrer leurs créances. Il en ressort tout de même pour le débiteur une interdiction d'accomplir certains actes sous peine d'inopposabilité de droit[693]. Il lui est en particulier[694] interdit

---

[691] F. PEROCHON. 2014, op. cit.

[692] Comparativement au droit positif français actuel les créanciers dans la masse sont les créanciers antérieurs. L'appellation des créanciers dans la masse de l'AUPC est empruntée à l'ancienne législation française du 13 juillet 1967.

[693] V. Article 11 de l'acte uniforme portant organisation des procédures collectives d'apurement du passif (AUPC).

[694] Y. R. KALIEU ELONGO, 2011, op.cit.

de payer les créanciers visés par l'article 75 al 1er précité. Il s'agit d'une interdiction implicite des paiements de la part du débiteur dans le droit OHADA. Il est également interdit au débiteur de désintéresser les cautions qui ont payé les créances antérieures au jugement de suspension.

346. Ensuite, l'interdiction ou la suspension des paiements s'applique exclusivement aux créanciers composant la masse. Autrement dit, elle ne concerne ni les créanciers en dehors de la masse, ni les créanciers de la masse ou créanciers postérieurs. Depuis la réforme, elle ne s'appliquerait pas non plus si l'action intentée par un créancier dans la masse ne consistait pas à une condamnation à payer une somme d'argent. Ainsi, au-delà de ses biens, ce sont les droits et les fonds ou sommes fiduciaires notamment sur un compte bancaire du débiteur qui se retrouvent protégés.

347. Enfin, l'article 75 AUPC révisé, à la différence de l'article L622-7 du code de commerce, ne semble pas limiter dans le temps ni même explicitement préciser les phases de procédure collective concernées par l'interdiction ou les suspensions des démarches visant à obtenir des paiements. Ainsi, il est permis d'en déduire que l'interdiction s'applique à toutes les phases de procédure collective aussi bien de redressement judiciaire que de la liquidation des biens. Ce qui fait la spécificité de cette règle dans le droit OHADA est d'être alignée ou plutôt assortie de l'interdiction des poursuites individuelles.

348. Du reste, l'AUPC révisé maintient la subdivision des créanciers selon l'antériorité ou la postériorité de la naissance de la créance par rapport à la décision d'ouverture. Ainsi, seuls les créanciers, dont les créances nées avant le jugement d'ouverture, sont soumis à l'interdiction ou à la suspension des diligences qui tendent à obtenir paiement. Là également les créanciers titulaires de sûretés réelles fondées sur la propriété échappent à la règle de l'interdiction des paiements, ces derniers pouvant exercer des actions en revendication qui ne sont pas ciblées par l'article 75.

349. Les modes de paiement concernés. L'interdiction des paiements telle qu'elle est formulée et appliquée dans le droit français, s'applique en principe à tous les modes de paiement notamment par chèque ou par virement. Pour le cas spécifique du paiement par chèque dont les temps d'émission et d'encaissement sont souvent décalés, il avait été admis dans une jurisprudence[695] antérieure à la loi du 26 juillet 2005 qu'un chèque émis avant la décision d'ouverture de procédure collective pouvait être payé valablement postérieurement à celle-ci au motif que la propriété de la provision a été jugée transmise dès l'émission. La chambre commerciale de la cour de cassation a appliqué la théorie de l'émission du chèque faite avant que la décision d'ouverture de procédure ne produise ses effets. Même si récemment la même chambre commerciale a nuancé sa position de 1991 en posant une condition qui exige, désormais, que la provision ait existé au jour

[695] Cass. com., 3 décembre 1991, *JCP com,* 1992, 423, note B. Teyssié.

du jugement d'ouverture[696], la solution demeure identique dans son principe. Il n'est pas surprenant que la solution favorable au principe de l'émission de chèque soit applicable dans les Etats membres de l'espace OHADA, les juges communautaires se référant très souvent aux décisions de la Cour de cassation française[697].

b-ii) Les exceptions

350. L'interdiction des paiements, à l'instar de toute règle, accepte des exceptions. Ainsi, l'article L.622-7 du Code de commerce a posé, dans son énoncé de principe, deux limites constituant les exceptions légales ; celle portant sur la compensation des créances connexes et celle relative aux créances alimentaires antérieures. La première est tirée des règles techniques d'extinction d'obligations réciproques et la seconde du caractère social de la créance. Outre ces exceptions consacrées par le texte lui-même, il existe plusieurs autres dérogations à la règle qui peuvent être tirées des motifs légaux ou qui relèvent de l'autorisation de l'organe de la procédure collective.

351. Le paiement par compensation. Tirée des modes d'extinction d'obligations réciproques, la compensation légale des créances connexes est admise pour déroger au principe d'interdiction des paiements. Cette réserve n'est vraiment pas une exception parce que le créancier-débiteur est aussi débiteur de l'entreprise débitrice soumise à la procédure collective. Il s'agit pour le débiteur à l'encontre duquel la procédure collective est ouverte de recevoir paiement par compensation par ce que le créancier bénéficiaire de la compensation lui doit aussi. Mais pour qu'une telle opération puisse être recevable il faut remplir trois conditions cumulatives : il faut que les créances et dettes soient liquides, certaines et exigibles. La question a été débattue de savoir : si l'une des créances n'est exigible ou liquide qu'après la décision d'ouverture, la compensation peut-elle être admise ? La réponse est négative : à défaut de remplir ces conditions aucune compensation légale ne peut s'opérer. En revanche si ces trois conditions sont remplies, alors, la compensation légale va intervenir de manière automatique[698] et rétroactive. Elle est censée s'effectuer avant le jugement d'ouverture. A défaut de remplir les conditions de la compensation légale, le jeu de la compensation pour dettes connexes[699] peut être le dernier recours pour le créancier-débiteur

---

[696] Cass. com., 12 janvier 2010, *Bull. civ.* IV, n° 1 ; *D.* 2010. *JA* 264 ; *JCP E* 2010.1296, n° 3, obs. M. Cabrillac ; *Leden* mars 2010, p. 2, obs. I. Parachkevova ; *Act. Proc. Coll.*2010, n° 73, obs. C. Regnaut-Moutier ; *RLDA* juin 2010.27, obs. D. Gibirila ; *RD bancaire fin.* 2010, n° 36, obs. F. Credot et T.Samin ; *Banque et Droit* mai-juin 2010.17, obs. T. Bonneau ; *Gaz. Pal.*16-17 avril 2010, p. 36, obs. Bonhomme.

[697] Une reference dont ils devraient plutôt s'émanciper et décomplexer pour gagner en maturité, en self-détermination, en indépendance et en créativité.

[698] Cass. com., 24 oct. 1995, *Bull. civ.* IV, n° 252.

[699] Cass. com., 19 mars 1991, *JCP E* 1991, II, 174, note D. Legeais ; *JCP G* 1991, II, 21726, note J.-F. Montredon ; *RTD com.* 1991, p.542, note A. Martin-Serf.

qui pourra à l'aide de faisceaux d'indices de preuve ou de présomption obtenir paiement ou plus précisément effacement de sa dette à condition toutefois que les créances et les dites dettes connexes aient une même source juridique, qu'elles soient nées d'un même contrat synallagmatique, de différents contrats certes mais économiquement liés ou bien procédant d'un courant d'affaires suivi[700]. La Cour de cassation livre une série de faisceaux devant permettre d'établir le lien de connexité : « *A défaut d'obligations réciproques dérivant d'un même contrat, le lien de connexité entre les créances et dettes nées de ventes et achats conclus en exécution d'une convention ayant défini entre eux le cadre du développement de leurs relations d'affaires, ou constituant les éléments d'un ensemble contractuel unique servant de cadre général à ces relations*[701] ». Cette jurisprudence basée essentiellement sur l'appréciation du juge du fond a suscité quelques interrogations quant à sa constitutionnalité. Pour le moment ces interrogations restent sans réponse puisque la Cour de cassation a refusé récemment de renvoyer au Conseil constitutionnel une question prioritaire de constitutionnalité relativement à cette exception[702]. Mais à la différence de la compensation légale, la créance éligible au jeu de la compensation des dettes connexes doit obligatoirement avoir été déclarée[703].

352. Le paiement des créances alimentaires. Le caractère social de la dette fait que la créance alimentaire quelle que soit sa date de naissance, antérieure ou postérieure au jugement d'ouverture, déroge au principe d'interdiction des paiements. Le débiteur ne peut s'opposer à honorer une demande tendant au paiement d'une créance dite alimentaire. Elles doivent obligatoirement être payées[704] et elles ne peuvent pas faire l'objet de déclaration[705] ou production de créance. L''ordonnance du 18 décembre 2008 l'a introduit dans l'article L.622-7 en disposant que l'interdiction des paiements ne fait pas obstacle au paiement des créances alimentaires.

353. Les autres dérogations au principe d'interdiction de payer. Le paiement d'une créance antérieure à la décision d'ouverture de la procédure collective peut être autorisé par l'organe de la procédure. Cet organe peut être le juge commissaire qui peut à son tour donner l'autorisation au débiteur, à l'administrateur, s'il est chargé d'une mission de représentation[706], ou au mandataire judiciaire, selon le cas, de payer une créance antérieure à la décision d'ouverture, pour retirer le gage ou un bien

---

[700] P.-M. Le Corre, 2013, op. cit. p. 141.

[701] Cass. com., 5 avril 1994, *Bull. civ.* IV, n° 142 ; *JCP* E 1994, I, 397, n°20, obs. M. Cabrillac et Ph. PETEL ; *D.* 1995, somm. p. 215, obs. A. Honorat.

[702] Cass. QPC, 14 sept. 2010 : *JCP E* 2011.1030, n° 3, obs. M. Petel ; *Act.proc.coll.*2010, n° 226, obs. P. Cagnoli ; *Procédures* 2010, n° 408, obs. H. Roland ; *LPA*, 20 déc. 2010, obs. C. Henry.

[703] Cass. com., 6 février 1996, *D.* 1997, comm. Honorat, p. 77 ; Cass. com., 3 mai 2011, n° 10-16.7bs. sur 58, *D.* Actu., 11 mai 2011, obs. A. Lienhard.

[704] C.com., art. L. 622-24.

[705] C.com., art. L.622-24 al. 7.

[706] V. C. com., art. L. 631-14, al. 3.

légitimement retenu. Mais ceci, à condition que ce retrait soit justifié par la poursuite de l'activité de l'entreprise débitrice[707]. Il peut également, sur la base de la même condition d'utilité à la procédure, autoriser le paiement pour lever l'option d'achat d'un crédit-bail en période d'observation et en liquidation judiciaire. Cela peut être aussi pour obtenir le retour de biens transmis dans un patrimoine fiduciaire, destiné au blocage de l'action en revendication ou en restitution du vendeur sous clause de réserve de propriété, ou encore le retour d'un chèque émis avant le jugement d'ouverture[708]. D'une manière générale, il est fait dérogation au principe de l'interdiction des paiements à chaque fois que la créance est jugée sortie du patrimoine du débiteur notamment lorsque la créance fait l'objet d'une cession[709] ou encore d'une délégation[710] avant l'ouverture de la procédure collective[711].

354. Dans le droit OHADA, l'article 11 al. 1er permet également d'entrevoir les limites de l'interdiction des paiements dans la procédure collective de règlement préventif, à travers l'expression « *sauf autorisation motivée du président de la juridiction compétente* ». En d'autres termes, le président de la juridiction compétente peut décider de faire exception à l'interdiction des paiements. Alors, il en va de soi qu'il fasse respecter les exceptions traditionnelles à cette règle telles que l'exception des créances alimentaires et salariales voire même au de là de ces limites autant que son autorisation de déroger à ce principe est motivée. Concernant, les procédures collectives de redressement ou de liquidation des biens, il est permis de retenir que les limites fixées à cette règle soient les mêmes que celles de l'interdiction des poursuites individuelles.

2°) La portée du principe vis-à-vis des créanciers

355. Le respect de l'interdiction des paiements, dès le jugement d'ouverture et tout au long du déroulement de la procédure collective en passant par la période d'observation[712], est bien sûr synonyme de restrictions et d'atteintes portées aux droits et aux sûretés des créanciers antérieurs et des créanciers postérieurs dont les créances sont nées régulièrement mais non éligibles au traitement préférentiel, côté droit français, et aux seuls créanciers antérieurs chirographaires et titulaires de sûretés réelles préférentielles, coté OHADA. Ils doivent néanmoins se plier à l'expression de la discipline

---

[707] J.-F. MARTIN, S. LEYRIE, *Droit des procédures collectives*, ed. Masson, coll. Expertise comptable, 1991, p. 132 ; P.-M. LE CORRE, 2013 op. cit. p. 142-143 ; D. VOINOT, *Procédures collectives,* op. cit. p.130.

[708] A. JACQUEMONT, op. cit. p. 231 et s.

[709] Cass. Com., 7 déc. 2004, *Act.proc.coll.* 2005-2, n° 17, obs. C. Regnaut-Moutier ; *JCP E* 2005, 639, n° 4, obs. M. Petel.

[710] Cass. com., 30 mars 2005, *Act.proc.coll.* 2005-8, obs. C. Regnaut-Moutier.

[711] D. VOINOT, *Procédures collectives*, op. cit. n° 378, p. 130.

[712] C. com. art. L.622-9 pour la procédure de sauvegarde ; C. com., art. L.631-14 pour le redressement judiciaire.

collective. Mais en même temps, dans une certaine mesure[713], cela est porteur d'espoir tant pour l'exercice réel de l'égalité entre créanciers[714] que pour le projet collectif auquel ils contribuent que représente l'objectif de sauvetage économique de l'entreprise en difficulté. Ainsi, la portée de l'interdiction des paiements à l'égard des créanciers, réside, en amont, dans l'inopposabilité vis-à-vis du débiteur des demandes de paiement d'une créance, en aval, dans la nullité de tout paiement effectué en violation du principe. En soumettant les créanciers à la rigueur de la discipline collective, l'interdiction des paiements participe à l'organisation collective de la procédure[715].

Il importe de se demander combien de temps les créanciers doivent subir l'interdiction des paiements ?

356. Pour répondre à cette question, il faut se référer d'abord à la durée de la période d'observation de chaque procédure collective ouverte, période au cours de laquelle l'activité de l'entreprise devant continuer, les créanciers doivent obligatoirement coopérer et soutenir celle-ci. Ce paramètre temporel entre l'entame d'une procédure collective et l'adoption d'un plan de sauvegarde ou de redressement de l'entreprise appelé, dans le droit français, période d'observation n'existe pas dans le droit communautaire africain de l'espace OHADA. Cependant, quelle que soit l'issue de la procédure collective, le temps de soumission des créanciers à l'interdiction des paiements ne peut dépasser une durée maximale de deux ans.

357. Période d'observation : un délai minimal à respecter – à l'entame de la procédure de sauvegarde et de redressement judiciaire, la période d'observation permet d'avoir une meilleure, sinon suffisante, connaissance de l'entreprise afin d'envisager les solutions de son sauvetage à l'aide d'un plan de sauvegarde ou de redressement judiciaire. En principe, les créanciers doivent respecter tout le délai de la période d'observation pour chaque procédure collective qui est d'une durée de six mois. Cette durée peut toutefois faire l'objet d'une prorogation décidée par le tribunal en considération du rapport présenté par le juge commissaire, après avis du ministère public et suite aux observations conjointes du débiteur, du mandataire judiciaire et des contrôleurs[716]. La période d'observation est alors renouvelée pour la même durée par une décision motivée, à la demande de l'administrateur, du débiteur ou du ministère public dans le droit français. Elle peut ensuite être exceptionnellement prolongée par une décision motivée du tribunal à la demande du procureur de la République pour une

[713] Si tous les créanciers sans distinction liée à la qualité de créance étaient concernés et subissaient les mêmes restrictions.

[714] Ph. PETEL, *Procédures collectives, op.cit.*, n°167 ; F. PEROCHON, *Entreprise en difficulté, op. cit.*, n° 548 ; C. SAINT-ALARY-HOUIN, *Droit des entreprises en difficulté*, 2014, op. cit. n° 368 ; JACQUEMONT, *Droit des entreprises en difficulté*, op. cit. 2011, n° 352.

[715] Cass. com., 3 octobre 2006, n° 04-13.987, NP, n° 1081 F-D.

[716] C. com., art. R.621-9 pour la sauvegarde et art. R.631-7 du même Code.

durée maximale de six mois. Ainsi, les créanciers doivent respecter le principe d'interdiction pendant un délai qui peut durer au total dix-huit mois pour chaque procédure collective sauf si, au cours de cette période, le tribunal convertit la procédure de sauvegarde ou de redressement judiciaire en une procédure de liquidation judiciaire, ce qui mettra un terme à la période d'observation.

358. Au-delà de cette durée légale de la période dite d'observation pendant laquelle l'activité est susceptible d'être poursuivie, pour les nécessités de la procédure, le tribunal peut décider de maintenir l'interdiction des paiements pendant la liquidation judiciaire pour une durée de trois mois avant de libérer les créanciers par la décision de clôture. La poursuite de l'activité de l'entreprise en liquidation judiciaire[717] doit être justifiée par la cession totale ou partielle[718] de l'entreprise devant l'exigence[719] de l'intérêt public ou de celui des créanciers eux-mêmes. Dans pareil cas, et à la demande du ministère public, la durée de la poursuite d'activité en liquidation judiciaire est susceptible d'être prolongée de trois mois[720]. Pendant toute cette période, afin de respecter le principe d'égalité entre les créanciers, tout paiement des créanciers est interdit[721]. En clair, les créanciers antérieurs et les créanciers postérieurs non éligibles à l'article L. 622-17, II du Code de commerce, ne peuvent exercer leur droit au paiement et subissent les mêmes contraintes en période de liquidation judiciaire que dans la sauvegarde ou le redressement judiciaire[722].

359. L'inexistence de période d'observation dans le droit OHADA. Particularité du droit OHADA, la période d'observation n'existe pas dans l'acte uniforme portant organisation des procédures collectives d'apurement du passif. Cette incertitude pour les créanciers quant au délai est ainsi évacuée. Pour la simple raison que dans le droit OHADA, une fois l'état de cessation constaté par le tribunal, celui-ci doit décider par la même occasion le redressement judiciaire ou la liquidation des biens selon la situation de l'entreprise en difficulté et le caractère sérieux du concordat ou plan de redressement soumis par le débiteur. L'inexistence de la période d'observation dans l'AUPC doit donc être analysée comme une mesure de célérité favorable à la procédure collective et protectrice pour les créanciers. Elle abrège ainsi un délai d'attente et de soumission à la discipline collective notamment à l'interdiction, par ricochet des dispositions de l'article 75 AUPC, faite au débiteur de payer ses créanciers dans la masse. En revanche, ces créanciers restent soumis au respect de l'interdiction pour le débiteur de payer qui leur demeurera opposable tout au long de la procédure collective de redressement judiciaire et ce jusqu'au jour de la clôture.

---

[717] V. Articles de L.641-10 et L.642-2, I du Code de commerce.
[718] C. com., art. L.641-10.
[719] Ibidem
[720] C. com., art. R.641-18.
[721] C. com., art. L.641-3 par renvoi à l'article L.622-7 du même Code.
[722] C. com., art. L. 641-31 par renvoi à l'article L. 622-21 du même Code.

360. Devant de nombreux risques d'enlisement des délais de procédure souvent constitutifs d'obstacles à la célérité souhaitée des procédures collectives, la tendance est pour la limitation de la durée maximale des procédures collectives. En ce sens, la Cour européenne des droits de l'homme (CEDH) ayant voulu limiter ces délais d'attente pour le débiteur principal mais également par ricochet les créanciers de celui-ci, a instruit dans son arrêt récent[723] que la procédure collective ne peut pas durer plus que le temps d'un délai raisonnable sans méconnaître l'article 6 §1 CEDH. Elle a estimé donc que la durée de la procédure litigieuse est excessive et qu'elle ne répond pas à la condition du délai raisonnable. En effet, l'article 6 de la Convention Européenne des Droits de l'Homme pose le principe du « *délai raisonnable* » sous les termes suivants : « *toute personne a droit à ce que sa cause soit entendue dans un délai raisonnable* » sans toutefois définir le terme ni délimiter la durée maximale de la procédure collective. En l'espèce dans cet arrêt, le requérant se plaignait de la durée excessive de la procédure collective qu'il a subie et qui a duré presque vingt années durant lesquelles, dessaisi en tant que débiteur, il lui était interdit d'exercer toute action. La cour a estimé qu'il y a eu violation des articles 6 et 13 de la CEDH.

Dans l'espace OHADA l'heure est également à l'incitation à plus de célérité dans le déroulement des procédures collectives afin que les créanciers puissent recouvrer l'exercice de leurs droits notamment d'obtenir paiement de leurs créances.

B) L'arrêt du cours des intérêts et de délais

361. La règle de l'arrêt du cours des intérêts est différemment appréhendée par les législateurs français et africain de l'espace OHADA. Dans le droit OHADA, une distinction est faite à ce principe selon que la décision d'ouverture concerne la procédure collective du règlement préventif ou le redressement judiciaire et la liquidation des biens. Pour la première, le cours des intérêts légaux ou conventionnels ainsi que les intérêts moratoires n'est pas arrêté, seulement, ils ne sont pas exigibles[724]. Ce qui permet de parler de l'arrêt du cours des délais ou d'échéance exigible. Alors qu'à l'instar du droit français, la décision d'ouverture des procédures collectives de redressement judiciaire et de liquidation des biens arrête le cours des intérêts légaux et conventionnels, de tous intérêts et majorations de retard[725].

Il convient alors d'aborder l'arrêt du cours des intérêts du droit français (**1°**) pour finir sur l'étude de la règle équivalente, mais avec une certaine originalité dans le droit OHADA (**2°**).

---

[723] CEDH, 22 sept. 2011, arrêt n° 60983/09, Affaire Têtu c/ France.
[724] V. Article 10, inchangé, de l'AUPC révisé.
[725] V. Article 77 al. 1er de l'AUPC révisé.

1°) L'arrêt du cours des intérêts en droit français

362. Le principe de l'arrêt du cours des intérêts est consacré par l'article L.622-28, alinéa 1 du Code de commerce. Ce texte pose l'étendue du principe de l'arrêt du cours des intérêts (**a**) et en fixe les limites (**b**). Depuis la réforme introduite par l'ordonnance de 2014, cet alinéa 1er de l'article L.622-28 précité est complété par un ordre public de primauté sur les dispositions de l'ancien article 1154 du code civil devenu l'article 1343-2 nouveau du même code : les intérêts échus de ces créances ne peuvent non plus produire des intérêts[726] sauf si le contrat l'a prévu ou si une décision de justice le précise[727]. En d'autres termes pendant tout au long de l'arrêt du cours des intérêts, ces intérêts ne peuvent générer d'autres. Ce qui est logique.

a) L'étendue du principe et ses conséquences

363. Conformément aux dispositions de l'article L.622-28 alinéa 1 du Code de commerce, qui dispose que *« le jugement d'ouverture arrête le cours des intérêts légaux et conventionnels, ainsi que de tous intérêts de retard et majorations,... »*. Cette règle prend automatiquement effet à compter du jour du jugement d'ouverture et concerne tous les intérêts, toute catégorie confondue attachés aux créances antérieures[728]. En effet, comme il est énoncé, le principe s'étend aux intérêts, de toutes sortes, moratoires[729], pénalités de retard, majorations, qu'ils soient de source légale ou conventionnelle. Ainsi, à compter de la décision d'ouverture et conformément au principe d'arrêt du cours des intérêts, toute créance antérieure cesse de produire intérêt. Et, les intérêts qui auraient dû valablement être calculés en temps normal, seront définitivement perdus[730] au profit du débiteur pendant toute la période suivant le jugement d'ouverture. Le débiteur soumis à la procédure collective, à travers ce principe, bénéficie d'une remise automatique des pénalités et majorations de retard, consécutive à l'ouverture de la procédure notamment en matière de cotisations sociales [731] et fiscales [732]. En outre, il n'est fait aucune

---

[726] V. Nouvelle version de l'article L.622-28 al. 1er issue de l'ordonnance du 12 mars 2014.

[727] Cependant ces nouvelles dispositions de l'article 1343-2 du code civil doivent être écartées conformément à l'article 1105 nouveau du même code pour laisser les dispositions spéciales de l'article L.622-28 al. 1er s'appliquer.

[728] F. PEROCHON, *Entreprises en difficulté,* L.G.D.J. 2014, p.319.

[729] Cass. com., 8 juin 1999, *Act.proc.coll.*1999/16, n° 217.

[730] G. RIPERT, R. ROBLOT, Ph. DELEBECQUE et M. GERMAIN, op. cit. n° 2987 ; Ph. PETEL, *RJC* 1994.326, selon ces auteurs l'arrêt profitait alors à la masse des créanciers, une notion abandonnée du droit positif actuel français, et non au débiteur comme c'est le cas actuellement.

[731] Art. L. 243-5 CSS issu de la loi n°2011-525 du 17 mai 2011 (art. 90), suite à une décision du conseil constitutionnel allant dans ce sens : Cons. Const., n° 2010/101 QPC, du 11 févr. 2011, *BJE* mai 2011, p.128, n° 71n. S. RETIF, dans leur décision les sages ont enfin condamné la solution retenue par Cass. Civ., 12 févr. 2009, n°08-13459, *GPC* 2009-2, p.28,

différenciation selon que la créance est chirographaire ou assortie de sûreté ou de garantie réelle[733] ou autrement privilégiée. Le principe est appelé aussi à s'appliquer, en tout cas rien ne semble l'interdire, aux créances salariales.

364. Devant le silence du texte précité, la chambre sociale suivie de quelque temps par la chambre commerciale de la Cour de cassation, ont admis que la règle a donc vocation à s'appliquer même aux intérêts qui pourraient être rattachées aux créances salariales[734], comme par exemple des intérêts de pénalité ou indemnités des préavis ou issus d'autres engagements contractuels. En revanche, l'application du principe de l'arrêt du cours des intérêts a été écartée concernant les clauses d'indexation[735] ou les clauses pénales[736]. De même, malgré l'extension opérée par la loi de sauvegarde du 26 juillet 2005 pour les interdictions des paiements et des poursuites individuelles à certains créanciers postérieurs, la règle d'arrêt du cours des intérêts reste cantonnée en France aux seules créances antérieures[737].

365. Justifications multiples – règle traditionnelle du droit des procédures collectives, l'arrêt du cours des intérêts est conforme à l'égalité entre les créanciers antérieurs. Elle constitue un principe corolaire aux interdictions des paiements et de poursuites individuelles à l'encontre du débiteur soumis à la procédure collective. En tant qu'un principe corolaire, il vise et conforte les mêmes objectifs que les deux règles principales du droit des procédures collectives précitées, à savoir faire respecter le principe d'égalité des créanciers et permettre efficacement à l'entreprise en difficulté de sortir de sa situation de crise[738]. Dérivé de ces deux règles fondamentales de la discipline collective, l'arrêt du cours des intérêts est aussi la continuité logique de ces dernières. Il est pourtant sujet à débat si l'on en croit les multiples revirements législatifs dont il a fait l'objet. Réorienté au bénéfice exclusif du débiteur en phases de redressement et de liquidation judiciaires par la loi de sauvegarde des entreprises en difficulté de 2005, mis en partage avec les coobligés et garants personnes physiques dans la procédure de

---

obs. ROUSSEL GALLE, qui écartait toute remise d'intérêts de cotisations sociales au débiteur en difficulté, en se fondant sur l'application littérale du texte antérieur.

[732] Art. 1740 octies Code général des impôts, alors que la règle ne s'appliquait pas dans la sauvegarde depuis 1994, les cotisations fiscales sont désormais soumises à l'arrêt du cours des intérêts depuis l'ordonnance du 18 décembre 2008.

[733] F.PEROCHON, *Entreprises en difficulté* 2014 op. cit., n° 634.

[734] Cass.soc., 13 janv. 1999, Act.proc.coll. 1999/4, n° 57 ; Cass.com., 9 juillet 2003, n° 01-44.196.

[735] B.SOINNE, *Traité des procédures collectives*, op.cit, n° 1988.

[736] CA Rennes, 28 juillet 1987, *Gaz.Pal.*1987, II, 615, note X. Massart ; CA Angers, 27 nov. 1989, *RJ com.* 1990, 344, première espèce, note J-M. Calenndini.

[737] F. PEROCHON, *Entreprises en difficulté*, op. cit. n° 633.

[738] Telle est la nouvelle orientation depuis la loi du 25 janvier 1985 pour le besoin de redressement de l'entreprise, une orientation plus renforcée et étendue dans sa rigueur par la généralité de son domaine comme dans ses conséquences par la loi de sauvegarde des entreprises en difficulté du 26 juillet 2005.

sauvegarde par la jurisprudence[739], il avait d'abord été interdit par la loi du 10 juin 1994. Puis il a été rétabli[740] de nouveau par le législateur de l'ordonnance de 2008.

366. Même s'il dérive des deux règles fondamentales précitées de la discipline collective, certains auteurs attribuent d'autres justifications ou fondements au principe de l'arrêt du cours des intérêts[741]. Alors qu'autrefois, l'arrêt profitant à la masse des créanciers, la règle visait surtout à simplifier la tâche du syndic en évitant que les montants au passif du débiteur varient chaque jour selon des modalités elles-mêmes variables[742]. Le fondement de la règle serait alors parti de l'idée de simplification de la procédure collective plus précisément des règles de répartition[743]. Mais depuis la loi du 25 janvier 1985 confirmée à cet égard par la loi de sauvegarde du 26 juillet 2005, le principe de l'arrêt du cours des intérêts trouve sa justification dans la perspective du redressement de l'entreprise[744].

367. En définitive, dans sa nouvelle conception, la règle de l'arrêt du cours des intérêts participe au gel du passif du débiteur et contribue d'une manière efficace à la réalisation des objectifs de sauvegarde ou de redressement de l'entreprise. Elle profite donc principalement au débiteur soumis à la procédure collective et subsidiairement à ses coobligés et garants personnes physiques dans la procédure de sauvegarde exclusivement. C'est l'entreprise en difficulté soumise aux procédures collectives qui est avant tout protégée. Les créanciers antérieurs, à quelques exceptions[745] tenant à la qualité de la créance, y compris les créanciers sociaux et du fisc sans distinction se soumettent équitablement à la règle et subissent les mêmes sacrifices et atteintes à leurs créances. Les créanciers antérieurs titulaires de sûretés réelles préférentielles notamment sont entièrement soumis.

---

[739] Cass. com. 13 nov. 1990, n°88-17734, *Bull.* 277 ; *D.* 1991. Somm. 112, obs. Crit. F. DERRIDA et 387, obs. AYNES.

[740] Cass. com. 4 avril 2006, n°04-20430,*Bull.* 88 ; *JCP* E 2006, 2331, n° 13, obs. M. CABRILLAC et Ph. PETEL. Dans cette décision la chambre commerciale de la Cour de cassation s'est ravisée pour faire profiter aux coobligées et aux cautions personnes physiques de la règle d'arrêt du cours des intérêts. Et, le législateur de 2008 fait bénéficier aux coobligés et garants de l'arrêt du cours des intérêts dans la phase de sauvegarde exclusivement, ce revirement est consacré à l'article L.622-28, alinéa 1er nouveau *in fine* modifié et L. 631-14, al. 6 Code de commerce ; F. PEROCHON, op. cit., n° 635.

[741]Ph. DELEBECQUE, M. GERMAIN, op. cit ; Ph. PETEL, *Les procédures collectives,* op. cit.; B. SOINNE, *Traité des procédures collectives* ; F. PEROCHON, op. cit ; R. BONHOMME,: « Action en extension de procédure et rôle des contrôleurs », *in RPC,* n° 4 – juillet – août 2013.p.13 et s.; P-M. LE CORRE et E. LE CORRE-BROLY. *Droit des entreprises en difficulté,* op.cit.

[742] DELEBECQUE et GERMAIN, op. cit ; M. PETEL, op. cit.

[743] B. SOINNE ; PH. PETEL ; F. PEROCHON ; R. BONHOMME, P-M. LE CORRE et E. LE CORRE-BROLY. op. cit. Idem

[744] A. JACQUEMONT, op. cit. n° 492.

[745] Les créanciers dont la créance est garantie par le droit de propriété et pourvoyeurs de crédit à moyen et long terme notamment les établissements de crédit et prêteurs de deniers.

b) Les limites à la règle d'arrêt du cours des intérêts

368. La règle de l'arrêt du cours des intérêts comme toute règle admet quelques exceptions. La plus importante dérogation au principe de l'arrêt du cours des intérêts concerne les contrats de prêts conclus pour une durée supérieure ou égale à un an, ou de contrats assortis de paiement différé d'un an ou plus. En effet, si la règle est destinée à *priori* à favoriser le sauvetage de l'entreprise débitrice, elle ne doit pas, par souci d'atteindre cet objectif, dissuader les créanciers fournisseurs de crédit ou de prêts de longue durée. C'est pour parer à ce risque que le législateur a émis cette réserve en faveur du crédit. Ainsi, il a posé cette limite en ces termes de l'article L.622-28, al. 1er : *« n'est pas arrêté le cours des intérêts résultant de contrats de prêt conclus pour une durée égale ou supérieure à un an ou de contrats assortis d'un paiement différé d'un an ou plus ».* Dans la même veine de souci économique, la règle de l'article L.622-28 est évincée concernant les sommes dues au titre de l'article L.622-17 du Code de commerce, qui portent intérêt dans les conditions de droit commun[746]. Par conséquent, l'on peut dire que la mesure de l'arrêt du cours des intérêts n'affecte pas les garanties de crédit posées par les banques et les établissements de crédit. A cet égard, la règle paraît plutôt fondée sur l'espoir de sauvegarde ou de redressement de l'entreprise débitrice que sur le souci fondamental d'assurer l'égalité entre les créanciers et de fixer le passif.

369. Cependant, si la limite réservée aux contrats de prêts de durée supérieure ou égale à un an, à quelques nuances près apportées par la Cour de cassation qui fait extension du terme « prêts » en y incluant toutes les formes de crédit excepté le crédit-bail[747], est sans équivoque, celle des contrats assortis de paiement différé est sujette à interprétation. En effet, depuis la promulgation du texte, la jurisprudence a eu l'occasion d'en relever plusieurs équivoques liées aux difficultés d'interprétation rencontrées quant à son domaine d'application[748]. Elle a ainsi préconisé dans deux cas d'espèce une plus large application possible de cette exception[749]. Ainsi, la Cour applique le principe d'assimilation[750] des contrats d'ouverture de crédit à des contrats de prêts à partir du moment où ceux-ci s'inscrivent dans une durée déterminée[751] supérieure à un an pour leur appliquer l'exception de l'arrêt du cours des intérêts. A l'instar de toute exception, la Cour de cassation fait une application stricte de l'exception à la règle d'arrêt des poursuites. En

---

[746] Voir une solution de la Cour de cassation du 20 juin 2000 rendue en application de la loi de 1985 (art. 4O) mais parfaitement transposable aussi bien dans le cadre de la procédure contemporaine de sauvegarde que dans celle du redressement judiciaire ; A. JACQUEMONT, op. cit. n° 492.

[747] Cass. com., 29 mai 2001 ; *JCP* E 2001, n°2, p. 1423, obs. M. Cabrillac ;

[748] A. JACQUEMONT, op. cit. n° 498.

[749] Cass. com., 16 avr. 1991 : *JCP* E 1991, I, 73, n°22, obs. M. Cabrillac et Ph. PETEL ; Cass. com., 27 nov. 1991 : *Bull.civ.*1991, IV, n°362.

[750] Cass. com., 6 mai 1997 : *JCP* E 1997, II, 996, note D. Legeais.

[751] Cass. com., 6 mai 1997, op.cit.

revanche, la Cour de cassation maintient aussi très strictement l'application de la règle d'arrêt du cours des intérêts pour les contrats de prêts de durée inférieure à un an et ceux à durée indéterminée. Il s'agit pour la Cour de cassation d'une politique visant à inciter les banques à fournir *ab initio* des prêts à moyen et long terme et favoriser les crédits au minimum à moyen terme [752] seuls susceptibles véritablement d'assurer la prévisibilité des ressources de l'entreprise[753].

2°) L'arrêt du cours des intérêts et des délais en droit OHADA

370. L'article 77 al. 1er de l'AUPC révisé consacre la règle de l'arrêt du cours des intérêts OHADA. Cette mesure s'impose à tous les créanciers dans la masse ou antérieurs exceptés ceux titulaires de créances garanties à travers des contrats de durée égale ou supérieure à un an. Aussi, à l'instar du droit français, seuls les créanciers antérieurs sont concernés par la mesure de l'arrêt du cours des intérêts. Si comme le dit la maxime « *tout ce qui n'est pas proscrit, est permis* », il résulte que les créanciers contre la masse ou les créanciers postérieurs peuvent avoir droit aux intérêts accessoires à leurs créances puisque par définition celles-ci sont inscrites postérieurement à la décision d'ouverture de la procédure collective. Le débiteur est donc tenu par les intérêts à échoir dans le cadre de ses rapports avec les créanciers postérieurs titulaires de sûretés réelles notamment, sauf s'il bénéficie de remises de dettes et de délais de la part de ces derniers[754]notamment dans le cadre d'un concordat.

371. Comme son homologue français, le législateur communautaire de l'espace OHADA cherche à travers cette exception à encourager le crédit[755] pour assurer le sauvetage de l'entreprise. Avec l'arrêt du cours des intérêts, l'entreprise débitrice reste exclusivement tenue aux intérêts échus à la date de la décision d'ouverture et est déchargée des intérêts à échoir à partir de cette date. D'où là également cette entorse à l'égard du principe supérieur d'égalité entre les créanciers, qui est à nouveau sacrifié par un traitement différentiel entre ces derniers.

372. L'arrêt du cours des délais (échéances). Cette règle est posée par l'article 10 de l'AUPC révisé. Elle est propre au règlement préventif OHADA et n'a pas d'équivalent dans le droit français. En effet, en disposant que le cours des intérêts continue mais que ces intérêts ne sont pas rendus

---

[752]G.RIPERT et R.ROBLOT, par Ph. DELEBECQUE et M. GERMAIN, op.cit.; DERRIDA, GODE et SORTAIS, Y. GUYON cités par P-M. LE CORRE et E. LE CORRE-BROLY, op. cit. p. 361.

[753] A. JACQUEMONT, op. cit.

[754] Article 134 al. 2, inchangé, de l'AUPC révisé ; voir également, N. NSIE, « Les remises de dettes consenties aux débiteurs en difficultés », *Revue proc.coll.* 1998, p. 138.

[755] P.-G. POUGOUE, Y. KALIEU, *L'organisation des procédures collectives d'apurement du passif OHADA,* PUA, coll. Droit. Uniforme, 1993, 3. Cité par S. NANDJIP MONEYANG : « Réflexion sur l'égalité des créanciers dans les procédures collectives OHADA », *Rev.proc.coll.- Lexisnexis Jurisclasseur* – juillet-Août 2010, n°22, p.25 et s.

exigibles, il s'agit d'arrêter le cours des délais ou l'échéance d'exigibilité de ces intérêts. A cet égard, un auteur remarque que la mesure de l'arrêt du cours des intérêts a subi un remodelage[756], compte tenu notamment du domaine d'application réservé à cette règle. Il est ainsi fait allusion au règlement préventif.

373. Par conséquent, contrairement au droit français notamment pour la procédure de sauvegarde, dans le droit OHADA, il n'y a pas véritablement l'arrêt du cours des intérêts dans le règlement préventif pour les créanciers mais plutôt une suspension du cours des délais ou de l'échéance rendant exigibles leurs créances consécutives aux intérêts qui continuent de courir malgré l'ouverture de la procédure collective. Cependant, si ce mécanisme spécifique au règlement préventif du droit OHADA est raisonnable et cohérent avec l'absence de constatation de l'état de cessation des paiements qui caractérise cette procédure collective. En revanche, la continuité des intérêts de tout type pendant pourrait accroître les dettes de l'entreprise en difficulté, les intérêts s'accumulant pendant tout ce temps. En ce sens l'inexistence d'un strict arrêt des intérêts en amont de la suspension de leur exigibilité, semble contradictoire avec l'idée même de redressement de l'entreprise débitrice. Car, à l'origine la règle d'arrêt du cours des intérêts est conçue en vue de soulager financièrement le débiteur. Il en résulte que par rapport à son homologue français, et malgré sa volonté d'assurer le sauvetage de l'entreprise qui est susceptible d'être sauvée, le législateur de l'AUPC est moins soucieux de la résilience économique du débiteur, et se révèle, à cet égard, partagé et enclin à être plus protecteur vis-à-vis des créanciers que du débiteur. Or, les créanciers autant antérieurs que postérieurs ont tous intérêt à ce que l'entreprise débitrice recouvre une meilleure santé économique et financière plutôt que de la voir ployer sous le poids d'un surendettement.

---

[756] E. SOUPGUI., Thèse 2008. Op.cit, p. 109.

CONCLUSION DU CHAPITRE 1

374. La discipline collective légitimée par les principes fondamentaux qui fondent les bases du droit des procédures collectives, s'est matérialisée par des sacrifices et restrictions sur les droits et sûretés des créanciers. Marqué par la prééminence [757] de l'entreprise avec en priorité les objectifs de sauvegarde et de redressement des entreprises viables, le droit des procédures collectives à travers l'organisation des grands principes procéduraux qui régissent les rapports entre l'entreprise et ses créanciers après l'ouverture de procédure collective, a cherché à déterminer et à protéger le patrimoine du débiteur objet de la saisie collective. Ce patrimoine étant le gage général des créanciers[758], la mise en œuvre de ce corps de règles a été guidée, entre autres principes, par la volonté des législateurs de faire respecter le principe d'égalité entre les créanciers[759]. Toutefois, si l'orientation conceptuelle de ce corps de règles est juste et soucieuse de l'équilibre entre les intérêts de l'entreprise et de ses partenaires créanciers, finalement, l'étude de sa mise en œuvre révèle un déséquilibre voire une différence de traitement entre les créanciers. Les créanciers chirographaires et titulaires de sûretés réelles préférentielles subissent de plein fouet la rigoureuse discipline collective, pendant que d'autres en l'occurrence les créanciers titulaires de nouvelles sûretés fondées sur la propriété s'en tirent plutôt bien mieux.

375. Dans le droit OHADA, les créanciers postérieurs sont aussi privilégiés sur les créanciers dans la masse ou créanciers antérieurs[760]. Nous avons vu que même dans la catégorie des créanciers qui sont totalement soumis à la discipline collective, certains créanciers titulaires de sûretés

[757] A. RIZZI., *La protection des créanciers à travers l'évolution des procédures collectives,* Thèse. op.cit. p. 170.

[758] Au sens des articles 2093 du Code civil français et de l'article 74 AUPC instituant l'hypothèque légale et générale des créanciers sur les biens du débiteur OHADA.

[759] P.-G. POUGOUE. Y. KALIEU, op. cit.; F.-M. SAWADOGO, commentaire de l'acte uniforme OHADA du 10 avril 1998 portant organisation des procédures collectives d'apurement du passif, *in Code Vert OHADA, Traité et actes uniformes commentés et annotés Juricope,2012. op.cit.*

[760] Article 117, inchangé, de l'AUPC révisé.

spéciales notamment celles fondées sur la propriété retenue ou cédée[761] sont plus favorisés que d'autres.

376. S'agissant des règles visant à déterminer le patrimoine actif et passif du débiteur, les sacrifices consentis et les restrictions aux droits par les/ des créanciers ont consisté à soumettre un certain nombre de créances à l'obligation de déclaration ou de production de créance pour que celles-ci puissent être reconnues et validées par le débiteur et les organes de la procédure collective. En droit OHADA, seuls les créanciers composant la masse ou les créanciers titulaires des créances régulièrement nées avant la décision d'ouverture de procédure collective sont soumis à l'obligation de production de créance. Les créanciers postérieures ou les créanciers de la masse et ceux qui sont hors de la masse ne sont pas concernés par cette restriction et ses conséquences. Dans le droit français, depuis la réforme de 2005 tous les créanciers antérieurs comme postérieurs, excepté les privilégiés de la procédure, sont soumis à l'obligation de déclaration de créance.

377. Pour autant, il est important de relever qu'au sein même de la catégorie ou des catégories de créanciers concernés dans l'un et l'autre des deux systèmes de droit, quelques-uns sont plus affectés par l'obligation de déclaration ou de production de créance que d'autres qui, eux, bénéficient d'un traitement privilégié que l'on ne peut justifier par le principe d'égalité. Ainsi donc la règle de déclaration ou de production de créance connait malheureusement des exceptions mais aussi et surtout des limites dans son champ d'application. Le défaut de déclaration ou de production de créance entraine la forclusion de celle-ci. L'effet de cette sanction est l'inopposabilité des créances non déclarées dans le droit français. Dans le droit OHADA, depuis la réforme de l'AUPC, les créances frappées de forclusion pour défaut de production sont également désormais inopposables à la masse et au débiteur pendant la procédure de redressement et de liquidation des biens[762].

378. Concernant la détermination de l'actif du patrimoine du débiteur, les règles de la discipline collective ont voulu le maintien de l'actif en l'état. Le but est de veiller à l'amélioration de l'actif et non d'assister à sa détérioration notamment par des mécanismes de fraude avec la complicité du débiteur. Le résultat recherché est à la fois de connaitre et de préserver le patrimoine du débiteur pour avoir plus de visibilité sur l'avenir de l'entreprise, mais également permettre d'assurer avec l'actif disponible l'apurement du passif exigible en cas de liquidation. Ainsi, dans cette perspective certains créanciers voient leurs sûretés invalidées par des nullités en période suspecte ou leurs actions suspendues par l'interdiction ou l'arrêt des inscriptions de nouvelles sûretés réelles. Ce sont tout autant de

---

[761] C'est le cas pour les créanciers titulaires d'un transfert fiduciaire d'une somme d'argent ou d'une cession de créances.

[762] V. Article 83 al. 1er de l'AUPC révisé.

restrictions aux droits et aux sûretés, que subissent généralement les seuls créanciers titulaires de sûretés réelles préférentielles ou dites classiques.

379. Après soumission aux règles concourant à la détermination de l'actif et du passif du débiteur, d'autres principes de la discipline collective protègent le patrimoine du débiteur soumis à la procédure collective à l'égard des créanciers eux-mêmes. Ces règles visent entre autres à neutraliser les sûretés réelles en l'occurrence les sûretés réelles traditionnelles. Les créanciers concernés se voient interdits d'être payés par le débiteur pendant toute la durée de la procédure collective. Ils ne peuvent pas non plus poursuivre individuellement le débiteur en vue de réaliser leurs sûretés réelles et d'être payés. Leurs intérêts basés sur le retard par rapport au délai et à l'échéance sur l'exigibilité de leurs créances sont suspendus. Pendant ce temps, il est en revanche permis aux créanciers titulaires de sûretés réelles fondées sur la propriété de poser des actions en revendication contre le débiteur commun.

380. L'effet réel des procédures collectives[763] se produit à la fois sur ces créanciers et sur le débiteur. L'application de ces règles impératives dictée sur le plan conceptuel et théorique par la nécessité de la procédure et l'égalité des créanciers devant la saisie collective, est une caractéristique de cet effet réel du droit des procédures collectives. Mais en définitive, l'on peut déduire que si dans leur conception les règles impératives de la discipline collective sont justifiées et légitimées par les objectifs impérieux de sauvegarde de l'activité de l'entreprise et de la protection de l'égalité entre les créanciers, dans la pratique, leur application effective ne constitue une réalité que vis-à-vis des créanciers titulaires de sûretés réelles traditionnelles.

381. Ces constats dénotent, par ailleurs, qu'à chaque fois qu'il y ait eu besoin de réaliser les objectifs poursuivis par la procédure collective, les législateurs français et africain de l'espace OHADA ont fait montre de flexibilité et de souplesse vis-à-vis de certains créanciers.

---

[763] M. SENECHAL, *L'effet réel des procédures collectives,* thèse. op. cit.

CHAPITRE 2

LES CONCESSIONS DU DROIT DES PROCEDURES COLLECTIVES

382. Pour atteindre les objectifs de sauvegarde de l'activité et du redressement de l'entreprise, le législateur français depuis 1985 a pris conscience de la nécessité d'impliquer les créanciers davantage au-delà des efforts consentis dans le cadre de la discipline collective. Ainsi, le droit des entreprises en difficulté a quitté progressivement un cadre hérité, marqué par la rigueur des principes juridiques pour aller vers une pratique basée sur la recherche du compromis et de la flexibilité, pratique dictée par l'économie de marché. C'est le début de la contractualisation du droit des entreprises en difficulté en France.

383. Cette contractualisation [764] recouvre une individualisation des rapports entre créanciers et entreprises. Elle entame la sortie, du droit des procédures collectives, du statut de droit régalien, rigide et contraignant puisque légitimé par l'ordre public et l'intérêt collectif, pour transformer la discipline en l'orientant vers une sorte de droit négocié[765]. Cette sortie n'est pas sans risque pour l'emprise du droit des procédures collectives sur les sûretés réelles qui est significativement entamée. Suivant cette réalité économique, le droit des procédures collectives est-il désormais obligé de faire des concessions ?

384. Ainsi, l'article 40 de la loi du 25 janvier 1985 institue pour la première fois les privilèges du droit des procédures collectives appelés «*privilège de procédure* ». L'ancien article 40 a été repris par la loi de sauvegarde des entreprises du 26 juillet 2005 dont les dispositions sont consacrées dans l'article L.622-17, I du Code de commerce. Dorénavant, en plus de leurs sûretés et garanties réelles de créance, les créanciers en l'occurrence postérieurs à la décision d'ouverture de procédure collective

---

[764] A.-F. ZATTARA-GROS, « La contractualisation du droit des entreprises en difficulté » *in Mélanges en l'honneur de* Daniel TRICOT. Dalloz. 2011, p.623 et s.

[765] F.-X. LUCAS, « Vers un droit négocié de l'entreprise en difficulté, Propos conclusifs », *in Les dossiers de la RIDE (Revue International de Droit Econmique)*, n° 5 Hors-Série 2012, p.109 et s.

peuvent bénéficier des privilèges créés par le droit des procédures collectives lui-même si leur implication et leur coopération sont jugées utiles à la procédure.

385. De son côté, le législateur communautaire de l'espace OHADA vient d'ouvrir davantage à cette voie avec la nouvelle consécration du privilège d'argent frais dit *privilège new money*[766]. Ce privilège est une des nouveautés de la réforme introduite le 10 septembre 2015 et entrée en vigueur le 24 décembre 2015. Jusqu'à cette réforme seuls les créanciers postérieurs ou créanciers contre la masse étaient privilégiés[767] si et seulement si leurs créances résultaient de la continuité de toute activité régulière de l'entreprise[768].

A ces créanciers les droits des procédures collectives accordent un traitement préférentiel (**Section 1)**. De même que les deux législateurs ont prévu respectivement d'aménager certains créanciers titulaires de droit de rétention (**Section 2),** là, également pour les besoins exclusifs de la procédure collective.

SECTION 1. LE TRAITEMENT PRÉFÉRENTIEL DES CRÉANCIERS POSTÉRIEURS

386. Dans le droit OHADA comme dans le droit français, le phénomène de contractualisation du droit des procédures collectives est reconnu et ne fait aucun doute. En effet, pour inciter les créanciers ainsi que de potentiels investisseurs et fournisseurs de crédit il est institué désormais dans les deux systèmes de droit des privilèges ouvrant droit à un traitement préférentiel au profit du créancier. Ces concessions du droit des procédures collectives apparaissent comme une nécessité pour la réalisation des objectifs poursuivis par la procédure collective. Ce traitement préférentiel doit avoir pour contrepartie des efforts à consentir et l'implication des créanciers et partenaires du débiteur dans la perspective de sauvegarde de l'activité ou de redressement de l'entreprise.

Dans le droit français, le traitement préférentiel des créances postérieures au jugement d'ouverture a été institué de longue date **(§1)**, dans le droit OHADA, désormais, en plus de la consécration conceptuelle, un privilège de *new money* **(§2)** vient d'être institué à l'occasion de la réforme de l'AUPC du 15 septembre 2015.

[766] Ce privilège est consacré aux articles 5-11, 11-1 et 33-1, nouveaux, de l'AUPC révisé.

[767] F. M. SAWADOGO, Commentaire sous l'article 117 de l'Acte uniforme du 10 avril 1998 portant organisation des procédures collectives d'apurement du passif, *in Code Vert OHADA op. cit.p.1242.*

[768] Article 117 AUPC.

§1) L'institutionnalisation du privilège de procédure dans le droit français

387. Le privilège de procédure a été consacré pour la première fois par l'article 40 de la loi de 1985. L'objectif de départ était de permettre le redressement de l'entreprise de ses difficultés grâce à l'implication de ses créanciers postérieurement à l'ouverture de la procédure collective ouverte. Mais, il fallait ensuite définir les contours de ce privilège de procédure de manière à ne pas trop généraliser. Le législateur de la loi de sauvegarde de 2005 essaya plus tard de déterminer, en ce sens, les critères d'éligibilité au privilège de procédure.

Ainsi, la reconnaissance progressive de la nécessité d'un traitement préférentiel pour certains créanciers postérieurs à l'ouverture de la procédure collective, en France, a permis de déterminer expressément le principe (**A**) au regard de sa finalité et de fixer les conditions d'éligibilité au privilège de procédure (**B**).

A) La détermination du principe

388. Fruit d'une construction jurisprudentielle[769], le traitement de faveur pour les créanciers postérieurs à la procédure collective a été reconnu et considéré depuis longtemps comme une nécessité tant pour la continuité de l'activité de l'entreprise débitrice que pour le bon déroulement de la procédure. Ce traitement de faveur a été jugé indispensable[770] compte tenu de l'apport important de cette catégorie de créanciers à la possibilité de maintenir l'activité de l'entreprise en vue de son redressement économique. S'inspirant de cette reconnaissance jurisprudentielle et de la réminiscence de la notion de « *dettes de la masse* » sous l'ancien régime de la loi du 13 juillet 1967, le législateur de la loi du 25 janvier 1985 a consacré, à l'article 40 de cette loi, le traitement préférentiel en faveur de tous les créanciers postérieurs. Cette nouvelle institution du traitement préférentiel a pris alors l'appellation de « *privilège de procédure* ».

389. Cette institutionnalisation du traitement préférentiel était fondée sur la distinction des créanciers reposant sur la notion de « *masse* ». La masse, constituée exclusivement des créanciers antérieurs à la procédure collective ou créanciers dans la masse, tous soumis à la discipline collective et au principe d'égalité entre créanciers, était une personne morale représentée par le syndic. Il s'est agi de traiter favorablement les créanciers postérieurs ou créanciers de la masse qui ont accepté de continuer la relation contractuelle malgré l'état et les difficultés de l'entreprise en leur accordant un privilège « *des dettes de procédure*[771] ». Il fallait donc rétribuer ces créanciers de leurs

---

[769] A. JACQUEMONT, op.cit.p.259.
[770] Ph. ROUSSEL GALLE, *Réforme du droit des entreprises en difficulté par la loi de sauvegarde des entreprises du 26 juillet 2005*, op. cit. p. 168.
[771] B. SOINNE, *Traité des procédures collectives,* Litec, 1995, n° 1113 s.

efforts consentis et de leur coopération pour rendre possible ou du moins essayer, la continuation de l'activité et le redressement de l'entreprise. Ainsi, jusqu'à la réforme introduite par la loi de sauvegarde du 26 juillet 2005, tous les créanciers postérieurs bénéficiaient d'une priorité générale de paiement et n'étaient pas soumis à la discipline collective, qui n'était imposée qu'aux créanciers antérieurs.

390. Cependant, si l'institutionnalisation de cette préférence accordée aux créances postérieures, qui, a eu pour but incitatif d'accroitre la place du créancier en échange de l'implication de celui-ci pour le redressement de l'entreprise, entamée en 1985 a apporté à ce principe d'importantes innovations, il n'en demeure pas moins qu'elle a été également source d'importantes complications[772]. Elle a été critiquée vivement par une partie de la doctrine qui trouvait dans le caractère général de l'institution de l'article 40, un certain laisser-aller permissif et exacerbé[773]. Le privilège de l'ancien article 40 n'a plus eu le même esprit sous la législation du 10 juin 1994, estimant que cette généralisation de la préférence pourrait défavoriser l'objectif de redressement en ce sens qu'elle porte un coup sérieusement discriminant aux créanciers antérieurs. En outre, n'ayant établi aucun critère de mérite, toute tentative de sélection s'avérait compliquée. De ce fait toute créance postérieure, qu'elle ait ou non un lien avec la procédure, était privilégiée, ceci entrainant de la confusion. C'est pourquoi, le législateur de la loi du 10 juin 1994 a essayé de restreindre la portée de cette préférence en cas de liquidation judiciaire. Mais cette tentative est restée sans succès[774]. En revanche, du point de vue idéologique, il est évident qu'à compter de cette date, l'institutionnalisation du traitement préférentiel est résolument orientée vers la restructuration des entreprises en difficulté et non plus seulement vers la protection ou la satisfaction des désidératas des créanciers postérieurs influents ou pas. Ainsi, la sauvegarde de l'entreprise est érigée en problème d'intérêt général auquel doivent concourir tous les protagonistes notamment ses créanciers influents – partenaires financiers. Dès lors, les procédures collectives ne sont plus exclusivement judiciaires et contraignantes, elles sont aussi devenues contractuelles au nom de la nécessité et des besoins de la procédure.

391. A cet effet et partant du pragmatisme économique, le législateur de la loi de sauvegarde du 26 juillet 2005 a défini certains privilèges et moyens d'action pour revaloriser le rôle et la place du créancier[775]. L'objectif est d'inciter ce dernier à s'impliquer et à contribuer au sauvetage de l'entreprise soumise à la procédure collective sans pour autant donner l'impression de

---

[772] G. RIPPERT et R. ROBLOT, par M. GERMAIN et PH. DELEBECQUE, *Traité de droit commercial, t2 : L.G.D.J.*. 17ème éd. 2004, p. 1041, n° 3062.

[773] B. SOINNE, *Traité des procédures collectives, op.cit.*

[774] Ph. ROUSSEL GALLE, *Réforme du droit des entreprises en difficulté par la loi de sauvegarde des entreprises du 26 juillet 2005*, op. cit.

[775] Ch. GAMALEU, *L'implication du créancier dans les procédures collectives,* Thèse Perpignan 2013.

bannir les créanciers antérieurs à la procédure. Il a maintenu le principe de traitement préférentiel mais tout en apportant quelques modifications. Il a d'abord supprimé la notion de la masse qui a fini par neutraliser la distinction traditionnelle des créances antérieures/créances postérieures. Ainsi, au demeurant, le traitement préférentiel ne repose plus sur la même base qu'en 1985. Le nouvel article L.622-17, I détermine le principe de traitement préférentiel ou le bénéfice de privilège de procédure, non sans donner une nouvelle définition de créances de procédure[776]. Même si certains écueils et complications[777] restent encore à solutionner, le législateur de la loi de sauvegarde 2005 a eu le mérite de restreindre le champ d'application et donc la portée du privilège de procédure. Dorénavant, le traitement préférentiel n'est plus ouvert à tous les créanciers postérieurs d'une manière systématique. Cette loi marque la fin de la généralisation du bénéfice du privilège de procédure aux créanciers postérieurs instituée par le législateur de la loi du 25 janvier 1985. Le privilège de procédure reste certes toujours lié à la date de la naissance régulière et postérieure à la procédure collective de la créance concernée, mais il est attribué désormais sur la base de critères téléologiques portant sur la finalité ou la cause[778] de la créance postérieure. Toutefois sur ce point la doctrine est divisée[779]: la finalité ou la cause de la créance postérieure doit-elle être « intrinsèque », « méritante » ou « utile » pour la procédure ? En définitive, bénéficier du traitement préférentiel est, depuis 2005, un droit soumis à un processus rigoureux de sélection dans lequel l'intérêt, l'influence liée à l'implication des créanciers[780] visés doivent être démontrés comme permettant de favoriser la sauvegarde ou le redressement de l'entreprise en état de faillite.

B) La fixation des conditions d'éligibilité

392. En redéfinissant les conditions d'éligibilité au traitement préférentiel, le législateur de 2005 apporte une importante précision au privilège des créances de la procédure. Cette reprise en main sur le champ d'application du privilège de procédure collective traduit la prédominance de l'objectif d'intérêt général de la sauvegarde de l'entreprise et de la

---

[776] A. LIENHARD, « Le nouveau privilège de procédure : entre restauration et éclatement », *in Mélanges Simler,* Litec-Dalloz, 2006, p. 475 ; F. GREAU, « Pour un véritable privilège de procédure », *LPA* 12 juin 2008 *;* L.-C. HENRY, « La notion de procédure dans la loi de sauvegarde », *Rev. proc.coll. 2008. Etude 15.*

[777] Ph. ROUSSEL GALLE, *Réforme du droit des entreprises en difficulté par la loi de sauvegarde des entreprises du 26 juillet 2005*, Litec 2005, p.171 ; J.-L. VALLENS, « Les « effets pervers » de la loi de sauvegarde des entreprises », *RTD com. 2007, 604.*

[778] F. PEROCHON et R. BONHOMME, *Entreprises en difficultés, instruments de crédit et de paiement*, 7e éd. L.G.D.J.. 2008.p.264.

[779] G. TEBOUL, « Le casse-tête des créances utiles méritantes : une tentative d'éclaircissement », *Gaz. Pal.28 août -1er sept. 2011, p. 7 et s.;* P.-M. LE CORRE, « La taxe foncière, une créance postérieure méritante ? », *Gaz. Pal. 15-16 oct.2010.* n°288 à 289, *p. 12.*

[780] Ch. GAMALEU, Thèse op.cit.

prééminence du droit des entreprises en difficulté. Si le pragmatisme économique oblige la contractualisation de la discipline, le législateur du droit des procédures collectives contrôle et fixe encore les règles du jeu. Ainsi, pour atteindre son objectif de redressement et de continuité de l'activité de l'entreprise, le législateur instrumentalise le traitement préférentiel en posant comme préalable les conditions d'opportunité, de mérite[781] et d'utilité de la créance à la procédure mais aussi de l'implication réelle du créancier pour parvenir à cette fin. En ce sens, l'article L.622-17, I, du Code de commerce issu de l'article 33 de la loi de sauvegarde du 26 juillet 2005, dispose que : « *Les créances nées régulièrement après le jugement d'ouverture pour les besoins du déroulement de la procédure ou de la période d'observation, ou en contrepartie d'une prestation fournie au débiteur, pour son activité professionnelle, pendant cette période, sont payées à leur échéance* ».

Il ressort des dispositions de ce texte quatre conditions dont deux inhérentes à la procédure de sauvegarde ou de redressement judiciaire (**1°**) et deux relatives à la nature de la créance (2°) pour bénéficier des privilèges découlant de la préférence de traitement.

1°) La nécessité d'un lien causal ou attributif avec la procédure

393. Les créances éligibles doivent être postérieures et régulièrement constituées. Outre ces deux conditions relatives à la nature de la créance, pour être éligibles au privilège, il faut que les créances postérieures remplissent d'une manière non cumulative l'une des deux conditions inhérentes à la procédure. Conformément à l'article L.622-17, I les créances doivent avoir comme finalité d'être dédiées dès l'ouverture aux besoins du déroulement de la procédure ou résulter d'une prestation fournie à cette occasion. En d'autres termes, la créance doit revêtir un caractère d'opportunité ou d'utilité [782] à la procédure. Même si par la suite, l'ordonnance de 2008 a étendu le domaine. La créance doit avoir un lien avec la procédure soit par sa finalité ou soit par sa cause.

a) Besoins du déroulement de la procédure ou de la période d'observation

394. Cette formule, sujette à plusieurs interprétations suscite beaucoup d'interrogations et nourrit des controverses dans la doctrine. D'emblée, un auteur l'a jugée inutile comme formulation[783]. Avant de souscrire à cette inutilité, il convient d'abord de considérer que la procédure visée par l'article

---

[781] P.-M. LE CORRE, « La taxe foncière, une créance postérieure méritante ? » *in La Gazette du Palais*, n°288 à 289, 15 et 16 oct. 2010, p. 12 ; G. TEBOUL, « Le casse-tête des créances utiles méritantes : une tentative d'éclaircissement », op. cit.

[782] G. TEBOUL, « Le casse-tête des créances utiles méritantes : une tentative d'éclaircissement », op.cit.

[783] F. GREAU, « Pour un véritable privilège de procédure », *LPA* 12 juin 2008.

L622-17, I s'étend sur toute la période postérieure à la décision d'ouverture de procédure collective, période d'observation incluse[784]. Mais, sans doute que pour le législateur, cette précision est importante. Puis, vient une autre partie de la doctrine qui est partagée par deux points de vue distincts autour de la nouvelle notion. Certains auteurs partant d'une nouvelle répartition à l'intérieur des créances postérieures, distinguent celles qui sont « inhérentes » à la procédure de celles qu'ils qualifient de créances « contingentes » à la procédure[785]. Les premières seraient enfermées dans le temps de la procédure collective proprement dite, les secondes correspondraient au critère de créances « *nées pour les besoins de la période d'observation* » ou pour « *les besoins du maintien provisoire de l'activité*[786] » en cas de procédure de liquidation judiciaire. Ainsi, selon la double autonomie attribuée à la notion de « *besoins du déroulement de la procédure* », l'une est temporelle, l'autre est conceptuelle[787]. D'autres se voulant plus pragmatiques interprètent la notion de créances « *nées pour les besoins du déroulement de la procédure ou de la période d'observation* », par le critère d'utilité[788]. Selon cette partie de la doctrine, pour apprécier cette notion, tout en limitant le domaine d'éligibilité au privilège de procédure[789], il ne faut retenir que *les créances méritantes*[790] donc utiles pour la procédure. Selon cette doctrine, une créance est dite née pour les besoins du déroulement de la procédure quand celle-ci est jugée « utile [791]» à la procédure de sauvegarde ou de redressement de l'entreprise.

395. La jurisprudence a pris part en faveur de la première théorie d'appréciation. La deuxième chambre civile de la Cour de cassation a été la première à opter pour la référence au critère de « *créance inhérente* ». Elle a déclaré qu'une « *créance inhérente à l'exercice professionnel du débiteur, est couverte par le privilège de l'article L.622-17 lorsque cet exercice perdure après l'ouverture de la procédure collective*[792] ». Elle est suivie en ce sens par la chambre commerciale qui, à propos de la contribution sociale

---

[784] M. JEANTIN et P. LE CANNU, *Droit commercial, Entreprises en difficulté,* Dalloz, 2006, n° 766 et 767.

[785] P.-M LE CORRE, « La taxe foncière, une créance méritante ? », *Gaz. Pal.* 15-16 Octobre 2010, op.cit. p. 12.

[786] Ph. PETEL, « Les créances postérieures » *RPC* 2006, p. 142. Article L.641-13 du Code de commerce.

[787] P.-M. LE CORRE, op. cit.

[788] Ph. PETEL, « Le nouveau droit des entreprises en difficulté », *JCP E* 2005, n° 42, p.1730, spec.n° 83 ; M. JEANTIN, et P. LE CANNU, op. cit. n° 765 ; G. TEBOUL, op.cit.

[789] F. PEROCHON et R. BONHOMME, *Entreprises en difficulté, instruments de crédit et de paiement,* L.G.D.J. 7e éd. 2008, n° 311, p. 264.

[790] P.-M. LE CORRE utilise la formule de « *créanciers méritants* » in *chron. GP 9 sept.2005, p.17, n°7.*

[791] A. JACQUEMONT, op. cit. p.266.

[792] Cass. Civ. 2e 16 septembre 2010 : *JCP E* 2011-1030, n°11, p. 49, obs. Ph. PETEL

de solidarité et de la contribution additionnelle[793], a tranché en se référant à la notion de « *créance inhérente* » alors même que le critère de créance inhérente à l'activité quelconque du débiteur jugé comme comportant un risque de généralisation du privilège, est considéré contraire à l'impératif de sécurité juridique. C'est pourquoi, un auteur a plaidé en faveur d'une appréciation plus stricte à travers le critère d'utilité qui constitue un tamis sélectif véritablement orienté vers la sauvegarde ou le redressement de l'entreprise[794].

396. C'est pour cette raison-là que nous serions davantage favorable au critère d'utilité de la créance postérieure à la procédure collective ou à la période d'observation. L'interprétation par la référence à la créance inhérente à la procédure renvoie nécessairement à un lien réel d'utilité qu'il faudrait retenir plutôt que la notion de créance inhérente à l'activité. Cette notion de créance inhérente à l'activité constituant, selon nous, une confusion avec le second critère non cumulatif retenu par la loi de sauvegarde de 2005, qui était basé sur la notion d'« *activité professionnelle* » du débiteur et étendu à toute activité de celui-ci par l'ordonnance du 18 décembre 2008.

b) Contrepartie d'une prestation fournie au débiteur

397. Il s'agit là également de considérer que toute créance qui nait de la contrepartie d'une prestation fournie au débiteur durant toute la durée de la procédure collective depuis son ouverture, est couverte par le privilège de la procédure. Pour éviter toute confusion avec le critère de la créance inhérente à l'activité du débiteur, cette condition n'est logiquement envisageable que dans l'hypothèse de la continuation des contrats en cours[795]. Dans un tel cas l'utilité de la créance née en contrepartie d'une prestation fournie au débiteur est en tout état de cause présumée[796]. Du reste, cette deuxième catégorie de créance postérieure privilégiée à l'instar des créances nées « *pour les besoins du déroulement de la procédure ou de la période d'observation* », est sujette à interprétations terminologiques[797].

398. Contrepartie née de l'obligation de continuation des contrats en cours. L'ouverture d'une procédure collective n'est pas une cause de résolution ni de résiliation des contrats conclus entre le débiteur défaillant et ses créanciers. Mais la continuation des contrats en cours n'est pas non plus

---

[793]Cass. com. 15 juin 2011 : *Bull. civ.* IV, n° 99 *; D. 2011, Chron. C. cass. 2691,* obs. H. Guillou ; Actu. 1677, obs. A. Lienhard.; RTD com. 2011. 640, obs.A. Martin-Serf.; JCP E 2011, 1596, n° 12, obs. Ph. PETEL

[794] G. TEBOUL, « Le casse-tête des créances utiles méritantes : une tentative d'éclaircissement », op.cit.

[795] F. PEROCHON, *Entreprises en difficulté,* L.G.D.J., 2014, 10e éd., n° 767.

[796] F. PEROCHON et R. BONHOMME, Entreprises en difficulté, Instruments de crédit et de paiement, *L.G.D.J.,* 2009, 8e éd., n° 312-1.

[797] M. JAZOTTES : « Le privilège des créanciers postérieurs. Quel périmètre ? « *in RLDA,* suppl. au n° 80, mars 2005, p. 132, spéc. p. 135.

une obligation systématique pour le créancier. Il appartient à l'organe de la procédure d'en juger la nécessité. Généralement, quand l'administrateur judiciaire opte pour la continuation des contrats en cours au jour du jugement d'ouverture de la procédure collective, c'est pour la nécessité de la poursuite de l'activité de l'entreprise. Un contrat maintenu ou préservé expressément par l'organe de la procédure, est un contrat nécessaire pour ne pas dire essentiel pour la poursuite de l'activité. La continuation des contrats en cours reflète donc l'utilité de la prestation fournie pour la sauvegarde de l'activité et du redressement de l'entreprise. Elle a lieu lorsque l'organe de la procédure, qu'il soit administrateur ou juge commissaire, juge du caractère opportun de la poursuite des contrats. Mais cette prestation fournie au débiteur au sens de l'article L.622-17, I sous la forme de poursuite de contrats est-elle toujours suffisamment utile à la procédure pour qu'elle justifie que le créancier bénéficie alors d'un privilège de procédure ?

399. La réponse paraît être infirmative, quand on sait qu'au départ, le principe de continuation des contrats en cours dont on exigerait la poursuite après le jugement d'ouverture s'appliquait à une situation de fait antérieure à la procédure collective. Or, le privilège de procédure s'intéresse résolument aux créances nées postérieurement à la décision d'ouverture. Toutefois, l'hypothèse pourrait être plausible si la créance née postérieurement au jugement d'ouverture découlait d'une prestation en exécution d'un contrat conclu avant. En ce sens, la chambre commerciale de la cour de cassation, dans un arrêt du 11 février 2004 a déjà jugé recevable un remboursement d'un crédit immobilier dont l'offre a été acceptée avant l'ouverture de la procédure collective. Par conséquent et compte tenu de l'utilité avérée et le lien avec la procédure qui ne sont plus à démontrer, nous pouvons considérer que la continuation exigée du contrat en cours est une prestation dont le titulaire de la créance née postérieurement peut faire valoir pour le bénéfice du privilège de l'article L.622-17, I ou de l'article L.641-13 du Code de commerce. Ce cas de figure permet de contourner la difficulté d'interprétation liée à cette condition de créance inhérente à l'activité. Cette difficulté réside principalement dans la définition attribuée à la notion de « *prestation* ». Que renferme-t-elle ? Un auteur avait suggéré une lecture de la notion de prestation recouvrant autant la livraison d'une somme d'argent que d'un bien, de manière à considérer une remise de fonds empruntés dans le cadre d'un contrat de prêt conclu avant le jugement d'ouverture comme une prestation fournie au débiteur emprunteur soumis à la procédure collective[798]. S'agissant de l'activité du débiteur pour laquelle la prestation est fournie, l'article L.622-17 issu de la loi de sauvegarde de 2005 avait initialement visé *l'activité professionnelle du débiteur*. Depuis l'ordonnance du 18 décembre 2008, la catégorie de créances nées en contrepartie d'une prestation fournie au débiteur dépasse le cadre stricte des créances

[798] F. PEROCHON, « Les créanciers postérieurs et la réforme du 26 juillet 2005 *Gaz. Pal.* 7-8sept. 2005, p. 57, n° 20.

contractuelles, issues de la poursuite ou de la conclusion de contrats. Certains auteurs l'ont jugée regrettable[799], car c'est une ouverture qui tend à généraliser encore le privilège de l'article L.622-17, ce qui semble s'éloigner de l'objectif visé par cette institution. En effet, cette extension à toute activité du débiteur comporte le risque de ne plus être fidèle à la notion de « lien avec la procédure ». Elle est, en outre, une source de plusieurs dérives d'autant plus que pour les créances nées pour les besoins de la vie courante, ni le critère de lien avec la procédure, ni le critère d'utilité, n'est véritablement requis.

Mais en répondant à cette question, on s'est rendu compte du lien étroit qui existe entre le domaine de la continuation des contrats en cours et le domaine du privilège de procédure. Lequel lien est difficile de démêler dans l'hypothèse de contrats à exécutions successives.

400. Risque sérieux de conflit entre le domaine de la continuation des contrats en cours et celui de l'élection du traitement préférentiel des créances postérieures. Ainsi, si ce principe de continuation des contrats en cours n'était pas, à la base, imposé qu'aux créanciers antérieurs, les contrats en question étant conclus avant que l'entreprise contractante n'ait connu de difficulté, une créance postérieure née d'une prestation fournie au débiteur dans le cadre de l'exécution desdits contrats, ne devrait-elle pas être considérée comme une créance méritante ?

401. La créance issue d'une continuation d'un contrat en cours ne bénéficie pas du privilège de procédure. Il en va de même, pour une créance née ultérieurement du fait de l'exécution successive d'un contrat dont la continuation n'est pas expressément autorisée par l'organe de procédure compétent. Cette créance est doublement pénalisée car elle n'est pas considérée comme relevant de la continuation et elle n'est pas élue au traitement préférentiel. Aucun des deux régimes n'est applicable à cette créance. L'articulation de ces deux domaines n'est donc manifestement pas cohérente.

402. La réforme introduite par l'ordonnance du 18 décembre 2008 qui généralise l'éligibilité au privilège de procédure, de toute créance postérieure née en contrepartie d'une prestation fournie au débiteur à toute activité de ce dernier, a accentué cette incohérence. L'intersection[800] mal articulée du domaine de l'élection au traitement préférentiel avec celui de la continuation des contrats en cours, représente un réel risque de conflit. Ce conflit survient nécessairement en cas de contrats à exécution successive. Avant la réforme introduite par l'ordonnance du 12 mars 2014, un auteur[801], relevant ce manque de cohérence et des lacunes du principe de continuation des contrats en cours, suggérait la simplification du régime de la continuation notamment

[799] F. PEROCHON, « Les interdictions de paiement et le traitement des sûretés réelles », *D. 2009.* Chron. 651, n°35.
[800] P.-M. LE CORRE, « En avant pour une réforme de la loi de sauvegarde des entreprises !», *LPA,* 09 décembre 2013, n°245.p.3 et s.
[801] P.-M. LE CORRE., op. cit. note. 515.

en cas de silence de l'organe de la procédure sur l'opportunité ou l'utilité de la continuation à la procédure. Mais, le législateur n'a pas saisi l'occasion pour établir une démarcation claire. Il a plutôt voulu régler le problème de la garantie nécessaire pour le paiement consécutif à la demande de continuation du contrat en cours par l'administrateur[802]. Or, pour nous, l'introduction ou l'acceptation d'un principe de divisibilité de la créance générée par un contrat conclu avant la procédure collective et se poursuivant après l'ouverture de celle-ci suffirait pour supprimer le principe de continuation des contrats en cours et toutes ses complications. En effet, cela permettrait de considérer la créance issue du même contrat mais née postérieurement, comme une créance privilégiée au sens de l'article L.622-17, I du Code de commerce. Un créancier contractant antérieur, pourrait ainsi voir une partie de ses créances (toutes celles qui sont antérieures au jugement d'ouverture) soumise entièrement à la discipline collective et l'autre partie, c'est-à-dire la créance issue du même contrat mais née postérieurement, bénéficier à l'occasion de la continuation, du traitement préférentiel. Devant le problème de cohérence et d'entremêlement des principes de continuation des contrats en cours et de privilège de procédure, ce serait une façon de simplifier les choses. Sachant que ce dernier principe renferme en son sein l'objectif visé par la règle de la continuation des contrats en cours, maintenir la juxtaposition de deux règles nous semble redondant et inutile.

2°) Nature de la créance du créancier postérieur élu

403. Elle doit être régulièrement née après l'ouverture de la procédure collective soit pour les besoins du déroulement de la procédure collective déjà ouverte ou soit elle constitue une prestation réalisée à cette occasion. En guise de contrepartie de leur coopération à l'objectif de sauvegarde ou de redressement de l'entreprise, les créanciers titulaires de créances postérieures élues au privilège bénéficient de la priorité de paiement à l'échéance.

404. Le paiement prioritaire à l'échéance - est la seule nature de préférence de traitement mentionnée par le texte de l'article L622-17, I précité. Ce dernier ne précise pas les modalités dudit paiement ni même ne détermine l'étendue de la priorité. Mais, il est à supposer que le paiement prioritaire des créances *utiles* échues doit être convenu dans le plan de sauvegarde ou de redressement conclu entre les créanciers et l'organe de procédure avec assistance ou non du débiteur[803]. Au terme de l'échéance convenue et tant qu'il y a suffisamment d'actifs disponibles, les créanciers postérieurs élus sont payés intégralement par l'administrateur ou par le débiteur lui-même selon le cas. La promesse d'être payée à l'échéance paraît raisonnablement crédible compte tenu du nombre toujours restreint des

---

[802] C. com. L.622-13, II al. 2

[803] F. PEROCHON et R. BONHOMME, op. cit n° 317. p. 271.

créanciers *méritants*[804] et de la fixation du passif du débiteur. En effet, tenus par la rigueur de l'interdiction de paiements et des poursuites individuelles, les créanciers antérieurs et les créanciers postérieurs non éligibles ne font plus obstacle au paiement prioritaire des créanciers postérieurs privilégiés en procédure de sauvegarde et de redressement judiciaire. Puis que jusqu'à la réforme de 2014, il y avait moins de risque que dans la procédure de liquidation, qui elle obéissait à des règles particulières c'est-à-dire que les créanciers postérieurs arrivaient automatiquement en cinquième position du classement. Or, conformément à l'article L622-17, I du Code commerce, une créance postérieure méritante née notamment pour le maintien de l'activité doit être payée à l'échéance par le juge commissaire. Cependant, depuis la réforme le nouveau classement posé par l'article L.641-13, I, al. 1er du code de commerce tel qu'il a été modifié par l'ordonnance du 12 mars 2014, les créances postérieures nées régulièrement après le jugement qui ouvre ou prononce la liquidation sont désormais payés à leur échéance. Il n'y a donc plus de différence de régime juridique sur le sort des créances postérieures éligibles au privilège de procédure dans les procédures collectives.

§2) La reconnaissance du traitement préférentiel dans le droit OHADA

405. La préférence de traitement bénéficie à toutes les créances dites contre la masse c'est-à-dire toutes les créances régulières et nées postérieurement à la décision d'ouverture de procédure collective. A partir de là, certaines questions méritent nécessairement d'être posées relativement à cette option du droit OHADA. La généralisation de la préférence est-elle efficace pour atteindre le but recherché ? Ou au contraire ne risque-t-elle pas de l'en éloigner? Enfin respecte-t-elle le principe d'égalité entre les créanciers devant la loi organisant les procédures collectives ?

Alors que jusqu'à la réforme de l'AUPC du 10 septembre 2015, c'était le seul traitement préférentiel reconnu *ab initio* d'une manière large (incluant les contrats en cours) dès la conception (**A**) de l'acte uniforme des procédures collectives en 1998, depuis cette réforme le législateur a institué un privilège de procédure collective dit privilège de *new money* ou d'argent frais grâce auquel les créanciers titulaires bénéficieront d'un traitement préférentiel privilégié en cas d'ouverture de procédure de liquidation des biens (**B**).

A) Le traitement préférentiel comme une option conceptuelle

406. Comme dans le droit français, dès sa conception, l'acte uniforme des procédures collectives établit une différence de traitement entre les créances

---

[804804] P.-M. LE CORRE, « Les nouvelles règles de fixation du passif », *GP* 9 sept. 2005, n° 20. p. 20.

antérieures au jugement d'ouverture appelées des créances dans la masse entièrement soumises à la discipline collective et les créances contre la masse qui, elles y échappent. La finalité de cette option conduit l'acte uniforme à consacrer la primauté des créances de la masse sur les créances composant la masse (**1°**). Ces premières sont considérées comme étant en conformité avec le dessaisissement du débiteur soumis à la procédure collective. Cette option conceptuelle qui se veut incitative du législateur en faveur des créances postérieures a été précisée par l'article 117 de l'AUPC (**2°**).

1°) La finalité de cette option ab initio

407. La décision d'ouverture d'une procédure collective constitue les créanciers en masse et produit ses effets à l'égard des créanciers composant la masse[805]. Sur cette division des créanciers par catégorie en fonction de la masse reposent toutes les dispositions constitutives de discipline collective imposée aux créanciers dès le jugement d'ouverture. Concernant exclusivement les créances composant la masse, cette application de la discipline collective illustre la différence de traitement voulue entre les deux catégories de créances. Ainsi, plusieurs dispositions matérialisent ce choix de préférence de traitement des créances nées régulièrement après la décision d'ouverture, sans pour autant en justifier ni les raisons, ni les finalités. Mais, celles-ci pourraient être trouvées dans la volonté du législateur communautaire africain de l'espace OHADA d'encourager les partenaires financiers à consentir des efforts en vue de favoriser la continuation de l'activité de l'entreprise en difficulté. Sachant que ces dettes postérieures n'auront pas le même sort que les créances antérieures, ce dispositif de préférence original, dans son approche intégrée, du droit OHADA, devait faciliter l'engagement et l'implication future des créanciers dans le cadre de concordat préventif ou de redressement judiciaire avec le débiteur en difficulté.

408. Le principe de primauté des créances de la masse. Les créances dites de la masse sont des créances nées régulièrement après le jugement d'ouverture[806]. Elles résultent généralement soit d'un acte conjoint du débiteur et du syndic dans le cas du redressement judiciaire, soit d'un acte du seul syndic dans le cadre de la procédure de liquidation des biens. Il y a donc une présomption de conformité avec le dessaisissement du débiteur, ce qui valide la régularité de cette catégorie de créance. Hormis le fait que ces créanciers sont dispensés de la rigueur de la discipline collective, ils bénéficient également d'une priorité de paiement de leurs créances à l'échéance. Ils peuvent même exiger un paiement au comptant. Ce traitement privilégié se justifie du fait que l'on estime que leurs prestations sont non

[805] Article 72 al. 3 de l'AUPC révisé.
[806] Article 117 de l'AUPC révisé.

seulement utiles au redressement de l'entreprise débitrice mais qu'elles sont également jugées profitables à la masse elle-même[807]. Cette reconnaissance de primauté de paiement est prise en compte au 5° rang et au 7° rang respectivement par les articles 166 et 167 de l'AUPC révisé.

2°) Une option précisée par l'article 117 AUPC

409. Les dispositions de l'article 117 AUPC révisé déterminent les créances éligibles au traitement préférentiel. Le texte définit la créance de la masse et énonce les finalités qui justifient leur statut de créances privilégiées. Toutefois, il faut reconnaitre que l'énoncé des dispositions de l'article 117 AUPC est un peu équivoque et bancal. En effet, aux termes de ce texte, toutes les dettes nées régulièrement après le jugement d'ouverture sont des créances de la masse excepté celles qui sont nées de l'exploitation du locataire-gérant. Ainsi, pour être qualifiée de « créance de la masse » et obtenir le privilège d'échapper à la rigueur de la discipline collective, la dette doit remplir trois conditions : être née régulièrement après la décision d'ouverture, de la continuation de l'activité et de toute activité régulière du syndic ou du débiteur.

410. Etre née régulièrement après la décision d'ouverture. Généralement, il n'y a pas de différence terminologique entre les notions de « dettes » et de « créances ». Les créances sont des dettes du point de vue du débiteur, et les dettes de leur débiteur envers eux représentent des créances pour les créanciers. La dette envisagée dans son aspect actif est une créance[808]. A contrario, une créance envisagée dans son aspect passif, est une dette. Mais, ici, l'article 117 AUPC révisé semble distinguer la dette de la créance dite de la masse. La dette contractée par l'entreprise débitrice ne peut acquérir qualité de créance de la masse pour son titulaire que lorsqu'elle est née régulièrement après la décision d'ouverture. Ceci fait appel tout de suite à une question : celle de savoir qu'entend-on par dette née régulièrement ? Néanmoins, le texte semble fournir des précisions concernant la régularité de la dette née après la décision d'ouverture de la procédure collective. En tout état de cause, la dette doit naitre d'abord de manière régulière c'est-à-dire sans être entachée de toute sorte de fraude.

411. De la continuation de l'activité. En énonçant cette deuxième condition, le texte éclaire davantage sur le caractère régulier de la dette. Elle doit naitre de la continuation de l'activité de l'entreprise. Autrement dit, elle doit résulter de la continuation de l'activité et qu'elle sert. Alors, elle ne saurait être contractée que par le débiteur ou le syndic.

412. De toute activité régulière du débiteur ou du syndic. Conformément aux dispositions de l'article 117 précité, pour être qualifiée

---

[807] F.M. SAWADOGO, « Effets de l'ouverture d'une procédure collective à l'égard des créanciers », *in Encyclopédie du droit OHADA* 2012, p.744.

[808] M.BILLIAU et G. LOISEAU, *Traité de droit civil : le régime des créances et des dettes,* J. GHESTIN (Dir.), L.G.D.J. 2005, p.1.

d'une créance de la masse, la dette née régulièrement après le jugement d'ouverture de la procédure collective doit résulter de la « *continuation de l'activité* », et de « *toute activité régulière du débiteur ou du syndic* ». L'interprétation de ces expressions s'avère difficile tant la rédaction est confuse. Qu'entend exactement le législateur par la différenciation de « *continuation de l'activité* », et « *toute activité régulière* » du débiteur ou du syndic ? « L'activité » serait-elle l'activité principale de l'entreprise et « *toute* activité » l'activité secondaire ? Quel est le critère devant permettre au juge de déterminer une dette postérieure rentrant dans le cadre de la continuation de l'activité de celle rentrant dans toute activité régulière du débiteur ou du syndic et enfin comment identifier l'une ou l'autre activité ? Par exemple un financement d'une campagne de communication et de publicité est-elle secondaire ou primordiale pour une entreprise en difficulté ? Enfin alors que la décision d'ouverture est censée dessaisir le débiteur comment peut-il exercer seul une activité régulière ?

413. Le syndic en tant que représentant des créanciers peut agir au nom et pour l'intérêt collectif de ces derniers, mais quand il assiste le débiteur il ne peut agir que dans l'intérêt collectif du redressement de l'entreprise. Et, s'il agit dans le cadre de cette dernière hypothèse alors, l'activité se confond avec la continuation de l'activité de l'entreprise en difficulté. Un autre point d'incohérence sur la formulation de l'article 117 AUPC révisé précité, est que le débiteur qui est assisté par le syndic pendant le redressement judiciaire et dessaisi de la gestion et de l'administration de ses biens lors de la liquidation des biens ne peut exercer valablement une activité. Ainsi, les dettes nées de l'activité du débiteur pendant ces deux phases ne peuvent l'être qu'au mépris du dessaisissement du débiteur, elles sont donc nécessairement non régulières. Dans pareil cas de figure, ces dettes postérieures ne peuvent être qualifiées de créances de la masse, elles seraient plutôt des créances dites hors de la masse. En conséquence, ces dettes postérieures seraient non seulement disqualifiées pour le traitement préférentiel mais également la masse serait fondée de les ignorer.

415. La juxtaposition de la deuxième condition et de la troisième condition, par la conjonction de coordination (*et*) et non par (*ou)*, peut, en effet, prêter à confusion. Ainsi, l'on serait tenté de croire à l'existence de plusieurs activités : l'activité principale objet de la continuation sus-évoquée, l'activité du débiteur ou l'activité du syndic. Mais, en définitive, il convient de comprendre que cette troisième condition vient compléter la deuxième ou vis versa. Comme pour dire que la dette née régulièrement après la décision d'ouverture, doit être nécessairement contractée soit par le débiteur assisté par/ou le syndic dans le cadre de la continuation de l'activité de l'entreprise débitrice. En principe, si une dette est née ou contractée suivant ces conditions alors elle acquiert qualité de créance de la masse, seule éligible au traitement préférentiel, excepté les dettes issues de l'exploitation du locataire-gérant.

416. Mais, l'article 117 AUPC gagnerait plus en cohérence s'il précisait le contenu de l'expression « *toute activité régulière du débiteur* » en ajoutant « dans le cadre de l'exécution du règlement préventif », étant donné que c'est la seule et unique hypothèse où le débiteur est autorisé seul à passer des actes dans une procédure collective. Autrement, quand il s'agit de la procédure de redressement judiciaire l'expression « *activité régulière du débiteur* » doit sous-entendre une dette contractée par le débiteur assisté par le syndic.

417. Préférence trop générale, préférence perdue. En dehors de ces difficultés d'ordre terminologique, l'on peut reprocher à la règle fixée par l'article 117 AUPC révisé le risque d'être trop générale et systématique. A l'instar de son homologue français pour les créances postérieures éligibles au privilège de procédure, le législateur communautaire de l'espace OHADA a voulu poser la condition du lien avec l'activité pour le bénéfice du traitement préférentiel des créances dites de la masse. Mais, comme dans le droit français à force de généraliser, la règle perd tout son sens et devient toute dangereuse. Cette généralisation a eu raison de la collusion entre le sort réservé aux créances de la masse et celui des créances nées de la continuation des contrats en cours. En effet, ayant en commun le critère de continuation de l'activité, l'on peut se demander quelle marge existe-t-il finalement entre les créances de la masse et celles nées de la continuation des contrats en cours ?

418. Les dettes postérieures liées à la continuation des contrats en cours. L'expression « *continuation de l'activité* » permet de lier le régime des dettes postérieures éligibles à la préférence des créances de la masse à celui des contrats en cours OHADA. L'article 107 AUPC révisé pose le principe du maintien des contrats en cours en disposant qu'aucune résolution ou résiliation d'un contrat en cours ne peut résulter du seul fait de l'ouverture d'une procédure collective excepté les contrats conclus en considération de la personne du débiteur ou les contrats entraînés par l'ouverture d'une procédure collective, prévus expressément par la loi. Ainsi, dans le cadre du maintien des contrats en cours, donc à exécution successive, les dettes postérieures nées de la continuation de l'activité bien qu'issues d'un contrat conclu avant l'ouverture de la procédure collective, bénéficient du régime de préférence de traitement réservé aux créances de la masse. Cette articulation permet donc d'harmoniser le régime des dettes issues de l'exécution et de la continuation d'un contrat en cours postérieurement à la décision d'ouverture et le régime des dettes issues proprement de la continuation de l'activité. En adoptant une telle approche, l'on peut affirmer que finalement il n'y a aucune marge de différence entre les dettes postérieures régulières et admises comme créances de la masse, donc éligibles au traitement privilégié, et les dettes nées de la continuation des contrats en cours. Etant entendu que si ces contrats continuent d'être exécutés ce qu'il y a eu autorisation de l'organe de procédure compétent.

419. Par conséquent, elles constituent des dettes postérieures nées régulièrement de la continuation de l'activité de l'entreprise. En ce sens, l'acte uniforme OHADA des procédures collectives a trouvé plus que le droit français, une meilleure articulation entre le régime des dettes postérieures nées régulièrement après le jugement d'ouverture et le sort des dettes postérieures nées du maintien des contrats encours. Le législateur communautaire ayant simplement défini le principe du maintien des contrats en cours et non un régime particulier des dettes postérieures issues des contrats continués, les dispositions de l'article 117 AUPC permettent d'arrimer leur sort au régime des créances de la masse. Mais, c'est aussi la preuve que la règle posée par l'article 117 précité est trop générale. De telle sorte qu'il ne conviendrait même plus de parler de traitement préférentiel mais plutôt d'une différence de traitement entre les créanciers composant la masse et les créanciers de la masse.

B) L'institution d'un privilège de procédure : le privilège de new money

420. Issu de la réforme du 10 septembre 2015, le privilège de *new money* OHADA est consacré par les nouveaux articles 5-11, 11-1 et 33-1 de l'AUPC révisé. L'objectif visé est d'assurer la poursuite de l'activité de l'entreprise débitrice et sa pérennité. Ainsi, le privilège garantit au créancier qui accepte de consentir à un nouvel apport en argent lors d'un accord de conciliation ou d'un concordat préventif ou encore d'un concordat de redressement, d'être payé en priorité au premier rang en cas d'ouverture d'une procédure de liquidation des biens postérieurement ou par conversion. A condition, toutefois, que cet accord, ce concordat préventif ou de redressement ait été homologué par l'autorité ou juridiction compétente. Cela suppose également que le créancier ait préalablement publié son privilège. Car, compte tenu du rang (1er) qu'il occupe dans le classement des articles 166 et 167 de l'AUPC révisé, et par souci de transparence, le nouveau privilège *new money* OHADA ne peut pas rester occulte vis-à-vis des autres créanciers du débiteur.

Il convient alors d'analyser l'opportunité de ce nouveau privilège au regard des objectifs poursuivis par le droit des procédures collectives et sa portée.

421. De l'opportunité du privilège. A travers le privilège de *new money* institué, le législateur incite certains créanciers notamment les fournisseurs de crédit et des banques à aider l'entreprise débitrice en situation de difficultés prévisibles ou avérées à la surmonter grâce à un apport en argent frais qui viendrait renflouer sa trésorerie. Cette incitation en faveur de la poursuite de l'activité de l'entreprise pourrait ainsi permettre à celle-ci de trouver plus facilement des créanciers qui s'engagent pour un plan de concordat préventif ou un plan de redressement de l'entreprise. En principe, un apport en numéraire ne peut que permettre à l'entreprise de se relever de ses difficultés.

422. Mais, ce qui est plus intéressant dans sa nouvelle création, c'est que le législateur africain de l'espace OHADA utilise la technique de droit des sociétés pour solutionner des problèmes du droit des entreprises en difficulté : un apport. Pour autant, cela ne fait pas du créancier consentant un associé de l'entreprise en difficulté ni moins un propriétaire. Il lui permet simplement d'être payé en priorité et au premier rang de tous les créanciers en cas d'échec de l'accord obtenu ou du plan de concordat préventif ou de redressement obtenu et homologué. Et, c'est là, à notre avis, où le nouveau privilège OHADA pourrait être dangereux.

423. La portée du privilège. Comme déjà indiqué plus haut, l'orientation du privilège est certes de permettre de réussir la poursuite de l'activité de l'entreprise débitrice. Et, en ce sens, il est un moyen efficace d'incitation. Mais, son institution n'écarte pas pour autant tout risque de fraude ou d'abus. En effet, l'intérêt pourrait être à double tranchant. Le privilège a la particularité de prémunir le créancier et de le protéger à chaque fois qu'il y a conversion en procédure de liquidation des biens suite à l'échec d'un concordat obtenu en procédure. Or, en principe ayant obtenu un tel coup de pouce, l'entreprise débitrice ne devrait que aller de l'avant. Dans le cas contraire, si malgré l'apport elle devait être liquidée, alors le privilège pourrait être un moyen pour certains créanciers notamment des banques de camoufler une cession de l'entreprise en difficulté. Si une telle hypothèse se produisait, l'actif de l'entreprise débitrice pourrait être tout ou en partie absorbé par le passif ultra privilégié. Il conviendrait alors de trouver au plus vite des garanties contre des éventuels abus ou fraudes.

424. Comme le droit français, le droit OHADA des procédures collectives n'a pu échapper à la contractualisation pour atteindre son objectif de redressement ou la poursuite de l'activité des entreprises viables. La préférence de traitement reconnue aux créances postérieures régulières ou créances de la masse et l'institution nouvelle du privilège d'argent frais pour inciter les créanciers à s'engager dans des concordats préventif ou de redressement selon le cas, avec l'entreprise débitrice, matérialisent cette contractualisation du droit des procédures collectives et d'apurement du passif OHADA. Mais, la quasi-absence de sélection ou le caractère systématique et généralisé du traitement préférentiel accordé aux créances de la masse, marque un fossé important entre les créanciers antérieurs et les créanciers postérieurs à la décision d'ouverture de procédure collective OHADA. Ce déséquilibre, même s'il aura permis d'atteindre le but recherché de sauvetage ou de redressement de l'entreprise, ce qui n'est pas à cent pour cent garanti, met en cause, à coup sûr, le principe d'égalité de tous les créanciers devant la loi des procédures collectives OHADA. La préférence de traitement concernant la priorité de paiement des créanciers titulaires des créances de la masse, venant s'ajouter à la dispense totale de l'application de la discipline collective à leur encontre, font du droit

OHADA des entreprises en difficulté plutôt un droit des procédures semi-collectives. La contractualisation du droit des procédures collectives ne devrait pas, même si elle est nécessaire à l'équilibre financier de l'entreprise, pour autant pousser au retrait total des règles impératives et d'ordre public de ce droit. Le droit des procédures collectives a une vocation souveraine de s'imposer à tous les acteurs impliqués dans la vie économique de l'entreprise en difficulté.

SECTION 2. L'AMÉNAGEMENT DES CRÉANCIERS RÉTENTEURS

425. Face à l'impératif de l'intérêt supérieur de l'entreprise et de la poursuite de l'activité de celle-ci, les législateurs français et communautaire de l'espace OHADA ont pris en compte la nécessité de prendre en charge la situation des créanciers titulaires d'un droit de rétention pendant les procédures collectives. L'aménagement de la situation des créanciers rétenteurs notamment les détenteurs du ou des bien(s) du débiteur soumis à la procédure collective peut s'avérer, en effet, incontournable pour rendre possible le redressement économique de l'entreprise. Dans les deux systèmes juridiques, des aménagements ont ainsi été apportés. Les créanciers rétenteurs bénéficient d'une préférence exceptionnelle. Ceci permet d'éviter le blocage qui pourrait résulter de l'exercice du droit de rétention qui, dans les droits des sûretés des deux systèmes juridiques, est désormais[809] consacré et institutionnalisé, plus ou moins clairement, comme une sûreté réelle[810] à part entière.

426. Du côté du droit OHADA, alors que certains auteurs, sous l'auspice de l'ancien acte uniforme des sûretés, le qualifiaient comme une sûreté plutôt indépendante mais parfaite et achevée[811], le nouvel article 50 de l'acte uniforme des sûretés révisé lève l'équivoque relative à son indépendance en qualifiant le droit de rétention de sûreté réelle mobilière à part entière. En France comme dans l'espace OHADA, le mécanisme juridique du droit de

---

[809] Dans le droit français le droit de rétention est une création de la jurisprudence avant d'être d'abord consacré par des textes disparates puis institutionnalisé comme un principe général du droit de rétention dans le Code civil à l'article 2286. Ce texte centralise aujourd'hui toutes les formes de droit de rétention comme étant une sûreté du moins assimilable à une sûreté ou un mécanisme de garantie de créance très efficace. La nature de sûreté du droit de rétention est aussi présumée du fait de son emplacement au sein du livre IV du Code civil et de sa forme étendue désormais au gage sans dépossession, article 2286, 4°.

[810] Ph. SIMLER et Ph. DELEBECQUE, *Droit civil : Les sûretés, La publicité foncière*, 6ème éd. Dalloz, 2012 pour le droit français ; V. M. SAMB, « Droit de rétention » *in encyclopédie du droit OHADA*, 2012, p.717 et s. pour le droit OHADA.

[811] J. ISSA-SAYEGH, « Le nouveau droit des garanties de l'OHADA », Communication au 1er colloque national de l'association ivoirienne Henri Capitant, Abidjan, 2 avril 2001, *Ohadata D-02-15*., p. 161 ; Z. ZERBO, « Le droit de rétention dans l'acte uniforme portant organisation des sûretés de l'OHADA », *Penant* mai-août 2001, p.125.

rétention a été étendu notamment aux créanciers gagistes avec dépossession du bien du débiteur. Ainsi la détention du bien n'est plus nécessairement que matérielle, elle peut être désormais fictive [812] notamment dans le droit français. Tandis que le droit OHADA, s'inspirant du même mécanisme, opte pour assortir le gage sans dépossession d'un droit de préférence avec titre exécutoire[813]. Dans les deux systèmes, le droit de rétention occupe une place importante au sein du dispositif de garantie des créances. Redoutable, son efficacité est préservée même lorsque s'ouvre une procédure collective à l'encontre du débiteur. Demeurés invincibles [814] presque intraitables, les créanciers rétenteurs semblent maintenir cette préférence exceptionnelle, parfois exacerbée, qu'ils ont en temps normal, dans la mesure où ils bénéficient d'un privilège de paiement prioritaire voire forcé devant n'importe quel autre créancier. Et ce, en dépit du caractère dérogatoire du droit des procédures collectives et du fait que, dans le droit français, l'article 2287 du Code civil ait consacré le principe de subsidiarité du droit des sûretés au droit des entreprises en difficulté[815]. C'est pourquoi, nous nous demandons si cet état de fait est compatible avec la logique et l'objectif de redressement et de la continuation de l'activité de l'entreprise du droit des procédures collectives ? Aussi, pour être cohérent avec les principes de l'effet réel des procédures collectives, de l'intérêt de l'entreprise et enfin du respect du principe d'égalité entre les créanciers, peut-on laisser prospérer une sûreté réelle aux allures d'une mesure conservatoire et de justice privée, qui plus est, prive le débiteur de l'utilité de son bien pendant le traitement de ses difficultés ?

L'analyse des aménagements apportés aux différents droits de rétention dans le droit positif français **(§1)** et de la solution du droit OHADA sur la rétention et sur la résolution des conflits entre créanciers rétenteurs et gagistes **(§2)**, dans les procédures collectives, nous permettra de juger de la cohérence de la prise en charge de la problématique des créanciers rétenteurs par le droit des entreprises en difficulté en France et dans l'espace juridique du droit des affaires unifié OHADA.

---

[812] En France, depuis 2008 la loi de modernisation de l'économie a introduit l'alinéa 4 à l'article 2286 du Code civil qui consacre le droit de rétention fictif du créancier gagiste sans dépossession.

[813] Article 104 Acte Uniforme des Sûretés révisé (AUSr).

[814] P.-M. Le CORRE, « L'invincibilité du droit de rétention dans les procédures collectives », *D.* 2001.Chron. 2815.

[815] L'article 2287 du Code civil dispose que « *Les dispositions du présent livre ne font pas obstacle à l'application des règles prévues en cas d'ouverture d'une procédure de sauvegarde, de redressement judiciaire ou de liquidation judiciaire ou encore...* ». Ce texte consacre sans aucune réserve et d'une manière pourtant très explicite, comme nous l'avons démontré plus haut, la primauté des règles impératives du droit des entreprises en difficulté, dans le droit positif français.

§1) Le droit de rétention français : une sûreté indéterminée et mal articulée ?

427. Une reconnaissance d'abord jurisprudentielle. Traditionnellement, tel qu'il est reconnu par la jurisprudence et interprété par la doctrine, le droit de rétention est un droit reconnu au détenteur d'une chose d'en refuser la restitution à son débiteur tant que ce dernier n'a pas exécuté son obligation[816]. Il n'y a pas de définition légale du droit de rétention. Cette obligation du débiteur est le plus souvent une créance de somme d'argent, mais elle peut aussi être une obligation de faire ou de ne pas faire. En effet, issu d'une construction jurisprudentielle, le droit de rétention, resté indompté par la « civilité juridique » est une exception de justice privée au sein de l'arsenal juridique contemporain. Résultant d'un état de fait et n'ayant aucune base légale, la jurisprudence avait admis la légitimité de la rétention dans certaines mesures.

428. Pour lui donner un certain cadre juridique, elle l'a astreint à certaines conditions tenant à la fois à la créance et au lien de connexité existant entre la détention de la chose objet de rétention et la créance elle-même qui en a constitué la cause. La créance devait être certaine, liquide et exigible[817]. Si ces trois caractères de la créance faisaient déjà l'objet d'une appréciation attentive du juge, la certitude de la créance restait le point le plus déterminant[818] lors du contrôle exercé par ce dernier. Car le défaut de certitude sur la créance était déjà susceptible de transformer le droit de rétention en abus de confiance[819]. Ainsi, dès les années 70, la Cour de cassation a affirmé le principe selon lequel « *le droit de rétention n'est pas reconnu au profit de celui dont la créance est douteuse*[820] ». Mais, la jurisprudence est toujours restée souple sur l'appréciation des autres conditions, considérant qu'une décision de justice confère à la créance, si la connexité matérielle est avérée, liquidité et exigibilité[821].

429. S'agissant du lien entre la créance et la détention de la chose, la jurisprudence exigeait deux sortes de connexité non cumulable. Soit une connexité matérielle ou objective c'est-à-dire la détention effective de la chose à l'occasion[822] et à l'origine de sa créance alors même qu'il n'y avait aucun rapport juridique préexistant entre le créancier rétenteur et son

---

[816] A. AYNES, *Le droit de rétention, unité ou pluralité* Economica, 2005, préface Ch. LARROUMET.

[817] Ces trois conditions sont désormais consacrées par l''article 2286 du Code civil.

[818] Cass. com. 14 juin 1988, *Bull. civ.IV, n° 199 ; 7 avril 1998, Bull.civ.IV, n° 123 ; JCP 1998. 1143, note J. Stoufflet ;* Cass. Com. 13 nov. 2012, n° 11-25035 ; Com. 26 mars 2013, n°12-12204. Avec une solution constante, la jurisprudence exige que la créance garantie soit « certaine » ou du moins incontestable dans son principe.

[819] Cass. crim.5 avr. 1973, *Bull.crim.n°177.*

[820]Cass. crim. 5 avr. 1973, op.cit.

[821] Cass. com. 7 janv. 1992, *Bull. civ.I, n°10.*

[822] Cass civ. 1re, 15 juin 1962, *Bull. civ.* I, n° 303.

débiteur[823]. Soit une connexité juridique, c'est-à-dire que le lien entre la détention et la créance découle d'un rapport juridique comme un contrat. La connexité conventionnelle était ignorée par la jurisprudence. Alors qu'une partie de la doctrine l'avait suggéré pour un droit de rétention conventionnel[824], la jurisprudence quant à elle la rattachait plutôt à la connexité juridique[825].

430. En effet, tout ce qui est conventionnel étant contractuel et donc juridique, il nous semble que la connexité juridique suffit et qu'il n'y a donc pas lieu d'inventer une troisième connexité. Ce lien conventionnel ou contractuel entre la détention et la créance, qu'il soit prévu[826] par les parties en amont ou en aval de la rétention ne change rien à sa nature juridique. D'ailleurs, dès le départ c'était à partir de ce postulat juridique que la jurisprudence avait consacré un principe général du droit de rétention[827] avant même qu'il n'ait été reconnu au rétenteur « une situation légale privilégiée[828] » par l'ordonnance du 23 mars 2006.

431. Une reconnaissance légale non qualifiante de sûreté. Le droit de rétention est classé depuis cette date dans le livre IV du Code civil à l'article 2286 du même code[829]. Ce mécanisme a ensuite inspiré la reconnaissance d'une détention fictive, au profit notamment du créancier gagiste sans dépossession du bien, introduite par la loi relative à la modernisation de l'économie du 4 août 2008. Celle-ci est désormais consacrée par le nouvel article 2286 alinéa 1er, 4° du Code civil. Ces évolutions aboutissent à la définition du droit de rétention comme le droit de préférence exceptionnel[830] conféré à un créancier rétenteur réel ou fictif, de refuser la délivrance[831] ou la restitution d'une chose tant qu'il n'a pas obtenu paiement. Ce droit constitue un mécanisme de garantie de créance très efficace du droit commun applicable en temps ordinaire. Mais dans le cas exceptionnel de la mise en œuvre des procédures collectives, le droit de rétention exercé par un créancier rétenteur à l'encontre du débiteur est susceptible de créer une situation de blocage. Au quel cas que faire, comment remédier à un tel risque de blocage de la procédure collective ? Faudrait-il supprimer le droit de rétention ?

---

823 Ph. SIMLER et Ph. DELEBECQUE op. cit.

824 Ph. SALVAGE, *La rétention,* thèse, Grenoble, 1968, p.92

825 Cass. com. 25 nov. 1997, *D.* 1998. 232, note J. François.

826 G. Jiogue, "Le droit de rétention conventionnel, étude de droit français et de droit OHADA », *RRJ* 2007, 1765.

827 Cass. com. 19 février 1958, *Bull. civ. IV, n°82.*

828 G. RIPERT et J. BOULANGER, *Traité élémentaire de droit civil de Planiol,* L.G.D.J.. 2, 1952, 4e éd., n°3270. Selon ces auteurs, le droit de rétention confère au rétenteur une « situation légale privilégiée ».

829 A. AYNES., « La consécration légale des droits de rétention »,*D.* 2006, 1301 ; Ph. SIMLER, *JCP* n° spéc. 18 mai 2006, p.5.

830M. BOURASSIN, V. BREMOND., M-N. JOBARD-BACHELIER, *Droit des sûretés,* Sirey, 5ème éd. 2012, 2667.

831 G. PIETTE, *Droit des sûretés,* Gualino, Lextenso editions, 7ème éd. 2013-2014, p.179.

Un auteur a jugé concevable et même tout à fait envisageable la suppression pure et simple du droit de rétention[832]. Nous pensons que ce ne soit pas vraiment la meilleure solution possible. Sinon comment trouver une articulation du droit des procédures collectives avec le droit de rétention qui soit respectueuse des principes fondamentaux de la discipline collective ?

Pour l'heure, la qualification du droit de rétention comme étant une sûreté réelle à part entière ou comme un simple mécanisme de garantie de créance reconnu en tant que tel, autonome et indépendant des autres sûretés réelles, reste encore équivoque, controversée et confuse. Cette ambiguïté, entretenue par le législateur lui-même, sur la nature de cette institution (**A**) pourrait être à l'origine, nous semble-t-il, de la difficulté à trouver une articulation qui soit cohérente et non contradictoire (**B**) du droit de rétention avec le droit des procédures collectives.

A) La nature incertaine du droit de rétention

432. Le droit de rétention dans le droit français reste encore une institution hybride. Malgré la consécration légale des droits[833] de rétention, le législateur ne s'est pas prononcé clairement sur la qualification de ce mécanisme, pourtant indéniablement efficace, de garantie de créances. En effet, s'il a donné à l'institution un cadre légal et fixé son champ d'application, il n'a pas tranché d'une manière explicite le débat doctrinal sur la véritable nature du droit de rétention. Il n'a pas non plus cherché à « normaliser » le rapport de force parfois conflictuel observé entre les droits de rétention. Il s'est contenté d'apposer un sceau de légalité aux contours déjà établis par la jurisprudence, tels que les conditions de la détention effective ou fictive et les caractères exigés sur la nature de la créance, ci-dessus étudiés.

433. Le classement du droit de rétention à l'article 2286 situé dans le livre IV du Code civil dédié au droit des sûretés, alimente le doute, certainement voulu par le législateur : ce classement laisse en effet la possibilité de considérer les droits de rétention comme des sûretés réelles. Mais cette volonté présumée du législateur n'a jamais fait l'objet d'une confirmation ni de la part du législateur lui-même, ni de la part de la jurisprudence. Dans une jurisprudence relativement ancienne, la Cour de cassation avait estimé que le droit de rétention n'est pas une sûreté et n'est pas assimilable au gage[834].

---

[832] D. LEGEAIS, *Sûretés et garanties du crédit,* op.cit. 2013 p.435.

[833] Il s'agit du droit de rétention fictif désormais octroyé au créancier gagiste sans dépossession et du droit de rétention ordinaire ou classique, tous les deux consacrés par le nouvel article 2286 du Code civil.

[834] Cass.com., 20 mai 1997, *Bull.civ.* IV, n°141.

434. Ce, en dépit des évolutions légales enregistrées notamment par les réformes de 2006[835] et de 2008[836] sur les sûretés et en particulier le droit de rétention. La place de premier plan[837] réservée au droit de rétention dans les procédures collectives à travers les dispositions des articles L.622-7, II, al 2, L.631-14 al 1er et de l'article L.642-20-1 du Code de commerce, vient infirmer implicitement, nous semble-t-il, sauf confusion de la part du législateur, cette présomption sur la reconnaissance, par l'article 2286 du Code civil, du droit de rétention comme une sûreté. Cette place de premier plan dans le code de commerce s'impose au mépris des dispositions des articles 2287 et 2354[838] du Code civil. Ceci tend à confirmer plutôt la position jurisprudentielle, ci-dessus indiquée.

435. Tentatives de qualification doctrinales. Après plusieurs études doctrinales[839] qui ont été menées sur la nature juridique du droit de rétention[840], le comparant notamment à d'autres institutions voisines telles que la compensation, l'exception d'inexécution et la mesure d'exécution avec lesquelles il a des traits communs mais desquels il diffère fondamentalement[841], un auteur a très tôt conclu que le droit de rétention était plus une mesure conservatoire qu'une sûreté[842]. D'autres auteurs, postérieurs, plus actuels, en mettant en avant le caractère réel du droit de rétention et son opposabilité *erga omnes*[843], estiment que même si le droit de rétention n'est pas une sûreté réelle comme les autres, dans le sens où il ne confère à son titulaire ni droit de suite, ni droit de préférence, il n'en demeure pas moins qu'il peut être qualifié de droit réel[844]. Ces derniers renchérissent en affirmant que l'on ne peut prendre les deux effets classiques d'une sûreté, que sont le droit de préférence et le droit de suite, pour un critère définissant une sûreté classique[845]. Selon eux, la qualification du droit

---

[835] La réforme introduite par l'ordonnance du 23 mars 2006 a notamment conféré au créancier gagiste avec dépossession un droit de rétention et a posé les jalons de ce qui serait plus tard une rétention fictive, en instituant le gage sans dépossession. Elle introduit pour la première fois, sans doute, le droit de rétention dans le Code civil à l'article 2286.

[836] La réforme du 4 août 2008 a octroyé un droit de rétention fictif au créancier gagiste sans dépossession rajoutant à l'article 2286 du Code civil un quatrième alinéa.

[837] Ph. SIMLER, Ph. DELEBECQUE *Droit civil : Sûretés et Publicité foncière, op.cit.*

[838] L'article 2354 du Code civil dispose que « les règles du Code civil ne font pas obstacle à l'application des particulières prévues en matière commerciale », notamment donc les règles régissant la vie et le traitement d'une entreprise en difficulté.

[839] N. CATALA, « De la nature juridique du droit de rétention », *RTD civ.*1967, p.9.

[840] F. PEROCHON, « Le droit de rétention accessoire de la créance », *Mélanges M. Cabrillac,* Litec, 1999, p. 379 ; A. GHOZI, « Sur la dualité du droit de rétention », *Etudes P. Catala,* Litec, 2001, p. 719.

[841] D. LEGEAIS, *Sûretés et garanties de crédit,* 9e éd. L.G.D.J.2013. op. cit.

[842] J.F. DURAND, *Le droit de rétention,* thèse, Paris II, 1979.

[843] Cass. Civ. 1re 7 janvier 1992, *Bull.civ.* I, n°4, *JCP* 1992. I. 3583, n°16, *JCP* 1992.II. 21971, note Ramarolanto-Ratiaray, *RTD civ.*1992.586, obs. P.Y. Gautier ; Cass. com. 3 mai 2006, *JCP* 2006. I. 195, n°15, *RTD civ.*2006.584, obs. Revet.

[844] Ph. SIMLER, Ph. DELEBECQUE op.cit. ss.582 p.524.

[845] Ibidem.

de rétention comme droit réel ne peut donc pas être exclue sur cette base-là. D'autres auteurs encore, pensent même que le droit de rétention est un droit préférentiel[846]conférant un droit de préférence exceptionnel[847] au créancier rétenteur. Jusqu'à ce jour aucun de ces avis argumentés n'a reçu d'onction explicite des autorités compétentes, ni légale, ni jurisprudentielle. Le droit de rétention reste donc encore inclassable et non classé dans l'arsenal juridique français dédié au mécanisme de garantie des créances.

Nous approuvons la nature dérivée d'une sûreté réelle du droit de rétention mais pas avec cette lecture, majoritairement partagée par la doctrine, sur l'institution. A travers une étude des dispositions du nouvel article 2286 du Code civil, nous proposons une autre lecture du droit de rétention (**1°**) à la suite de laquelle nous suggérerons une redéfinition de l'institution (**2°**) qui permettrait, selon nous, de faciliter une prise en charge de cette sûreté, qui soit plus en phase avec les principes impératifs du droit des procédures collectives.

1°) Une autre lecture sur la qualification du droit de rétention

436. Nous estimons qu'à l'instar du droit de préférence et du droit de suite générés par les sûretés réelles classiques et de l'exclusivité conférée par les sûretés réelles basées sur le droit de propriété[848], le droit de rétention n'est qu'un effet produit par une autre sûreté réelle que nous appelons la détention réelle. Nous avons choisi le terme de « *détention réelle* », pour distinguer la sûreté réelle dont on parle parmi l'ensemble des sûretés réelles que consacre l'article 2286 sans les expliciter. La détention est dite « *réelle* » parce que cette sûreté réelle portera toujours sur un bien meuble ou immeuble. On ne parle pas de « *détention matérielle* » qui, elle, désigne un pouvoir de fait sur une chose[849]. Le droit de rétention constitue la résultante de la détention légitime exercée sur la chose. Il est donc *l'accessoire* et la détention réelle ou la détention légitime du bien, *le principal*. En d'autres termes, le droit de rétention est un droit réel conféré au créancier rétenteur par la détention légitime qu'il a de la chose.

437. Si le nouvel article 2286 du Code civil n'a pas donné la définition du droit de rétention, il énumère tout de même, toutes les conditions de la détention réelle effective ou fictive de la chose. L'alinéa premier de ce texte dispose en effet que « *peut se prévaloir d'un droit de rétention sur la chose* : ... ». Il aurait pu énoncer comme suit : « peut se prévaloir d'un droit de préférence, d'un droit de suite, d'un droit exclusif etc... sur la chose à partir du moment où la détention est légalement justifiée et légitimée comme l'a fait l'article 2286 nouveau du Code civil. Plutôt qu'un droit de rétention, cet

---

846 Cass. com., 25 nov. 1997, *Bull.civ.*IV, n°301, *D.*1998.232 ; note J. François.
847 M. BOURASSIN, V. BREMOND, M.-N. JOBARD-BACHELIER. op.cit. p.778.
848 L. BOUGEROL-PRUD'HOMME, *L'exclusivité et garanties de paiement,* Thèse Paris II Assas, 2010.
849 CORNU, *Vocabulaire juridique,* op. cit.

article précité définit, selon nous, une détention réelle mais sans la nommer ainsi. Il la légitime et l'assortit d'un droit de rétention comme effet de cette sûreté réelle. L'alinéa 1er, 4° de l'article 2286 du Code civil, pose désormais, à côté de la détention réelle effective, une détention réelle fictive. Toutes deux sont des sûretés réelles qui peuvent être mobilières ou immobilières consacrées par le nouvel article 2286 du Code civil. A ce titre, elles confèrent à leurs titulaires un *droit de rétention*.

438. La détention réelle est légitime et a valeur légale si elle résulte d'une connexité matérielle ou objective, conventionnelle ou juridique avec la chose. Les conditions de connexité reconnues par l'article 2286 du Code civil pour la validité de la détention réelle visent ainsi à établir un lien logique entre la créance et le bien retenu. En France, la jurisprudence n'admet le droit de rétention que lorsqu'il existe un lien de connexité avéré entre la créance et la détention[850]. Dans le droit OHADA, cette exigence de lien entre la « naissance de la créance et la détention de la chose retenue » est reconnue par l'acte uniforme portant organisation des sûretés révisé[851]. La détention peut être jugée illégitime, si ces conditions ne sont pas remplies ou bien si le créancier rétenteur est de mauvaise foi[852], ou être prohibée[853] par la loi. Ainsi, la rétention qui est un droit réel sur la chose détenue légitimement garantit le paiement de la créance du rétenteur. En fonction du lien de connexité entre la créance et la chose retenue, la détention réelle est une sûreté réelle mobilière ou immobilière de *fait ou juridique*. Elle est juridique quand elle résulte d'un contrat ou d'une convention. Elle est dite « de fait » quand elle découle d'une circonstance occasionnelle ou d'usage. Par exemple le fait qu'un garagiste non payé détienne le véhicule de son client débiteur à l'occasion d'une réparation sur ce véhicule constitue une

---

[850] Ph. SIMLER, Ph. DELEBECQUE, op.cit.p. 535.

[851] V. Article 68 al. 2 AUSr, dispose que « le droit de rétention ne peut s'exercer que s'il existe un lien de connexité entre la naissance de la créance et la détention de la chose retenue ».n

[852] Cass. com., 15 oct. 1992. I. 3583, n°17.

[853] Dans le droit positif français, la rétention est prohibée par plusieurs textes pour des raisons diverses : licéité, intérêt général, respect d'ordres publics, dignité de la justice etc... Par exemple, l'article 1885 du Code civil refuse le droit de rétention à l'emprunteur à usage, « sans doute pour ne pas le mettre dans une position trop avantageuse dans un contrat conçu dans son intérêt exclusif », cité et commenté par Ph. Simler, Ph. Delebecque op.cit.p.527. Aussi, pour les raisons d'ordre public intéressant la défense nationale, l'article 58 de l'ordonnance du 23 oct. 1958 dénie le droit de rétention à l'exproprié lorsque l'expropriation est légitimée par la réalisation des travaux d'intérêt général de défense nationale. Et, enfin au nom de la dignité de la justice, il est proscrit à l'avocat d'exercer la rétention sur les pièces d'un dossier dont il a la détention pour se faire régler ses honoraires non honorés par le client débiteur, V. Article 157 du Décret du 27 nov. 1991 relatif à la profession d'avocat. Il est interdit aussi d'exercer la rétention sur des choses jugées hors du commerce juridique, tels que des biens inaliénables, le corps et organes humains, Dijon 17 janv. 1933, *DH* 1933. 188 ; T.civ. Seine, 20 déc. 1932, *S.*1933.2.44 ; ou bien sur une prothèse dentaire Cass. civ. 1re, 9 oct. 1985, *D.*1986. 417, note Penneau.

détention réelle de fait si cette option ne fait pas l'objet d'un contrat entre les parties.

439. En outre, si l'on prête bien attention à la formulation du texte précité notamment au numéro un de son alinéa premier, qui dispose, « *peut se prévaloir du droit de rétention celui à qui la chose a été remise jusqu'au paiement de sa créance »,* on remarquera finalement que les sûretés fondées sur la propriété retenue ou cédée à titre de garantie sont aussi assorties d'un droit de rétention. En d'autres termes, l'article 2286, alinéa 1er, 1° du Code civil, à l'instar de l'alinéa 1er, 4° du même texte qui a conféré un droit de rétention fictif au créancier gagiste sans dépossession, donne un droit de rétention qui peut être effectif ou fictif au créancier titulaire d'une sûreté réelle basée sur la propriété retenue ou cédée à titre de garantie. Ce droit de rétention est dit effectif quand c'est le créancier qui détient le ou les bien(s) objet(s) de la sûreté réelle, il est qualifié de fictif quand le créancier est dépossédé du bien objet de la sûreté. Mais dans la pratique, ce droit de rétention est généralement fictif car dans la plupart des cas de sûretés réelles basées sur la propriété, le débiteur détient le ou les biens appartenant au départ au créancier. Et, donc en guise de garantie, il est virtuellement conféré au créancier un droit de rétention à l'instar du gage avec dépossession. Cependant dans ce cas de figure, la sûreté réelle source de l'effet exécutoire de rétention, ne se nomme pas détention réelle car il s'agit là d'une affectation volontaire de la chose retenue, c'est-à-dire une obligation de délivrance résultant d'une exécution de la convention conclue entre les parties.

440. Enfin, le dernier alinéa de l'article 2286 du même code pose que *« le droit de rétention se perd par le dessaisissement volontaire ».* Ce dernier alinéa ne fait allusion ni au créancier gagiste sans dépossession puisque, par essence, il n'y a pas de saisie sur la chose objet de rétention, celle-ci n'étant que fictive, ni au créancier titulaire du droit de rétention en vertu de l'article 2286, alinéa 1er 1°, car il s'agit d'une affectation volontaire. Ce dernier alinéa s'adresse exclusivement au créancier titulaire d'un droit de rétention en vertu d'une détention réelle justifiée par un lien de connexité matérielle ou objective entre la créance et la chose détenue. L'accessoire suivant toujours le principal, il est donc logique qu'à partir du moment où cette détention n'est plus, l'effet exécutoire qu'est le droit de rétention n'ait plus lieu d'être.

441. Cette démonstration prouve que le droit de rétention n'est pas une sûreté mais plutôt un effet exécutoire d'une sûreté réelle. Nous avons vu que cette sûreté réelle peut désormais s'apparenter à un gage sans dépossession, à une sûreté réelle fondée sur la propriété à travers le mécanisme de l'affectation volontaire d'un bien jusqu'au paiement de la créance, et enfin à une sûreté réelle résultant d'un concours de circonstance que nous avons appelé une détention réelle telle qu'elle est reconnue et consacrée par l'article 2286 nouveau du Code civil.

2°) Pour une redéfinition du droit de rétention

442. Certains auteurs ont pu donner les définitions suivantes du droit de rétention. La première définit ce droit comme étant *« un droit reconnu au détenteur d'une chose d'en refuser la restitution à son débiteur tant que ce dernier n'a pas exécuté son obligation* [854] *»*. Cette définition décrit exactement le droit de rétention classique. Comme il est déjà souligné plus haut, cette définition ne qualifie pas la nature du droit de rétention. D'après cette définition, le droit de rétention est un droit réel conféré à tout créancier par la détention légitime, réelle et effective d'une chose. Cette définition semble être dépassée car elle ne tient pas compte du droit de rétention fictif introduit par la loi du 04 août 2008. Elle ignore l'extension du domaine de la rétention introduite par le nouvel article 2286 al 1, 4° du Code civil.

443. La deuxième définition est la suivante : « *le droit de rétention, en tant que sûreté réelle, garantit le recouvrement d'une créance par l'affectation d'une chose au créancier* [855]». Celle-ci est plus tranchée sur la nature et la qualification du droit de rétention. Ces auteurs affirment clairement que le droit de rétention est une sûreté réelle. Mais, ils ne semblent lire la rétention que sous l'angle de l'affectation d'une chose. Or, la rétention ne se limite pas seulement à l'affectation d'une chose, elle est plus étendue que cela. Nous avons vu que la rétention peut découler d'une affectation bien sûr, mais aussi d'une détention matérielle résultant d'une circonstance de fait, souvent fortuite, le droit de rétention s'exerçant même sur une relation extracontractuelle[856]. Enfin la rétention peut être purement fictive. Ainsi, la deuxième définition ne couvre pas non plus l'ensemble des cas de rétention. Incomplète, elle est limitée par la seule hypothèse de l'article 2286 aliéna 1er, 1°, du Code civil. Sur la qualification du droit de rétention comme une sûreté réelle, nous estimons qu'il y a confusion entre cause et effet. Comme nous l'avons précédemment vu, le droit de rétention n'est pas à proprement parler une sûreté réelle, mais un effet ou un attribut d'une sûreté réelle : la détention réelle. Ce droit réel sur la chose détenue fait office de titre exécutoire car l'autorisation de refuser[857] la restitution de la chose détenue n'est en fait rien d'autre qu'un droit à l'exécution. Ce droit réel permet au créancier détenteur légitime de la chose ou rétenteur de réaliser sa créance de gré ou de force sans avoir besoin pour cela d'une décision de justice.

444. Esquisse d'une nouvelle définition. A l'issue de cette analyse, nous proposons la définition suivante du droit de rétention : *le droit de rétention est un effet attributif de la détention réelle effective ou fictive, conférant au créancier détenteur légitime d'une chose, un droit réel sur la chose détenue*

---

[854] A. AYNES, *Le droit de rétention, unité ou pluralité,* Economica. 2005 ; D. LEGEAIS, *Sûretés et garanties du crédit,* 9e éd. 2013, p. 434.
[855] Ph. SIMLER, Ph. DELEBECQUE, op.cit.
[856] M. BOURASSIN, V. BREMOND., M.-N. JOBARD-BACHELIER op. cit.
[857] L. AYNES, *Le droit de rétention : unité ou pluralité,* op.cit.

lui permettant d'en refuser la restitution jusqu'au paiement de sa créance ou au créancier rétenteur fictif d'exercer un droit de préférence exceptionnel sur un bien du débiteur.

B) Une articulation incohérente et contradictoire

445. La place actuellement réservée aux créanciers rétenteurs au sein du droit français des procédures collectives est plus que privilégiée. Le traitement préférentiel dont bénéficient les créanciers titulaires du droit de rétention classique, notamment, est aussi exceptionnel dans ce sens où il semble être dépourvu de toute contrepartie pour faciliter la réalisation des objectifs de sauvegarde, de redressement et de continuation de l'activité de l'entreprise, contrairement aux créanciers éligibles à l'article L.622-17, I, du Code de commerce.

446. La contractualisation du droit des procédures collectives avec les créanciers rétenteurs se résumerait ainsi à un simple arrangement pour décanter la situation gênante, sans engagement ni implication réelle de ces derniers au profit du sauvetage de l'entreprise en difficulté. Aussi, même si les créanciers rétenteurs titulaires d'un droit de rétention classique et les titulaires d'un droit de rétention fictif tels que les gagistes sans dépossession (**1°**) partagent le même dispositif juridique, il n'en demeure pas moins que du point de vue pratique leur condition juridique laisse entrevoir une différence de traitement entre eux dans les procédures collectives. Ceci jette un doute sérieux sur le principe d'égalité entre créanciers antérieurs[858]. Cette absence notoire de contrepartie eu égards aux objectifs poursuivis par le droit des entreprises en difficulté et la différence de traitement de fait entre les créanciers rétenteurs eux-mêmes révèlent des problèmes de cohérence et beaucoup de contradiction (**2°**) dans la prise en charge et dans l'aménagement du droit de rétention par le droit des procédures collectives.

1°) Différence de traitement entre créanciers rétenteurs dans les procédures collectives

447. Dans le droit français des procédures collectives le sort du rétenteur est différent selon qu'il est titulaire d'un droit de rétention classique ou d'un droit de rétention fictif. Si le droit de rétention fictif est par principe inopposable aux procédures collectives de sauvegarde et de redressement judiciaire (**b**), le droit de rétention classique reste caractérisé par son opposabilité *erga omnes* (**a**) quelle que soit la procédure collective.

---

858 M. SENECHAL et G. COUTURIER, « Créanciers antérieurs : l'égalité a-t-elle vécu ? », *Bull.Joly Entreprises en difficulté,* 1 sept. 2012, n°166.

a) L'opposabilité erga omnes du droit de rétention classique

448. Dans le cas du droit de rétention classique, le rétenteur a la détention matérielle de la chose, objet de sa rétention, il détient donc physiquement le bien du débiteur entre ses mains. Lorsque le débiteur est soumis à une procédure collective, le bien détenu par le créancier rétenteur est totalement hors de contrôle de l'organe de procédure et du débiteur propriétaire lui-même. Or, la procédure collective est censée saisir tous les biens du débiteur, ceci étant l'effet réel de celle-ci[859]. Pour éviter le blocage généré par la rétention du bien appartenant au débiteur, les règles impératives du droit des procédures collectives prévoient un seul dispositif, à travers les articles L.622-7, II, al.1er et 2 du Code de commerce pour la procédure de sauvegarde et l'article L.631-14 du même code pour le redressement judiciaire. Ils sont activables si, et seulement si, c'est nécessaire pour la poursuite de l'activité de l'entreprise débitrice. L'article L.622-7, II, al.1er prévoit que : « *le juge commissaire peut autoriser le débiteur à faire un acte de disposition étranger à la gestion courante de l'entreprise, à consentir une hypothèque, un gage ou un nantissement ou à compromettre ou à transiger* ». La première solution face à cette situation consiste donc à consentir une sûreté réelle classique de substitution, à défaut de désintéresser totalement le rétenteur.

449. Toutefois, cette solution n'est envisageable que si le rétenteur le souhaite bien, rien ne l'obligeant à accepter ce compromis de substitution. L'article L.622-7, II, al.2 dispose que : « *le juge commissaire peut aussi l'autoriser à payer des créances antérieures au jugement d'ouverture, pour retirer une chose légitimement retenue pour obtenir le retour du bien...* ». Pour obtenir le retour du bien dans le patrimoine du débiteur, le débiteur doit payer l'intégralité des créances qu'elles soient antérieures ou pas au jugement d'ouverture dues au créancier rétenteur. Pendant la procédure collective de redressement judiciaire, ces deux solutions consistant à désintéresser intégralement le créancier titulaire du droit de rétention classique sont valables. Ceci constitue littéralement une dérogation au principe d'interdiction de paiement des créances antérieures et postérieures non éligibles à l'article L.622-17, I, du même code. Dans la phase de liquidation judiciaire, les articles L.641-3 et L.642-20-1 du Code de commerce envisagent de la même manière le dénouement avec le créancier rétenteur que l'article L.622-7, II, al. 2. A défaut, d'être totalement désintéressé, le créancier rétenteur dispose, à tout moment de la procédure tout comme dans le cadre de la procédure de liquidation judiciaire, de l'ultime moyen de pression à la fois sur le débiteur et sur l'organe de la procédure, à savoir refuser de restituer le bien et procéder à sa vente forcée.

450. En cas de vente du bien détenu, par lui-même ou par l'organe de procédure en l'occurrence le juge commissaire, le droit du créancier rétenteur est reporté sur le montant du bien vendu. Il est payé en priorité,

[859] M. SENECHAL, *L'effet réel des procédures collectives*, op.cit.

avant même les titulaires de créances de frais de justice et les super privilèges des salaires[860]. Son droit de rétention reste opposable à tous autant dans les procédures de sauvegarde et de redressement judiciaire que dans la phase de liquidation judiciaire. Le créancier rétenteur même s'il est soumis théoriquement à l'obligation de déclarer sa créance, un défaut de déclaration ne lui causera aucun tort dans la pratique, la sanction d'inopposabilité à la procédure étant inefficace à son égard.

451. Enfin, toute demande de restitution du bien détenu appartenant au débiteur est, en principe, vouée à l'échec car le droit de rétention classique reste opposable à tous malgré l'ouverture de la procédure collective[861]. Les seuls cas d'espèce où la restitution a eu lieu concernent la rétention d'un bien appartenant non pas au débiteur mais à autrui, autre créancier revendiquant la propriété du bien en question à travers une réserve de propriété[862]. En dehors de ces cas d'espèce où le bien détenu n'appartient pas au débiteur, la règle c'est l'opposabilité de la rétention, comme en témoigne la récente décision de la Cour d'appel de Nancy, en date du 8 janvier 2014. Dans cette décision, la cour d'appel a annulé l'ordonnance du juge commissaire exigeant du rétenteur la restitution du bien détenu par ce dernier. La cour conforte toujours le principe du refus de restitution et par voie de conséquence le principe de l'opposabilité du droit de rétention classique au débiteur propriétaire et à la procédure.

b) Le principe d'inopposabilité de plein droit du droit de rétention fictif

452. Calqué sur le mécanisme du droit de rétention classique, le droit de rétention fictif s'avère être aujourd'hui plus maîtrisé par le droit des entreprises en difficulté et même plus en phase avec les objectifs poursuivis par ce dernier. Peut-être pourrait-il servir de modèle dans la recherche d'une meilleure articulation entre le droit de rétention classique et le bon déroulement des procédures collectives ? Institué par la loi de modernisation de l'économie du 04 août 2008 et consacré par l'aliéna 1er, 4° de l'article 2286 du Code civil, le droit de rétention fictif est attribué à une sûreté réelle sur un bien meuble corporel [863] tel que le gage sans dépossession ou incorporel[864], autre que la détention réelle. Seul le créancier gagiste sans dépossession est explicitement retenu par le texte. Il n'empêche que la

---

[860] CA Lyon, 3ème ch. 9 janv. 2014, RG : 12/02713, en cas de vente du bien, le droit de rétention est reporté sur le prix, c'est la même solution qu'a retenu plus récemment la CA de Paris, Pôle 5, ch. 8 du 11 février 2014, RG : 1217588. De manière générale et habituelle, la jurisprudence est constante sur ce principe.

[861] D. LEGEAIS, op.cit ;, M. BOURASSIN, V.BREMOND, M.-N. JOBARD-BACHELIER op.cit.

[862] Cass. com. 14 janvier 2014, N°12-23.225.

[863] A. AYNES, « L'extension du droit de rétention dans le projet de réforme des procédures collectives », *JCP* 2008, Act. 300.

[864] Le même mécanisme pourrait être appliqué au nantissement en conférant au créancier nanti un droit de rétention fictif sur un bien immatériel ou incorporel objet de sa sûreté réelle.

possibilité d'un droit de rétention fictif au profit d'un créancier titulaire d'une sûreté réelle mobilière incorporelle, en l'occurrence le nantissement de comptes-titres, reste envisageable[865]. Le droit de rétention fictif est envisagé là où il n'y a pas de détention matérielle ou objective du bien. Il dépend donc de la seule volonté du législateur d'étendre ce mécanisme de protection aux créanciers titulaires de sûretés réelles mobilières sans dépossession. En effet, bien que, comme nous venons de voir, le régime juridique du droit de rétention fictif soit arrimé au droit de rétention classique, dans la pratique en l'occurrence, dans les procédures collectives, le rétenteur gagiste sans dépossession est traité différemment. Car en cas de mise en œuvre des procédures collectives, le créancier rétenteur fictif verra les effets de son droit de rétention neutralisés au moins pendant les procédures de sauvegarde, et de redressement judiciaire.

453. La discipline collective s'applique de manière effective et réelle sur le créancier rétenteur fictif contrairement au créancier rétenteur effectif du bien. Cela ne veut pas dire pour autant que le gage sans dépossession n'a, dans ce cas de figure, aucun intérêt[866] d'être conclu. Ce mécanisme permet, malgré l'existence d'un droit de rétention qui peut aussi être efficace[867] dans ce processus, à l'entreprise débitrice en difficulté d'espérer la poursuite sans contrainte de l'activité et son redressement économique. Ainsi, le créancier rétenteur fictif est soumis à l'obligation de déclarer sa créance[868] sous peine de forclusion susceptible d'entraîner l'inopposabilité de son droit à la procédure. Il est soumis au même titre que les créanciers antérieurs et postérieurs non éligibles au privilège de procédure, à l'interdiction des paiements. Par principe, le droit de rétention fictif est inopposable au débiteur et à la procédure en période d'observation et d'exécution des plans de sauvegarde et de redressement judiciaire.

454. L'unique exception à ce principe d'inopposabilité du droit de rétention fictif attaché au gage sans dépossession pendant les périodes sus mentionnées reste attachée au cas d'une cession d'activité au sens de l'article L.626-1 du Code de commerce : *« à l'exclusion de la liquidation judiciaire, l'interdiction des paiements s'accompagne d'une inopposabilité légale du droit de rétention conféré par le 4° de l'article 2286 du Code civil pendant la période d'observation et l'exécution du plan, sauf si le bien objet du gage est compris dans une cession d'activité décidée en application de l'article L. 626-1 du Code de commerce* [869]*»*. Ainsi, il est opposable dans l'hypothèse

[865] M. BOURASSIN, V. BREMOND, M.-N. JOBARD-BACHELIER, *Droit des sûretés,* op.cit.. p. 418.
[866] G. MARRAUD DES GROTTES, « Reste-t-il un intérêt à conclure un gage sans dépossession », *RLDC* 2009, n° 3302.
[867] P.-M. LE CORRE, « La mesure de l'efficacité des gages sans dépossession dans les procédures collectives », *JCP* E 2009, 1204.
[868] V. Articles L.622-24 à L.622-27 et L.622-31 à L.622-33 et L.641-3 alinéa 3 du Code de commerce.
[869] D. VOINOT, *Procédures collectives,* édition 2011, Montchrestien. p.129.

d'un plan de cession et en procédure de liquidation judiciaire[870]. Pendant la phase de liquidation judiciaire, le droit de rétention fictif reprend pleinement ses effets.

455. Enfin, conformément à l'application des anciens articles L641-3 et L.642-20-1 du Code de commerce, à la différence d'avec le droit de rétention classique jusqu'alors, le créancier titulaire du droit de rétention fictif prévalait même sur les créanciers super privilégiés[871]. Comme l'a déjà remarqué un auteur, on aurait pu espérer, que cet arrimage juridique, même s'il ne signifiait pas une égalité de traitement entre les créanciers rétenteurs dans les procédures collectives, soit une manière de neutraliser progressivement la rétention classique dans les procédures collectives, ou du moins, une manière de nourrir des propositions sérieuses allant dans ce sens[872]. La dématérialisation[873] du droit de rétention aurait au moins servi à dompter la rétention classique dans les procédures collectives.

456. Cette perspective semblerait plus atteignable et raisonnable que la suppression pure et simple du droit de rétention classique, comme elle a été suggérée par un auteur[874]. Car le droit de rétention classique est une résultante d'une circonstance de fait : la détention réelle. On ne peut pas efficacement s'attaquer à l'effet tant que la cause subsiste. Un autre problème rendant cette proposition improbable est le caractère fortuit, imprévisible et aléatoire de la rétention qui n'est que la résultante ou l'effet occasionné par la détention réelle du bien.

457. Mais la réforme survenue plus tard change radicalement d'état d'esprit[875] et va à l'encontre de cette perspective. Le législateur poussant la contractualisation du droit des entreprises en difficulté à son extrémité libérale[876], a bousculé le dogme des principes fondamentaux attachés à l'origine à cette discipline. En effet, la nouvelle ordonnance du 12 mars 2014 réformant le droit des entreprises en difficulté a modifié le rang des gagistes rétenteurs sur la distribution du montant de la vente du bien objet de la rétention fictive en phase de liquidation judiciaire. Désormais, les créanciers gagistes titulaires d'un droit de rétention fictif sont sortis du classement et

---

[870] L.626-1 du Code de commerce prévoit des cas d'opposabilité du droit de rétention fictif attaché au gage sans dépossession quand la procédure collective occasionne la cession de créance garantie par ce gage.

[871] CA. Aix-en-provence, 8e ch, du 20 février 2014, RG : 12/22.343.

[872] P.-M. LE CORRE, « La mesure de l'efficacité des gages sans dépossession dans les procédures collectives », op.cit.

[873] F. DERRIDA, « La dématérialisation du droit de rétention », *in Etudes Voirin,* L.G.D.J., 1967, p. 177 et s.

[874] D. LEGEAIS, op.cit.

[875] G. TEBOUL, « L'ordonnance du 12 mars 2014 sur la réforme du droit des entreprises en difficulté : un duel créanciers / débiteurs à armes égales ? », *GP* – éd. Généraliste, mer. 26. Jeu. 27 mars 2014, p. 6 et s.; R. DAMMANN et G. PODEUR, « Le rééquilibrage des pouvoirs au profit des créanciers résultant de l'ordonnance du 12 mars 2014 », *in Recueil Dalloz* – 27 mars 2014 – n° 12, ss. 752 et s.

[876] G. TEBOUL, 2014 op. cit.

placés hors de l'obligation de concourir à la procédure collective[877]. La nouvelle disposition[878] ne concerne pas seulement les créanciers gagistes rétenteurs fictifs mais tous les créanciers titulaires de sûretés mobilières spéciales assorties d'un droit de rétention. Au demeurant, les créanciers gagistes ont une satisfaction par exclusivité sur le prix du bien effectivement ou fictivement retenu.

458. L'on pourrait affirmer à présent que les créanciers gagistes ont le même sort juridique que les rétenteurs classiques si comme dans la procédure collective de liquidation judiciaire les droits de rétention fictifs étaient opposables aux procédures collectives de sauvegarde et de redressement judiciaire. Mais, ce n'est pas le cas. De ce fait, les créanciers rétenteurs fictifs sont soumis, contrairement aux titulaires de la rétention classique, à la discipline collective encore imposée à la plupart des créanciers antérieurs et postérieurs à la décision d'ouverture de la procédure collective.

2°) L'incohérence et la contradiction de l'aménagement du droit de rétention classique dans les procédures collectives

459. L'aménagement de la rétention classique dans le droit positif français actuel souffre d'une part d'une incohérence totale avec les objectifs prioritaires de sauvetage ou de redressement économiques de l'entreprise en difficulté (**a**) et d'une contradiction avec l'effet réel traditionnel des procédures collectives (**b**).

a) L'incohérence avec les objectifs de sauvetage et de redressement de l'entreprise

460. Si de manière générale la loi de sauvegarde des entreprises du 26 juillet 2005 admet qu'il faut tout faire pour redresser ou sauver une entreprise estimée viable mais étant provisoirement en situation de difficulté financière, on ne peut pas raisonnablement, à ce même moment critique, admettre comme légitimes des actions qui tendent à la priver de son ou ses bien(s) devant permettre sa résilience. Selon nous, si la nouvelle ordonnance du 12 mars 2014 ne renie pas fondamentalement cette priorité affichée par la loi de sauvegarde de 2005, il n'empêche qu'en voulant maintenir le *statu quo* de blocage en cette période de crise, elle ne participe pas à faire triompher l'orientation économique et la prééminence accordées aux objectifs fixés par le droit des entreprises en difficulté. Le problème d'accès au(x) bien(s) du débiteur propriétaire, biens qui sont le gage commun de tous ses créanciers et qui de surcroit sont susceptibles d'être saisis d'office par l'effet réel de la procédure collective, ne devrait pas se poser dans le cadre de la mise en

---

[877] P.-M. LE CORRE, « Premiers regards sur l'ordonnance du 12 mars 2014 réformant le droit des entreprises en difficulté », *in Recueil Dalloz* - 27 mars 2014 – n°12.ss. 733 et s.
[878] V. Nouvel article L.641-13, II, du Code de commerce.

œuvre d'une procédure collective, qu'elle soit de sauvegarde ou de redressement. La mise en application de ces objectifs devant orienter les dispositions et la vocation impératives du droit des entreprises en difficulté ne devrait souffrir une telle exception. Ce droit bénéficie d'une primauté matérielle et institutionnelle sur les autres institutions dites de droit commun notamment sur les droits de certaines sûretés réelles et de mesures de voies d'exécution civiles et commerciales. Alors l'on peut se demander pour quoi cette emprise ne peut pas s'exercer sur le droit de rétention ?

461. Pourtant, si l'article L. 622-7, I prévoit que le jugement d'ouverture fait aussi obstacle à la conclusion et à la réalisation d'un pacte commissoire[879], c'est très justement au nom des objectifs impérieux d'intérêt général, qui doit prévaloir sur le droit commun, que cette règle est exclue du domaine des procédures collectives. La logique aurait donc voulu que le droit de rétention classique aussi puissant soit-il porté en temps normal soit limité pendant les deux phases de sauvegarde et de redressement judiciaire afin de faciliter la réalisation de ces objectifs. En outre, le respect du principe de l'égalité entre les créanciers du débiteur ne devrait pas supporter l'accaparement légal par un seul créancier, du ou des biens appartenant au débiteur, constitutif(s) de surcroît du gage commun à l'ensemble des créanciers. Enfin, la procédure collective étant censée s'appliquer à l'ensemble du patrimoine, au moins professionnel du débiteur, elle devrait aussi produire ses effets de saisie de plein droit sur un bien retenu par un créancier rétenteur.

462. Le régime du droit de rétention classique actuellement en vigueur dans le droit positif français s'inscrivant à contre-courant de l'esprit de sauvetage des entreprises en difficulté susceptibles d'être redressées, nous semble donc être une incohérence à corriger.

b) La contradiction avec l'effet réel des procédures collectives

463. L'effet réel de la saisie du droit des procédures collectives réside aussi dans le caractère dérogatoire de la discipline. L'effet dérogatoire de la matière justifie notamment la primauté de ses dispositions impératives. Comme nous l'avons évoqué plus haut, la primauté du droit des dispositions du livre VI du Code de commerce relatives au traitement préventif et judiciaire des entreprises en difficulté a été consacrée par l'article 2287 du Code civil trouvant emplacement dans le livre IV du même code dédié au

---

[879] C. civ., art. 2348 : « *Il peut être convenu, lors de la constitution du gage ou postérieurement, qu'à défaut d'exécution de l'obligation garantie le créancier deviendra propriétaire du bien gagé. La valeur du bien est déterminée au jour du transfert par un expert désigné à l'amiable ou judiciairement, à défaut de cotation officielle du bien sur un marché organisé au sens du code monétaire et financier. Toute clause contraire est réputée non écrite. Lorsque cette valeur excède le montant de la dette garantie, la somme égale à la différence est versée au débiteur ou, s'il excite d'autres créanciers gagistes, est consignée* ». Sur le pacte commissoire ;.J.-B. SEUBE, *Droit des sûretés,* 3e éd. Dalloz, coll. « Cours », 2006, n° 285.

droit des sûretés. Ce texte précise l'effet dérogatoire du droit des procédures collectives à l'application effective des sûretés en ces termes clairs, « *les dispositions de ce présent livre IV ne font pas obstacle à l'application des dispositions du livre VI du Code de commerce* ».

464. Or, le régime du droit de rétention classique dans les procédures collectives posé par les articles L.622-7, II, al. 1er et 2, L.631-14, L.641-3 du Code de commerce, entre en contradiction totale avec le principe de primauté posé par l'article 2287 du Code civil. Le législateur aurait pu s'en tenir à ce principe de primauté consacré pour asseoir une bonne articulation du droit de rétention et du droit des procédures collectives. Le régime juridique qui aurait pu être celui du droit de rétention dans les procédures collectives aurait pu être soumis à ce principe de primauté du droit des procédures collectives, au moins pendant la procédure de sauvegarde et de redressement judiciaire. D'autant plus que l'article 2286 nouveau du Code civil, en consacrant le principe général du droit de rétention[880] a eu pour ambition de centraliser tous les droits de rétention au sein du Code civil et de mettre fin aux dispositions disparates des droits de rétention notamment en matière commerciale.

465. L'application des dispositions spéciales du livre VI du Code de commerce occasionnée par la saisie collective des biens du débiteur soumis aux procédures collectives devrait suffire à écarter celle des dispositions du droit commun relatives au droit de rétention classique, afin d'éviter toute contradiction. Cette dernière considération a notamment attiré l'attention du législateur communautaire de l'espace OHADA qui a posé la condition de saisie préalable du bien pour écarter l'exercice du droit de rétention[881]. En d'autres termes, un bien qui fait déjà l'objet d'une saisie qu'elle soit le fait d'une mesure conservatoire ou d'un autre mode de saisie et pourquoi pas du fait de l'effet de la saisie collective d'une procédure collective, ne peut subir l'application du droit de rétention OHADA. Si l'on appliquait ce raisonnement au droit français, l'exercice du droit de rétention postérieurement au jugement d'ouverture de la procédure collective à l'encontre du débiteur, devrait buter sur une insaisissabilité temporaire consécutive à l'effet réel de saisie de la procédure collective.

§2) La solution de la rétention OHADA et procédures collectives

466. N'ayant pas eu de précédent propre d'une qualification prétorienne du droit de rétention, le droit OHADA a opté pour une solution légale de la question de rétention. Celle-ci a conduit le législateur communautaire africain à donner au droit de rétention OHADA une qualification de sûreté sans équivoque. Ainsi, institué par l'ancien acte uniforme portant organisation des sûretés, le droit de rétention avait été assimilé au gage

---

880 M. BOURASSIN et V. BREMOND, M.-N. JOBARD-BACHELIER, op.cit.

881 V. Article 68 3° AUS r.

auquel il partageait un même régime juridique. Le nouvel acte uniforme des sûretés a supprimé l'assimilation au gage et consacre un régime spécifique au droit de rétention classique. Par la même occasion, d'autres droits de rétention fictifs et effectifs inspirés de la rétention classique ont vu le jour au profit des créanciers gagistes et nantis.

Ainsi, contrairement au droit français, le droit de rétention OHADA est une sûreté réelle mobilière à part entière (**A**). Cependant, la solution articulée en vue d'un aménagement réussi des droits de rétention consacrés dans les procédures collectives OHADA reste à ce jour d'application incertaine (**B**).

A) Une qualification de sûreté sans équivoque mais lacunaire

467. Dans le droit OHADA, le droit de rétention est qualifié de manière sans équivoque d'une sûreté réelle mobilière (**1°**). En revanche son encadrement *stricto sensu* souffre encore de quelques lacunes (**2°**). Son extension subséquente au bénéfice des créanciers gagistes et nantis fonde des droits de rétention accessoires.

1°) Le droit de rétention OHADA : une sûreté réelle mobilière à titre principal

468. Une des nouveautés du nouvel acte uniforme des sûretés révisé le 15 décembre 2010, le droit de rétention y reçoit la qualification de sûreté réelle mobilière[882]. Cette consécration légale du droit de rétention comme une sûreté réelle[883] à part entière était déjà sans ambiguïté depuis l'ancien acte uniforme portant organisation des sûretés[884]. Mais, la qualification de sûreté réelle est encore plus explicite dans l'acte uniforme des sûretés révisé[885]. L'article 67 AUSr, consacre le principe général du droit de rétention classique ayant pour base principale la détention légitime du bien du débiteur. Ce texte consacre par la même occasion la qualification de sûreté à part entière du droit de rétention par l'expression, « *indépendamment de toute autre sûreté* » et le caractère exclusivement mobilier de ce droit par la précision de « *un bien mobilier* ». Commentant le texte de l'article 67 précité, un auteur affirme que la rétention est pratique à titre principal et non l'accessoire d'une autre sûreté[886]. Sans doute qu'en disant la rétention à titre

---

[882] L'article 50 aliéna 1er AUS r dispose : « *Les sûretés mobilières sont : le droit de rétention, la propriété retenue ou cédée à titre de garantie, le gage de meubles corporels, le nantissement de meubles incorporels et les privilèges* ».

[883] A. S.ADJITA, « Le droit de rétention comme sûreté en droit uniforme OHADA », *Penant,* n°844, juillet-septembre 2003, p. 279.

[884] Z. ZERBO, « Le droit de rétention dans l'acte uniforme portant organisation des sûretés de l'OHADA : étude comparative », *Penant* n°836, mai-août 2001 ; J.-C. OTOUMOU, « Le droit de rétention en droit OHADA », *Penant*, n° 838, p.75.

[885] Article 50 al. 1er AUSr précité.

[886] J. ISSA-SAYEGH, commentaire sous l'article 67 *in in Code Vert OHADA : Traité et actes uniformes commentés et annotés*, Juriscope 2012, p.896.

principal et non accessoire, cet auteur a voulu faire une distinction entre le droit de rétention classique et les autres droits de rétention dérivés ou assortis accessoirement au gage et au nantissement avec ou sans dépossession[887], tout aussi consacrés dans le nouvel acte uniforme des sûretés OHADA.

469. Mais, cette interprétation pourrait prêter à une confusion : celle qui consiste à considérer que le droit de rétention est une sûreté réelle à titre principal c'est-à-dire être à la fois l'effet attributif et la source causale de la sûreté. Car, il nous semble là encore, que, qualifier le droit de rétention d'une sûreté réelle mobilière à titre principal reviendrait à considérer la rétention comme étant une source causale et non un effet attribué à la sûreté réelle qui l'a généré[888]. C'est considérer que le droit de rétention est à la fois cause et effet de la rétention. Cette qualification du droit de rétention comme étant une sûreté réelle à titre principal est aussi partagée par une partie de la doctrine française[889]. Cependant, nous considérons que le droit de rétention ne peut être assimilé à une sûreté réelle qu'à titre accessoire, c'est-à-dire comme un effet attaché à une autre sûreté existante. C'est la raison pour laquelle nous avons estimé que le droit de rétention classique est un effet conféré par la « *détention réelle* » légitime du bien et que c'est bien cette dernière qui est réellement et principalement la sûreté réelle. D'ailleurs, cette position est plus explicite quand on analyse l'effet de rétention attaché à d'autres sûretés tel que le droit de rétention fictif assorti au gage que l'on retrouve aussi bien dans le droit OHADA que dans le droit français.

470. En effet, si dans le droit OHADA, il est considéré que le droit de rétention classique est une sûreté réelle à titre principal, celui attaché au gage ou au nantissement ne constitue que l'accessoire de cette autre sûreté réelle de laquelle il dépend, il y a donc confusion dans la qualification même du droit de rétention. Pourtant conformément à l'article 67 AUSr le droit de rétention a pour fondement la détention légitime d'un bien mobilier appartenant à son débiteur. Ce constat vient, en effet, approuver notre position précédemment argumentée sur la nature accessoire du droit de rétention étant en soi un effet attributif et découlant de la détention réelle.

2°) Un encadrement strict et lacunaire du droit de rétention OHADA

471. L'article 68 AUSr pose trois conditions à l'exercice du droit de rétention de telle sorte que la limitation de son champ d'application pourrait se faire *a contrario*. Premièrement, le droit de rétention ne peut s'exercer que si la créance est certaine, exigible et liquide (**a**). Deuxièmement, il faut établir un lien de connexité entre la naissance de la créance et la détention de

---

[887] V. Articles 99, 102 et 107 AUSr

[888] Article 67 AUSr.

[889] Ph. SIMLER, Ph. DELEBECQUE op.cit ; M. BOURASSIN, V. BREMOND, M.-N. JOBARD-BACHELIER op. cit.

la chose retenue (**b**) et enfin troisièmement, l'absence de saisie du bien avant d'être détenu (**c**).

a) Existence d'une créance certaine, liquide et exigible

472. Cette première condition d'exercice du droit de rétention porte donc à la fois sur l'existence d'un droit de créance et sur la nature de la créance garantie[890]. Elle porte ensuite sur la certitude de la créance due. Ainsi, pour exercer valablement son droit de rétention, le créancier doit disposer soit d'un droit de créance[891] ou apporter la preuve de l'existence préalable d'une créance dont la rétention garantit le paiement[892]. L'existence de la créance est donc indispensable pour l'exercice de la rétention OHADA. C'est la position de la Cour d'Appel d'Abidjan dans ses deux cas d'espèce. Dans une espèce en date du 24 octobre 2003, la Cour d'Appel d'Abidjan a refusé l'exercice d'un droit de rétention au motif que le créancier présumé n'a aucun droit de créance[893]. En l'espèce, dans cette affaire qui a opposé Mlle Koné à M. Kinda Augustin, il s'est agi d'une rétention par ce dernier sur les biens mobiliers de Mlle Koné restés dans l'hôtel HIBISCUS ou cette dernière a séjourné. En exerçant une rétention sur ces biens, M. Kinda prétend avoir un droit de créance contre Mlle Koné. La Cour d'Appel d'Abidjan, statuant au visa des articles 41 et 42 de l'ancien acte uniforme des sûretés (devenus articles 67 et 68 de l'acte uniforme des sûretés révisé) subordonnant l'exercice du droit de rétention notamment à l'existence d'une créance certaine, a relevé que M. Kinda se prétendant créancier n'a aucun titre de créance lui permettant de retenir les biens appartenant à Mlle Koné sa prétendue débitrice[894]. Dans une autre espèce en date qui est un arrêt du 14 février 2003, opposant la Société Comafrique à M. Oulay Zondje, la Cour d'Appel a estimé qu' « *exerce valablement son droit de rétention sur le véhicule vendu, le vendeur qui n'a pas reçu paiement du prix de vente de ce véhicule*[895] ». La Cour a retenu qu'une « *créance existante* » est nécessaire pour exercer valablement le droit de rétention. Dans cette espèce, la détention du véhicule vendu fait suite au manquement à l'exécution du prix donc existence d'une créance au profit du vendeur. Alors, pour se faire payer le vendeur exerce son droit de rétention sur le véhicule détenu.

---

[890] CCJA n° 022/2007, du 31 mai 2007, affaire K.J. et Me T.B.A.M. c/ Dame K.F., *Recueil de jurisprudence n°9, janvier / juin 2007, p.49 ; ohadata J-08-224.*

[891]CA Abidjan n°1164 du 24 octobre 2003, affaire KINDA AUGUSTIN JOSEPH C/ Mlle Fatoumata Koné, *Ohada.com/Ohadata J-03-337.*

[892] CA Abidjan, arrêt n° 141 du 14 février 2003, Société COMAFRIQUE Entreprises C/ M. OULAI ZONDIE Félix, *Ohada.com/Ohadata J-03-299.*

[893] CA Abidjan n°1164 du 24 octobre 2003, affaire KINDA AUGUSTIN JOSEPH C/ Mlle Fatoumata Koné, *Ohada.com/Ohadata*. Op.cit.

[894] J. ISSA-SAYEGH, Commentaire sous article 68 AUS r, *in Code Vert OHADA*, 2012, p.897.

[895] CA Abidjan, arrêt n° 141du 14 février 2003, Société COMAFRIQUE Entreprises C/ M. OULAI ZONDIE Félix, *Ohada.com/Ohadata* op.cit.

473. Une fois l'existence d'une créance établie, il est passé ensuite à l'appréciation de celle-ci. Il s'agira d'établir la certitude ou non de la créance, sa liquidité et enfin son exigibilité. Mais ces trois critères ne sauraient valablement être établis si le prétendant créancier n'a pu établir aucun titre de créance. En ce sens, la Cour commune de Justice et d'Arbitrage confirme ce préalable en estimant dans sa décision en date du 31 mai 2007 que « *la créance n'est pas certaine, liquide et exigible lorsque le créancier ne justifie d'aucun titre de créance*[896] ». Cette manière d'apprécier la certitude de la créance a été qualifiée d'une « *saine appréciation des pièces du dossier* » par la CCJA qui a confirmé dans cette espèce, la décision de la Cour d'Appel d'Abidjan opposant Mlle Koné à M. Kinda. En effet, dans cette espèce la Haute Juridiction OHADA a estimé qu'en « *statuant ainsi, à partir d'une saine appréciation des pièces du dossier, la Cour d'Appel d'Abidjan n'a en rien violé les dispositions des articles 41 et 42 de l'(*ancien*) acte uniforme des sûretés OHADA*[897] ». L'existence de la créance doit être incontestable. Ainsi, le Tribunal de Première Instance de Cotonou a jugé qu' « *une créance n'est pas certaine, liquide et exigible lorsqu'elle est partiellement contestée* [898]».

474. L'exigibilité de la créance est le second critère déterminant pour l'exercice du droit de rétention. Contrairement au droit français, la décision de justice ne rend pas forcément la créance exigible. Il faut ici apporter la preuve que cette créance est exigible. En effet, dans sa décision en date du 22 juin 2002, la CCJA a considéré que « *le droit de rétention ne peut être exercé lorsque le créancier ne rapporte pas la preuve de l'exigibilité de la créance* [899]». Concernant le critère de liquidité de la créance la décision de justice rend la créance liquide. L'exercice du droit de rétention OHADA n'est pas uniquement limité à l'accomplissement des critères inhérents à la créance, mais il faut encore que les autres conditions de la rétention soient également remplies.

b) L'existence d'un lien de connexité entre la naissance de la créance et la détention de la chose retenue

475. L'article 67AUSr exige pour l'application du droit de rétention une détention légitime d'un bien meuble[900]. Cette légitimité se matérialise par

---

[896] CCJA n° 022/2007, du 31 mai 2007, affaire K.J. et Me T.B.A.M. c/ Dame K.F.,op.cit.note 595.

[897] CCJA, arrêt n°022/2007 du 31 mai 2007, affaire K.J. et Me T.B.A.M. c/ Dame K., *Recueil de Jurisprudence, n° 9, janvier/juin 2007, p.49, Le Juris Ohada n°3/2007, p.31, Ohada.com/Ohadata J-08-224.*

[898] TPI de Cotonou, jugement contradictoire n°034/1e C. com. du 21 octobre 2002, Sté Akpaca Sarl c/ Sté Trans-Omar, *Ohadata* J-04-404 et ohadata J-04-291.

[899] CCJA, arrêt n°16/2002 du 27 juin 2002, Sté Maregel c/ S. M.M., *in Juris-Ohada,* n°4/2002 oct.-déc. 2002, p. 43, *Recueil de jurisprudence CCJA*, n° spécial, janvier 2003, p.31.

[900] CCJA, arrêt n° 30 du 30 novembre 2004, Sté GITMA c/ SAMEX, *in Le Juris-Ohada* n°4/2004, oct.-déc. 2004, p. 20, note Brou Kouakou M.; *Recueil de jurisprudence de la CCJA,*

l'existence d'un lien de connexité entre la naissance de la créance et la détention[901]. Elle peut ainsi être justifiée soit par contrat soit par des circonstances de fait. La connexité peut aussi être présumée voire établie en cas de relations d'affaires[902]. Ainsi, la détention du bien résultant d'un contrat de tierce détention de marchandises vendues justifie l'exercice d'un droit de rétention par ce tiers en cas de non-paiement des honoraires dus[903]. A l'instar du droit français, la connexité est présumée dans trois cas de figure ; une connexité matérielle ou objective, une connexité juridique ou intellectuelle et une connexité conventionnelle entre la naissance de la créance garantie par le droit de rétention et la détention[904].

476. Toutefois, dans le droit OHADA, l'article 69 AUS révisé est resté très laconique sur les conditions d'établissement de cette connexité. En effet, cet article dispose que, « *la connexité est réputée établie : 1°) lorsque la chose a été remise jusqu'au complet paiement de la créance du rétenteur ; 2°) lorsque la créance impayée résulte du contrat qui oblige le rétenteur à livrer la chose retenue ; 3°) lorsque la créance impayée est née à l'occasion de la détention de la chose retenue* ». Il est vrai que ce texte est totalement incompréhensible. Un auteur commentant les trois cas de connexité présumée posés par ce texte, constate à juste titre, que la première phrase est incompréhensible, la seconde et la troisième sont redondantes[905]. Cependant, malgré le caractère laconique du texte qui le rend incompréhensible, l'on peut retenir que le 1°) pose la connexité conventionnelle, le 2°) fait allusion à une connexité juridique puisque suppose l'existence préalable d'un contrat et enfin le 3°) renvoie à une connexité matérielle du bien résultant d'une occasion de détention ou d'une détention résultant de circonstances de faits.

c) Exigence d'une absence de saisie préalable sur le bien objet de rétention

477. L'article 68, 3° AUSr pose que « *le droit de rétention ne peut s'exercer que ... si le bien n'a pas été saisi avant d'être détenu par le rétenteur* ». Cette condition d'exercice du droit de rétention OHADA constitue une originalité elle n'existe pas dans le droit français. Mais, au

---

octobre 2005, n°1, p. 34, note F. Onana Etoundi ; Ohadata J-05-171, Les grandes décisions de la CCJA, *L'Harmattan,*2010, p. 237, obs. Soupgui E, Batouan Bouyom J.A.

901 Article 68 al.1er, 2° AUSr.

902 CA Ouagadougou, ordonnance n°74/98 du 8 octobre 1998, EIT. c/ SOCOPAO/SDV-B, Ohada jurisprudences nationales, n°1, déc, 2004, p.107 ; CA Abidjan, arrêt n° 321 du 7 mars 2000, D.D. c/ SGBCI, *Le juris-Ohada,* n°1/2002, janvier-mars 2002, p. 35, Ohadata J-02-130 ; CCJA, arrêt n°006/2008, E-V Côte d'Ivoire c/ SDV-CI, sté IED, Administration des Douanes, *in Les grandes décisions de la CCJA,* L'Harmattan, 2010, p. 203, obs. Ngnintedem J.C.

903 CA Conakry, arrêt n°75 du 1er avril 2003, Bureau Veritas c/ Rustal Trading Guinée, *Ohada.com/Ohada J-03-105.*

904 M. SAMB, « Droit de rétention », *in Encyclopédie du droit OHADA,* Lamy, 2012, p. 720.

905 J. ISSA-SAYEGH, Commentaire sous l'article 69 acte uniforme des sûretés révisé, *in Code Vert Ohada : Traité et actes uniformes commentés et annotées, op.cit.*

fond que peut-on retenir de cette dernière phrase du texte ? A contrario, un bien qui fait déjà l'objet d'une saisie ne peut valablement faire l'objet d'une rétention. Peut-on inclure dans l'interprétation de cette condition, la saisie collective des biens du débiteur pour refuser l'exercice d'un droit de rétention pendant les procédures collectives OHADA ?

478. Une solution possible. Le texte ne le précise pas davantage. Toutefois, cette saisie du bien dans le cadre de la procédure collective doit nécessairement précéder la détention du bien. Ceci accrédite l'idée que la saisie collective du bien, effet de l'ouverture d'une procédure collective, avant la détention ultérieure du bien, rendrait impossible l'exercice d'un droit de rétention. Tout comme une saisie conservatoire du bien avant sa mise en détention, invaliderait la rétention. La jurisprudence statuant sur ce point nous permettra sans doute de mieux comprendre la portée réelle de cette disposition. Pour l'heure, il est intéressant de retenir une volonté législative de maîtriser et de réglementer le droit de rétention. De toute évidence une telle restriction *ab initio* du droit de rétention pourrait participer à éviter notamment l'effet de blocage du droit de rétention qui nuit à la réussite des objectifs de sauvetage et du redressement de l'entreprise et au bon déroulement des procédures collectives.

B) Une solution articulée mais d'application incertaine

479. Ayant qualifié sans ambiguïté le droit de rétention comme une sûreté réelle mobilière à part entière, son aménagement pendant les procédures collectives était apparu plus simple pour le législateur communautaire africain de l'espace OHADA. Ainsi, avant la réforme des sûretés, le droit de rétention, assimilé au gage, avait le même régime juridique que ce dernier pendant les procédures collectives (**1°**). Mais après la réforme des sûretés cette assimilation ayant disparu, et maintenant après la réforme du droit des procédures collectives, il est intéressant d'étudier le sort du droit de rétention dans les procédures collectives (**2°**) OHADA.

1°) Le régime du droit de rétention dans les procédures collectives avant la réforme des sûretés

480. Bien avant l'extension du droit de rétention notamment aux créanciers titulaires de gage sans dépossession opérée dans le droit positif français par la loi de la modernisation de l'économie du 04 août 2008 sus étudiée, dans le droit OHADA cette extension avait déjà été opérée depuis l'ancien acte uniforme portant organisation des sûretés. En effet, l'ancien acte uniforme des sûretés avait déjà assorti le droit de rétention au gage et au nantissement[906]. Ce texte, en étendant le droit de rétention à ces sûretés réelles avait même assimilé le droit de rétention au gage. Ainsi, le droit de

[906] L'ancien article 54 de l'ancien acte uniforme des sûretés OHADA avait reconnu notamment au gage, droit de suite, droit de préférence et droit de rétention.

rétention et le gage avaient un même régime juridique dans les procédures collectives[907]. Le droit de rétention du gagiste est en principe indivisible : tant que le créancier n'a pas été intégralement payé, il peut retenir le bien quand bien même la chose objet du gage pourrait être divisée[908]. Cette assimilation juridique en cas de mise en œuvre de procédure collective était prévue par l'ancienne version de l'article 149 de l'AUPC.

481. L'assimilation revenait à considérer tous les créanciers titulaires d'un droit de rétention égaux en droit. Ils étaient par voie de conséquence traités de la même sorte que les créanciers antérieurs titulaires d'un gage dans les procédures collectives. Ainsi, la discipline collective leur était appliquée au même titre que des créanciers antérieurs gagistes ou titulaires d'un nantissement. Ce faisant, leurs droits de rétention étaient inopposables à la procédure collective de règlement préventif et de redressement judiciaire. Ainsi, à l'instar des créanciers antérieurs gagistes, les créanciers titulaires d'un droit de rétention avaient l'obligation de production de créance dans un délai imparti. Ils étaient tenus de respecter l'interdiction de poursuites individuelles[909] et subissaient l'interdiction des paiements. Leurs droits de rétention restaient opposables dans la procédure collective de liquidation des biens. Le défaut de production de créance, notamment dans la phase de redressement judiciaire, entraînait également l'extinction[910] de leur droit de créance.

482. Solution contre le risque de blocage. L'assimilation du droit de rétention au gage a permis au législateur OHADA de maîtriser le droit de rétention classique. De ce fait, le gage est substituable au droit de rétention. Concernant le risque du blocage lié à la détention du bien, une solution commune au gage assorti de droit de rétention et donc, au droit de rétention était prévue par l'ancien acte uniforme des sûretés. L'ancien article 53 de cet acte uniforme des sûretés avait en effet prévu la substitution du gage par une autre sûreté réelle. Ce faisant, cette réduction du droit de rétention au rang des sûretés réelles classiques permettait de neutraliser la puissance et l'archaïsme de la rétention en tant que justice privée en la « *civilisant* ».

483. Cette simplification de régime juridique a pu aussi justifier l'opposabilité du droit de rétention au même titre que le gage pendant les procédures collectives de règlement préventif et de redressement judiciaire. Alors pendant ces deux phases, le risque de blocage est contourné par la possibilité de substituer le gage au droit de rétention ou bien simplement par le fait que ces deux sûretés sont neutralisées par l'application de la discipline collective en l'occurrence par la suspension des poursuites et d'exercice d'action tendant à obtenir paiements de la part du débiteur. En définitive, le

[907] Article 149 AUPC traite indistinctement et d'une manière assimilée les différents droits de rétention.
[908] Y. R. KALIEU ELONGO, Droit et pratique des sûretés réelles OHADA,, P.U.A, *Collection Droit uniforme*, Cameroun, 2010, p.92.
[909] V. Article 75, al. 2, AUPC.
[910] V. Article 83, al. 2 AUPC.

risque de blocage n'est susceptible de produire qu'en dehors de la procédure de liquidation des biens, où le droit de rétention comme le gage reprend pleinement ses effets et devient opposable à cette procédure collective. A cet effet, l'ancienne version de l'article 149 de l'AUPC régissait les conditions de la réalisation du gage et, par assimilation à ce dernier, le droit de rétention dans les procédures collectives. Il pose deux solutions pour décanter la situation de blocage :

a) Retrait du bien par préalable remboursement de la dette

484. La première solution consiste à ce que le syndic, autorisé en cela par le juge commissaire, paye la créance garantie par le droit de rétention afin de retirer le bien au profit de la masse. Cette solution donne un traitement préférentiel au créancier rétenteur et au créancier gagiste ou nanti titulaire de droit de rétention. Ce traitement préférentiel consiste à être désintéressé avant tout autre créancier antérieur ou postérieur à la procédure collective. Si le syndic ne prend pas cette initiative notamment pour la continuation de l'activité ou le déroulement de la procédure dans les délais de trois mois, le créancier peut agir et reprendre ses droits.

b) Reprise de droit de poursuite individuelle passé un délai de trois mois

485. La seconde solution est une solution par défaut. Si le syndic n'a pas exercé son pouvoir de retrait du bien en échange du paiement de la dette due dans les trois mois après la décision de liquidation des biens alors le créancier rétenteur gagiste ou nanti est autorisé à reprendre l'exercice de son droit de poursuite individuelle[911]. Il pourra alors se faire payer sur le prix de vente du bien. En pareil cas, il est tenu de rendre compte au syndic.

486. Mais, ces deux solutions semblent envisageables d'une manière exclusive que dans la phase de liquidation des biens où le gage comme le droit de rétention est rendu opposable à la procédure collective[912].

487. L'articulation faite autour du droit de rétention, du gage et des procédures collectives par l'ancien acte uniforme des sûretés était presque parfaite. Du moins, elle aura permis d'harmoniser le régime du droit de rétention à celui des sûretés réelles classiques telles que le gage ou le nantissement ; d'assurer un meilleur aménagement de la rétention dans les procédures collectives permettant le contournement du blocage en faveur du redressement de l'entreprise.

Qu'en est-il maintenant après les révisions respectivement de l'acte uniforme des sûretés et de l'acte uniforme portant droit des procédures collectives ?

---

[911] V. L'ancienne version de l'article 149 al. 2 de l'AUPC

[912] Ibid.

2°) Le sort du droit de rétention dans les procédures collectives après les réformes

488. Depuis la réforme de l'acte uniforme des sûretés révisé, l'assimilation qui avait été faite entre le droit de rétention et le gage a, en effet, été supprimée[913]. Aujourd'hui, le droit de rétention classique est posé par l'article 67 AUS révisé et les autres droits de rétention dérivés à titre accessoire attachés notamment au gage avec ou sans dépossession sont consacrés respectivement par les articles 99 et 103 du même acte uniforme. Afin d'éviter les conflits, en cas de bien mis en gage successivement, l'article 107 AUS révisé règlemente le rang par ordre d'antériorité de l'inscription.

489. Depuis l'entrée en vigueur du nouvel acte uniforme des sûretés, le droit de rétention classique n'a plus le même régime juridique que le gage. L'articulation avec l'acte uniforme des procédures collectives n'était alors plus assurée, l'ancienne version de l'article 149 de l'AUPC n'étant plus adaptée. Depuis la révision de l'acte uniforme des procédures collectives le nouveau régime du droit de rétention classique ainsi que celui des droits de rétention dérivés sont désormais connus. La nouvelle version de l'article 149 issue de la réforme du 10 septembre 2015 régit plutôt le droit de rétention conventionnel constitué sur un bien du débiteur (**a**) et ne parle pas du sort du droit de rétention classique (**b**) dans les procédures collectives.

a) Le sort du droit de rétention conventionnel

490. Sans définir le droit de rétention conventionnel, l'article 149 de l'AUPC révisé en donne la précision. Il s'agit d'un droit de rétention volontairement consenti par le débiteur sur son bien au profit de son créancier. Alors il peut être assorti d'un nantissement, d'un gage avec dépossession c'est-à-dire en cas de détention du bien par le créancier, ou d'un gage sans dépossession dans ce cas, le droit de rétention conventionnel est fictif. Dans tous les cas, le principe même du droit de rétention conventionnel qu'il soit effectif ou fictif prouve que ce droit réel créé par les parties est un effet d'une sûreté réelle : *la détention réelle effective ou fictive.*

491. Inopposabilité au règlement préventif et au redressement judiciaire. En revanche, l'article 149 précité assimile le sort du droit de rétention conventionnel constitué sur un bien du débiteur à celui du gage et du nantissement dans les procédures collectives. Alors comme le gage et le nantissement classiques, le droit de rétention conventionnel est inopposable pendant les procédures de règlement préventif et de redressement judiciaire. Cette inopposabilité du droit de rétention conventionnel à la procédure permet au débiteur de bénéficier de son bien notamment lorsque ce droit de rétention est fictif, pendant ces deux phases des procédures collectives.

---

913 M. SAMB, « Droit de rétention », op. cit. p. 723.

492. Opposable à la liquidation des biens. Mais, dès la décision d'ouverture de la procédure collective de liquidation, le droit de rétention conventionnel comme le gage et le nantissement est susceptible d'être réaliser par le créancier titulaire. C'est pourquoi pour retirer le bien au profit de la masse, le syndic autorisé en cela par le juge commissaire doit payer la dette[914].

493. Si passé un délai de trois mois après la décision d'ouverture de la procédure de liquidation des biens, le syndic n'a pas montré son intérêt à retirer le bien alors le créancier peut reprendre son droit de poursuite individuelle en vue de réaliser sa sûreté[915]. Dans ce cas de figure, l'article 149 précité ne donne aucune instruction relative à la distribution notamment en cas de plusieurs rétenteurs fictifs, il se contente de souligner qu'il appartient au créancier détenteur du bien (donc le plus privilégié) la charge d'en rendre compte au syndic[916]. Il est étonnant de remarquer qu'un renvoi n'a été fait aux dispositions de l'article 107 de l'AUS révisé. Ce texte détermine, en temps normal, le rang par ordre d'inscription notamment en gages successifs grevés sur un bien appartenant au débiteur failli.

b) Absence de règlementation sur le sort de la rétention classique

494. L'incertitude concerne l'aménagement du droit de rétention classique en cas de procédures collectives OHADA. L'article 149 de l'AUPC révisé ne vise que le droit de rétention conventionnel constitué sur un bien du débiteur et non le droit de rétention au sens classique du terme. En dehors de ce texte aucune autre disposition de l'AUPC révisé ne fait allusion au droit de rétention tel qu'il est consacré par l'art 67 de l'AUS révisé. Cela signifie-t-il que le législateur ne se soucie pas du risque de blocage d'un bien appartenant au débiteur soumis aux procédures collectives ? Que peut-on déduire de cette absence de règlementation ou de solution concernant le droit de rétention classique ?

495. Nul ne peut ignorer que l'exercice du droit de rétention par le créancier titulaire pendant les procédures collectives constitue un risque de blocage à la poursuite de l'activité de l'entreprise débitrice. C'est pourquoi après la réforme du droit des sûretés et la suppression de l'assimilation avec le gage, l'on s'attendait à ce que le législateur africain de l'espace OHADA se penche sur le sort du droit de rétention classique dans les procédures collectives. De ce fait, l'absence de règlementation aménageant le droit de rétention classique dans les procédures collectives, après la révision de l'acte uniforme des procédures collectives, s'apparente aujourd'hui à une absence de solution contre le risque de blocage. On peut en déduire que l'aménagement du droit de rétention dans les procédures collectives est inachevé. Il n'y a eu de solutions finalement que pour les droits de rétention

---

[914] V. Article 149 al. 1er de l'AUPC révisé.
[915] V. Article 149 al. 2 de l'AUPC révisé.
[916] Ibid.

dérivés attachés au gage ou au nantissement. Et, enfin, que le droit de rétention classique demeure encore une exécution forcée et opposable à toutes les procédures collectives du débiteur.

Face à ce problème persistant, peut-on au moins recourir à la solution posée par l'article 149 al. 1er de l'AUPC révisé ?

496. Il faut souligner que cette solution n'est valable pour les sûretés réelles concernées que pendant la procédure collective de liquidation des biens. En revanche, concernant le droit de rétention classique, à défaut de réglementation expresse interdisant son exercice pendant les procédures collectives de règlement préventif et de redressement judiciaire, il sera opposable pendant toutes les procédures collectives. Sauf, si en application de l'article 68 3° de l'AUS révisé, la procédure collective est ouverte avant la rétention du bien. L'on pourrait alors considérer que le bien a été saisi par l'effet réel de la procédure collective avant d'être détenu par le rétenteur. Néanmoins, l'on peut suivre le procédé légal ou judiciaire de l'article 149 al. 1er pour le retrait du bien à toute procédure collective. Cela revient à affirmer qu'à l'instar du droit français, le créancier titulaire d'un droit de rétention classique dans le droit OHADA des procédures collectives est un créancier super privilégié. Finalement, il y a eu aucun effort qui est fait pour aménager ou maîtriser le traitement privilégié d'exception du rétenteur classique. C'est regrettable.

CONCLUSION DU CHAPITRE 2

497. En France comme dans l'espace OHADA, les objectifs de sauvetage ou de redressement de l'activité de l'entreprise en difficulté ont ouvert les vannes du droit des procédures collectives à la contractualisation. C'est ainsi que certaines concessions ont été faites aux créanciers en l'échange de leur implication et des sacrifices consentis par eux pour la continuation de l'activité et le bon déroulement de la procédure collective. Même si, comme nous l'avons vu, cette démarche n'a pas été toujours équitable dans ce sens où le principe d'égalité entre les créanciers antérieurs et postérieurs n'a pas été rigoureusement appliqué, elle reste néanmoins commandée et légitimée par les objectifs poursuivis par le droit des procédures collectives. En France, l'institutionnalisation du privilège de procédure constitue notamment une des concessions accordées aux créanciers postérieurs dans le cadre du traitement des difficultés des entreprises. Dans le droit OHADA, le traitement préférentiel des créances de la masse est une option conceptuelle de l'acte uniforme portant organisation des procédures collectives d'apurement du passif. Cependant, si l'éligibilité au traitement préférentiel est plus poreuse dans le droit OHADA que dans le droit français, dans les systèmes juridiques, les critères choisis concordent tous à l'utilité de la créance à la procédure collective. De ce traitement préférentiel naturel des créances de la masse, vient s'ajouter désormais le nouveau privilège d'argent frais institué par le législateur africain de l'espace OHADA, à l'occasion de la révision récente de l'acte uniforme des procédures collectives, en vue d'inciter certains créanciers à contribuer financièrement à la poursuite de l'activité de l'entreprise en difficulté. L'institution de ce privilége est aussi recommandée ou justifiée par les objectifs poursuivis par l'AUPC révisé. Elle constitue un enjeu certain pour la survie de l'entreprise débitrice, toutefois, elle peut comporter un risque de fraude et d'abus.

498. Face à la problématique des créanciers rétenteurs dans le bon déroulement de la procédure collective, des aménagements plus ou moins adéquats aux objectifs poursuivis par le droit des procédures collectives ont été apportés par les législateurs français et communautaire africain de l'espace OHADA. Mais, la prise en charge du droit de rétention classique dans les procédures collectives a été déterminée par l'approche et la qualification de sûreté réelle accordée ou non à cette garantie de créance dans les deux systèmes juridiques. Dans le droit français, la problématique de la qualification du droit de rétention et de sa nature de sûreté réelle a sans doute contribué à son insoumission aux règles impératives du droit des procédures collectives. Dans le droit OHADA, la qualification du droit de rétention en une sûreté mobilière aurait permis une solution articulée, si l'acte uniforme portant droit des procédures collectives révisé avait réglementé le droit de rétention classique pour être en conformité avec les nouvelles dispositions des articles 67 et 68 3° de l'acte uniforme des sûretés révisé.

499. A ce jour, dans l'un comme dans l'autre des deux systèmes juridiques, le droit de rétention classique reste toujours susceptible de créer un blocage, si le créancier titulaire n'est pas désintéressé. Les règles du droit des procédures collectives ne s'imposent pas au créancier rétenteur classique. Cette invincibilité du droit de rétention classique n'est non seulement pas favorable au succès des objectifs du maintien et de la continuation de l'activité de l'entreprise en difficulté mais également rompt littéralement l'égalité entre les créanciers devant la procédure collective.

500. Pour remédier à ce risque de blocage ou à celui de la rupture d'égalité découlant du traitement ultra privilégié dont bénéficient les créanciers titulaires du droit de rétention classique dans les procédures collectives, nous avons proposé une solution. Elle consiste d'abord à redéfinir le droit de rétention comme un effet attributif d'une sûreté réelle en l'occurrence celle que nous avons nommée la *détention réelle* concernant la rétention classique. Ce qui permettrait ensuite de le classer au même niveau que le droit de préférence et enfin au nom de l'impérativité et du caractère d'ordre public des objectifs poursuivis de le soumettre à l'emprise naturelle du droit des procédures collectives sur les sûretés réelles.

CONCLUSION DU TITRE 2

501. L'ouverture d'une procédure collective marque un tournant dans la vie d'une entreprise en difficulté en la soumettant à un régime dérogatoire au droit commun nécessaire pour le traitement curatif des difficultés. Elle emporte des effets aussi bien à l'égard de l'entreprise débitrice que vis-à-vis de ses créanciers directement impliqués. A compter de la décision d'ouverture, ces derniers sont tous, en principe, soumis à une discipline collective constituée par des règles dérogatoires et impératives dont la mise en application porte atteinte à leurs droits. Toutefois, dans pareille circonstance, les atteintes portées aux droits des créanciers sont alors légitimées par le caractère collectif et d'ordre public de la procédure mais également par les objectifs poursuivis de sauvegarde ou de redressement de l'activité de l'entreprise en difficulté. Ainsi, dans le droit français comme dans le droit OHADA, les nécessités de la procédure collective entrainent des mesures de restrictions aux droits et aux sûretés réelles des créanciers. Ces restrictions sont nécessaires d'une part pour l'évaluation du passif de l'entreprise et d'autre part pour la détermination et la protection de son patrimoine actif pendant la procédure collective. Toutes ces mesures de restrictions relevant de l'application rigoureuse de la discipline collective font la singularité du droit spécial des procédures collectives et lui confèrent la vocation de s'imposer à tous les autres droits notamment ceux garantis par les sûretés réelles.

502. Aussi, de même que l'implication des créanciers postérieurs est indispensable pour le bon déroulement de la procédure et à la bonne continuation de l'activité de l'entreprise en difficulté, est-il fait quelques concessions à ces derniers en échange des efforts fournis et des sacrifices consentis par eux. Cette contractualisation du droit des procédures collectives dont le moteur est la réalisation des objectifs poursuivis s'est matérialisée dans le droit français par l'institutionnalisation du privilège de la procédure et par le statut de dettes postérieures admises comme des créances de la masse puis encore par l'institution nouvelle du privilège d'argent frais dans le droit OHADA. Cette éligibilité des créances postérieures à la procédure collective au traitement préférentiel règle la problématique de la continuation des contrats encours[917] en même temps que cette dernière se confond bien souvent à elle. L'ouverture de la procédure collective n'étant pas considérée comme une cause légitime de résolution ou de résiliation des contrats dans le droit français comme dans le droit OHADA, si les contrats ne font pas l'objet de dénonciation par l'organe de la procédure compétent, les créances dues à son exécution future rentrent directement dans les critères de créance utile à la procédure et à la continuation de l'activité de l'entreprise en difficulté. A ce titre, elles deviennent privilégiées et seront payées de manière prioritaire à l'échéance à la différence des créances issues du même contrat mais nées antérieurement à l'ouverture de la procédure collective.

503. Des aménagements ont pu être trouvés, dans le droit français comme dans le droit OHADA, pour éviter le risque de blocage que pourrait constituer l'exercice du droit de rétention ainsi que celui des droits de rétention dérivés ou conventionnels pendant les procédures collectives. L'on peut regretter que, dans l'un comme dans l'autre des deux systèmes juridiques, que le droit de rétention classique n'a pu être convenablement réglementé de sorte à ce que son exercice pendant les procédures collectives soit plus conforme aux objectifs poursuivis par le droit des procédures collectives.

504. Cependant, il ressort de notre étude que seuls les créanciers chirographaires et ceux titulaires de sûretés réelles préférentielles sont rigoureusement soumis à la discipline collective. Si dans le droit français, les créanciers antérieurs et postérieurs non éligibles au privilège de procédure sont tous concernés par les mesures de restrictions, dans le droit OHADA, seuls les créanciers dont les créances sont nées antérieurement à la décision d'ouverture de procédure collective sont directement concernés. Dans les deux systèmes juridiques, les créanciers titulaires de sûretés réelles fondées sur la propriété bénéficient globalement d'une différence de traitement dans les procédures collectives leur permettant d'échapper aux règles impératives de la discipline collective. Ces derniers ainsi que les créanciers rétenteurs classiques restent incorrigibles par le baromètre classique du droit de la faillite : le principe d'égalité entre les créanciers devant la procédure collective. Cette situation révèle une double incohérence qui elle-même est illustrative d'une mauvaise articulation entre le droit spécial des procédures collectives et le droit des sûretés. La première incohérence est propre à la conceptualisation et à l'organisation juridique du droit (spécial ou commun) des sûretés. Et, la seconde incohérence résulte de l'applicabilité effective des règles impératives et dérogatoires du droit spécial des procédures collectives à tous les acteurs de la vie de l'entreprise en difficulté de manière implicite dans le droit OHADA et conformément aux dispositions de l'article 2287 du code civil dans le droit français.

---

[917] Ph. ROUSSEL GALLE, *Les contrats en cours dans le redressement et la liquidation judiciaires,* Thèse Dijon 1997.

CONCLUSION DE LA PREMIÈRE PARTIE

505. Les fondements d'ordre public du droit de la faille reposent d'une part sur le caractère collectif et d'intérêt général du traitement judiciaire[918] des difficultés de l'entreprise mais également sur les orientations politiques, sociales et économiques [919] qui président à cette discipline de droit économique. Ils font du droit des procédures collectives un droit spécial où la régulation et l'intervention de l'Etat ou d'une autorité publique supérieure à titre de gardien et d'arbitre, sont nécessaires pour son effectivité et son efficience au service du tissu économique auquel il intègre et assainit. Selon les finalités poursuivies, des règles impératives et dérogatoires au droit commun, forgées à cette fin, concourent à la légitimation des atteintes portées aux droits de l'entreprise débitrice et aux droits de ses créanciers notamment à ceux garantis par les sûretés réelles.

506. Ces atteintes aux droits des créanciers viennent pour soit les restreindre pendant une certaine durée de la procédure, soit elles les conditionnent à la réalisation des objectifs poursuivis par la procédure collective. En France comme dans l'espace OHADA, même si les finalités sont plus ou moins affichées donc apparemment divergentes (en France c'est la sauvegarde de l'entreprise tandis que dans l'espace OHADA c'est l'apurement du passif), le règlement collectif des créanciers reste l'ultime option après l'échec de toute volonté de sauvegarde ou de redressement de l'activité de l'entreprise en difficulté. C'est dire qu'au final, toutes les finalités se valent et la défense de tous ces intérêts divergents et parfois contradictoires fait la particularité et la souveraineté du droit de la faillite sur les autres droits en l'occurrence le droit des sûretés réelles. L'intérêt général en jeu commande au respect du principe d'égalité entre les créanciers devant la procédure collective[920]. Ce principe est censé représenter un garde fou devant s'appliquer à tous les créanciers de l'entreprise débitrice afin de garantir l'égalité devant la saisie collective du gage commun des créanciers et l'équilibre entre eux tout au long du traitement des difficultés.

---

[918] F. PEROCHON, *Entreprises en difficulté,* 10e édition L.G.D.J. 2014.

[919] B. SOINNE, *Traité des procédures collectives,* 2e édition Litec 1995.

[920] F.POLLAUD-DULIAN, « Le principe d'égalité dans les procédures collectives », op.cit.

507. Cependant, l'emprise du droit des procédures collectives sur les sûretés réelles reste partielle et inachevée. Malgré les caractères d'ordre public et de droit spécial lui conférant la vocation théorique de s'imposer à tous, la discipline collective du droit des procédures collectives ne s'applique pas rigoureusement à tous les créanciers de l'entreprise débitrice de manière identique et égale. On peut regretter cette logique d'emprise restée inachevée. L'influence des créanciers financiers sur le droit économique[921] ouvrant la voie à la contractualisation marque aussi l'avènement de ce que l'on pourrait bien qualifier de procédures semi-collectives[922]. Ainsi, dans le droit OHADA, seules les créances chirographaires et celles garanties par des sûretés réelles préférentielles et nées antérieurement à la procédure collective et les créances de la masse sont soumises aux règles impératives et dérogatoires du droit de la faillite. Les créances garanties par les sûretés réelles fondées sur la propriété qu'elles soient nées antérieurement ou postérieurement à la décision d'ouverture bénéficient d'une différence de traitement injustifiée et inadmissible, les règles impératives du droit des procédures collectives les appréhendant différemment. Même si elles sont pratiquement toutes soumises à la publicité puisque exclusivement mobilières et à l'obligation de production de créance, les propriétés-sûretés OHADA peuvent être réalisées à tout moment de la procédure collective par une action en revendication et/ou en restitution.

508. Ce constat est le même dans le droit français, où également seules les créances chirographaires et celles garanties par des sûretés réelles préférentielles dites classiques (hypothèque, gage et le nantissement etc...) antérieures à la procédure collective ou postérieures nées de manière irrégulière ou non éligibles au privilège de procédure, sont soumises à l'application de la discipline collective. Les créances garanties par une propriété-sûreté, qu'elles soient nées antérieurement ou postérieurement à la décision d'ouverture, peu importe la date de naissance, échappent presque intégralement à l'emprise du droit des procédures collectives. Même si à l'occasion de la réforme de 2008, le législateur français a décidé de neutraliser les effets de quelques propriétés-sûretés telles que la fiducie-sûreté et le crédit-bail pendant les procédures collectives de sauvegarde et de redressement judiciaire afin de permettre la réalisation des objectifs visant le redressement économique de l'entreprise en difficulté, cela n'a rien changé dans le principe. Les créanciers financiers ont réussi à faire reculer ce qu'on a qualifié abusivement de l'impérialisme du droit des procédures collectives sur les sûretés réelles. Puisque, les créanciers titulaires d'une fiducie-sûreté et crédit-bailleurs peuvent toujours exercer pleinement leurs sûretés réelles pendant la procédure collective de liquidation judiciaire. Tandis que les

---

[921] J. LASSERRE CAPDEVILLE., « L'évolution du droit concernant les créanciers financiers : l'influence du droit économique », in *Les Dossiers de la RIDE* N°5, Hors-série 2012.

[922] P.-M. LE CORRE, « L'avènement d'une procédure semi-collective », Gaz. Pal. 15-16 oct 2010, p.3.

créanciers titulaires d'une clause de réserve de propriété peuvent à tout moment de la procédure revendiquer leurs droits pendant toutes les procédures collectives, et ce, sans tenir compte des droits contractuels de l'entreprise débitrice.

509. Cette application des règles impératives et dérogatoires du droit des procédures collectives selon deux poids, deux mesures crée un déséquilibre entre les créanciers en rompant l'égalité classique des créanciers devant la procédure collective d'une part, et remet en cause l'effet réel de la procédure collective[923] ainsi que la substance même du droit de la faillite en limitant les caractères d'ordre public et de droit spécial de cette discipline de droit économique. Elle est également révélatrice de sérieuses difficultés liées à la cohérence et à l'articulation entre le droit des procédures collectives et le droit des sûretés réelles[924] constatées à certains égards aussi bien dans le droit français que dans le droit des affaires unifié de l'espace OHADA.

510. Par conséquent, pour remédier à ces problèmes d'articulation entre ces deux disciplines de droit économique, il est nécessaire d'étendre l'emprise du droit des procédures collectives à toutes les sûretés réelles exclusives.

---

[923] M. SENECHAL, *L'effet réel de la procédure collective : essai sur la saisie collective du gage commun des créanciers,* op.cit.

[924] J.-L. VALLENS, « Les modifications apportées par l'ordonnance sur les sûretés au droit des procédures collectives », op.cit.

SECONDE PARTIE

L'EMPRISE NÉCESSAIRE DU DROIT DES PROCÉDURES COLLECTIVES SUR LES SÛRETÉS RÉELLES EXCLUSIVES

511. Constituée de principes directeurs, la discipline collective représente la substance même du droit des procédures collectives. Comme il a été souligné au début de ces travaux, la discipline collective est censée s'appliquer à tous les acteurs de la vie de l'entreprise en état de faillite notamment à tous ses créanciers sans exception. Malgré cette vocation souverainiste guidée par les objectifs directeurs du droit des procédures collectives, certains créanciers parviennent à se soustraire totalement du champ d'application des règles impératives et dérogatoires de la discipline collective. Il en résulte un contournement fort critiquable de la discipline collective.

512. Cet état de fait causé par de nouveaux mécanismes contractuels a mené davantage à une incohérence et à une contradiction généralisée aussi bien au sein du droit des sûretés d'une manière générale, et des sûretés réelles en particulier que du droit des procédures collectives. De là découleraient toutes les difficultés liées à la désarticulation ou à la disharmonie des règles de droit entre ces deux disciplines de droit économique. Ce problème est commun et peut être constaté aussi bien dans le droit positif français que dans le droit positif de l'espace OHADA.

513. Le dénouement de ces difficultés d'articulation se trouverait dans la généralisation de l'emprise du droit des procédures collectives aux propriétés-sûretés. Pour ce faire, il est nécessaire d'abord de faire un diagnostic critique et approfondi de ce contournement (**titre1**) en questionnant notamment la validité du fondement de ces mécanismes, leur finalité et leurs conséquences juridiques. Après quoi, il conviendra de proposer des voies et des moyens juridiques devant permettre une application extensive de la discipline collective (**titre 2**).

TITRE 1

CRITIQUE DU CONTOURNEMENT DE LA DISCIPLINE COLLECTIVE

514. Certains auteurs ont affirmé que le mal dont les procédures collectives sont atteintes vient des sûretés[925]. Ces auteurs constatent l'effet problématique de la multiplication des sûretés. Ce mal du droit français des sûretés serait accentué par la résurgence des garanties qui sont elles-mêmes fondées sur une qualification erronée de la propriété. Quoi qu'il en soit le constat est que ces nouvelles garanties font déclasser les sûretés réelles classiques plus raffinées[926] qu'elles. En effet, dans le droit français comme dans le droit de l'espace OHADA, la propriété retenue, cédée ou transférée à titre de garantie a reçu une consécration légale. En France, ce mécanisme était bien connu dans l'ancien droit, c'est pourquoi l'on parle de résurgence des propriétés garanties. Dans le droit africain des affaires de l'espace OHADA, ce mécanisme constitue au contraire, une nouveauté introduite à l'occasion de la dernière réforme de l'acte uniforme portant droit des sûretés. Ainsi, à l'instar du droit français, cette nouvelle forme de sûretés réelles OHADA vient s'ajouter à la panoplie de sûretés réelles traditionnelles préexistantes.

515. D'autres auteurs, cherchant à expliquer le retour de ce mécanisme de garantie archaïque basé sur l'utilisation de la propriété qui est une méthode ancienne héritée du droit romain, accusent le droit des procédures collectives d'avoir malmené les sûretés réelles traditionnelles en soumettant leurs titulaires à plusieurs contraintes et restrictions[927]. Ils défendent l'idée selon laquelle, frustrés les créanciers ont fait recours à cette ancienne méthode leur

[925] Ch. MOULY, « Procédures collectives : assainir le régime des sûretés », *in Mélanges,* R. ROBLOT, L.G.D.J.. 1984, p. 560 ; R. HOUIN, « De la grande illusion des sûretés », *in L'évolution du droit des sûretés*, *RJ Com.* 1982, n° spécial, p. 11.

[926] Selon Ch. MOULY, comparée à l'hypothèque et aux autres sûretés réelles traditionnelles, la propriété-sûreté est beaucoup moins raffinée, c'est la raison pour laquelle, elle ne peut supporter le classement car aucune autre sûreté ne peut être superposée à elle.

[927] J.-P. SORTAIS, « La situation des créanciers titulaires de sûretés et de privilèges dans les procédures collectives », *RTD Com.* 1976. 269.

permettant, par un truchement légal semble-t-il, d'échapper aux règles dérogatoires du droit des procédures collectives, et ce, avec le soutien et complicité législatifs et judiciaires. Ainsi, l'incohérence dont il est fait état, est expliquée tantôt à l'aune du droit des sûretés, tantôt sous l'angle d'une critique du droit des procédures collectives.

516. Dans les deux systèmes juridiques, l'argument qui a fini par séduire les autorités législatives et judiciaires est celui de l'accès au crédit, celui-ci devant permettre le redressement de l'entreprise en difficulté. Devant cette position, toute atteinte aux sûretés portée par le droit des procédures collectives ne peut que nuire au crédit[928]. C'est ainsi que le crédit, clé de voûte du commerce, a permis la prolifération des garanties et la complexification du droit des sûretés. Mais, cet argument qui a fini par convaincre, s'avère illusoire.

517. La dérogation des nouvelles sûretés fondées sur la propriété aux règles impératives du droit des procédures collectives dans les deux systèmes juridiques repose sur une certaine instrumentalisation de la propriété. Partant, elle est également à l'origine du déséquilibre existant dans le traitement des créanciers dans la mise en œuvre des procédures collectives.

Ainsi, l'instrumentalisation biaisée de la propriété (**Chapitre 1**) a pu prospérer aussi bien dans le droit français que dans le droit OHADA grâce à l'influence du crédit justifiant la permissivité législative et jurisprudentielle (**Chapitre 2**) des autorités qui l'ont définitivement adoptée et entérinée.

[928] F. DERRIDA, DERRIDA F., « Le crédit et le droit des procédures collectives », *Mélanges* R. Rodière, Dalloz, 1982. p. 67 et s.; Vasseur, *Rec. gén. lois* 1976. 429.

CHAPITRE 1

L'INSTRUMENTALISATION BIAISÉE DE LA PROPRIÉTÉ

518. Dans le droit français comme dans le droit OHADA, les arguments sur lesquels repose le contournement des règles du droit des procédures collectives sont les suivants. D'abord, le refus de donner conséquence juridique au caractère accessoire de la propriété utilisée à titre de garantie. Cet argument consistant à faire rejaillir la protection due à la propriété primaire ou principale à la garantie en est l'argument clé. Cet argument conduit notamment à réfuter la qualification de la propriété utilisée à titre de garantie, comme une sûreté réelle à part entière, dans le droit français. De ce fait, il écarte l'application du régime de droit commun des sûretés. En se basant sur le droit réel principal de la propriété et sur l'exclusivité sur le bien que celui-ci procure à son titulaire, le droit de propriété lui-même et sa fonction de garantie se trouvent assimilés l'un à l'autre. Cette confusion est à la base de la distinction de régime juridique entre les sûretés réelles traditionnelles et les garanties réelles fondées sur la propriété réservée, retenue ou cédée. Cette distinction des modes de garantie selon leur source et non selon leur finalité ou fonction, est la première cause de l'incohérence pointée.

519. La seconde série d'arguments servant à justifier le contournement de la discipline collective consiste à dire que ces garanties réelles n'affectent pas le patrimoine du débiteur[929] seul concerné par la procédure collective. Or, cet argument s'avère largement contestable. L'analyse de la définition du patrimoine du débiteur permettra facilement de mettre à nu cet argument aussi bien artificiel qu'erroné.

520. Au-delà de la problématique de leur qualification de sûreté et ses conséquences sur le régime juridique notamment pendant les procédures collectives, dans les deux systèmes juridiques France/Espace OHADA, la consécration des propriétés-sûretés repose essentiellement sur une

[929] F. PEROCHON, « Le choix des garanties efficaces », *JBE*-2012-0164, 01 sept. 2012 n°5, p. 321 et s.

instrumentalisation biaisée de la propriété. Elle est bâtie sur une confusion entre la propriété et le droit de propriété (**Section 1**). Or, résultante d'une mutation juridique de la propriété privée, cette nouvelle utilisation de la propriété comme accessoire d'un droit de créance présente une autre nature aux conséquences juridiques propres. Mais, ne prenant pas compte de cette mutation, le mécanisme de l'utilisation de la propriété à des fins de garantie est fait reposer contractuellement sur un déni des droits du débiteur (**Section 2**).

SECTION 1. LA CONFUSION ENTRE PROPRIÉTÉ ET DROIT DE PROPRIÉTÉ

521. Le droit reconnait traditionnellement à la propriété privée la plénitude. C'est-à-dire le plein exercice pour son titulaire, des attributs qui y sont classiquement rattachés ; ce sont *l'usus, le fructus et l'abusus.* Autrement dit, le titulaire doit avoir la plénitude de ses prérogatives sur son bien. En vertu de ces caractéristiques traditionnelles, le droit de propriété a été considéré comme un droit exclusif[930], imprescriptible[931], inviolable et sacré[932]. Il est protégé constitutionnellement comme tel.

522. Mais, depuis quelques temps le droit de propriété fait l'objet de contrat et cela a donné naissance à une nouvelle distinction de la notion de propriété selon sa nature et sa fonction. Ainsi, la doctrine contemporaine distingue la propriété juridique de la propriété utilitaire. Cette nouvelle analyse fonctionnelle de la propriété est apparue avec l'avènement de ce qu'il est convenu d'appeler une propriété marchande : il s'agit de la contractualisation de la propriété. Ainsi, la promesse d'une acquisition de la propriété du bien par divers mécanismes de transfert de propriété[933] dans des conditions prévues par les parties a ouvert d'autres perspectives telles que garantir l'exécution d'une obligation. Cependant, en dépit de la reconnaissance de cette mutation, l'utilisation de la propriété à titre de garantie de l'exécution de l'obligation d'un droit de créance est basée sur une confusion entre la propriété au sens traditionnel et l'exercice de celle-ci.

Pour illustrer cette confusion, il convient de retracer l'évolution de la propriété (**Sous-section 1**). Ce préalable étant nécessaire, il permet d'entrevoir le changement de nature de la propriété consécutif à une nouvelle forme d'exercice (de droit de propriété) qui l'utilise comme accessoire d'un droit de créance (**Sous-section 2**).

---

[930] V. Article 544 du Code civil

[931] V. Article 2 DDHC et article 1er du Protocole 1er de la Convention Européenne des droits de l'Homme CEDH.

[932] V. Article 17 Déclaration des Droits de l'Homme et du Citoyen 1789.

[933] C. BUFNOIR, *Propriété et contrat. Théorie des modes d'acquisition des droits réels et des sources d'obligations,* éd. A. Rousseau, 1900, p.33.

§1) L'évolution de la propriété

523. Des auteurs se sont demandés, s'il s'agissait d'un progrès ou d'une régression, d'une évolution ou d'une révolution[934] au regard des mutations du droit de propriété notamment à propos de la propriété utilisée à titre de garantie de créance. Ce phénomène n'était toutefois, pas nouveau puisque, dans le droit romain, la propriété avait déjà été utilisée à des fins similaires jusqu'à l'ancien droit. C'est ce qui a conduit certains auteurs à employer l'adjectif « *archaïque* » pour parler de ce qu'ils qualifient de régression technique[935] ou du droit[936]. D'autres, plus nuancés parlent plutôt de la résurgence de mécanismes de garantie anciens et peu affinés[937]. Parue comme une nouvelle conceptualisation juridique de la propriété dans l'espace OHADA, la propriété-sûreté est à rapprocher à cette évolution historique de la propriété compte tenu de la proximité et affinité juridiques entre les pays de l'espace OHADA et la France pour retrouver ses origines formelles des plus contemporaines.

Ainsi, partant de la propriété absolue, inviolable et sacrée (**A**), on est arrivé d'une manière fonctionnelle à une propriété utilitaire et marchande dont les prérogatives sont partagées ou aliénées, à la mesure de la liberté individuelle (**B**).

A) De la propriété absolue, inviolable et sacrée…

524. L'article 544 du Code civil consacre le caractère absolu de la propriété privée. L'article 17 DDHC de 1789 affirme que la propriété est un droit inaliénable et sacré. Ces différentes énonciations ramènent la propriété à son sens d'origine comme un droit naturel et sacré de l'homme. La notion de propriété ainsi consacrée dans le droit positif français est marquée par la réminiscence de la distinction entre la propriété en tant que telle assimilable à la chose dont elle fait l'objet, et le droit de propriété qui est un droit subjectif que le propriétaire peut exercer sur la chose, objet de la propriété. Cette distinction entre la propriété et les droits réels qui s'exercent sur elle est, par ailleurs, très clairement soulignée par l'article 34 de la constitution du 4 octobre 1958. Cette propriété privée alors consacrée a été définie comme un droit absolu, naturel, imprescriptible, inviolable et sacré (**1°**), elle est protégée en tant que telle (**2°**).

---

[934] R. DAMMANN et G. PODEUR, « Fiducie-sûreté et droit des procédures collectives : évolution ou révolution ? », *D.* 2007,Chr. p. 1359.

[935] Ph. DUPICHOT, « L'efficience économique du droit des sûretés réelles », *LPA,* 16 avr. 2010, n° 76, spéc. n° 3, p. 7.

[936] B. OPPETIT, « Les tendances régressives dans l'évolution du droit contemporain », *in Mélanges D. HOLLEAUX*, Litec, 1990, p. 227 et s, note 235.

[937] P. CROCQ, « Dix ans après : l'évolution récente des propriétés-garanties », *in Mélanges M. GOBERT*, Economica, 2004, p. 347 ; D. LEGEAIS, « Les nouvelles fonctions de la propriété », Ed. Société de législation comparée, coll. *Travaux de l'Association Henri Capitant*, « *La propriété* » t. L III.2006.

1°) Les définitions textuelles de la propriété consacrée

525. La propriété est définie comme un droit absolu de jouir et de disposer de son bien (a), ou alors comme un droit inviolable et sacré (b).

a) La propriété : un droit absolu

526. L'article 544 du Code civil dispose que « *la propriété est le droit de jouir et disposer des choses de la manière la plus absolue, pourvu qu'on n'en fasse pas un usage prohibé par les lois ou par les règlements.* ». Ce texte consacre la propriété privée comme le fondement du droit des biens. La propriété confère à son titulaire un droit absolu sur le bien objet de celle-ci. Il exerce sur la chose la plénitude de ses prérogatives car sa propriété est jugée perpétuelle et absolue. Mais, pour mieux comprendre la portée juridique de ce principe général et ses éventuelles limites ou restrictions, certains éléments clés dans l'énoncé du texte doivent être analysés. Ce sont les expressions telles que : « *1°) le droit de jouir et disposer* « *2°) de la manière la plus absolue* » et «…*3°) pourvu qu'on n'en fasse pas un usage prohibé* ».

527. Tout d'abord, 1°) *le droit de jouir et disposer...* Le verbe *jouir* renvoie au fait de pouvoir user ou utiliser la chose en percevant ses fruits, de pouvoir les conserver ou les consommer[938]. Le verbe *disposer*, renvoie à une des prérogatives fondamentales du propriétaire qui consiste à pouvoir passer un acte juridique sur son bien en le vendant ou en le donnant, soit par un acte matériel en le transformant ou en le détruisant[939]. D'où par essence même la propriété privée énoncée est destinée ou est susceptible d'être aliénée selon le bon vouloir de son maître. Ainsi, le droit de jouir et de disposer des choses *de la manière la plus absolue* désigne ou résume, en définitive, les trois prérogatives essentielles du propriétaire sur son bien : *l'usus, le fructus et l'abusus*. Ces trois prérogatives sont constitutives des trois composantes de la propriété complète ou pleine. Cette plénitude de la propriété confère au titulaire de la chose un droit absolu sur son bien et fonde la relation d'exclusivité entre la chose objet de propriété et le propriétaire lui-même. Ainsi, l'absoluité est étroitement liée à l'exclusivité. Tout comme la première, l'exclusivité du propriétaire sur le bien objet de sa propriété peut être positive ou négative. L'exclusivité dans son aspect positif renvoie à l'exercice de la plénitude des prérogatives du propriétaire sur la chose notamment le droit de disposer comme bon lui semble sans gène ni contrainte. Et, l'aspect négatif de l'exclusivité consiste à l'exclusion des tiers. L'exclusivité ou l'exclusivisme du droit de propriété reflète le rapport privatif entre la personne titulaire de la propriété et la chose. Elle lui donne le pouvoir d'exclure. Elle est donc censée protéger le propriétaire contre les

---

[938] Ibidem. p. 407.

[939] R. GUILLIEN et J. VINCENT, *Lexique des termes juridiques*, 17e éd. Dalloz. 2010, p. 261.

tiers. Enfin, la dernière expression du texte « *pourvu qu'on n'en fasse pas un usage prohibé par les lois ou par les règlements* » fixe des restrictions à l'exercice de la propriété ainsi consacrée. Ce qui fait qu'en dépit de sa plénitude, le principe général de la propriété privée consacrée par l'article 544 du Code civil pourrait rester un principe infra-légal voire infra-règlementaire. Ce dernier point permet de mesurer les conséquences juridiques de l'étendue des pouvoirs conférés au propriétaire sur sa propriété.

528. La portée juridique de l'absoluité et de l'exclusivité de la propriété consacrée. Au regard de la limite fixée par l'article 544 du Code civil le principe général de la propriété pourrait être soumis au contrôle de conformité aux lois et aux règlements. On peut donc en déduire que les caractères absolu et exclusif de la propriété pourraient avoir une valeur en-de-ça des lois et des règlements d'ordre public, portant la défense de l'intérêt général telles que les règles d'ordre public régissant le droit des procédures collectives par exemple.

529. La qualité de propriétaire. Aussi, il résulte de ces dispositions, que pour qu'une personne soit reconnue propriétaire, celle-ci doit avoir tous les attributs précités concentrés entre ses mains tel qu'il est définit par le texte de l'article 544 du Code civil pour qu'il soit pleinement titulaire de propriété sur le bien en question. Ce texte ne prévoit pas le possible partage des prérogatives de la propriété par deux personnes, telle l'utilisation de la propriété à titre de garantie. De par son énoncé, cet article livre une définition fonctionnelle de la propriété en ce sens qu'il encadre implicitement le rapport juridique direct entre le propriétaire et son bien. A ce propos, certains auteurs n'ont pas hésité à parler d'une propriété juridique [940] pour la distinguer d'une propriété nouvellement qualifiée d'économique ou marchande. Autrement dit, l'article 544 du Code civil ne consacre que la nature juridique de la propriété privée, et ne fait allusion à aucune de ses potentielles utilisations ou fonctions ni présentes ni futures. Surtout, et c'est sans doute le plus important à retenir, ce texte, à travers cette définition de la propriété, définit indirectement le propriétaire. En effet, seul est propriétaire celui qui détient au moment présent tous les attributs de la propriété tels que *l'usus, le fructus et l'abusus.*

530. Le propriétaire est donc, non pas forcément celui qui détient le titre mais celui qui exerce sur la chose tous les pouvoirs énoncés. Ainsi dans une relation entre un créancier et son débiteur liés par une clause de réserve de propriété, si le créancier ne détient plus la chose du fait des conditions contractuelles prévues il n'en est plus propriétaire au sens de cet article mais c'est plutôt le débiteur qui à lui seul combine les attributs essentiels de la propriété entre ses mains. D'ailleurs dans beaucoup de cas de figure

---

[940] D. R. MARTIN, « La propriété de haut en bas », *D.* 2007, p. 1977 : cet auteur a une approche juridique de la propriété ; M. FABRE MAGNAN, « Propriété, patrimoine et lien social », *RTD civ,* 1997, p. 583 et s : Tandis que cette auteure a eu une approche sociale de la propriété juridique.

notamment dans la propriété réservée à titre de garantie, le débiteur a vocation à devenir propriétaire à l'issu du paiement de la créance. Ce dernier, dans certaines conditions a le droit de jouir et de disposer de la chose. Tel est le cas par exemple quand la réserve de propriété porte sur des marchandises ou des choses fongibles.

b) La propriété : un droit naturel imprescriptible, inviolable et sacré

531. L'article 17 de la déclaration des droits de l'homme et du citoyen qualifie la propriété d'un droit inviolable et sacré. De même que, l'article 2 DDHC érige la propriété au niveau des droits naturels et imprescriptibles de l'Homme. Ces consécrations respectives confèrent à la propriété d'une manière générale, pas seulement privée, une valeur supérieure aux lois et aux règlements et hisse la propriété au niveau constitutionnel, la DDHC étant constitutif du bloc de constitutionalité. Les caractéristiques mentionnées de la propriété permettent de la protéger contre toute atteinte sauf en cas de dérogation susceptible de justifier une telle atteinte ou violation. La Cour de cassation en tant que juridiction judiciaire suprême est la gardienne[941] de la propriété privée ainsi consacrée.

2°) La propriété objet de protection constitutionnelle et conventionnelle

532. La propriété bénéficie d'une reconnaissance constitutionnelle et conventionnelle qui lui protège contre toute violation non justifiée. Et, le respect dû au propriétaire est reconnu et protégé également par la Convention Européen des droits de l'Homme en son article 1er du Protocole additionnel. Mais, contrairement à l'article 544 du Code civil, ces protections concernent de manière générale toute sorte de propriété privée comme publique sans exception. Elles se matérialisent par le moyen de contrôle de constitutionnalité ou de conventionalité. Si la nature et la finalité du contrôle servent à garantir la propriété, avec les limites fixées à ses conditions d'exercice, le caractère constitutionnel et/ou conventionnel du contrôle révèle quant à lui le degré d'importance de la protection accordée au respect de la propriété.

533. La nature du contrôle et sa finalité. Le contrôle peut porter sur toute atteinte à la propriété qu'elle soit par privation, par restriction ou par dénaturation. Ce contrôle porte à la fois sur l'existence de la propriété elle-même et sur les conditions, l'étendue de son exercice par le propriétaire. La restriction porte sur l'exercice du droit de propriété, tandis que la privation et la dénaturation consistent à porter atteinte à la nature même de la propriété. La privation peut prendre diverses formes. L'expropriation est une privation de la propriété. Très souvent rencontrée dans le droit public ou en droit de l'urbanisme, c'est l'acte par lequel une autorité publique dépouille un

[941] V. Art. 66 de la constitution française du 4 octobre 1958, toujours en vigueur.

particulier de sa propriété. Quand cette privation avec transfert de propriété est justifiée par l'utilité publique au sens de l'article 17 DDHC, l'autorité publique doit verser au propriétaire privé de sa propriété, une juste et préalable indemnité. La privation de propriété s'apparente à la restriction quand il n'y a pas eu transfert de propriété. C'est le cas de la servitude forcée. Il peut s'agir par exemple de faire passer un passage public sur un terrain appartenant à un riverain sans pourtant annexer tout le terrain. La privation par suspension du transfert de propriété se fait le plus souvent avec le consentement du propriétaire. Il est, en effet des cas où la propriété se trouve restreinte au point qu'elle est vidée de son contenu essentiel. Ce peut être le cas type de la clause de réserve de propriété où la propriété n'est pas transférée mais qu'elle est sous réserve de l'accomplissement d'une obligation, de la réalisation d'une condition ou de l'échéance d'un terme, et que de nombreuses prérogatives par rapport au bien en question sont partagées entre le créancier titulaire primitif et le débiteur qui a vocation à devenir propriétaire. On peut parler alors de dénaturation du droit de propriété du fait de la volonté individuelle du propriétaire ou du régime qu'il choisit d'exercer sur son bien. La dénaturation du droit de propriété peut être relevée quand il y a assimilation à la privation au sens de l'article 17 DDHC justifiée par l'intérêt général[942]. En définitive, la finalité du contrôle est donc de protéger la propriété privée comme publique. Il permet également de faire respecter le droit du propriétaire sur son bien.

534. Les limites. La propriété est protégée contre toute atteinte qui ne peut être justifiée par *la nécessité publique*[943], ou par une *cause d'intérêt public*[944]. Toute atteinte qui revêt un caractère d'intérêt général ou d'utilité publique reconnus par les lois et règlements est donc tolérée. Abondant dans ce sens, un auteur a pu résumer que « tout motif d'intérêt général librement apprécié par le parlement peut justifier une restriction du droit de propriété, comme si la restriction était en tant que telle inhérente à la propriété[945] ». Les limites à l'existence et à l'exercice de la propriété qui donnent le sens au contrôle de constitutionalité ou de conventionalité sont les mêmes que celles

---

[942] V. DC n° 96-373 du 09 avril 1996 relative à l'affaire du statut de la Polynésie française, in www.conseil-constitutionnel.fr

[943] V. Article 17 DDHC qui dispose que « *La propriété étant un droit inviolable et sacré, nul ne peut en être privé, si ce n'est lorsque la nécessité publique, légalement constatée, l'exige évidemment, et sous la condition d'une juste et préalable indemnité* ».

[944] V. Article 1er Protocole Additionnel de la Conv. Europ. Droits de l'Homme relatif à la protection de la propriété dispose que « *Toute personne, physique ou morale, a droit au respect de ses biens. Nul ne peut être privé de sa propriété que pour cause d'utilité publique et dans les conditions prévues par la loi et les principes généraux du droit international. Les dispositions précédentes ne portent pas atteinte au droit que possèdent les Etats de mettre en vigueur les lois qu'ils jugent nécessaires pour règlementer l'usage des biens conformément à l'intérêt général ou pour assurer le paiement des impôts ou d'autres contributions ou des amendes* ».

[945] J.-Y. CHEROT, « La protection de la propriété dans la jurisprudence du Conseil constitutionnel », *in Mélange* Christian Mouly, Litec. 1998, p. 415.

posées par l'article 544 du Code civil concernant l'exercice de la propriété privée. Bien qu'ayant une portée à valeur constitutionnelle, l'exercice de la propriété privée comme publique connait des limites que les lois et règlements fixent au nom de l'intérêt général. Toute atteinte justifiée par l'exercice effectif de ces limites ouvre droit à une juste et préalable indemnité au profit du propriétaire

535. L'exception de l'exception. Toutefois, il existe une exception à cette exception limitative de l'exercice de la propriété : c'est la dénaturation de la propriété. En effet, le Conseil constitutionnel et la Cour de cassation ont tous deux posé une condition à la recevabilité des limites apportées à l'exercice de la propriété ou au droit de propriété en affirmant respectivement dans les décisions Civ. 1re, 4 janvier 1995 et Cons. Const. 28 juillet 1998 que « *si la possibilité pour toute personne de disposer d'un logement décent suppose que l'on puisse apporter des limites au droit de propriété, c'est à la condition que ces limites ne soient pas telles que le sens et la portée de la propriété soient dénaturés* ». En d'autres termes, les deux Cours judiciaire et constitutionnelle considèrent que les limites pouvant être fixées à l'exercice de la propriété ne doivent pas altérer le sens et la portée de celle-ci. Plus récente, la décision du Conseil constitutionnel a été rendue à propos de l'instauration d'adjudication d'office au profit d'un créancier poursuivant en cas d'absence d'enchère au montant de la mise fixée par le juge. La Cour constitutionnelle a alors estimé que cette disposition dénaturait le droit de propriété en obligeant le créancier d'acquérir sous ces conditions particulières. C'est dire que même sous la base contractuelle, l'on ne peut pas agir de sorte à dénaturer la propriété. La liberté contractuelle connait donc, à ce propos, des limites.

536. Toutes ces dispositions consacrent et protègent la propriété privée au sens objectif du terme et non une propriété subjective et aliénée. Même, si à travers cette protection de l'existence de la propriété, le droit subjectif de propriété se trouve par voie de conséquence protégé et limité à la fois. Toutefois, à travers les limites fixées à l'exercice de cette propriété et de la qualité de propriétaire, sa mise en valeur économique et sociale était déjà envisageable.

B) …à la propriété marchande et d'utilité économique et sociale

537. Distincte de la propriété proprement juridique instituée par l'article 544 du Code civil, la propriété marchande ou économique, loin du concept de la propriété individuelle et absolue, est, selon nous, une propriété aliénable à des fins d'utilité économique et en interaction avec autrui. De son état objectif et complet, elle devient subjective et susceptible d'être partagée avec autrui. Le propriétaire n'est plus le maître absolu. Cette mutation de la propriété est largement reconnue par la doctrine (**1°**). Cette dernière identifie même bien une forme contractualisée de la propriété qui met en exergue la distinction entre propriété et l'exercice de la propriété. Toutefois malgré cette reconnaissance permettant d'identifier une propriété désormais aliénable, une dissociation juridique entre la propriété et le droit de propriété n'a pas pu être opérée (**2°**), une majorité de la doctrine préférant entretenir une confusion au tour des deux concepts (**3°**).

1°) Une mutation de la propriété reconnue par la doctrine

538. Souhaitant rendre compte de cette mutation, certains auteurs ont livré des définitions fonctionnelles de propriété contribuant à distinguer le droit de propriété (un droit subjectif ou social) et la propriété elle-même en mettant l'accent non pas sur le rapport entre la chose et le propriétaire mais plutôt objectivement sur la qualité de la chose elle-même d'appartenir à une personne[946]**.** Ils perçoivent ainsi la propriété comme un droit objectif[947] ayant une fonction sociale[948]. Ainsi, la mutation de la propriété privée est caractéristique aussi bien du point de vue social que subjectif qui la font démarquer de son exercice. Ces auteurs ont cependant des approches différentes de la propriété. Toutefois, leurs positions respectives qui se complètent, illustrent bien la distinction entre la chose objet de la propriété et le droit subjectif de propriété.

539. Les défenseurs de la théorie objectiviste de la propriété. Ces auteurs voient dans l'usage actuel du mot propriété, une ambiguïté qui a fait l'objet d'une instrumentalisation politique[949]. Mais avant ces auteurs, d'autres, plus classiques, soutenaient la distinction, telle qu'héritée du droit romain, entre la *proprietas* et la prérogative ou pouvoir du propriétaire, affirmant que la propriété n'est nullement un droit mais une qualité de la chose[950]. Selon ce courant, la raison d'être de cette distinction est d'éviter de confondre la chose de ses utilités. La propriété proprement dite c'est-à-dire la chose possédée est un élément constitutif du patrimoine, tandis que la prérogative est quant à elle attachée à la personne et ne constitue pas un droit patrimonial. Plus contemporains, MM. Zenaty-Castaing et Revet, distinguent bien la propriété objective de la propriété subjective[951]. Ils estiment qu'à la différence d'avec la propriété dite subjective qui s'apparente au droit ou à l'ensemble de droits que peut exercer le propriétaire sur son bien, la propriété objective représente « la qualité qu'a un bien d'appartenir à une personne[952] ». Dans leur acception, la propriété proprement dite, pleine et

---

[946]F. ZENATI CASTAING et Th. REVET, *Les biens*, PUF. 3ème éd. 2008

[947]F. DAGOGNET, *Philosophie de la propriété, l'avoir*, PUF. 1992 ; M. SUEL, « L'énigme de l'article 17 DDHC sur le droit de propriété », *RDP*, 1974, 1300.

[948]L. DUGUIT, *Les transformations générales du droit privé depuis le Code Napoléon*, 1re éd., F. Alcan, 1920, rééd. La mémoire du droit, 2008.

[949] F. DAGOGNET, *Philosophie de la propriété, l'avoir*,.op. cit.; M. SUEL, « L'énigme de l'article 17 DDHC sur le droit de propriété », op. cit.

[950] M. VILLEY, *Critique de la pensée juridique moderne, RHD, 1946-1947.201 ;* 1976, puis rééd. Dalloz, 2009.

[951] F. ZENATI CASTAING, Th. REVET, *Les biens*, op.cit.

[952] Ibid.

complète s'identifie plutôt à la chose elle-même. Dès lors, selon ces auteurs, la nature juridique de la propriété subjective ou le droit de propriété est différente de la notion de la propriété dans son sens objectif. Selon eux, la propriété a une nature juridique particulière, incompatible avec celle des droits réels qu'on lui attribue pourtant classiquement. Ils affirment que « le droit de propriété n'est pas un droit incorporel ; la raison en est qu'il ne constitue pas un bien mais le rapport juridique grâce auquel les choses deviennent des biens. Pour eux, le droit de propriété est inapte à la transmission car le transfert de propriété porte plutôt sur la propriété objective. Ils rejoignent ainsi la position de Michel Villey sur la différence fondamentale entre la propriété et le droit de la propriété. Pour Aubry et Rau, la propriété est le droit en vertu duquel une chose se trouve soumise de manière absolue et exclusive à l'action et à la volonté d'une personne. Ces deux auteurs devenus célèbres grâce à leur conception de la notion du patrimoine, pour définir la propriété, mettent l'accent sur le rapport subjectif entre la chose objet de la propriété et la personne qui la matérialise par son action et sa volonté. L'exercice conjoint de la volonté et de l'action de la personne sur la chose détermine alors pour ces auteurs le droit de propriété. On pourrait déduire d'une telle définition que ces deux auteurs, de par cette nuance, ont évité l'assimilation de la propriété objective de la chose au droit de propriété qui peut ne pas être si spontané et si systématique. Pour Pothier, *l'usus, le fructus et l'abusus* ne sont que des *effets* de la propriété et non ses composantes, leur perte n'altère pas la propriété. Le droit de propriété pourrait donc se limiter à l'exercice d'une seule de ces trois prérogatives ce droit n'étant en définitive qu'un corollaire à la propriété, une notion plus large et plus générale.

540. La théorie de la fonction sociale de la propriété. La propriété n'est pas un droit mais une situation juridique objective comportant un statut défini par le droit objectif[953]. La propriété et donc le propriétaire, correspondent à une fonction sociale déterminée. C'est pour cette raison qu'il a affirmé à propos du propriétaire : « son droit de propriété, je le nie, son devoir social, je l'affirme[954]». Selon cet auteur, une propriété est une chose qui a la qualité d'être propre, d'appartenir à une personne déterminée, *res privitae* par opposition à *res nullius ou res communes*[955]. Il dénie entièrement le concept de droit de propriété qu'il n'assimile pas à la propriété. La possible appropriation de la chose permet ainsi d'opposer la propriété privée à la propriété publique. Une position qui le rapproche de Pourquier qui, contrairement à la propriété qui est un droit naturel, estime que « *le droit de propriété en lui-même n'a rien de naturel, et n'est pas*

[953] L. DUGUIT, *Les transformations générales du droit privé depuis le Code Napoléon*, 1re éd. op. cit.
[954] Ibid.
[955] Ibid.

moins mortel que la civilisation qui l'a engendré[956] ». Pour ce dernier, le droit de propriété n'est qu'une résultante d'une construction sociale autour de la notion de propriété. Enfin, plus contemporain, Mme Fabre Magnan en définissant la propriété comme un droit juridiquement protégé, met le concept de propriété au cœur du lien social[957] sans lequel il ne pourrait exister de propriété. Pour cette auteure, ce qui détermine l'appropriation des choses c'est leur accessibilité à l'échange[958] et interaction avec autrui. Ces analyses de la propriété à travers le prisme social et subjectif permettent l'identification d'une propriété aliénable.

2°) Identification d'une propriété aliénable et économique

541. Monsieur G. Blanluet définit la propriété économique par sa fonction de la manière suivante : « *la propriété économique appartient à celui qui s'approprie la substance économique d'un bien dont il n'est pas le propriétaire juridique* [959]». Comme M. Blanluet, de nombreux auteurs ont déjà proposé de dissocier le concept de propriété et de reconnaitre dans le bien une propriété économique, distincte de la propriété matérielle ou physique[960]. Un auteur[961] distingue ce qu'il nomme une propriété parfaite caractérisée par sa plénitude d'absoluité, exclusivité et perpétuité d'une propriété imparfaite qui, elle, ne remplit qu'un ou deux de ces trois critères. Mais, il admet que des trois critères caractérisant la propriété, l'exclusivité en constitue la clé. Alors que les deux autres peuvent aller dans la fonction d'utilité de la propriété, l'exclusivité reste avec le titre. Pour d'autres[962], seul le caractère perpétuel de la propriété est indissociable avec le titre, les autres critères pouvant être transférables à autrui. Pierre Crocq, quant à lui, même s'il ne partage pas l'idée de la requalification de la notion de propriété tenant compte de cette dissociation, admet la dissociation de la propriété en une propriété de valeur opposée à une propriété d'utilité[963]. S'il admet donc l'existence d'une « propriété économique », il estime toutefois que celle-ci n'a pas nécessairement besoin de se traduire par un démembrement juridique de la propriété.

---

[956] C. POURQUIER, Le mythe de la perpétuité de la propriété, *Himeji International forum of Law and Politics,* n°2, 1995, 107 s.

[957] M. FABRE MAGNAN, « Propriété, patrimoine et lien social », *RTD civ.* 1997 p. 583.

[958] Ibidem.

[959] G. BLANLUET, « Brèves réflexions sur la propriété économique », *Dr. et Patr.* N°91, mars 2001, p. 80.

[960] G. BLANLUET, *Essai sur la notion de propriété économique, recherche au confluent du droit fiscal et du droit civil,* L.G.D.J. 1999.

[961] S. RAVENNE, *Les propriétés imparfaites, contribution à la théorie de la structure du droit de propriété,* Thèse Paris –Dauphine 2007.

[962] G. LARDEUX, *« Qu'est-ce que la propriété ?Réponse de la jurisprudence récente éclairée par l'histoire »,* *RTD Civ.* N°4, 2013 p. 741 et s.; M. FABRE-MAGNAN, op, cit.

[963] P. CROCQ, *Propriété et garantie,* préf. M. GOBERT, L.G.D.J., 1995.

542. Cette position s'oppose à celle de M. Blanluet à laquelle nous souscrivons qui affirme que la distinction de nature et par voie de conséquence de régime juridique ne constitue pas forcément un démembrement de la propriété mais une autre forme plus concise de la propriété. Mais, à travers cette reconnaissance de l'existence d'une propriété économique ou de valeur devant être distinguée de l'ancienne notion de propriété, M. Crocq reconnait la mutation de la propriété au sens du code civil. La propriété utilité correspond à ces multiples fonctions nouvelles que revêt la propriété notamment celle de garantir l'exécution d'un droit personnel de créance.

543. Une reconnaissance qui amorce le dépassement de la propriété consacrée par l'art. 544 du Code civil. Le dépassement de la propriété individuelle et absolue au sens de l'article 544 du code civil, causé par l'avènement de nouvelles orientations économiques, déclenchées entre autres moyens par la liberté d'entreprendre [964] et par la volonté interventionniste de l'Etat[965], a été amorcé juridiquement et légalement depuis maintenant quelques décennies.

544. Par la jurisprudence. Le dépassement du domaine traditionnel de la propriété au profit d'une propriété économique a été rendu possible, en partie, grâce à la jurisprudence, tant nationale [966] qu'européenne [967] et communautaire, qui a inspiré par la suite des textes législatifs internes. Le nouveau concept de droit de propriété se veut souple et malléable. Tout en gardant son caractère privé, il accorde une grande importance à sa fonction utilitaire et sociale. En effet, comme il a été souligné « la valeur que présente dans le patrimoine le bien approprié, se dégage davantage de l'emprise matérielle proprement dite, la dématérialisation ou l'intellectualisation du droit de propriété caractérisant, depuis quelques décennies, l'évolution du droit de propriété [968]», pour concéder une place prioritaire au fait sur le droit, à l'utile sur le matériel et donc du concret sur l'abstrait[969].

545. Cette vision économique de la propriété a conduit la Cour de cassation à valider des contrats permettant de différer le transfert de propriété. Avant l'institutionnalisation formelle de la clause de réserve de propriété et du crédit-bail, pour valider les contrats comportant ces mécanismes juridiques, la Cour de cassation s'appuyait sur la combinaison des articles 1134 et 1583 du Code civil. L'article 1134 du Code civil fondait

---

[964] J.-P. CHAZAL, « Propriété et entreprise : le Conseil constitutionnel, le droit et la démocratie », *Recueil Dalloz* 2014 p. 1101 et s.

[965] F. TERRE, « L'évolution du droit de propriété depuis le Code civil », *Revue Droits* 1985, n° 1, p. 33 et s.; Ch. ATIAS, « Destins du droit de propriété », *Revue Droits* 1985, n°1, p. 4 et s.

[966] P. CROCQ, « Dix ans après : l'évolution récente des propriétés-garanties », *in* Mélanges GOBERT, Economica 2004, p. 348.

[967] A.-F. ZATTARA-GROS, « Conv. EDH, Protocole 1er : droit de propriété », Commentaire *In Répertoire de droit européen*, mars 2014, parag. 37.

[968] F. TERRE, op. cit.p.44.

[969] Ibidem.

la liberté contractuelle des parties et l'article 1583 quant à lui dispose que le transfert de propriété s'opère dès l'échange des consentements des parties. Mais cette disposition n'étant pas une disposition d'ordre public, l'on peut, y déroger. Ce raisonnement permettait à la Cour de cassation de valider et d'encourager les particuliers à utiliser le transfert retardé de propriété en guise de garantie de paiement de créance.

546. La conception moderne de la propriété la rattache au bien et à la valeur économique de ce bien. Sur le plan européen, selon une interprétation de l'article 1er du Protocole additionnel de la CEDH, la propriété est avant tout une valeur patrimoniale [970] à protéger en cas d'atteinte. La valeur économique devient un baromètre de qualification des choses et des droits en biens, éléments de l'actif du patrimoine. Depuis 1982, la Commission et la Cour [971] Européennes se réfèrent à la valeur économique pour qualifier des actions de société en bien[972], objet de propriété. La Cour européenne des droits de l'homme protège également, en vertu de l'article 1er du protocole additionnel de la Convention E.D.H., le droit de créance en tant que « valeur patrimoniale » dès lors qu'il est fondé sur une « espérance légitime[973] ». Cette approche économique de la notion de propriété cherche la souplesse[974] permettant de s'adapter au développement économique[975] de notre temps en englobant toutes les fonctions nouvelles ou prérogatives économiques liées à la propriété. Cette nouvelle orientation économique de la propriété impulsée par la jurisprudence, bien avant la première série de lois économiques axée sur la propriété et son exploitation, notamment la loi du 2 juillet 1966 sur le crédit-bail, a servi donc de fondements permettant la libéralisation du concept classique de propriété en intégrant la contractualisation de la propriété. Celle-ci permet de valoriser la propriété individuelle en favorisant par la voie conventionnelle sa mise en exploitation par la société.

547. Par la loi. Même si les dispositions de l'article 544 du Code civil n'ont pas été modifiées, de fait comme de droit la notion de propriété ainsi consacrée est aujourd'hui dépassée. Au demeurant, ce dépassement a été amorcé dans le Code civil par des nouvelles dispositions consacrant la propriété à titre de garantie. En« raison des reconnaissances législatives

---

[970] CEDH 22 oct. 2002, Oneryildiz c/ Turquie, req. n° 48939/99, *RDT civ.* 2005, 422, obs. Revet ; *D.* 2002. Somm. 2568, obs. C. Birsan ; AJDA 2002. 1277, obs. J.-F. Flauss.

[971] CEDH 26 juin 1986, Van Marle et a. c/ Pays Bas, req. numeros 8574/79, 8674/79, 8685/79, dans cet espèce, la Cour conclut à l'existence d'un bien compte tenu de la valeur patrimoniale donc économique qu'incarne ce bien.

[972] Décision de la Commission 12 oct. 1982, Bramelied et Malmstöm, DR 29, p. 64.

[973] Arrêt CEDH 20 nov. 1995, Pressos Compania Naviera SA c/ Belgique, req. n° 1784/91, série A, n° 332, § 52.

[974] F. TERRE, L'évolution du droit de propriété depuis le Code civil, *Droits* 1985, n° 1, p. 33 et s.

[975] A.-F. ZATTARA-GROS, Commentaire de jurisprudence relative à l'article 1er du Protocole Conv. EDH : droit de propriété, *in Répertoire de droit européen*. Mars 2014.

ultérieures, successives et multiples[976] » essentiellement en matière de l'utilisation de la propriété à titre de garantie, la notion ancienne de la propriété au sens de l'article 544 a donc progressivement évolué. Ces nouveaux ajouts dans le Code civil ont, en effet selon nous, marqué la fin de la propriété privée absolue, pour la libéraliser à travers la volonté individuelle et la liberté d'entreprendre[977]. Ainsi, des lois permettent la cessibilité des biens et des droits et rendent possible le transfert de propriété à autrui par la voie du contrat sans pour autant démembrer le droit de propriété : la cession Dailly et la clause de réserve de propriété. Très tôt en France, la mise en circulation de la propriété a été permise par la convention[978]. Sans être démembrée la propriété d'un bien peut servir de garantie de crédit particulièrement efficace[979]. Ainsi la clause de réserve de propriété admise traditionnellement dans le droit positif permet l'échange et l'utilisation de la propriété à des fins économiques. Dans ce même sens d'exploitation économique de la propriété, la loi du 2 juillet 1966 institue le crédit-bail pour permettre aux locataires l'exploitation de la propriété privée du bailleur avec à la clé la vocation de devenir propriétaire pour les premiers à l'issue du paiement complet du prix de l'immeuble mis à location crédit. En 1980, une loi n° 80-335 du 12 mai 1980 relative aux effets de la clause de réserve de propriété vient clarifier les effets de cette clause notamment en cas de mise en œuvre des procédures de la faillite à l'encontre de l'acheteur. Enfin, la loi du 2 janvier 1981 institue le bordereau de cession de créance communément appelé le bordereau Dailly. Cette loi a permis la mise en circulation de la propriété d'une créance ou d'un droit de créance par la vente ou cession. La loi n° 2007-211 du 19 février 2007 instituant la fiducie boucle le cycle des mécanismes fondamentaux de mise en circulation licite et légale de la propriété individuelle. Celle-ci est désormais ouverte et déploie tout son potentiel de fonction économique et sociale. La loi sur la fiducie a ouvert deux possibilités d'utilisation de la propriété individuelle ou deux fonctions de celle-ci : *la fiducie-gestion* et la *fiducie-sûreté*. La première est un mécanisme nouveau de gestion patrimoniale des biens par autrui. A l'instar du *trust* anglais, la fiducie-gestion permet au constituant ou fiduciaire de confier la gestion de ses biens, droits ou sûretés à un ou plusieurs bénéficiaires qui en tirent profit. La propriété fiduciaire peut également servir de garantie de créance, c'est la fiducie-sûreté, la seconde fonction de la fiducie.

---

[976] P. CROCQ, « Dix ans après : l'évolution récente des propriétés-garanties », *in Mélange M. GOBERT*. Economica. 2004. p. 348.

[977] J.-P. CHAZAL, « Propriété et entreprise ; le Conseil constitutionnel, le droit et la démocratie », op.cit.

[978] J. et J-L. MESTRE, « Eclairage historique pour l'application d'une loi récente (loi du 12 mai 1980 sur les effets de la clause de réserve de propriété) », *in Recueil de mémoires et travaux publiés* par la Société d'histoire du droit, fasc. XII, faculté de droit de Montpellier, 1983, p. 123 et s.

[979] Ch. ATIAS, op. cit.

548. Ces lois internes conférant un nouvel élan économique et social à la propriété individuelle ont été confortées et consolidées par la règlementation européenne. Dès le début des années 2000 le Parlement et le Conseil européens commencent à adopter des législations contribuant à garantir une pleine efficacité et à sécuriser les contrats de garantie financière. Ainsi, le Conseil européen adopte le 6 juin 2002, la directive 2002/47/CE qui vise dans son considérant n°13 notamment, « *à protéger la validité des contrats de garantie financière fondée sur le transfert en pleine propriété des espèces ou des instruments financiers remis à titre de garantie* ». Cette directive européenne a fait l'objet de transposition nationale dans les Etats membres dont la France. Cette orientation économique de la règlementation européenne en faveur des mécanismes de garantie par le transfert de propriété a ainsi largement encouragé les législateurs nationaux à prendre acte de cette évolution utilitariste de la propriété. En France, elle a renforcé l'engagement pour parachever cette évolution du concept de propriété initiée depuis quelques décennies avant[980].

549. Toutefois, toutes ces législations font reposer le mécanisme de propriété garantie sur la pleine propriété. Il repose essentiellement sur une confusion bien entretenue entre la propriété privée au sens de l'article 544 du code civil et le droit de propriété.

3°) Confusion entretenue par la nouvelle conceptualisation de la propriété

550. Inspirée par une partie dominante de la doctrine[981] influencée par la théorie Bartolienne[982] de la propriété qui confond la propriété et le droit d'exercice de la propriété, la nouvelle conceptualisation de la propriété à des fins de garantie ne tient pas compte de la distinction entre la propriété au sens traditionnel du terme qui est dépassé et le droit de propriété qui consiste à l'exercice dont celle-ci fait l'objet à travers de nouvelles formes d'utilisation possible. Ainsi, même si l'analyse de la propriété sous l'angle fonctionnel de l'utilité économique est incontestablement reconnue par la

---

[980] P. CROCQ, « Dix ans après : l'évolution récente des propriétés-garanties », *op.cit.*.

[981] Ch. CARON et H. LECUYER, *Le droit des biens,* éd. Dalloz. 2002, pp. 39-69 ; J. CARBONNIER, *Les biens, les obligations,* 1ère éd. Quadrige/PUF, 2004, p. 1640 et s.; Ch. LARROUMET, *Droit civil : Les Biens, Droits réels principaux*, Economica, Tome II, 5e éd. 2006 ; M. CHEYNET DE BEAUPRE, *Droit des biens*, Vuibert, 2011, p. 56 et s.; Ph. MALAURIE et L. AYNES, *Les biens*, Defrénois, 5e éd. 2013 ; P. VOIRIN et G. GOUBEAU, *Droit civil : introduction au droit des personnes – Famille Personnes protégées, Biens – Obligations Sûretés,* Tome 1, L.G.D.J., 34e éd., 2013, p.253 et s.; Y. BUFFELAN-LANORE et V. LARRIBAU-TEMEYRE, *Droit civil : Introduction Biens, Personnes et Famille,* Dalloz, 18e éd. 2013 ; Ch. ATIAS, *Droit civil : Les biens,* LexisNexis, 12e éd. 2014.

[982] Du nom de BARTOLE (1313-1356), élève de Cinus de Pistoie, postglossateur qui s'est illustré par sa nouvelle méthode de commentaire basée sur l'analyse des textes du *Corpus Juris civilis* qui fit rupture avec la méthode ancienne dite de glose qui fût pratiquée par les glossateurs. Bartole devint ainsi maitre d'une nouvelle école dite école d'Orléans dont les docteurs commentateurs furent appelés *Postglossateurs* (commentateurs du Code civil).

majorité de la doctrine, la dissociation de la propriété et du droit de propriété qu'elle révèle n'a pas entrainé conséquemment un changement juridique. Dans la pratique, non plus on n'intègre pas rigoureusement cette dissociation proposée. Cette dernière est mise de côté pour des raisons de techniques juridiques, notamment dans le cas de la clause de réserve de propriété, comme l'a considéré Carbonnier. Ce dernier, expliquant les limites liées aux mécanismes juridiques dont l'application serait en contradiction avec la théorie de la dissociation estime que dans la réserve de propriété, si le vendeur n'avait plus droit qu'à la valeur, la perte matérielle de la chose devrait être au risque de l'acheteur, alors que celui-ci est seulement tenu d'une obligation personnelle de veille à la conservation de la chose[983]... ».

551. Mais, l'argument consistant à défendre le risque du vendeur sur son bien possédé par l'acheteur n'est pas convaincant. En effet, l'acheteur a la même obligation qu'un dépositaire. Or, il a plus de droit sur le bien que le dépositaire, alors même qu'ils sont soumis à un régime juridique commun. Ils ont une obligation de moyens. Ce montage juridique qui fait obstacle à l'application effective de la théorie de la dissociation induisant un changement juridique de la propriété, s'avère être incohérent eu égard aux règles élémentaires de construction d'un système juridique. L'auteur cité reconnaît d'ailleurs cette incohérence. Dans d'autres systèmes juridiques comme dans le droit allemand[984] ou dans le droit anglais, si nous prenons le même exemple d'une vente assortie d'une clause de réserve de propriété, le risque est à la charge de l'acheteur. Ainsi, en cas de perte du bien par l'acheteur, celui-ci doit indemniser le vendeur. Le vendeur sera alors indemnisé au montant égal à la valeur vénale restant due de son bien. De cette manière, ces systèmes juridiques sont beaucoup plus cohérents en ce sens qu'ils dissocient bien la matérialité du bien et l'utilité économique ou valeur de la propriété.

Pourtant le changement de nature de la propriété saute aux yeux de tous.

SOUS-SECTION 2. LA NATURE ACCESSOIRE DE LA PROPRIÉTÉ UTILISÉE À TITRE DE GARANTIE

552. Le mécanisme de la propriété retenue, réservée ou cédée à titre de garantie consiste à utiliser la propriété comme un accessoire d'un droit de créance qui est une obligation principale du débiteur qu'elle assure le paiement. C'est une utilisation contractualisée de la propriété qui minore la volonté individuelle et l'exercice de la liberté contractuelle. En, effet, tout se passe comme si le principe de protection de l'existence de la propriété et

---

[983] Com. 19 oct. 1982, D. 83, *I.R.* 482.

[984] U. BLAUROCK, « Les opérations fiduciaires en droit allemand », *in* « *Les opérations fiduciaires* », Colloque de Luxembourg des 20 et 21 septembre 1984, FEDUCI, L.G.D.J., 1985, p.223 et s.

celui d'exploitation juridique, incluant les conditions d'exercice de la propriété, étaient confondus et tous d'ordre public. Plus curieux encore, l'incohérence dans la vision législative quant au régime juridique appliqué selon que le débiteur failli de l'obligation de créance est le propriétaire du bien objet de la garantie ou qu'il ait vocation à le devenir. Cette confusion mérite d'être levée. Pourtant, sortie du rapport subjectif, binaire et originel entre la chose et son maître absolu, la propriété est entrée dans une relation contractuelle avec autrui qui se détermine comme suit : soit, un propriétaire primitif cède ou transfère son bien de manière différée à autrui, avec vocation pour celui-ci à devenir propriétaire, soit, le futur propriétaire détient le bien, de façon à garantir le paiement complet d'une créance. Une fois disposée dans ces termes, la chose objet de la propriété se retrouve entre les mains du futur propriétaire, et celui-ci exerce dessus un droit réel tandis que pour le propriétaire primitif, elle n'a plus qu'une fonction de garantie de son droit de créance.

553. Dans certains cas c'est le débiteur de l'obligation de créance qui met sa propriété en garantie pour l'octroi d'un crédit. C'est le cas notamment dans les opérations de cession de créance à titre de garantie[985] et du transfert fiduciaire d'une somme d'argent[986] dans le droit OHADA.

Pour mettre en exergue son caractère accessoire au droit de créance qu'elle garantit, il convient d'analyser la propriété utilisée à titre de garantie selon que le débiteur failli est le propriétaire du bien (**A**) ou qu'il a vocation à devenir propriétaire de la chose détenue objet de la propriété (**B**).

A) Le débiteur failli est propriétaire du bien

554. Dans les propriétés-garanties, il est plus fréquent de voir un créancier propriétaire du bien dont le débiteur pourrait devenir propriétaire après acquittement de son obligation de créance envers le créancier. C'est toujours le cas dans la propriété transférée à titre de garantie : la clause de réserve de propriété, dans le crédit-bail et dans une certaine mesure dans la fiducie-sûreté française. Mais, il est des cas, où c'est le débiteur qui est le titulaire de la propriété utilisée à titre de garantie. Si ce second cas est rare dans le droit français, il l'est moins dans le droit OHADA où il est institutionnellement prévu. La cession de créance à titre de garantie[987], le transfert fiduciaire de somme d'argent ou encore le droit de rétention sont des cas de figure dans lesquels le débiteur est titulaire de la propriété. Concernant la cession de créance à titre de garantie, un débiteur titulaire d'une créance envers un tiers peut la céder à titre de garantie de tout crédit consenti par une personne morale nationale ou étrangère, professionnelle des opérations de banque ou de crédit[988]. Dans pareil cas, également, le débiteur

---

[985] Articles 80 à 86 de l'Acte uniforme portant organisation des sûretés révisé (AUSr).

[986] Articles 87 à 91 AUSr.

[987] 987 Articles 80 à 86 de l'AUS révisé.

[988] V. Article 80 de l'AUS révisé.

est le titulaire de la propriété utilisée à titre de garantie. Dans les deux cas, si la propriété prend la place centrale dans la relation en tant qu'instrument, elle ne constitue pas l'objet principal de cette relation et n'a qu'un statut d'accessoire.

555. La nature accessoire de la propriété-garantie semble plus illustrée dans le cas de figure où le débiteur est le propriétaire. Ce cas de figure permet aussi de pointer l'incohérence législative sur la propriété utilisée à titre de garantie. En effet, la logique de construction du mécanisme de garantie ainsi que les armes attribuées pour sa protection et son efficacité sont différentes selon que le propriétaire (primitif) du bien, est le créancier ou le débiteur.

L'étude de l'objet principal de la relation débiteur/créancier (**1°**) permettra de saisir le caractère accessoire de la propriété cédée ou retenue à titre de garantie au sein de ce rapport et de révéler l'incohérence structurelle du mécanisme de garantie (**2°**) eu égards au fondement du régime juridique approprié.

1°) L'objet principal de la relation débiteur/créancier en matière de propriété-garantie

556. Dans le droit français comme dans le droit OHADA, la technique d'utilisation de la propriété à titre de garantie de créance est similaire et les procédés sont, globalement identiques. Dans les deux systèmes juridiques, le débiteur est susceptible d'être le propriétaire de la chose, objet de la garantie. Dans cette hypothèse, le mécanisme de la propriété utilisée à titre de garantie se rapproche du mécanisme des sûretés réelles classiques. Dans les deux mécanismes ayant fonction de sûreté, si la finalité est d'assurer efficacement le paiement d'une créance en cas d'insolvabilité du débiteur, l'objet principal des obligations, des contrats sur lesquels ces mécanismes se sont greffés, lui, est tout autre. De son étymologie latine *objectum,* l'objet signifie ce qui est placé ou mis devant[989]. Est-ce donc la propriété qui est « mise devant » dans les contrats comportant une propriété-garantie ? Il est aisé de constater que dans un contrat de vente assorti d'une clause de réserve de propriété, cette dernière protège unilatéralement les droits du créancier. La propriété servant de garantie sécurise, alors, accessoirement la créance, mais n'en est pas l'objet. En d'autres termes, le rapport entre le créancier et le débiteur est une relation basée d'un côté sur l'obligation de mise à disposition d'un bien ou d'un ensemble de biens au profit du débiteur et de l'autre côté sur l'obligation de payer une dette envers le créancier ou un droit de créance sur le débiteur. L'un est la contrepartie de l'autre et l'un et l'autre forment l'objet principal.

---

[989] A.-S. LUCAS-PUGET, *Essai sur la notion d'objet du contrat,* th. Nantes, L.G.D.J. 2005, préf. M. Fabre-Magnan ; citée par Ph. MALAURIE, L. AYNES, Ph. STOFFEL-MUNCK, *Les obligations*, 6e éd. L.G.D.J., 2013, p.293, note 1.

557. La contrepartie de la dette pour le débiteur ou de la créance pour le créancier peut être d'une source diverse. Elle peut résulter d'une fourniture de marchandises, de la mise à disposition d'une chose, d'une quelconque prestation de service ou encore d'un octroi de crédit. Le débiteur est donc tenu de rembourser le crédit mis à sa disposition, de payer le prix des marchandises, du service ou de la prestation fournis. L'objet du contrat n'est donc pas nécessairement la propriété. Mais, il est purement d'ordre obligationnel[990]. L'article 71 de l'acte uniforme portant organisation des sûretés OHADA décrit le mécanisme de propriété retenue ou cédée à titre de garantie comme suit : « *la propriété d'un bien mobilier peut être retenue en garantie d'une obligation par l'effet d'une clause de réserve de propriété. Elle peut aussi être cédée en garantie d'une obligation aux conditions prévues par le présent chapitre* ». Cette description montre que c'est l'obligation qui occupe la place centrale et que pour son exécution la propriété est déployée. La propriété retenue ou cédée est donc un instrument ou un moyen d'exécution, par défaut, d'obligations réciproques.

558. En droit des contrats[991], dont relève le droit des sûretés, l'objet de l'obligation se définit comme ce qui est dû au créancier par le débiteur[992]. Il s'agit de la prestation promise par une partie au contrat, ce à quoi, elle s'est engagée. L'objet est donc déterminé par l'engagement des parties, en l'occurrence, celui du débiteur. Conformément à l'ancien article 1126 du Code civil, l'objet est défini comme « *une chose qu'une partie s'oblige à donner, ou qu'une partie s'oblige à faire ou à ne pas faire* ». L'ancien article 1127 du même code précise que le simple usage ou la simple possession d'une chose peut être, comme la chose même, l'objet du contrat. A noter que sauf contradiction entre ces deux textes du Code civil, l'objet du contrat est ici assimilé à l'objet de l'obligation. Depuis la réforme introduite par l'ordonnance du 10 février 2016, la notion de l'objet de contrat ayant disparu, a été remplacée par celle d'un contenu licite et certain[993].

559. Toutefois, lorsqu'on est en présence d'un contrat synallagmatique tel que la vente, chacune des obligations réciproques des parties comporte son objet propre[994]. Ainsi, dans le cas d'une vente assortie d'une clause de réserve de propriété, l'objet de l'obligation du vendeur est de mettre à la disposition de l'acheteur le bien ou l'obligation de délivrance, et l'objet de l'obligation de l'acheteur est l'exécution du droit de créance. Mais dans ce cas de figure, il y a dérogation à l'article 1583 du Code civil qui dispose que le transfert de propriété du bien vendu s'opère dès l'échange des

---

[990] P. ANCEL, « Force obligatoire et contenu obligationnel du contrat »,*RTD civ.* 1999, p. 771, n° 17.

[991] F. LECLERC, *Droits des contrats spéciaux*, 2e éd. L.G.D.J., 2012, p. 41 et s.

[992] D. MAZEAUD, La manière du contrat, *in Les concepts contractuels français à l'heure du droit européen des contrats :* Dalloz, 2003, p.81.

[993] C. civ. art. 1128 issu de l'ordonnance n° 2016-131 du 10 février 2016.

[994] Ph. MALINVAUD, D. FENOUILLET et M. MEKKI, *Droits des obligations*, LexisNexis, 2014, p. 193.

consentements concluant ainsi le contrat de vente. De même dans le droit OHADA, les parties peuvent convenir de différer le transfert de propriété[995]. L'on comprend alors, que, dans les deux systèmes juridiques, du fait de la volonté des parties, le transfert de propriété pouvant être retardé, l'objet de l'obligation du créancier ne réside plus que dans la mise à disposition du bien ou de la chose vendue au débiteur, l'acheteur. De plus, conformément à l'ancien article 1127 du Code civil précité, le simple usage de la chose est susceptible de constituer un objet. Aussi, conformément à l'ancien article 1129 devenu 1163 du Code civil, dès lors que la chose est déterminée ou déterminable, aliénable et licite, le contrat translatif de propriété ou de mise à disposition est valide[996].

560. Dans le droit OHADA, selon un arrêt de la Cour commune de justice et d'arbitrage OHADA en date du 24 avril 2008, « *le contrat de vente n'est réputé formé entre les parties qu'à la livraison par la (venderesse) dans les locaux de l'acheteur* [997] ». L'obligation de livraison est présentée comme une condition de formation, donc de validité du contrat de vente. Dans cette espèce, la Cour commune vient confirmer l'arrêt[998] de la Cour d'appel de Daloa qui avait statué au visa de l'ancien article 283 devenu article 275 AUDCG en estimant d'une part que la formation du contrat de vente est effective dès la livraison par le vendeur des marchandises et en précisant d'autre part la fonction et le rôle accessoires dans ce contrat d'une clause de réserve de propriété en ces termes : « *il est aisé de dire, sans violer la clause de réserve de propriété, qui ne sert en réalité qu'à protéger les droits du créancier qui s'est dessaisi des marchandises, conformément à la volonté des parties, et ce, en application de l'article 283 (devenu 275) de l'AUDCG* ».

561. En définitive, l'objet principal s'analyse donc doublement : il réside d'une part dans la mise à disposition de la chose pour le débiteur, qui peut en user voire même parfois en disposer quand il s'agit des choses fongibles comme les marchandises, et d'autre part dans le règlement ou paiement progressif d'une créance pour le vendeur. Il ne réside pas dans la propriété qui n'est que l'accessoire qui assure l'exécution ou garantit l'accomplissement des obligations réciproques et qui selon la décision précitée ne sert, en réalité, qu'à protéger les droits du créancier dessaisi[999]. Dans le cas de la vente assortie d'une clause de réserve de propriété, les

---

[995] Articles 275 et 276 de l'AUDCG.

[996] P.-H. ANTONMATTEI, J. RAYNARD, *Droit civil : Contrats spéciaux*, LexisNexis, 7e éd., 2013, p.98.

[997] CCJA, 1re ch., n° 018, 24-4-2008 : Docteur A. c./ DPCI-SA, Le juris-Ohada n°2, avril – juin 2008, p. 21, Le recueil de jurisprudence de la CCJA, n°11, janvier-juin 2008, p. 51, Ohadata J-09-32, Ohadata J-09-315, Actualités juridiques, n° 60-61, p. 427, note anonyme.

[998] CA Daloa, 2e ch. Civ. & com., n° 53, 23-2-2005 : A c./ La sté DPCI, Le Juris-Ohada, n° 1/2006, p. 33, Ohadata J-07-71.

[999] Telle est l'affirmation de la Cour commune de Justice et d'Arbitrage OHADA, dans sa décision précitée. Ce qui prouve du caractère accessoire ou subsidiaire de la propriété transférée à titre de garantie insérée dans le contrat de vente.

éléments les plus déterminants pour sa formation[1000], après le consentement, puisque constituant l'objet, sont : la chose, et non la propriété, et le prix[1001]. En revanche, dans le cadre d'un contrat dont les mécanismes de sûreté utilisés sont la cession de créance à titre de garantie ou le transfert fiduciaire de somme d'argent, l'objet principal ne réside pas nécessairement sur la chose, mais dans l'exécution des obligations réciproques des parties. Par conséquent, un régime juridique régissant ce rapport devrait se construire autour de l'objet principal et non autour de la propriété *stricto sensu* comme c'est confusément le cas actuellement.

2°) L'illustration de l'incohérence structurelle du mécanisme de propriété-garantie

562. Le régime juridique de la propriété-garantie varie selon que le propriétaire est le créancier ou le débiteur. Cette variabilité du régime applicable dénote l'incohérence législative sur la construction des mécanismes ayant fonction de sûreté. Ainsi, prenons le cas commun au droit français et au droit OHADA, du droit de rétention pour lequel il s'agit aussi d'une propriété retenue à titre de garantie de créance. La propriété de la chose détenue en rétention appartient au débiteur. Comme expliqué précédemment le droit de rétention est un mécanisme juridique permettant à un créancier rétenteur de détenir matériellement ou fictivement le bien de son débiteur pour exiger le paiement de sa créance certaine, liquide et exigible dont le lien de connexité avec la chose détenue est avéré en fait ou en droit. Ce mécanisme est particulièrement efficace puisqu'il confère au créancier rétenteur un droit exclusif sur le bien appartenant à son débiteur. Ainsi, même si dans le droit français, le droit de rétention n'est pas qualifié de sûreté malgré sa consécration dans le livre IV du Code civil contrairement au droit OHADA où il constitue une sûreté réelle mobilière à part entière, cette technique de garantie de créance repose sur la propriété retenue.

563. Mais, très paradoxalement, le débiteur propriétaire n'a pas les mêmes armes que celle qu'aurait eu le créancier si c'était lui le propriétaire : l'exclusivité de sa propriété n'est pas opposable au rétenteur et il ne peut pas non plus exercer une action en revendication contre le créancier rétenteur même quand ce dernier menace de blocage. Le débiteur n'a qu'un seul choix : payer sa créance envers le créancier titulaire du droit de rétention. Curieusement, c'est le créancier rétenteur qui bénéficie, plus que d'un simple droit de préférence sur le bien, mais de l'exclusivité sur le bien.

564. Dans le droit OHADA, la propriété appartenant au débiteur utilisée à titre de garantie peut se trouver dans la cession de créance à titre de

[1000] Ph. MALAURIE, L. AYNES, P-Y. GAUTIER, *Les contrats spéciaux*, 7e éd. L.G.D.J. 2014, p.117 et 137 et s.

[1001] J. GHESTIN, J. HUET, G. DECOCQ, C. GRIMALDI, H. LECUYER, *Les principaux contrats spéciaux*, L.G.D.J., 3e éd. 2012, p. 133 à 152.

garantie[1002] et dans le transfert fiduciaire de somme d'argent[1003]. Ces deux mécanismes de garantie de créance ne sont pas reconnus dans le droit français. Même si, la fiducie-sûreté française pouvait être, à certains égards, l'équivalent du transfert fiduciaire d'une somme d'argent dans le droit OHADA, la cession Dailly n'est pas constituée à titre de sûreté dans le droit français[1004]. Dans le droit OHADA, l'objet de ces conventions n'est pas l'acquisition de la propriété mais l'exécution d'une obligation de faire ou de ne pas faire. Dans le cadre d'une convention constituant le transfert fiduciaire de sommes d'argent, le constituant, propriétaire des fonds transférés à titre de garantie est nécessairement le débiteur de l'obligation à exécuter.

565. Dans ces deux sûretés réelles mobilières OHADA, la propriété utilisée est l'accessoire de l'obligation constitutive de l'objet principal entre les deux parties : accès facilité au crédit et obligation consécutive de payer ou de rembourser sa dette. C'est sans doute, du fait de ce caractère accessoire de la propriété, que le débiteur propriétaire du bien ne peut opposer son droit exclusif sur son bien, en tant que propriétaire, tant qu'il ne s'acquitte pas entièrement de son obligation de payer sa ou ses dettes envers son créancier. Engageant contractuellement sa propriété, qu'il dispose et aliène accessoirement à une fin bien précise, il perd le bénéfice de la pleine propriété.

566. Par conséquent, il ne peut ni revendiquer la propriété du bien dont il détient encore le titre juridique de propriété, ni bénéficier de l'opposabilité *erga omnes* de son droit d'exclusivité liée à son droit de propriété ni à l'encontre de son créancier cédé, ni à l'encontre du tiers cessionnaire. Aussi, tenant Compte du caractère accessoire de la propriété cédée à titre de garantie, le législateur OHADA n'a pas utilisé les attributs de la propriété pour protéger le débiteur propriétaire dans sa relation avec son créancier.

567. La théorie de la distinction de la chose et du bien. Concernant le débiteur, le régime de la propriété-garantie présente une nette distinction entre la chose et le bien[1005]. Ce principe n'est pas seulement et simplement valable que pour la monnaie fiduciaire[1006], il est également appliqué à la rétention de la propriété du débiteur par son créancier et à la cession de créance du débiteur à titre de garantie au profit de son créancier. Certains auteurs établissent une distinction entre la chose et le bien, considérant que la monnaie fiduciaire n'est pas un bien appropriable[1007]. Ils mobilisent cette distinction pour tenter d'expliquer la différence de traitement, notamment de

---

[1002] V. Art. 79 AUS révisé.

[1003] V. Art. 80 AUS révisé.

[1004] Elle y est plutôt reconnue comme un instrument de paiement et donc à ranger dans la catégorie des instruments de crédit et de paiement. Ceci explique son absence dans le livre VI du code civil réservé au droit des sûretés.

[1005] Ch. LAVIALLE, « La condition juridique de la monnaie fiduciaire », *RFDA* 2009, p. 669.

[1006] Ibidem.

[1007] Ibidem.

protection, observé entre le débiteur-propriétaire et le créancier-propriétaire dans le cadre du mécanisme de propriété fiduciaire transférée ou cédée à titre de garantie. En effet, le régime juridique de propriété-garantie n'instrumentalise pas de la même façon la propriété selon qu'elle s'applique au débiteur-propriétaire ou au créancier-propriétaire, ce dernier étant plus protégé.

Dans le droit OHADA, le débiteur constituant d'une cession de créance ou d'un transfert fiduciaire d'une somme d'argent n'a aucune prise sur son bien. Une fois qu'il a disposé contractuellement de son bien, il est totalement engagé. S'il n'honore pas son obligation, le bien détenu par un tiers est entièrement à la disposition de son créancier.

568. Selon nous, si le créancier a plus de droit sur le bien que son propriétaire ce n'est pas parce qu'on met en avant la chose plus que le bien mais simplement du fait que l'engagement du débiteur à exécuter son obligation de payer sa dette est plus déterminant dans la relation. Cette approche contractuelle reflète plus la réalité du mécanisme que celle basée sur la distinction entre la chose et le bien. En effet, comme l'a souligné un auteur, « *l'approprié, c'est le réservé. L'attribution d'une chose, en propre, à une personne, c'est lui conférer la propriété. Par elle, le propriétaire qui dispose de plus d'informations que quiconque sur les possibilités de tirer parti de son bien peut choisir la façon de les mettre à profit*[1008] ». Cette affirmation pourrait s'employer dans le sens inverse : « le réservé c'est l'approprié » ou « céder c'est laisser autrui s'approprier ». Car l'accent est plutôt mis ici sur la volonté du propriétaire de tirer parti des potentialités de sa propriété par le contrat. Et, sa volonté d'aliéner son bien préside son droit de propriété.

B) Le débiteur failli a vocation à devenir propriétaire

569. Cette hypothèse, où c'est le créancier qui est propriétaire du bien, objet de garantie, est la plus courante[1009] dans le droit français de la propriété utilisée à titre de garantie. Alors qu'en droit OHADA, les deux hypothèses sont autant envisageables[1010]. Dans le cas où le créancier est le propriétaire primitif du bien dont la propriété est conventionnellement transférée, le débiteur qui exécute l'obligation due au créancier, devient à terme ou lorsque cette condition sera accomplie, le propriétaire du bien. En revanche, tout au long de la période d'exécution de l'obligation de payer, le bien est mis à la

[1008] Ch. ATIAS, *Droit civil, les biens,* 12e éd. LexisNexis, 2014, N°93, chap. 1er de « L'appropriation exclusive ».

[1009] Presque exclusivement, n'eut été la prise en compte du cas de droit de rétention où le droit exclusif du créancier rétenteur repose entièrement sur la détention matérielle et légitime de la chose appartenant au débiteur. A notre sens, le droit de rétention est une manifestation d'une propriété retenue à titre de garantie.

[1010] V. Respectivement les articles 72, 80 et 87 de l'acte uniforme portant organisation des sûretés OHADA.

disposition du débiteur. Tel est le cas dans la clause de réserve de propriété, et dans le crédit-bail. Dans la fiducie-sûreté, il peut en aller autrement : la propriété fiduciaire peut tout à fait être celle du débiteur qui l'utilise afin de garantir sa dette envers le créancier. Dans un tel cas de figure, le contrat de fiducie-sûreté est alors assorti d'une clause de rétrocession de propriété fiduciaire au profit du débiteur. Mais ces dernières institutions étant méconnues dans le droit OHADA, seule la clause de réserve de propriété est une sûreté commune au droit français et au droit OHADA. Mais, l'élément commun à ces mécanismes de garantie est le fait que le créancier, dessaisi volontairement de son bien, confère au débiteur, en vertu du contrat, l'exercice de certaines prérogatives sur le bien. Certains auteurs parlent d'un partage de prérogatives sur la propriété.

Cette étude va démontrer, qu'il n'y a ni démembrement ni partage de propriété (3°). Le débiteur, titulaire d'un droit réel sur la chose, objet de la garantie, (2°) a alors plus de pouvoir sur la chose que le propriétaire primitif ou le créancier qui n'a plus qu'un simple droit personnel de créance sur le débiteur (1°).

1°) Les droit et pouvoir du créancier sur la chose objet de propriété

570. Le créancier propriétaire primitif de la chose utilisée ayant eu la volonté manifeste d'aliéner sa propriété (a), se dessaisit volontairement de son bien[1011], selon les termes du contrat, (b) au profit du débiteur. Ce dernier s'est engagé en vertu du même contrat à lui payer sa créance (c).

a) La volonté manifeste du créancier d'aliéner son bien

571. Cet élément semble totalement oublié sinon ignoré par les théoriciens de la propriété utilisée à des fins de garantie. Pourtant, il constitue le nœud fondamental de cette technique de garantie du droit du créancier. La volonté du créancier d'aliéner sa propriété et d'en faire par la même occasion une garantie de sa créance envers son débiteur qui, quant à lui, a dès le départ manifesté sa vocation à devenir propriétaire, est un acte ferme de disposition. Aliéner un bien consiste à transmettre la propriété d'un bien ou un droit. Le verbe *aliéner* est synonyme des verbes, *vendre, donner, céder ou disposer* un bien, un droit, la propriété d'une chose[1012]. En droit des biens, le terme aliénation est applicable à un bien susceptible d'*aliénabilité* ce qui signifie « la transmission volontaire du droit de propriété ou d'un droit réel qui démembre le droit de propriété, soit à titre onéreux, soit à titre gratuit, soit entre vifs soit à cause de mort, soit à titre particulier soit à titre universel[1013] ».

[1011] Ph. CHAUVIRE, *L'acquisition dérivée de la propriété : le transfert volontaire des biens*, L.G.D.J., 2013.
[1012] G. CORNU, *Le vocabulaire des termes juridiques*, op.cit. p. 48.
[1013] B. BELLOIR-CAUX, *Dictionnaire de droit des biens*, Ellipses. 2014, p. 39.

572. Si ces différentes définitions sont appliquées à la situation juridique des parties ayant conventionnellement transféré ou réservé la propriété à des fins de garantie notamment dans le cas de la clause de réserve de propriété, le propriétaire primitif transmet volontairement son droit de propriété au profit du débiteur. D'ailleurs, si dans le cadre de la fiducie-sûreté où le créancier est le constituant, le débiteur a besoin que ce dernier lui donne une autorisation formelle de disposition des biens. Dans le crédit-bail ou la clause de réserve de propriété, le débiteur n'en a pas besoin, du moins dans le droit positif français. Dans le droit OHADA, par cet acte le créancier délègue à son débiteur la libre disponibilité du bien. L'effet retardé du transfert de propriété n'est alors que symbolique puisqu'il est sans substance et repose sur la fiction d'une propriété *illusoire*[1014].

b) Dépossession volontaire du bien au profit du débiteur

573. En exécution de son obligation contractuelle de livraison de la chose vendue ou louée à crédit, le créancier se dessaisit volontairement du bien pour le mettre à la disposition du débiteur-acheteur ou débiteur-crédit-preneur. De même, le constituant d'une fiducie-sûreté doit mettre à la disposition du débiteur bénéficiaire le bien ou l'ensemble des biens, droits ou sûretés. En mettant ainsi le bien entre les mains du débiteur, le créancier valide définitivement le contrat en accomplissant son obligation principale. La Cour de cassation a considéré, pour ce qui est d'un contrat de vente assortie d'une clause de réserve de propriété, que cette dernière n'a pas d'effet sur la conclusion de la vente, laquelle est parfaite dès le jour de sa conclusion, seul le transfert de la propriété étant retardé[1015]. A partir de la conclusion, matérialisée par la livraison du bien par le créancier, le débiteur est aussi définitivement lié et est obligé, en contrepartie, de payer la créance du créancier.

574. Mais le débiteur est désormais le seul maître du bien. De fait comme de droit, il devient le propriétaire tant que le contrat sera respecté par lui. N'ayant plus de droit sur la chose, le créancier a un droit de créance (un droit personnel) portant sur le débiteur. Cette analyse est d'autant plus vraie que les contrats de crédit-bail et de fiducie-sûreté, intègrent souvent une clause ayant pour but de lever cette ambiguïté sur la transmission immédiate et définitive du bien par le simple effet de l'acte de disposition opéré par le créancier. C'est une clause de rétrocession de la propriété de la part du débiteur pour la fiducie-sûreté et une condition de lever ou pas l'option d'achat pour ce qui concerne l'acquisition de la propriété par le crédit-

---

[1014] E. M. BEY, « La propriété : le crédit-bail envisagé comme une sûreté », in *L'évolution du droit des sûretés*, *RJ com.* 1982, n° spécial 32, p. 48 et s. Cet auteur analysant le crédit-bail comme une « *sûreté économique ou mieux* » comme une « *sécurité par la propriété* » admet tout de même qu'il s'agit d'une propriété *illusoire*.

[1015] Cass. com. 24-09-2002 n° 98-22.280 : RJDA 6/03, n°602.

preneur[1016]. Ainsi, s'il y a des garde-fous dans ces deux contrats de transmission de propriété permettant de nuancer l'effet de l'acte de mise à la disposition du bien, dans la clause de réserve de propriété rien ne permet d'expliciter et de nuancer le caractère définitif de la transmission du droit de propriété dès l'exécution de l'obligation de livraison du bien par le créancier à la disposition du débiteur.

c) Le créancier dépourvu de tout pouvoir sur la chose

575. Après avoir aliéné son bien, le créancier ne dispose plus de droit réel sur la chose, auparavant objet de sa propriété même dans le cas où le transfert est fictivement retardé jusqu'au complet paiement de sa créance par le débiteur. Or, le droit de propriété est par excellence un droit réel c'est-à-dire qui porte directement sur la chose. Si le créancier n'a plus de pouvoir sur la chose désormais entre les mains du débiteur, comment justifier alors, sans préjudice de confusion, d'une propriété juridique du créancier sur la chose objet de garantie ?

576. L'article 544 du Code civil définit le propriétaire du bien, toute personne qui détient entre ses mains toutes les prérogatives sur la chose, objet de la propriété. Paradoxalement, le mécanisme confère au créancier, jadis propriétaire primitif de la chose, le titre de créancier du simple fait qu'il est titulaire d'une obligation de créance envers le débiteur.

577. Cette qualification prouve déjà que, dans cette relation, l'instrumentalisation de la propriété est ici biaisée puisque la propriété mise au cœur de la relation contractuelle entre le débiteur et le créancier n'est en réalité qu'un instrument fictif de protection du droit de créance du créancier. Ce droit de créance a certes une valeur patrimoniale mais il ne porte pas directement sur la chose. Il porte plutôt sur la personne du débiteur et se traduit par l'injonction d'une obligation de payer devant être exécutée par le débiteur. Il s'agit donc bien d'un droit personnel.

578. Par conséquent, l'exclusivité et la possibilité d'action en revendication conférées au créancier constituent un montage juridique se basant sur un fondement erroné de la propriété et violant les règles élémentaires du droit des contrats et des obligations[1017]. De ce point de vue, on peut voir comme Carbonnier dans le mécanisme de vente avec clause de réserve de propriété une catégorie à part. Ce dernier l'a d'ailleurs qualifiée de catégorie exorbitante de droit commun[1018]. De surcroît, le régime juridique étant à géométrie variable selon que le propriétaire primitif du bien est le créancier ou le débiteur, il n'en est que plus incohérent et inéquitable. Logiquement, dans cette relation purement contractuelle, les armes

---

[1016] E. M. BEY, « La propriété : le crédit-bail envisagé comme une sûreté », op.cit.

[1017] M. PEDAMON, « La réserve de propriété en droit français et en droit allemand », in *L'évolution du droit des sûretés, RJ com.* 1982, n° spécial, p. 57 et s.

[1018] J. CARBONNIER, L'influence du paiement du prix sur le transfert de la propriété dans la vente, *Travaux et Conférences de l'Université de Bruxelles* VIII 1960, p. 127 et s.

reconnues au créancier en cas de défaillance du débiteur devraient uniquement relever du droit commun des contrats (exception d'inexécution, résolution), ou du droit commun des sûretés (un droit de préférence). Et, l'ensemble de ces armes devrait s'incliner face à l'application des règles dérogatoires et d'ordre public du droit des procédures collectives.

2°) Le débiteur titulaire d'un droit réel sur la chose, objet de la garantie

579. La propriété utilisée à des fins de garantie ou de sûreté a un double intérêt : elle sert à protéger le droit de créance du créancier envers son débiteur et du côté du débiteur, le bien entre durablement voire définitivement dans son patrimoine. Elle ne forme pas simplement un patrimoine apparent[1019] du débiteur elle constitue véritablement, entre autres biens, le patrimoine du débiteur. La Cour de cassation, dans ses arrêts des 28 mars et 22 octobre 1934, avait livré un dispositif clair allant dans ce sens : *« les choses mobilières vendues à un commerçant, tombé par la suite en faillite ou en liquidation judiciaire, ne peuvent quand elles ont été effectivement livrées à l'acheteur et sont devenues ainsi éléments de sa solvabilité apparente, être revendiquées par le vendeur à l'encontre de la masse des créanciers ni par la voie de l'action résolutoire des articles 1184 et 1654 Code civil, ni sur le fondement d'une clause du contrat qui aurait suspendu le transfert de la propriété sur la tête dudit acheteur jusqu'au paiement complet du prix »*. Si entre temps ce dispositif a connu quelques nuances avec notamment la loi « Dubanchet » du 12 mai 1980, la véracité de ce constat n'a pu être démentie. Pour s'en convaincre, il convient d'étudier la source contractuelle du droit **(a)** que le débiteur exerce directement sur la chose **(b)**, en vertu, du contrat qui le lie avec le créancier.

a) Un droit de source contractuelle

580. Si les mécanismes d'utilisation de la propriété, notamment celle du créancier, à des fins de garantie, ont tous un cadre légal bien précis, il n'en demeure pas moins qu'ils se matérialisent, le plus souvent, par le moyen de contrats. Ainsi, que ce soit le crédit-bail, la clause de réserve de propriété ou encore la fiducie-sûreté, les parties insèrent dans leurs conventions, ces techniques de garantie de créance reconnues comme telles par la loi. La problématique liée au *numerus clausus* du droit des sûretés[1020] n'est qu'une chimère puisque ces mécanismes conventionnels reposent sur une base légale donc totalement autorisés. D'ailleurs, la Cour de cassation donne une

---

[1019] Cass. civ. 28 mars et 22 oct. 1934 ; *D.P.* 1934, I, p. 151, note J. Vandamme ; *S.* 1935, I, p. 336, P. Esmein.

[1020] A savoir la règlementation relative à la création des droits réels par les parties qui veut que cette faculté de créer de nouveaux droits réels soit autorisée par la loi.

importance capitale à la volonté des parties au moment de la conclusion des contrats organisant notamment le partage des prérogatives de propriété.

581. Dans une série d'arrêts de sa jurisprudence récente[1021] la Cour de cassation a refusé le caractère perpétuel de la propriété sur laquelle les deux parties avaient greffé un droit de jouissance à durée indéterminée. Elle a notamment estimé, dans son arrêt dit « *Maison de poésie* », que les parties étaient convenues de conférer à la « *Maison de* poésie », pendant toute la durée de son existence, la jouissance ou l'occupation de locaux où elle était installée. Elle a considéré que la « *Maison de poésie* » dispose, conformément au contrat, un *droit réel lui conférant le bénéficie d'une jouissance spéciale du bien* foncier qu'elle occupe. Il résulte de ces arrêts de la Cour de cassation que l'exclusivité même sur le bien est susceptible de revenir à la partie qui est matériellement en possession du bien.

b) Un droit exercé sur la chose

582. Le débiteur rentre en disposition du bien dès sa livraison et ce de manière continue tout au long de l'exécution du contrat. Ayant un pouvoir sur le bien, il peut ainsi exercer plusieurs prérogatives attachées à la propriété du bien. Le droit réel de source contractuelle qu'il exerce directement sur le bien peut prendre plusieurs formes d'expression ou de manifestation. Il peut utiliser le bien, l'exploiter, tirer ses fruits, l'administrer et même parfois le disposer. Ayant déclaré son intention dès la conclusion du contrat de devenir le propriétaire du bien à sa disposition, il se comporte comme tel dès le début de l'exécution du contrat. Pourtant, historiquement, depuis le célèbre arrêt du *trésor de la rue Mouffetard*[1022] il était admis en jurisprudence que dans le cadre d'un démembrement de propriété et même dans celui de partage de prérogatives de propriété, le caractère perpétuel de la propriété restait réservé au propriétaire. Ce caractère perpétuel de la propriété, c'est-à-dire la possibilité pour le propriétaire même de ne rien faire de sa propriété sans que pour cela il n'encourt le risque de la perdre, est utilisé également dans les mécanismes de propriété garantie au profit du créancier propriétaire primitif pour lui réserver toujours le titre de propriétaire du bien, objet de garantie.

583. Mais, avec les nouveaux arrêts des 23 mai et 31 octobre 2012 cités ci-dessus même le caractère perpétuel est désormais susceptible d'être aliéné

[1021] Cass. civ. 3e, 23 mai 2012, 11-13.202, *D.*2012, 1934, note L. d'Avout ; *ibid.* 2128, obs. B. Mallet-Bricout et N. Reboul-Maupin ; *RTD* civ 2012, 553, obs. Th. Revet ; *JCP* 2012.930, note W. Dross ; *ibid.*, 1186, n° 2, note H. Perinet-Marquet ; *RTDI* 1/2013, 4, note M. Painchaux ; voir également, Cass. civ. 3e, 31 octobre 2012, n° 11-16.304, *D.* 2013. 53, obs. A. Tadros ; *ibid.* note L. d'Avout et B. Mallet-Bricout ; *ibid.* 2123, obs. B. Mallet-Bricout et N. Reboul-Maupin ; *AJDI* 2013. 540, obs. F. Cohet-Cordey ; *RDI* 2013. 80, obs. J.-L. BERGEL ; *RTD civ.* 2013. 141, obs. W. Dross ; *JCP* 2012, 1400, note F.-X. Testu ; *JCP* 2013. 429, n° 12, H. Perinet-Marquet ; *Defrénois*, 2013. 12, L. Tranchant ; *RTDI* 1/2013, 4, note M. Painchaux ; *RDC* 2013. 584, obs. R. Libachaber ; 627, obs. J.-B. Seube.

[1022] T. civ. Seine, 1er juin 1949, *D.* 1949.550, note G. Ripert.

par le contrat. Le droit réel du débiteur sur le bien peut donc légitimer la perte pour le créancier propriétaire primitif du bien, de la perpétuité et de l'exclusivité attachées à ce bien. Pour autant, l'opération contractuelle de propriété garantie ne donne lieu ni à un démembrement de la propriété ni à un partage de propriété.

3°) Ni démembrement, ni partage réel de propriété : quel statut au droit du débiteur ?

584. Contrairement à ce que beaucoup affirment, l'opération contractuelle utilisant la propriété à des fins de garantie ou de sûreté ne donne pas lieu à un partage de prérogatives de la propriété. Dans ces contrats aucune stipulation ne prévoit explicitement un tel partage. Il s'agirait plutôt d'une acquisition dérivée de la propriété[1023] par l'effet des obligations[1024]. En effet, les parties se lient certes sur la base d'un transfert de la propriété du bien mais celui-ci se passe au fur et à mesure que l'obligation de remboursement de la dette contractée s'exécute. Un partage de prérogatives de propriété supposerait qu'il y ait eu au préalable répartition des pouvoirs entre le débiteur et le créancier, pouvoirs qu'ils exerceraient simultanément sur le bien. Or, ce n'est pas le cas. Quel est alors le véritable statut juridique du droit réel du débiteur sur la chose, objet de la propriété garantie ? L'analyse de la notion de démembrement **(a)**, et d'un exemple de partage de prérogatives de propriété devrait permettre de caractériser la véritable nature du droit du débiteur **(b)**.

a) Le démembrement de la propriété : l'exemple de l'usufruit

585. La propriété est un droit réel principal. La notion de démembrement de la propriété renvoie à une dissociation des prérogatives de la propriété réparties entre différents individus[1025]. Le terme de démembrement est une image qui renvoie à l'idée que l'on retire un membre-utilité de la chose qui est au départ entre les mains du propriétaire pour le conférer à une autre personne. On crée alors par l'effet de ce démembrement, un droit réel au profit du bénéficiaire. Généralement, il s'agit de l'utilité d'usage (*usus*) et de l'utilité de jouissance (*fructus).*Toutefois, selon M. Dross, il y a deux formes de démembrement : le démembrement de la valeur d'usage qui réunirait les utilités *usus* et *fructus* confondues et le démembrement de la valeur d'échange qui consisterait en une utilité particulière du bien permettant au propriétaire d'aliéner son bien afin d'en retirer un prix de cession[1026].

[1023] Ph. CHAUVIRE, *L'acquisition dérivée de la propriété : le transfert volontaire des biens*, préf. Th. Revet, L.G.D.J. 2013.

[1024] Au sens de l'article 711 du Code civil. Ce texte dispose que « *la propriété des biens s'acquiert et se transmet par succession, par donation entre vifs ou testamentaire, et par l'effet des obligations* ».

[1025] W. DROSS, *Droit des biens*, L.G.D.J.-Montchrestien, 2012, p. 106 et s.

[1026] Ibidem.

L'auteur distingue ainsi deux sortes de droits réels issus du démembrement selon la nature de l'utilité démembrée : les droits réels principaux et les droits réels accessoires. Les uns sont issus du démembrement de la valeur d'usage et les autres issus de la valeur d'échange de la propriété[1027].

586. Nous ne partageons pas cette analyse. D'après cette analyse, l'exercice de cette valeur d'échange par le propriétaire passe par l'aliénation de son bien autrement dit par l'exercice de sa prérogative d'*abusus*. Or, dès lors qu'un propriétaire cède son bien, il n'en est plus propriétaire. Comment pourrait-il alors exercer l'*abusus* ? Un tel acte ne procède donc pas du démembrement.

587. Les parties ont par ailleurs la possibilité de créer de nouveaux droits réels par convention en utilisant notamment la propriété, mais ces droits ne participent pas forcément du démembrement de la propriété.

588. Le Code civil reconnaît plusieurs possibilités de démembrement de la propriété. Elles sont reconnues comme des institutions en soi ayant le statut juridique de droits réels démembrés : l'usufruit, la servitude, l'emphytéose et le droit de superficie. Excepté l'usufruit qui est l'utilité de *fructus*, elles découlent toutes du démembrement de l'utilité d'usage de la propriété.

589. L'exemple de l'usufruit. L'usufruit est l'exemple parfait de démembrement de la propriété défini par l'article 578 du Code civil. La propriété de la chose est alors partagée entre l'usufruitier qui prend l'utilité dite *fructus* et accessoirement donc *l'usus*, le nu-propriétaire, quant à lui, garde théoriquement la prérogative d'*abusus*. Il y a là bel et bien démembrement de propriété entre l'usufruitier et le nu-propriétaire. Ce dernier détient toujours la prérogative de *l'abusus* c'est-à-dire lui seul peut vendre, céder ou aliéner et détruire le bien. Alors que l'usufruitier a l'obligation de conservation de la chose et celle de la restituer au terme du contrat d'usufruit. Le nu-propriétaire demeure, sauf volonté contraire manifestement exprimée dans le contrat de sa part[1028], l'unique propriétaire du bien. Ce qui atteste de l'état de démembrement de la propriété et non de partage des prérogatives. Ceci n'est pas le cas dans l'opération consistant à utiliser la propriété à des fins de garantie. La volonté des parties est en définitive déterminante pour connaitre le caractère démembré du droit réel acquis par la convention. En effet, d'après la jurisprudence récente de la Cour de cassation, tout repose sur la volonté des parties. Dans ses arrêts des 23 mai et de 31 octobre 2012 précités, la Cour de cassation, tenant compte de la volonté des parties lors de la conclusion de contrats octroyant un *droit de jouissance spécial* [1029]au bénéfice de l'usufruitier, a décidé respectivement dans une espèce que l'usufruitier avait l'exclusivité sur la chose et dans

---

[1027] Ibidem.

[1028] Cass. civ. 3e, 23 mai 2012, et Cass. civ 3e, 31 octobre 2012, n° 11-16.304, op. cit.

[1029] Cass. civ.3e, 31 octobre 2012, n° 11-16.304 dit *Maison de poésie*, op.cit, où la Cour de cassation parle de prérogative au lieu d'un usufruit. retient dans son dispositif que « *la maison de poésie bénéficie d'un droit de jouissance spécial* ».

l'autre que son droit avait un caractère perpétuel. Autant dire qu'avec la volonté d'aliéner la propriété ne reste pas.

590. A côté de ce cas de démembrement de propriété, il existe dans le code civil des cas de partage de propriété. Il s'agit là de partager la propriété en y exercice pleinement un droit de propriété c'est le cas notamment de propriété collective[1030]. Elle se retrouve notamment dans les patrimoines des personnes morales, des sociétés et groupement d'intérêt économiques et des familles [1031] où l'intérêt collectif est prépondérant. Aussi, dans le droit bancaire et financier depuis la loi du 23 décembre 1988 relative à l'institution des fonds communs de créances ou de placement, elle trouve également un nouveau terrain d'application en matière de statut et de gestion de ces fonds communs[1032]. Comme dans l'indivision, les copropriétaires peuvent disposer des parts du fonds, qu'ils ont acquises[1033].

591. L'exemple de la copropriété. La copropriété présente un exemple de partage de prérogatives de propriété bien déterminé. En effet, si chaque copropriétaire est propriétaire exclusif de sa partie privative[1034], pour ce qui est des parties communes de la propriété d'ensemble, constituant une propriété indivise entre l'ensemble des copropriétaires[1035], les prérogatives de celle-ci sont réparties entre eux. Le droit de chaque copropriétaire sur la propriété indivise n'est ni un droit exclusif de propriété ni un droit réel démembré. Mais l'exercice de ce droit par chaque copropriétaire est déterminé en quote-part de millièmes en fonction de la surface et de la valeur de sa partie privative[1036]. S'il peut s'agir d'un droit de jouissance il ne saurait recevoir la qualification de droit réel démembré puisqu'il n'est pas au bénéfice d'un tiers mais au bénéfice d'un copropriétaire[1037]. Là également, force est de constater que tout partage de prérogatives de propriété est déterminé et connu à l'avance par les parties. Et, ce cas de figure est de loin différent du rapport entre le créancier propriétaire primitif d'un bien utilisé à titre de garantie ou de sûreté et le débiteur. La propriété dans cette hypothèse n'est pas non plus une propriété indivise.

[1030] P. CATALA, *Trois figures de propriété collectives,* in *Famille et patrimoine*, PUF, 2000, p. 107.

[1031] A. et M.-H. LAMBOLEY, *Droit des régimes matrimoniaux,* Litec, Coll. « Objectif droit », 2011, 6e éd.; J. MAURY, *Droit des successions,* Litec, coll. « Objectif droit », 2012, 7e éd..; J.-B. SEUBE, *Droit des biens*, op.cit., p. 123 ; Dans ce sens, voire décision CA Paris, 15 février 2000 : *Droit de la famille* 2001, n°9, obs. B. BEIGNIER. Dans son arrêt la Cour retient que les droits de sépulture attachés à une concession perpétuelle font l'objet d'une indivision perpétuelle entre les descendants du concessionnaire.

[1032] Th. BONNEAU, « Les fonds communs de placement, les fonds communs de créances et droit civil », *RTD civ.* 1991, p. 1 ; J.-B. SEUBE, op. cit., p.123.

[1033] Th. BONNEAU, « Les fonds communs de placement, les fonds communs de créances et droit civil », op. cit.

[1034] V. L. 10 juill. 1965, art 2, al. 2, relative à la copropriété.

[1035] V. L. 10 juill. 1965, article 4.

[1036] J.-B. SEUBE, op. cit., p. 143.

[1037] Ibidem.

b) La véritable nature du droit réel du débiteur sur la propriété réservée

592. Les illustrations ci-dessus montrent que les droits issus du mécanisme de propriété garantie ne constituent ni des droits démembrés de propriété ni un partage réel et explicite de prérogatives de la propriété. Par exemple, si le crédit-bail peut être analysé avant tout comme un contrat de louage[1038] d'un bien par lequel le bailleur confère au locataire un pouvoir d'exploitation ou droit de jouissance du bien, la particularité de ce contrat est d'être en même temps un contrat de location à crédit avec l'option pour le crédit-preneur ou locataire de devenir propriétaire. Cette particularité le sort de la catégorie traditionnelle de démembrement de propriété. Pour ce qui concerne la fiducie-sûreté, le mécanisme pourrait être assimilé à un démembrement de la propriété fiduciaire si le ou les biens, droits ou sûretés affectés à cette fin servaient autre chose qu'à garantir le paiement de la créance. Mais, ce n'est pas le cas.

Reste alors à déterminer la qualification juridique (**b-i**) ainsi que la véritable nature de ces droits notamment le droit réel du débiteur sur la chose objet de garantie, en l'occurrence dans le cadre de la propriété conventionnellement réservée (**b-ii**).

b-i). Qualification juridique des droits des parties.

593. Comme, nous venons de voir, ces droits tirent leur source d'une convention (crédit-bail, clause de réserve de propriété et la fiducie-sûreté) d'où leur caractère accessoire. Généralement, les droits réels issus de ces mécanismes ayant fonction de garantie sont, à juste titre, appelés des droits réels accessoires. Car, principalement, l'extinction de la créance, excepté le cas spécifique de l'hypothèque rechargeable [1039], entraîne disparition automatique de la sûreté. De même que la cession de la créance garantie est indissociable de celle de la sûreté qu'elle provoque systématiquement[1040]. Toutefois, dans un arrêt récent[1041], la Cour de cassation statuant sur le sort de la clause de réserve de propriété après l'extinction d'une créance, suite à la mise en œuvre d'une liquidation judiciaire pour insuffisance d'actif du débiteur failli, n'a su saisir cette opportunité pour clarifier sa position sur le caractère accessoire de la clause de réserve de propriété vis-à-vis de la créance qui garantit le paiement. Dans cette espèce où le débiteur subit une procédure de rétablissement professionnel, la Cour, sans préciser le sort de la clause de réserve de propriété, a estimé que « *l'extinction de la créance de la*

[1038] Ch. GOYET, *Le louage et la propriété à l'épreuve du crédit-bail et du bail superficiaire*, L.G.D.J., Bibli. dr. priv., t. 180, 1983, n° 210.

[1039] V. Article 2422 du Code civil issu de l'ordonnance du 23 mars 2006 qui atténue cette règle de principe. Mais, peut-on dire justement que l'exception confirme toujours la règle plutôt qu'elle ne la met en cause ?

[1040] V. Article 1692 du Code civil qui retient expressément cette solution.

[1041] Cass. 2e civ., 27 février 2014, n° 13-10. 891, *Bull. civ.* II, n° 59 ; comm. A. Aynes et Ph. Dupichot *in Droit & Patrimoine* n° 241, novembre 2014, p. 108.

société crédipar, du fait de l'effacement des dettes de Mme X...consécutif à la clôture pour insuffisance d'actif de la procédure de rétablissement personnel dont elle avait bénéficié, n'équivalait pas à son paiement de sorte que le transfert de propriété ne pouvait être intervenu au profit de l'acquéreur ». Cela signifie-t-il de dire que le caractère accessoire de la sûreté, à la créance dont elle garantit le paiement, n'est limité qu'au paiement effectif de celle-ci ?

594. La deuxième chambre civile de la Cour de cassation maintient le flou sur sa position. Néanmoins, il est tout à fait concevable d'en déduire que la nuance apportée par la deuxième chambre civile ne met pas totalement en cause le principe selon lequel l'accessoire suit le principal malgré cette restriction non justifiée. Car, si indirectement, la Cour semble affirmer à travers son dispositif que seul le paiement entraîne le transfert de propriété du bien, elle n'a pas expressément affirmé que l'extinction de la créance garantie ne suffit pas à « éteindre » la réserve de propriété, comme ont pu l'interpréter certains auteurs[1042].

b-ii) Caractéristique du droit réel du débiteur sur la chose, objet de garantie

595. Pour M. Dross les droits réels accessoires issus des mécanismes de garanties constituent des droits démembrés de la valeur d'échange liée à la propriété. Cette thèse n'est pas en accord avec la conception classique du démembrement consacrée par le Code civil. Traditionnellement, les prérogatives de la propriété sont limitées par ses trois attributs, à savoir les utilités de *l'usus, du fructus et de l'abusus*. Afin de pouvoir réserver le titre de propriété au titulaire de la propriété sur un bien, le démembrement n'est généralement concevable que pour les utilités suivantes : l'*usus et/ou le fructus* au profit d'une ou plusieurs personnes autres que le propriétaire. Mais pour M. Dross, il y aurait une autre utilité de la propriété qui serait ignorée du moins pas identifiée comme telle par la technique du démembrement de la propriété. Il s'agit, selon cet auteur, de l'utilité de la valeur d'échange de la propriété. Seulement, pour appuyer cette thèse l'auteur affirme que « *le propriétaire ne peut profiter de la valeur d'échange de son bien qu'à la condition de le transférer à un tiers* »[1043]. Autrement dit, la possibilité de céder le bien est la condition d'apparition de sa valeur d'échange. Ce qui veut dire d'une part que cette faculté ne peut être exercée qu'à travers des mécanismes utilisant exclusivement le transfert de propriété, ce qui exclut de fait la généralité de cette thèse de valeur d'échange à d'autres formes de propriété garantie ou sûreté, mais aussi d'autre part, il s'agit d'une utilité qui mobilise la prérogative de l'*abusus*. Or, celui qui

---

[1042] A. AYNES et Ph. DUPICHOT, « Janvier-Juillet 2014 : Désordre législatif, cohérence jurisprudentielle », *in Droit & Patrimoine* n° 241, novembre 2014, p. 108.
[1043] W. DROSS, *Droit des biens*, Montchrestien, 2012, paragraphe, 123.

aliène, cède ou dispose de son bien en le transférant à autrui n'a plus de titre de propriété.

596. En réalité, les droits réels accessoires issus des propriétés garanties ne constituent pas des droits démembrés parce qu'ils n'entraînent pas un réel partage de prérogatives de propriété. En l'occurrence, pour ne limiter ici la démonstration qu'au cas spécifique de propriété du créancier utilisée à des fins de garantie avec vocation pour le débiteur à devenir propriétaire, force est de constater que partant de cette seule volonté des parties, l'objectif visé est l'acquisition de la propriété par l'effet des obligations. Et, ce n'est pas simplement au sens unilatéral du terme. Le créancier propriétaire primitif a décidé d'aliéner la propriété de son bien conformément aux termes du contrat conclu avec le débiteur en se servant par la même occasion de la propriété aliénée pour garantir son droit de créance. Généralement dans ce contrat, il n'est ni décidé encore moins déterminé nulle part un quelconque partage de prérogatives de la propriété. Il n'y a pas non plus de démembrement de la propriété qui soit décidé entre les parties. Il s'agit donc de transférer, céder toute la propriété pleine et entière ou rien du tout.

597. En définitive, nous soutenons que concernant la clause de réserve de propriété tant que le débiteur respectera les termes du contrat il est le propriétaire du bien conformément à l'ancien 1134 devenu 1104 du code civil et 544 du même Code. Il ressort, en effet, de l'interprétation des dispositions de l'article 544 du Code civil que le propriétaire est celui qui détient l'absoluité des pouvoirs entre ses mains. Et, dans cette hypothèse, le débiteur détient, en vertu du contrat *l'usus*, *le fructus* et même *l'abusus* sur la chose qu'il a entre les mains suite au dessaisissement volontaire et conventionnel du créancier. Sur cette base et conformément à la jurisprudence de la Cour de cassation précitée, les marchandises vendues avec une clause de réserve de propriété intègrent le patrimoine du débiteur. Pour ce qui est du crédit-bail conformément aux dispositions contractuelles, le débiteur dispose d'un droit d'exploitation et de jouissance sur le bien, sans pour autant, toutefois, que ce droit réel constitue un démembrement de propriété en raison d'une part du fait qu'aucune stipulation contractuelle ne définit un partage de prérogatives de propriété et d'autre part du fait du caractère non rétroactif de ce contrat et compte tenu de l'option d'achat dont dispose le locataire-crédit-preneur. Enfin, concernant la fiducie-sûreté, le débiteur fiduciaire dispose d'un droit de propriété temporaire, du fait notamment de l'effet de l'acte de transmission de droit de propriété, jusqu'au jour de la mise en œuvre de la clause de rétrocession devant permettre au créancier de récupérer la propriété fiduciaire constituée à des fins de garantie de son droit personnel de créance. En d'autres termes, la propriété transférée ou réservée conventionnellement à titre de garantie entraine toujours une transmission du droit de propriété de l'une vers l'autre des parties contractantes. Toutefois, selon les stipulations contractuelles arrêtées d'un commun accord par les parties cette transmission de droit de propriété peut être immédiate ou conditionnée à la survenance d'un terme ou à l'exécution d'une obligation.

598. Mais, en tout état de cause, un propriétaire qui cède son droit de propriété, n'a plus de propriété. Si un titre de propriétaire juridique lui restait attribué, cela ne pourrait être qu'une propriété illusoire relevant plus d'un montage juridique artificiel qui nie, de surcroit les droits du débiteur, que d'une logique juridique solide car ce titre ne résulterait ni de l'effet des obligations, ni de la situation de fait. Il serait, toutefois, logique de faire peser sur le débiteur la charge du risque en cas d'inexécution du contrat pour que le créancier puisse bénéficier d'une indemnisation ou d'une réparation en cas de réalisation de l'aléa contractuel c'est-à-dire au cas où ce risque serait survenu.

SECTION 2. LE DENI DES DROITS REELS DU DEBITEUR TIRES DU CONTRAT

599. A l'instar des sûretés réelles classiques, les mécanismes de propriété utilisée à des fins de garantie ou de sûretés occasionnent la création de nouveaux droits réels dits accessoires. Cette faculté offerte aux parties[1044] de créer de nouveaux droits réels est encadrée par la reconnaissance et l'institutionnalisation de ces techniques de garantie de créance. Toutefois, ces droits réels dits accessoires issus du contrat, dont la nature reste à déterminer pour le débiteur, servent pour le créancier exclusivement à garantir le paiement d'un droit de créance. En effet, dans le cas de la propriété garantie ces droits réels accessoires prennent deux formes différentes selon que la propriété appartienne initialement au débiteur ou au créancier. Quand elle appartient au débiteur le droit réel accessoire conféré au créancier n'a qu'une seule fonction : garantir le paiement de sa dette.

600. En revanche, quand la propriété d'origine appartenait au créancier, une nuance que les auteurs des nouveaux mécanismes de garantie ne font pas préférant plutôt partir de l'hypothèse selon laquelle le créancier est toujours propriétaire du bien, objet de garantie de sa créance, soit, mais, les moyens de protection du créancier sont anormalement distincts de l'hypothèse précédemment étudiée. En effet, considérant que le créancier est toujours le propriétaire du bien, qu'il a pourtant aliéné, ce dernier s'est vu octroyer des moyens injustifiés de protection à savoir l'exclusivité et l'action en revendication dans le droit français et le droit à récupérer la libre disposition du bien en cas d'insolvabilité du débiteur plus l'action en revendication dans le droit OHADA. Autrement dit, il est mis à sa disposition les moyens de protection et de défense propres au véritable propriétaire. Or, ces nouveaux droits à savoir l'exclusivité ou le droit à recouvrer la libre disponibilité du

[1044] Ph. DUPICHOT, *Le pouvoir des volontés individuelles en droit des sûretés,* Thèse Paris II, 2003.

bien aliéné et l'action en revendication octroyés au créancier sur la base de la propriété et fondant le mécanisme de la propriété-garantie paraissent artificiels, d'autant que les droits du débiteur notamment dans le cadre d'une clause de réserve de propriété sont niés. Partant de ce fondement sur la propriété illusoire, le bien est considéré comme étant hors du patrimoine du débiteur, ces créanciers échappent ainsi injustement aux contraintes d'ordre public des règles des procédures collectives.

A la lumière de notre précédente étude sur les droits respectifs du créancier et du débiteur issus des contrats incluant des mécanismes d'utilisation de la propriété à titre de garantie, l'on distingue désormais clairement le caractère artificiel du fondement du titre de propriété conventionnellement réservé au créancier (**Sous-section 1**) devant justifier une présomption de mise hors du patrimoine du débiteur le bien, objet de la propriété-sûreté (**Sous-section 2**).

§1) Le fondement artificiel de la propriété réservée au créancier

601. Dans les deux systèmes de droit France/OHADA, l'exemple de propriété garantie le plus commun est la clause de réserve de propriété. La démonstration qui suit portera donc sur ce cas de figure. D'autant que les autres mécanismes de propriété-garantie connaissent un assouplissement certain, logique et cohérent dans les procédures collectives. Les législateurs français et africain de l'espace OHADA reconnaissant au créancier un titre artificiel de propriété, ont justifié l'octroi à ce dernier des moyens de protection propres au véritable propriétaire en avançant deux principaux arguments : le respect de la propriété et le respect de la liberté contractuelle et de la volonté individuelle des parties.

Pourtant, ce fondement du titre de propriétaire réservé au créancier est contestable tant sur le plan contractuel (**A**) que sur le plan de la construction juridique d'ensemble en interaction avec d'autres disciplines notamment avec le droit des procédures collectives (**B**)

A) La contestation du mécanisme sur le plan contractuel

602. Le flou et l'imperfection du mécanisme de la propriété réservée tiennent, en droit français, à la construction même du mécanisme, tandis qu'ils résultent d'un jeu d'alliance en droit OHADA. Du point de vue contractuel, pour chaque partie, les droits et obligations nés du contrat demeurent confus. Si la clause de réserve de propriété insérée dans le contrat de vente donne une idée sur les droits du créancier, elle occulte tout des droits de l'acquéreur. Un premier flou dans ce mécanisme consiste à appeler le débiteur de l'obligation de paiement du prix du bien vendu, « *l'acquéreur* ». Ce mot peut laisser penser que ce dernier est propriétaire. L'emploi de termes tels que le *futur acquéreur* ou bien l'*acquérant* auraient peut-être pu lever le flou quant à la reconnaissance de la situation juridique du débiteur pendant l'exécution du contrat (2°). De même, le contrat n'est pas explicite sur le caractère indivisible ou non de la clause de réserve de propriété au contrat qui la contient et auquel elle reste accessoire en tant que mécanisme de sûreté. La clause de réserve de propriété suit un régime qui la fait d'abord se détacher du contrat et des obligations (1°) qui fondent son existence, conformément à l'article 711 du code civil, et qui la fait ensuite s'arroger le fondement et les effets d'une propriété à titre principal.

1°) Le détachement anormal du régime de la propriété réservée du contrat principal

603. L'article 711 du Code civil dispose que la propriété s'acquiert et se transmet par l'effet des obligations. Mais de quelles obligations s'agit-il ? Celles découlant du contrat de base ou celles de la clause de réserve de propriété ? S'il existe un spectre large du domaine des obligations, celles-ci naissent généralement des conventions. Aussi, pour ne parler que de la clause de réserve de propriété, il s'agit bien du contrat de vente dans lequel elle est insérée. Alors la question qui s'impose est : la clause de réserve de propriété peut-elle s'affranchir du contrat qu'elle complète et précise, et asseoir un régime juridique qui lui soit propre ou bien est-elle obligée de s'aligner sur l'acte principal qui fonde son existence à savoir, le contrat de vente ? On retrouve ici la problématique lancinante du caractère indivisible de la technique de garantie, du contrat translatif de propriété qui la porte. En effet, ce mécanisme par lequel la clause de réserve de propriété peut se détacher des obligations du contrat est rendu possible d'une part par le fait du caractère dérogatoire des dispositions de l'article 1583 du code civil et d'autre part grâce au caractère supplétif de l'article 544 du même code. Partant de cette possibilité, les parties au contrat peuvent utiliser la clause de réserve de propriété en vue de retarder l'effet des obligations du contrat censé transmettre la propriété. Ce qui veut dire que, venant s'incorporer au contrat en vue de retarder l'effet des obligations issues de ce même contrat, la clause de réserve de propriété ne saurait être divisible du contrat auquel elle est intrinsèquement liée et avec lequel elle forme un tout.

604. Si, dans les deux systèmes juridiques, l'objet de la clause est de retarder ou plutôt de suspendre, selon le terme retenu en droit positif, le transfert de propriété, qui aurait dû être un effet immédiat des obligations nées du contrat de vente, à l'exécution par le débiteur de son obligation de paiement complet du prix. Alors, doit-on considérer que le transfert de propriété s'effectue de manière progressive à mesure que le paiement du prix est exécuté ou seulement au terme de l'exécution du paiement complet du prix ? Le choix de l'une ou l'autre de ces conceptions est important car il détermine la construction de la logique juridique subséquente. De cela dépend également la situation juridique des parties tout au long de l'exécution du contrat. La finalité de la clause, quant à elle totalement accessoire du contrat principal, permet de garantir l'exécution de l'obligation de payer afin de sécuriser le droit de créance du créancier. Par conséquent, l'existence de la clause de réserve de propriété n'est envisageable et n'a de sens que dans le respect du contrat auquel elle est indivisiblement liée.

2°) L'absence de reconnaissance du statut juridique de l'acquéreur

605. La technique de la propriété réservée à titre de garantie ne livre pratiquement aucun enseignement sur la situation juridique du débiteur. Elle se contente de mettre en avant le fait que le créancier reste toujours propriétaire du bien cédé jusqu'au paiement complet du prix par l'acquéreur sans jamais déterminer les droits qui pourraient être exercés sur le bien par l'acquéreur ni même le statut juridique de ces droits sur son patrimoine Certains auteurs ont pu défendre que le débiteur bénéficie des utilités économiques du bien sans toutefois convaincre sur la nature de ces bénéfices[1045]. Mais, une telle hypothèse nous sortirait totalement du contrat de base qui est un contrat translatif de propriété. De plus, le fait de nommer le débiteur « l'acquéreur » est aussi contradictoire et ne pourrait nullement s'accommoder avec cette interprétation doctrinale du bénéfice des utilités économiques du bien par le débiteur. En effet, quelqu'un est dit acquéreur quand il acquiert le droit de propriété du bien et non quand il n'est que tributaire d'un droit d'usage. Si cette définition est appliquée à notre cas au profit du débiteur alors il disposerait d'un droit de propriété. Mais, dans le droit positif français, il n'est jamais clairement établi que l'acheteur débiteur de l'obligation de payer le prix du bien, dispose de quelconques droits qu'ils soient démembrés ou en simple partage. Or, dans tout contrat équilibré les parties disposent l'une et l'autre des droits et des obligations qu'elles tirent du contrat.

606. Dans le droit OHADA, la clause de réserve de propriété est assortie d'un droit dit de disponibilité du bien ou de mise à la disposition du bien au bénéfice du débiteur, futur acquéreur. A titre comparatif, dans le droit allemand le débiteur d'une clause de réserve de propriété, dispose d'un *droit dit d'expectative* lui permettant notamment de disposer du bien. Cette clause de réserve de propriété assortie d'un *droit d'expectative* peut ne porter que sur le bien objet du contrat de vente (clause dite simple) ou être valable pour d'autres opérations conclues entre les parties, notamment dans le futur (clause complexe).

607. Il est donc regrettable que dans le droit français, l'on ne reconnaisse pas la situation juridique de l'acheteur avec une clause de réserve de propriété. Même, s'il est protégé par ailleurs indirectement par d'autres dispositions du droit positif, il serait plus cohérent pour le mécanisme de la propriété retenue à des fins de garantie de reconnaître directement la situation du débiteur. Ceci est d'autant plus nécessaire et important pour le débiteur et ses autres créanciers qu'il est fréquent que celui-ci pose des actes

---

[1045] W. DROSS, op. cit.

juridiques sur le bien vendu sous réserve de propriété, comme par exemple une transformation, une destruction ou tout simplement une disposition. Il arrive, en effet, que l'acquéreur revende le bien à un sous-acquéreur pour faire une plus-value sur le prix initial du bien dans le but de rembourser le premier vendeur. Dans pareil cas, quel statut juridique conférer à cet acte de revente ?

608. Sans doute pour répondre à cette question et pour comprendre la technique de propriété réservée à titre de garantie faudrait-il se référer à la source des obligations et qualifier le mécanisme suspensif de la clause de réserve de propriété retenu. L'article 2367 du Code civil consacre la propriété retenue à titre de garantie et explique les bases du mécanisme[1046]. On pourrait croire que la clause est entièrement indépendante du contrat de vente qui suivrait son cours malgré la suspension du transfert de propriété si ce n'était la contrepartie du débiteur résidant dans l'obligation de payer du débiteur et si ce n'était l'alinéa 2 du même texte qui ajoute « *la propriété ainsi réservée est l'accessoire de la créance dont elle garantit le paiement* ». Cependant, le texte ne précise pas la nature du mécanisme suspensif, il ne dit pas si l'obligation de paiement de l'acquéreur constitue un terme ou si elle doit se comprendre comme étant une condition du transfert de propriété. Pourtant, une telle distinction permettrait de mieux comprendre la situation du débiteur avant le paiement et au moment de l'achèvement du paiement devant déclencher le transfert de la propriété.

609. D'après la lettre de l'article 2367 précité l'effet suspensif s'applique plutôt au transfert de propriété et non à l'obligation de l'exécution dont le transfert dépend. En outre, l'exécution de l'obligation de l'acquéreur au complet paiement du prix du bien vendu est susceptible d'intervenir à tout moment et elle n'est donc en soi liée à la survenance d'aucun événement extérieur futur et incertain. Et enfin, elle ne fait l'objet ni de suspension ni de résiliation. En revanche, au jour de la conclusion du contrat de vente les parties peuvent ne pas savoir l'achèvement (le terme) de l'exécution de l'obligation de payer par l'acquéreur. Elles peuvent, cependant, également prévoir un terme certain à l'échéance duquel l'obligation de payer devra s'exécuter intégralement. Alors, le transfert de propriété est-il lié à la survenance d'un terme ou à celle d'une condition ? Ou est-ce l'exécution de l'obligation jusqu'au paiement intégral qui constitue elle-même la condition ?

610. Dans une ancienne jurisprudence, la Cour de cassation a estimé que l'exécution de l'obligation de payer s'analysait en une condition[1047]. Mais, l'ancien article 1185 devenu 1305 du code civil disposait que « *le terme diffère de la condition en ce qu'il ne suspend point l'engagement dont il*

[1046] L'article 2367 al. 1er du Code civil dispose que « « *la propriété d'un bien peut être retenue en garantie par l'effet d'une clause de réserve de propriété qui suspend l'effet translatif d'un contrat jusqu'au complet paiement qui en constitue la contrepartie* ».

[1047] Cass. Req. 21 juillet 1897, *D.P.* 1898 I 272.

retarde seulement l'exécution ». Avec ce texte, la distinction était un peu plus nette, le nouvel article 1305 définit la notion d'une obligation à terme. En effet, le terme retarde l'exécution de l'engagement des parties tandis que la condition suspend l'exécution de l'engagement. Dans le cas de la clause de réserve de propriété l'engagement à exécuter est double : d'une part l'obligation de payer du débiteur et d'autre part le transfert de propriété du vendeur vers l'acheteur. L'exécution totale de l'engagement du débiteur entraine le transfert de propriété. Or, cette obligation de payer le droit de créance s'exécutant normalement dans le temps n'est pas censée être suspendue. Corrélativement à cette dernière, le transfert de propriété du créancier vers le débiteur n'est alors que retardé jusqu'à l'exécution complète de celle-ci. Il s'agit donc vraisemblablement d'un terme suspensif et non une condition suspensive. L'obligation de payer peut s'analyser comme une obligation à terme c'est-à-dire une obligation dont on est certain, dès le jour de la conclusion du contrat, qu'elle sera nécessairement exécutée mais dont la date d'exécution intégrale et entière reste incertaine. Pour corroborer la qualification de terme suspensif affectant le transfert de propriété, il est ensuite possible de se référer à l'article 2371 alinéa1 du code civil qui fait allusion à l'échéance en ces termes : « *à défaut de complet paiement à l'échéance, le créancier peut demander la restitution du bien afin de recouvrer le droit d'en disposer* ». Du côté du droit OHADA, l'article 77 de l'acte uniforme des sûretés reprend mot pour mot l'article 2371 du code civil. Ces textes renseignent à plus d'un titre sur ce qui devrait être le régime de la propriété réservée à titre de garantie par la clause de réserve de propriété.

611. Après avoir jeté la lumière sur le mécanisme suspensif de la clause de réserve de propriété affectant le transfert de propriété, l'article 2371 pose que le vendeur perd le droit de disposer du bien. Cela suggère en creux, que l'acquéreur, qui détient le bien entre ses mains, a le pouvoir de disposer du bien tout au long de l'exécution de l'obligation de payer.

612. En conséquence, jusqu'au jour où le défaut de complet paiement du prix du bien à l'échéance du terme aura été constaté, l'acquéreur détient le droit de propriété sur le bien. Ce n'est que sur la base de cet état de fait que le vendeur pourrait avoir à formuler une demande de restitution en vue de recouvrer le droit de disposer du bien. Mais alors comment fixer l'échéance du terme suspensif ? Est-il un terme certain ou un terme incertain ? Et enfin, la faillite de l'acheteur est-elle un critère déterminant de l'échéance du terme ou constitue-t-elle en soi un terme ?

613. *In fine,* ni les dispositions de l'article 2371 du Code civil ni celles de l'article 77 AUS révisé précitées ne sont expressives sur le régime juridique de la clause de réserve de propriété en général et sur la nature certaine ou incertaine du terme évoqué en particulier. Mais tout au moins, on peut en déduire que l'ouverture d'une procédure collective à l'encontre de l'acquéreur permet au vendeur de revendiquer le bien vendu. Pourtant, l'article L.622-13, I, al. 1 du Code de commerce, côté de droit français, et l'article 107 AUS révisé côté droit OHADA, disposent qu'aucune résiliation ou résolution d'un contrat en cours ne peut résulter du seul fait de l'ouverture d'une procédure collective. Ces dispositions interdisent donc à ce que les parties prévoient ou que le vendeur prétexte l'ouverture d'une procédure collective de l'acquéreur comme une échéance. Une telle clause contractuelle serait restée sans effet.

614. Dans les deux systèmes de droit, la situation juridique de l'acquéreur révèle en creux les limites du mécanisme de garantie puisque le débiteur n'ayant de droit reconnu qu'une fois après avoir payé sa dette, se retrouve entre temps sans aucun statut.

B) La contestation du mécanisme sur le plan juridique

615. La technique de propriété réservée à titre de garantie est contestable du point de vue de sa logique en soi de construction juridique. Cette logique est en porte à faux avec plusieurs règles juridiques élémentaires, même avec celles dont l'application pratique aurait pu lui assurer une cohérence. En ce qui concerne l'articulation du droit des sûretés et garanties avec le droit des procédures collectives, cette institution, la clause de réserve de propriété, vient renforcer l'écart entre ces deux disciplines en heurtant, presque frauduleusement, l'essence et la logique des règles d'ordre public et de discipline collective, pour échapper à cette dernière. L'incompatibilité du mécanisme de la propriété conventionnellement réservée à titre de garantie avec les principes directeurs du droit des procédures collectives (1°) se révèle par l'inadéquation du régime de la clause de réserve de propriété avec la lettre des dispositions qui l'instituent en l'occurrence celles de l'article 2371 du code civil et son équivalent dans le droit OHADA (2°). Les limites du mécanisme peuvent également être illustrées par d'autres dispositions du droit positif (3°).

1°) L'incompatibilité avec les principes directeurs du droit des procédures collectives

616. La primauté des dispositions d'ordre public sur celles d'ordre privé. Au sein d'un ordre juridique, les règles dites d'ordre public, s'imposent avec une force particulière à laquelle les individus ne peuvent se soustraire ni dans leur comportement ni dans leurs conventions[1048]. Toute dérogation doit normalement être justifiée par des raisons impérieuses d'intérêt général. A l'opposé, toutes les dispositions du code civil régissant les matières civile et commerciale, excepté celles qui sont expressément qualifiées d'ordre public, sont par principe des dispositions qui relèvent de l'ordre privé. Et, en cas de conflit entre les dispositions d'ordre privé et les

[1048] V. Article 6 du code civil.

dispositions d'ordre public, les dernières priment sur les premières[1049]. Si on applique cette règle juridique de notoriété publique au cas d'espèce qui se présente comme un conflit entre une volonté individuelle tirant sa source des dispositions d'ordre privé pour aller à l'encontre ou dont l'objet est de détourner des dispositions d'ordre public du droit des procédures collectives, il y a là incompatibilité à laquelle ces dernières devraient prévaloir. D'ailleurs, certains auteurs ont pu affirmer que « *la liberté contractuelle des parties ne se heurte qu'à un seul obstacle : les règles impératives*[1050] ». Or, les règles régissant la discipline collective du droit des procédures collectives constituent bien des dispositions d'ordre public interne et international, impératives et dérogatoires de droit commun. De plus, compte tenu de son rôle de régulateur économique dans la société et de son rôle d'assainissement du milieu des affaires, le droit de la faillite est considéré comme une discipline ayant un caractère d'ordre public économique[1051]. Ce principe général n'a cessé d'être rappelé par la jurisprudence française[1052] et par celle de la Cour commune d'arbitrage et de la justice de l'espace OHADA.

617. Abondant dans ce sens, Portalis a très tôt mis en garde en ces termes, « *le maintien de l'ordre public dans une société est la loi suprême ; protéger des conventions contre cette loi, ce serait placer des volontés particulières au dessus de la volonté générale, ce serait dissoudre l'Etat*[1053] ». Dès lors une disposition relevant de la volonté contractuelle des parties, en l'occurrence une propriété réservé à titre de garantie qui plus est dont le régime nie les droits du débiteur, ne devrait pouvoir justifier une dérogation aux règles impératives d'ordre public du droit des procédures collectives. Comme il a été constaté, ce mécanisme de garantie prend sa source dans une convention[1054]. Or, ni le code civil, ni l'acte uniforme portant organisation du droit commercial général OHADA ne spécifie, que ce serait là des dispositions à caractère d'ordre public. Puis que, le mécanisme, sans modifier l'engagement des parties, a donc consisté à retarder le transfert de propriété jusqu'au complet paiement du prix du bien vendu. Ce faisant, sans pour autant tenir réellement compte de la volonté contractuelle des parties, il réserve au créancier l'entière propriété du bien, au lieu d'un simple *droit*

[1049] E. GIRAUD, « Sûretés et procédures collectives : l'articulation des réformes », *LPA,* 17 juillet 2009, n° 120, p. 4 et s.; dans le même sens Cass.com. 13 avril 2010, n° 09-11. 851 arrêt n° 447.

[1050] F. TERRE, Ph. SIMLER et Y. LEQUETTE, *Droit civil, les obligations,* Dalloz, 9e éd., 2005, p. 381, n° 375.

[1051] Voir nos développements dans la première partie de cette thèse sur ce point, *supra.*

[1052] Cass. 1re civ, 8 mars 1988, n° 86-12. 015, *Bull.civ I, n° 65 ;* Cass. com 6 mai 2009, n° 08-10-281, *Bull. Civ. I, n° 86 ;* Cass. com, 13 avril 2010, n° 09-11.851, arrêt n° 447 ; Cass.com 1er février 2011, n° 10-10.161, *JCP* E 2011, n° 1193, p. 15, note. J.-P. Legros.

[1053] J. E. M. PORTALIS, « Exposé des motifs du préliminaire du Code Napoléon », *in Ecrits et discours juridiques et politiques,* PUAM 1988, p. 78.

[1054] V. Article 1583 du Code civil français et l'article 275 AUDCG révisé.

d'accession [1055], malgré l'acte de disposition de celui-ci et son dessaisissement volontaire du bien vendu. Le but recherché étant que dans le cas où le débiteur deviendrait insolvable pendant la période d'exécution du paiement, le bien et donc la garantie, puissent échapper à la discipline collective du droit de la faillite dont le débiteur ferait l'objet. Ce montage juridique artificiel vise intentionnellement à détourner l'application du droit des procédures collectives pour permettre au créancier de ne pas rejoindre le rang qu'il devrait normalement occuper au sein du groupe formé par l'ensemble des créanciers titulaires des sûretés réelles traditionnelles du débiteur. Rang qui ne comporte pourtant pas le risque de mettre en péril le recouvrement d'une créance garantie par un droit exclusif. Il n y a donc même pas lieu de craindre un éventuel concours avec les autres créanciers titulaires de droits préférentiels.

618. La limite au pouvoir de la volonté individuelle sur la propriété : l'ordre public et l'intérêt général. L'article 544 du code civil fixe des limites à l'exercice du pouvoir de la volonté individuelle du propriétaire sur son propre bien. En effet, cette limitation aurait pu passer complètement inaperçu si il n y avait pas de réserve énoncée : « *pourvu qu'on n'en fasse pas un usage prohibé par les lois ou par les règlements* ». Or, l'on sait que les lois et les règlements qualifiés d'ordre public sont prohibitifs par essence. Il est, en effet, prohibé de violer des dispositions d'ordre public par exemple en les détournant. La recherche de l'intérêt général constitue l'essentiel du fondement justificatif des atteintes qui puissent être portées au droit de propriété tel qu'il est protégé comme étant une valeur constitutionnelle[1056] et donc « *Tout motif d'intérêt général librement apprécié par le parlement peut justifier une restriction du droit de propriété, comme si la restriction était en tant que telle inhérente à la propriété*[1057] ». Ainsi une propriété *a fortiori* marchande ou économique c'est-à-dire utilisée contractuellement à des fins de sûreté, ne devrait pas constituer une exception pouvant déroger aux règles d'ordre public et d'intérêt général, du droit des entreprises en difficulté régissant les procédures collectives.

[1055] L'article 546 du code civil aurait très bien pu convenir comme fondement au mécanisme de la propriété conventionnellement retenue à titre de garantie : *« La propriété d'une chose, soit mobilière, soit immobilière, donne droit sur tout ce qu'elle produit, et sur ce qui s'y unit accessoirement, soit naturellement, soit artificiellement. Ce droit s'appelle droit d'accession ».*

[1056] Cass. Ass. Plénière, 23 juin 1972, Société civile agricole de They de Roustan c/ DG, des impôts, *in Semaine juridique* 1973, I, 17331, obs. G. Goubeaux & Y. Jegouzo ; CE, 20 juillet 1971 : *AJDA*. 1971, 547, chron : Labouteille et Cabanes, arrêt portant sur les restrictions de la propriété justifiées au nom de l'intérêt général pour la promotion du tourisme, protection de la nature et de l'environnement.

[1057] J.-Y. CHEROT, « La protection de la propriété dans la jurisprudence du conseil constitutionnel », *in Mélange* Ch. Mouly, Litec. 1998, p. 415.

2°) Le caractère inadéquat du régime de la clause de réserve de propriété consacrée

619. L'opposabilité du régime juridique de la clause de réserve de propriété dans les procédures collectives n'est pas conforme aux dispositions de l'article 2371 précité du livre quatre du code civil qui la consacrent en tant que sûreté. Le créancier bénéficie de l'exclusivité sur le bien se trouvant entre les mains du débiteur et dispose d'une possibilité d'action en revendication de propriété contre ce dernier en cas de mise en œuvre des procédures collectives à l'encontre de celui-ci. Or, l'article 2371 du code civil enseigne que le créancier - vendeur doit formuler une demande de restitution du bien au débiteur. Ce n'est donc qu'à la suite de la restitution du bien par le débiteur que le créancier recouvre le droit de disposer du bien. Ceci induit que, logiquement, la clause de la réserve de propriété devrait être assortie d'une autre clause devant lier et obliger l'acquéreur, débiteur du droit de créance à restituer le bien en cas d'insolvabilité le mettant dans l'impossibilité de payer sa créance. Resterait alors la question de savoir si une telle clause pourrait permettre de déroger aux règles de la discipline collective.

620. Dans le droit OHADA, l'article 77 de l'AUS révisé reprend les mêmes termes que l'article 2371 du code civil mais en y ajoutant que toute disposition contraire est réputée non écrite. Ce faisant, ce texte condamne toute exigence supplémentaire des parties. Est-ce à dire que l'action en revendication qui n'est pas évoquée par le texte est aussi susceptible d'être écartée du régime juridique de la clause de réserve de propriété institué ? Une telle hypothèse serait tout à fait envisageable. En tout cas, on peut croire sans nul doute que c'est pour cette raison qu'à la différence du droit français, dans le droit OHADA, la clause de réserve de propriété est assortie d'une autorisation de disponibilité ou de mise à disposition du bien au profit de l'acquéreur pendant l'exécution du contrat et valant par la même occasion clause de restitution en cas de non exécution de l'obligation au complet paiement du prix du bien. L'on peut ainsi affirmer que de ce point de vue, le régime juridique de la clause de réserve de propriété dans le droit OHADA est plus cohérent que son pendant français. Le créancier pourra recouvrer son droit à la libre disponibilité du bien suite à la restitution du bien par le débiteur. Si cette obligation est respectée, l'action en revendication instituée au profit du créancier sera sans effet. Ainsi, même si pour autant, la situation juridique de l'acquéreur débiteur reste loin d'être convenablement réglée, il n'empêche que le régime juridique de ce mécanisme y est plus lisible.

621. Ce n'est pas le cas dans le droit français. Où, il y a incohérence entre la lettre de l'article 2371 du code civil et le régime effectif de la clause de réserve de propriété pour l'acquéreur dans les procédures collectives. L'observation effective des dispositions de l'article 2371 précité aurait pu avoir le mérite, en partie, de dissiper l'incohérence du régime juridique de la clause de réserve de propriété applicable en cas d'insolvabilité de l'acquéreur et de donner un peu de sens au mécanisme.

3°) Les obstacles juridiques au mécanisme de propriété réservée à titre de garantie

622. En ne reconnaissant pas la situation juridique dévolue à l'acquéreur en vertu de son contrat, le mécanisme de la propriété retenue à titre de sûreté par la clause de réserve de propriété laisse un vide juridique nécessitant, pour être clarifié, le concours d'autres dispositions du droit positif. Dans le droit positif, certaines dispositions peuvent ainsi mettre en échec le mécanisme de la propriété retenue en garantie de créance par une clause de réserve de propriété, considérant que l'acquéreur est de bonne foi et que c'est de manière licite et légitime, qu'il se trouve en possession du bien. Dans le droit positif français comme dans le droit OHADA, ces dispositions peuvent être tirées du droit des procédures collectives en l'occurrence de l'obligation du maintien des contrats en cours.

623. La possibilité de recourir au principe de continuation des contrats en cours. L'acquéreur-débiteur en instance d'une procédure collective peut-il évoquer l'obligation de continuation des contrats en cours pour préserver le contrat de vente avec clause de réserve de propriété si celui-ci était conclu antérieurement au jugement d'ouverture de la procédure dont il fait l'objet ? Cette possibilité est envisageable pour le contrat de crédit-bail. La fiducie-sûreté également a connu un tel assouplissement dans les procédures collectives. Qu'en est-il pour la clause de réserve de propriété ? Quand l'acquéreur failli est dessaisi de l'administration de ses biens, l'administrateur ou le liquidateur judiciaire peut-il utiliser l'argument de la continuation des contrats en cours et continuer l'exécution de l'obligation de payer pour les échéances restant à rembourser ? Ou bien doit-il céder à l'action en revendication du créancier réservataire ?

624. Pour répondre à toutes ces interrogations, l'étude des dispositions dérogatoires du droit des procédures collectives, complétée par celle des dispositions régissant la clause de réserve de propriété en tant que garantie sont nécessaires. L'article L622-13 du code commerce dispose que « *nonobstant toute disposition légale ou toute clause contractuelle, aucune indivisibilité, résiliation ou résolution d'un contrat en cours ne peut résulter du seul fait de l'ouverture d'une procédure de sauvegarde. Le cocontractant doit remplir ses obligations malgré le défaut d'exécution par le débiteur d'engagements antérieurs au jugement d'ouverture. Le défaut d'exécution de ces engagements n'ouvre droit au profit des créanciers qu'à déclaration du passif* ». Les articles L.631-14 et L.641-14 du même code reprennent le même principe concernant respectivement les phases de redressement et liquidation judiciaires. Ces dispositions sont d'ordre public, et l'option de l'administrateur de maintenir le contrat en cours qui en découle revêtira aussi un caractère d'ordre public. En effet, le défaut d'exécution de la part du débiteur de son obligation au complet paiement du prix n'ouvre pas droit systématique au profit du créancier tant que le passif du failli n'est pas connu et n'a pas été déclaré. Cela veut dire que le complet paiement n'est exigible qu'à la liquidation des biens.

625. Toutefois, concernant l'obligation de continuation des contrats en cours notamment le contrat de vente assortie d'une clause de réserve de propriété, la jurisprudence fait souvent une distinction selon que la vente a porté sur un bien meuble ou immeuble. En effet, s'il est largement admis que le contrat est en cours tant qu'une partie du prix reste à payer lors de l'ouverture de la procédure collective de l'acheteur, il n'empêche que ce statut de contrat en cours qui permet l'application du principe précédemment décrit est plus souvent reconnu lorsqu'il s'agit de la vente d'un immeuble avec clause de réserve de propriété [1058], le statut de contrat en cours est souvent rejeté lorsqu'il s'agit de la vente de biens mobiliers[1059], et ce, peu importe l'encours sur le paiement du prix. Le refus d'appliquer le principe du contrat en cours sur les ventes ayant porté sur un bien mobilier, alors même qu'une partie du prix reste encore à payer par l'acheteur est fort contestable, car elle viole l'esprit et la lettre de l'article L.622-13 du code de commerce. Cette disposition d'ordre public ne fait en effet aucune distinction sur les contrats ayant des engagements en cours d'exécution.

626. Dans le droit OHADA, le nouvel article 107 al. 1er AUPC révisé dispose désormais que « *Nonobstant toute disposition légale ou toute clause contractuelle ou indivisibilité, aucune résiliation ou résolution d'un contrat en cours ne peut résulter du seul fait de l'ouverture du redressement judiciaire ou de la liquidation des biens* ». On peut déduire des nouvelles dispositions de l'article 107 al. 1er précité qu'en dépit de l'existence d'une clause de réserve de propriété, un contrat peut être qualifié d'un contrat en cours si, en cours d'exécution de son obligation de payer le prix du bien, le débiteur est soumis à la procédure collective de redressement judiciaire ou de liquidation des biens.

§2) La présomption de mise à l'écart du bien du patrimoine du débiteur

627. Le mécanisme de la propriété utilisée à titre de garantie institué dans le droit français et dans le droit OHADA, permet aux créanciers considérés comme propriétaires de revendiquer les biens objet de leurs sûretés pendant les procédures collectives du débiteur. Ces biens sont présumés comme n'étant pas affectés par le patrimoine du débiteur seul susceptible d'être saisi par les procédures collectives le concernant.

Mais, pour réfuter cette considération selon laquelle les biens aliénés notamment sous réserve de propriété ne feraient pas partie du patrimoine du débiteur il convient de se référer à la théorie prétorienne de la *solvabilité apparente* ou *théorie de l'apparence* (**B**) et à la théorie du patrimoine du débiteur (**A**).

[1058] Cass.com. 1er février 2000 : RJDA 4/00 n° 445.
[1059] Cass. com. 5 mai 2004 : RJDA 11/04 n° 1238.

A) Le caractère erroné de la présomption au regard de la théorie du patrimoine

628. La procédure collective s'applique au patrimoine du débiteur. Dès la décision d'ouverture d'une procédure collective, l'effet collectif de celle-ci consiste à saisir tout le patrimoine du failli, du moins le patrimoine affecté [1060] à l'exploitation des activités professionnelles dans le cadre desquelles il est déclaré être en état de cessation des paiements. Cela implique de considérer que désormais une faillite ne peut concerner qu'un seul patrimoine d'affectation. En tout état de cause, jusqu'à une date récente, la jurisprudence retient le principe d'unicité du patrimoine en matière de procédure collective [1061] . Cela justifiait, d'ailleurs, l'interdiction de l'ouverture de deux procédures collectives à l'encontre d'un seul débiteur même si celui-ci exerce des activités distinctes ou exploite plusieurs fonds. Cette procédure vise dans un premier temps à déterminer le patrimoine du débiteur afin d'en évaluer le passif exigible et d'en geler l'actif en vue de voir si les chances de sauvegarde ou de redressement de l'entreprise sont sérieuses. Le débiteur est en difficulté financière avancée ou est considéré être en état de cessation de paiement lorsque son passif exigible est supérieur à son actif existant. Ce diagnostic dès le départ de son patrimoine est donc lourd d'enjeux pour la suite. L'article 2284 du code civil dispose que « *quiconque s'est obligé personnellement, est tenu de remplir son engagement sur tous ses biens mobiliers et immobiliers, présents et à venir* ». Tout engagement posé, en l'occurrence par le débiteur, aura une répercussion sur son patrimoine, sur ses biens mobiliers et immobiliers présents ou futurs quelle que soit la nature de l'obligation. L'article 2285 du code civil, dispose que « *les biens du débiteur sont le gage commun de ses créanciers...* ». Ce texte consacre le gage commun des créanciers c'est-à-dire que les biens du débiteur répondent à toutes ses dettes envers ses créanciers, et que ces derniers ont tous ses biens en partage, chacun selon le montant et la qualité de sa créance. Le bien en cours d'acquisition par le débiteur-acquéreur et dont la créance est garantie par une clause de réserve de propriété fait-il ou non partie du patrimoine de celui-ci ? Ou tout au moins ce bien peut-il avoir le statut de bien futur et à ce titre être susceptible d'être intégré dans le patrimoine du débiteur sous procédure collective ?

[1060] Désormais le concept de patrimoine n'est plus l'universalité chère à AUBRY et RAU. Depuis la loi du 17 juin 2010, la notion de patrimoine d'affectation qui n'inclurait pas l'ensemble du patrimoine de l'auteur, fait rupture avec la notion traditionnelle d'un patrimoine unique et universel. Voilà, pourquoi nous préférons faire cette nuance bien que dans le cadre d'une entreprise en difficulté tout le patrimoine concerné par une procédure collective est nécessairement de nature professionnelle. V. dans ce sens : N. MOLFESSIS, « Entreprise et patrimoine : évolution ou révolution ? », *Gaz. Pal*, 19 mai 2011 n° 139, p. 63 ; X. DE ROUX, « La création d'un patrimoine d'affectation », *RLDA*, juin 2010, p. 50 ; C. d'HOIR-LAUPRETRE, « L'EIRL, un patrimoine affecté voué à ...une désaffectation certaine ! », *LPA*, 14 janv. 2011, p. 3.

[1061] Cass. com. 19 févr. 2002 : *Bull. civ. IV*, n° 39 ; R., p. 417 ; *D.* 2002. 2523, note A. Perdriau et F. Derrida.

Pour répondre à ces questions, une étude préalable sur la notion du patrimoine et de ses composantes (1°) suivie d'une démonstration sur l'interdépendance de ses composantes (2°) est nécessaire.

1°) Définition de la notion du patrimoine et de ses composantes

629. Le patrimoine est défini, en droit civil, comme l'ensemble des biens et des obligations d'une personne, envisagé comme une universalité de droit[1062]. L'universalité de droit qui renvoie à l'unicité du patrimoine, est envisagée comme une masse mouvante dont l'actif et le passif ne peuvent être dissociés[1063], ou encore, comme un contenant où l'actif et le passif sont étroitement liés et où tous les éléments futurs sont appelés à entrer[1064]. La loi du 17 juin 2010 relative à la modernisation de l'économie, reprend l'idée de cette composition du patrimoine unique et introduit une nouvelle notion de patrimoine d'affectation en rupture avec la notion d'universalité du patrimoine. Quelle que soit sa nature, le patrimoine concerné est toujours constitué à la fois d'éléments positifs correspondant à l'actif, pouvant être assimilable aux biens (a) et d'éléments négatifs correspondant au passif (b), pouvant être assimilable aux obligations de l'auteur.

a) L'actif du patrimoine du débiteur

630. L'actif du patrimoine est constitué de tous les éléments positifs, biens et droits présents ou futurs susceptibles d'une évaluation pécuniaire. L'actif dit disponible d'une entreprise correspond à l'ensemble constitué des liquidités de l'entreprise. Cet actif dit disponible sert de référence pour déterminer si l'entreprise est ou non en état de cessation de paiements. Il peut s'agir des liquidités en caisse, solde provisoire de ses comptes bancaires à vue, ses valeurs réalisables et des sommes dont elle peut disposer immédiatement grâce à ses réserves de crédit[1065]. Ainsi, dès l'ouverture d'une procédure collective, il est immédiatement procédé à l'évaluation de l'actif d'ensemble de l'entreprise. Si l'actif disponible est assimilé aux liquidités de l'entreprise, son actif général peut être une notion plus abstraite regroupant ses avoirs présents et futurs et pas forcément réalisables dans l'immédiat. Ces avoirs sont soit des biens ou des droits. Selon l'article 516 du code civil, les biens sont l'ensemble de *droits réels* présents dans le patrimoine d'une personne physique ou morale et portant sur un bien meuble ou immeuble. Ainsi, les biens constitutifs de l'actif du patrimoine sont les biens meubles ou immeubles de l'entreprise. L'actif du patrimoine est un

---

[1062] S. GUINCHARD, T. DEBARD, *Lexique des termes juridiques* 2014-2015, Dalloz, 22e édition, 2014, p. 723 ; même définition que l'on retrouve *in* R. CABRILLAC (Dir.), *Dictionnaire du vocabulaire juridique 2015*, LexisNexis, 6e édition, 2014, p. 384.

[1063] S. GUINCHARD, T. DEBARD, *Lexique des termes juridiques* 2014-2015, op. cit.

[1064] R. CABRILLAC (Dir.), *Dictionnaire Dictionnaire du vocabulaire juridique 2015, op. cit.*

[1065] Ibid, p. 17.

ensemble plus large que des simples biens, il inclut aussi les droits. Les droits ne sont pas considérés comme des biens par le code civil. Ils sont constitués des droits personnels et des droits non personnels portant sur des objets incorporels. Les droits personnels qui peuvent être un droit de créance, sont des droits qui ne portent ni sur la chose corporelle ni sur la chose incorporelle mais sur la personne du débiteur. C'est le droit qu'a le créancier sur l'auteur du patrimoine. Les autres droits sont ceux qui portent sur des choses incorporelles comme par exemple des œuvres d'esprit, des brevets, des licences d'exploitation, une dénomination, des marques, un label etc.

b) Le passif du patrimoine du débiteur

631. Seconde composante du patrimoine, le passif est vu d'un point de vue commercial et comptable comme un ensemble de dettes grevant le patrimoine d'une entreprise ou d'une société[1066]. En droit civil, le passif est constitué de l'ensemble des obligations à caractère économique grevant le patrimoine de l'individu, obligations dont les créanciers peuvent poursuivre l'exécution sur la totalité de l'actif[1067] au sens de l'article 2285 du code civil. Le passif est donc constitué en somme des dettes ou autres obligations pouvant affecter l'actif du patrimoine. Il est le baromètre du déclenchement et de la mise en œuvre des procédures collectives notamment pour la constatation de l'état avancé ou entamé de cessation de paiements de l'entreprise en difficulté. Le passif est dit exigible lorsque les dettes ou les créances le constituant sont certaines, liquides et échues avant ou pendant le jugement d'ouverture de la procédure de sauvegarde, de redressement judiciaire, de liquidation judiciaire ou des biens.

632. Mais, le passif est aussi constitué des dettes à échéance prochaine ou future et d'autres obligations de faire ou de ne pas faire nées notamment des conventions. En l'occurrence, dans le cadre d'un mécanisme de propriété réservée à titre de garantie par une clause de réserve de propriété insérée dans un contrat de vente, l'acquéreur est débiteur d'une obligation au complet paiement du prix du ou des bien(s) sans acquittement de laquelle il ne pourrait devenir propriétaire. Cette obligation de payer issue du contrat translatif de propriété constitue entre autres le passif du débiteur en ce sens qu'elle se matérialise en une dette dont il est obligé de s'acquitter. Par conséquent, l'engagement du débiteur à devoir exécuter son obligation de payer l'intégralité du prix convenu contractuellement intègre parfaitement son patrimoine dès la conclusion du contrat de vente.

[1066] R. CABRILLAC (Dir.), *Dictionnaire du vocabulaire juridique 2015, op.cit., p.384.*

[1067] S. GUINCHARD, T. DEBARD, *Lexique des termes juridiques 2014-2015, op. cit.* p. 722.

2°) L'interdépendance du passif et de l'actif du patrimoine du débiteur

633. L'actif et le passif sont deux éléments indissociables du patrimoine, les deux forment un tout indivisible. L'un n'existe et n'a de sens que par rapport à l'autre. En effet, on peut difficilement concevoir un patrimoine qui ne se serait constitué que par du passif. Et, si par extraordinaire, le patrimoine du débiteur n'était constitué que par de l'actif, alors il ne connaitrait pas la faillite. Ainsi, comme des vases communicants, ces deux éléments du patrimoine sont interdépendants et liés. L'actif disponible répond toujours au passif exigible. S'il est jugé insuffisant, alors c'est tout l'actif du patrimoine qui sera soldé en vue de répondre au passif exigible. L'ensemble des droits quantifiables en valeur pécuniaire sont également susceptibles de répondre aux obligations et dettes.

634. Dans le droit positif français, l'article 2285 du code civil pose que les biens meubles et immeubles du débiteur constituent le gage commun de ses créanciers qu'ils soient, par ailleurs, titulaires de sûretés réelles spéciales, traditionnelles, exclusives ou chirographaires. Chaque droit de créance constitue une obligation qui pèse sur l'actif du débiteur. Le droit de créance du vendeur d'un bien avec réserve de propriété sur l'acheteur constitue une obligation qui pèse sur ce dernier au même titre que le droit de créance d'un créancier chirographaire. Ces droits de créance qui pèsent sur le débiteur sont intégrés entièrement dans le patrimoine du débiteur et sont donc imputables sur ce dernier. Considérant que les dettes et obligations constituent le passif patrimonial auquel doit répondre l'actif patrimonial, tout mécanisme qui vise à exclure les effets du rapport contractuel entre un vendeur réservataire de propriété et un acheteur qui est, par ailleurs failli et débiteur d'une obligation de payer, du patrimoine de ce dernier est juridiquement absurde. Cela ne correspond à aucune réalité juridique.

635. Cette situation serait encore plus grave si dans le cadre d'un tel contrat l'exécution de l'obligation de payer était en plus commencée. Imaginons aussi que l'acquéreur ait remboursé plus de soixante-quinze pour cent du prix du bien vendu mais qu'entretemps il soit frappé d'une procédure d'insolvabilité, il serait aberrant de considérer que l'acquéreur est « *sans droits ni titre* » et que, au bout du compte, tout ce qui a pu se passer n'a pas affecté son patrimoine. Ni la possession légitime du bien en soi et l'exploitation occasionnée de ses utilités économiques, ni l'obligation de payer le prix dont l'exécution aurait commencé, n'auraient jamais concerné le patrimoine du débiteur !

636. D'ailleurs, si cela était vrai et raisonnable, alors, l'article 2372 du code civil repris, mot pour mot, par l'article 77 de l'AUS révisé serait dénué de tout sens. En effet, ce texte donne une autre issue possible au problème de l'exécution du paiement d'un bien vendu avec réserve de propriété à l'échéance de l'obligation de payer du débiteur : il s'agit de la restitution du bien par le débiteur selon certaines conditions. Ce dispositif présente un grand intérêt pour le patrimoine du débiteur. La restitution tient compte du solde en cours restant à payer. Avant cette contrainte, soit le débiteur failli décide de payer le *restant à payer* par les biais de l'administrateur ou du liquidateur selon la procédure, et c'est une fin heureuse qui déclenchera le transfert de propriété au profit de l'acheteur. Soit, il ne peut plus continuer l'exécution et, dans pareille situation, le texte prévoit que la restitution du bien peut avoir lieu à la demande du créancier mais que la valeur du bien repris sera imputée, à titre de paiement, sur le solde de la créance garantie. Et, lorsque la valeur du bien repris excède le montant de ce solde, le créancier doit au débiteur une somme égale à la différence[1068].

En d'autres termes, il s'agirait purement et simplement d'un rachat de la part du vendeur ou bien d'une exécution forcée de sa créance comme l'a affirmé un auteur[1069] plus qu'une simple restitution. Car, celle-ci n'est pas l'effet d'une résolution. Elle ne remet pas les parties dans l'état où elles se trouvaient lors de la conclusion du contrat de vente. Il est tenu compte, des sommes jusque-là déboursées par le débiteur pour honorer son obligation de payer sa dette. S'il n'est pas fait appel à son actif disponible pour passer cette opération, il est tout au moins tenu compte du passif écoulé ou effacé correspondant à la partie acquittée de la créance initiale. En outre, toute différence, qu'elle aura occasionnée, qui sera remboursée au débiteur de la part du créancier, intégrera directement l'actif du premier ce qui aura pour effet de réduire son passif.

637. Ainsi, en instituant que le transfert de propriété aura lieu au paiement complet du prix par l'acquéreur, les droits français et OHADA induisent que le bien vendu avec une clause de réserve de propriété a déjà un statut juridique de bien futur, en vertu du contrat conclu entre les parties, devant intégrer le patrimoine de l'acquéreur. Cette logique du mécanisme en elle-même vient combler le vide identifié dans les deux systèmes de droit, concernant les droits et situation juridiques de l'acheteur sous réserve de propriété.

638. Par conséquent, en cas de mise en œuvre d'une procédure collective contre l'acquéreur, ce droit ou ce bien de source contractuelle de l'acquéreur devrait être frappé par les règles régissant les procédures collectives soit en tant qu'un élément de l'actif c'est-à-dire un bien ou un droit réel ou soit en tant qu'un élément du passif, c'est-à-dire tout au moins une obligation.

639. En dehors de cette approche technique du patrimoine, d'autres appréciations de la situation du débiteur ont déjà permis de déduire que les biens en possession ordinaire et légitime de celui-ci constituent, en principe, des éléments laissant une apparence sur l'étendue de son patrimoine.

[1068] V. Articles 2372 du code civil et l'article 77 de l'acte uniforme portant organisation des sûretés de l'espace OHADA.

[1069] Ch. GIJSBERS, *Sûretés réelles et droit des biens,* Thèse Paris II, 2012, p. 548.

B) L'incompatibilité de la présomption avec la théorie de l'apparence

640. Œuvre jurisprudentielle, la *théorie de l'apparence* a été appliquée pour décider que les biens, notamment meubles, vendus sous réserve de propriété, supposés être un *élément ostensible de la solvabilité* du débiteur soumis à une procédure collective, font partie du patrimoine apparent de celui-ci. En effet, cette théorie a pendant longtemps constitué le fondement de l'hostilité de la jurisprudence française à l'application de la clause de réserve de propriété jusqu'à l'avènement de la loi du 12 mai 1980. La Cour a fini par céder en permettant ultérieurement l'application de la clause de réserve de propriété dans les procédures collectives sur les bases posées par la dite loi. Pourtant cette ancienne position de la Cour de cassation, reposait sur une interprétation de bon sens et juridiquement logique (1°) qui n'a pas échappé d'ailleurs à d'autres systèmes de droit comme celui des Etats-Unis dont la jurisprudence admet la *présomption d'appartenance* au patrimoine du débiteur de tous les biens en possession d'une personne contre laquelle est ouverte une procédure collective (2°).

1°) La pertinence de l'ancienne position de la Cour de cassation

641. Dans ses décisions du 17 juillet 1895 et du 21 juillet 1897, la Cour de cassation, pour refuser de rendre opposable aux autres créanciers la clause de réserve de propriété, avait avancé dans son dispositif devenu célèbre le motif suivant : « *les marchandises achetées sont devenues par la possession qu'en a le débiteur, un élément ostensible de sa solvabilité* [1070]». En d'autres termes, les marchandises achetées avec une clause de réserve de propriété formaient un patrimoine apparent de l'acheteur-débiteur failli. L'*élément ostensible de sa solvabilité* renvoie à l'élément positif du patrimoine de l'acheteur, l'actif. Cette ancienne position de la Cour était pertinente en ce sens qu'elle reconnaissait au moins une situation juridique à l'acquéreur. En refusant l'opposabilité de la clause de réserve de propriété qui lie encore le titre de propriété des marchandises achetées au vendeur, la Cour a souhaité non seulement affirmer que ces marchandises forment une partie indifférenciée de l'actif du patrimoine de l'acheteur mais également préserver les intérêts des autres créanciers du débiteur sur le patrimoine de celui-ci ; ce patrimoine constituant le gage commun de tous ses créanciers.

642. L'abandon de cette jurisprudence par une volonté législative est regrettable car son maintien aurait pu non seulement donner plus de cohérence à la loi consacrant la clause de réserve de propriété quant à son régime juridique, mais également accommoder les difficultés subsistantes de la loi liées aux problématiques de la revente du bien acheté par l'acquéreur failli (**a**) et des choses fongibles et consomptibles (**b**).

[1070] Cass. Req. 17 juillet 1895, *D.* 1896. I. 57, note Thalier ; Cass. Req. 21 juillet 1897, *D.* 1898, I, 269.

a) L'insoluble problématique de la revente du bien par l'acquéreur failli

643. Etant, en vertu du contrat, en possession ou en détention légitime et non précaire du bien et se comportant comme propriétaire du bien, l'acquéreur dispose de tous les pouvoirs octroyés par la propriété y compris celui de disposer du bien. En effet, comme en témoignent les dispositions de l'article 2371 du code civil, l'acquéreur disposant de la pleine propriété ou, selon Monsieur Martin, de la subpropriété[1071], a la possibilité de revendre le bien. Pourtant, si dans la pratique ceci est courant de voir l'acquéreur revendre des marchandises ou des biens achetés avec une clause de réserve de propriété, d'un point de vue strictement juridique la clause ne devrait pas permettre une telle opération. En effet, comme le bien n'est pas considéré comme faisant partie du patrimoine de l'acquéreur, l'on pourrait objecter qu'une telle pratique est illégale et constitue un abus de confiance, un délit pénal, nul ne pouvant vendre valablement le bien d'autrui. Si l'on suivait la logique et le régime juridique du mécanisme institué de la clause de réserve de propriété, cela serait vrai et fondé. Seulement, dans pareil cas, passer un contrat serait totalement inutile car n'être que détenteur précaire suffirait pour pouvoir y procéder. Si le débiteur n'était qu'un simple détenteur précaire et qu'il revendait un bien qu'il était censé seulement conserver alors l'on pourrait considérer que cela revient à vendre le bien d'autrui.

644. La jurisprudence[1072] a tenté à grande peine, de justifier la validité de l'opération de revente par l'acquéreur d'un bien acheté avec une réserve de propriété, sans pour autant reconnaitre juridiquement le statut de l'acquéreur. L'ordonnance du 23 mars 2006 n'apporte pas davantage de solution à cette situation. Dans l'arrêt de la chambre commerciale du 21 février 2006, la Cour a passé sous silence toute justification de la recevabilité de la revente qu'elle a acceptée dans son principe pour régler directement la question de la revendication du bien par le vendeur initial[1073]. Dans cette espèce l'acquéreur avait revendu le bien à un sous-acquéreur qui a fait l'objet, par la suite, d'une procédure collective. Alors, la Cour a décidé qu'en dépit de l'extinction, par la non-déclaration de créance dans la procédure collective ouverte contre le sous-acquéreur, le vendeur initial réservataire conservait

[1071] D.R. MARTIN, « La propriété, de haut en bas », *in Recueil Dalloz*, 2007, n° 28, p. 1977. Dans son article, l'auteur décrit la technique de la propriété réservée comme un montage conceptuel issu de l'imagination évolutive sur le droit de la propriété, montage qui devrait conduire le juriste moderne à accepter le partage de la propriété entre une surpropriété et une subpropriété. Ce qu'il nomme subpropriété ou propriété latente consiste à accorder tous les attributs de la propriété à autrui en l'occurrence à l'acquéreur et que le vendeur réservataire de propriété garde la surpropriété ou la propriété planante. Il faut dire qu'une telle conception de la propriété est surréaliste et ne tient compte d'aucune rigueur juridique et pratique. Si nous partageons avec lui le fait que l'acquéreur dispose effectivement de tous les attributs de la propriété et est donc le véritable propriétaire, nous ne souscrivons pas au montage conceptuel auquel il invite.

[1072] Cass. com. 21 févr. 2006, *D.* 2006, AJ. 718, obs. A. Lienhard ; *RTD.com.* 2006. 659, obs. A. Martin-Serf.

[1073] Com. 21 févr. 2006, D. 2006. AJ. 718, obs. A. Lienhard, op.cit.

toujours son droit à se faire servir le montant restant encore dû par l'acquéreur[1074]. Sans que l'on ne sache clairement sur quelle base, il a été reconnu que le vendeur initial sous réserve de propriété avait le droit de revendiquer le prix impayé. L'équivocité et le caractère injustifié de cette décision résident dans le fait que d'une part en permettant à l'acquéreur de disposer du bien en le revendant, on admet en creux qu'il est propriétaire et d'autre part, en accordant au vendeur initial la revendication sur le prix impayé on lui reconnait aussi la propriété non pas sur la créance ni sur le bien en question mais sur le prix impayé.

645. Or, en estimant que « la revendication du prix » est « indépendante du sort de la créance née de la revente du bien », la Cour consent comme l'a souligné M. Martin « que le vendeur n'exerce pas cette créance mais un droit réel sur des espèces représentatives du prix, à prendre dans le patrimoine de son débiteur [1075] ». En d'autres termes, la Cour de cassation admet implicitement le concept de deux propriétaires par la désunion[1076] du titre de propriété et de ses attributs dans la réserve de propriété sans pour autant reconnaitre la situation juridique de l'acquéreur permettant à celui-ci de disposer du bien. Alors qu'en droit allemand cette situation juridique étant bien reconnue à l'acquéreur, si celui-ci venait à revendre le bien sans finir de payer le prix au vendeur initial, on considérerait que le droit de propriété est transmissible directement du fournisseur au sous-acquéreur[1077], sans doute, par le mécanisme de cession.

646. L'ordonnance de 2006, s'appuyant sur les dispositions de l'article 2372 du code civil, a voulu entériner la décision précitée de la Cour de cassation. Mais, il s'avère que cette tentative législative d'apporter une solution légale au problème repose sur une inexactitude[1078] voire sur une contradiction avec la décision de la chambre commerciale du 21 février 2006. L'article 2372 du Code civil dispose en effet, que « le droit de propriété (du vendeur réservataire) se reporte sur la créance du débiteur (l'acquéreur) à l'égard du sous-acquéreur ». Avec cette disposition, le droit de propriété du vendeur initial ou réservataire porte non plus sur le prix comme l'avait décidé la Cour de cassation mais sur la créance. Ce qui renverse totalement la décision précitée de la Cour de cassation.

647. Cette décision apporte plus d'incohérence au mécanisme artificiel de la propriété réservée que de solution logique et juridiquement convaincante. Car, des zones d'ombre subsistent encore. Par exemple la nature juridique de ce report sur la cession reste floue et non précisée : s'agit-il d'une subrogation réelle ou de la technique de cession de créance ? La technique

---

[1074] Ibid.

[1075] D. R. MARTIN, op.cit,, p. 1980.

[1076] Ibidem.

[1077] V. PEDAMON, « La réserve de propriété en droit français et en droit allemand », op. cit.

[1078] D. R. MARTIN, op. cit. L'auteur considère que « le code civil énonce une inexactitude en posant que « le droit de propriété se reporte sur la créance du débiteur à l'égard du sous-acquéreur ».

de subrogation réelle, constitue un *jus in re*, elle doit toujours porter sur un objet corporel en substitution. On voit donc mal un droit réel de propriété porter sur une créance qui est un droit personnel. La cession de créance, quant à elle, en principe, consiste à céder la propriété d'une créance d'une personne, à une autre, le bénéficiaire qui va devenir le nouveau propriétaire du droit de créance. Cette technique non plus ne semble pas correspondre à la situation du droit de propriété initial du vendeur réservataire. Lequel droit de propriété était un droit réel puisque portait sur le bien vendu. Le problème de qualification demeure et l'on est tenté d'affirmer que le droit de propriété évoqué par l'article précité doit être reporté sur la créance et constituant une mutation d'un droit réel en un droit personnel. En d'autres termes, le vendeur n'est plus le propriétaire du bien revendu mais propriétaire d'un simple droit de créance. Ceci a d'importantes conséquences sur le plan juridique car du statut de propriétaire réservataire, il passe à celui de simple créancier, parmi d'autres créanciers du débiteur. Mais, en précisant que ce droit de propriété se reporte sur la créance bien identifiée du débiteur à l'égard du sous-acquéreur, son droit de créance est privilégié.

648. Une autre déduction juridique pousse à approuver au moins sur un point, la décision de la Cour de cassation du 21 février 2006 en ce qu'elle confirme que les biens et marchandises achetés avec une clause de réserve de propriété rentrent dans le patrimoine de l'acquéreur surtout quand ils font l'objet de revente par celui-ci.

b) La dérogation problématique des biens fongibles et consomptibles

649. Le cas particulier des choses fongibles et/ou consomptibles vendues avec une clause de réserve de propriété illustre également l'idée qu'une fois livrées et en possession de l'acquéreur ces choses appartiennent au patrimoine de l'acheteur. D'ailleurs, ce principe d'appartenance des choses fongibles au patrimoine de celui qui les détient est même reconnu au détenteur précaire.

650. Mais, logiquement le régime juridique de la revendication auquel est soumis celui qui prétend détenir la propriété de ces choses, en dépit du dessaisissement, devrait être différent lorsque ces choses fongibles se retrouvent dans le patrimoine d'un détenteur précaire, du régime auquel sont soumises les choses qui sont dans les mains de l'acheteur. En effet, la revendication ne devrait même être rendue possible que pour le cas du détenteur précaire car celui-ci n'a aucun droit sur les choses n'eut été l'action de la confusion naturelle provoquée par le fait de la fongibilité des choses de même genre. Dans pareil cas, la jurisprudence admet au profit du créancier, la revendication par la voie de restitution des choses fongibles proportionnellement à la quantité de même espèce et de même qualité des biens qu'il a livrés et qui se retrouvent mêlés au patrimoine du débiteur[1079].

[1079] Cass. com. 5 mars 2002 : *Bull. civ. IV*, n° 48 ; *D. 2002. AJ 1139*, obs. A. Lienhard ; *JCP E* 2002, n° 39, p. 1525, obs. M. Cabrillac et Ph. Pétel ; *Act.proc.coll.* 2002, n° 115, obs. D.

651. En revanche, cet exemple prouve que pour un acheteur, donc détenteur légitime par contrat, la propriété des choses fongibles est, en plus du caractère fongible des choses en question, instantanément transférée dans son patrimoine puisqu'il les possède. Celles-ci forment directement une partie du patrimoine de l'acquéreur indépendamment des droits réels qu'il exerce sur elles. Ceci fait que pratiquement, pour le cas spécifique des choses fongibles ou consomptibles vendues avec une réserve de propriété, l'action en revendication du vendeur réservataire est souvent jugée impossible[1080]. Mme Caffin-Moi, dans sa thèse sur la cession des droits sociaux et le droit des contrats, soutient que « rien n'empêche techniquement de considérer que l'acheteur d'une partie de biens fongibles en est le propriétaire avant même que ces biens ne soient individualisés. Cela lui permettrait de revendre ces biens avant qu'ils ne soient individualisés au sein de ceux qui appartiennent au vendeur initial [1081]».

652. D'autres auteurs défendent même l'impossibilité de revendiquer, dans certains cas, des choses fongibles dans le patrimoine d'un détenteur précaire. C'est la position de MM. Torck et François, qui « optent pour une solution restrictive, allant jusqu'à priver le propriétaire de son action en revendication contre le détenteur s'il est démontré que, par le jeu d'aliénations successives, les choses fongibles ne peuvent plus en réalité lui appartenir ».

653. La solution apportée par l'ordonnance du 23 mars 2006, à travers les dispositions de l'article 2369 du code civil, est loin d'être satisfaisante à cet égard. Ce texte, reprenant les dispositions de l'article L.624-16 al. 3 du code de commerce qui régissaient jusque-là le sort des choses fongibles vendues avec une clause de réserve de propriété comme sûreté commerciale dans la procédure collective, fait désormais de ce régime juridique spécifique applicable aux choses fongibles, un principe général de droit commun. Cependant, disposant que « *la propriété réservée d'un bien fongible peut s'exécuter, à concurrence de la créance restant due, sur des biens de même nature et de même qualité détenus par le débiteur ou pour son compte* » il adopte une solution inappropriée vis-à-vis de l'acheteur. En effet, inspirées de la solution jurisprudentielle concernant les biens fongibles détenus par un détenteur précaire, ces dispositions ne sont pas conformes au cas de l'acquéreur avec une réserve de propriété, qui de plus est bénéficiaire d'un lien contractuel assorti des droits réels.

654. Enfin, ce régime des biens fongibles institué en principe général par l'article 2369 du code civil, est en totale contradiction avec l'article 2372 du même code qui consacre le régime des biens vendus avec une clause de réserve de propriété et revendus par l'acquéreur. Car, si pour l'article 2372

Mainguy ; *RTD com.* 2002, 544, obs. Martin-Serf, Cass com. 13 nov. 2002 : *JCP E* 2003, n° 17-18, p. 764, note F. Forgues.

[1080] Ce sont les cas spécifiques des articles 2341 al. 2 et 1893 du code civil.

[1081] M. CAFFIN-MOI, *Cession des droits sociaux et le droit des contrats,* Thèse éd. Paris Economica 2009.

du code civil, on a pu déduire que le droit de propriété du vendeur initial n'est autre, finalement, qu'un droit de propriété portant sur une créance, l'article 2369, lui, ne prend pas la même logique alors qu'il est pourtant censé régir la même institution, à savoir la propriété réservée. L'article 2369 précité, ne permet pas d'arriver à la même déduction. Contrairement, donc, au sort réservé au droit de propriété du vendeur initial sur les biens revendus par l'acquéreur, le droit de propriété du vendeur initial portant sur des biens fongibles, reste de manière intacte, un droit réel.

655. Par conséquent, il y a une incohérence qui est restée non résolue. La solution résiderait peut-être dans le fait de s'en tenir au droit et à l'équilibre contractuel entre les parties pour ne considérer que le rapport contractuel concernant tous les biens matériels, fongibles ou consomptibles se retrouvant mêlés dans le patrimoine du débiteur par les biais de la possession ou d'une détention légitime.

2°) La présomption d'appartenance appliquée par la jurisprudence des Etats-Unis

657. A titre comparatif, si comme il a été souligné dans cette étude, le droit allemand ne considère pas que les biens vendus avec clause de réserve de propriété de forme simple ou complexe, une fois en possession de l'acquéreur, soient une partie du patrimoine de celui-ci, aux Etats-Unis, la jurisprudence prône une position contraire. En effet, aux Etats-Unis selon une jurisprudence[1082] confirmée ultérieurement, « *tous les biens contrôlés par la personne contre laquelle est ouverte une procédure collective sont présumés lui appartenir et doivent donc être inclus dans l'actif* ». Une telle interprétation jurisprudentielle repose sur une extension faite par les juges, de la définition de la composition de l'actif conformément au droit des procédures collectives : « *l'actif comprend tous les biens que possédait la personne contre laquelle est ouverte une procédure collective peu importe l'endroit où ces biens se trouvent ou la personne qui les détient effectivement*[1083] ». Selon cette définition de la composition de l'actif du débiteur failli, les juges américains ont pu juger que même un bien futur doit être inclus dans l'actif. Avec cette conception de l'actif, le droit des procédures collectives aux Etats-Unis s'applique à tous les biens détenus par le débiteur failli. D'ailleurs dans une autre espèce plus ancienne, les juges américains imposent au débiteur de déclarer à la procédure collective ouverte (redressement ou liquidations judiciaire) tous ses droits, sans exception, y compris donc ses droits contractuels[1084].

[1082] Amdura Corp., 75 F. 3d at 1451 (10th Cir. 1996) Case Parks v FIA Card Servs., N.A. In re Marshall, 550 F. 3d 1251, (10th Cir. 2008). Dans la première espèce, il s'était agi de savoir si un compte en banque ouvert au nom du débiteur faisait partie de l'actif de celui-ci, et la réponse était affirmative. Tous les biens trouvés en possession du débiteur quelle que soit leur origine bénéficient d'une présomption de patrimonialité du débiteur failli.

[1083] Ibid.

[1084] Case Hamilton v. State Farm Dire & Casualty, 270 F. 3d 778 (2001).

CONCLUSION DU CHAPITRE 1

658. L'instrumentalisation de la propriété à des fins de garantie de créance consacrée par les droits français et de l'espace OHADA est biaisée parce qu'elle ne tient compte ni de l'évolution et de la nature accessoire de cette propriété, ni des principes élémentaires du droit des contrats et des obligations sur la base desquels elle est rendue possible. Elle est fondée sur une conception artificielle qui confond le droit de propriété et la chose objet de la propriété. Alors que la propriété utilisée à des fins de garantie, notamment la propriété conventionnellement réservée, est l'expression d'une propriété aliénée, contractualisée et consignée à un rôle accessoire d'une créance, son régime est quant à lui calqué sur la propriété pleine et principale. Partant, il est accordé au créancier réservataire tous les droits d'une propriété pleine et principale tels que l'exclusivité et l'action en revendication, sans tenir compte de la mutation contractuelle matérialisée par l'utilisation à des fins de garantie d'un droit de créance ni reconnaitre les droits réels de l'acquéreur c'est-à-dire la situation juridique de ce dernier en vertu de ce rapport contractuel.

659. Mais, l'instrumentalisation est encore plus poussée lorsque son objectif est de contourner les règles impératives et d'ordre public du droit des procédures collectives en faisant prévaloir des dispositions d'ordre privé et en considérant artificiellement notamment que les biens achetés par l'acquéreur failli avec une clause de réserve de propriété sont hors du patrimoine de ce dernier. Or, comme nous l'avons démontré, aussi bien dans le droit français que dans le droit OHADA, le mécanisme de la propriété réservée à titre de garantie est imparfait, incohérent et parfois même contradictoire. En affirmant que le bien ou les biens vendus avec une propriété réservée est hors du patrimoine de l'acquéreur, le mécanisme institué dans les deux systèmes juridiques français et OHADA ignorent totalement les droits de l'acquéreur pouvant constituer des éléments positifs ou l'actif dans le patrimoine de ce dernier mais également ses obligations en l'occurrence l'obligation de payer le prix du bien ou des biens vendu(u) dans ces conditions, une obligation de payer qui est aussi constitutive d'une dette donc un élément négatif ou passif du patrimoine de celui-ci.

660. Or, l'évaluation de ces deux éléments du patrimoine du débiteur est déterminante aussi bien pour le droit des procédures collectives, notamment pour le bon déroulement de la procédure, que pour le droit civil et commercial commun puisque le code civil fait reposer tous les engagements du débiteur sur ses biens, qui constituent des éléments positifs de son patrimoine. En faisant abstraction de tout cela, le mécanisme de la propriété conventionnellement réservée à des fins de garantie de créance institué est non seulement imparfait dans sa construction conceptuelle mais également incohérent dans son régime juridique.

661. Il a été démontré qu'il ne tenait pas compte de la logique de sa construction car il aurait fallu assortir la clause de réserve de propriété d'une clause autorisant la libre disposition du bien par l'acheteur tant qu'il n'a pas fini de rembourser le prix et une obligation de restitution en cas d'inexécution par l'acquéreur de son obligation au complet paiement du prix. Ce n'est le cas ni dans le droit français ni dans le droit OHADA même si dans ce dernier, cette logique apparait implicitement et n'a pas été expressément exprimé. Si cela avait été fait, ces deux droits seraient plus en phase avec les dispositions respectives des articles 2371 du code civil et 77 de l'AUS révisé.

662. Enfin, sur le plan du régime juridique de la clause de réserve de propriété, indépendamment du fait de l'absence de reconnaissance formelle de la situation juridique de l'acquéreur dans les deux systèmes juridiques, beaucoup de dérogations et de contradictions ont été constatées.

Ainsi recherché ou voulu, le mécanisme de la propriété retenue, réservée ou cédée à des fins de garantie de créance, bénéficie d'une permissivité législative et jurisprudentielle concordante, parfois inexplicable puisque constitutive, à nos yeux, d'une source d'incohérence.

CHAPITRE 2

LA PERMISSIVITÉ LÉGISLATIVE ET JURISPRUDENTIELLE : UNE SOURCE D'INCOHÉRENCE

663. La doctrine affirme souvent, confusément, que l'efficacité d'une garantie se mesure au filtre des procédures collectives. Cette affirmation, aussi vraie que fausse selon l'interprétation que l'on en fait, entraîne quelquefois aussi bien les législateurs que les juges, sans doute aussi sous l'effet des pressions extérieures, à mettre en contradiction le droit des sûretés et le droit des procédures collectives sans se soucier objectivement de trouver une articulation harmonieuse entre ces deux disciplines dont, il est vrai, les liens sont consubstantiellement nombreux et étroits[1085]. Or, s'il est vrai qu'une garantie qui passe le mieux à travers le tamis de l'application des procédures collectives est certainement plus efficace que les autres, il est toutefois illusoire d'envisager l'efficacité d'une garantie en cherchant à la faire échapper aux règles impératives et d'ordre public du droit des procédures collectives ou en cherchant à contourner ces dernières.

664. En effet, tout semble commencer lorsque la doctrine constate que les sûretés réelles traditionnelles ont été trop malmenées par le droit spécial de la faillite à raison de plusieurs restrictions à l'exercice des droits des créanciers titulaires de ces sûretés. Mais, en réponse à cet état de fait, au lieu de créer des garanties efficaces avec l'application des procédures collectives, les législateurs et les juges ont plutôt imaginé comment soustraire ces garanties à la discipline collective, au profit exclusif de certains créanciers, généralement les plus puissants, au détriment de l'intérêt général et collectif des acteurs de la vie de l'entreprise en difficulté. Et, leur mode opératoire n'est pas toujours cohérent. Ainsi, comme l'a souligné un auteur des volontés individuelles ont su tirer profit[1086] d'un désordre existant. Celui-ci

---

[1085] A. AYNES et Ph. DUPICHOT, « Janvier-Juillet 2014 : désordre législatif, cohérence jurisprudentielle », *in Doit & Patrimoine*, n° 241, novembre 2014, Chroniques, p. 100.

[1086] Ph. DUPICHOT, *Le pouvoir des volontés individuelles en droit des sûretés*, Thèse Paris II, 2003.

est lié à l'incohérence législative (**Section 1**) et à la permissivité législative et jurisprudentielle (**Section 2**).

SECTION 1. L'INCOHÉRENCE LÉGISLATIVE

665. Dans le droit français, depuis 1967 jusqu'à la dernière ordonnance n° 2014-1088, du 26 septembre 2014, le législateur s'est toujours arrangé pour ne pas faire coïncider une réforme du droit des sûretés avec une réforme du droit des procédures collectives. Pourtant, ce travail de coordination ou d'articulation est plus que nécessaire pour gagner en cohérence et en prévisibilité dans le droit positif. Le droit des sûretés est éparpillé du fait d'un dualisme législatif distinguant les sûretés civiles des sûretés d'origine commerciale. Ainsi, en dépit de l'effort du législateur depuis l'ordonnance du 23 mars 2006 de dédier le livre IV du Code civil aux sûretés, d'autres sûretés subsistent ailleurs notamment dans le code de commerce. Cet éclatement rend difficile l'articulation du droit des sûretés et du droit des procédures collectives malgré la consécration de la primauté du dernier sur le premier. A certains égards, un même constat de désordre législatif peut être dressé pour le droit OHADA où un important travail d'articulation et de coordination entre le droit des sûretés et le droit des procédures collectives doit être nécessairement fait.

L'identification des contradictions législatives (**Sous-section 1**) est une étape préalable devant permettre d'envisager sérieusement des solutions à ce désordre législatif (**Sous-section 2**).

§1) Identification d'un désordre législatif

666. Dans le droit français, malgré le principe de primauté posé par l'article 2287 du code civil, le problème de l'articulation entre le droit des sûretés et le droit des procédures collectives subsiste. L'ordre de priorité voulu[1087] par le législateur de l'ordonnance du 23 mars 2006 en codifiant la primauté des dispositions du livre VI du code de commerce traitant des difficultés des entreprises sur celles du livre IV du code civil consacré au droit des sûretés se trouve escamoté[1088] par le désordre législatif résultant de la subtilité d'autres méthodes législatives. Cela pousse à se demander si ce désordre n'est pas intentionnellement créé par le législateur, certains d'accuser le législateur d'avoir favorisé l'efficacité de certaines garanties et protégé les droits des créanciers d'une main avant de retirer le tout de l'autre

[1087] J.-L. VALLENS, « Les modifications apportées par l'ordonnance sur les sûretés au droit des procédures collectives », *RLDA* n° 7, juillet 2006, p. 75 et s.
[1088] E. GARAUD, « Sûretés et procédures collectives : l'articulation des réformes », *PA*, 17 juin 2009 n° 120, p. 4 et s.

main[1089]. Ainsi, l'existence de dispositions dérogatoires voire contraires au principe de primauté au sein du même code de commerce pourrait entrainer un effet totalement opposé et mettre à mal l'harmonie recherchée entre les deux disciplines. Dans le droit OHADA, il n'existe pas de principe de primauté institué de l'acte uniforme portant organisation des procédures collectives d'apurement du passif sur celui des sûretés. Les actes uniformes semblent avoir une valeur égale, chacun régissant exclusivement un domaine de compétence bien déterminé. L'on constate cependant que des difficultés d'interprétation et d'application peuvent se poser à tout moment du fait de cette absence de hiérarchisation qui ne permet pas d'éviter le conflit de règle de droit entre ces deux disciplines.

Le désordre législatif empêchant une articulation cohérente entre les droits des sûretés et des procédures collectives s'opère différemment dans le droit positif français (**A**) et dans le droit OHADA (**B**).

A) Le désordre législatif dans le droit positif français

667. Dans le droit positif français, le désordre législatif se caractérise d'une part par le maintien des dispositions instituant un droit spécial des sûretés (**1°**) notamment de nature commerciale et d'autre part, par l'existence, au sein du Code de commerce, des dispositions dérogatoires au principe général de primauté du droit des procédures collectives institué au sein du même code de commerce (**2°**).

1°) La subsistance des dispositions instituant un droit spécial des sûretés

668. Parlant de la primauté du droit des procédures collectives sur le droit des sûretés, M. Garaud attire l'attention sur le fait que la matière des sûretés codifiée contient de nombreuses solutions escamotables[1090]. En effet, mis à part le défaut d'application rigoureuse de ce principe, défaut permis par de nombreuses solutions dérogatoires, il existe un autre piège à la soumission du droit des sûretés au droit des procédures collectives. Ce piège se trouve dans la coexistence d'un droit commun des sûretés et d'un droit spécial des sûretés. Partant de là, certaines sûretés ou garanties échappent à l'application du principe de primauté institué par l'article 2287 du Code civil au profit des dispositions du livre VI du Code de commerce quand bien même elles trouvent place dans le livre IV du code civil depuis l'ordonnance de 2006. De ce fait, elles déjouent le principe de primauté énoncé soit parce qu'elles sont de nature spéciale et codifiées à la fois dans le code civil et dans le code du commerce (**a**), soit, parce qu'elles sont demeurées dans le code de commerce (**b**).

[1089] A. BAC, « Le point de vue des établissements de crédit sur l'ordonnance », *in RLDA*, op.cit.

[1090] E. GARAUD, « Sûretés et procédures collectives : l'articulation des réformes », *op.cit*.

a) La coexistence des sûretés du Code civil et du Code de commerce

669. L'obstacle à l'application effective du principe de primauté du droit des procédures collectives se trouve-t-il dans la codification éparpillée dans le Code civil et dans le Code de commerce ou dans la nature spéciale de la sûreté ou garantie ? La réponse à cette question se trouve sans doute dans les deux propositions. En effet, la mise à l'écart de l'application du principe de primauté pourrait être justifiée par la nature spéciale de la sûreté. Mais, elle pourrait également être justifiée par le fait que la sûreté ou la garantie en question est régie en partie ou d'origine par des dispositions se trouvant dans le code de commerce. C'est le cas pour la clause de réserve de propriété. Concernant cette dernière, en dépit de son introduction dans le livre IV du code civil en tant qu'une sûreté à part entière et sa généralisation dans tous les contrats translatifs de propriété[1091] et l'élargissement de son domaine d'application aux biens immobiliers [1092] par l'ordonnance du 23 mars 2006 [1093], certaines dispositions relatives à son application et à son opposabilité dans les procédures collectives subsistent au sein du code de commerce. Mais, cet état de fait n'épuise pas toute la question des conséquences de cette nature spéciale vis-à-vis du régime juridique applicable pendant la mise en œuvre d'une procédure collective de l'acquéreur d'un bien vendu avec une clause de réserve de propriété.

Faut-il considérer que tout le droit des sûretés codifié dans le livre IV du Code civil constitue un droit commun des sûretés, lequel doit être soumis intégralement au principe de primauté posé par l'article 2287 du Code civil ? Ou bien existe-t-il une exception implicite à l'application de ce principe qui serait liée à la nature spéciale de la sûreté concernée ?

670. Il est difficile de répondre à ces questions par l'affirmative puisque les dispositions de l'article 2287 du code civil ne font explicitement aucune réserve, aucune exception ni au principe en lui-même ni à son champ d'application. En outre, le texte ne fait aucune distinction entre la nature spéciale ou de droit commun des sûretés instituées dans le livre IV. Il est, toutefois, permis d'en déduire que même si le livre IV contenait en son sein des sûretés ou garanties spéciales, l'application du principe de primauté devrait être appréciée de manière indifférenciée. D'autant plus que d'une manière générale, les dispositions du code civil sont constitutives de droit commun et en tant que telles, elles sont susceptibles d'avoir une application subsidiaire à celle des dispositions spéciales du livre VI du code de commerce. Or, pour le cas de la clause de réserve de propriété, par exemple, étant en partie réglementée par des dispositions du code de commerce, cette logique de priorité ne peut pas être applicable. D'où sans doute cette

---

[1091] P. CROCQ, « La réserve de propriété », *JCP* G 2006, Suppl., n° 20, p. 23.

[1092] P. PROVENS, « La clause de réserve de propriété en matière immobilière », *Gaz. Pal.* 01 oct. 2003, p. 1593.

[1093] J.-L. VALLENS, « Les modifications apportées par l'ordonnance sur les sûretés au droit des procédures collectives », op. cit.

exception implicite qui pourrait permettre d'écarter subtilement le jeu d'application de l'article 2287 précité à la propriété réservée à titre de garantie pourtant consacrée dans le livre IV du Code civil. Mais, en même temps cette nuance seule ne peut tout expliquer. Car, outre la propriété réservée, d'autres propriétés-sûretés échappent totalement à l'application du principe de primauté du droit des procédures collectives, c'est le cas notamment de la propriété retenue dont l'exemple le plus notoire est le droit de rétention posé par l'article 2286 du code civil.

b) L'existence exclusive de dispositions instituant un droit spécial des sûretés dans le code de commerce

671. Le livre IV du code civil ne contient pas l'ensemble des sûretés instituées dans le droit positif français. En effet, il existe dans le livre V du Code de commerce consacré aux effets de commerce et des garanties, des sûretés qui ont la particularité d'être totalement méconnues du Code civil. C'est le cas du gage commercial [1094], du gage des stocks [1095] et du nantissement à outillage et du matériel d'équipement[1096]. Or, l'existence des sûretés dans le Code commerce, à elle seule, confère à ces sûretés, un statut spécial eu égard à leur caractère commercial. Il en résulte que toutes ces institutions sont opposables pendant la mise en œuvre des procédures collectives. En effet, comme les dispositions de l'article 2287 du Code civil sont nominatives et ne désignent que les sûretés du livre IV, les sûretés codifiées dans le code de Commerce se retrouvent, de ce seul fait, hors du domaine d'application du principe général de primauté accordé au droit des procédures collectives par le législateur dans le Code civil. Elles échappent donc en cela à l'application du principe. De même, comme il n'existe aucun texte dans le Code de commerce qui confère la primauté au livre VI sur les sûretés du livre V du même code, ces dernières ne peuvent être écartées.

672. Cependant, il est important d'instaurer un ordre de priorité devant éviter tout conflit entre le droit spécial des sûretés et le droit spécial des

[1094] Consacré à l'article L.521-1 du Code de commerce, le gage commercial est distingué du gage de droit commun par la nature commerciale de sa constitution. Celle-ci est appréciée de manière constante par la jurisprudence selon la nature civile ou commerciale de la dette garantie, et ce, quelle que soit la qualité du constituant. V. en ce sens, Cass. com. 11 juin 1974 : *Bull. civ. IV*, n° 190 ; *Banque* 1975, 92 ; Cass. com. 8 février 1962 : *Bull. civ.* III, n° 72 ; Cass. civ. 9 janvier 1905 : *S.* 1907. 1. 115 ; Cass. Req. 10 mars 1915 : *S.* 1916. 1. 5.

[1095] Consacré aux articles L.527-1 à L.527-11 du Code de commerce, le gage des stocks a pourtant été introduit dans ce code précisément et non dans le Code civil par l'article 44 de l'ordonnance du 23 mars 2006. Le législateur aurait pu, dans un souci de simplification, profiter de l'occasion pour rassembler toutes les sûretés et garanties civiles ou commerciales dans un seul endroit, en l'occurrence dans le livre IV du Code civil. Mais, il a opté pour les dissocier selon la nature civile ou commerciale, une distinction totalement dépassée.

[1096] Articles L.525-2 à L. 525-19 du Code de commerce.

procédures collectives dont les objectifs sont opposés et parfois même contradictoires[1097].

2°) L'existence des dispositions dérogatoires au principe de primauté dans le code de commerce

673. Le code de commerce comporte des dispositions qui permettent à certaines sûretés codifiées dans le livre IV du Code civil de déroger à l'application du principe de primauté du droit des procédures collectives consacré par l'article 2287 du Code civil sans pourtant en faire une exception expresse à la règle de primauté. Cette dérogation très subtile neutralise ainsi l'effort de cohésion consenti par le législateur de l'ordonnance de 2006 à travers l'ordre de priorité posé par l'article 2287 précité. Cet état de fait aux airs de désordre illustre bien l'expression selon laquelle, « le législateur donne d'une main et retire de l'autre main ce qu'il a donné ». Sinon comment expliquer le fait bien réel que d'une part la mise en œuvre des sûretés du livre IV du Code civil soit écartée pour l'application des règles du livre VI du Code de commerce relatives aux procédures collectives et d'autre part autoriser la réalisation de celles-ci dans le même livre VI du code de commerce ?

Un panorama non exhaustif des dispositions du livre VI du code de commerce qui permettent de détourner l'application prioritaire et effective du principe de primauté du droit des procédures collectives sur le droit des sûretés en instituant des régimes spécifiques de celles-ci pendant la mise en œuvre des procédures collectives, est nécessaire (**a**) pour expliquer le caractère incohérent et contradictoire d'une telle manœuvre législative (**b**).

a) Panorama des dispositions instituant des régimes spéciaux des sûretés dans les procédures collectives

674. Ces dispositions du code de commerce fixent des régimes spécifiques soit pour la réalisation de la sûreté, soit pour les conditions de sa revendication ou de sa restitution pendant la mise en œuvre d'une procédure collective.

675. Dispositions organisant la réalisation de la sûreté dans les procédures collectives. Il s'agit des dispositions qui ouvrent dérogations au principe d'interdiction de paiement des créances antérieures au jugement d'ouverture et des créances postérieures non bénéficiaires du privilège de procédure de l'article L.622-17 du Code de commerce. Ces dérogations sont consacrées par l'article L.622-7-I, et II alinéa 2 du même code pendant la procédure de sauvegarde. Ces mêmes dérogations sont reprises par les articles L.631-14 et L.641-3 al 1 du même code respectivement pour les phases de redressement et liquidation judiciaires. Toutefois, si ces exceptions

[1097] Ph. PETEL, « La réforme des sûretés réelles à l'épreuve des procédures collectives », in *Evolution des sûretés réelles : regards croisés Université –Notariat*, Litec 2008, p. 109 et s.

sont motivées par la nécessité impérieuse de poursuite de l'activité de l'entreprise, elles n'en sont pas moins des dérogations au principe de primauté du droit des procédures collectives sur le droit des sûretés posées par l'article 2287 précité. Et pour cause, concernant le droit de rétention et de gage, les dispositions de l'article L.642-20-1 alinéa 1 et l'alinéa 2 du Code de commerce prévoient même l'hypothèse d'un scénario contraire c'est-à-dire un défaut de retrait motivé par la poursuite d'activité au profit respectivement d'un créancier gagiste et d'un créancier rétenteur pendant la procédure de liquidation judiciaire. Ainsi, l'alinéa 1 du texte précité dispose que le créancier gagiste, même s'il n'est pas admis, peut demander au juge commissaire l'attribution judiciaire du bien. Si cette action aboutit il devient ainsi propriétaire du bien, qu'il pourra vendre si sa créance est admise ou restituer au liquidateur dans le cas inverse. Et, l'alinéa 2 du même article prévoit pour la même hypothèse où le bien n'a pas été retiré, qu'en cas de vente du bien, provenant sans doute d'un gage fictif ou sans dépossession, par le liquidateur, le droit de rétention doit être reporté sur le prix. Cependant, si la réalisation des sûretés est concevable en phase de liquidation, elle ne devrait point prévaloir dans les procédures collectives de sauvegarde et de redressement judiciaire au risque de compromettre les objectifs du droit des entreprises en difficulté.

676. Par conséquent, en dépit de l'existence de ce motif apparent de poursuite d'activité, la dérogation ainsi faite est quelque peu contradictoire vis-à-vis à la fois de la vocation souverainiste du droit des procédures collectives et de la primauté d'application qui lui est octroyée au sein du Code civil.

677. Les dispositions fixant les conditions de revendication ou de restitution dans les procédures collectives. Au sein du livre VI du Code de commerce, dans une section relative aux droits du vendeur de meubles, des revendications et des restitutions, le législateur permet aux créanciers fiduciaire, réservataire de propriété et titulaire d'un contrat de crédit-bail de se faire restituer le bien objet de leur sûreté ou d'exercer une action en revendication pendant la procédure collective. La revendication du bien n'est pas nécessairement liée à l'obligation de déclaration de créance de la part du créancier notamment pour des marchandises vendues avec une clause de réserve de propriété [1098]. L'article L.624-9 du Code de commerce non modifié[1099] par l'ordonnance du 12 mars 2014 dispose que la revendication des biens meubles ne peut être exercée que dans un délai de trois (3) mois suivant la publication du jugement d'ouverture de la procédure collective. Si la Cour de cassation a donné comme justification, « *l'intérêt général* » en jeu

---

[1098] Cass. com. 20 oct. 1992 : *Rev.proc.* coll. 1992, 425, obs. *B. Soinne ; D.* 1993, Somm. 288, obs. F. Mme. Pérochon ; Cass. com. 11 mars 1991 : *Bull. civ.* IV, n° 70 *; D. Affaires* 1997, 510.

[1099] A. MARTIN-SERF, « Revendication. Délai de trois mois conforme à la CEDH », *in « Sauvegarde, redressement et liquidation judiciaires »,* Chron. Entreprises en difficulté, *RTD Com.* juillet-septembre 2014, p. 692-693.

dans la procédure collective pour considérer que le délai imparti fixé par l'article L.624-9 précité ne constitue pas une violation au regard du droit de propriété, la suppression pure et simple de cette dérogation au nom de l'intérêt général et des objectifs poursuivis par le droit des procédures collectives ne semble pas être encore à l'ordre du jour[1100]. Ainsi, l'article L.624-10 du même code dispense tout propriétaire d'un bien de faire connaitre son droit de propriété si le contrat portant sur ce bien a déjà fait l'objet de publicité, à condition, toutefois, que cette publicité soit valable[1101]. Il peut alors à tout moment réclamer la restitution de son bien dans le respect des conditions[1102] règlementaires. En d'autres termes, un créancier crédit-bailleur dont la sûreté porte sur un bien meuble et dont la validité du contrat dépend de sa publicité n'a nullement besoin d'exercer une action en revendication[1103], sa qualité de propriétaire est automatiquement reconnue et à ce titre, il peut demander la restitution du bien. Le débiteur dessaisi et l'administrateur ou liquidateur désigné, selon la procédure collective en cours, ne peuvent s'y opposer. Et, même si le maintien du contrat permettant l'exploitation du bien était nécessaire pour la poursuite de l'activité de l'entreprise, ils n'auraient aucun autre choix que de payer[1104] le créancier car c'est le seul moyen pour éviter la revendication[1105]. Ensuite, l'article L. 624-16 al 1 du même code permet au créancier dont le bien a été remis à titre précaire et celui dont le bien meuble a été transféré dans un patrimoine fiduciaire au bénéfice du débiteur, de revendiquer respectivement leurs biens meubles pendant la procédure collective. Le deuxième alinéa du même texte permet également la revendication des biens meubles vendus avec une réserve de propriété se trouvant en nature au moment de l'ouverture de la procédure entre les mains du débiteur failli. Et, enfin, le troisième alinéa du texte précité fixe les modalités de revendication des biens meubles incorporés et des biens fongibles de même nature.

1100 Cass. com., 1er avril 2014, n° 13-13.574, arrêt n°355 FS-P+B, *SCAE c/ Sté Grave Randoux, ès qual., D.* 2014, 870, obs. A. Lienhard ; *ibid.* 1010, chron. A.-C. Le Bras, H. Guillou et F. Arbellot. Dans cette décision la Chambre commerciale de la Cour de cassation a estimé que « les restrictions aux conditions d'exercice du droit de propriété qui peuvent résulter de l'article L.624-9 répondent à un motif d'intérêt général et n'ont ni pour objet, ni pour effet d'entraîner la privation du droit de propriété ou d'en dénaturer la portée. Par ailleurs, la même chambre commerciale a statué sur la conventionalité du texte précité attaqué au regard des principes tels que la liberté d'entreprendre ou le principe d'égalité devant la loi, en ce sens. V. Cass. com., 13 décembre 2011, n° 11-40.079, *D.* 2012, 88.

1101 CA Paris, 16 janvier 2014, *RJDA* 5/2014, n° 459. Dans sa décision, la Cour d'appel de Paris a jugé que « *de simples erreurs, fautes d'orthographe, ne rendent pas irrégulière la publicité d'un contrat de crédit-bail dès lors que l'identification des parties et du bien reste possible* ».

1102 Conformément aux conditions définies par décret en Conseil d'Etat – V. art. R. 624-14 et art. 624-15 Code de commerce.

1103 Cass. com. 15 mars 2005 : *Bull. civ.* IV, n° 60 *; D.* 2005, *AJ* 890, obs. Lienhard ; *Act. Proc. Coll.* 2005, n° 102, obs. F. Pérochon.

1104 V. Art. L.624-16, al. 4 du Code de commerce.

1105 Cass. com. 19 juin 2007 : *Bull. civ. IV*, n° 166 ; *D.* 2007, 2363, note E. Le Corre-Broly.

b) Une manœuvre législative incohérente et contradictoire

678. Il convient d'affirmer que toutes ces dérogations au principe de primauté du droit des procédures collectives et par voie de conséquence à l'application de la discipline collective manquent de cohérence et contreproductif vis-à-vis à la fois des objectifs poursuivis par le droit des entreprises en difficulté notamment « la poursuite de l'activité ».

679. Incohérence vis-à-vis des objectifs poursuivis. La loi de sauvegarde des entreprises en difficulté marque une rupture indéniable avec les législations précédentes sur la matière en raison notamment des nouvelles orientations économiques et politiques des objectifs qu'elle poursuit. Ainsi, contrairement aux lois de juillet 1967 et de juin 1994, la loi de sauvegarde des entreprises met l'accent sur la nécessité économique de sauvegarder l'activité de l'entreprise et vise son redressement économique. Par rapport à la loi de 1994 qui est entièrement en faveur des créanciers, la loi de sauvegarde du 26 juillet 2005 privilégie donc la survie de l'entreprise. Les réformes récentes en la matière, notamment les deux ordonnances de 2014 n'ont rien modifié sur ces grandes orientations ou finalités économiques du droit des entreprises en difficulté. Le droit des procédures collectives étant essentiel à la réalisation des objectifs fixés par le législateur du droit des entreprises en difficulté, ne devrait souffrir d'exceptions contradictoires avec ses objectifs. Certes ces régimes d'exception à la discipline collective, notamment la revendication et la restitution sont tous issus de la loi du 10 juin 1994 [1106] mais ils n'ont fait l'objet d'aucune rectification par le législateur de la loi du 26 juillet 2005 relative à la sauvegarde des entreprises en difficulté malgré les contradictions évidentes vis-à-vis des nouveaux objectifs véhiculés par cette dernière législation. Il aurait donc fallu corriger ces contradictions, même plus tard après la réforme des sûretés introduite par l'ordonnance du 23 mars 2006. Mais, au lieu de rectifier cela le législateur de la loi de sauvegarde a cherché à légitimer ces dérogations par le fameux motif de la « *poursuite de l'activité* ». Or, cela est totalement contreproductif au regard du motif évoqué. Aucune autre réforme ultérieure n'a été saisie pour rectifier, même l'ordonnance du 12 mars 2014 ne les a pas modifiées.

680. Le caractère contreproductif des dérogations. Les exceptions apportées aux principes constitutifs de la discipline collective c'est-à-dire à l'interdiction de paiement, à l'interdiction de toute action en justice et à la procédure d'exécution sur les biens meubles ou immeubles, sont toutes justifiées au nom de la « *poursuite de l'activité* » de l'entreprise. Il est tout de même aberrant de voir ce motif tourné contre le débiteur et les organes de procédure collective au profit de certains créanciers privilégiés. C'est au contraire, un moyen de contraindre ces créanciers à consentir des efforts

[1106] F. PEROCHON, « Régime issu de la loi du 10 juin 1994 », *D.*1994. *Chrom.* 251 ; *Cah. Dr. entr.* 1995, n°5, p. 25. B. Soinne ; *LPA* 14 sept. 1994.-; *RPC* 1994. 471 ; F. PEROCHON, « Dernières évolutions jurisprudentielles », *LPA* 13 févr. 2002 ; *RPC 2002. 123 ; RLDA, suppl.* au n° 80, mars 2005, p. 105.

comme tous les autres créanciers du débiteur, tout au moins dans les phases de sauvegarde et de redressement judiciaire de l'entreprise, qui aurait dû être recherché plutôt que leur offrir la possibilité de revendication et de restitution du bien. Car, obliger le débiteur ou l'organe chargé de diligenter la procédure collective, à payer la créance d'une manière urgente et prioritaire alors même que l'entreprise est, par ailleurs en cessation des paiements et en difficultés financières, est contreproductif vis-à-vis des objectifs de sauvetage et de redressement économiques de l'entreprise. En quête de liquidités, de remises de dettes et de délais et de suspension des intérêts pour sa survie, l'entreprise en difficulté ne devrait pas souffrir d'une mise en demeure « légale » compromettant ainsi ses chances d'être redressée. D'autant que cette volonté marquée de mettre le droit au service de la survie de l'entreprise en difficulté[1107] est réaffirmée voire même sensiblement accrue par l'ordonnance n° 2014-326 du 12 mars 2014. Cette absence de choix coopératif notamment sur l'échéance de paiement de la créance dont l'exécution immédiate est l'unique condition pour éviter la revendication et la vente forcée du bien par le créancier est entièrement contradictoire avec l'objectif dit de « poursuite de l'activité » de l'entreprise.

681. Abondant dans ce sens, un auteur a souligné le côté « *clair-obscur de l'action en revendication*[1108]» constatant que ces dérogations n'ont pas, non plus, été attribuées aux créanciers bénéficiaires des mêmes sûretés et soumis à la nouvelle procédure de sauvegarde accélérée suite à la réforme introduite par l'ordonnance de 2014 précitée. En effet, il résulte du nouvel article L.628-1, alinéa 1er du Code de commerce que les dispositions de la section III du chapitre IV du titre II du Livre VI du même code en l'occurrence, les règles du droit des procédures collectives relatives aux revendications et restitutions, ne sont pas applicables en matière de sauvegarde accélérée. De telles imperfections méritent d'être corrigées pour plus de lisibilité, de cohérence et de clarté.

B) L'existence d'une incohérence législative dans le droit OHADA

682. Dans le droit OHADA, le désordre législatif existant entre l'acte uniforme des sûretés révisé et l'acte uniforme portant droit des procédures collectives révisé également est d'un autre ordre comparé au droit positif français. Ici il est lié à un problème de délimitation du champ d'application provenant (2°) d'une mauvaise articulation entre l'acte uniforme des sûretés et l'acte uniforme des procédures collectives. Le désordre législatif provient également, depuis la révision de l'acte uniforme des sûretés d'un décalage entre les deux actes uniformes (1°) et enfin de la problématique du régime dérogatoire des revendications et restitutions (3°).

[1107] P. CROCQ, « Les incidences de la réforme du droit des procédures collectives sur le droit des sûretés », *RLDC* Décembre 2014, supplément au n° 121, p. 22.

[1108] P. CROCQ, « Les incidences de la réforme du droit des procédures collectives sur le droit des sûretés », op.cit.

1°) Le décalage entre l'AUPC et l'AUS révisés

683. La révision en décembre 2010 de l'acte uniforme portant organisation des sûretés OHADA n'avait jusque-là pas donné lieu à une mise à jour de l'acte uniforme portant organisation des procédures collectives d'apurement du passif qui vient simplement d'être révisé à son tour le 10 septembre 2015. De ce fait, ces deux droits étroitement liés n'étaient pas coordonnés. Ce décalage se matérialise par le fait que toutes les nouvelles sûretés consacrées à l'occasion de la réforme des sûretés du 15 décembre 2010, notamment les propriétés-sûretés étaient méconnues par l'ancien acte uniforme portant organisation des procédures collectives d'apurement du passif de 1998. Aussi, certaines modifications concernant le droit de rétention ayant vu le jour à l'occasion de cette réforme du droit des suretés n'avaient pas été non plus intégrées dans l'acte uniforme relatif au droit des procédures collectives. Même après la réforme de l'acte uniforme portant organisation des procédures collectives d'apurement du passif, certaines de ces modifications ne sont toujours pas tenues rigueur.

684. La non mise à jour de nouvelles propriétés-sûretés dans l'AUPC révisé. La réforme de l'acte uniforme des sûretés a été riche en innovations. Des nouvelles sûretés réelles sont venues, soit s'ajouter, soit se substituer à d'autres déjà existantes qui étaient contenues soit dans l'ancien acte uniforme des sûretés en tant que sûreté, c'est le cas du droit de rétention[1109], soit assimilées comme sûretés dans d'autres actes uniformes en l'occurrence dans l'ancien acte uniforme portant droit commercial général et celui relatif au droit des procédures collectives en ce qui concerne le crédit-bail et la clause de réserve de propriété[1110]. Le caractère hétéroclite de leurs sources leur a valu d'être qualifiées de sûretés réelles spéciales[1111]. Mais, si le nouvel acte uniforme des sûretés reprend le droit de rétention en y apportant quelques modifications et consacre la clause de réserve de propriété, il ignore définitivement le crédit-bail qui n'existe plus comme sûreté dans l'espace OHADA bien qu'il ait été très usité dans la pratique[1112] dans les pays de l'OHADA. Le nouvel acte uniforme portant organisation du droit commercial général, aussi, ayant abrogé les anciennes dispositions relatives

---

[1109] Les anciens articles 41 à 43 sont devenus les articles 67 à 69 du nouvel acte uniforme des sûretés respectivement enrichis et complétés par l'article 70 du même acte uniforme.

[1110] Indirectement consacré par les articles 59, 60, 63 et 284 de l'ancien acte uniforme portant organisation du droit commercial général et reconnu par l'article 103 de l'acte uniforme portant droit des procédures collectives prévoyant la revendication des biens vendus par une clause de réserve de propriété, la clause de réserve de propriété est désormais reconnue pleinement comme une sûreté réelle mobilière et consacrée par les articles 71 à 78 du nouvel acte uniforme des sûretés OHADA.

[1111] Y. R. KALIEU ELONGO, *Droit et pratique des sûretés réelles OHADA*, PUA, Cameroun, 2010.

[1112] Ibid.

au crédit-bail[1113], ne fait pas, non plus mention de cette institution que la pratique pourrait, pourtant, bien regretter.

685. Cependant, le seul fait de la non prise en compte de ces nouvelles sûretés réelles par l'acte uniforme portant organisation des procédures collectives d'apurement du passif permet aux créanciers titulaires de ces nouvelles sûretés d'échapper aux règles du droit des procédures collectives notamment à celles consacrées par les articles 75 à 79 de cet acte uniforme. Sauf à considérer que leur nature contractuelle[1114] les implique directement dans le champ d'application de ces dispositions modifiées par la révision récente de l'AUPC. Ce défaut d'articulation pourrait donc être à l'origine du contournement de la discipline collective. Il en résultait que, sans aucune disposition transitoire, cette absence d'articulation entre les actes uniformes pouvait être préjudiciable au débiteur.

686. Par ce défaut de mise à jour, un débiteur qui aurait constitué une de ces nouvelles sûretés avant l'ouverture d'une procédure collective, ne bénéficierait pas des règles relatives à la protection de son patrimoine et favorisant le sauvetage de son entreprise. Ainsi, tout créancier titulaire d'une cession de créance[1115] ou d'un transfert fiduciaire d'une somme d'argent[1116], quelle que soit la qualité de sa créance que l'évocation d'un droit de propriété pourrait accréditer, pourrait exiger d'être payé prioritairement parce que l'ancien AUPC méconnaissait ces sûretés. Il y avait par conséquent un désordre législatif qui laissait place à un vide juridique qu'il convenait de résoudre urgemment.

687. Mais, la réforme récente de l'acte uniforme des procédures collectives n'a pas explicitement changé la donne. L'ambiguïté subsiste dans le sens où l'AUPC révisé ne vise pas nommément les créanciers titulaires des nouvelles sûretés réelles intégrées à l'occasion de la révision de l'acte uniforme des sûretés. De ce fait, il convient de retenir que celles-ci seraient implicitement reconnues par les dispositions modifiées de l'AUPC révisé. La modification majeure des dispositions des articles 75 à 79 a consisté à circonscrire leur champ d'application dans les procédures collectives de redressement judiciaire et de la liquidation des biens.

688. La subsistance du crédit-bail dans l'AUPC révisé ? En dépit de sa suppression dans le nouvel acte uniforme portant droit commercial général et de son omission totale dans le nouvel acte uniforme relatif au droit des sûretés, le crédit-bail subsiste dans le droit positif OHADA. En effet, l'on pourrait toujours déduire des dispositions, de l'article 79 de l'AUPC révisé,

---

[1113] Les articles 61 à 63 de l'ancien acte uniforme portant organisation du droit commercial général ont fait l'objet d'une abrogation. A la place, le nouvel AUDCG consacre le bail à usage professionnel aux articles 101 et s. Alors, même si de manière exceptionnelle, le preneur peut acquérir le bail à usage professionnel, ceci n'est pas règlementé sous forme institutionnelle du crédit-bail.

[1114] V. Articles 63 al. 1er et 79 AUPC révisé.

[1115] V. Articles 79 à 86 de l'AUS révisé.

[1116] V. Articles 87 à 91 de l'AUS révisé.

même modifiées, puis que le contrat de crédit-bail était soumis à la publicité le créancier titulaire d'un crédit-bail conclu avant la réforme de l'acte uniforme portant droit commercial général est nécessairement connu, et donc soumis à l'obligation de produire sa créance dans une procédure collective ouverte contre son débiteur. Non mis à jour depuis les réformes du droit des sûretés et du droit commercial général, les dispositions de l'article 79 précité pourraient tout au moins constituer une disposition transitoire pour régler le cas devenu très spécifique des créanciers titulaires de créance portant sur un crédit-bail.

689. Des modifications concernant le droit de rétention non encore intégrées ? La réforme du droit des sûretés a apporté quelques modifications concernant le droit de rétention. En effet, l'ancien acte uniforme des sûretés assimilait le droit de rétention au gage. Partant de cette assimilation, créancier gagiste comme rétenteur avait le même sort notamment en cas de mise en œuvre des procédures collectives contre le débiteur. Dorénavant, le droit de rétention[1117] n'est plus assimilé au gage. Cependant, là également, l'AUPC étant révisé, le droit de rétention a-t-il toujours le même régime juridique applicable au créancier gagiste ou est-il désormais actualisé ?

690. Aucune disposition dans le droit positif OHADA ne permet de délier ce problème, faute d'articulation entre les deux actes uniformes. Concernant le droit de rétention classique aucune solution n'est prévue.

2°) Un problème de délimitation du champ d'application résultant d'une mauvaise articulation

691. Il n y a aucun principe de primauté entre les deux actes uniformes de sûretés et des procédures collectives qui permettrait leur bonne articulation. Si ce n'est le respect réciproque du domaine de compétence de chacun de ces actes uniformes. Mais, cette coexistence des champs de compétence autonome ne vient pas non plus à bout du problème juridique. Avant la réforme de l'AUPC, l'on pouvait se poser des questions relatives à l'articulation de ces deux actes uniformes espérant que la révision de l'AUPC alors envisagée allait résoudre ces problèmes. Car, si l'on décidait d'un côté d'appliquer l'AUPC, le régime juridique étant alors dépassé par l'institution même du droit de rétention modifié, celui-ci devenait obsolète parce qu'il n'était plus conforme avec la sûreté. Et de l'autre côté, si l'on décidait d'appliquer l'acte uniforme des sûretés en admettant donc sa primauté sur l'AUPC, on contreviendrait aux objectifs même du droit des

[1117] Depuis la réforme de l'acte uniforme des sûretés effectuée à Lomé le 15 décembre 2010, le droit de rétention OHADA est une sûreté réelle mobilière à part entière avec un régime juridique spécifique. Aussi, à l'instar du droit français, le droit OHADA connait le droit de rétention fictif dont le régime juridique est calqué sur celui du gage sans dépossession. Enfin, il faut souligner que contrairement aux dispositions transitoires de l'article 227 AUSr, le droit de rétention étant une sûreté circonstancielle et immédiate le nouveau régime du droit de rétention réel est d'application immédiate.

procédures collectives. L'application du droit de rétention tel que modifié dans l'AUS révisé confèrerait la priorité de paiement au créancier rétenteur devant même les créanciers privilégiés. Or, il a été déjà affirmé dans cette étude, les créanciers privilégiés ont consenti une contrepartie à leur privilège tandis que le créancier rétenteur ne fournit aucune contrepartie contribuant à la poursuite de l'activité de l'entreprise et/ou au bon déroulement de la procédure collective notamment pendant les deux premières phases de règlement préventif et de redressement judiciaire. Le paiement prioritaire, surtout pendant les phases précitées, ne s'apparente ici qu'à une exécution forcée pour éviter tout blocage au déroulement de la procédure collective. Cette primauté de paiement par la « pression » accordée au créancier rétenteur est contradictoire au regard de l'esprit de sauvetage ou de redressement de l'entreprise.

692. Mais, le législateur OHADA n'a pas saisi l'occasion de la révision de l'AUPC pour organiser l'articulation de celui-ci avec l'acte uniforme des sûretés. Par conséquent en dépit des objectifs poursuivis par l'AUPC révisé, les dispositions de l'AUS révisé relatives au droit de rétention s'appliquent de manière prioritaire.

693. La coexistence du champ de compétence de chacun de ces actes uniformes camoufle aussi un autre problème : le faux parallélisme du classement des créanciers adopté par ces deux actes uniformes. Ce camouflage pourrait laisser penser qu'il est inutile de chercher à articuler les deux actes de manière explicite plutôt qu'en s'appuyant sur une hiérarchisation équivoque. Ce faux parallélisme en soi met les deux actes en contradiction. Le classement des créanciers correspondant à l'ordre des distributions organisant le désintéressement de ces derniers, se fait à la phase de liquidation des biens pour l'AUPC, alors que dans l'acte uniforme des sûretés, ce classement [1118] permet la réalisation ordinaire et collective par saisie[1119] des sûretés selon la qualité de la créance garantie[1120] donc en dehors des procédures collectives. Dans les deux actes uniformes, le classement est organisé en fonction de la nature mobilière ou immobilière des biens, assiette de la sûreté. Ainsi, dans l'acte uniforme des sûretés, les articles 225 et 226 organisent le rang des créanciers titulaires de sûretés portant

---

[1118] F.M. SAWADOGO, « Effets de l'ouverture d'une procédure collective à l'égard des créanciers », *in Encyclopédie du droit OHADA*, Lamy, 2012, p. 749.

[1119] V. Article 224 AUSr qui dispose que « *la procédure de distribution du prix sur saisie est fixée par les règles régissant les voies d'exécution sous réserve des dispositions qui suivent concernant l'ordre de distribution* ». A travers cet énoncé, l'article 224 précité détermine le domaine d'application de l'ordre de classement établi par les dispositions des articles 225 et 226 de l'acte uniforme portant organisation des sûretés révisé. Selon la nature meuble ou immeuble du bien après saisie et vente de celui-ci, la distribution des deniers entre créanciers s'organise comme préétabli dans le classement.

[1120] TRHC Dakar, ord. n° 319, 15-3-2001 : SGBS c/ S.N.R. et L., Ohadata J-03-266, obs. N. Diouf. En l'espèce, le tribunal a ordonné l'exécution provisoire demandée en tenant compte notamment de l'ancienneté du litige et de l'urgence qui caractérise le contentieux de la distribution du prix.

respectivement sur des biens immeubles et meubles. Ce dernier classement constituerait, même si ceci n'est pas explicitement affirmé dans l'acte uniforme des sûretés, l'ordre de paiement ordinaire des créanciers ou le classement de droit commun[1121]. Tandis que pour l'AUPC révisé, ce rang est organisé par les articles 166 et 167 respectivement également sur des biens immeubles et meubles. En comparant ces dispositions de l'acte uniforme des sûretés et de l'acte uniforme des procédures collectives, on s'aperçoit que les rangs des créanciers ne sont pas identiques dans les deux actes uniformes. La différence se trouve fondamentalement sur la catégorie des créanciers de la masse propre à l'acte uniforme portant droit des procédures collectives. A partir de là, la différence entre les deux actes uniformes concernant les applications relatives au rang des créanciers pourrait s'expliquer. Pour le classement sur les biens meubles, l'article 167 légèrement modifié de l'AUPC révisé énumère un classement décroissant allant du rang un (1) au rang neuf (9). Dans ce classement, les créanciers de la masse, c'est-à-dire ceux qui sont directement concernés par la procédure collective mis à part les créanciers bénéficiaires du nouveau privilège de procédure institué dit de *new money*[1122] qui eux prennent la première place du classement, occupent le septième rang juste avant les titulaires de privilèges généraux (8e rang), selon l'ordre établi par l'acte uniforme portant organisation des sûretés, et les chirographaires (9e rang).

694. Ce renvoi fait par l'article 167 AUPC à l'acte uniforme des sûretés révisé est pertinent. Il renseigne davantage sur le désordre législatif et le manque de principe d'articulation entre les deux actes uniformes. Alors que l'article 226 de l'AUS révisé présente un classement décroissant allant du rang un (1) au rang sept (7). Et, conformément à l'ordre établi par l'acte uniforme des sûretés, auquel renvoie l'article 167 AUPC révisé, dans l'article 226 AUSr, les privilèges généraux occupent plutôt le quatrième (4e) rang et les chirographaires le dernier rang, c'est-à-dire le septième. Cela constitue déjà une forte contradiction portant à la fois sur le texte applicable et sur le rang le mieux approprié. Là également, il aurait bien fallu remettre de l'ordre pour gagner en cohérence et en prévisibilité du droit OHADA. Cela n'a pas été fait.

695. Pour les biens immeubles, jusqu'à la révision de l'AUPC, le classement dressé par les deux actes uniformes était presque identique dans la mesure où il y avait un même nombre de rangs, allant de un (1er) à six (6e). La seule différence, outre celle relative à la catégorie des créanciers de la masse propre à l'acte uniforme des procédures collectives, se trouvait dans les occupants du quatrième (4e) et du cinquième (5e) rang. Depuis la réforme, l'article 166 modifié de l'AUPC révisé a étendu le classement des créanciers au huitième en intégrant également et en conférant le 1er rang aux créanciers

---

[1121] F.M. SAWADOGO, « Effets de l'ouverture d'une procédure collective à l'égard des créanciers », op.cit.

[1122] Il s'agit des nouveaux privilèges des articles 5-11, 11-1 et 33-1 de l'AUPC révisé.

bénéficiaires du nouveau privilège de procédure. En conséquence, les créanciers de la masse se retrouvent déclassés. En effet, dans le classement établi par l'article 166 AUPC révisé, les créanciers de la masse occupent désormais la cinquième position devant les privilèges généraux (6e) et les créanciers chirographaires qui occupent respectivement la septième et la dernière position selon qu'ils sont munis ou non d'un titre exécutoire. Dans l'ordre établi par l'article 225 de l'AUS révisé, en revanche, les privilèges généraux publiés sont placés au quatrième rang et les privilèges généraux non publiés relégués au cinquième rang devant les chirographaires.

696. L'analyse approfondie de ces deux classements respectifs des deux actes uniformes révèle deux problèmes de droit liés à leur articulation. D'abord, il n'est précisé nulle part dans quelle circonstance il faudrait appliquer l'un ou l'autre des deux classements. Sont-ils concurrents ou complémentaires ? Aucun élément ne permet de donner de manière explicite une réponse, affirmative ou non, à cette question. Néanmoins, l'on pourrait se fonder sur les dispositions de l'article 224[1123] de l'AUS révisé pour affirmer que le classement dressé par les articles 225 et 226 du même acte uniforme concerne exclusivement la distribution du prix en cas de saisie par voie d'exécution civile et commerciale et dans le cadre d'une vente consécutive du bien auquel certaines sûretés seraient greffées. En effet, conformément aux dispositions de l'article 224 de l'AUS révisé, l'ordre de distribution établi par l'acte uniforme des sûretés ne concerne que la saisie pour la réalisation ordinaire ou par « *voie normale* » des sûretés. Il conviendrait alors d'en déduire que s'il y avait eu une même articulation avec le cas spécifique de la saisie pour cause de mise en œuvre d'une procédure collective, il aurait fallu certainement faire une précision similaire à celle de l'article 224 précité. Mais, tel n'est pas le cas.

697. En revanche, le fait de voir certaines dispositions de l'AUPC révisé faire inversement le renvoi[1124] aux dispositions de l'acte uniforme des sûretés dénote un manque de vocation exclusiviste de l'acte uniforme portant droit des procédures collectives sur le droit des sûretés OHADA et par là-même brouille les cartes sur l'identification d'un classement de droit commun supposé être celui de l'acte uniforme des sûretés. Et, dans ce sens, on peut affirmer que les deux actes uniformes sont moins articulés que concurrents.

[1123] L'article 224 de l'acte uniforme des sûretés révisé, en introduisant les dispositions suivantes relatives à l'ordre de distribution du prix prévient que « *la procédure de distribution du prix sur saisie est fixée par les règles régissant les voies d'exécution sous réserve des dispositions qui suivent concernant l'ordre de distribution* ». Cet article constitue donc une jonction entre l'acte uniforme des sûretés et l'acte uniforme portant organisation du droit des procédures simplifiées de recouvrement et des voies d'exécution (APSRVE).

[1124] C'est le cas notamment de l'article 166 6° de l'AUPC révisé qui renvoie à l'ordre établi par l'acte uniforme des sûretés.

3°) Le régime des revendications et des restitutions : une dérogation problématique

698. Comme dans le droit français, certaines dispositions de l'AUPC révisé donnent également la possibilité aux créanciers titulaires d'un droit de propriété de revendiquer ou de se faire restituer le bien objet de leur sûreté. Mais, à la différence du droit français, le droit OHADA pose des conditions préalables à toute action en revendication surtout quand elle a pour objet la reconnaissance d'un droit de propriété garantissant le paiement d'une créance antérieure à la décision d'ouverture d'une procédure collective. Ces conditions préalables sont de deux ordres : les unes tiennent à la créance garantie (**a**) et les autres liées à la nature du bien objet de la créance garantie (**b**).

a) Les conditions préalables tenant à la créance garantie

699. L'ancienne version de l'article 101 AUPC avait posé deux conditions à l'exercice ou à la reprise d'une action en revendication après ouverture d'une procédure collective. D'abord, il fallait avoir produit sa créance et ensuite l'exercice de cette action devait respecter strictement les formes et le délai imparti prévus. Cette dernière condition était *sine qua non* pour ne pas perdre le droit d'agir en revendication. Depuis la réforme, l'article 101 modifié de l'AUPC révisé ne pose plus qu'une seule condition : celle relative au délai imparti en rapport avec la deuxième insertion de la décision d'ouverture de la procédure collective de redressement judiciaire ou de liquidation des biens au journal d'annonces légales de l'Etat partie concerné. Désormais, ce délai est fixé à quatre vingt dix (90) jours. La condition relative à l'obligation préalable de production de créance a été ainsi supprimée. Avec cette suppression, il n y a plus de différence entre le régime français des revendications et celui du droit OHADA.

700. Cependant, le législateur de l'espace OHADA n'est pas allé jusqu'au bout de sa logique. En effet, à l'instar du droit français, il permet au créancier, une fois cette unique condition préalable remplie, de procéder à la revendication même pendant les phases les plus critiques telles que le redressement judiciaire sans qu'aucune contribution du créancier à l'effort collectif de sauvetage ou de redressement de l'entreprise en difficulté, ne soit exigée en guise de contrepartie. Mais, la revendication n'a lieu que si les exigences liées à la nature du bien sont également observées par le créancier.

b) Les conditions préalables liées à la nature du bien objet de la créance garantie

701. Les articles 102, 105 et 106 inchangés et l'article 103 modifié de l'AUPC révisé fixent successivement les conditions préalables liées à la nature même et à l'origine des biens susceptibles de revendication. Toutes ces dispositions s'accordent pour poser une double condition essentielle et commune à toutes les revendications : exigence de biens se trouvant en nature dans le patrimoine du débiteur.

702. Exigence de biens se trouvant en nature dans le patrimoine du débiteur : une double condition essentielle de la revendication. La nouvelle version de l'article 103 al. 1er AUPC révisé, plus que les autres textes précités, décrit la nature de biens susceptibles de revendication. Le nouvel alinéa 1er de l'article 103 précité étend la possibilité de revendication au bien meuble objet d'un contrat de crédit-bail alors que cette institution n'est plus reconnue comme une sûreté. Ce qui pourrait couvrir un bien mis à la disposition du débiteur par un contrat de crédit-bail mobilier tel qu'une location de voiture, de tracteur agricole etc... Quand une telle hypothèse se présente le propriétaire peut alors faire prévaloir les dispositions de l'article 103 AUPC pour demander la restitution du bien en dépit du fait que le nouvel acte uniforme des sûretés n'ait pas reconduit le crédit-bail comme une sûreté dans le droit OHADA

703. Globalement, il résulte de ces nouvelles dispositions que seuls les marchandises et objets mobiliers sont susceptibles de revendication. Selon le deuxième alinéa nouveau du même texte, ces biens peuvent être revendiqués, même en cas de revente du bien par l'acquéreur, contre le sous-acquéreur. Et, l'aliéna 3 du même texte permet au créancier de revendiquer les biens vendus avec une clause de réserve de propriété. Toutefois, cette revendication est soumise aux conditions posées et avec les effets prévus par l'acte uniforme des sûretés [1125]. Ce renvoi à l'acte uniforme portant organisation des sûretés en confère primauté à celui-ci sur l'acte uniforme portant procédures collectives. Ce qui est assez paradoxal au regard des finalités et objectifs poursuivis par le droit des procédures collectives.

704. Suivant cette énonciation les biens susceptibles de revendication sont principalement des choses se trouvant en nature dans le patrimoine du débiteur. La revendication est possible pour tout propriétaire dont le bien se retrouve en nature dans le patrimoine du débiteur du fait d'un contrat conclu entre ces deux parties. Ce peut être des marchandises vendues, issues d'un prêt ou d'un dépôt et les objets mobiliers autres que les marchandises tels qu'une voiture, une machine d'exploitation économique etc... Ces biens ne doivent être ni transformés, ni fongibles ni liquides, ils doivent être déterminables et matériellement identifiables, d'où l'expression de « *biens en nature* ». Aussi, les choses susceptibles de revendication peuvent avoir une assise sur un engagement juridique s'inscrivant dans la durée notamment avoir été vendues à l'acquéreur failli avec une clause de réserve de propriété dûment constituée et publiée au RCCM.

705. Mais le domaine de revendication est ouvert aussi aux créanciers dont la créance proviendrait également d'un contrat de courte durée tel qu'un contrat de dépôt, de prêt, de mandat etc... La revendication peut également porter sur des effets de commerce ou tout autre titre non payés à condition

---

[1125] V. Article 103 al. 1er AUPC révisé.

qu'ils se trouvent dans le portefeuille du débiteur[1126] ou encore sur les marchandises et les objets expédiés au débiteur selon les règles d'usage ou de la tradition[1127]. Enfin, l'article 106 AUPC permet la revendication des marchandises et objets mobiliers dont la vente a été résolue avant la décision ouvrant la procédure collective. Tous les créanciers titulaires d'un droit de propriété dont le transfert est susceptible d'être mis en échec en cas d'inexécution du contrat à charge de restitution, pourraient être éligibles au domaine de la revendication. Par conséquent, l'on peut affirmer, qu'indirectement, le domaine des revendications et restitutions concerne tous les créanciers propriétaires dont les créances garanties, sont nées antérieurement ou postérieurement à la décision d'ouverture de la procédure collective de redressement judiciaire et de liquidation des biens.

706. Exception de revendication. Il faut souligner que l'article 103 AUPC révisé délimite par exclusion tous les biens non susceptibles de revendication. Sont exclus du domaine de la revendication, d'abord tous les biens immobiliers, puis les biens immeubles par destination[1128] et enfin, les biens sortis du patrimoine du débiteur[1129]. Cette dernière exception confirme que les marchandises et autres biens susceptibles d'une action en revendication sont bien situés dans le patrimoine du débiteur avec lequel ils ne font plus qu'un. En revanche, le fait que la revendication soit permise pour ces créanciers même en phase de redressement judiciaire reste contradictoire avec les objectifs du droit des procédures collectives.

707. Lorsque toutes ces conditions préalables seront remplies, l'action en revendication des biens pourra aboutir notamment par la restitution des marchandises ou biens mobiliers en question aux créanciers qui en ont fait la demande. L'action en revendication peut également se dénouer par le paiement intégral et immédiat du prix, du bien revendiqué, par le syndic[1130]. Mais ces dérogations à l'emprise du droit des procédures collectives consacrées par l'acte uniforme du droit des procédures collectives et d'apurement du passif lui-même au bénéfice de certains créanciers peuvent être contreproductives et contraires à l'esprit qui anime le droit des

---

[1126] V. Article 102 de l'AUPC révisé.

[1127] V. Article 105 al. 1er AUPC révisé.

[1128] TGI Ouagadougou, n° 701, 26-6-2002 : SCA c./ Syndics liquidateurs de la CIMAT, *Ohadata* J-04-42. Dans sa décision, le tribunal en application des articles 524 et 525 du Code civil burkinabé avait décidé que « *les biens scellés à perpétuelle demeure à une usine et formant avec le reste du matériel un tout indivisible sont devenus immobiliers. Ils ne peuvent faire l'objet de revendication conformément à l'article 103 AUPC* ». Décision confirmée par la CA Ouagadougou, ch. Civ. & com., n° 10, 16-1-2004 : Sté des ciments d'Abidjan (S.C.A) c./ Sté des ciments et matériaux du Burkina (CIMAT), *Ohadata* J-09-13.

[1129] CA Bobo-Dioulasso, ch. civ. & com., n° 48, 17-3-2003 : DAGRIS (ex-CFDT) c./ Syndic liquidateur de l'EGCC, *Ohadata* J-04-194. Dans son arrêt la CA confirme le jugement attaqué en décidant que « *lorsque les biens revendiqués ne se trouvent plus entre les mains du débiteur représenté par son syndic liquidateur, la saisie-revendication opérée entre les mains d'un tiers détenteur du matériel et dénoncée le même jour conformément aux dispositions de l'article 232 AUPRSSVE doit être déclarée régulière et fondée* ».

[1130] V. Article 103 al. 4 AUPC révisé.

entreprises en difficulté si certaines exigences ne sont pas respectées. Ces exigences résidaient jusque-là, dans le fait que dans le droit OHADA, contrairement au droit français, les créanciers éligibles devaient exécuter l'obligation de production de créance[1131]et satisfaire à l'obligation de faire part de leur intention d'exercer leur droit de revendication, au risque d'être considérés comme créanciers chirographaires. Cette démarche serait encore plus aboutie s'il était expressément précisé dans le même acte uniforme portant organisation des procédures collectives d'apurement du passif, que la revendication ne peut avoir lieu qu'en phase de liquidation des biens.

708. De plus, avec la suppression de ces exigences et l'autorisation de revendication sous les conditions et effets prévus par l'acte uniforme des sûretés en phase de règlement préventif et de redressement judiciaire enlèvent toute logique à ce régime de revendication qui est contradictoire avec les objectifs poursuivis par l'AUPC. Et par la même occasion, cela renforce l'incohérence entre les deux actes uniformes malgré l'effort d'articulation fait à travers les renvois de l'AUPC révisé vers l'acte uniforme des sûretés.

§2) Quelques solutions pour une articulation plus harmonieuse et cohérente

709. Les législateurs, en particulier le français, ont, pendant longtemps, plutôt répondu aux problèmes au cas par cas, au coup par coup sans s'attaquer à la cause. Or, la pratique montre que pour tenir de lui-même, un système juridique doit être fondé sur des principes et non sur des effets. Cet art de « mal légiférer »[1132], qu'il soit tantôt recherché tantôt involontaire, doit céder la place à une législation logique et cohérente permettant d'asseoir un meilleur rapport entre les deux disciplines de droit. Le premier enjeu pour une articulation cohérente réside dans l'identification de principes tangibles sur lesquels s'appuyer pour prioriser sans générer d'inégalités résultant d'un quelconque montage juridique. C'est l'équilibre du système juridique lui-même qui est en jeu[1133]. Celui-ci ne s'atteint pas forcément en versant du côté d'une discipline ou d'une autre ou en favorisant le « parasitage »[1134] comme l'ont qualifié certains auteurs, d'une discipline par l'autre mais bien plutôt dans l'identification de principes permettant de concilier celles-ci.

[1131] V. l'ancienne version de l'article 78 al. 3 AUPC.

[1132] D. LEGEAIS, « La réforme du droit des sûretés ou l'art de mal légiférer », *in Mélanges* Ph. Simler, 2007, op.cit.

[1133] D. LEGEAIS, « la réforme des sûretés, la fiducie et les procédures collectives », *in Revue Sociétés* 2008, p.607.

[1134] M. CABRILLAC, C. MOULY, C. CABRILLAC et PH. PETEL, *Droit des sûretés,* 10e éd. Litec, 2015. Ces auteurs qui dénoncent le « parasitage » des sûretés par le droit des procédures collectives. Nous ne soutenons pas cette assertion. Mais, nous estimons que le droit spécial des procédures collectives devrait être le régulateur circonstanciel et spécial des sûretés pendant la mise en œuvre d'une procédure collective.

C'est pourquoi, il conviendrait côté français de rassembler toutes les dispositions disparates des sûretés (qui sont notamment dans le Code de commerce et dans le Code monétaire et financier) dans le seul livre IV du Code civil afin de permettre l'application effective de l'ordre de priorité qui y est institutionnalisé en supprimant les contradictions se trouvant dans le code de commerce (**A**). Concernant le droit OHADA il s'agirait de corriger toutes les imperfections liées à l'inadéquation des deux actes uniformes et d'établir de manière explicite un principe de hiérarchisation par domaine de compétence exclusive (**B**).

A) Regroupement et unité juridique nécessaires du droit français des sûretés

710. Depuis la réforme de 2006, l'idée de rassembler tout le droit des sûretés dans le seul livre IV du Code civil a déjà été soutenue avant nous. Une telle entreprise donnerait, de toute évidence, une visibilité d'ensemble sur les sûretés. Ceci impliquerait également qu'on ait pu s'affranchir définitivement de la traditionnelle distinction entre la matière civile et la matière commerciale. Mais, au fond, que reste-t-il de cette distinction spécifique au droit français ? Dans la pratique des affaires, les deux matières ne sont presque plus séparées, et même, plusieurs législations dans le droit positif contemporain ont dorénavant permis de dépasser la distinction. Mais, rendre plus cohérent le droit des sûretés et mieux l'articuler avec le droit des procédures collectives n'implique pas simplement à dépasser la distinction entre sûreté civile et sûreté commerciale (**1°**). Il faut encore renforcer la subsidiarité de toutes les sûretés au droit des procédures collectives (**2°**). Ce qui ne sera possible que lorsque les différents régimes de paiement exceptionnel existant seront repensés et unifiés (**3°**).

1°) Dépasser la distinction civile et commerciale : une condition préalable

711. Un rassemblement de toutes les sûretés civiles comme commerciales dans le livre IV du Code civil marquerait à coup sûr officiellement le dépassement définitif de la distinction des matières civile et commerciale des sûretés [1135]. Ce travail de dépassement du clivage civil et commercial a été timidement amorcé par certaines dispositions du droit positif notamment au sein du Code civil ainsi que, quelquefois aussi, avec le concours de la jurisprudence. Ce dépassement est tout aussi visible dans d'autres domaines du droit, comme par exemple dans l'arbitrage aussi bien sur le plan international que sur le plan interne. Où il a été montré que seul le dépassement de la distinction civile et commerciale dans le droit interne français devait permettre l'extension de la clause attributive de juridiction à

[1135] D. LEGEAIS, « La distinction des sûretés civiles et commerciales », *in Mélanges*, P. Didier, Economica 2008.

tous les professionnels[1136]. La distinction des matières civile et commerciale ne concerne pas que le droit de l'arbitrage. Elle n'a en effet cessé de reculer également du fait de plusieurs lois d'orientation économique. Par exemple en droit des sûretés, depuis l'ordonnance du 23 mars 2006 ont été introduites au sein du Code civil, des garanties d'origine commerciale telle que la clause de réserve de propriété qui, à l'origine, était spécifique au contrat commercial de vente de marchandises. Le dépassement de la distinction civile et commerciale est également amorcé en droit économique depuis longtemps, notamment dans le droit des entreprises en difficulté. Alors que le droit de la faillite n'était à l'origine réservé qu'aux commerçants, de nos jours, le droit des entreprises en difficulté ne se limite plus seulement aux entreprises commerciales mais s'étend aux entreprises agricoles, civiles et commerciales. Récemment, la toute dernière extension a concerné la profession libérale d'avocat. Il est donc désormais potentiellement faisable de réunir juridiquement les sûretés, il ne manque plus qu'une volonté législative pour sa mise œuvre. Ainsi, regrouper toutes les sûretés civiles et commerciales dans le livre IV du code civil favoriserait une meilleure articulation de cette matière avec le droit des procédures collectives régi par le livre VI du Code de commerce. Un tel regroupement serait non seulement pratique mais faciliterait l'application effective du principe de primauté du droit des entreprises en difficulté sur le droit des sûretés posé par l'article 2287 du Code civil.

2°) Renforcer la subsidiarité des sûretés réelles au droit des procédures collectives

712. Le droit des procédures collectives doit avoir vocation, sans réserve, à s'imposer à toutes les règles du droit commun et même aux droits moins spéciaux et moins conjoncturels : droit des contrats et des obligations, droit des voies d'exécution civile et commerciale, droit du travail, droit fiscal etc…Dès lors, le droit des sûretés civiles comme commerciales, spéciales comme générales ne devrait pas être en reste. Et, une dérogation à cette vocation souverainiste du droit des procédures collectives doit être justifiée par des intérêts spécifiques inhérents au bon déroulement d'une procédure collective et en conformité totale avec les objectifs poursuivis par cette procédure. Le législateur en voulant établir un ordre de priorité, a posé le principe de subsidiarité des sûretés du livre IV du Code civil[1137]. Mais, l'application effective de cette règle reste encore à affirmer. Aussi pour asseoir plus de cohérence et d'équité vis-à-vis des créanciers en cas de procédure collective, elle doit être renforcée et généralisée.

[1136] Y. DIALLO, *Faut-il étendre la clause attributive de juridiction à tous les professionnels ?*, mémoire de Master II recherche, Université Paris Ouest Nanterre La Défense, 2009.

[1137] Article 2287 du Code civil consacre également le principe d'application subsidiarité du droit des sûretés du livre IV pendant les procédures collectives.

3°) Repenser les régimes de paiement exceptionnel en procédure collective

713. Cela appelle la nécessité d'unifier les régimes d'exception de payer dans les procédures collectives en les mettant au service effectif des objectifs poursuivis.

a) La nécessaire uniformisation des régimes d'exception de payer

714. Les paiements autorisés exceptionnellement après le jugement ouvrant la procédure collective concernent principalement les créanciers titulaires du droit de rétention et du droit de propriété (la clause de réserve de propriété, la fiducie-sûreté et le crédit-bail). Toutefois, si l'article L.622-7, II, al 2 du Code de commerce fonde la justification du paiement exceptionnel sur la nécessité de la « *poursuite de l'activité* », les créanciers rétenteur, crédit-bailleur, réservataire de propriété et fiduciaire ne bénéficient pas d'un même régime juridique pendant la procédure collective. En effet, si les effets de certaines de ces sûretés sont neutralisés ou retardés pendant les phases de sauvegarde et de redressement judiciaire, ce qui est tout à fait normal et devrait être érigé en règle générale, d'autres sûretés restent toujours opposables à la procédure collective. Pourtant, rien n'explique logiquement cette différence de régime juridique, pas même le caractère commercial et spécifique de chaque sûreté. Une étude exhaustive du régime juridique de chacune de ces sûretés permettra de convaincre de la nécessité d'uniformiser ces régimes juridiques de paiement exceptionnel après ouverture d'une procédure collective.

715. Concernant le paiement du créancier rétenteur effectif. Comme il a été démontré, l'opposabilité du droit de rétention aux procédures collectives de sauvegarde, redressement et liquidation judiciaires déroge au principe d'interdiction des paiements après la décision d'ouverture. Conformément à l'article L.622-7, II, al.2 du Code de commerce, les créanciers exerçant un droit de rétention effectif peuvent bénéficier d'un paiement direct exceptionnel quand les biens en leur détention présentent une nécessité certaine et utile au bon déroulement de la procédure collective, que celle-ci soit en phase de sauvegarde[1138], de redressement[1139] ou de liquidation[1140] judiciaires. En effet, compte tenu du risque de blocage que leur détention représente pour la poursuite de l'activité, le législateur permet de désintéresser les créanciers rétenteurs en autorisant leur paiement direct moyennant retrait des biens détenus.

716. Paiement direct ou indirect des créanciers fiduciaires. Pour éviter que le recours à la fiducie-sûreté ne compromette les chances de sauvetage et/ou de redressement des entreprises débitrices en difficulté, le législateur a

---

[1138] V. Article L.622-7, II, al. 2 du Code de commerce.
[1139] V. Article L.631-14 du Code de commerce.
[1140] V. Article L.641-3, al. 2 du Code de commerce.

permis au gouvernement de légiférer par voie d'ordonnance [1141] afin d'adapter les effets, notamment de la fiducie-sûreté, aux procédures collectives de sauvegarde et de redressement judiciaire[1142]. L'objectif est, principalement, de régler la question de la réalisation de la fiducie-sûreté dans ces procédures collectives[1143] en neutralisant ou en restreignant ses effets pendant ces deux procédures pour ne lui permettre de recouvrer sa pleine efficacité[1144] qu'en phase finale de liquidation judiciaire[1145]. C'est donc désormais chose faite.

717. Mais, pour comprendre le régime juridique de la fiducie-sûreté[1146] dans les procédures collectives, il faut faire la distinction[1147] entre le créancier fiduciaire en détention matérielle des biens utiles au débiteur dont le paiement immédiat est autorisé et les créanciers sans dépossession dont les droits sont restreints, au moins pendant les procédures collectives de sauvegarde et de redressement judiciaire. Cette distinction fait que cette mise en paralysie de la fiducie-sûreté n'a été que partielle[1148].

718. Créancier fiduciaire en détention matérielle des biens utiles au débiteur. La détention matérielle fait que les droits du fiduciaire ne peuvent pas être altérés par l'ouverture de la procédure collective. Mais, contrairement au cas du créancier rétenteur effectif, la fiducie-sûreté repose sur un lien de droit « régulier » qui aurait pu être différenciée de la situation de blocage générée de fait par la rétention circonstancielle. Effectivement, le trait commun avec le droit de rétention est la détention matérielle du ou des biens utiles au débiteur et donc utiles au bon déroulement de la procédure. En cas de refus de coopérer de la part du créancier fiduciaire, il y a également un risque sérieux de blocage. Dans ce cas, l'article L.622-7, II, al. 2 et par renvoi à l'article L. 631-14 du code de commerce, autorisent le paiement direct respectivement en phases de sauvegarde et de redressement judiciaire afin que les biens soient restitués au débiteur. En définitive, la détention matérielle des biens utiles au débiteur parait être ici, tout comme c'est le cas du droit de rétention, le gage de la protection des créanciers rétenteur et fiduciaire. Mais, nous pensons qu'à la différence de la situation particulière du rétenteur, le créancier fiduciaire devrait pouvoir être juridiquement maîtrisé.

719. Créancier fiduciaire sans dépossession : un paiement à échéance reporté. Dans pareille hypothèse, les effets de la fiducie-sûreté sont

---

[1141] Ordonnance n° 2008-1345, du 18 décembre 2008, *JO* 19 déc. 2008.

[1142] L. n° 2008-776, du 4 aout 2008 relative à la modernisation de l'économie, *JO* 5aout 2008, art. 74, 9°.

[1143] S. FARHI, *La fiducie-sûreté et le droit des entreprises en difficulté,* Thèse., Nice, 2013.

[1144] Ph. MALAURIE, L. AYNES, *Les sûretés, La publicité foncière,* 8e éd. L.G.D.J. 2014, p. 404.

[1145] V. Article L.641-11-1, VI du Code de commerce.

[1146] B. JADAUD, « Le régime juridique de la fiducie », *PA*, 10 juin 2009, n° 115, p. 4 et s.

[1147] Le nouvel article L.622-23-1 du Code de commerce conforte cette distinction.

[1148] M.FARGE et O. GOUT, « L'impact du nouveau droit des entreprises en difficulté sur le droit des sûretés », *RLDC*, 2009, n° 58, pp.25-33.

suspendus grâce à la contractualisation d'une convention en exécution de laquelle le débiteur conserve l'usage ou la jouissance de tous les biens ou droits transférés dans un patrimoine fiduciaire[1149]. En ce sens, l'article L.622-23-1 du Code de commerce pose le principe de la paralysie temporaire de la fiducie-sûreté pendant la période d'observation et aussi longtemps que le plan de sauvegarde ou de redressement judiciaire est correctement exécuté. Ce faisant, le paiement des créanciers fiduciaires est remis à plus tard, jusqu'au terme de la durée prévue dans la convention de mise à disposition des biens au profit du débiteur. Toutefois, en cas de rupture dans l'exécution de cette convention, ce qui pourrait rarement arriver, le paiement pourrait alors intervenir indirectement par l'action de revendication et de restitution des biens fiduciaires.

720. Le régime de paiement des crédits-bailleurs. L'ordonnance du 18 décembre 2008 a également institué une nouvelle exception au profit des créanciers dont les créances antérieures sont garanties par un contrat de crédit-bail. Le principe d'interdiction de paiement des créances antérieures après jugement d'ouverture de procédure collective est ainsi suspendu également au profit des crédits-bailleurs. Le juge commissaire peut autoriser le débiteur assisté par l'administrateur, ou l'administrateur seul, à lever l'option d'achat devant exécuter le contrat de crédit-bail pendant les phases de sauvegarde ou de redressement judiciaire. Mais, conformément aux articles L.622-7, II, al. 2, pour la sauvegarde, et L.631-14, pour le redressement judiciaire, cette levée d'option doit être justifiée par la poursuite de l'activité. Depuis la réforme du 12 mars 2014, la seconde condition à savoir : *le paiement à intervenir doit être d'un montant inférieur à la valeur vénale du bien objet du contrat*, a été supprimée. Le paiement en procédure de liquidation judiciaire n'est quant à lui soumis à aucune condition autre que celle de la levée de l'option d'achat[1150].

721. Avec la suppression de la seconde condition relative au montant du paiement à effectuer, cette dérogation devient plus absurde eu égard à la situation financière du débiteur. Si la poursuite de l'activité peut justifier le maintien du bien par le débiteur, en revanche le paiement intégral et immédiat du bien n'est pas toujours aisé. Car, en difficulté financière, le paiement exceptionnel du prix du bien pourrait compromettre l'entreprise voire même lui être préjudiciable. Il parait donc financièrement paradoxal que l'autorisation de la levée d'option d'achat soit justifiée par la poursuite de l'activité. Dans ce cas de figure, la poursuite de l'activité ne saurait être le motif le plus approprié pour autoriser un paiement exceptionnel. Si le contrat était maintenu, la situation du débiteur pourrait être certes encore plus pire parce que les créances à venir ayant qualité de créances postérieures alourdiraient la dette. Mais dans pareil cas, autant privilégier l'option de

---

[1149] Le nouvel article L.622-13, VI, du Code de commerce introduit par l'ordonnance du 18 décembre 2008.

[1150] V. Article L.641-3, al. 2 du Code de commerce.

continuation qui consiste à obliger le créancier à poursuivre le contrat pendant tout au long du déroulement des procédures collectives de sauvegarde et de redressement judiciaire et de réserver l'obligation pour le débiteur de faire la levée de l'option d'achat pendant la procédure collective de liquidation judiciaire. Tout ceci prouve le caractère illogique et lacunaire de l'injonction faite par les articles L.622-7, II, al. 2 et L. 631-14 précités sur l'entreprise débitrice en difficulté financière.

722. Le mécanisme de paiement indirect des créanciers réservataires. Ce mécanisme est encore plus contestable car le paiement indirect dérogeant au principe d'interdiction de paiement n'est même pas conditionné par la nécessité de *poursuite de l'activité* de l'entreprise débitrice en difficulté et encore moins par celle du *bon déroulement de la procédure collective* en cours. Pourtant, le paiement forcé des créanciers réservataires peut intervenir aussi bien en phase de sauvegarde qu'en phase de redressement judiciaire. Cette dérogation est consacrée par les articles L.624-9 à L.624-18 du Code de commerce sur le fondement de l'action en revendication et restitution.

723. Uniformiser les régimes juridiques de l'exception de paiement suppose donc d'avoir un même fondement justificatif axé sur l'intérêt effectif de l'entreprise à redresser, sur les objectifs de sauvegarde et de redressement judiciaire et non pas axé sur l'existence d'un droit de propriété que ferait valoir le créancier. La défense de tels intérêts et objectifs devraient alors aboutir à la paralysie, au moins pour les deux phases de sauvegarde et de redressement judiciaire, de toutes les créances antérieures y compris celles qui sont portées par une propriété-sûreté. D'autre part, la seule exception de paiement devant obligatoirement être observée compte tenu du caractère extraordinaire de la circonstance, est celle qui est occasionnée par une détention matérielle des biens utiles à la poursuite de l'activité de l'entreprise et nécessaires au bon déroulement de la procédure collective, exception résultant d'un droit de rétention ordinaire. Toutes les autres exceptions de paiement devraient pouvoir être levées en mettant en avant notamment le principe de subsidiarité des sûretés sur le droit des procédures collectives et le caractère d'ordre public de cette dernière discipline. Ainsi, à l'instar du régime juridique réservé à la fiducie-sûreté sans dépossession où les effets de celle-ci sont paralysés pendant les procédures collectives de sauvegarde et de redressement, tous les autres régimes juridiques devraient être alignés car les rapports de ces créanciers avec l'entreprise débitrice constituent tous des liens de droit que nous qualifions de « réguliers » c'est-à-dire basé sur un fondement contractuel contrairement au droit de rétention ordinaire.

724. Pour ce faire, il conviendrait de réviser les dispositions de l'article L.622-7, II, al, 2 du Code de commerce en supprimant tous les autres cas de paiement exceptionnel excepté le paiement du créancier titulaire d'un droit de rétention classique.

b) Mettre les régimes d'exception au service effectif des intérêts et objectifs poursuivis

725. La formulation actuelle de l'article L.622-7, II, al. 2 du Code de commerce est très lacunaire. La conditionnalité du paiement exceptionnel qui y est organisée est équivoque. La situation de blocage prévisible dans le cas où un créancier exercerait un droit de rétention classique ne doit pas être analysée au même niveau de complexité que le blocage résultant de l'exercice d'un droit de propriété par les créanciers présumés titulaires de ce droit. De même, les solutions à envisager ne peuvent être identiques entre une situation de blocage de fait extraordinaire et des situations de droit ou régulières.

726. La justification de la *poursuite de l'activité* n'est pas une injonction dirigée contre les créanciers pour les pousser à participer ou à contribuer au redressement de l'entreprise, elle est ici adressée à l'entreprise débitrice et à l'organe de procédure. Et, l'autorisation de payer ne représente nullement une contrepartie pour les créanciers ayant le droit à être exceptionnellement désintéressés. Or, si une telle injonction s'avère être la seule et obligatoire voie d'issue pour l'entreprise en difficulté financière pour éviter le blocage qui pourrait résulter d'une situation telle que la rétention effective, elle ne saurait être faite au gré des intérêts du moment de l'entreprise. En d'autres termes, le paiement exceptionnel résultant d'un exercice de droit de rétention classique est une solution de non choix, en pareille circonstance, l'entreprise n'ayant aucun autre choix possible. Par conséquent, ce paiement exceptionnel ne répond nullement aux intérêts et objectifs poursuivis pour le redressement financier de l'entreprise débitrice.

727. De même, la dérogation au principe d'interdiction de paiement indirectement faite par les articles L.624-9 et suivants du Code de commerce au profit des créances antérieures portant sur des biens meubles et garanties par une clause de réserve de propriété n'est pas non plus justifiée par les intérêts de poursuite de l'activité de l'entreprise et les objectifs (bon déroulement de la procédure) poursuivis. Or, il aurait bien fallu pour être plus cohérent avec les objectifs poursuivis par le droit des entreprises en difficulté orienter toute exception faite à la discipline collective vers la défense exclusive de ces idéaux et leur mise en œuvre.

728. Alors, pour mettre les régimes juridiques de paiement exceptionnel au service effectif des intérêts et objectifs poursuivis, il conviendrait de diriger toute contrainte que nécessite la réalisation du redressement de l'entreprise, en charge des créanciers afin de leur garantir au retour, un paiement prioritaire quelle que soit l'issue de cette entreprise de redressement. Pour ce faire, ce paiement exceptionnel pourrait être lié à un terme bien déterminé qui pourrait correspondre aux deux premières phases des procédures collectives. A l'issue de ce terme, qu'elle ait réussi ou pas, l'entreprise s'acquitterait prioritairement de ses dettes envers ces créanciers. Très concrètement cela se traduirait par une paralysie temporaire de toutes les situations de droit régulières liant l'entreprise et ses créanciers notamment les créanciers titulaires des propriétés-sûretés. En d'autres termes, il s'agirait de paralyser l'efficacité de la clause de réserve de propriété à l'instar de la fiducie-sûreté sans dépossession et du crédit-bail dont la levée d'option d'achat n'a pas eu lieu. Concernant, la résolution du cas spécifique du créancier rétenteur classique, il convient d'adopter la proposition suggérée plus haut en première partie de cette étude.

B) La nécessaire décohabitation de l'AUS et l'AUPC

729. Une meilleure articulation de l'acte uniforme des sûretés et de l'acte uniforme portant droit des procédures collectives ne saurait être trouvée dans la simple cohabitation de ceux-ci ni même dans quelques renvois de compétence. Pour plus de cohérence et de prévisibilité celle-ci doit nécessairement passer par un ordre de priorité clairement et explicitement établi sur l'application respective des deux actes uniformes. C'est loin d'être le cas actuellement dans le droit positif OHADA. En effet, il ressort de la précédente partie de notre étude que les deux actes uniformes cohabitent plus souvent qu'ils ne dégagent de manière explicite une priorité d'application sur certaines questions qui nécessitent pourtant une parfaite articulation entre eux. Cela ne peut fonctionner sans causer des conflits de compétence.

730. Ainsi, un ordre de primauté explicite entre les deux actes pendant la mise en œuvre des procédures collectives est plus que nécessaire (**1°**). Après quoi, il importe également de revoir le régime de paiement exceptionnel pendant les procédures collectives de règlement préventif et de redressement judiciaire de manière à les instrumentaliser en faveur des objectifs prioritaires de redressement de l' entreprise en difficulté poursuivis par l'AUPC (**2°**).

1°) De la nécessité d'un ordre de primauté expressément préétabli

731. La décohabitation c'est-à-dire l'action d'enrayer la simple juxtaposition des deux actes uniformes des sûretés et des procédures collectives est une condition préalable pour leur articulation. Parler d'une cohabitation des actes uniformes résume bien la situation actuelle du droit positif OHADA. Elle correspond à une coexistence de deux actes uniformes régissant deux disciplines substantiellement liées mais se voulant chacune avoir un champ d'application propre de manière équidistante sans pour autant organiser explicitement une application prioritaire et hiérarchisée en cas de confrontation de leurs règles de droit respectives. C'est une cohabitation qui ne fixe aucunes règles de frontière ni de règles sur la gestion de l'empiétement d'un domaine de compétence sur l'autre. L'absence d'un ordre de priorité entre les règles spéciales et d'ordre public du droit des procédures collectives et les règles plus générales relatives au droit des sûretés dans l'espace OHADA saute aux yeux. Certains auteurs[1151] ont pourtant affirmé le caractère de droit commun de l'acte uniforme portant organisation des sûretés OHADA. Mais, l'absence de disposition claire, précise et non équivoque sur ce caractère de droit commun empêche toute certitude sur la question.

Il conviendrait dès lors, à l'instar de plusieurs systèmes juridiques bien établis (**a**), qu'une disposition le prévoyant expressément soit dans l'acte uniforme des sûretés ou soit dans l'acte uniforme portant organisation du droit des procédures collectives et de l'apurement du passif lui-même. L'observation d'un tel détail contribuerait notablement à une bonne architecture juridique (**b**).

a) Quelques systèmes juridiques pour modèles

732. Les systèmes juridiques étrangers ne manquent pas d'exemples d'architecture juridique réussie. Dans le droit des Etats-Unis et dans le droit canadien en particulier, l'articulation du droit des sûretés et du droit de la faillite est presque parfaitement réussie. Le système juridique français également, dans une certaine mesure, a institué cet ordre de priorité même si l'articulation entre les deux disciplines reste encore à parfaire. Le législateur africain de l'espace OHADA pourrait s'inspirer de ces meilleurs systèmes juridiques du monde contemporain.

733. Il faut souligner le caractère particulier des droits des sûretés et de la faillite nord américains. La particularité des systèmes juridiques canadien et étasunien est que l'articulation entre le droit des sûretés ou *trusty law or law of garanties* et le droit de la faillite ou *insolvency law* est basée sur la hiérarchisation territoriale des compétences entre Etats fédérés (ou niveau provincial au Canada) compétents en matière de droit des sûretés et niveau fédéral compétent pour le droit de la faillite. De ce fait, le droit de la faillite a une primauté sur tous les droits des sûretés adoptés dans tous les Etats fédérés ou provinciaux. C'est ainsi que la problématique de l'articulation des deux disciplines a été réglée. Par conséquent, en cas de mise en œuvre du droit de la faillite, les règles relatives à l'insolvabilité des entreprises priment sur les sûretés. Cette tendance s'applique également en faveur du droit étasunien relatif au traitement judiciaire des entreprises en difficulté.

734. Dans le système juridique des Etats-Unis, l'article 9 UCC (Uniform Commercial Code) organise la *security interest* américaine. Il s'agit d'une sûreté unique[1152]. Le droit de traitement judiciaire des entreprises en difficulté est quant à lui institué dans le titre 11 du Code des Etats-Unis (*title 11 of the United State Code*) et dernièrement modifié par la loi sur la réforme de la faillite de 1994 (*Bankruptcy Reform Act of 1994*).

[1151] V. en ce sens notamment F.M.SAWADOGO, op.cit.

[1152] J.-F. RIFFARD, *Le security interest ou l'approche fonctionnelle et unitaire des sûretés mobilières. Contribution à une rationalisation du Droit français,* PU Clermont-Ferrand, L.G.D.J., 1997.

L'articulation entre ces deux matières se traduit par l'application prioritaire des objectifs même du droit de la faillite jugés pro-débiteur sur les créanciers, donc sur le droit des sûretés.

735. Ainsi, à l'instar de ces systèmes juridiques étrangers mais également à l'instar de l'article 2287 du Code civil français, il serait important que le législateur africain de l'OHADA organise très clairement l'articulation entre les deux disciplines en insérant une disposition dans ce sens dans l'un ou l'autre des actes uniformes concernés.

736. Si cette disposition était placée dans l'acte uniforme des sûretés, elle pourrait prévoir que : « *Les dispositions de ce présent acte uniforme des sûretés ne font pas obstacle à l'application des dispositions spéciales et d'ordre public de l'acte uniforme portant organisation du droit des procédures collectives d'apurement du passif* » ou bien, « *la réalisation des sûretés du présent acte uniforme des sûretés est subsidiaire aux règles relatives au déroulement d'une procédure collective en application de l'acte uniforme portant organisation des procédures collectives d'apurement du passif* ». Ainsi, une telle nouvelle disposition pourrait prévoir le principe d'application prioritaire des dispositions de l'acte uniforme portant droit des procédures collectives sur tous les autres actes uniformes notamment sur l'acte uniforme des sûretés. Ce futur principe d'application prioritaire des règles relatives aux procédures collectives sur les sûretés pourrait ainsi être exprimé de manière non équivoque de la façon suivante : « *Les dispositions de ce présent acte uniforme organisant les procédures collectives d'apurement du passif s'appliquent pleinement et principalement pendant tout le déroulement des procédures collectives. Leur application ne peut souffrir d'aucun obstacle venant des différents autres actes uniformes notamment celui portant organisation du droit des sûretés. Ces dernières sont d'une application subsidiaire et sont toutes soumises, pour la nécessité du bon déroulement de la procédure, aux règles de la discipline collective* ».

737. Il aurait fallu procéder à cette clarification à l'occasion d'une réforme. Malheureusement, cette proposition vient trop tard. La révision de l'acte uniforme portant droit des procédures collectives ayant eu lieu, le législateur africain a raté cette occasion pour organiser ainsi explicitement l'articulation entre les deux actes uniformes. C'est pour une partie remise !

2°) Adaptation du régime des revendications aux objectifs de la procédure collective

738. Pour réussir l'adaptation du régime des revendications aux objectifs poursuivis notamment pendant le règlement préventif et redressement judiciaire (**b**), il faut d'abord dissocier le régime d'une créance antérieure de celui de la qualité de la garantie de la même créance antérieure (**a**).

a) Dissocier le régime d'une créance antérieure de celui de la qualité de la garantie

739. Comme affirmé plus haut, il y a une confusion entre le régime de la créance antérieure au jugement d'ouverture d'une procédure collective et le régime principal de revendication d'un droit de propriété. La dérogation au principe de l'interdiction de paiement des créances antérieures par l'action en revendication étant justifiée par l'existence d'un droit de propriété du créancier revendiquant, celle-ci biaise le respect des règles impératives de la discipline collective par le détournement qu'elle occasionne. La créance antérieure quelle que soit la qualité de sa garantie devrait rester soumise au principe de l'interdiction des paiements. D'autant plus que le principal critère déterminant pour l'application de ce principe d'interdiction de paiement est l'antériorité de la créance à la décision d'ouverture de la procédure collective. Contrairement au droit français à travers l'article L.622-7, II, al 2 du Code de commerce, dans le droit OHADA, il n'est institué aucune exception directe à l'application du principe d'interdiction de paiement sur les créances antérieures. Mais, les articles 103 et suivants de l'AUPC révisé relatifs aux modalités de revendication dans la procédure collective organisent une dérogation indirecte à ce principe en permettant au créancier propriétaire d'être payé à travers l'exercice de l'action en revendication.

740. Identifier cette nuance permettrait de traiter d'une manière équitable tous les créanciers titulaires de créance antérieure à la décision d'ouverture d'une procédure collective qu'ils soient chirographaires, titulaires d'une sûreté réelle préférentielle ou d'une sûreté réelle fondée sur le droit de la propriété. En effet, la finalité de toute sûreté étant de garantir efficacement le paiement au moment de la réalisation, elle ne saurait interférer dans la façon de traiter une créance antérieure dans la procédure collective de règlement préventif ou de redressement judiciaire d'une entreprise en difficulté où l'objectif principal visé n'est pas le paiement des créanciers. Par la qualité de la garantie, il faut entendre d'abord la nature et l'efficacité de la sûreté mais également les droits sur les biens qu'elle confère à son titulaire. Ainsi, la qualité d'une sûreté réelle classique se trouve dans son efficacité à garantir le paiement en exerçant son droit de préférence sur le prix de vente du bien, assiette de la sûreté. Alors que la qualité d'une propriété-sûreté se trouve quant à elle dans l'efficacité à garantir le paiement du créancier bénéficiaire par l'exclusivité qu'elle confère à celui-ci sur le bien. Or, les exceptions posées par les articles 103 et suivants de l'AUPC révisé au principe d'interdiction des paiements par la voie de l'action en revendication étant fondées exclusivement sur la qualité de la garantie, modifient l'esprit de la législation sur le sort qu'elle accorde à une créance antérieure quelle que soit la qualité de sa garantie de paiement. Partant, de cette confusion, ces dérogations permettent de manière insidieuse de surseoir l'application des règles dérogatoires et d'ordre public du droit des procédures collectives au profit de celle des règles normalement subsidiaires du droit des sûretés.

Ainsi, pour échapper au principe précité l'opposabilité du droit de propriété du créancier à la procédure collective a été instrumentalisé à son profit, alors que les intérêts de l'entreprise en difficulté et les objectifs prioritairement poursuivis devraient plutôt commander son inopposabilité temporaire.

b) Réussir un régime dérogatoire au service des objectifs poursuivis

741. Même si l'intitulé même de l'acte uniforme des procédures collectives OHADA, mentionne « apurement du passif », les objectifs poursuivis notamment dans les phases de règlement préventif et de redressement judiciaire ne visent pas d'emblée la liquidation des biens de l'entreprise débitrice. Comme il a été rappelé plus d'une fois, il s'agit avant tout de permettre la sauvegarde de l'activité de l'entreprise en difficulté financière et de la redresser si elle est susceptible de l'être. L'idée serait sinon de convaincre tout du moins d'amener les créanciers dubitatifs à faire confiance à l'entreprise et à contribuer à l'effort de son redressement économique. Dès lors, durant ces deux premières phases des procédures collectives, il ne devrait pas pouvoir être possible aux créanciers de faire valoir la qualité de leur garantie contractée et quand bien même, cette garantie ne devrait alors pas être efficace. Car si tous les créanciers titulaires d'un droit de propriété revendiquaient et retiraient leurs biens, l'entreprise serait alors privée de trésorerie et de certains de ses moyens d'exploitation. Et, dans ces conditions, aucune procédure de redressement de l'entreprise ne pourrait être mise en œuvre[1153].

742. Dès lors, la finalité de l'acte uniforme des procédures collectives devrait alors commander à ce que tous les mécanismes de paiement exceptionnel (droit de rétention, propriétés-sûretés) soient suspendus ou rendus sans effet pendant les phases de règlement préventif et de redressement judiciaire afin de permettre l'exécution des plans obtenus en accord avec certains créanciers. A l'instar de la mise en paralysie de la fiducie-sûreté sans dépossession et du crédit-bail du droit français, le législateur africain de l'espace OHADA devrait rendre inopposable à la procédure collective de règlement préventif et de redressement judiciaire tous les effets de toutes les actions en revendication des créanciers propriétaires composant la masse et de la masse pour ce qui concerne les créances antérieures. Cette proposition pourrait bel et bien trouver fondement juridique à l'article 76 AUPC révisé et s'appuyer sur l'impérieuse poursuite de l'activité pour retarder le paiement consécutif aux différentes actions qui pourraient être diligentées par ces créanciers et de ne permettre leur reprise qu'en cas d'ouverture de procédure de liquidation des biens[1154].

[1153] D. LEGEAIS, *Sûretés et garanties du crédit*, L.G.D.J., 9e édition, 2013, p. 448.
[1154] V. Article 76 al. 1er de l'AUPC révisé.

SECTION 2. L'INCOHERENCE JURISPRUDENTIELLE

743. L'incohérence jurisprudentielle est la conséquence logique de l'incohérence législative ci-dessus traitée. Dans le droit OHADA, elle peut être analysée comme la répercussion prévisible d'une imperfection législative ou d'une influence judiciaire française. En effet, l'affinité juridique et judiciaire entre la France et ses anciennes colonies pourrait amener ces dernières à connaitre un parcours similaire.

Cette proximité pourrait se traduire notamment par référence directe aux décisions de la Cour de cassation française (**§2**). Il serait donc possible d'anticiper afin de permettre que le juge rectifie le législateur. Dans le droit français, l'incohérence jurisprudentielle provient d'une certaine permissivité jurisprudentielle (**§1**) pour ne pas dire une complicité entre juge et législateur.

§1) La permissivité jurisprudentielle dans le droit français

744. L'idée de permissivité jurisprudentielle exprime ici l'implication des juges à entériner le choix législatif orienté économiquement au profit exclusif d'une minorité de créanciers bien protégés [1155] au détriment de l'intérêt collectif des créanciers. Le favoritisme jurisprudentiel vient appuyer et renforcer ce favoritisme législatif, tant décrié. Certains auteurs [1156] ont soutenu ce courant de défense d'une minorité de créanciers en estimant tout comme la Cour de cassation ou inspirant celle-ci, que de telles dérogations au principe d'égalité, en l'occurrence devant l'interdiction de paiement, restent à tous les coups, justifiées, mais d'autres auteurs, sans doute, plus objectifs ont pu considérer que le fondement même de ces opposabilités par des actions en revendication et restitution, reste profondément contestable[1157] puisque totalement biaisé[1158]. En ce sens, un auteur a déjà affirmé que : « *utilisée comme une garantie par les créanciers dispensateurs de crédit, la propriété n'est plus ce droit de jouir et disposer des choses que décrit l'article 544 du Code civil* », et conclu que ce genre de détournement de droit est bien connu[1159]. Est-ce à dire alors que cette dérogation spécifique au droit des procédures collectives n'a aucun réel fondement juridique autre que d'instaurer un favoritisme jurisprudentiel ? Sinon, quelle est la véritable justification de ces opposabilités ? La permissivité jurisprudentielle passe

---

[1155] D. KLING, Projet d'ordonnance portant diverses propositions en faveur du droit des entreprises en difficulté, Rapport Observations de la CCIP, 22 mai 2008, spéc.p. 27.

[1156] V. dans ce sens notamment Ph. PETEL, « Le nouveau droit des entreprises en difficulté : acte II », *JCP E* 2009, I, n° 1049.

[1157] W. DROSS, « La revendication dans les procédures collectives : une imposture ? », *Droit et patrimoine*, 2011, 199, pp.30-40.

[1158] M. FARGE, O. GOUT, « L'impact du nouveau droit des entreprises en difficulté sur le droit des sûretés », *RLDC* – 2009, n° 58, p. 25-33.

[1159] G. BLANLUET, « Brèves réflexions sur la propriété économique », *Droit & Patrimoine*, mars 2001, n° 91, p. 80-83.

également par les interprétations des juges, interprétations qui visent à maintenir une démarche spécialisant certaines sûretés au profit de certains créanciers. Il peut s'agir par exemple de faire jouer la collision de régimes juridiques en matière de sûretés réelles[1160] pour protéger certains créanciers.

Ainsi, d'influence législative, la permissivité jurisprudentielle s'est matérialisée par la reconnaissance ultérieure par la Cour de cassation de certaines sûretés réelles opposables en procédure collective (**A**) et par la tendance prétorienne spécialisant d'autres sûretés réelles dans la procédure collective (**B**).

A) La reconnaissance prétorienne des sûretés réelles opposables en procédure collective

745. « *Pour répondre à l'attente de certains créanciers, le législateur devait ainsi consacrer l'opposabilité de la réserve de propriété par la loi du 2 janvier 1980 et la cession de créance à titre de garantie par la loi Dailly en date du 31 janvier 1981. Puis la loi du 19 février 2007 consacre la fiducie et l'ordonnance du 30 janvier 2009 consacre le régime de la fiducie-sûreté*[1161] ».

746. Rendre certaines sûretés réelles opposables à la procédure collective est un évènement relativement récent dans le droit positif français. Cette volonté a d'abord été législative avant de voir sa mise en application conforme par la jurisprudence. A ce propos, la position de la jurisprudence ancienne renseigne sur une hostilité historique de la Cour de cassation (**1°**). Avant que, sous l'effet de cette injonction législative forte, la Cour ne fit un revirement de principe sans précédent pour adopter le choix de la mise en application de l'opposabilité de ces sûretés réelles en procédure collective (**2°**).

1°) Hostilité historique de la jurisprudence à l'opposabilité

747. Pendant longtemps depuis la fin du 19e siècle[1162], en France, la Cour de cassation était hostile à l'opposabilité[1163], de certains mécanismes de garantie de créance devenus plus tard des sûretés-propriétés[1164]notamment la clause de réserve de propriété dans les procédures collectives. Ainsi, pour un motif qui n'était pas toujours constant ni toujours le même (**a**), la Cour de cassation avait toujours refusé de rendre la clause de réserve de propriété opposable à la procédure collective de l'acquéreur. Avant que cette position

---

[1160] L. D'AVOUT, F. DANOS, « Collisions de régimes juridiques en matière de sûretés réelles », *Droit & Patrimoine*- 2013, n° 227, p. 24-34.
[1161] D. LEGEAIS, op.cit. p. 451.
[1162] Cass. Req., 17 juillet 1895, *D.* 1896.I. 57, note Thalier.
[1163] Cass. civ., 28 mars et 22 octobre 1934, D. 1934, 1, *Jur.* p. 151, note J. Vandamme ; S. 1935, 1, *Jur.*p.337, note P. Esmein.
[1164] O. GOUT, « Quel droit commun pour les sûretés réelles ?», *RTD civ.* 2013, p. 255.

jurisprudentielle ne soit littéralement « combattue »[1165] par la loi, les juges n'ont, sans doute, pas maintenu cette position jusqu'au bout (**b**). Pourtant, ce procédé législatif est contestable aussi bien dans son énoncé de principe que dans son objet cadre puisque doublement contradictoire (**c**).

a) L'absence de principe justificateur unifié du refus de l'opposabilité

748. La Cour de cassation justifiait le refus de l'opposabilité de la clause de réserve de propriété à la procédure collective de manière empirique. En effet, dans certains arrêts elle fondait le refus d'opposabilité de la clause de réserve de propriété sur la théorie de l'apparence qui consistait à considérer que les marchandises achetées se trouvant dans le patrimoine du débiteur étaient devenues, par la possession qu'en avait le débiteur, un élément ostensible de sa solvabilité[1166]. En d'autres termes, elle considérait que les marchandises achetées faisaient partie intégrante du patrimoine du débiteur. Dans d'autres décisions, la Cour refusait l'effet d'opposabilité à la procédure pour protéger la masse des créanciers au nom du principe d'égalité[1167] et de l'intérêt général de la procédure[1168]. Enfin, dans d'autres décisions encore, plus récemment, la Cour de cassation résolvait la difficulté des clauses de réserve de propriété se trouvant en contradiction dans les conditions générales de vente et dans les conditions générales d'achat, en tranchant en faveur de l'acquéreur, l'acheteur [1169] ou en approuvant le refus de la clause de réserve de propriété par celui-ci[1170] au détriment du vendeur. Donc, même si l'on peut regretter, l'absence, au cours de cette longue période d'hostilité, de construction d'un principe général expressément clair dans son fondement justifiant le refus d'opposabilité de ces mécanismes à la procédure collective, il y avait tout de même là une volonté jurisprudentielle bien affichée d'empêcher une multiplication des sûretés réelles ou des procédés qui étaient susceptibles d'affaiblir les procédures collectives.

[1165] P. CROCQ, « Propriété garantie. Réserve de propriété, feu l'accord des volontés ou un nouvel et malheureux épisode de « la jurisprudence combattue par la loi », *RTD civ.* 1996, 675.

[1166] Cass. Req. 17 juillet 1895, D. 1896. I. 57, note Thalier, voir aussi dans le même sens, Cass. Req. 21 juillet 1897, *D.* 1898, 1, 269.

[1167] Cass. civ. 1re, 15 janvier 1991, *Bull. civ.* I, n° 9. obs. B. BOULOC.

[1168] Cass. civ., 28 mars 1934 et Cass.civ., 22 octobre 1934, *DP*. 1934, *Jur.* p. 151, op. cit.

[1169] Cass. com., 3 décembre 1996, *Bull. civ.* IV, n° 299 ; *RTD. com.* 1997, 500 note B. BOULOC, Cette position de la Cour de cassation fut constante, voir dans ce sens : Cass. Com. 13 juin 1989, *Bull. civ.* IV, n° 186 ; Cass. com. 10 décembre 1991, *JCP* 1991, éd. E. I. 201.

[1170] Cass. com., 11 juillet 1995, deux espèces, *Bull. civ.*IV, n° 211 et 213 ; *JCP* éd. E. 1996, II, n° 779, note J. Vallansan ; *JCP* 1996, II, n° 22583, note D. Mainguy ; *D.* 1996, Somm. p. 212, obs. F. Mme. Pérochon ; *JCP* 1996, I, n° 3896, n° 12, obs. Ph. Pétel ; *JCP* éd. E. 1996, I, n° 523, n° 10, obs. R. Bonhomme-Juan. D. VOINOT, « Refus par l'acheteur de la clause de réserve de propriété en droit des procédures collectives : à propos de l'article 9 de la loi n° 96-588 du 1re juillet 1996 sur la loyauté et l'équilibre des relations commerciales modifiant l'article 121 de la loi du 25 janvier 1985 », *in Dalloz* 1997, chron. 312.

749. Il aurait bien fallu que la Cour suprême restât sur une position identique pour justifier son refus de rendre opposable ces mécanismes de garantie dans la procédure collective en se basant notamment sur la défense des objectifs poursuivis par la procédure et sur l'intérêt collectif des créanciers. Mais, en basculant dernièrement du côté de la protection de l'acheteur en cas de contradiction des conditions générales d'achat et de vente, la jurisprudence s'est taillée la réputation d'être en faveur exclusive de l'acheteur, comme si elle identifiait ce dernier comme une partie faible nécessitant d'être protégée. Or, en général, les parties qui font recours à de telles clauses de réserve de propriété sont des grandes entreprises, très souvent dans le secteur de la grande distribution[1171]. Vue comme susceptible d'accroitre la domination des grandes entreprises commerciales sur les petits fournisseurs de marchandises[1172], une telle faveur a été analysée comme dangereuse. C'est cette optique là de la tendance jurisprudentielle bien établie, qui, malgré son caractère non unifié et empirique, avait reçu l'approbation de la doctrine[1173] au moins sur le principe de non opposabilité, qui a finalement été combattue et renversée par une volonté législative explicite. Cette dernière était animée par le souci de rétablir l'équilibre contractuel entre les parties notamment entre vendeur et acheteur avec une réserve de propriété. Même si ce choix législatif imposé n'a fait finalement que renverser le sens du déséquilibre il s'est avéré totalement contestable dans son fondement et inapproprié au regard de l'ensemble des objectifs du droit des procédures collectives[1174]. Les juges de la Cour de cassation semblent, s'accommoder de cette incohérence législative qu'ils cautionnent à travers leurs décisions ultérieures marquées par un revirement jurisprudentiel sans précédent.

b) La résistance non assumée au forcing législatif imposant l'opposabilité

750. La première opposabilité de ce qui est devenu le groupe des propriétés-sûreté imposée par la loi dans la procédure collective a concerné la clause de réserve de propriété. Celle-ci a été consacrée par la loi du 12 janvier 1980[1175]. Puis l'opposabilité de la cession de créance à titre de garantie par la loi dite Dailly du 31 janvier 1981. Et, enfin, les conditions de l'opposabilité de la fiducie-sûreté dans la procédure collective ont été organisées par l'ordonnance du 30 janvier 2009. Mais de toutes ces opposabilités, l'opposabilité de la réserve de propriété est la plus

---

1171 D. VOINOT, op.cit.
1172 Ibid.
1173 P. CROCQ., « Propriété garantie. Réserve de propriété, feu l'accord des volontés ou un nouvel et malheureux épisode de « la jurisprudence combattue par la loi », op.cit.
1174 F. DERRIDA, P. GODE, J.-P. SORTAIS, *Redressement et liquidation judiciaires des entreprises,* avec la Collab. de A. HONORAT, Dalloz, 3e éd., 1997, p. 228, n° 345 ; C. SAINT-ALARY-HOUIN, *Droit des entreprises en difficulté*, 2014, op.cit.
1175 Loi n° 80-335, du 12 janvier 1980, *JO* 13 mai 1980, p. 1202.

notoirement symbolique puisque celle-ci du fait de la manière dont elle a été introduite, a marqué l'édification du principe de l'opposabilité de ces procédés de garantie de créance dans la procédure collective.

751. Pour ne se contenter que du principe de l'opposabilité dans la procédure collective, nos propos se centreront sur l'opposabilité de la clause de réserve de propriété dans la procédure collective plus que sur les autres cas de figure d'opposabilité précités. Cette première est plus vivace et efficace mais sans doute aussi la plus contestable puisque reposant sur un fondement erroné. En outre, elle a la double particularité d'avoir été la première du genre à être imposée par la loi et à avoir fait l'objet d'une controverse jurisprudentielle avant et après l'intervention législative. En effet, dans un premier temps, malgré la consécration de l'opposabilité de la clause de réserve de propriété par la loi de 1980, la Cour de cassation continuait de refuser de la rendre opposable en procédure collective en application de cette loi. Ce n'est qu'à compter de la modification apportée par l'article 19 de la loi du 1er juillet 1996 relative à la loyauté et à l'équilibre des relations commerciales à l'article 121 de la loi du 25 janvier 1985 devenu l'ancien article L.621-122, al 2 du Code de commerce, aujourd'hui abrogé, que l'application de l'opposabilité s'est imposée en jurisprudence. La loi de 1996 a réaffirmé le principe d'opposabilité en précisant que la clause de réserve de propriété est aussi opposable à l'acheteur qu'aux autres créanciers. En disposant ainsi, la loi de 1996 confirme l'œuvre entamée dans ce sens par la loi du 10 juin 1994 dont la mise en application sur ce point a rencontré une résistance de la jurisprudence qui n'avait, sans doute, pas été convaincue du fondement d'une telle opposabilité.

752. Mais, cette jurisprudence hostile finit par décliner face à la persistance du législateur de la loi du 1er juillet 1996. Les juges de cassation n'ont pas pu assumer leur position sans doute par manque de clarté et de consistance concernant le contenu du principe de l'inopposabilité à la procédure collective.

c) La double contradiction du procédé législatif imposant l'opposabilité

753. Beaucoup d'auteurs[1176] ont déjà dénoncé le caractère doublement contradictoire du texte modifiant la loi de 1985 et introduisant l'ancien article L.121-122 du Code de commerce. Avant eux, le parlementaire et rapporteur pour avis, du projet de la loi du 1er juillet 1996[1177] devant l'Assemblé Nationale, a été le premier à qualifier alors le texte de « *dérogation fort contestable au droit des contrats*[1178]». En effet, le texte de départ de la loi de 1996 à l'origine de la modification apportée à l'article 121 al. 2 de la loi du 25 janvier 1985 puis de manière consécutive à la loi de 10

[1176] D. VOINOT, op.cit.; P. CROCQ, op.cit. Voir également dans le même sens Cass. Com. 3 déc. 1996, *Bull.civ.IV*, n°299, in *RTD com*. 1997. 500, obs. B. BOULOC.

[1177] Loi sur la loyauté et l'équilibre des relations commerciales.

[1178] CR JOAN, 30 mai 1996, p. 3603, cité par P. CROCQ, op. cit.

juin 1994, avait introduit une nouvelle phrase à l'article L.121 alinéa 2 qui disposait « *Nonobstant toute clause contraire la clause de réserve de propriété est opposable à l'acheteur et aux créanciers à moins que les parties n'aient convenu par écrit de l'écarter ou de la modifier* ». Cette nouvelle phrase se voulait imposer explicitement l'opposabilité de la clause de réserve de propriété non seulement à l'acheteur mais également aux autres créanciers de l'acheteur donc à la procédure collective de celui-ci. Et dorénavant, le texte précisait que toute dérogation à ce principe d'opposabilité visant à l'écarter ou à la modifier devait résulter d'un commun accord des parties stipulé par écrit. En d'autres termes, cette phrase signifiait que l'accord de volonté n'était plus nécessaire pour que la clause de réserve de propriété produise son effet, il suffisait pour cela que la clause ait été stipulée unilatéralement par le vendeur. L'accord de volonté n'était, donc, requis que pour écarter l'application de la clause lorsque celle-ci avait été stipulée par le seul vendeur[1179].

754. Or, cette modification est doublement contradictoire. Premièrement, comme relevé à l'unanimité par les auteurs, elle est contradictoire dans son énoncé. En effet, la première phrase de l'article 121 al. 2 exigeait que la clause de réserve de propriété soit convenue entre les parties, tandis que cette nouvelle phrase semblait l'imposer à l'acheteur et aux créanciers de l'acheteur. Il est clairement paradoxal d'exiger d'une part que pour que la clause soit valide, qu'elle soit convenue, consentie par et entre les deux parties, acheteur et vendeur et d'autre part d'imposer la volonté unilatérale du vendeur à l'acheteur et à ses créanciers. De la sorte, plutôt que de mettre en avant la volonté des parties, ce qui aurait fait de la clause de réserve de propriété une garantie conventionnelle, en imposant son existence et son opposabilité à l'acheteur et à ses créanciers, la loi transforme cette clause en une garantie légale d'opposabilité *erga omnes* conçue au détriment de l'acheteur. Ainsi, une loi qui devait apporter de l'équilibre et de l'équité entre les parties, a-t-elle créé un déséquilibre sans précédent entre les parties contractantes d'une clause de réserve de propriété.

745. Enfin, le procédé n'est pas cohérent avec les principes fondamentaux qui régissent le droit des obligations et des contrats et il est contradictoire voire inapproprié aux objectifs poursuivis par le droit des procédures collectives notamment de sauvegarde et de redressement de l'entreprise. Concernant le droit commun des contrats, au-delà du caractère dérogatoire de la modification de ce droit, il est aisé de constater qu'imposer l'opposabilité de la clause aux tiers viole le principe fondamental du droit commun des contrats qui est celui de l'effet relatif des conventions[1180]. Sauf à considérer, qu'en réalité, cette base légale modifie substantiellement le caractère conventionnel de la clause de réserve de propriété.

1179 P. CROCQ., op.cit.

1180 V. Article 1165 du Code civil.

746. Certains auteurs ont tenté d'expliquer la source de cette incohérence du législateur de la loi du 1er juillet 1996. Selon, M. Crocq, elle résulterait de la transposition faite confusément en droit français d'une solution bien établie en droit allemand selon « *laquelle en l'absence d'accord de l'acheteur, une déclaration unilatérale du vendeur suffit à faire obstacle au transfert de propriété* ». Or, soutient l'auteur, ce sont là deux logiques différentes : « *si la volonté unilatérale du vendeur suffit à faire produire effet à la réserve de propriété, c'est parce que le droit allemand opère une dissociation entre l'effet obligatoire et l'effet réel du contrat. Tandis que le droit français repose sur un principe exactement inverse : les deux effets sont liés puisque l'article 1583 du Code civil qui n'a pas été modifié par la loi du 1er juillet 1996, pose toujours le principe du transfert immédiat de la propriété lors de la conclusion du contrat de vente* [1181]». Cet auteur a estimé qu'en faisant produire effet à la clause de réserve de propriété de manière unilatérale, l'ouverture de la procédure collective occasionne un nouveau transfert de la propriété du bien mais cette fois de l'acheteur qui était devenu propriétaire du bien jusqu'à l'ouverture de la procédure vers le vendeur[1182]. Il a considéré cela comme une remise en question du principe du transfert immédiat de la propriété[1183], d'où selon lui, une contradiction au droit commun des contrats.

747. L'on peut toujours objecter à cet auteur, que si, à la base, le mécanisme du transfert de propriété retardé n'a pu être possible que par dérogation à l'article 1583 du Code civil, du fait justement de son caractère supplétif et non d'ordre public donc parfaitement susceptible d'être dérogé par la volonté des parties, il n'en demeure pas moins vrai qu'au fond les logiques allemande et française de propriété réservée étant fondamentalement différentes, celles-ci ne sauraient produire des mêmes effets. Cette transposition est donc incohérente sur le plan juridique.

748. Au regard du droit des procédures collectives, la contradiction qui avait été tout de suite relevée était le caractère contreproductif de l'opposabilité à la masse par rapport à l'objectif de redressement de l'entreprise. En effet, elle serait susceptible d'enlever à l'entreprise débitrice les moyens de son sauvetage. Enfin, d'autres auteurs ont pu s'apercevoir que non seulement cette opposabilité à la masse des créanciers est contraire à l'objectif précité du droit des entreprises en difficulté mais elle pourrait également contribuer *« à compliquer encore le développement désordonné des garanties dans les procédures collectives*[1184] ». Abondant dans ce sens, M. Voinot a écrit : « *l'existence de la clause résulte d'abord d'une*

[1181] P. CROCQ, « Propriété garantie-Réserve de propriété. Feu l'accord des volontés ou un nouvel et malheureux épisode de « la jurisprudence combattue par la loi ».op. cit.
[1182] Ibidem.
[1183] Ibid.
[1184] G. RIPERT, R. ROBLOT, par Ph. DELEBECQUE et M. GERMAIN, *Traité de droit commercial,* t2 L.G.D.J., 1994, n° 3160, p. 1136 ; cité par D. VOINOT, « Le refus par l'acheteur de la clause de réserve de propriété en droit des procédures collectives… », op. cit.

déclaration unilatérale du vendeur et ensuite du fait de la loi qui écarte toute clause contraire. Le procédé n'est pas justifié par la sauvegarde mais par l'objectif de concurrence [1185]». Là, également ce caractère contradictoire voire inapproprié de la volonté du législateur de 1996 semblait s'être justifié par l'orientation même de la loi relative à la loyauté et l'équilibre des relations commerciales laquelle, du reste, n'aurait jamais eu de lien aussi direct avec le droit des procédures collectives. Car, l'objectif qui était visé par cette législation était clairement propre au droit de la concurrence[1186] et non au droit des entreprises en difficulté. En définitive, si l'intention du législateur avait été jugée raisonnable pour certains puisque visant particulièrement à protéger les petits fournisseurs de la grande distribution face aux gros commerçants acheteurs, nous convenons avec d'autres auteurs que cette modification forcée a illustré de nouveau des difficultés du législateur à rechercher et à trouver une cohérence lorsqu'il s'agit de réformer le droit des procédures collectives[1187]. Les juges notamment ceux de la Cour de cassation n'ont pas, par la suite été amenés à relever toutes ces contradictions et à remédier à cette incohérence juridique, pourtant frappante, par une cohérence jurisprudentielle[1188].

2°) L'inexorable choix jurisprudentiel de la mise en application de l'opposabilité

749. Malgré l'incohérence juridique de la modification apportée par la loi du 1er juillet 1996 parachevant un long processus législatif[1189] visant à imposer l'opposabilité de la clause de réserve de propriété de l'acheteur pendant la procédure collective, celle-ci a fini par l'emporter sur la jurisprudence. La Cour de cassation a été obligée de réviser en conséquence sa position traditionnelle en choisissant dorénavant de mettre en œuvre l'opposabilité comme indiquée par le législateur en application de l'ancien article L.121-122 du Code de commerce. Ce texte bien qu'aujourd'hui abrogé depuis la loi de sauvegarde des entreprises du 26 juillet 2005, a été en substance repris par les articles L.624-9 et suivants du Code de commerce relatifs aux actions en revendication et en restitution. Pour autant les difficultés liées à l'incohérence juridique, reprochée au législateur dès

---

1185 D. VOINOT, op. cit.

1186 Ibidem.

1187 M.-A. FRISON-ROCHE, « La cohérence juridique de la loi du 10 juin 1994 », in *Le nouveau droit des défaillances d'entreprises,* Dalloz. 1995, coll. Thèmes et commentaires, p. 23 et s.

1188 A. AYNES, PH. DUPICHOT, « Janvier – Juillet 2014 : Désordre législatif, cohérence jurisprudentielle », op.cit.

1189 Ce processus avait été voulu par la loi du 12 janvier 1980 puis introduit successivement dans la loi du 25 janvier 1985 et dans celle du 10 juin 1994 en vue d'influer sur le droit des procédures collectives. D'ailleurs, d'après la dernière formulation introduite par l'article 19 de la loi du 1er juillet 1996, l'opposabilité de la clause de réserve de propriété constituerait un effet de l'ouverture de la procédure collective de l'acheteur, comme l'a relevé P. CROCQ.

l'origine sont-elles dissipées ou solutionnées par les nouvelles dispositions du Code de commerce précitées organisant cette dérogation au principe d'interdiction de paiement ? Ces dispositions du Code de commerce actualisant l'opposabilité à la procédure collective sur la base des actions en revendication et en restitution ont-elles fini par régulariser le fondement juridique de ces actions ? Sachant que le principe de l'opposabilité imposé par le législateur résulte, comme il a été donné de voir plus haut, d'un condensé de contradictions et de confusions[1190], sur quelle assise juridique reposent les actions en revendication et en restitution dans la procédure collective ? Constituent-elles une imposture[1191] juridique que la permissivité et la mise en pratique par la Cour de cassation sont en train de légitimer ?

Afin de répondre à toutes ces questions, nous analyserons d'abord le fondement de l'action en revendication et en restitution posée par les articles L.624-9 et suivants du code de commerce (**a**) puis la recevabilité (**b**) de ces actions et enfin les effets résultant de la mise en œuvre de telles actions sur la procédure collective de l'entreprise débitrice (**c**).

a) Le fondement juridique des actions en revendication et en restitution

750. Cherchant le fondement immédiat de l'action en revendication et en restitution, seuls ceux qui connaissent l'évolution juridique de cette question songeraient à l'opposabilité d'origine légale de ces mécanismes de garantie comme la clause de réserve de propriété, à la procédure collective. Les nouvelles dispositions du Code de commerce n'évoquant nulle part cette opposabilité en guise de référence peut-on toujours se poser la question de la corrélation entre l'action en revendication et en restitution ainsi instituée et l'opposabilité. La jurisprudence quant à elle, reste très imprécise, rattachant l'opposabilité tantôt au droit de propriété tantôt au prix ou à la créance. Ceci a poussé la doctrine à se poser sérieusement la question du véritable fondement juridique de ces actions dérogatoires aux règles de la discipline collective en l'occurrence au principe d'interdiction de paiement après l'ouverture d'une procédure collective.

751. La corrélation entre l'opposabilité légale et les actions en revendication. Existe-t-il un lien direct ou indirect entre la reconnaissance dérogatoire des actions en revendication et en restitution en procédure collective et les opposabilités légales imposées successivement par le législateur au profit de certains mécanismes de garantie de créance ? Si la réponse est affirmative, alors ce lien assoit-il de manière satisfaisante le fondement juridique de ces actions ? On ne peut affirmer avec certitude l'existence d'un lien direct entre les opposabilités légales, puisqu'elles sont

[1190] P. CROCQ, « Propriété garantie. Réserve de propriété. Feu l'accord des volontés ou un nouvel et malheureux épisode de « la jurisprudence combattue par la loi » », op. cit ; cité par D. VOINOT, « Le refus par l'acheteur de la clause de réserve de propriété en droit des procédures collectives … », op. cit.

[1191] W. DROSS, 2011, op. cit.

multiples notamment celle en faveur d'une clause de réserve de propriété. Cette réserve s'explique d'une part, par le fait de la suppression de l'ancien article L121-122 du Code de commerce et d'autre part, par le fait qu'il n'est fait aucune mention sur le fondement des actions en revendication consacrées.

752. Mais définir, d'emblée, les deux termes devrait permettre de faire jaillir un certain lien. Selon, *le vocabulaire juridique*, l'opposabilité se définit comme « *une aptitude d'un droit, d'un acte, d'une situation de droit ou de fait à faire sentir ses effets à l'égard des tiers*[1192] ». Cependant, dans cette définition le mot tiers est entendu comme étant « *des personnes qui ne sont ni titulaires du droit ni parties à l'acte ni ayants cause, ni créanciers de ces parties* ». Or dans notre cas de figure, les tiers sont entendus comme étant les autres créanciers de l'acheteur. Cette définition de l'opposabilité est donc à écarter au moins dans son acception du tiers. Néanmoins, l'on peut garder la première partie de cette définition, à savoir que l'opposabilité est une aptitude d'une situation de droit ou de fait à faire sentir ses effets. Dans notre cas, l'opposabilité se définirait ici comme le droit d'opposer à la procédure collective, l'existence de son droit de propriété sur un bien. L'opposabilité légale est donc la reconnaissance par la loi de cette aptitude qu'a un droit, une situation de droit ou de fait de faire sentir ses effets à toutes les personnes visées par la loi. L'action en revendication quant à elle, se définit comme une action en justice par laquelle on fait établir le droit de propriété qu'on a sur un bien[1193]. Il existe bien là un lien étroit entre les deux définitions. Le dénominateur commun est le fait de faire valoir un droit d'un côté par son effet et de l'autre par son existence. Si dans le cadre de la procédure collective, l'action en revendication est l'action en justice par l'exercice de laquelle un créancier fait reconnaitre son droit de propriété sur le bien à la procédure, alors une telle action a nécessairement une corrélation directe avec l'opposabilité à la procédure collective reconnue à ce droit.

753. Toutefois, l'abrogation de l'ancien article L.121-122 du Code de commerce pourrait être comprise puisque l'article ne concernait que l'opposabilité légale à la procédure collective de la clause de réserve de propriété de l'acheteur. Le texte n'incluait pas toutes les autres opposabilités légales à la procédure collective instituées à savoir les opposabilités de la cession de créance (qui n'est pas reconnue comme une propriété-sûreté par le Code civil), de la fiducie-sûreté et plus récemment celle du crédit-bail. Or, les nouvelles dispositions des articles L.624-9 et suivants précités ne concernent pas exclusivement les titulaires d'une clause de réserve de propriété. Elles sont également susceptibles d'être évoquées par les créanciers fiduciaires et crédit-bailleurs.

754. Par conséquent, il convient d'affirmer qu'elles permettent de concrétiser toutes les opposabilités légales consacrées et fixent les mêmes

---

[1192] G. CORNU, op. cit., p. 706.
[1193] Ibid. p. 918.

conditions relatives à l'exercice de toutes les actions en revendication et en restitution que ce soit pour le réservataire, le fiduciaire ou le crédit-bailleur, même si, comme il a été précédemment regretté dans cette étude, les régimes juridiques ne sont pas unifiés sur l'opposabilité de l'une ou de l'autre de ces trois propriétés garanties dans la procédure collective.

755. La justification encore imprécise apportée par la jurisprudence. Depuis le revirement de jurisprudence consécutif à l'arrimage de la Cour de cassation à la volonté législative imposant l'opposabilité de la clause de réserve de propriété à la procédure collective, la Cour l'applique donc à travers l'action en revendication étendue à toutes les opposabilités légales. Cependant, jusqu'à ce jour, les juges suprêmes n'ont donné aucune justification déterminant le fondement juridique de cette action en revendication. Si toutes les actions en revendication autorisées en procédure collective visent la reconnaissance d'un droit de propriété, sont-elles pour autant, de la même nature que l'action en revendication de droit de propriété de droit commun ? Ou bien sont-elles spécifiques à la procédure collective ? La nuance est, d'importance et pourtant la Cour de cassation ne répond pas à toutes ces questions. Certains auteurs ont comparé les conditions d'exercice de l'action en revendication en procédure collective et les conditions de cet exercice en droit commun[1194].

756. Cette étude met en évidence une différence qui saute aux yeux notamment à propos du délai fixé par la loi pour agir en revendication dans la procédure collective. Cette action, à la différence de l'action en revendication de droit de propriété de droit commun est prescriptible après le délai de trois mois. Il ressort d'une jurisprudence récente de la Cour de cassation en date du 15 octobre 2013 que passé ce délai, le droit du revendiquant est déclaré inopposable[1195] à la procédure collective. Dans cet arrêt, la chambre commerciale a décidé que la clause de réserve de propriété était inopposable, la revendication du bien n'ayant pas été réalisée dans le délai des trois mois imparti pour agir[1196]. Il en résulte que non seulement le droit de propriété n'est plus opposable à la procédure mais également qu'il ne fait plus bénéficier à la créance qu'il garantit, de son caractère privilégié occasionnant son paiement. De même qu'en cas de forclusion pour défaut de déclaration préalable de la créance garantie, le droit de propriété est inopposable à la procédure parce qu'il est autonome vis-à-vis de la créance, qui, si elle n'est pas déclarée est éteinte[1197]. Ces décisions de la Cour de

---

[1194] W. DROSS, « Les conditions de la revendication dans les procédures collectives sont-elles contraires au droit fondamental de propriété ? », commentaire, Cass. com. 1er avril 2014, n° 13-13.574, *RTD civ.* 2014, 680.

[1195] Cass.com., 15 octobre 2013, n° 12-25.993 ; V. également, Cass. Com. 3 décembre 1996, deux espèces ; *Bull. civ.* IV, n° 301 relatif à l'action en revendication d'un vendeur titulaire d'une clause de réserve de propriété, et, *Bull. civ. IV,* n° 300 relatif à l'action en revendication sur un bien portant crédit-bail.

[1196] Cass. com., 15 octobre 2013, op. cit.

[1197] Cass. civ. 2e, 27 février 2014, n° 13-10.891, D. 2014, 1081, note D. R. Martin.

cassation prouvent que le droit de propriété connait une déchéance quand il ne constitue qu'un accessoire de créance. En ce sens, elles approuvent l'affirmation de M. Bouloc à propos de la revendication des marchandises vendues avec une clause de réserve de propriété : « *la revendication est une exception au principe selon lequel le créancier doit recevoir le paiement du prix et une sorte d'avantage au profit du vendeur impayé, la preuve en est qu'actuellement la revendication est traitée comme un « accessoire de créance », qu'autrefois, elle avait été refusée au nom de l'égalité des créanciers*[1198] ».

757. Or, en droit commun l'article 2227 al. 1 du Code civil dispose que « *Le droit de propriété est imprescriptible*[1199] ». Cependant, conformément à ce texte, le délai de prescription des actions réelles immobilières (par exemple l'action en revendication portant sur un bien immobilier) est de trente ans. Passé ce délai, si l'action en revendication intentée par le propriétaire dépossédé est toujours possible puisque imprescriptible, elle ne peut cependant pas triompher contre un défendeur qui justifie être devenu propriétaire de l'immeuble revendiqué par les biais d'une prescription acquisitive[1200]. Concernant la prescription acquisitive, par exemple, l'action en revendication de droit commun notamment portant sur un bien meuble corporel volé ou perdu instituée par l'article 2276, al. 2 du Code civil, le délai pour agir est de trois ans depuis la loi du 17 juin 2008 relative à la réforme de la prescription en matière civile[1201]. Par conséquent, selon le droit de l'action, le délai est de trois ou trente ans. Ces dispositions précitées s'appliquent aux actions réelles en revendication du droit commun. Enfin, l'article 2224 du Code civil quant à lui dispose que « *les actions personnelles ou mobilières se prescrivent par cinq ans à compter du jour ou le titulaire d'un droit a connu ou aurait dû connaitre les faits lui permettant de l'exercer* ». Ce qui veut dire que selon que l'action est réelle ou personnelle, la durée de prescription n'est pas la même.

758. Toutefois, il est aussi prévu par l'article 2223 du Code civil que *« les dispositions du présent titre ne font pas obstacle à l'application des règles spéciales prévues par d'autres lois* ». Il résulte de ces dispositions qu'il est possible de déroger au régime de prescription de droit commun. En l'occurrence, l'on pourrait croire que le délai de prescription de l'action en revendication dans la procédure collective est spécifique puisque découlant d'une loi spéciale.

759. Il y a donc une particularité quant à l'action en revendication en procédure collective. L'on pourrait au moins situer le fondement juridique

---

[1198] B. BOULOC, « Action en revendication en procédure de redressement judiciaire » *in RTD com.* 1991, 638.

[1199] Concernant la prescription extinctive, une action de revendication tendant à faire reconnaitre un droit de propriété est toujours ouverte, le droit de propriété ne s'éteint jamais.

[1200] Cass. civ. 1re, 7 oct. 1964 : *JCP* 1964, II. 13944, note Bulté ; Cass. civ. 3ème, 22 juin 1983 : *Gaz. Pal.* 1983, 744, obs. Giverdon.

[1201] Loi n° 2008-561 du 17 juin 2008.

réel de l'action en revendication en procédure collective si les décisions de la jurisprudence rendues par la Cour de cassation, présentaient une constance dans la manière de considérer l'objet sur lequel porte cette action en revendication. Mais ce n'est pas le cas. Selon la logique de chaque espèce, la Cour a considéré que l'action portait tantôt sur le bien[1202], tantôt sur le prix[1203] de revente du bien ou encore sur la créance[1204]. Dans cette décision, qui, du reste a inspiré le législateur sur le nouvel article 2372 du Code civil en matière de clause de réserve de propriété, la Cour avait considéré que dans le cas de l'action en revendication, la valeur de la chose restituée s'impute sur la créance du vendeur réservataire. En d'autres termes, la revendication en procédure collective participe au paiement de la créance garantie. Ce qui supposerait de rechercher le fondement de l'action en revendication dans l'exécution d'une obligation de payer ce qui représente une action personnelle que la restitution du bien comme sanction d'une résolution pour inexécution, pourrait bel et bien confirmer. De ce fait, une ambiguïté subsiste sur le fondement et la nature juridique de l'action en revendication[1205]. En effet, si elle porte sur le bien ou sur le prix de revente de celui-ci[1206] cela voudrait dire qu'il s'agit d'un droit de propriété portant sur le bien ou sur une somme d'argent. Par conséquence la nature de l'action en revendication est une action réelle. Tandis que si elle porte sur la créance, elle est une action personnelle. Or, là-dessus les différentes décisions de la Cour de cassation restent imprécises et ne font pas ressortir un principe général permettant de mieux définir la nature de l'action et partant, son véritable fondement juridique. Dans une ancienne jurisprudence, la Cour de cassation a eu à définir la revendication mais sans jamais clarifier sa nature, réelle ou personnelle, et encore moins son fondement juridique. En effet, dans une décision du 16 avril 1973, la troisième chambre civile distinguant l'action en revendication de l'action en remboursement, définit la revendication comme « *une action par laquelle le demandeur, invoquant sa qualité de propriétaire réclame à celui qui le détient la restitution de son bien*[1207] ». Cependant, peut-on déduire de cette définition et la nature et le fondement de l'action en revendication ?

[1202] Concernant les biens fongibles, la revendication se porte sur des biens de même nature et de même qualité détenus par le débiteur. Là également, c'est une ancienne jurisprudence de la Cour de cassation précitée qui a inspiré l'article 2369 du Code civil.

[1203] Cass. com., 25 mars 1997, n° 94-18.337, *Bull civ. IV*, n° 84, *D.* 1997, n° 36, p. 481, note D.-R. Martin, *RTD com.* 1998, p. 423, note A. Martin-Serf.

[1204] Cass. com., 5 mars 1996, n° 93-12.818, *Bull. civ.* IV, n° 72, *JCP* G 1996, I, 3960, n° 11, obs. M. Cabrillac, *RTD civ.* 1996, p. 443, obs. P. CROCQ.

[1205] W. DROSS, « La revendication dans les procédures collectives : une imposture ? », op. cit.

[1206] Cass. com., 6 oct. 2009, n° 08-15.048, *Bull. Civ.* IV, n° 122, *D.* 2009, p. 2482, obs. A. Lienhard, et p. 2582, obs. Orsini ; *D.* 2010, p. 1822, obs. F.-X. Lucas ; *RTD com.* 2010, p. 201, obs. A. Marin-Serf. Dans cet arrêt, la Cour fait savoir que l'action en paiement dirigée contre le sous-acquéreur est une action non pas réelle mais personnelle.

[1207] Cass. civ. 3e, 16 avril 1973 : Bull. civ.III, n° 297.

760. Ne disposant pas d'affirmation explicite de la Cour sur la nature réelle de la revendication, et cette revendication visant à faire restituer un bien, un droit réel, on pourrait en déduire qu'il s'agit bien d'une action réelle. Et, dans un pareil cas, son fondement juridique correspondrait à l'opposabilité reconnue au droit de propriété. Seulement, ce n'est pas si simple. Car, dans cette définition empirique, la troisième Chambre civile parle de détenteur. Or, peut-on valablement considérer l'acheteur des marchandises vendues sous une clause de réserve de propriété comme un simple détenteur ? Le mettrait-on à la même enseigne qu'un détenteur précaire comme c'est le cas par exemple du dépôt de marchandises ou d'un autre bien meuble ? Ce qualificatif nous semble impropre dans le cadre d'un contrat de vente assorti d'une clause de réserve de propriété, nous l'avons déjà défendu plus haut.

761. La doctrine, entre désaveu et quête du véritable fondement juridique. S'il est vrai que l'action réelle en revendication dans le droit commun est fondée sur le droit de propriété, il n'est pas aussi certain que le véritable fondement de l'action en revendication spécifique à la procédure collective soit ce même droit de propriété. S'interrogeant sur la vraie nature, réelle ou personnelle, de la revendication en procédure collective, William Dross parle même d'une imposture[1208]. Plus récent[1209] encore dans le commentaire d'un arrêt de la Cour de cassation[1210], le même auteur est revenu à la charge se demandant cette fois-ci, si les conditions requises pour la revendication dans les procédures collectives étaient conformes au droit fondamental de la propriété et dans le cas contraire s'apparentant à une dérogation si cette dérogation était conforme à la constitution. Etait en cause dans cet arrêt de la Cour de cassation, l'article L.624-9 du Code commerce. Ce texte fixe le délai de trois mois pour agir en action en revendication, à défaut de quoi le droit du créancier revendiquant est inopposable à la procédure collective. L'auteur en a tiré une conclusion, qui nous semble cohérente : « *On comprend bien que le maintien de l'activité économique du débiteur participe de l'intérêt général, notamment au regard des emplois qu'elle peut générer. Mais cela n'est vrai que lorsque la privation de la revendication permet le redressement de l'entreprise* [1211] ». L'auteur reconnaît ou tout du moins suppose, que c'est parce que la propriété-sûreté est un accessoire de créance que l'article L.624-9 a été rendu possible pour permettre la perte provisoire de l'effet du droit de propriété au nom de la recherche de l'intérêt général.

1208 W. DROSS, « La revendication dans les procédures collectives : une imposture ? », op. cit.

1209 W. DROSS, « Les conditions de la revendication dans les procédures collectives sont-elles contraires au droit fondamental de propriété ? », op.cit.

1210 Cass. com. 1er avril 2014, n° 13-13.574, *RTD civ.* 2014. 680.

1211 W. DROSS, « Les conditions de la revendication dans les procédures collectives sont-elles contraires au droit fondamental de propriété ? », op. cit.

763. William Dross soutient dans cet article qu'en réalité l'action en revendication en procédure collective est une action personnelle. En effet, comme nous l'avons bien précisé plus haut, les vendeurs réservataires de propriété, les crédit-bailleurs et, dans une certaine mesure, les créanciers fiduciaires, à défaut d'être payés, peuvent revendiquer[1212] le bien dans la procédure collective ouverte à l'encontre de leur cocontractant débiteur. Ces créanciers ont droit de demander paiement de leurs créances nées antérieurement au jugement d'ouverture de la procédure collective[1213]. Même si l'action en revendication précède l'action en restitution, ces deux actions ne font-elles qu'un, comme semble l'affirmer M. Dross ? Selon nous, ce n'est pas parce que la distinction de ces deux actions ne repose sur aucune catégorisation en termes d'action réelle ou personnelle qu'elles ne sont pas pour autant distinguables. De fait ces deux actions sont dissociables, la restitution étant la conséquence logique du succès de l'action en revendication. D'ailleurs, si le droit de propriété était bien établi, le créancier n'aurait point besoin de commencer par la revendication, il demanderait directement que son bien lui soit restitué[1214]. L'auteur soutient qu'en fait si le contrat avait été publié, il n'y aurait pas besoin d'une action en revendication, le créancier demanderait directement la restitution. Ce qui est vrai. Mais, cet argument ne prouve en rien que les actions ne font qu'une, même si elles sont liées, l'une étant quelquefois le résultat de la certitude de l'autre. Une clarification terminologique sur le caractère réel ou personnel de ces deux actions devrait permettre d'établir cette distinction.

764. Une action réelle est « *une action par laquelle on demande la reconnaissance ou la protection d'un droit réel (droit de propriété, servitude, usufruit, hypothèque) et qui est mobilière si le droit porte sur un meuble ; immobilière si le droit exercé porte sur un immeuble* [1215]». L'action personnelle est définie comme une *« action par laquelle on demande la reconnaissance ou la protection d'un droit personnel (d'une créance) quel qu'en soit la source (contrat, quasi-contrat, délit, quasi-délit)*[1216] ». En vertu de ces définitions, l'action en revendication est une action réelle puisqu'elle vise à faire reconnaitre à l'organe de la procédure collective, un droit de propriété sur un bien pour que l'effet de ce droit soit opposable à la procédure collective en cours. Elle est réelle mobilière quand ce droit porte sur un bien meuble et immobilière s'il porte sur un immeuble. L'action en restitution est également une action réelle car elle vise à ce que le bien soit restitué à la personne qui en a fait la demande, afin de mieux protéger son droit réel de propriété reconnu sur ce bien. Ces deux actions sont donc

---

[1212] Cette action est régie par les articles L.624-9 et suivants du Code de commerce.
[1213] Article L.622-7, al. 2 du Code de commerce.
[1214] Pour ce qui concerne le créancier réservataire, l'article 2371 du Code civil dispose que « *A défaut de complet paiement à l'échéance, le créancier peut demander le bien afin de recouvrer le droit d'en disposer* ».
[1215]G. CORNU, *Vocabulaire*…op. cit., p. 26
[1216]G. CORNU, *Vocabulaire*…, op.cit. p. 27.

réelles et bien distinctes l'une de l'autre par leur objet. Ainsi, si nous souscrivons bien à l'idée d'imposture que défend M. Dross, nous ne partageons cependant pas son analyse qui qualifie ces deux actions comme personnelles et ne faisant qu'une. Cette approche nous semble confondre la nature de ces actions et leur fondement juridique. M. Dross s'appuie sur le lien contractuel existant et sur l'obligation de payer une créance qui en découlerait pour affirmer que ces actions sont des actions personnelles, l'obligation de payer une créance étant un droit personnel. Or, s'il est vrai qu'il existe effectivement un lien contractuel duquel découle une obligation de payer une créance, en temps normal, et que le droit de créance dû est indubitablement un droit personnel, cela ne définit pas pour autant la nature des actions en revendication et en restitution. Pour notre part, le lien contractuel constitue plutôt la source à la fois du droit de créance, et du droit de revendiquer et de demander restitution afin d'exercer un autre droit qui est celui de recouvrer le droit de disposer de nouveau de son prétendu bien.

765. Si le lien contractuel, existant entre les parties, constitue le fondement juridique « immédiat » des actions en revendication et en restitution dans les procédures collectives, pour autant, on ne peut s'arrêter au contrat pour trouver le véritable fondement juridique des actions réelles en revendication et en restitution dans les procédures collectives. L'on sait, comme il vient d'être dit plus haut, que l'opposabilité dont bénéficient les créanciers pouvant recourir à la revendication n'a pas une source conventionnelle mais une source légale et imposée. Or, on vient également de démontrer précédemment et comme l'atteste l'article 2367 al. 2 du Code civil, que la propriété utilisée à titre de garantie n'a pas la même nature que la propriété de l'article 544 du même code. L'une est l'accessoire de la créance garantie tandis que l'autre est un droit réel principal et non contractualisé. Et, comme les créanciers bénéficiaires d'une action en revendication dans la procédure collective ne tirent véritablement l'opposabilité de leurs droits contractuels à la procédure collective ni du contrat qui est un accord de volontés des parties dont l'effet n'est censé engager relativement que les parties, ni du droit fondamental de propriété, le fondement juridique véritable de leurs actions et droits leur permettant d'agir en procédure collective n'est rien d'autre que les opposabilités légales imposées dont ils ont bénéficié. En outre, comme il vient d'être démontré, ces opposabilités légales nées d'une volonté législative arbitraire participent du contournement de la discipline collective du droit des procédures collectives à travers l'instrumentalisation biaisée du droit fondamental de la propriété.

b) La recevabilité des actions en revendication et en restitution

766. La nouvelle règle de l'opposabilité en procédure collective dont la mise en application se matérialise par une action en revendication et en restitution, tient compte de toutes ces opposabilités légales précédemment étudiées au profit des créanciers titulaires des mécanismes de garantie tels que la clause de réserve de propriété, la fiducie-sûreté et la cession Dailly. Si, les nouvelles dispositions n'ont pas retenu la cession Dailly qui n'est pas considérée comme une sûreté, sauf à l'inclure dans l'article 2372-1 du Code civil sous la forme d'une cession de droits, elles ont néanmoins intégré le crédit-bail qui ne bénéficiait pas d'une opposabilité légale imposée auparavant. Ces opposabilités légales s'expriment désormais à travers la nouvelle appellation de l'action en revendication et/ou en restitution pendant la procédure collective constituant leur dénominateur commun. En regroupant ainsi toutes les opposabilités légales, ces dispositions du Code de commerce ont réussi d'abord à les unifier puis à dissimuler leur origine légale imposée dans l'action en revendication qui, elle, à l'origine, était propre au droit fondamental de propriété. Il en résulte deux conséquences majeures. Une unification des conditions d'exercice et de recevabilité d'une part et une substitution du fondement juridique d'origine par une opposabilité *erga omnes* du droit de propriété d'autre part. Pour être recevable, l'action en revendication dans la procédure collective, doit-il provenir d'un propriétaire[1217], ou de quelqu'un qui prétend l'être, par exemple un vendeur réservataire ou un crédit-bailleur ou un créancier fiduciaire. Puis, il faut avoir une créance née antérieurement à l'ouverture de la procédure collective du débiteur. Il faut agir dans un délai de trois mois suivant l'ouverture de la procédure collective. Les conditions de recevabilité de l'action en revendication sont identiques pour le vendeur réservataire de propriété, le crédit-bailleur et le fiduciaire. Enfin, il faut préciser que l'action en revendication relève de la compétence du juge commissaire. Mais, pour que la saisine du juge commissaire soit elle-même régulière, il faut une procédure préliminaire devant l'administrateur. A défaut d'avoir accompli préalablement cette procédure préliminaire ou si cette procédure n'a pas été respectée, l'action en revendication sera déclarée irrecevable[1218]. En revanche, une fois toutes ces conditions remplies, l'action en revendication intentée est recevable. Les juges n'ont aucun autre choix que de donner favorablement suite à cette action, si le revendiquant réussit à prouver son droit de propriété. Ainsi, du fait de ces conditions légales et particulières[1219] de recevabilité prédéfinies par le législateur, la Cour de cassation s'abstient de toute critique juridique sur le fond et sur le fondement originel de ce qui a repris la forme d'une action en revendication et/ ou en restitution dans la procédure collective. C'est là une expression de la permissivité de la Cour de cassation dont les décisions visent à légitimer cette dérogation irrégulière au

[1217] Un créancier gagiste sans dépossession de droit commun de l'article 2333 du Code civil ayant exercé son pacte commissaire et devenu propriétaire peut également exercer l'action en revendication de l'article L624-9 du Code de commerce.
[1218] Cass. com., 2 oct. 2001, *Bull. civ.*IV, n° 155 ; *D.* 2001-AJ 3043, obs, Lienhard.
[1219] W. DROSS, « Les conditions de la revendication dans les procédures collectives sont-elles contraires au droit fondamental de propriété ? », op.cit.

principe d'interdiction de paiement dans la procédure collective, plutôt qu'à la critiquer en vue de corriger la forfaiture législative.

767. Pour répondre à l'une des questions précédemment posées, l'on peut affirmer qu'au-delà de cette unification des opposabilités légales imposées en procédure collective et matérialisée plus tard par l'action en revendication, le législateur a, avec le concours de la Cour de cassation, camouflé les incohérences et les contradictions qui entachaient ces opposabilités légales imposées au départ. Avec ce nouvel habit c'est-à-dire l'action en revendication, les juges cautionnent et entérinent le travestissement législatif[1220] commis.

c) Les effets sur la procédure collective

768. Les effets de la revendication ou de la restitution des biens de la part des créanciers réservataires, fiduciaires ou crédit-bailleurs peuvent être très néfastes sur le bon déroulement de la procédure, le débiteur pouvant être privé de tous ses moyens matériels et financiers devant permettre le redressement de l'entreprise. En ce sens, permettre la mise en œuvre de l'action en revendication et/ou en restitution pendant les procédures de sauvegarde et de redressement judiciaire en vue d'obtenir indirectement le paiement ou de rompre tout lien contractuel pour cause de défaillance est contraire aux objectifs de redressement économique de l'entreprise en difficulté et d'égalité des créanciers. Compte tenu de l'intérêt général en jeu pendant ces procédures collectives et de tous les objectifs qui y sont prioritairement poursuivis, même si les actions en revendication et/ou restitution étaient véritablement fondées sur le droit fondamental de propriété, une restriction à ce droit pendant le déroulement de ces procédures collectives pourrait être valablement justifiée[1221].

B) La tendance prétorienne spécialisant certaines sûretés réelles

769. Le dualisme législatif en matière de sûretés notamment réelles et la soumission de la Cour de cassation à ce « désordre législatif » posent aux juges de la Haute juridiction, d'énormes difficultés d'interprétation parfois insolubles. Comme rappelé plus haut, ce dualisme législatif faisant paraitre des sûretés dites de droit commun d'une part et des sûretés dites spéciales d'autre part, est le résultat d'un siècle d'évolution[1222] pendant lequel une tendance spécialisant certaines sûretés s'est affirmée[1223]. Malgré les efforts fournis par le législateur de l'ordonnance du 23 mars 2006 pour tenir compte

---

[1220] W. DROSS, « La revendication dans les procédures collectives : une imposture ? », op. cit.

[1221] Cass. com. 1er avril 2014, n° 13-13.574 : *RTD civ.* 2014, 680, obs. W. Dross.

[1222] Ph. THERY, « La différenciation du particulier et du professionnel : un aspect de l'évolution du droit des sûretés », *Droit & Patrimoine* 2001, n° 92, p. 53 et s.

[1223] L. D'AVOUT, F. DANOS, « Collisions de régimes juridiques en matière de sûretés réelles », *Droit & Patrimoine*, 2013, n° 227, p. 24-34.

de la volonté affichée[1224] des rapporteurs du groupe de travail Grimaldi à l'origine de la réforme des sûretés de 2006, qui visait entre autres, à neutraliser et remédier à l'état d'émiettement du droit français des sûretés, la Cour de cassation, de manière voulue ou non, par son pouvoir d'interprétation maintient le *statu quo* et entretient cet émiettement[1225]. Sinon, comment expliquer le refus de la Cour de cassation d'appliquer la sûreté de droit commun plus souple, plus avantageuse et plus en phase avec la volonté des parties, qui, elles souhaiteraient bénéficier du régime de droit commun plutôt que du régime spécial de la même sûreté, comme l'a choisi la chambre commerciale de la Cour de cassation dans son arrêt du 19 février 2013. Pourtant, depuis l'avènement de l'ordonnance de 23 mars 2006, la Cour dispose des moyens[1226] juridiques lui permettant d'estomper cette tendance qui comporte d'ailleurs le risque[1227] de faire disparaitre ces sûretés[1228] qu'elle veut dérogatoires[1229]. L'enjeu de cette question est encore plus important lorsque la volonté des parties recoupe, voire conforte, la volonté du législateur de l'ordonnance de 23 mars 2006 précitée notamment sur l'articulation du droit des sûretés et du droit des procédures collectives. C'est pourquoi, il sied ici de se demander si derrière cette tendance de la Cour de cassation à favoriser une interprétation accentuant le caractère spécial d'une sûreté réelle dans les procédures collectives ne se cache pas le refus de la Haute juridiction d'appliquer l'article 2287 du Code civil.

L'analyse de la solution retenue par la jurisprudence récente de la chambre commerciale de la Cour de cassation en date du 19 février 2013 qui vient de confirmer cette tendance de la Cour à spécialiser certaines sûretés réelles dans les procédures collectives (**1°**), nous permettra de tirer les enseignements et la portée de cette décision (**2°**).

1°) L'analyse de la solution retenue dans l'arrêt Cass. com., du 19 février 2013

770. L'arrêt[1230] de la chambre commerciale de la Cour de cassation rendu le 19 février 2013 a déjà fait couler beaucoup d'encre. Dans la doctrine,

---

[1224] M. GRIMALDI, « Orientations générales de la réforme », *Droit & Patrimoine* 2005, n° 140, p. 50 et spéc. p. 52.

[1225] Ch. GIJSBERS, « L'exclusion du droit commun du gage par le régime spécial du gage des stocks », *RLDC* 2013, n° 103, p. 26-31.

[1226] Ch. GIJSBERS, « L'exclusion du droit commun du gage par le spécial du gage des stocks », op cit.

[1227] G. ANSALONI, « Coup de tonnerre sur le droit des sûretés ? », *Rev. Banque* 2013, p. 58 et s.

[1228] J.-F. RIFFARD, « Quel avenir pour les sûretés sectorielles en matière agricole et commerciale : requiem ou statu quo ? », *RD. Rur.* 2009, n° 372, Dossier, 25.

[1229] L. D'AVOUT, F. DANOS, « Collisions de régimes juridiques en matière de sûretés réelles », op. cit.

[1230] Cass. com., 19 fév. 2013, n° 11-21.763.

presque à l'unanimité, les auteurs [1231] ont critiqué diversement mais sévèrement la solution rendue[1232]. Certains commentateurs ont mis l'accent sur l'opposition théorique générale du commun et du spécial[1233], d'autres sur le principe optionnel des parties entre sûreté de droit commun et sûreté spéciale et l'interdiction de faire une option de la part des parties[1234]. Mais, au-delà de la question de fond (**a**) opposant les juges du tribunal de commerce et de la Cour d'appel de Paris dont l'arrêt confirmatif a été cassé par la chambre commerciale (**b**), le dispositif de l'arrêt (**c**) révèle une tendance de la Cour de cassation qui a toujours accentué le dualisme des sûretés et favorisé des collisions entre les régimes juridiques de celles-ci.

a) La question de droit opposant les juges du fond aux juges de cassation

771. Un rappel préalable des faits de l'espèce est nécessaire à la compréhension de ce qui va suivre. Cette affaire[1235] oppose une banque anglaise en qualité de créancière et une société française, débitrice. La banque anglaise avait consenti un prêt à la société française. Ce prêt était garanti par un gage sans dépossession portant sur un stock de marchandises. Comme, il est désormais permis dans le droit commun depuis l'ordonnance de 23 mars 2006[1236]par l'article 2333 du Code civil, ce gage était assorti d'un pacte commissoire. Les sommes avancées n'ayant pas été remboursées à l'échéance, la banque anglaise a mis en œuvre le pacte commissoire peu avant que l'entreprise débitrice ne soit placée en redressement, puis en liquidation judiciaires. Devenue propriétaire, grâce à l'exécution du pacte commissoire, avant le jugement d'ouverture de la procédure collective, la banque anglaise a pu demander et obtenir du juge-commissoire la restitution des stocks[1237] des marchandises. Ne trouvant pas satisfaisante l'ordonnance du juge-commissoire, le liquidateur judiciaire de la société débitrice saisit le tribunal de commerce de Paris avec comme argument de recours le fait que

---

[1231] Cass. com., 19 fév. 2013, n° 11-21.763, Sté Recovco Affimet c/Sté Bank of London and the Middle East PLC ; *D.* 2013, Chron. Cass. com., n°5, p. 1176, obs. H. Guillou ; *JCP G* 2013, 585, n° 16, obs. Ph. Simler et Ph. Delebecque ; *JCP E* 2013, 1173, p. 45, note D. Legeais ; *D.* 2013, p.493, obs. R. Dammann et G. Podeur ; *Gaz. Pal.* 20 mars 2013, p. 22, note M.-P. Dumont-Lefrand ; *Gaz. Pal.* 27 mars 2013, p. 9, obs. M. Mignot ; *Droit & Patrimoine* 2013, n° 227, p. 94, obs. A. M. Aynès ; *RLDA* 2013/80, p. 61, note J. Clavel-Thoraval ; *JCP G* 2013, 539, p. 930, note N. Martial-Braz ; *Gaz. Pal.* 21 mars 2013, p. 15, obs. C. Alibigès ; *Banque* 2013, p. 86, obs. J.-L. Guillot et M. Boccara, *Banque et droit* mars-avril 2013, 52, obs. N. Rontchevsky ; *RLDC* 2013/103, n° 5047, p. 26, note. Ch. GIJSBERS.

[1232] Ch. GIJSBERS, « L'exclusion du droit commun du gage par le spécial du gage des stocks », op cit ; G. ANSALONI, « Coup de tonnerre sur le droit des sûretés ? », op. cit ; L. D'AVOUT, F. DANOS, « Collisions de régimes juridiques en matière de sûretés réelles », op. cit.

[1233] Ch. GIJSBERS, op. cit.

[1234] L. D'AVOUT et F. DANOS, op. cit.

[1235] Cass. com., 19 févr. 2013, n° 11-21. 763, (cassation CA Paris., 3 mai 2011).

[1236] Ord. n° 2006-346, 23 mars 2006, *JO* 24 mars 2006.

[1237] Sous le fondement de l'article L.624-9 du Code de commerce.

selon lui, le pacte commissoire en question était frappé de nullité conformément aux règles spéciales régissant le gage de stock introduit par la même ordonnance de 2006 dans le Code de commerce à l'article L.527-2. Ce texte dispose, en effet, que : « *est réputée non écrite toute clause prévoyant que le créancier deviendra propriétaire des stocks en cas de non-paiement de la dette exigible par le débiteur* ». La question de droit qui ressortait des faits posée aux juges de la première instance puis aux juges d'appel a été, sans doute, celle de savoir si les parties pouvaient choisir entre le gage de droit commun et le gage de stock, ou si le gage de stock devait s'imposer à elles.

b) La position libérale des juges du fond

772. Les juges du tribunal de commerce de Paris ont débouté le liquidateur en décidant dans un jugement[1238]rendu le 25 juin 2010, que les parties pouvaient opter pour le gage sans dépossession de droit commun en application de l'article 2333 du Code civil. Le liquidateur a ensuite interjeté appel devant la Cour d'appel de Paris. Dans un arrêt[1239] confirmatif rendu le 3 mai 2011, la Cour d'appel de Paris a décidé que le gage de l'article 2333 du Code civil pouvait bel et bien être applicable si cette option résultait de la volonté des parties. Les juges du fond ont donc été souples dans leur interprétation et ont pris une position libérale. Cette position est, toutefois, la plus raisonnable compte tenu du dualisme législatif en matière de sûretés décrié et jugé anachronique[1240] voire incohérent[1241]. En effet, depuis la réforme de 2006, l'on savait bien que ce dualisme législatif poserait immanquablement des problèmes de compatibilité[1242] notamment des deux gages institués de manière dispersée. En jugeant ainsi, les juges du fond se sont affranchis des dispositions dérogatoires de l'article L.527-1 du Code de commerce. Cette décision audacieuse qui a permis à la volonté des parties de s'émanciper du dictat législatif spécialisant en offrant aux parties la possibilité de choisir entre les deux régimes a été vivement saluée par beaucoup de commentateurs[1243]. Mais, les juges du fond ont également fait fi des interprétations basées sur l'article 2354 du Code civil ou tirées de

---

[1238] T. Com. Paris, 25 juin 2010, *Banque* 2010, p. 84 et s., obs.Guillot J.-L. et Boccara M.

[1239] CA Paris, pôle, Ch. 8, du 3 mai 2011, n° RG : 10/13656, *D.* 2012, p. 1908, obs. Martin D.R ; *RTD civ.* 2011, p. 785, obs. P. CROCQ ; *RD. Bancaire et fin.* 2011, n° 5, p. 38 et s., obs. Cerles A ; *Gaz. Pal.* 22 décembre 2011, 18207 p. 21, obs. M.-P. Dumont-Lefrand.

[1240] R. DAMMANN, « La réforme des sûretés mobilières : une occasion manquée »: *D* 2006, p. 1298.

[1241] P. CROCQ, « La réforme des sûretés mobilières », *in Le droit des sûretés à l'épreuve des réformes*, Editions juridiques et techniques, 2006, n° 34.

[1242] M.-P DUMONT-LEFRAND, « Gage sur stock *versus* gage sans dépossession de droit commun », in *Gaz. Pal.* Edition généraliste-Mercredi 20, jeudi 21 mars 2013- n° 79 à 80.

[1243] N. MARTIAL-BRAZ, « L'inévitable caractère exclusif du gage sur stock ou les conséquences des errements du législateur de 2006 », *JCP G*, n° 19-20- 6 mai 2013, 539, p. 931.

l'adage *specialia generalibus derogant* qui voudraient que le texte spécial soit appliqué en lieu et place de la règle générale ou du droit commun. En effet, l'article 2354 du Code civil qui clôt le chapitre relatif au gage dispose que « *Les dispositions du présent chapitre ne font pas obstacle à l'application des règles particulières prévues en matière commerciale ou en faveur des établissements de prêt sur gage autorisés* ». Alors que l'argument tiré de ce texte pourrait favoriser l'application exclusive du gage de stock de l'article L.527-1 du Code de commerce, les juges de la Cour d'appel de Paris déduisent des dispositions de ce texte qu'aucune exclusivité n'en résultait. La Cour d'appel prend le contre-pied de cet argumentaire. Elle a plutôt fondé son raisonnement sur l'article L.525-1 du Code de commerce qui dispose que « *tout crédit consenti par un établissement de crédit à une personne morale de droit privé ou à une personne physique dans l'exercice de son activité professionnelle peut être garanti par un gage sans dépossession des stocks détenus par cette personne* ». Elle a ainsi déduit du groupe verbal « *peut être garanti* » tiré des dispositions du texte précité et conclût sans ambiguïté qu'il s'agit d'une « possibilité offerte aux parties auxquelles aucune disposition n'interdit de prévoir l'application des règles de droit commun du gage » et « qu'une telle interdiction ne peut davantage être déduite de l'article 2354 du code civil ». Ces arguments n'ont pas prospéré devant la Cour de cassation.

c) Le dispositif pro spécialisation de la Cour de cassation

773. L'arrêt confirmatif de la Cour d'appel de Paris a été cassé par la chambre commerciale de la Cour de cassation. En effet, elle n'a pas retenue l'interprétation des juges du fond. En se fondant sur les articles 2333 du Code civil et L.527-1 du Code de commerce, elle a considéré que « *s'agissant d'un gage portant sur les éléments visés à l'article L.527-3 du Code de commerce, les parties dont l'une est un établissement de crédit, ne peuvent soumettre leur contrat au droit commun du gage de meuble sans dépossession* ». Il ressort donc de la solution retenue par la chambre commerciale que lorsqu'au moins l'une des parties est un établissement de crédit, celles-ci n'ont pas droit à l'option, le gage des stocks du Code de commerce s'applique impérativement à elles. Réfutant le raisonnement et la conclusion des juges parisiens, la chambre commerciale de la Cour de cassation défend une position non conciliante qui nourrit davantage le dualisme des sûretés. En rendant ainsi une des premières décisions sur l'ordonnance de 2006 la Cour cherche-t-elle à protéger toutes les sûretés spéciales ? Les enseignements de cet arrêt nous poussent à croire à une telle démarche de la Cour de cassation.

2°) Quelques enseignements à tirer du dispositif de la chambre commerciale

774. Le principal enseignement de l'arrêt du 19 février 2013 est le caractère impératif voire exclusif du gage sur stocks de l'article 527-1 du Code de commerce (**a**). Mais derrière cette démarche de la Cour de cassation, nous pouvons entrevoir une volonté subtile de contournement du principe de primauté des règles du droit des procédures collectives sur les sûretés posé par l'article 2287 du Code civil (**b**). Enfin, l'inopportunité de la décision de la chambre commerciale et l'impasse prévisible à laquelle elle pourrait mener le droit des sûretés, objet de toutes les critiques doctrinales ont peut-être influencé ou du moins inspiré la résistance de la Cour d'appel de Paris (**c**).

a) Les caractères exclusif et impératif du gage de stock du Code de commerce

775. Selon la Cour de cassation, dans ce cas d'espèce, il y a plus qu'une primauté facultative de la sûreté spéciale sur la sûreté de droit commun. En l'occurrence, elle considère que l'application du gage de stock institué dans le Code de commerce est exclusive[1244]. Pourtant, aucune disposition ne précise que le régime du gage sur stock est exclusif. Il résulterait d'une telle exclusivité également, que les parties auraient l'obligation de se soumettre à l'application du régime spécial du gage des stocks quand au moins une d'entre elles est un établissement de crédit, d'où le caractère impératif[1245] du gage de stock du Code de commerce vis-à-vis des parties. La Cour n'admet pas le principe de la liberté d'option des parties. Celles-ci doivent subir l'application du gage de stock. Pour arriver à cette conclusion, la Cour semble suivre l'esprit du législateur de l'ordonnance de 2006. En effet, l'ordonnance de 23 mars 2006 a fait coexister des sûretés réelles spéciales au côté des sûretés réelles de droit commun sans jamais pour autant préciser de façon claire quelles seraient les modalités d'une conciliation en cas de confrontation. Or, « *l'existence d'une sûreté spéciale aux côtés d'une sûreté de droit commun impliquait que soit posée la question de l'exclusivité de la première ou de leur éventuelle conciliation* [1246]». Ou alors, à défaut, il aurait fallu permettre aux parties de choisir le régime de la sûreté qu'elles souhaitent. Mais, les juges de droit ont déduit de l'article L.527-3 du Code

[1244] D. LEGEAIS, « Le gage sur le stock est exclusif du gage sans dépossession de droit commun », *in JCP Entreprise et Affaire*, N° 12-21 Mars 2013, 1173, p. 45 et s. comm. Cass. com., 19 fév. 2013, n° 11-21.763, SELAFA MJA c/Sté Bank of London and the Middle East PLC : JurisData n° 2013-002730.

[1245] N. RONTCHEVSKY, « Gage sur stocks (C. Com., art. 527-1) – Application impérative des dispositions du Code de commerce », comm. Cass. com., 19 février 2013, *in Banque & Droit* N° 148 mars-avril 2013, p. 52.

[1246] N. MARTIAL-BRAZ, « L'inévitable caractère exclusif du gage sur stock ou les conséquences des errements du législateur de 2006 », op. cit.

de commerce l'exclusivité du gage des stocks et que cette exclusivité a vocation à s'imposer aux parties à partir du moment où les conditions d'application du gage de stocks spécialement prévues sont remplies[1247]. Voulu dérogatoire, le gage des stocks du Code de commerce est dédié aux professionnels du crédit. Cette spécialisation par catégorie de créanciers animait certainement la volonté du législateur de l'ordonnance de 23 mars 2006. Cette décision qui crée un précédent de prééminence exclusive du gage de stock du Code de commerce sur le gage de stock du Code civil pourrait être dangereuse pour l'efficacité de toutes les sûretés réelles de droit commun.

776. Certains auteurs ont estimé que la Cour pouvait arriver à la même conclusion si elle fondait son argumentaire sur les dispositions de l'article 2354 du Code civil[1248] ou sur l'adage *specialia generalibus derogant*[1249]. Seulement, même les dispositions de l'article 2354 du Code civil ne permettent pas de déduire l'application exclusive de la sûreté spéciale. En outre, l'article ne vise pas spécialement le gage sur stocks. A notre avis, le parallélisme qui en a été fait, par certains commentateurs, notamment une avocate générale, avec l'article 2287 du Code civil relève d'une confusion. Car, contrairement aux dispositions de l'article 2354 du Code civil, l'article 2287 du même Code consacre la primauté d'une matière spéciale d'ordre public sur une matière de droit commun. Et, c'est justement en ce sens que l'adage *specialia generalibus derogant* est pertinent dans la mesure où il permet une articulation juridique entre une matière spéciale et une matière générale. Tandis que l'article 2354 du Code civil n'a pas ce caractère ni cette fonction d'articulation interdisciplinaire.

b) Une volonté subtile de contournement du principe de primauté de l'art. 2287 C.civ.

777. Si certains commentateurs de l'arrêt du 19 février 2013 ont trouvé que la décision rendue dans cette affaire protège[1250] le débiteur, ceci ne semble pas vrai dans cette espèce puisque, finalement, la chambre commerciale donne gain de cause au liquidateur judiciaire de la société française en faillite. En effet dans cette espèce, le liquidateur judiciaire visait à obtenir l'annulation de l'ordonnance rendue par le juge commissaire qui avait donné une suite favorable à l'exécution du pacte commissoire reconnaissant le créancier comme propriétaire des stocks en question ceci lui permettant d'en demander restitution. En décidant, de la non-application du gage de droit commun de l'article 2333 du code civil, la Cour de cassation

---

[1247] Ibid.

[1248] Ibid.

[1249] Ch. GIJSBERS, « L'exclusion du droit commun du gage par le spécial du gage des stocks », op cit.

[1250] Ph. SIMLER, Ph. DELEBECQUE, « Gage du stock ou gage de droit commun : peut-on choisir ? », *JCP G* n° 21-20 mai 2013, obs. Ph. Delebecque, p. 1020.

donne raison à la société débitrice. Cependant, l'objectif visé par la chambre commerciale était plus de favoriser les « catégories » de créanciers que de protéger les « débiteurs contre eux-mêmes ». En outre, l'esprit de cette démarche qui privilégie[1251] l'application des sûretés spéciales se trouvant dans le Code de commerce, écarte systématiquement l'application prioritaire des règles de la discipline collective du droit des procédures collectives favorable au débiteur conformément à l'article 2287 du code civil.

778. La démarche en soi est donc contraire aux intérêts du débiteur défendus par la loi de sauvegarde des entreprises en difficulté. Si l'application de la sûreté du Code civil était autorisée selon la volonté des parties, alors, le principe de primauté des règles du droit des procédures collectives sur le droit des sûretés posé par l'article 2287 s'appliquerait et cela aurait comme résultat la soumission aux règles de la discipline collective des créanciers et la restriction à leurs droits devant permettre le bon déroulement de la procédure collective et le succès de la sauvegarde de l'activité ou du redressement de l'entreprise. En revanche, en décidant de privilégier l'application de la sûreté spéciale du Code de commerce, la Cour de cassation sort automatiquement du champ d'application de l'article 2287 du Code civil au bénéfice exclusif du créancier. Et de cette manière, la Cour contourne la primauté des règles du droit des procédures collectives sur les sûretés, puisque celle-ci n'est applicable que vis-à-vis des sûretés de droit commun se trouvant dans le livre IV du Code civil. Cette démarche, qui semble traduire l'esprit du législateur dans sa volonté de déroger d'abord au droit commun puis, de contourner indirectement la primauté des règles de la discipline collective du droit des procédures collectives, privilégie les intérêts de certains créanciers au détriment des autres créanciers et du débiteur.

779. En outre, cette tendance à accentuer la spécialisation de certaines sûretés pérennise le dualisme des sûretés et leur émiettement, la Cour de cassation ne permettant pas aux parties de profiter de la diversité des sûretés. Si l'existence d'une telle spécialisation ne résultait que des errements[1252] et incohérences du législateur de l'ordonnance de 2006 qui a institué concomitamment des mêmes sûretés et favorisé de la sorte la collision[1253] notamment entre le gage de droit commun dans le code civil et le gage de stock dans le code de commerce, il serait plus opportun pour la chambre commerciale de profiter de cette occasion pour décloisonner ces sûretés. Mais, en décidant du caractère impératif voire exclusif de l'application des sûretés spéciales au détriment des sûretés du droit commun, la solution retenue est non conciliante. Plus dangereux encore, cette jurisprudence pourrait être un précédent pour rendre exclusive l'application de toutes les

---

[1251] Ibidem.

[1252] N. MARTIAL-BRAZ, « L'inévitable caractère exclusif du gage sur stock ou les conséquences des errements du législateur de 2006 », op. cit.

[1253] L. D'AVOUT, F. DANOS, « Collisions de régimes juridiques en matière de sûretés réelles », op.cit.

sûretés spéciales. Cette dérive serait à double tranchant car d'un côté elle rendrait inapplicable une sûreté réelle de droit commun à chaque fois qu'existe une sûreté spéciale de même nature mais d'un autre côté, puisque généralement ces sûretés dérogatoires sont contraignantes, les parties pourraient tout mettre en œuvre pour les éviter. Il conviendrait donc de trouver une solution conciliante qui consisterait à permettre tout au moins la liberté d'option pour les parties contractantes en attendant la refonte générale et le regroupement de toutes les sûretés au sein du seul livre IV du Code civil.

c) La résistance de la Cour d'appel de Paris

780. C'est, sans doute, pour toutes ces raisons et sous l'influence des nombreuses critiques doctrinales qui leur ont donné en partie raison, que les juges du fond ont résisté à cette solution à l'occasion d'une décision récente rendue le 27 février 2014[1254]. En effet, constituée par une seconde formation, la Cour d'appel de Paris a rejugé que le choix était possible entre le gage de stock du Code de commerce et le gage de stock du Code civil. La Cour d'appel est même allée plus loin encore dans son raisonnement par rapport à son ancienne décision de 2011 cassée par la chambre commerciale de la Cour de cassation. Car, après avoir décidé que l'option était toujours possible par les parties, elle a admis la mise en œuvre du pacte commissoire dont bénéficie le créancier en période suspecte[1255]. Les juges du fond ont considéré que cette mise en œuvre ne tombe pas sous le coup des nullités de droit posées par l'article L.632-1 du Code de commerce, en l'occurrence la nullité liée au « *paiement pour dettes échues, fait autrement qu'en espèces, effets de commerce, virements, bordereaux de cession (Dailly) ou tout autre mode de paiement communément admis dans les relations d'affaires*[1256] ». Pour arriver à cette conclusion, la Cour d'appel a estimé que la mise en œuvre d'une sûreté ne constitue pas un « paiement » conformément au texte précité, qui ne s'applique, il est vrai, qu'au paiement volontaire.

781. Mais, nous avons trouvé que la nouvelle décision de la Cour d'appel de Paris, a du sens dans la mesure où, en offrant la possibilité pour les parties de choisir la sûreté qui leur convient le mieux, elle neutralise le dualisme des sûretés ainsi que son lot d'incohérence et d'errements. En revanche, nous ne partageons pas son dernier raisonnement conduisant à la réalisation de la sûreté pendant la période suspecte. Si l'on choisit d'appliquer le gage de droit commun du livre IV du Code civil, cette sûreté ne peut être opérationnelle pendant la période suspecte et pendant le déroulement de la

---

[1254] CA Paris, 27 févr. 2014, RG n° 13/03840 ; *D.* 2014, 924, obs. Ch. GIJSBERS ; *D.* 2014, 1613, obs. P. CROCQ ; *RLDC* 2014, n° 117, 38, obs. Ph. Delebecque ; *Banque & Droit*, mai-juin 2014, 58, obs. N. Rontchevsky.

[1255] A. AYNES, Ph. DUPICHOT, « Désordre législatif, cohérence jurisprudentielle », *Droit & Patrimoine,* n° 241, Novembre 2014, p. 108.

[1256] C. com., art. L.632-1, 4°.

procédure collective qui doit suivre, conformément à l'article 2287 du Code civil[1257]. Or en décidant que la sûreté peut être réalisée même pendant la période suspecte, la Cour d'appel de Paris, déjà en grief de *défaut de base légale* en visant l'article L.632-1 du Code de commerce, viole par la même occasion l'article 2287 du Code civil. Par conséquent, dès lors que les règles prévues en cas d'ouverture de procédure collective sont susceptibles d'application, aucune sûreté de ce livre IV du code civil ne peut être mise en œuvre parce que ces règles du livre sixième du Code de commerce s'appliquent également pendant la période suspecte.

782. En porte à faux avec la Cour de cassation, cette résistance renouvelée des juges de fond de la Cour d'appel de Paris obligera la saisine d'une Assemblée Plénière sur cette question afin de la trancher de manière définitive. Donnera-t-elle raison aux juges de fond en désavouant la chambre commerciale de la Cour de cassation ? Saisira-t-elle cette occasion pour mettre de l'ordre dans ce grand désordre législatif et jurisprudentiel ?

782-1. L'impossibilité d'option des parties. Dans son récent arrêt rendu par l'Assemblé plénière du 7 décembre 2015, la Cour de cassation réaffirme la position de la chambre commerciale du 19 février 2013. Elle précise que « *s'agissant d'un gage portant sur les éléments visés à l'article L527-3 du Code de commerce et conclu dans le cadre d'une opération de crédit, les parties ne peuvent soumettre leur contrat au droit commun du gage des meubles sans dépossession* [1258]». En d'autres termes, aucune option n'est possible pour les parties dès lors qu'il s'agit d'un gage souscrit dans le cadre d'une opération de crédit dont au moins une des parties est un établissement de crédit. Partant de ce fondement de principe, la Cour de cassation casse et annule l'arrêt de la Cour d'appel de Paris rendu le 27 février 2014 et renvoie à nouveau les parties devant la Cour d'appel de Versailles.

§2) Une répercussion prévisible dans le droit OHADA ?

783. Si à la différence du droit français des sûretés, le droit des sûretés OHADA ne connait pas un dualisme législatif[1259] visant à catégoriser les sûretés en termes de sûretés de droit commun d'une part et sûretés spéciales d'autre part avec des régimes juridiques différents, il y a tout de même certaines sûretés réelles OHADA qui bénéficient de dérogations telles que le

---

[1257] En ce sens que l'article 2287 du Code civil dispose que « *Les dispositions du présent livre ne font pas obstacle à l'application des règles prévues en cas d'ouverture d'une procédure collective de sauvegarde, de redressement judiciaire ou de liquidation judiciaire* … ».

[1258] Cass. Ass. Plén., 7 déc. 2015 : (14-18.435), arrêt n°627.

[1259] Le droit OHADA ne présente pas de dispersion de la législation sur les sûretés. Pour autant, si toutes les sûretés sont consacrées au sein de l'acte uniforme des sûretés, elles n'ont pas toutes les mêmes régimes juridiques pendant la mise en œuvre d'une procédure collective. Est-il permis d'en déduire que certaines sont plus spéciales que d'autres ? La réponse est très clairement négative. Sont-elles toutes des sûretés de droit commun, là également la réponse est négative parce qu'aucun texte ne le dit explicitement.

fait d'être opposables à la procédure collective par l'exercice d'une action en revendication et/ ou en restitution. Mais, on ne s'est jamais posé la question de savoir quel est le fondement juridique d'une telle opposabilité au regard, bien sûr, des objectifs poursuivis par l'acte uniforme organisant le droit des procédures collectives d'apurement du passif. Est-ce la résultante d'une logique juridique ou est-ce la reproduction du mimétisme juridique[1260] à la fois législative et judiciaire des mécanismes qui sont à l'origine de telles dérogations dans le droit français ?

784. La Cour Commune de Justice et d'arbitrage OHADA va-t-elle, à l'image de la Cour de cassation dans le droit français, adopter délibérément une attitude permissive consistant à suivre le législateur même dans ses errements, ou bien les juges de cette Cour pourront-ils corriger quelques lacunes, incohérences et incommodités commises par le législateur communautaire. L'enjeu est fort car généralement, le juge emboite le pas au législateur. En pareil cas, les décisions qui appliqueraient les textes dérogatoires précités risqueraient, comme constaté dans le droit français, de rendre spécifique certaines sûretés réelles, dans le droit OHADA. Mais à l'heure actuelle, on ne peut répondre à cette question de manière concrète et précise en raison de l'absence de jurisprudence de CCJA[1261] en la matière. Toutefois, compte tenu de la filiation juridique existant entre les deux systèmes de droit, à certains égards, des difficultés similaires pourraient survenir dans le droit OHADA. En effet, les décisions de la Cour de cassation font foi et inspirent d'autres législateurs. En ce sens, elles contribuent largement à l'édification du droit. Seulement, quand un législateur étranger reprend les décisions de la Cour de cassation, comme c'est le cas très souvent en Afrique francophone[1262], celui-ci reprend par la même occasion les erreurs, les camouflages juridiques d'une politique législative.

785. Dans le droit OHADA, rédacteurs et législateur sont très souvent imprégnés de l'actualité jurisprudentielle française et de l'évolution du droit positif français. Comme nous avons pu le constater précédemment, les dispositions des articles 101 et suivants de l'acte uniforme des sûretés révisé relatives aux revendications et restitutions OHADA reprennent presque mot pour mot les dispositions des articles L.624-9 et suivants du Code de commerce français. De la même façon, le législateur OHADA du nouvel

---

[1260] D. ABARCHI, « Problématique des réformes législatives en Afrique : le mimétisme juridique comme méthode de construction du droit », *Recueil Penant,* n° 842, janvier – mars 2003, p. 59 et s.

[1261] CCJA OHADA.

[1262] En Afrique francophone, jusqu'à nos jours, il n'est pas rare de voir des magistrats, juristes et praticiens de droit se fonder directement ou citer les décisions de la Cour de cassation française qu'ils appliquent ou adaptent à la situation en temps réel. Généralement, le fait de se référencer directement aux décisions de la Cour de cassation française trouve plusieurs justifications notamment le manque criant de documentation juridique dans ces pays, la formation des juristes africains qui même formés en Afrique dans les facultés de droit, étudient les grandes décisions de justice française.

acte uniforme des sûretés s'est largement inspiré des propriétés-sûretés du droit français [1263]. L'influence est grande et palpable et le problème d'incohérence constaté dans le droit français pourrait se retrouver dans le droit OHADA avec quasiment la même complexité en termes d'enjeu et d'incohérences juridiques.

[1263] P. CROCQ, « Les sûretés fondées sur une situation d'exclusivité et le projet de l'acte uniforme portant organisation des sûretés », *Droit & Patrimoine*, 2010, n° 197, p. 78-85.

CONCLUSION DU CHAPITRE 2

786. Un désordre législatif soutenu par une permissivité jurisprudentielle est à l'origine de l'incohérence à la fois du droit des sûretés et du droit des procédures collectives français. Par affinité législative, le droit OHADA des sûretés notamment des propriétés-sûretés pourraient connaitre des répercussions sur la cohérence juridique de ces nouvelles institutions par rapport à leur articulation avec le droit des procédures collectives. Comme dans le droit français, des contradictions existent déjà dans l'acte uniforme des sûretés mais également l'inadéquation demeure encore entre cet acte uniforme et celui portant organisation des procédures collectives d'apurement du passif révisé. En dépit de la récente réforme de ce dernier acte uniforme l'articulation entre les actes uniformes de sûretés et des procédures collectives reste à parfaire.

CONCLUSION DU TITRE I

787. Dans le droit français comme dans le droit OHADA, le droit des procédures collectives, compte tenu de ses objectifs et intérêts spécifiques, est un droit spécial et dérogatoire d'ordre public. En tant que tel, ses règles dérogatoires devraient avoir vocation à s'appliquer à tous les créanciers titulaires de sûretés. Mais certains mécanismes de garantie de créance sont mis en place dans le seul but de contourner ou de déjouer la logique d'application du droit des entreprises en difficulté. Dans les deux systèmes de droit, ces mécanismes de garantie fondés sur la propriété, instrumentalisent le droit de propriété afin de faire échapper leurs bénéficiaires créanciers à la procédure collective mise en œuvre à l'encontre du débiteur. A partir d'un droit de créance, issu du contrat, sur le débiteur, les créanciers se transforment artificiellement, la défaillance du débiteur survenue, en des prétendus propriétaires afin de se soustraire aux règles qui régissent la procédure collective du débiteur au détriment des autres créanciers de ce même débiteur. Alors que le désordre législatif et son application par la jurisprudence participe également, comme nous l'avons démontré, au contournement des règles de la discipline collective du droit des procédures collectives. Dans le droit OHADA, compte tenu des affinités juridiques et légales avec le droit positif et jurisprudentiel français, des difficultés de cette nature sont toujours à redouter.

TITRE 2

POUR UNE APPLICATION EXTENSIVE DE LA DISCIPLINE COLLECTIVE

788. Dans le droit français comme dans le droit OHADA des procédures collectives, des principes fondamentaux fondent une discipline collective censée être applicable à tous les acteurs de l'entreprise en difficulté. L'emprise du droit des procédures collectives sur les droits et des sûretés des créanciers est alors justifiée eu égards à ses finalités économiques. Mais, dans ces deux droits, les créanciers titulaires des propriétés-sûretés bénéficient d'une différence de traitement pendant le déroulement des procédures collectives du débiteur commun voire même échappent aux règles fondamentales des procédures collectives. Il en résulte une incohérence dans l'application des règles impératives et dérogatoires du droit des procédures collectives. Cette incohérence crée un déséquilibre entre les créanciers du débiteur. Or, comme précédemment illustré ceci découle de la confusion et d'une certaine instrumentalisation biaisée de la propriété ordinaire au profit des créanciers titulaires de propriété-sûreté. Ce faisant, l'argument principal qui rompt l'égalité des créanciers devant la procédure est celui qui présume que les biens grevés de propriétés-sûretés ne sont pas affectés par l'effet réel de la saisie collective du patrimoine du débiteur failli. Mais, il s'avère que cette présomption repose essentiellement sur le déni des droits et des obligations du débiteur tirés du contrat notamment dans le cadre de la propriété réservée à titre de garantie. Alors comme ce fût le cas des sûretés réelles préférentielles dans les années 70, en France, ne faudrait-il pas soumettre les propriétés-sûretés à la discipline collective ?

789. Le législateur de la loi de 1967 avait alors senti la nécessité de soumettre tous créanciers du débiteur y compris les créanciers titulaires de sûretés réelles classiques à la discipline collective notamment par souci d'égalité entre eux et par respect du caractère collectif de la procédure. Pourtant dans le droit français, la même nécessité s'est fait très tôt sentir dès les années 80 concernant la propriété-sûreté[1264]. En effet, abondant dans ce

[1264] Ch. MOULY, « Procédures collectives : assainir le régime des sûretés », op. cit.

sens, Christian Mouly faisait déjà ce constat : « *l'originalité traditionnelle du droit de propriété a évité l'assimilation de la propriété-sûreté au régime commun des sûretés dans les procédures collectives (...). Dès que l'analyse de la propriété en une sûreté accessoire triomphe de la conception routinière, forgée par l'habitude, d'une propriété intouchable, toutes les règles des procédures collectives qui affectent les sûretés traditionnelles ont vocation à affecter également la propriété-sûreté* [1265]». En d'autres termes, un changement de paradigmes pourrait modifier cet ordre de perception des propriétés-sûretés. En effet, ce constat a déjà fait se lever plusieurs voix, formulant des propositions de non-discrimination entre les sûretés et allant dans le sens de l'alignement du régime juridique des sûretés dans les procédures collectives. Des voix adverses défendent la différence de traitement des « créanciers-propriétaires[1266] ». Cependant, aucun de leurs arguments n'est irréfutable si l'on mène, comme l'y invite Mouly une analyse fonctionnelle des mécanismes de garantie de paiement pour les soumettre au même régime juridique.

790. Ceci est d'autant plus vrai qu'il existe de nombreux rapprochements [1267] entre ces propriétés-sûretés et les sûretés réelles traditionnelles qui sont susceptibles d'être constatés aussi bien dans la technique que dans la finalité des deux formes de sûretés. Lesquels rapprochements, d'ailleurs, peuvent parfaitement justifier voire légitimer l'assimilation ou l'alignement du régime juridique des propriétés-sûretés dans les procédures collectives sur celui des sûretés réelles préférentielles. Les propriétés-sûretés ayant le même but et la même finalité que les sûretés réelles traditionnelles, ces premières devraient non seulement avoir la qualification de sûretés à part entière mais aussi être alignées au régime des sûretés réelles classiques ou préférentielles dans les procédures collectives[1268]. Si depuis cette proposition, les propriétés-sûretés ont reçu la qualification de sûreté[1269], le temps de leur assimilation juridique au régime des sûretés réelles traditionnelles dans les procédures collectives n'est-il pas encore venu. Ainsi, malgré la justesse de l'argumentaire, certains lobbies constitués de quelques créanciers très puissants en particulier des banques et des établissements de crédit et de la finance[1270], aux arguments inconsistants l'emportent au détriment de l'entreprise et de ses autres créanciers, petits

---

[1265] Ibid.

[1266] A. BAC, op. cit.

[1267] Ch. GIJSBERS, thèse, op.cit. p. 180 et s.

[1268] Ch. MOULY, « Procédures collectives : assainir le régime des sûretés », op. cit.

[1269] Les propriétés-sûretés sont qualifiées explicitement de sûretés à part entière dans le droit OHDA, tandis que dans le droit français, cette qualification est implicite bien qu'elle soit formelle. Formelle parce que depuis l'ordonnance du 23 mars 2006 réformant le droit des sûretés, les propriétés sûretés sont logées comme les sûretés classiques, dans le livre IV du Code civil. Cette consécration formelle leur conférerait déjà une qualification de sûreté même si elles n'obéissent pas au même régime juridique que les sûretés classiques pendant notamment la période spéciale de mise en œuvre d'une procédure collective.

[1270] A. BAC, op. cit.

fournisseurs et chirographaires. Leur traditionnel et principal argument d'ordre économique consiste en une menace : « *affaiblir la propriété-sûreté ce serait scier la branche du crédit sur laquelle sont aujourd'hui assises la plupart des entreprises*[1271] », redite de la célèbre formule des années 70 « Sûretés traquées, crédit détraqué[1272] » pour défendre les sûretés réelles préférentielles contre l'emprise du droit des procédures collectives[1273].

791. Or, il a été plusieurs fois démontré[1274] que cet argumentaire est une contrevérité dramatisante, fabriquée de toute pièce par certains juristes de banque défenseurs de cet ordre. Au contraire, les procédures collectives constituent plutôt la clé du crédit commercial [1275] en ce sens qu'elles garantissent l'assainissement du milieu des affaires. La procédure collective elle-même est jugée être porteuse de crédit[1276] en ce sens que de la vitalité des entreprises, dépend la vitalité et la fluctuation du crédit. En revanche, tout mécanisme qui affaiblit l'entreprise en difficulté en la dépouillant de ses moyens vitaux pour le redressement, tue ou fait stagner par la même occasion le crédit. D'ailleurs, il est déjà prouvé que certaines propriétés-sûretés notamment la réserve de propriété[1277], de par leur *modus operandi* pendant la procédure collective à l'encontre du débiteur, font perdre à ce dernier le crédit et donc tout moyen de survie[1278]. Abondant dans le même sens d'autres auteurs ont affirmé que l'énergie de la garantie conférée par la propriété gaspille le crédit du débiteur[1279].

792. Compte tenu de toutes ces considérations, une démarche de normalisation des propriétés-sûretés apparaît nécessaire car, il en va non seulement de la cohésion du droit des sûretés et du crédit mais également de l'existence et de la raison d'être même du droit des procédures collectives.

[1271] Ch. GIJSBERS, thèse, op. cit.

[1272] L. MARTIN, « Sûretés traquées, crédit détraqué », Banque déc. 1975, p. 1133.

[1273] M. BELLAMY, « Malaise et déséquilibre du droit du crédit en France », *JCP* 1974, I, 2650.

[1274] M. VASSEUR, « Le crédit menacé. Brèves réflexions sur la nouvelle législation relative aux entreprises en difficulté », *JCP* G, 1985, I, 3201 ; F. DERRIDA, « Le crédit et le droit des procédures collectives », op.cit ; cités par Ch. GIJSBERS, thèse, op. cit.

[1275] Ch. MOULY, op. cit.

[1276] Ch. GIJSBERS, *Sûretés réelles et droit des biens*, thèse, op. cit. p. 351.

[1277] R. HOUIN, « L'introduction de la clause de réserve de propriété en droit français de la faillite », *D.* 1980, Chr. 293 : « *La réserve de propriété fait perdre tout crédit à l'acheteur sur les biens (matériel, outillage, stocks) qu'il a achetés pour les besoins de son commerce et dont il peut déjà avoir payé une partie importante du prix* ». L'auteur mettait déjà en garde le législateur contre les méfaits des propriétés-sûretés à la fois sur le crédit et sur l'essence même du droit de la procédure collective en ces termes : « *encore quelques réformes du genre de celle qui est proposée (*parlant de la clause de réserve de propriété alors à l'état de proposition) *et on pourra faire disparaître la procédure de règlement judiciaire »;* en ce sens voir aussi F. DERRIDA, « Clause de réserve de propriété et le droit des procédures collectives », *D.* 1980, Chr. 293.

[1278] Ch. GIJSBERS, thèse, op. cit : « *Si dès le jugement d'ouverture, tous les actifs importants étaient récupérés par les créanciers « propriétaires », c'est l'ouverture même de la procédure collective qui serait menacée et, dans son sillage, le crédit dont elle est porteuse* ».

[1279] L. AYNES, Ph. MALAURIE, *Droit des sûretés,* op. cit.

Comme il a été rappelé, une telle idée n'est pas nouvelle. Mais cette étude propose, comme l'avait suggéré Mouly, une analyse qui d'une part, identifie les techniques sur lesquels travailler pour aligner le régime juridique des propriétés-sûretés sur celui des autres sûretés réelles dans les procédures collectives, et d'autre part, propose des moyens permettant d'arriver à cette fin, solutions directement utilisables par les législateurs respectifs.

Ainsi, la normalisation des propriétés-sûretés (**Chapitre I**) en tant que sûreté réelle comme une autre, doublée d'un effort d'ensemble de rationalisation de toutes les sûretés réelles (**Chapitre II**) devrait permettre une application extensive de la discipline collective à tous les créanciers de l'entreprise débitrice.

CHAPITRE 1

LA NÉCESSAIRE NORMALISATION DES SÛRETÉS-PROPRIÉTÉS

793. Plus explicite que son homologue français, le législateur communautaire africain de l'espace OHADA, qualifie les propriétés-sûretés, consacrées pour la première fois dans l'acte uniforme portant organisation des sûretés révisé le 15 décembre 2010, de manière non équivoque, de sûreté réelle mobilière[1280]. Ainsi, est-il incontestable, que dans le nouveau droit OHADA des sûretés, donner la libre disposition d'un bien ou d'un ensemble de biens à son débiteur et recevoir un droit exclusif sur ces biens en contrepartie à titre de garantie de sa créance soit considéré comme une cause de préférence caractéristique d'une sûreté. On pourrait se demander pourquoi alors ces sûretés-propriétés n'obéissent pas au même régime juridique que les sûretés réelles préférentielles dans les procédures collectives ? L'on constate de toute évidence que si le législateur africain de l'espace OHADA livre la qualification légale de *sûreté réelle mobilière* aux nouvelles garanties de créance basées sur l'utilisation de la propriété, il n'en demeure pas moins que le régime spécial auquel elles sont sujettes et la différence de traitement dont elles bénéficient dans les procédures collectives concourent, là également, à leur mystification en sûretés réelles très spéciales et pas comme les autres.

794. Dans le droit français où l'histoire et la conception même des propriétés-sûretés sont différentes comparativement au droit OHADA, la qualification de sûreté de ces mécanismes était encore teintée d'équivocité jusqu'à l'avènement de l'ordonnance de 2009. Pour certains auteurs encore, la qualification de sûreté à l'endroit de ces garanties de créance serait même réductrice[1281]. D'autres auteurs, pour réfuter cette qualification, évoquaient la règle de *numerus clausus* des sûretés réelles et opposaient que l'exclusivité, dont elles sont assorties pour sécuriser les créanciers « propriétaires » contre à la fois le débiteur et ses autres créanciers et contre la procédure collective

---

[1280] Article 50 al. 1er AUS révisé.

[1281] D. LEGEAIS, *Sûretés et garanties du crédit*, op. cit ; M. BOURASSIN, V. BREMOND, M.-N. JOBARD-BACHELIER, *Droit des sûretés*, op. cit.

elle-même, n'était pas reconnue comme étant une cause légitime de préférence caractérisant une sûreté [1282]. Pourtant, tous ces arguments défavorables à la qualification de sûreté des propriétés garanties, semblaient déjà aller à contre courant de la volonté du législateur ou du moins de l'esprit de l'ordonnance n° 2006-346 du 23 mars 2006.

795. Aussi, le débat controversé sur la qualification de sûreté des propriétés-sûretés aurait dû être définitivement clos après l'ordonnance n° 2009-112 du 30 janvier 2009 dont les articles 3, 4 et 5 ont complété les articles 2329 4° et 2373 al. 2 du Code civil à travers lesquels, le législateur a explicitement qualifié la propriété retenue, réservée ou cédée à titre de garantie, de sûreté réelle mobilière[1283] ou immobilière[1284] à part entière. Cette consécration légale de la qualification de sûreté à part entière, au profit de la propriété-sûreté, intervenue quelque décennie après celle de la Cour de cassation[1285], a été mise en application récemment par la même Cour qui, à deux occasions a qualifié à son tour la clause de réserve de propriété de sûreté réelle [1286]. La généralisation de cette jurisprudence à toutes les propriétés-sûretés contribuerait largement à leur démystification.

796. Mais, en attendant cela, il ne serait pas étonnant de voir, malgré la confirmation de leur qualification de sûreté par la jurisprudence, que les propriétés-sûretés soient toujours perçues comme une sûreté réelle mais « atrophiée [1287] » voire particulière. Ceci dénote une volonté toujours persistante de rendre spéciale la propriété-sûreté même qualifiée de sûreté réelle par le législateur et mise en application en cette qualité par la jurisprudence. Cette mystification autour des propriétés-sûretés rendrait le travail d'assimilation de plus en plus difficile aussi bien dans le droit français que dans le droit OHADA où la qualification de sûreté est on ne

---

[1282] J. GHESTIN, « Réflexions d'un civiliste sur la clause de réserve de propriété », *D.* 1981, chron., p. 1 et s.; L. AYNES, Ph. MALAURIE, *Droit des sûretés,* op. cit.

[1283] C. civ., art. 2329 dispose « les sûretés sur les meubles sont : 1°) les privilèges mobiliers, 2°) le gage de meubles corporels, 3°) le nantissement de meubles incorporels, 4°) la propriété retenue « ou cédée » à titre de garantie ».

[1284] C. civ., art. 2373 dispose « *Les sûretés sur les immeubles sont les privilèges, le gage immobilier, et les hypothèques. La propriété de l'immeuble peut également être retenue « ou cédée » en garantie* ».

[1285] Cass. com., 9 mai 1995 : RTD civ. 1996, 441, obs. P. CROCQ. Dans cet arrêt la chambre avait donné la qualification de sûreté à la propriété-sûreté. Cette qualification a été confirmée plus nettement dans l'arrêt : Cass. com., 23 janvier 2001 : *D.* 2001, 702, obs. A. Lienard ; *JCP E* 2001, 755, n° 13, M. Cabrillac ; *RTD* civ. 2001, 398, P. CROCQ.

[1286] Cass. com., 15 oct. 2013, n° 13-10.463 : JurisData n° 2013-022742 ; *D.* 2013, p. 2462, obs. A. Lienhard.

[1287] Ph. DELEBECQUE, « Réserve de propriété : une sûreté réelle atrophiée ? », *JCP Entreprise et Affaire*, N° 49 -5 Décembre 2013, 1679 Chronique Affaires, p. 46. Comm. Cass. com., 15 octobre 2013, n° 13-10.463 où l'auteur se demande si ce n'est pas une sûreté réelle atrophiée eu égard à la description de cette nature de sûreté réelle donnée par la chambre commerciale : « *si la clause de réserve de propriété constitue une sûreté réelle, elle ne confère à son bénéficiaire droit de préférence dans les répartitions* ». En d'autres termes, si la chambre commerciale accorde une qualification de sûreté celle-ci reste pour le moins circonstanciée et pas comme les autres sûretés réelles.

peut plus explicite. Ce blocage désigne tout le besoin de pédagogie et de méthode pour être à la hauteur de l'enjeu de rendre effective cette reconnaissance de qualification de sûreté à l'endroit des propriétés-sûretés. Partant, permettre qu'elles soient soumises aux mêmes règles et traitées de la même manière que les sûretés réelles traditionnelles ou préférentielles[1288] notamment pendant la mise en œuvre des procédures collectives à l'encontre d'un débiteur commun.

Pour réussir leur normalisation, il convient préalablement de faire un travail pédagogique de démystification des propriétés-sûretés (**Section 1**) pour ensuite espérer que la proposition invitant à leur assimilation puisse avoir des techniques juridiques de rapprochement sur lesquelles se baser pour sa mise en œuvre (**Section 2**).

SECTION 1. DÉMYSTIFICATION DES PROPRIÉTÉS-SÛRETÉS

797. L'entreprise de démystification devrait faire changer le regard sur les sûretés réelles exclusives, pour les faire accepter comme sûreté réelle à part entière avec toutes les conséquences juridiques que cette qualification de sûreté est susceptible d'apporter dans le contexte spécifique des procédures collectives. Elle devra montrer que l'assiette d'une sûreté est et a toujours été la propriété, mais que ce qui fait la nature de sûreté est toujours déterminé par la finalité assignée à cet usage de la propriété. Et, que dans le cas des propriétés-sûretés, celles-ci sont plus une sûreté qu'une propriété ordinaire. Ainsi, la démarche de démystification des sûretés-propriétés[1289] consistera à mettre en évidence la nature de sûreté réelle ordinanire des propriétés garanties en s'appuyant aussi bien sur la technique utilisée que sur la finalité même de ce nouveau mécanisme de garantie de créance (**sous-section1**) et sur d'autres similitudes méconnues[1290] entre les nouvelles sûretés réelles fondées sur la propriété et les sûretés réelles préférentielles (**Sous-section 2**).

§1) La nature de sûreté dans la technique et dans la finalité de la propriété-garantie

798. L'utilisation conventionnelle et accessoire d'un droit réel sur une chose dont le plus notoire et fondamental est la propriété a toujours servi

[1288] Ch. MOULY, « Procédures collectives : assainir le régime des sûretés », op. cit.

[1289] Cette expression est déjà utilisée par certains auteurs, sans doute, dans le but d'affirmer que derrière un remaniement de formule, les choses ne changent pas. En ce sens, v. O. GOUT, « Quel droit commun pour les sûretés réelles ? », *RTD civ.* 2013, p. 255.

[1290] Ch. GIJSBERS « *Sûretés réelles et droit des biens* », thèse, op. cit. l'auteur a relevé brièvement quelques rapprochements entre les sûretés réelles traditionnelles et les propriétés-garanties dans le but là également de montrer qu'une assimilation de régime juridique de ces deux formes de sûretés est bien possible.

pour garantir l'exécution d'une autre obligation principale ou connexe[1291]. De cet usage nait la sûreté. Autrement dit, la sûreté n'est rien d'autre qu'une technique orientée vers l'accomplissement d'une finalité. Les propriétés-sûretés ne font pas exception à cette règle. Comme les sûretés réelles traditionnelles, la technique des propriétés-sûretés repose sur un certain usage de la propriété à titre accessoire. La propriété comme assiette traditionnelle de la sûreté n'est donc pas une nouveauté. Dans le cadre des propriétés-sûretés, cette technique est non plus assortie d'un droit de préférence ni d'un droit de suite conférés habituellement au créancier pour garantir l'exécution de son droit de créance mais elle est assortie, d'une nouvelle expression dite de l'exclusivité, dans le droit français et le droit du créancier de recouvrer la libre disposition d'un bien dont il est propriétaire[1292], dans le droit OHADA. La finalité, quant à elle, est restée inchangée. C'est d'assurer l'efficacité de la garantie et d'accroitre les chances d'exécution de l'obligation de payer la créance due. Dès lors, la qualification de sûreté ne réside pas forcément dans l'attribut ou droit corolaire octroyé pour faire office de contrepartie ou plus exactement d'assurance d'une saisie attribution ou d'une exécution légale forcée, mais essentiellement dans la technique et dans la finalité du mécanisme de garantie de créance. L'octroi de ce droit est légalement consacré dans les deux systèmes juridiques. Cela devrait écarter l'argument qui oppose la fameuse règle dite de *numerus clausus* du droit des sûretés qui dans les esprits de plusieurs juristes constitue encore un frein à la qualification de sûreté à l'endroit des propriétés-garantie. Le droit OHADA en a fait l'expérience. L'on peut regretter simplement que le législateur africain de l'espace OHADA ne soit pas allé jusqu'au bout de cette logique.

799. Vue sous cette approche de sûreté, l'exclusivité octroyée aux propriétés-sûretés s'analyse plutôt comme une nouvelle cause légitime de préférence exclusive (**A**) qu'un simple effet exceptionnel de la propriété utilisée à titre de garantie. L'étude de certaines sûretés réelles classiques prouvera que l'exclusivité n'est pas l'apanage exclusif de la propriété-garantie et que l'existence d'une exclusivité à travers celles-ci (**B**) ferait de la reconnaissance de l'exclusivité comme une cause légitime de préférence, un dénominateur commun entre sûretés réelles exclusives et sûretés réelles préférentielles.

A) L'exclusivité comme une nouvelle cause légitime de préférence

800. Définitions. Multidimensionnelle et pluridisciplinaire, l'exclusivité renvoie à des usages et des manifestations multiples[1293]. Dans le cadre de cette étude, seule l'exclusivité se rapportant au droit réel de propriété sera

---

[1291] C'est le cas notamment dans le droit de la rétention classique où un lien de connexité avec la créance est exigé pour le caractériser.

[1292] Cf. article 4 al. 2 AUS révisé.

[1293] P. GOURDON, *L'exclusivité*, op. cit. p. 5.

retenue. De ce point de vue, dans la doctrine on distingue traditionnellement un aspect positif et un aspect négatif de l'exclusivité[1294]. L'aspect positif se rapporte à la plénitude du droit de propriété correspondant au caractère absolu du droit sur le bien, objet de la propriété. L'aspect négatif consiste en un pouvoir d'exclusion des tiers. En matière de garantie réelle, l'exclusivité est un pouvoir octroyé à un créancier d'exclure les autres créanciers de la possibilité d'appréhender un bien afin de se faire payer grâce à une emprise singulière sur ce bien ou sur cet ensemble de biens appartenant au débiteur ou susceptible(s) de lui appartenir dans le futur après paiement de la créance due.

801. Dans le droit OHADA, le droit du créancier « propriétaire » de recouvrer la libre disposition de son bien en cas de défaut de paiement de la part du débiteur recouvre également une certaine idée de l'exclusivité sur le bien. Ce droit signifie pour le créancier le fait de retrouver entre ses mains les pleins pouvoirs sur le bien c'est-à-dire : *l'usus, le fructus et l'abusus*. Autrement dit, le créancier propriétaire d'origine du bien reprend l'exclusivité sur le bien aussi bien dans son aspect positif que dans son aspect négatif. Il peut dès lors exercer son droit exclusif en évitant ou non tout concours[1295] des autres créanciers du débiteur sur le bien.

802. Ainsi, en dépit des divergences conceptuelles entre l'exclusivité dans le droit français et le droit de recouvrer la libre disposition du bien du droit OHADA, où il est sous-entendu qu'une fois recouvré la libre disposition du bien, le créancier peut exercer son droit exclusif sur celui-ci, il y a recoupement autour de la définition de l'aspect négatif de la propriété.

Tenant compte de cette dernière définition de l'exclusivité, il ne serait pas exagéré de dire qu'étant en soi une rupture d'égalité entre les créanciers (**1°**), l'exclusivité faisant du seul fait de cette caractéristique la propriété-sûreté d'une sûreté, représente aussi en vertu de sa consécration légale (**2°**), une nouvelle cause légitime de préférence même si de manière statutaire et officielle ceci n'est pas dit.

1°) Une rupture d'égalité caractéristique d'une sûreté

803. La sûreté étant une rupture d'égalité entre les créanciers d'un débiteur commun, son efficacité se jaugera à l'aune de sa capacité à exclure ou à évincer du concours les créanciers concurrents. Ainsi, ce qui différencie

---

[1294] P. CROCQ, « L'évolution des garanties de paiement : de la diversité à l'unité », *Mélanges Ch. MOULY,* t. 2, Litec, 1998, p. 317 et s., spéc., n° 12 et s.; L. BOUGEROL-PRUD'HOMME, op. cit. p. 28 et s.

[1295] L. BOUGEROL-PRUD'HOMME, op. cit. Même si pour beaucoup, l'idée même de l'exclusivité implique l'absence de concours, le contraire est tout à fait possible, c'est-à-dire que l'on peut imaginer une exclusivité intégrée dans le concours. Ce peut être notamment le cas quand plusieurs créanciers ont un droit exclusif sur un même bien soit dont ils prétendent être propriétaires ou par une quelque autre source de droit exclusif. Souscrivant à cette approche, nous envisageons de concevoir une exclusivité à l'intérieur d'un concours avec d'autres créanciers du débiteur.

les créanciers chirographaires des créanciers titulaires d'une sûreté, c'est le fait que ces derniers bénéficient d'un moyen de rupture d'égalité qui est reconnue par la loi. A l'instar des sûretés réelles classiques qui en octroyant le droit de préférence à leurs titulaires, avantagent ces derniers sur les créanciers chirographaires, l'exclusivité représente une rupture d'égalité encore plus avantageuse au profit de ses bénéficiaires que celle entrainée par le droit de préférence. De ce fait, allant à l'encontre de toute idée préconçue voulant interpréter l'exclusivité comme exclusive de tout concours entre les créanciers, cette étude retient que celle-ci pourrait bel et bien être intégrée dans le concours avec les autres créanciers du débiteur. Ainsi, conférée au créancier titulaire de propriété-sûreté, l'exclusivité garantit efficacement le paiement de la créance par le débiteur. Elle rompt ainsi l'égalité entre les créanciers en établissant un concours inégalitaire par exclusion (**a**), qui n'est pas en soi incompatible avec le principe d'égalité (**b**) entre les créanciers.

a) Un concours inégalitaire par exclusion

804. A travers un débat doctrinal interposé sur fond de refus de qualification de sûreté aux propriétés-garanties, en France, une majeure partie de la doctrine ne reconnait pas l'exclusivité comme un nouvel attribut de sûreté. Elle considère que l'exclusivité ne constitue pas une cause de préférence conformément à l'article 2323 du Code civil et qu'à l'opposé du droit de préférence, celle-ci ne place pas les créanciers dans une logique de concours. Tandis que dans le droit communautaire africain de l'espace OHADA, ce débat étant inexistant, le droit de préférence et le droit de recouvrer la libre disposition d'un bien constituent deux attributs de sûreté légalement reconnus.

805. Les limites de l'argumentation textuelle réfutant l'exclusivité comme une cause de préférence qui intègre le concours des autres créanciers. Les détracteurs de la propriété-sûreté s'appuient principalement sur l'article 2323 du Code civil. Selon eux, ce texte pose la règle du *numerus clausus* du droit des sûretés signifiant que la faculté de créer des droits réels est limitée, pas de sûreté sans texte. Ainsi, ils affirment que puisque l'exclusivité n'est pas citée par ce texte ne constitue donc pas une cause légitime de préférence. Et, que par voie de conséquence, conformément aux dispositions de ce texte, la propriété retenue ou cédée à titre de garantie ne peut pas être qualifiée de sûreté mais de garantie. Ce qui justifierait, selon eux, la différence de régime juridique notamment dans les procédures collectives. Or selon ce texte, il n'existe que deux causes de préférence à savoir les privilèges et les hypothèques. Autrement dit, conformément à ce texte ni le gage, ni le nantissement ne seraient des sûretés, pourtant ces deux institutions composent bien le socle des sûretés réelles traditionnelles. En outre, ces deux sûretés sont assorties de droit de préférence et du droit de suite au même titre que les privilèges et les hypothèques. Mais, cette argumentation souffre également d'autres limites. En effet, en dehors des limites déjà exposées, il faut ajouter que la seule consécration du mécanisme de propriété retenue, cédée ou réservée à titre de garantie dans le livre IV du Code civil suffit pour considérer que l'exclusivité est une cause de préférence instituée par les articles 2329 4° et 2373 al. 2 du même code.

806. Par conséquent tout comme les sûretés réelles traditionnelles telles que le gage et le nantissement, la consécration légale des propriétés-sûretés fait de l'exclusivité une nouvelle cause légitime de préférence. Que le seul fait de ne pas être énumérées par l'article 2323 précité comme relevant des causes légitimes de préférence ne saurait plus suffire pour convaincre le contraire. Toutefois, l'on peut convenir de la nécessité de les encadrer par exemple à commencer par les rendre publiques à travers l'obligation de publicité ou d'inscription officielle à l'instar du droit OHADA, et à admettre l'exclusivité comme un droit réel accessoire de la créance garantie et non directement liée au droit de propriété au sens premier du terme c'est-à-dire au sens de l'article 544 du Code civil. L'exclusivité comme attribut de la propriété-sûreté est une nouvelle cause de préférence et, à ce titre, elle doit être contrôlée et maîtrisée comme l'est l'attribut traditionnel de sûreté : le droit de préférence.

807. Le droit de préférence et l'exclusivité deux notions antinomiques et pourtant si proches. La configuration actuelle du droit des sûretés oppose le droit de préférence propre aux sûretés réelles dites préférentielles et le droit exclusif ou l'exclusivité caractéristique des propriété-sûretés. Ainsi, pour distinguer le droit exclusif du droit de préférence certains auteurs écrivent : « *constitue un droit exclusif, et non un droit de préférence, toute prérogative dont l'exercice permet au créancier d'échapper à un quelconque concours avec les autres créanciers du même débiteur*[1296] ». Autrement dit, selon ces auteurs, un droit exclusif évite tout concours des autres créanciers tandis qu'un droit de préférence ne permettrait pas d'échapper au concours.

808. Abondant dans le même sens, M. Ancel affirme qu'« *un créancier en situation d'exclusivité n'entre pas en concours avec les autres*[1297] ». Or l'interprétation inverse est tout à fait possible. Certes, le seul fait qu'il détienne l'exclusivité sur le bien exclut par là-même toute concurrence sur le bien, mais ce n'est pas tant qu'il évite le concours avec les autres qu'il n'exclut ses adversaires (avec qui il est donc bien au départ en concurrence) sur le bien car il bénéficie d'une préférence exclusive et absolue sur le bien en question. Vu sous cet angle, ce sont bien ces derniers qui sont évincés du concours. Donc il y a bien concours, mais il est fortement inégalitaire et éliminatoire. D'ailleurs, avec le même raisonnement que M. Ancel, d'autres auteurs considèrent quant à eux, que « *le droit de préférence permet d'être payé par priorité lors de la distribution du prix et donc d'éviter le concours avec les créanciers chirographaires* [1298] ». Pour ces auteurs, le droit de

[1296] J. MESTRE, E. PUTMAN et M. BILLIAU, op.cit.
[1297] P. ANCEL, *Droit des sûretés,* Lexis Nexis 7e éd., 2014, p. 211 et s.
[1298] L. AYNES et P. CROCQ, op.cit.

préférence attaché aux sûretés réelles classiques permet également d'éviter le concours.

809. D'autres encore vont même aller plus loin en estimant que le droit de préférence est en principe exclusif du concours avec d'autres créanciers[1299]. Au fond, il ressort de ces différentes analyses que droit de préférence et droit exclusif seraient liés et auraient la même finalité : instaurer un concours inégalitaire au profit de leurs bénéficiaires. Mme Bougerol-Prud'homme a bien démontré le lien de réciprocité antinomique, à travers le prisme « exclusivité et exclusion du concours » qui rapprocherait ces deux notions. L'auteur déduit que « *l'exclusion du concours ne pourrait être une caractéristique des situations d'exclusivité, sauf à nier leur spécificité par rapport aux sûretés traditionnelles reposant sur la technique du droit de préférence*[1300] ». Inversement, l'exclusivité autant que le droit de préférence entretiennent l'idée même d'un concours qui peut être inclusif ou exclusif[1301]. Ce concours, se matérialisant par une course vers le paiement, est inégalitaire mais il est caractéristique d'une sûreté. En définitive, il faut admettre que l'exclusivité n'est rien d'autre qu'une autre « facette[1302] » du droit de préférence.

810. Par conséquent, au même titre que les sûretés réelles traditionnelles, les nouvelles sûretés réelles exclusives créent les conditions d'un concours inégalitaire dans la course au paiement de leurs créances créant ainsi une rupture d'égalité entre créanciers par exclusion. Une telle solution rapprocherait du résultat parvenu par le législateur communautaire africain de l'espace OHADA en consacrant la propriété-sûreté crée une nouvelle cause légitime de préférence exclusive[1303].

811. La libre disposition ou exclusivité OHADA comme modèle d'attribut de sûreté. Dans le droit OHADA, le droit de recouvrer la libre disposition ou l'exclusivité sur le bien est reconnu comme une « *cause légitime de préférence* » au même titre que le droit de préférence et/ou droit de suite propres aux sûretés réelles classiques [1304]. Ainsi, en cas de défaillance du débiteur et de non-paiement de sa créance, la sûreté conférant à son titulaire la libre disposition du bien dont il est propriétaire exercera un droit exclusif sur le bien. Ce mécanisme favorise aussi, de fait mais aussi de droit dans une certaine mesure, un concours inégalitaire sur le paiement des créanciers de la même manière que la créance qui confère à son titulaire un droit de préférence lui permettant de se faire payer avant tout autre créancier sur le prix du bien.

[1299] Ph. SIMLER et Ph. DELEBECQUE, op. cit.

[1300] L. BOUGEROL-PRUD'HOMME, thèse. op.cit. p. 35.

[1301] Idem.

[1302] J.-J. ANSAULT, « Fiducie-sûreté et sûretés réelles traditionnelles : que choisir ? », *Droit et Patrimoine* -2010, n° 192. Dossier « quel avenir pour la fiducie ? ».

[1303] Article 4 al. 2 AUS révisé.

[1304] Ibid.

812. Toutefois, l'article 4 alinéa 2 AUS révisé ne règle pas le problème de rang de priorité entre la sûreté conférant le droit de préférence et celle qui donne la libre disposition du bien pour des raisons précédemment démontrées[1305]. Mais en même temps, cette dernière cause de préférence n'est possible que lorsque le créancier est propriétaire du bien. Alors, il manque l'établissement d'un classement entre créanciers propriétaires donc titulaires de droit exclusif sur le bien. Et enfin, les propriétés-sûretés faisant toutes l'objet de publicité, contrairement au droit français, la transparence est assurée permettant d'éviter le risque de conflit entre créanciers « propriétaires ». Néanmoins, l'exclusivité est une forme entièrement admise de rupture d'égalité entre les créanciers propriétaires et les créanciers non propriétaires dans le droit OHADA. Par rapport aux créanciers chirographaires, les deux formes de sûretés OHADA préférentielles et basées sur la propriété établissent un concours inégalitaire au profit de leurs titulaires.

b) Compatibilité avec le principe d'égalité devant le paiement

813. Le principe d'égalité dans le droit des procédures collectives comporte plusieurs justifications. Il s'agit d'assurer un traitement égal à tous les créanciers[1306] d'un débiteur soumis à la procédure collective. L'égalité s'entend aussi bien sur le plan procédural [1307] que sur le plan du désintéressement ou paiement des créanciers et du support collectif de la perte du débiteur commun[1308]. Pour répondre à la question de compatibilité, il faut d'abord rappeler le cadre initial du principe d'égalité des créanciers devant le paiement puis la limitation de ce principe le rendant conforme avec la notion même de sûreté comme étant une rupture d'égalité entre les créanciers.

814. Notion de gage général et principe d'égalité entre les créanciers. Conçu comme un outil de régulation des rapports entre les créanciers dans le cadre spécifique du règlement collectif, le principe d'égalité des procédures collectives signifiait, à la base, l'égalité de tous les créanciers devant la loi du concours. Cela supposait-il alors qu'il existait un concours égalitaire ? La réponse à cette question peut être trouvée dans l'article 2285 du Code civil.

[1305] A l'instar, du droit français, le législateur africain de l'espace OHADA ne reconnait pas tous les droits et obligations du débiteur tirés du contrat constituant la propriété-sûreté. En l'occurrence, il convient de se rapporter à l'étude sur le déni des droits du débiteur ci-dessus traité.

[1306] F. PEROCHON, *Entreprises en difficulté*, L.G.D.J., Coll. Manuels, 10e éd. 2014.

[1307] La procédure collective, explique J.-L. VALLENS, « *implique tous les créanciers d'un débiteur défaillant et les soumet à une même loi, l'arrêt des procédures individuelles, l'obligation de faire valoir leurs droits par le filtre de la procédure de vérification des créanciers, la désignation de mandataires de justice pour des missions plus ou moins étendues qui couvrent au minimum un contrôle de la gestion, un pouvoir d'arbitrage sur les contrats en cours et le cas échéant la réalisation ordonnée des actifs* » *(RTD com. 2011. 644).*

[1308] F. PEROCHON, op. cit.

Cet article dispose que « *les biens du débiteur sont le gage commun de ses créanciers ; et le prix s'en distribue entre eux par contribution, à moins qu'il n'y ait entre les créanciers des causes légitimes de préférence* ». Ce texte institue le droit de gage général de tous les créanciers qui constitue le fondement du principe d'égalité des créanciers devant la loi du concours au règlement de créance. La notion de gage général des créanciers trouve son fondement dans l'idée selon laquelle l'ensemble des biens du débiteur répond de l'exécution de ses obligations[1309] envers ses créanciers qui sont chacun tributaire d'un droit de gage général[1310]. Ainsi, le droit de gage général du créancier est ici entendu comme le corolaire indissociable[1311] de son droit de créance. Mais, l'article 2285 du Code civil précité consacre également le principe de la distribution par contribution, autrement dit un concours égalitaire entre les créanciers chirographaires exclusivement[1312]. Cependant, le texte précité émet une importante réserve qui limiterait le principe d'égalité dans le cadre de la distribution des deniers.

815. Permission à la rupture d'égalité basée sur l'existence d'une cause de préférence. L'exception posée vient confirmer que l'application du principe d'égalité à la distribution des deniers du débiteur y compris pendant les procédures collectives ne concerne pas effectivement que les créanciers chirographaires. Elle consiste en l'admission indiquée par l'article 2285 du Code civil en ces termes : « *à moins qu'il n'y ait entre les créanciers des causes légitimes de préférence* ». Outre cette exception légale, le Conseil constitutionnel a affirmé dans un de ses célèbres dispositifs que « *le principe d'égalité ne s'oppose ni à ce que le législateur règle de façon différente des situations différentes, ni à ce qu'il déroge à l'égalité pour des raisons d'intérêt général pourvu que, dans l'un et l'autre cas, la différence de traitement qui en résulte soit en rapport direct avec l'objet de la loi qui l'établit* [1313]». Même si l'on trouve que le conseil constitutionnel est allé trop loin sur la libéralisation de ce principe fondamental. Il convient tout de même de déduire de ces différentes dispositions légales et jurisprudentielles que les sûretés et les garanties réelles sont parfaitement compatibles avec le principe d'égalité auquel elles s'accommodent bien du fait de la préférence requise et de la rupture d'égalité qui les caractérisent.

816. Dans la doctrine française, l'exception posée par l'article 2285 du Code civil est différemment interprétée. Certains auteurs pensent qu'elle constitue une évolution normale du droit des procédures collectives[1314].

[1309] Article 2284 du Code civil dispose « *Quiconque s'est obligé personnellement, est tenu de remplir son engagement sur tous ses biens mobiliers et immobiliers, présents et à venir* ».

[1310] F. TERRE, Ph. SIMLER, Y. LEQUETTE, *Droit civil, les obligations,* Dalloz 9e éd. coll. Précis 2005, n° 1096.

[1311] S. NANDJIP MONEYANG, « Réflexion sur l'égalité des créanciers dans les procédures collectives OHADA », op.cit.p. 467.

[1312] Ibidem.

[1313] Conseil const., 22 juillet 2005, n° 2005-522 DC : JO 27 juillet 2005, p. 12225.

[1314] L. BOUGEROL-PRUD'HOMME-, thèse op.cit.

D'autres affirment que c'est une adaptation de la notion de droit de gage général dans le droit des procédures collectives[1315]. Mais, pour d'autres encore, l'égalité s'apprécie entre des créanciers placés dans une situation identique[1316]. Pour nous, l'égalité devant le paiement étant dans ce cas de figure liée à cette idée même du concours qui, conformément à l'article 2285 précité, suppose comme préalable d'avoir les mêmes droits, comme c'est le cas en l'occurrence pour les créanciers chirographaires, alors toute cause de préférence entraine forcément une inégalité. Mais cette inégalité devant le paiement est permise, étant entendu que tout créancier, sans discrimination aucune, a libre choix des sûretés réelles[1317]. Par conséquent l'inégalité admise devant le paiement est le déséquilibre normal entrainé par une créance assortie ou garantie par une sûreté sur une créance non assortie d'une garantie, étant entendu que toute garantie ou sûreté est un facteur de rupture d'égalité entre les créanciers[1318].

817. Dans l'acte uniforme des sûretés révisé OHADA, cette limite au principe d'égalité des créanciers implique que les droits de préférence sur les biens de leur débiteur ne leur soient reconnus que si un texte l'a expressément prévu[1319]. Toutefois, comme que la propriété-sûreté y est reconnue au côté des sûretés préférentielles, la rupture d'égalité entre les créanciers devant le paiement qu'elles entrainent déroge implicitement au principe d'égalité des créanciers dans les procédures collectives. Mais, ceci est vrai dans le droit français comme dans le droit OHADA, que si et seulement si l'exclusivité est reconnue non pas comme corolaire du droit de propriété mais comme un attribut de la sûreté exclusive.

818. A contrario, l'exclusivité du droit français et le droit de recouvrer la libre disposition d'un bien du droit OHADA étant deux attributs de sûreté, même fondés sur la propriété, sont parfaitement compatibles avec le principe d'égalité entre les créanciers reconnu respectivement dans ces deux systèmes de droit. Le principe d'égalité découle de la volonté du législateur de préserver les intérêts des créanciers dans les procédures collectives. Mais ce principe fondamental du droit des procédures collectives est beaucoup plus opérationnel, du moins en ce qui concerne l'égalité devant le paiement, dans la phase de liquidation où il régule le règlement collectif des créanciers. De ce fait, il est réduit à son propre slogan[1320] lors des phases de sauvegarde

---

[1315] S. NANDJIP MONEYANG, op.cit.

[1316] M. SENECHAL., « Créanciers antérieurs : l'égalité a-t-elle vécu ? », *op. cit*

[1317] M. BOURASSIN, V. BREMOND et M.-N. JOBARD-BACHELIER, *Droit des sûretés*, 5e éd. Sirey 2012, n°1209, p. 334.

[1318] M. CABRILLAC, Ch. MOULY, S. CABRILLAC, Ph. PETEL, *Droit des sûretés*, 10e éd. Litec, 2015.

[1319] P. CROCQ, « Les grandes orientations du projet de réforme de l'acte uniforme portant organisation des sûretés », *in Revue Lamy Droit civil* – 2010, n° 76.

[1320] Surtout avec le phénomène de contractualisation du droit des entreprises en difficulté amorcée depuis l'avènement de l'ordonnance du 18 décembre 2008. En ce sens, les articles L.626-30-2 et L626-32 du Code de commerce, relatifs respectivement aux comités des créanciers et à l'assemblée unique des obligataires, prévoient que dans le cadre de projet de

pour le droit français ou, pour le droit OHADA, lors du règlement préventif et du redressement judiciaire de l'entreprise défaillante. En France, le fait que ce principe, dans le cadre du paiement, ne vise que les créanciers chirographaires instaure donc un concours inégalitaire entre ces créanciers-là et ceux titulaires de sûretés et/ou garanties réelles. Conformément à la jurisprudence du Conseil constitutionnel précitée, le principe d'égalité pourrait ne pas s'appliquer non plus entre les créanciers titulaires des sûretés préférentielles et ceux des sûretés réelles conférant une situation d'exclusivité, ceux-ci n'étant pas de la même catégorie de créanciers ciblés par le texte.

819. En revanche, l'égalité a vocation à s'appliquer entre créanciers de chacune des deux catégories. Finalement, M. Cabrillac a eu raison de bien spécifier, qu'en quelque sorte, l'égalité appliquée aux créanciers chirographaires n'est qu'une égalité devant le néant[1321] : devant un actif conséquent, avec des créances assorties de sûretés et garanties réelles, la course vers le paiement n'est point égalitaire.

2°) Une consécration conforme à la règle de numerus clausus des sûretés

820. Pas de sûreté sans texte, revient à dire pas de privilège sans texte. Partant de cette considération bien reconnue, la consécration de la propriété-sûreté dans les droits français et africain de l'espace OHADA, devrait neutraliser le grief principal qui était de dire que la règle de *numerus clausus* de droit des sûretés empêche la création de nouveaux droits réels en matière de sûreté. Cette règle serait légitimement opposable s'il s'était agi de créer une sûreté réelle *ex nilo*, c'est-à-dire sans texte sans base légale, juste par la voie conventionnelle. Au-delà de l'illégalité une telle sûreté, issue d'un contrat, poserait un problème d'opposabilité à la fois aux autres créanciers et à la procédure collective du débiteur commun. Cependant, tel n'est pas le cas pour les propriétés-sûretés instituées aussi bien dans le droit français que dans le droit de l'espace OHADA. Au contraire, la consécration légale des propriétés-sûretés devrait non seulement confirmer de manière définitive la qualification de sûreté notamment dans le droit français mais de considérer qu'elles sont conformes à la règle dite de *numerus clausus*. Si l'observation

---

plan de sauvegardent ou de redressement « *peut être établi un traitement différencié entre les créanciers si les différences de situation le justifient* ». De même que l'égalité est réduite à son slogan dans le cadre de remboursement des créanciers participants au plan de sauvegarde ou de redressement, la loi du 22 octobre 2010 a imposé de tenir compte des accords de subordination conclus notamment avant l'ouverture de la procédure collective dans l'élaboration des propositions de remboursement. Ces réserves initialement destinées aux comités de créanciers ont été étendues à l'assemblée unique des créanciers obligataires par la loi du 22 mars 2012 ; v. aussi, M. SENECHAL et G. COUTURIER, « Créanciers antérieurs : l'égal a-t-elle vécu ? » *in JBE en Difficulté-2012-0166, n°5*, p.328.

[1321] M. CABRILLAC, « Les ambiguïtés de l'égalité entre les créanciers », *in Mélanges A. Breton et F. Derrida. Dalloz.* 1991.p. 31 et s.

de cette règle rigoriste est assouplie dans le droit français où la liberté individuelle des parties a une place de choix (**b**), dans le droit OHADA, elle est assez stricte et particulière (**a**).

a) Observation stricte et particulière de la règle du numerus clausus en droit OHADA

821. Dans le droit OHADA, les dispositions de l'article 4 de l'AUS révisé pose d'une certaine manière la règle du *numerus clausus* des sûretés OHADA. En effet, Il résulte très clairement des dispositions de ce texte que les seules sûretés réelles reconnues par l'acte uniforme, donc de source légale, sont valables. Cet article semble interdire non seulement toute sûreté réelle de source conventionnelle mais également toute sûreté de source légale des Etats membres. Autrement dit, aucune sûreté réelle ne peut relever de la liberté contractuelle des parties ni de la volonté d'un législateur national qu'elle soit préférentielle ou octroyant droit de recouvrer la libre disposition d'un bien dont le créancier est propriétaire. Les propriété-sûretés à l'instar des autres sûretés reconnues dans l'acte uniforme des sûretés sont exclusivement de source légale. Sans doute ce choix du législateur communautaire est-il déterminé ou justifié par une volonté de poser un *numerus clausus* dans le droit des sûretés de l'espace OHADA.

822. Existence d'un *numerus clausus assez stricte*. Il n'est pas facile de s'apercevoir de certaines limitations implicites du texte. Pour y parvenir, il est d'abord important d'analyser les termes employés par le texte. Par l'expression « *droit de recouvrer la libre disposition d'un bien...* », il faut comprendre le droit à l'exclusivité sur le bien. Le législateur OHADA n'a pas utilisé le terme d'exclusivité. Mais, il est nécessaire de voir une nuance à ce niveau-là notamment du fait que l'article 4 alinéa 2 de l'AUS révisé semble prévoir la propriété-sûreté uniquement dans le sens où le bien retenu ou cédé à titre de garantie appartient au créancier d'où l'expression explicite « *droit de recouvrer la libre disposition d'un bien dont il est propriétaire* ». Est-ce que cela veut dire que, dans le cas contraire où le bien appartenait non pas au créancier mais au débiteur, une sûreté réelle constituée conventionnellement entre les deux parties et octroyant l'exclusivité au créancier ne serait pas valable ? La réponse est négative. La dernière phrase de l'article 4 constitue une précision importante quant au champ d'application du droit des sûretés réelles OHADA. Elle limite le domaine des propriétés-sûretés de manière unilatérale, en dépit du fait que l'alinéa 3 du même texte précise que les sûretés réelles peuvent être constituées aussi bien par le débiteur que par un tiers. Cette précision de l'alinéa 3 semble ne concerner que les sûretés réelles préférentielles. La dernière phrase de l'article 4 al. 2 vient compléter la première phase qui pose que « *seules les sûretés réelles valablement constituées sont celles régies par cet acte* ». Il en résulte une double interprétation. D'une part, cette expression vient fermer toute possibilité pour les parties de créer une autre sûreté réelle que celles prévues par l'acte uniforme. On retiendra alors que dans le droit OHADA, il n y a pas de sûreté réelle sans texte, ce qui correspondrait dans le droit français à la limitation à la création de droits réels par le fameux *numerus clausus* des droits réels. D'autre part, l'article 4 al.2 vient limiter les causes légitimes de rupture d'égalité entre les créanciers, caractéristiques des sûretés, à deux catégories de sûreté plus celle du droit de rétention qu'il réserve exclusivement au législateur OHADA. Toutes autres formes et source de sûreté réelle sont proscrites et réputées non valables.

823. Une particularité du droit OHADA. Une autre particularité du droit OHADA des propriété-sûretés est que l'assiette de ces sûretés réelles ne peut être constituée que de biens mobiliers. En effet, l'article 50 de l'AUS révisé classe la propriété retenue ou cédée à titre de garantie dans sa liste exhaustive énumérant les sûretés mobilières[1322]. Conformément à ce texte, la propriété retenue ou cédée à titre de garantie tout comme le droit de rétention, constituent une sûreté réelle mobilière. Une propriété immobilière ne peut pas être constituée à titre de garantie. Une telle constitution serait incompatible avec le *numerus clausus* du droit des sûretés posé par l'article 4 précité. Ainsi, dans le droit OHADA, la seule sûreté immobilière permise reste l'hypothèque. Contrairement à l'article 2373 al. 2 du Code civil français aucune disposition de l'AUS révisé n'envisage une propriété immobilière à titre de garantie.

b) Observation plus assouplie de la règle du numerus clausus dans le droit français

824. Le droit positif français accorde une place importante à la liberté individuelle des parties concernant la création par ces dernières des droits réels par la convention[1323], même si, dans tous les cas, cette autorisation donnée aux parties a toujours eu un cadre légal. L'exclusivité dans le droit français, des garanties réelles découle du droit de propriété. La consécration de la propriété retenue ou cédée à titre de garantie dans le Code civil, confère à l'exclusivité sa source légale. Mais bien avant cette consécration de la propriété à des fins de garantie, la place légale et constitutionnelle accordée au droit de propriété ordinaire donne une assise fondamentale à l'exclusivité comme attribut de propriété. Comme il est rappelé plus haut, l'aspect positif de l'exclusivité vient du pouvoir absolu du propriétaire sur son bien, un droit subjectif et donc exclusif par nature. Dès lors, il va de soi que cette source légale et constitutionnelle constitue un lit d'épanouissement de l'exclusivité qui se retrouve mise en œuvre par la volonté contractuelle. Ainsi, il existe

---

[1322] L'article 50 AUSr alinéa 1 dispose : « *les sûretés mobilières sont : le droit de rétention, la propriété retenue ou cédée à titre de garantie, le gage de meubles corporels, le nantissement de meubles incorporels et les privilèges* ».

[1323] Ph. DUPICHOT, *Le pouvoir des volontés individuelles en droit des sûretés,* éd. Panthéon – Assas. 2005

dans le droit français des sûretés réelles exclusives de source légale et des sûretés réelles exclusives de source conventionnelle.

825. Sûretés réelles exclusives de source légale. Elles trouvent leur source directement dans la loi qui les consacre indépendamment de la consécration du droit de propriété. Selon Yves Picod, « *une sûreté est légale lorsque la loi fait attribuer à un créancier une situation privilégiée sans qu'il ait à manifester sa volonté* ». L'exemple le plus illustratif de garanties réelles exclusives et légales dans le droit français est le droit de rétention non conventionnel, même si l'exclusivité attachée à cette garantie reste très particulière. Particulière parce que le pouvoir de rétention occulte l'exclusivité, le rétenteur détient néanmoins un droit exclusif sur la chose détenue. D'une certaine manière, il jouit de fait d'une situation d'exclusivité. Depuis 2006, le droit de rétention a une source légale à travers les dispositions de l'article 2286 du Code civil. La fiducie-sûreté également est une garantie exclusive légale au vrai sens du terme, garantie réelle exclusive. L'article 2372-1 alinéa 1er du Code civil dispose que « *la propriété d'un bien mobilier ou d'un droit peut être cédée à titre de garantie d'une obligation en vertu d'un contrat de fiducie conclu en application des articles 2011 à 2030* ». Ce texte consacre la fiducie-sûreté ou fiducie-garantie réelle mobilière. La propriété d'un immeuble peut également être retenue ou cédée à titre de garantie[1324].

826. Sûretés réelles exclusives et conventionnelles. A la différence des sûretés réelles exclusives légales, celles-ci tirent leur source du contrat. Ce sont des volontés individuelles qui conçoivent des garanties innommées et exclusives[1325] permettant au créancier d'échapper au concours avec les autres créanciers du débiteur. Concernant les illustrations de sûretés réelles exclusives et conventionnelles, la clause de réserve de propriété et le crédit-bail peuvent être cités. La clause de réserve de propriété dont l'objet est de retarder le transfert de propriété jusqu'au complet paiement de l'obligation qui en constitue la contrepartie, en l'occurrence la créance, tire son fondement du contrat. En effet, aux termes des articles 1196[1326] et 1583[1327]

[1324] Article 2373 alinéa 2 du Code civil laisse ouverte la possibilité d'une fiducie garantie réelle immobilière.

[1325] Ph. DUPICHOT, *Le pouvoir des volontés individuelles en droit des sûretés*, op.cit.

[1326] L'article 1196 dispose que « *Dans les contrats ayant pour objet l'aliénation de la propriété ou la cession d'un autre droit, le transfert s'opère lors de la conclusion du contrat.*
Ce transfert peut être différé par la volonté des parties, la nature des choses ou par l'effet de la loi.
Le transfert de propriété emporte transfert des risques de la chose. Toutefois le débiteur de l'obligation de délivrer en retrouve la charge à compter de sa mise en demeure, conformément à l'article 1344-2 et sous réserve des règles prévues à l'article 1351-1.
». En d'autres termes les parties peuvent convenir par la voie contractuelle du transfert de propriété. Celui-ci est dissociable de la livraison de la chose et les charges qui incombent au titulaire le démontrent parfaitement.

[1327] L'article 1583 du Code civil dispose que « *Elle est parfaite entre les parties, et la propriété est acquise de droit à l'acheteur à l'égard du vendeur, dès qu'on est convenu de la chose et du prix, quoique la chose n'ait pas encore été livrée ni le prix payé* ». Là également

du Code civil, le transfert de propriété d'un bien s'opère par le seul échange de consentement, et donc par la voie contractuelle. Il est dès lors évident que la source de cette propriété-sûreté est conventionnelle alors qu'auparavant le domaine de la réserve de propriété était limité au contrat de vente exclusivement.

827. Depuis la réforme du droit des sûretés introduite par l'ordonnance du 23 mars 2006, l'article 2367 du Code civil lui reconnait désormais un domaine plus étendu. Dorénavant, tout contrat qui produit un effet translatif, notamment un contrat d'entreprise[1328], est susceptible de contenir une clause de réserve de propriété. Cette disposition renseigne davantage sur la nature de la clause de réserve de propriété en confirmant non seulement que celle-ci ne peut résulter que d'une stipulation dans un contrat translatif de propriété, mais aussi que la propriété ainsi réservée est l'accessoire de la créance dont elle garantit le paiement. Elle adopte ainsi la position de la Cour de cassation, sur le caractère accessoire de la propriété réservée[1329] à titre de garantie en l'occurrence la clause de réserve de propriété prise bien plus tôt (avant 1988) mais sans pour autant en tirer toutes les conséquences requises sur cette qualification[1330].

828. Le crédit-bail quant à lui peut faire l'objet de plusieurs opérations. Par exemple, un professionnel qui a besoin de biens mobiliers d'équipement, d'outillages, d'un immeuble ou d'un fonds de commerce mais dont les moyens financiers sont limités peut avoir recours à l'opération de crédit-bail auprès d'un établissement de crédit. Celui-ci va lui louer le matériel souhaité pour une période déterminée avec à terme une option d'achat. A l'issue de la période convenue, correspondant à la durée de remboursement du prix, le crédit-preneur a le choix de restituer le bien en levant l'option d'achat ou bien d'acheter le bien pour sa valeur résiduelle[1331]. Il convient de dire que le crédit-bail est plus un mode de financement d'un investissement[1332] qu'une simple technique juridique régissant le rapport emprunteur/prêteur. A cet

---

ce texte souligne clairement que le transfert de propriété dépend de la volonté des parties. Il consacre ainsi, la solution jurisprudentielle de la chambre des requêtes de la Cour de cassation dans son arrêt : req. 26 juin 1935, *DH* 1935. 414, qui a considéré qu'« *il appartient aux parties de convenir que la propriété de la chose vendue ne sera transférée à l'acheteur qu'après un certain délai, l'exécution de certaines conditions ou l'accomplissement de formalités prévues* ».

[1328] La chambre commerciale de la Cour de cassation a admis, en effet, le jeu de la clause de réserve de propriété stipulée au sein d'un contrat d'entreprise dans son arrêt ; Com. 19 nov. 2003, *Bull. civ.* IV, n° 174 ; Com. 11 déc. 2007, inédit, n° 06-14486.

[1329] Com. 15 mars 1988, *Bull. civ.* IV, n° 106.

[1330] Com. 9 janvier.1996, *Bull. civ.* IV, n° 8 ; *JCP* 1996. I. 3935, n° 19, obs. M. Cabrillac ; *RTD civ.* 1996. 436, obs. P. CROCQ. Dans cet arrêt la chambre commerciale avait maintenue la réserve de propriété malgré l'extinction de la créance pour défaut de déclaration de celle-ci à la procédure collective. En principe dès lors que l'on retient le caractère accessoire de la propriété réserve celle-ci doit s'éteindre après l'extinction de la créance principale.

[1331] M.-N. JOBARD-BACHELIER, M. BOURASSIN, V. BREMOND., *Droit des sûretés,* 5e éd. Sirey. 2012. Ss. 1248.p. 354.

[1332] Ibidem.

effet, l'article L. 313-7 du Code monétaire et financier livre une liste exhaustive d'opérations susceptibles de crédit-bail notamment les opérations par lesquelles une entreprise donne en location des biens immobiliers à usage professionnel. Principalement, le crédit-bail tire sa source d'un contrat de louage en particulier celui des choses corporelles ou incorporelles. Conformément à l'article 1709 du Code civil, « *le louage des choses est un contrat par lequel l'une des parties s'oblige à faire jouir l'autre d'une chose pendant un certain temps, et moyennant un certain prix que celle-ci s'oblige de lui payer* ». Ainsi, les nouvelles garanties réelles exclusives et conventionnelles qui octroient une situation d'exclusivité à leurs titulaires soit sur un bien appartenant au débiteur, soit sur un bien ayant pour vocation d'appartenir au débiteur[1333] après paiement de la créance due, trouvent leur source exclusivement dans la convention établie entre le créancier et le débiteur.

829. En définitive, qu'elles soient de source directement légale ou conventionnelle avec un cadre légal bien délimité, les propriétés-sûretés restent conformes à la règle du *numerus clausus* des sûretés et de l'exclusivité, une cause légitime de préférence exclusive.

B) L'exclusivité indépendamment de la propriété : un dénominateur commun

830. L'exclusivité n'est pas l'apanage de la propriété. Dans le cadre des propriétés-sûretés, le fait de lier systématiquement l'exclusivité à la propriété occulte sa fonction de sûreté. Cette confusion a malheureusement conduit à substituer le statut de la propriété dans la propriété-sûreté allant d'un simple accessoire de créance à une sorte de « faire valoir » principal. Ainsi comme l'a remarqué une auteure, le créancier propriétaire « *a été appréhendé sous une double casquette, celle de créancier et celle de propriétaire, jouant indépendamment l'une de l'autre, la propriété masquant complètement le droit de créance qu'elle vient garantir*[1334] ». Cette confusion ayant contribué à la mystification de la propriété-sûreté aura fini par faire de celle-ci une garantie spéciale bien éloignée et bien différente de sa vraie nature de sûreté. Or, l'exclusivité peut constituer une cause légitime de préférence, faisant ainsi office de sûreté indépendamment de la propriété et occasionnant une rupture d'égalité entre créanciers. D'ailleurs, l'exclusivité de la propriété-sûreté joue une fonction identique à l'exclusivité admise aussi bien dans la rétention (1°), que dans certains gages (2°). Ces différentes illustrations du rôle de l'exclusivité dans les sûretés réelles classiques les rapprochant des propriétés-sûretés nous permettent également d'entrevoir la démesure de l'action en revendication du bien dans la procédure collective.

[1333] L. BOUGEROL-PRUD'HOMME, op.cit.

[1334] F. MACORIG-VENIER, « L'exclusivité », *LPA*, 11 février 2011 n° 30, p. 59 et s.

1°) L'admission de l'exclusivité dans la rétention

831. Tout comme la propriété-sûreté, le droit de rétention donne à son bénéficiaire une situation d'exclusivité. L'exclusivité est un attribut ou pouvoir que l'on peut exercer directement sur la chose que l'on détient entre ses mains. Elle est donc un droit réel indépendamment d'un titre de propriété comme l'a réaffirmé récemment[1335] la Cour de cassation. En effet, dans ses deux décisions récentes, la Cour confirme que « *l'exclusivité emporte la dimension matérielle du bien* [1336]» et n'est donc pas nécessairement liée au titre de droit de propriété. A ce titre, elle n'est pas propre à la propriété. Une détention légitime ou précaire confère à la personne qui a la maîtrise de la chose entre ses mains un pouvoir ou un droit réel exclusif sur cette chose. L'exercice de ce droit réel exclusif par le créancier permet ainsi d'exclure d'autres créanciers en cas de concours sur la chose. Car, il exerce une prééminence absolue et non pas seulement une relative[1337] sur la chose, quand bien même il n'en a pas la propriété en titre. C'est ce qui fait toute la force et l'efficacité du droit de rétention. Ainsi, à l'instar des propriétés-sûretés, le droit de rétention classique est consacré par l'article 2286 du Code civil dans le livre IV relatif aux sûretés. Même si cette garantie ne reçoit pas officiellement la qualification de sûreté dans le droit français, le fait qu'il soit placé dans le Code civil depuis l'avènement de l'ordonnance du 18 décembre 2008, fait qu'il peut être interprété comme une sûreté réelle du moins comme une garantie réelle ayant fonction de sûreté. Le droit de rétention en soi est révélateur d'un autre attribut que peut assortir une sûreté[1338]. Mais en même temps, la doctrine française reconnait que le droit de rétention produit le même effet que l'exclusivité[1339]. Autrement dit, selon ces auteurs, le droit de rétention permet de faire échapper la créance à laquelle il est assorti à la « loi du concours[1340] » en permettant un paiement prioritaire.

832. Or, cette priorité d'être payé positionne déjà la créance du rétenteur dans un rang ou dans le concours avec les autres créanciers que son droit

---

[1335] Civ. 3e, 23 mai 2012, 11-13.202, D.2012.1934, dans le même sens l'arrêt dit *Maison de poésie* du Civ.3e, 31 octobre 2012, n° 11-16.304, op. cit.

[1336] Ibid.

[1337] Ch. GIJSBERS, thèse, op.cit.

[1338] P. PAILLER, « Le sort des sûretés dans la nouvelle ordonnance de réforme du droit des procédures collectives du 14 mars 2014 », *in RLDC* 5419, n° 115, mai 2014, p. 33. C'est également notre conclusion tirée de l'analyse adu nouvel article 2286 du Code civil. Cependant, ce texte aurait pu tout simplement utiliser le terme de « l'exclusivité » ou de « situation d'exclusivité » sur la chose retenue au profit du créancier rétenteur, car en définitive, le droit de rétention produit le même effet que celui attendu de l'exclusivité. Par conséquent, droit de rétention qui est selon nous la « *détention matérielle de la chose appartenant au débiteur* » vu comme attribut d'une sûreté ou bien exclusivité, la distinction n'est finalement qu'un jeu de terminologies qui expriment la même idée : conférer un droit exclusif sur la chose légitimement retenue.

[1339] Ibid.

[1340] Ibid.

exclusif permettra finalement d'évincer. Pour cette raison, d'autres auteurs sont convaincus que le droit de rétention confère au créancier rétenteur une situation d'exclusivité[1341]. Laquelle situation d'exclusivité, génère les mêmes effets que l'exclusivité assortie des propriétés-sûretés, car, comme l'ont justement souligné ces auteurs « *la force du droit de rétention réside dans l'exclusion du concours avec les autres créanciers du débiteur en particulier ceux qui disposent d'un droit de préférence sur le bien retenu*[1342] ». Ce qui revient littéralement à accepter que le droit de rétention, comme l'exclusivité assortie aux propriétés-sûretés, évince ou plus exactement exclue tous les autres créanciers du débiteur. Par conséquent, le droit de rétention confère à son titulaire une préférence absolue s'inscrivant dans le concours et non « hors du concours », puisque par définition, évincer ou exclure les autres créanciers suppose l'existence d'un ordre ou d'un rang préalablement établi.

833. Aussi, toujours dans la quête d'efficacité qu'une situation d'exclusivité pourrait procurer, la technique de la rétention fictive inspirée de la rétention classique a été érigée, par la même occasion, en attribut de la sûreté réelle classique qu'est le gage sans dépossession[1343]. Ainsi, alors que le créancier rétenteur classique est bénéficiaire d'une opposabilité incontestée à la procédure collective notamment de liquidation judiciaire, où il est admis un report du droit de rétention sur le prix du bien, ou un retrait du bien retenu contre paiement y compris en cas de plan de cession[1344], la rétention fictive reste, quant à elle, inopposable à la procédure collective. Là encore, cette neutralisation de la rétention fictive, tant que se prépare ou s'exécute un plan de sauvegarde ou de redressement [1345] judiciaire de l'entreprise, peut être rapprochée de celle de la fiducie-sûreté[1346] introduite par l'ordonnance de 2008. Cela veut dire que l'exclusivité peut également découler d'une rétention fictive mais qu'elle peut être tout à la fois assouplie et neutralisée pendant les procédures collectives de sauvegarde et de redressement judiciaire, à l'instar de l'exclusivité assortie à certaines propriétés-sûretés notamment la fiducie-sûreté ou le crédit-bail du droit français depuis l'ordonnance de 2008.

834. Alors même que dans le droit OHADA, le droit de rétention est reconnu comme étant une sûreté réelle mobilière à part entière[1347], comme

---

1341 BOURASSIN, BREMOND, JOBARD-BACHELIER, *Droit des sûretés*, 4e éd. SIREY 2014, p. 419.

1342 Ibidem.

1343 V. Article 2286 4° du Code civil.

1344 F. PEROCHON, « Le choix des garanties efficaces », *Bull Joly Entreprises en Difficulté*, 01 septembre 2012, n° 5, p. 321 et s.

1345 C. com., article L.622-7 al. 2.

1346 F. PEROCHON, « Le choix des garanties efficaces », op. cit.

1347 L'article 67 AUS révisé dispose que « *le créancier qui détient légitimement un bien mobilier de son débiteur peut le retenir jusqu'au complet paiement de ce qui lui est dû, indépendamment de toute autre sûreté, sous réserve de l'application de l'article 107 alinéa 2, du présent acte uniforme* ». Ainsi, il est sans équivoque et légitimement reconnu, que le

dans le droit français, la rétention dans le droit OHADA confère au créancier rétenteur un droit exclusif sur la chose retenue. Et, dans les deux cas, la situation d'exclusivité est générée par la rétention et non par un titre de propriété sur la chose matériellement détenue par le créancier rétenteur. C'est pourquoi dans l'ancien acte uniforme portant droit des sûretés OHADA de 1997, il y avait une proximité ou plus exactement une assimilation étrange entre le droit de rétention et le gage [1348]. Cette assimilation est dorénavant supprimée depuis la réforme de 2010. Comme relevé plus haut, l'exclusivité rattachée à la rétention, et qui est opposable de manière *erga omnes* c'est-à-dire à tous, aussi bien au débiteur propriétaire du bien et ses autres créanciers, qu'à la procédure collective, ne bénéficie pas au titulaire du bien qui est, dans les deux cas, le débiteur. La situation d'exclusivité, et c'est ce qui fait la particularité de la rétention, est attribuée au créancier rétenteur non propriétaire. Néanmoins, ceci devrait suffisamment attester de l'aptitude de l'exclusivité à être érigée en un attribut efficace de la nouvelle forme de sûreté et à être reconnue comme un dénominateur commun des propriétés-sûretés et de certaines sûretés réelles traditionnelles.

Un tel constat peut également être observé dans les nouveaux attributs des gages, que ce soit le nouveau gage avec dépossession ou fictif ou le gage des stocks qui a récemment dévoilé son caractère exclusif.

2°) L'exclusivité dans les gages avec ou sans dépossession

835. S'il n'est pas reconnu officiellement au gage, un droit de rétention fictif conférant au créancier gagiste un droit exclusif sous l'appellation d'exclusivité, il est du moins reconnu, de manière analogue dans le droit français comme dans le droit OHADA. Rapprocher ce droit exclusif découlant de la rétention fictive attribuée au gage sans dépossession de l'exclusivité assortie aux propriétés-sûretés, n'est pas une exagération sachant que ces deux attributs convergent vers un seul but et produisent le même effet : exclure les autres créanciers du concours sur le bien. Ce rapprochement opéré par les législateurs entre sûretés réelles préférentielles, en l'occurrence le gage, et les garanties exclusives est fortement critiqué par certains auteurs dans la doctrine française. Entre autres reproches adressés au législateur français, ils critiquent le fait que ce rapprochement entacherait le caractère « spécial » des garanties exclusives notamment en les déclassant. En effet, ces auteurs ont estimé qu'« *offrant au gagiste non mis en possession un droit de rétention, l'article 2286 4° du Code civil étend le rôle perturbateur du droit de rétention sur le classement des sûretés réelles*

simple fait de la rétention est érigée en une forme de sûreté réelle dont l'attribut est l'exclusivité.

[1348] L'ancien article 43 de l'acte uniforme des sûretés de 1997 assimilait effectivement le gage et le droit de rétention.

mobilières [1349] ». Ce cap est néanmoins franchi et participe à la démystification des garanties exclusives. L'attribution d'un droit de rétention au créancier gagiste s'opère cependant différemment entre le droit OHADA (**a**) et le droit français (**b**).

a) L'attribution d'un droit de rétention au gagiste dans le droit OHADA

836. Contrairement au droit français, le droit OHADA confère explicitement au créancier gagiste avec dépossession, un droit de rétention sur le bien gagé, alors que le droit de rétention « fictif » n'y est consacré au profit du créancier gagiste sans dépossession[1350] que d'une manière implicite sinon insidieuse[1351]. Seulement, si le droit de ce dernier a été antérieurement inscrit à celui du créancier gagiste mis en possession, la primauté est accordée au gage avec dépossession puisque le droit de rétention fictif accordé au créancier gagiste sans dépossession est soumis à condition.

837. La primauté du droit de rétention du gage avec dépossession. Le droit de rétention est prioritairement attribué au gage avec dépossession dans le droit OHADA[1352]. En effet, il résulte des dispositions de l'article 99 AUS révisé qu'à l'instar du droit de rétention classique, le créancier gagiste mis en possession du bien gagé peut également opposer un droit de rétention au débiteur. Cette rétention n'est cependant pas fictive et s'apparente à une sorte de cumul avec le droit de préférence traditionnel propre au gage avec dépossession. Ce nouvel attribut renforce la sûreté réelle préférentielle de base pour la hisser au rang des sûretés réelles exclusives. Ainsi, le créancier gagiste pourra au gré des circonstances qui se présentent à lui, exercer soit la simple préférence relative ou soit sa préférence absolue lui permettant d'exclure du concours tous les autres créanciers concurrents notamment ceux qui disposent d'un simple droit de préférence[1353] sur le bien gagé. Son droit de rétention est donc opposable à tous les créanciers excepté le créancier gagiste sans dépossession dont le droit de préférence est né antérieurement[1354]. De la sorte, le gage avec dépossession du droit OHADA s'avère être aussi efficace que le droit de rétention classique. Cela parait paradoxal comparé à l'usage qui est fait de l'inspiration de l'attribut du droit

---

[1349] M. BOURASSIN, V. BREMOND, M.-N. JOBARD-BACHELIER, *Droit des sûretés,* op. cit.

[1350] G. JIOGUE, « Le droit de rétention conventionnel, étude de droit français et de droit OHADA »: *RD Prosp.* 2007, p. 1765.

[1351] Car seulement sous réserve de l'application de l'article 107 alinéa 2 AUS révisé.

[1352] Article 99 de l'AUS révisé.

[1353] C'est le cas par exemple pour tous les créanciers gagistes bénéficiaires d'un gage avec dépossession.

[1354] En application de l'article 107, alinéa 2 AUS révisé qui dispose « *lorsqu'un bien donné en gage avec dépossession fait ultérieurement l'objet d'un gage sans dépossession, le droit de rétention du créancier gagiste antérieur est opposable au créancier postérieur qui ne pourra prétendre exercer ses droits sur le bien, tant que le créancier antérieur n'aura pas été entièrement payé* ». Il résulte de ces dispositions que le créancier gagiste sans dépossession dispose, sous condition d'antériorité, un droit de rétention.

de rétention au créancier gagiste dans le droit français ! En effet, l'on peut se demander pourquoi cette double attribution au profit du créancier gagiste avec dépossession ? Sans doute la volonté de revaloriser cette sûreté réelle classique en perte de vitesse devant les propriétés-sûretés. Quel que soit le motif du législateur communautaire africain de l'espace OHADA, il en découle un sérieux rétrécissement de la marge supposée entre sûretés réelles traditionnelles et nouvelles sûretés octroyant un droit réel exclusif.

838. Le droit de rétention fictif du gage sans dépossession OHADA. A l'instar du législateur français, le législateur OHADA s'est également inspiré de la rétention fictive pour renforcer le droit du créancier gagiste dont le bien gagé n'a pas été mis en sa possession par le constituant. Seulement, à la différence du droit français, le droit de rétention fictif octroyé au gage sans dépossession OHADA est un simple droit conditionnel ou de circonstance. En effet, conformément à l'article 107 alinéa 2 AUS révisé, ce droit de rétention du gagiste non mis en possession du bien n'est opposable, dans le cadre où le bien se trouve entre les mains d'un autre créancier gagiste, que si et seulement si, son droit a été inscrit antérieurement au gage avec dépossession. Dans un cas où le gage sans dépossession est inscrit ultérieurement au gage avec dépossession, le droit de rétention fictif est donc presque inexistant ou tout du moins inopposable. En dehors de cette hypothèse aucune autre disposition de l'acte uniforme des sûretés OHADA révisé ne prévoit l'exercice du droit de rétention fictif du gage sans dépossession.

839. Mais, le plus important est de constater que là également il est attribué un droit exclusif à une sûreté réelle préférentielle de base pour la hisser, selon la circonstance, au rang des sûretés réelles les plus prioritaires à savoir les sûretés-propriété. Ce droit exclusif du gagiste sans dépossession serait encore plus puissant que celui octroyé au gage avec dépossession inscrit ultérieurement, dans la mesure où il exclut même un droit de rétention réel ou effectif. Symboliquement, l'article 107 alinéa 2 AUS révisé institue un classement ou rang des créanciers titulaires d'une situation d'exclusivité dans le droit OHADA. Il conviendrait alors d'étendre ce rang en incluant les créanciers « propriétaires » ou qui prétendent disposer d'un droit de propriété sur un bien ou un ensemble de biens appartenant ou ayant vocation à appartenir au débiteur. Une telle perspective prouverait par la même occasion que contrairement à une idée reçue répandue[1355], l'exclusivité est une nouvelle forme de rupture d'égalité entre les créanciers entrainant un concours inégalitaire par exclusion du rang.

[1355] L'exclusivité ferait échapper le créancier titulaire à la loi du concours ou elle mettrait la créance à laquelle elle est assortie « hors du concours ». Or, cet argument, en niant que l'exclusivité est une nouvelle cause légitime de préférence du droit des sûretés réelles, mystifie les propriétés-sûretés.

b) L'attribution d'un droit de rétention fictif au gage dans le droit français

840. Issu de la loi n° 2008-776, du 4 août 2008, le nouvel article 2286 4° du Code civil consacre le droit de rétention fictif au profit du créancier gagiste sans dépossession. Inspiré de la rétention matérielle classique, le droit de rétention fictif permet au créancier gagiste qui n'est pas en possession du bien, d'exercer virtuellement un droit exclusif sur le bien gagé opposable au débiteur et à ses autres créanciers notamment chirographaires et bénéficiaires d'un droit de préférence. Si ce droit de rétention fictif est rendu inopposable à la procédure collective pendant les phases de sauvegarde et de redressement judiciaire[1356], il devient, en revanche, tout de suite opérationnel et donc opposable à la procédure collective en phase de liquidation judiciaire. Il est également opposable au plan de cession[1357] de l'entreprise en difficulté. Si, à la différence du droit OHADA, dans le droit français, il n'est pas jugé nécessaire d'attribuer le droit de rétention au créancier gagiste avec dépossession, c'est parce qu'il y est admis que le créancier gagiste mis en possession dispose naturellement d'un droit de rétention sur la chose retenue entre ses mains[1358].

841. Reconnaissance implicite d'un droit de rétention « naturel » au créancier gagiste mis en possession. En effet, la chambre commerciale de la Cour de cassation avait déjà admis dans son arrêt largement commenté du 19 novembre 2002 que si le créancier gagiste avec dépossession n'était pas entièrement payé, il pourrait toujours refuser de se dessaisir de son gage pour exercer son droit de rétention sur la chose[1359]. Une telle logique d'un droit de rétention opposable à tous tant que la chose gagée est en sa détention est étendue au profit du créancier gagiste de stock. A l'instar du droit français, dans le droit OHADA, le gage de stock avec ou sans dépossession obéit au droit commun du gage (avec dépossession) avec cependant quelques règles particulières relatives au bordereau de stocks[1360].

842. Le droit « exclusif » ou de rétention du gagiste sur stock confère à son titulaire « propriété exclusive » sur le stock de marchandises gagé. En effet, dans sa décision rendue le 30 juin 2008, la Cour d'appel de Reims a considéré que « *le créancier gagiste, possesseur présumé de bonne foi, bénéficie d'un droit de rétention opposable à tout revendiquant, même*

[1356] A. AYNES, « L'extension du droit de rétention dans le projet de réforme du droit des procédures collectives »: JCP G 2008, aperçu rapide. 300 ; P.-M. LECORRE, « La mesure de l'efficacité des gages sans dépossession dans les procédures collectives : l'inopposabilité du droit de rétention conféré par l'article 2286 4° du Code civil aux créanciers gagistes sans dépossession »: JCP E 2009, 1204 ; v. dans ce sens, Ph. PETEL, « Le nouveau droit des entreprises en difficulté : acte II. Commentaire de l'ordonnance n° 2008-1345 du 18 décembre 2008 »: JCP E 2009, 1049.

[1357] O. BUISINE, « L'opposabilité du droit de rétention « fictif » dans le cadre d'un plan de cession »: *Rev. proc.coll. 2011, étude 31.*

[1358] Com. 19 nov. 2002 : Bull. civ. IV, n° 172, JCP 2003. I. 124, n°17, obs. DELEBECQUE ; JCP E 2003.449, obs. Bouteiller.

[1359] Cass. com. 19 nov. 2002, *Defrenois* 2003. 1616, obs. Théry.

[1360] Article 121 et suivants de l'AUS révisé.

invoquant une clause de réserve de propriété », et d'ajouter que, dès lors, « *les marchandises constituées en gage étaient sa « propriété exclusive »* [1361]». Pour mieux comprendre le sens de cette décision dans cette affaire qui oppose la société Champagne Billecart-Salmon à la Banque Populaire Lorraine Champagne Mercier et Cies, un bref rappel des faits est nécessaire. Placée en redressement judiciaire par une ordonnance du 25 février 2004, le juge commissaire décide que le gage des banques est opposable à la SA Champagne Billecart-Salmon débitrice alors que le gage des banques portait sur un stock de plusieurs bouteilles de Champagne. Le juge commissaire ordonne en outre la restitution par la société débitrice d'une vingtaine de bouteilles de champagne. La société débitrice conteste cette ordonnance, jugeant opposable le gage des banques et saisit le tribunal de commerce pour demander la nullité du gage et son inopposabilité. Mais, par un jugement en date du 15 février 2005, le tribunal de commerce confirme l'ordonnance du juge commissaire. Débouté, la société forme un appel devant la Cour d'appel de Reims à la fois pour demander la nullité et l'inopposabilité du gage de stock d'une part et d'autre part formuler une requête en revendication des marchandises. La Cour d'appel estime recevables et bien fondées ses demande de restitution et requête en revendication. Cependant, par la décision du 30 juin 2008 précitée, elle confirme à son tour le jugement du tribunal de commerce jugeant opposable le gage sur stock des banques. Il résulte de sa décision que malgré la recevabilité de l'action en revendication de la propriété des marchandises par la société débitrice, le droit de rétention des créanciers gagistes reste opérationnel et opposable. Mieux, ce droit de rétention confère aux créanciers gagistes un droit exclusif de propriété sur les marchandises gagées susceptible donc d'évincer même une clause de réserve de propriété sur le stock de marchandises litigieuses. En d'autres termes, le droit exclusif assorti à cette sûreté réelle de type traditionnel en l'occurrence le gage de stock, prime sur l'exclusivité conférée par une propriété-sûreté telle que la clause de réserve de propriété.

843. Ainsi, à travers cette jurisprudence la Cour d'Appel de Reims, à l'instar du législateur africain de l'espace OHADA à travers l'article 107, al. 2 AUS révisé, établit un classement entre créanciers titulaires de sûretés octroyant une « situation d'exclusivité »: droit de propriété revendiqué, clause de réserve de propriété et droit de gage sur stock assorti d'un droit de rétention. La Cour d'Appel a placé au-dessus de tous, les créanciers gagistes. Ce qui prouve encore une fois que l'exclusivité qu'elle provienne d'un droit de propriété ou de la détention[1362] matérielle ou fictive, inscrit toujours son bénéficiaire dans un rang qu'il n'est pas toujours sûr de gagner. Néanmoins,

---

[1361] V. Cour d'Appel de REIMS, arrêt n° 07/990 du 30 juin 2008.

[1362] F. MACORIG-VENIER, « L'exclusivité », *LPA,* 11 février 2011, n° 30, p. 59. Dans son article, l'auteure affirme que « *ce droit exclusif peut résulter non seulement de la propriété, mais également de la détention* ».

elle lui offre une préférence exclusive sur le bien convoité. Il parait ainsi plus qu'évident maintenant que l'exclusivité n'écarte pas tout concours[1363]. Au contraire, c'est dans le concours qu'elle prend véritablement tout le sens de l'efficacité.

§2) La faculté attributive de propriété des sûretés réelles préférentielles

844. Certaines sûretés réelles préférentielles sont encore plus proches des propriétés-sûretés quand elles ont une faculté attributive de propriété au profit du créancier bénéficiaire. Cet effet attributif en propriété peut être assorti à la sûreté de manière conventionnelle ou judiciaire. Dans le droit français comme dans le droit OHADA, ce choix est reconnu et déterminé par la loi. Cette faculté qui rapproche curieusement les sûretés réelles préférentielles aux propriétés-sûretés est admise de manière générale dans le droit français comme dans le droit OHADA à chaque fois que le bien a une valeur déterminée ou déterminable[1364].

845. Pour autant, contrairement aux propriétés-sûretés, le titre de droit de propriété du créancier ne lui permet pas de se dérober ou d'échapper aux règles impératives du droit des procédures collectives. En effet, si le droit de propriété offre au créancier bénéficiaire une efficacité de paiement de la créance, ce traitement prioritaire reste tout de même strictement encadré et se réalise hors procédure collective. Par exemple, il ne peut pas être opposable pendant le déroulement d'une procédure collective.

846. Pourtant, étant propriétaire au même titre qu'un créancier titulaire d'une propriété-sûreté, le créancier classique bénéficiaire d'une attribution en propriété du bien aurait pu faire valoir non seulement une exclusivité mais également prétendre à une sortie du bien du patrimoine du débiteur et par là donc le soustraire à la procédure collective. En d'autres termes, il aurait très bien pu considérer que ce titre était censé le mettre immédiatement hors concours à l'instar d'un créancier réservataire de propriété et revendiquer la propriété du bien afin de le soustraire physiquement du patrimoine du débiteur failli. Mais, pourquoi cela n'est-il pas possible dans ce cas de figure-ci ? A situation identique, pourquoi le créancier attributaire de propriété ne bénéficie-t-il pas d'un traitement identique à celui des créanciers titulaires de propriété-sûreté ? Ou inversement, qu'est ce qui a pu expliquer que les uns puissent échapper aux règles de la discipline collective du droit des procédures collectives, tandis que les autres y restent soumis ? Un tel choix ne parait-il pas arbitrairement déséquilibré et discriminatoire ? Comment se fait-il que d'un côté la soumission du droit de propriété à la primauté des règles impératives du droit des procédures collectives est requise alors que de l'autre, le

---

[1363] F. MACORIG-VENIER, « L'exclusivité », op. cit.
[1364] P. CROCQ, « Le nantissement de créance », *RLDC* – 2006, n° 29 supplément, p. 13 à 16.

contournement de ces mêmes règles est permis, au nom justement du droit de propriété présumé du créancier à travers une prétendue sortie consécutive du bien du patrimoine du débiteur ? Aucunes réponses convaincantes n'ont été apportées jusque-là.

847. Toutefois, selon les conditions et restrictions propres à chaque système juridique, cette faculté attributive de propriété offerte aux sûretés réelles préférentielles est différemment autorisée dans le droit français et dans le droit OHADA. L'on peut essentiellement retenir que dans les deux systèmes juridiques France/OHADA, certaines sûretés réelles classiques telles que le gage, le nantissement ou l'hypothèque peuvent désormais, comme les propriétés-sûretés, ouvrir droit à une pleine propriété du bien sur lequel porte la créance garantie au profit du créancier. Cela passe soit par la conclusion d'un pacte commissoire (**A**) soit par l'exercice d'une attribution judiciaire (**B**). Dans les deux cas, l'effet escompté de l'opération est de permettre au créancier de devenir propriétaire du bien objet de la créance garantie, exactement comme l'est présumé rester le créancier titulaire d'une propriété-sûreté.

A) Attribution conventionnelle en propriété ou le pacte commissoire

848. Le pacte commissoire est le nom traditionnellement donné, en matière de sûreté, à la clause qui attache à l'inexécution de l'obligation garantie, l'effet radical de rendre le créancier propriétaire du bien engagé[1365]. Faculté longtemps prohibée en matière de sûretés dans le droit positif français, le pacte commissoire est désormais autorisé depuis l'avènement de l'ordonnance du 23 mars 2006. Dans le droit OHADA, la réforme de l'AUS introduite en 2010 autorise également l'attribution du pacte commissoire. Cette clause qui peut être convenue principalement au moment de la constitution de la sûreté réelle ou même ultérieurement pour ce qui concerne le gage, entre le débiteur constituant et le créancier, permet, en effet à ce dernier, en cas de défaillance dans le paiement ou en cas de non-paiement[1366] de la part du débiteur, de s'attribuer la pleine propriété du bien, assiette de la sûreté. Ainsi, dans les deux systèmes juridiques, le pacte commissoire peut être conclu au profit du créancier gagiste, nanti et hypothécaire. En France, cette faculté est étendue même au profit du créancier titulaire de privilège. Toutefois, dans le droit français comme dans le droit OHADA, la validité de cette faculté attributive de propriété est soumise à l'accomplissement de certaines conditions (**1°**) mais le sort du pacte commissoire pendant la procédure collective du débiteur reste incertain (**2°**).

[1365] G. CORNU, *Le vocabulaire juridique*, Association Henri Capitant, 10e édition, PUF. « Quadrige », janvier 2014. p. 727-728.

[1366] V. *Lexique des termes juridiques*, 22e édition 2014-2015, Dalloz. p. 710.

1°) Les conditions de validité du pacte commissoire

849. La conclusion du pacte commissoire est soumise à l'accomplissement de quelques conditions eu égard à la nature et à la valeur même du bien dans le droit français comme dans le droit OHADA. Hormis quelques particularités concernant l'attribution conventionnelle en propriété sur gage et sur l'hypothèque dans le droit OHADA, les conditions de validité du pacte commissoire convergent quasiment sur tous les points. Dans les deux systèmes juridiques, le droit du créancier attributaire de propriété n'est reconnu que lorsque ces conditions sont remplies. A défaut la clause est réputée nulle et non avenue.

a) Convergence sur les exigences de fond et de forme

850. Réhabilité par l'ordonnance n° 2006-346 du 23 mars 2006 dans le droit français et institué pour la première fois à l'occasion de la révision de l'acte uniforme des sûretés dans l'espace OHADA, la conclusion du pacte commissoire est soumise à des conditions de fond et de forme.

851. Concernant les conditions de forme, de manière générale, la clause devant attribuer la pleine propriété du bien engagé au créancier en cas de non-paiement de la créance due par le débiteur doit, pour l'hypothèque[1367] et le nantissement[1368], être convenue dès la constitution de la sûreté réelle préférentielle, ce qui n'est pas le cas pour le gage pour lequel la clause peut être convenue par les parties au moment de la constitution ou postérieurement à la constitution du gage[1369]. Concernant l'insertion du pacte commissoire dans le cas spécifique du gage des stocks, l'article L521-3 alinéa 4 du Code de commerce renvoie aux dispositions de l'article 2348 du Code civil.

852. A propos des conditions de fond. Le bien doit être un bien meuble corporel ou incorporel ou un bien immeuble. Quand le bien, assiette de la sûreté, est incorporel, il doit pouvoir être quantifiable puisqu'en outre, il doit être déterminé ou déterminable.

853. Pour le gage, il doit être prévu que l'évaluation de la valeur du bien aura lieu le jour du transfert de la propriété à savoir lorsque la défaillance du débiteur sera constatée, et conformément aux dispositions de l'article 2348 alinéa 2. Toute clause qui prévoit des dispositions contraires est réputée non écrite. Il faut cependant rappeler aussi qu'il existe quelques dispositions particulières concernant le nantissement et l'hypothèque. Le pacte commissoire sera réputé non valide et donc sans effet, s'il porte sur l'immeuble constituant la résidence principale du débiteur[1370].

[1367] V. Article 2459 du Code civil ; et l'article 199 nouveau de l'AUS révisé.

[1368] V. Article 2365 du Code civil ; et l'article 134, alinéa 2 de l'AUS révisé.

[1369] V. Article 2348 du Code civil ; et l'article 104, alinéa 4 de l'AUS révisé.

[1370] V. Article 2459, al. 2 du Code civil dispose : « *Toutefois, cette clause est sans effet sur l'immeuble du débiteur* ».

854. Quant au nantissement, le pacte commissoire a la particularité d'attribuer propriété de la créance donnée ainsi que tous les droits qui s'y rattachent, au créancier nanti[1371].

855. En matière immobilière, l'article 2460 du Code civil pose deux principes, dont la prévision dans la clause, qui sont rigoureusement à respecter par les parties lors de la conclusion de la convention d'hypothèque. D'abord, il faut prévoir dans la clause que lors de la réalisation de la sûreté l'immeuble doit être estimé par un expert désigné à l'amiable ou judiciairement. Ceci permet d'éviter toute lésion ou enrichissement illicite du créancier et également de respecter le second principe posé par le texte à savoir, en cas d'excédent entre la valeur du bien immobilier et la dette garantie, le créancier devra rembourser au débiteur la somme égale à la différence. Ce second principe posé par l'article 2460 du Code civil prévient tout conflit entre le créancier et le débiteur d'une part et entre le créancier devenu propriétaire du bien et les autres créanciers du débiteur dont les droits étaient greffés sur l'immeuble.

856. Ceci a deux conséquences majeures. La première est que l'attribution en propriété confère au créancier hypothécaire bénéficiaire, un droit exclusif sur l'immeuble lui permettant d'évincer tous les autres créanciers du débiteur sur le bien. En effet, l'attribution doit avoir pour conséquence logique, et là d'une manière plus convaincante que dans les propriétés-sûretés, la sortie systématique du bien du patrimoine du débiteur, enfin dans un premier temps seulement, si et seulement si la valeur estimée du bien est égale à la dette garantie. Dans pareil cas, l'attribution conventionnelle s'apparenterait à une compensation. Mais, si la valeur du bien excède le montant du bien, alors le bien n'est pas totalement sorti du patrimoine, car il ne le serait qu'à concurrence de la différence due au débiteur. La deuxième conséquence est que dans le cas où la vente du bien, après évaluation, est excédentaire vis-à-vis de la dette garantie, la distribution de la différence aux autres créanciers du débiteur ouvre sur l'idée d'un rang.

b) Particularité du pacte commissoire sur le gage et l'hypothèque en droit OHADA

857. Dans le droit OHADA, l'attribution conventionnelle en propriété du bien, assiette de la sûreté, connait quelques restrictions de fond. L'article 199 nouveau de l'AUS révisé retient deux conditions de fond relatives à la personne du constituant : elle doit être nécessairement une personne morale ou alors une personne physique immatriculée au RCCM[1372] et l'immeuble ne doit pas être affecté d'un usage d'habitation quel qu'il soit. Cette dernière

[1371] V. L'art. 2365 du Code civil

[1372] Registre du Commerce et du Crédit Mobilier (RCCM) est un registre national dans chaque Etat-Partie OHADA où toutes les personnes physiques commerçantes ou entreprenantes sont immatriculées.

condition de fond est beaucoup plus étendue que dans le droit français qui n'exclut du domaine d'application de l'attribution conventionnelle en propriété sur l'immeuble hypothéqué que l'habitation à titre principal. Enfin, l'article 199 AUS révisé n'expose pas explicitement les modalités du transfert de propriété, renvoyant à la loi nationale de chaque Etat-partie. Mais l'intervention préalable d'un expert doit être nécessairement prévue pour évaluer la valeur de l'immeuble[1373]. Le texte n'envisage ni les modalités selon lesquelles cet expert devra être désigné ni une prévention des risques de conflit. Car, comme l'a soulevé une auteure, si l'attribution conventionnelle éteint la créance, elle peut également renverser le rapport débiteur et créancier notamment quand le créancier doit verser une soulte au débiteur si, en l'occurrence, la valeur de l'immeuble qui lui a été transféré est supérieure à la somme qui lui était due[1374].

858. Concernant le gage, l'article 104, alinéa 3 de l'AUS qui pose le principe du pacte commissoire, fixe quelques limitations à son domaine d'application. L'attribution conventionnelle en propriété sur le bien gagé n'est possible que sous réserve de deux conditions. D'abord, elle n'est admise que si le bien engagé est soit une somme d'argent, soit un bien dont la valeur fait l'objet d'une cotation officielle. Ensuite, l'attribution conventionnelle ne peut être valable, quelle que soit par ailleurs la nature du bien, que lorsque le constituant donc le débiteur de la dette garantie, est un professionnel. En outre, si ces deux conditions essentielles sont remplies, la clause prévoit que l'estimation de la valeur du bien devra être faite au jour du transfert de propriété par un expert désigné d'un commun accord des parties ou par voie judiciaire. Enfin, conformément à l'article 105 AUS révisé, si la valeur du bien attribué est supérieure à la dette garantie, le créancier doit consigner la somme représentant la différence au cas où il existerait d'autres créanciers gagistes sur le même bien, sinon elle est versée au constituant.

859. L'on peut retenir que la faculté de recourir au pacte commissoire sur le bien gagé comme sur le bien hypothéqué n'est pas ouverte à n'importe quel constituant, ni à n'importe quel bien gagé ou hypothéqué. Contrairement, au gage et à l'hypothèque, le législateur n'impose aucune précision quant à la qualité professionnelle ou non du constituant [1375] susceptible de contracter une clause attributive de propriété sur une créance nantie[1376]. Cela ouvre la possibilité à tout constituant du nantissement de recourir au pacte commissoire sans qu'il n'y ait d'obstacle relatif à l'activité

[1373] Ibid. p. 928.

[1374] Y. R. KALIEU ELONGO, op. cit.

[1375] A. BARRY, T. GIUSTINI, « La réforme des sûretés en droit OHADA : considérations pratiques », *Droit & Patrimoine*. 2012. n° 213, « Dossier », p.80 à 90.

[1376] L'article 134, alinéa 2 de l'AUS révisé dispose simplement que « *Si l'échéance de la créance garantie est antérieure à l'échéance de la créance nantie, le créancier peut se faire attribuer, par la juridiction compétente ou dans les conditions prévues par la convention, la créance nantie ainsi que les droits qui s'y rattachent* ».

professionnelle du débiteur. Toutefois, compte tenu de la nature de la sûreté réelle de nantissement qui est en général usité par les banques et les établissements de crédit, il est plus probable que le débiteur soit en effet, un professionnel. En tout état de cause, le constituant ne saurait être un particulier même si le nantissement de créance devait porter sur un compte bancaire[1377].

860. Mais, en définitive dans le droit français comme dans le droit OHADA, l'attribution conventionnelle en propriété du bien au profit du créancier titulaire d'une sûreté réelle classique qu'elle soit, un gage, un nantissement ou une hypothèque, confère à celle-ci la même efficacité, voire même plus de crédibilité quant à la méthode juridique utilisée, que les propriétés-sûretés. Elle lui octroie une situation d'exclusivité sur le bien, assiette de sa sûreté.

2°) Le sort incertain du pacte commissoire pendant les procédures collectives

861. La faculté de recourir à l'attribution conventionnelle du bien, assiette de la sûreté réelle préférentielle permet au créancier de devenir propriétaire au même titre qu'un créancier titulaire d'une propriété-sûreté. Dans le droit français, l'article L.624-10 du Code de commerce dispose que « *le propriétaire d'un bien est dispensé de faire reconnaitre son droit de propriété lorsque le contrat portant sur ce bien a fait l'objet d'une publicité* ». Autrement dit, dès lors que le titre de propriété ne souffre d'aucune contestation et est connue de tous, alors le titulaire n'a plus besoin de revendiquer son droit de propriété. Toutefois, est-ce qu'à l'instar du créancier titulaire d'une propriété-sûreté, le créancier gagiste, nanti, ou hypothécaire devenu propriétaire par attribution du bien suite à la défaillance constatée du débiteur dans le paiement de la créance garantie, peut réaliser sa sûreté pendant certaines phases de procédures collectives mises en œuvre à l'encontre du débiteur défaillant ?

862. Dans le droit français, l'article L.622-7 I, dernier alinéa du Code de commerce issu de l'article 47 de l'ordonnance du 23 mars 2006[1378], prévoit que l'ouverture de la procédure collective fait obstacle à la conclusion et à la réalisation du pacte commissoire. Ce texte suspend donc l'efficacité[1379] du pacte commissoire pendant les procédures collectives. Non seulement le texte interdit la réalisation du pacte commissoire déjà conclu, mais également il prohibe tout recours à ce dispositif après le jugement d'ouverture. De ce fait, les créanciers gagistes, nantis, ou hypothécaires

---

[1377] V. Article 136 de l'AUS révisé qualifie le nantissement sur un compte bancaire de nantissement de créance, en ces termes : « *Le nantissement de compte bancaire est un nantissement de créance. Les règles qui régissent celui-ci lui sont applicables, sous réserve des dispositions de la présente section* ».
[1378] P. CROCQ, « Le nantissement de créance », op. cit.
[1379] Ibid.

devenus propriétaires par attribution conventionnelle ne peuvent bénéficier de paiement ni par vente du bien ni par compensation, parce que la vente supposerait la réalisation de la sûreté, et la compensation exige l'existence de dettes ou d'obligations connexes. Or, pour savoir que la valeur du bien est égale à la dette garantie, il faut une évaluation certes préalable, mais dont la mise en œuvre fait suite à une demande en paiement pour cause de résolution d'un contrat par défaut de paiement. Or une telle demande en paiement est formellement interdite[1380].

863. Dans le droit OHADA, il n'y a pas de disposition qui prévoit de manière expresse l'interdiction ou la suspension de la clause commissoire comme l'a fait le législateur français à travers l'article L622-7 du Code de commerce. Toutefois, l'article 75 al. 2, nouveau, de l'AUPC révisé prévoit l'arrêt ou l'interdiction de toute procédure de distribution n'ayant pas produit un effet attributif avant la décision d'ouverture d'une procédure collective de redressement judiciaire ou de liquidation des biens. D'après les dispositions du texte précité, il est permis de penser qu'un pacte commissoire dont l'effet attributif de propriété est acquis avant la décision d'ouverture d'être épargné par l'interdiction des poursuites individuelles. De plus, l'article 75 al. 5, nouveau, de l'AUPC révisé permet à toute action en justice et à toute procédure d'exécution non expressément ciblée d'être exercée ou poursuivie au cours de la procédure de redressement judiciaire ou de liquidation des biens. Pour autant, est-il permis de croire qu'un pacte commissoire puisse être réalisé pendant les procédures collectives de redressement judiciaire ou de liquidation des biens ?

864. Aucune disposition de l'AUPC révisé ne prévoit la réalisation du pacte commissoire pendant la procédure collective.

865. Tous ces obstacles, nous semble-t-il, peuvent être justifiés, dans le droit français comme dans le droit OHADA par les objectifs poursuivis par le droit des procédures collectives et de l'intérêt général en jeu.

B) L'attribution en propriété du bien du débiteur par voie judiciaire

866. D'une manière générale, l'attribution judiciaire est définie comme l'action d'assigner concrètement à quelqu'un, par voie judiciaire, le bien ou la portion de biens qui lui revient[1381]. Mais, appréhendée en matière de sûretés, on peut définir l'attribution judiciaire comme la faculté offerte au créancier titulaire d'une sûreté réelle préférentielle, de demander en justice à ce que son débiteur constituant lui assigne concrètement le bien ou la portion de biens qui lui revient de droit, suite à une inexécution de l'obligation de payer la créance due. Cette faculté est offerte aux parties lors de la constitution d'une sûreté réelle classique ou ultérieurement à la conclusion de la convention de sûreté. L'attribution judiciaire peut ainsi s'apparenter à

[1380] V. Article L622-21, I, 2° du Code de commerce

[1381] G. CORNU, *Le vocabulaire juridique*, op. cit.

une forme d'exécution par défaut en cas d'échec constaté lors d'une mise en œuvre à l'amiable d'un pacte commissoire ou encore représenter le recours en l'absence de toute clause préalablement convenue entre les parties devant attribuer la propriété du bien engagé en cas de défaillance du débiteur. Dans le droit français, l'attribution judiciaire est une faculté offerte à tout créancier titulaire d'une sûreté réelle classique. Ainsi, elle peut bénéficier d'une manière générale et étendue au créancier gagiste, nanti, hypothécaire et même au titulaire d'un privilège immobilier spécial[1382]. Dans le droit OHADA, seuls les créanciers gagistes, nantis et hypothécaires peuvent avoir recours à l'attribution judiciaire. Mais, au fond, quel est le sort de l'attribution judiciaire pendant les procédures collectives du débiteur défaillant dans les deux systèmes de droit ?

La qualification juridique de l'attribution judiciaire permettra de déterminer sa recevabilité devant le juge en temps ordinaire (**1°**) mais également de mieux comprendre son sort pendant la mise en œuvre d'une procédure collective à l'encontre du débiteur (**2°**).

1°) Qualification juridique de l'attribution judiciaire et recevabilité de la demande

867. L'admission de l'attribution judiciaire aux créanciers titulaires de sûretés réelles préférentielles ne s'est pas passée de la même façon ni organisée de la même manière en droit français et en droit OHADA. Tandis que dans le droit français l'institution a connu moult péripéties façonnant ainsi l'histoire de l'attribution judiciaire dans le droit positif et dans la jurisprudence (**a**), dans le droit OHADA, l'institution nouvelle connait à peine ses premières expérimentations dans la pratique et reste encore très peu commentée par la doctrine africaine de l'espace OHADA (**b**). On retient toutefois, en droit français comme en droit OHADA, la même qualification juridique de l'attribution judiciaire et des mêmes modalités de recevabilité de la demande du créancier devant le juge (**c**).

a) L'admission de l'attribution judiciaire dans le droit français

868. Instituée pour la première fois dans l'article 159, alinéa 3 de la loi n° 85-98 du 25 janvier 1985, pour le compte des créanciers gagistes, l'attribution judiciaire a été pendant longtemps cantonnée au gage[1383]. Avant, cette consécration légale, la jurisprudence n'admettait l'exercice de cette faculté qu'aux créanciers titulaires d'un gage, sinon, souvent par extension

[1382] En réponse à une question parlementaire : Rép.min à QE n° 9227, JOAN Q. 30 avril 2013, p. 4796. Le ministre de l'intérieur affirme que l'intention du législateur (de la loi du 20 février 2007) a bien été d'étendre le bénéfice de l'attribution judiciaire « *à toutes les hypothèques et aux privilèges* ».

[1383] Cass. 1re civ, 25 mars 1957, *Bull. civ. I*, n° 149 ; Cass. 1re., 26 décembre 1961, *Bull. civ.* I, n° 622, D. 1962, jur., p. 381, note Voirin ; dans ce sens v. également, Cass. 1re. 22 mars 1966, *Bull. civ.* I, n°201 et n° 203.

au créancier nanti[1384]. En effet, dans sa décision en assemblée plénière du 20 octobre 1984, la Cour de cassation s'appuyant sur l'article 2078 du code civil a décidé qu'« *à défaut de disposition contraire, l'attribution judiciaire du gage est offerte au titulaire d'un nantissement sur outillage et matériel d'équipement qui ne poursuit pas la réalisation du bien grevé* ». Mais depuis l'ordonnance du 23 mars 2006, avec la dissociation matérielle de l'assiette du gage et du nantissement, l'autorisation de l'attribution judiciaire a d'abord été étendue au profit des créanciers nantis d'une manière autonome et aux créanciers titulaires d'une hypothèque conventionnelle et judiciaire. Depuis cet avènement, les articles 2349, 2365, 2458 du Code civil consacrent respectivement la faculté de l'attribution judiciaire du créancier gagiste, nanti, et du créancier hypothécaire [1385]. Ensuite, profitant de l'occasion de la loi n° 2007-212 du 20 février 2007 portant diverses dispositions intéressant la Banque de France, le législateur a de nouveau étendu l'autorisation de l'attribution judiciaire aux hypothèques légales. En substance, il est admis, sous réserve de l'interprétation du juge sur l'article 2458 du Code civil, que sur la base de ce texte, un créancier titulaire d'un privilège spécial immobilier puisse bénéficier de l'attribution judiciaire sur l'immeuble, assiette de sa sûreté[1386].

869. Dorénavant, l'attribution judiciaire est autorisée pratiquement à toutes les sûretés réelles classiques mobilières comme immobilières sauf dans quelques rares exceptions[1387]. Au titre de ces exceptions, il faut dire que l'attribution judiciaire reste encore interdite sur l'hypothèque rechargeable qui garantit un crédit à la consommation, sans doute, pour des raisons de protection de la partie faible qu'est le consommateur. Elle est, également exclue s'agissant du nantissement de fonds de commerce[1388].

b) L'attribution judiciaire dans le droit des sûretés OHADA

870. Contrairement au droit français, l'histoire de l'attribution judiciaire dans le droit des sûretés OHADA, à l'image de l'organisation communautaire elle-même, est très jeune et moins mouvementée. Elle vient d'être autorisée par l'acte uniforme des sûretés récemment révisé, au profit de certaines sûretés réelles mobilières et immobilières classiques. L'article 198 AUS révisé consacre et autorise l'attribution judiciaire au profit du créancier titulaire d'une hypothèque. Toutefois, à la différence du droit

---

[1384] Cass. civ. ass. Plén., 26 octobre 1984, n° 83-10-056, *Bull. civ.* ass. Plén., n°6, p. 5.

[1385] Ph. DELEBECQUE, « L'hypothèque », *in commentaire de l'ordonnance du 23 mars 2006 relative aux sûretés, JCP G., suppl. au n° 20, 17 MAI 2006, p. 29-32 ;* C. ALBIGES, M.P. DUMOND-LEFRAND, *Droit des sûretés, Dalloz*, Collection Hyper Cours, 2007, *n° 613.*

[1386] V. « De l'attribution judiciaire par le créancier hypothécaire », Rép. min., à QE n° 28608, JOAN Q. 1er avril 2014, p. 3052 ; *in Revue Lamy Droit Civil*- 2014. n° 116.

[1387] P.-F. CUIF, « L'attribution judiciaire de l'immeuble hypothéqué : spécificité et efficacité », *RLD civ*- 2010, n° 69, p.25 à 29.

[1388] Ibid.

français, le texte ne spécifie pas si l'attribution judiciaire bénéficie simplement au titulaire d'une hypothèque conventionnelle, ou si elle peut être étendue aux trois autres sortes d'hypothèques qui existent également dans le droit des sûretés OHADA. Mais, compte tenu du silence des dispositions de l'article 198 précité, le bénéfice du doute est permis pour tout créancier hypothécaire quelle que soit la nature de son hypothèque. La seule limitation à l'attribution judiciaire sur l'immeuble hypothéqué devrait concerner les cas où l'immeuble en question est la résidence principale. L'article 134 de l'AUS révisé prévoit les conditions de l'attribution judiciaire au profit du créancier nanti. Enfin, l'article 104, alinéa 2 AUS révisé permet au créancier gagiste de faire ordonner en justice à ce que le bien engagé lui soit assigné en paiement jusqu'à due concurrence du solde de sa créance garantie. Elle n'est pas reconnue au créancier titulaire d'un privilège.

c) Convergence de vue sur la conception et la recevabilité de l'attribution judiciaire

871. L'attribution en propriété d'un bien, assiette de la sûreté par voie judiciaire que certains auteurs ont qualifiée d'exceptionnelle et curieuse[1389], s'intègre bien dans la conception de l'architecture juridique commune aux législateurs français et communautaire africain de l'espace OHADA. Ce dernier s'inspirant du premier, leurs visions convergent aussi bien sur la nature juridique de l'attribution judiciaire que sur la recevabilité de la demande du créancier devant le juge compétent.

872. Sur la nature juridique de l'attribution judiciaire. Si dans l'espace OHADA, l'on peut encore déplorer une absence de débat doctrinal sur les nouvelles institutions, leur qualification juridique et leur opportunité, dans le droit français la doctrine est abondante sur la question de la nature juridique de l'attribution judiciaire. Dans la quête d'une qualification, elle a été rapprochée de plusieurs institutions dont la dation en paiement.

873. La dation en paiement, instituée par la loi n° 68-1251 du 31 décembre 1968, est une opération juridique par laquelle un débiteur cède la propriété d'un bien ou d'un ensemble de biens lui appartenant, au créancier en paiement de tout ou de partie de sa dette[1390]. Selon cette définition, la dation en paiement s'analyse donc plutôt comme une modalité d'extinction de l'obligation qui peut être plus générale qu'une créance garantie. Le problème réside ici dans le fait que dans le cas d'une dation en paiement, qui n'est pas une opération judiciaire contrairement à l'attribution judiciaire qui elle nécessite qu'un juge tranche, le consentement du débiteur est nécessairement requis. Dans la dation en paiement, le débiteur est libre alors que dans le cas de l'attribution judiciaire, il est contraint par le juge suite à la

[1389] M. PLANIOL, G. RIPERT, « *Traité pratique de droit civil français* », n° 120, cité par P.-F. Cuif, « L'attribution judiciaire de l'immeuble hypothéqué : spécificité et efficacité »,op. cit.
[1390] V. Les articles 1238, alinéa 1er, 1243, 1581 et 2068 du Code civil.

demande du créancier. C'est sans doute ce caractère imposé qui a conduit certains auteurs plus contemporains, à penser que l'attribution judiciaire peut être rapprochée d'une dation en paiement forcée au profit du créancier[1391]. Mais la dation en paiement reste une opération fondamentalement consensuelle qui consiste en une aliénation volontaire d'un bien du débiteur en vue de se libérer de son obligation envers son créancier. Aussi, parmi les quatre conditions requises[1392] pour la validité de la dation en paiement, il faut le consentement préalable du créancier pour recevoir en paiement un autre bien du débiteur que le bien prévu dans le contrat. Sans ce consentement, le créancier peut refuser tout paiement distinct de celui prévu au contrat[1393]. Seulement, dans le cadre de l'attribution judiciaire, il ne peut s'agir d'un autre bien en substitution que celui sur lequel porte la sûreté. Et, celle-ci est réservée exclusivement au titulaire de la sûreté[1394].

874. Par conséquent, on peut affirmer que l'attribution judiciaire n'est ni une dation en paiement simple ni une dation forcée. Si comme la dation en paiement, l'attribution judiciaire « *permet de donner juridiquement satisfaction à un créancier*[1395] », dans les deux cas, il en résulte l'extinction d'une obligation. Il n'en demeure pas moins que l'attribution judiciaire, elle, est spécifique à la sûreté. En effet, l'attribution judiciaire consiste à donner judiciairement au créancier un « blanc-seing » pour s'approprier du bien du débiteur en guise de paiement de sa créance. Cette façon extraordinaire de réaliser sa sûreté sans qu'aucun titre exécutoire ne soit requis ni nécessaire distingue également l'attribution judiciaire des voies d'exécution.

875. Le titre exécutoire est un acte juridique permettant à son bénéficiaire de recourir à l'exécution forcée. Il est concrétisé par l'apposition de la formule exécutoire permettant au bénéficiaire de poursuivre l'exécution en recourant, s'il est nécessaire, à la force publique[1396]. C'est pourquoi un auteur a pu affirmer récemment que l'attribution judiciaire n'est pas une voie

---

[1391] Ph. DELEBECQUE, obs. sous Cass. com., 19 janvier 1999, n° 96-17918, *in JCP G* 1999, I, n° 158, n° 15 ; L. AYNES et P. CROCQ, *Les sûretés*, Défrenois, 4e édition, 2009, n° 686 ; M. CABRILLAC, Ch. MOULY, Ph. PETEL et S. CABRILLAC, *Les sûretés*, Litec, 10e éd., 2015, n° 1053, cités par P. F., CUIF, « L'attribution judiciaire de l'immeuble hypothéqué : spécificité et efficacité », *RLD civ.*, 2010, n° 69.

[1392] F. BICHERON, *La dation en paiement*, Thèse Assas, Paris II, 2006. « *La dation en paiement suppose la réunion de quatre conditions requises : l'existence d'une dette à payer ; l'accord du créancier ; la capacité à disposer des deux parties et la propriété de la chose du paiement par le débiteur* ».

[1393] V. Article 1243 du Code civil.

[1394] P.F. CUIF, « L'attribution judiciaire de l'immeuble hypothéqué : spécificité et efficacité », op. cit.

[1395] Ph. DELEBECQUE, « L'attribution du bien, l'originalité du gage commercial », *RJ com*, 1994, n° spécial, n° 3, p. 125.

[1396] M. et J.-B. DONNIER, *Voies d'exécution et procédures de distribution*, 8e éd. Litec, 2008, p. 63.

d'exécution[1397] puisque justement elle n'exige pas un titre exécutoire qui est propre à toutes les voies d'exécution ordinaires[1398].

876. En définitive, selon nous, l'attribution judiciaire, à la différence des voies civiles et commerciales d'exécution qui sont des modes ordinaires de recouvrement de créances notamment par la réalisation des sûretés, est un attribut spécifique des sûretés réelles préférentielles permettant au créancier de devenir propriétaire du bien, assiette de sa sûreté, en cas de défaillance de son débiteur notamment. En effet, si l'on peut voir dans l'attribution judiciaire comme dans le pacte commissoire, une technique spécifique de réalisation des sûretés[1399], ce qui est de fait évident, il n'en demeure pas moins, qu'ils sont spécifiquement attachés à titre attributif à certaines sûretés réelles classiques exclusivement. L'attribution judiciaire n'est donc ni un exemple de dation en paiement bien qu'elle constitue en soi aussi un mode de paiement, ni une voie ordinaire d'exécution et de réalisation de sûreté.

877. Sur la recevabilité de la demande du créancier par le juge. Dans le droit français comme dans le droit OHADA, la demande en attribution judiciaire par le créancier devant le juge n'exige pas de se conformer à des formes particulières. Le créancier n'a rien à justifier pour appuyer sa demande, il suffit juste pour lui de faire valoir une créance exigible et une sûreté valable, en l'occurrence, une sûreté réelle ouvrant droit à un droit de préférence. En revanche, sa sûreté réelle doit figurer parmi celles pour lesquelles l'attribution judiciaire est autorisée. Ainsi, si ces deux conditions sont remplies, la demande du créancier est recevable devant le juge compétent. A partir de ce moment, la compétence du juge saisi est liée. En principe, le juge saisi est tenu de prononcer l'attribution judiciaire au profit du créancier demandeur[1400] sans pour autant pouvoir juger de l'opportunité de la demande[1401]. Au préalable, avant d'ordonner le transfert de propriété du bien au créancier, en matière immobilière, l'évaluation de l'immeuble par un expert est indispensable. Dans le droit OHADA, l'article 200 de l'AUS révisé, à l'image de l'article 2460 du Code civil, prévoit expressément cette obligation préalable.

878. L'autorisation de l'attribution judiciaire en droit OHADA comme dans le droit français, a suscité beaucoup de réactions. Les unes, enchantées, y voient une façon de revaloriser les sûretés réelles préférentielles[1402] dans le

---

[1397] P. F. CUIF, « L'attribution judiciaire de l'immeuble hypothéqué : spécificité et efficacité », op. cit.

[1398] A. LEBORGNE, *Droit de l'exécution : voies d'exécution et procédures de distribution,* 2e éd. Dalloz, 2014 ; C. BRENNER, *Voies d'exécution*, 6e éd. Dalloz. 2011, p. 15 et s.

[1399] P.F. CUIF, « L'attribution judiciaire de l'immeuble hypothéqué : spécificité et efficacité », op. cit.

[1400] Ph. DELEBECQUE, « L'attribution du bien, l'originalité du gage commerciale », op. cit.; Cass. com., 3 novembre 1983, n° 82-13.297, *JCP G* 1984, II, n° 20.234, note J. Mestre.

[1401] Y. R. KALIEU ELONGO., « Hypothèque », *Encyclopédie de droit OHADA*, P.G. POUGUE (Dir.), Lamy 2011.

[1402] D. LEPELTIER, « Le nouveau droit d'hypothèque », *in Droit & Patrimoine*, Dossier spécial « Le nouveau droit de l'hypothèque », 2007, n°159, spéc. p. 60.

droit français, tandis que dans le droit OHADA, elle est perçue comme un moyen d'accroître l'attractivité[1403] et la célérité dans la réalisation[1404] de ces sûretés réelles. Les autres plus dubitatifs, ont pensé au risque que cela pourrait entrainer pour le débiteur par rapport à d'éventuels abus des créanciers[1405]. Cela explique l'encadrement dont elle fait l'objet pendant la mise en œuvre de la procédure collective à l'encontre du débiteur-constituant.

2°) Le sort de l'attribution judiciaire pendant la procédure collective du débiteur

879. La réalisation de l'attribution judiciaire pendant la procédure collective du débiteur, dans le droit français comme dans le droit de l'espace OHADA, est en principe proscrite (**a**) sauf exception (b) liée à l'antériorité de la décision du juge dont l'exécution a été entamée par rapport à l'ouverture de ladite procédure collective.

a) Le principe de prohibition de l'attribution judiciaire en procédure collective

880. Si dans le droit français, l'article L.622-7 du Code de commerce a expressément prévu l'interdiction de la conclusion et de la réalisation du pacte commissoire, en revanche, dans le droit OHADA comme dans le droit français, aucune disposition n'a explicitement prévu l'interdiction de formuler une demande et procéder à la réalisation de l'attribution judiciaire. Certains auteurs se sont déjà emparés de cette absence de prohibition pour nier le principe d'interdiction de réalisation de l'attribution judiciaire pendant la procédure collective du débiteur, estimant que par cette absence de texte spécial, rien interdit au créancier de demander l'attribution judiciaire au juge et même de la réaliser pendant la procédure collective[1406].

881. Mais est-ce vraiment nécessaire de faire une consécration spécifique de cette interdiction sachant que les principes directeurs de la faillite et constitutifs de la discipline collective du droit des procédures collectives l'ont déjà consacrée ? En effet, il suffit de se reporter à la qualification juridique de l'attribution judiciaire qui est certes, comme déjà dit plus haut, désormais assortie à la sûreté réelle classique, constitue un moyen efficace pour le créancier de se faire payer la créance due, pour comprendre que son application doit être subsidiaire à celle de la discipline collective pendant

1403 M. BRIZOUA-BI, « L'attractivité du nouveau droit OHADA des hypothèques », *in « Bientôt un nouveau droit des sûretés dans l'OHADA »*, *Droit & Patrimoine*, n° 197, novembre 2010, p. 45 et s.

1404 Y. R. KALIEU ELONGO, « Hypothèque », *op. cit.*, p. 927.

1405 Ph. DELEBECQUE, « Le régime des hypothèques », *in commentaire de l'ordonnance de 23 mars 2006 relative aux sûretés*, *JCP G* 2006, I, n° 23.

1406 P.-F. CUIF, « L'attribution judiciaire de l'immeuble hypothéqué : spécificité et efficacité », op. cit.

certaines procédures collectives. Ce sont donc ces principes directeurs qui devraient logiquement et indubitablement conduire à interdire l'exercice de l'attribution judiciaire[1407] au moins pendant les phases de sauvegarde et de redressement judiciaire voire même, sous certaines réserves pendant la phase de liquidation judiciaire[1408]. Car nous convenons que l'attribution judiciaire reste un paiement ordonné par le juge[1409] et, que « *si elle était autorisée contreviendrait à la discipline collective organisée par le législateur en matière de la faillite*[1410] ». Cette analyse pourrait bien prévaloir dans le droit OHADA, où le législateur n'a prévu aucun texte spécial supplémentaire pour interdire le pacte commissoire et l'attribution judiciaire pendant la procédure collective du débiteur. Sans doute, que cette interdiction rentrerait parfaitement dans les interdictions prévues par les articles 75 et suivants de l'AUPC révisé.

882. Dans le droit français, l'interdiction de l'exercice de l'attribution judiciaire pendant la procédure collective du débiteur pouvait également découler de l'interprétation des dispositions des articles 2287 et 2427 du Code civil. En effet, ces dispositions prévoient la primauté des règles impératives du droit des procédures collectives en l'occurrence les principes directeurs constitutifs de discipline collective sur celles réservées au droit des sûretés du livre IV du Code civil[1411].

b) L'exception de réalisation de l'attribution judiciaire en procédure collective

883. L'attribution judiciaire peut être exceptionnellement réalisable pendant la procédure collective du débiteur dans deux cas de figure : soit elle a été ordonnée avant la décision d'ouverture de la procédure collective ceci étant valable dans le droit français mais pas plus sûr dans le droit OHADA compte tenu des nouvelles dispositions de l'article 75 de l'AUPC révisé.

884. L'attribution judiciaire ordonnée avant l'ouverture de la procédure collective. Lorsque le créancier obtient l'ordre de réalisation de l'attribution judiciaire en propriété avant l'ouverture de la procédure collective de son débiteur, cette dernière ne devrait pas constituer un obstacle ni suspendre la décision du juge. Le créancier devenu propriétaire du bien par une décision judiciaire revêtue de force de la chose jugée doit pouvoir réaliser sa sûreté sans être inquiété par la faillite du débiteur survenue ultérieurement. Dans le droit français, telle est la position de principe de la

---

[1407] P.-M. LECORRE, « Droit et pratique des procédures collectives », Dalloz, 8ème édition 2008, n°s 652-25 et 621-81.

[1408] Depuis 2008, l'article L.642-20-1 du Code de commerce issu de l'ordonnance n° 2008-1345, du 18 décembre 2008 relative à la réforme des entreprises en difficulté, prévoit la faculté d'exercice de l'attribution judiciaire pendant la liquidation judiciaire du débiteur.

[1409] P.-M. LECORRE, « Droit et pratique des procédures collectives », op. cit.

[1410] P.-F. CUIF, « L'attribution judiciaire de l'immeuble hypothéqué : spécificité et efficacité », op. cit

[1411] J.-L. VALLENS, « Les modifications apportées par l'ordonnance sur les sûretés », op. cit.

Cour de cassation en matière d'attribution judiciaire en gage. En effet, selon la Cour de cassation dans un arrêt de la chambre commerciale du 24 janvier 2006, « *l'attribution judiciaire du gage ordonnée avant l'ouverture de la procédure collective, par décision statuant sur le fond, exécutoire par provision, transfère la propriété au créancier et éteint la créance de celui-ci à concurrence de sa valeur*[1412] ». Ce principe repose sur le fait qu'aussitôt que le juge statue en faveur du créancier qui l'a saisi par une demande d'attribution en propriété, la décision du juge opère automatiquement le transfert de propriété du bien du patrimoine du débiteur vers le patrimoine du créancier. Cette opération a pour conséquence d'éteindre automatiquement la créance due. Par conséquent, si elle s'est produite avant l'ouverture de la procédure collective, elle ne peut être affectée par celle-ci.

885. En revanche, dans le droit OHADA, en l'absence d'une jurisprudence favorable à la réalisation d'une attribution judiciaire ordonnée par le juge avant la procédure collective du débiteur, on ne peut pas affirmer l'exception de réalisation à l'instar du droit français. Toutefois, conformément aux nouvelles dispositions de 75 al. 1er de l'AUPC révisé, une telle action peut prospérer, ce texte ne concernant que les créanciers composant la masse. Car, si l'attribution a eu lieu avant la décision d'ouverture, cela suppose que l'ex créancier est déjà devenu propriétaire du bien et que sa créance désormais est éteinte. N'étant plus créancier encore moins un créancier dans la masse, la procédure collective ainsi ouverte ne s'applique pas au bien désormais incontestablement sorti du patrimoine du débiteur failli.

886. Les exceptions de réalisation de l'attribution judiciaire dans les procédures collectives. Il s'agit de l'hypothèse ou la demande d'attribution est présentée par le créancier devant le juge avant la décision d'ouverture mais dont le processus a été interrompu par les effets de la procédure collective ouverte avant. Sous réserve de certaines conditions, un créancier titulaire d'une sûreté réelle préférentielle telle qu'un gage, un nantissement ou une hypothèque peut demander l'attribution en propriété du bien, assiette de sa sûreté devant le juge, l'obtenir et la réaliser pendant la phase de liquidation judiciaire[1413] pour le droit français, de redressement judiciaire[1414] ou en cas de liquidation des biens pour le droit OHADA[1415]. Mais la question est de savoir quel moyen le créancier dispose-t-il pour une réalisation effective de son attribution judiciaire ?

887. En principe, dans le droit français, la réalisation de l'attribution judiciaire est interdite ou suspendue si elle était en cours. Mais, depuis 2008, l'article L.642-20-1 du Code de commerce permet au créancier notamment

---

[1412] Cass. com., 24 janvier 2006, n° 02-11.989, Bull. civ. IV, n° 15, *JCP G* 2006, I, n° 131, n° 15, obs. Delebecque.

[1413] P.-F. CUIF, « L'attribution judiciaire de l'immeuble hypothéqué : spécificité et efficacité », op. cit

[1414] V. Article 75 al. 5, nouveau, de l'AUPC révisé.

[1415] Y.R. KALIEU ELONGO, « Gage », op. cit., p. 892.

gagiste d'exercer une demande d'attribution judiciaire et de la réaliser alors même que le débiteur se trouve en liquidation judiciaire[1416]. En d'autres termes, la réalisation de l'attribution judiciaire en gage par le créancier peut avoir lieu alors même que l'admission de la créance garantie n'a pas encore été validée. Quitte par la suite en cas de rejet ou admission partielle de la créance, à ce que le créancier soit mis dans l'obligation de restituer le bien dans le premier cas ou de reverser le montant de la différence sur la valeur du bien au débiteur par les biais du liquidateur dans le second cas. Mais, ceci n'est valable que pour le créancier gagiste, qu'en est-il des autres créanciers ? On peut être marqué de l'absence de disposition prévoyant la réalisation de l'attribution judiciaire des autres créanciers éligibles. Enfin, on peut retenir que dans le droit français la réalisation n'est permise que pendant la procédure liquidative, ce qui est tout à fait conforme aux objectifs poursuivis par le droit des entreprises en difficulté.

888. Dans le droit OHADA, comme pour le pacte commissoire, il n y a pas de disposition spécifique qui interdit nommément la réalisation de l'attribution judiciaire pendant les procédures collectives. Sauf, concernant le gage où, l'article 149 inchangé de l'AUPC révisé, permet au syndic autorisé par le juge commissaire de payer le créancier gagiste pour récupérer le bien. Au cas échéant, le créancier gagiste pourrait réaliser son attribution judiciaire en prenant le bien pour acquis. En dehors de cette hypothèse, dans le mutisme des textes, l'on peut penser que les nouvelles dispositions de l'article 75 al. 5, nouveau, de l'AUPC révisé peuvent permettre le créancier de réaliser son attribution judiciaire sinon en cas de procédure de redressement judiciaire du moins pendant la phase liquidative. Si une telle solution pouvait être déduite des dispositions du texte précité alors le législateur africain de l'espace OHADA aura fait un grand pas dans la démarche ici proposée de démystification des propriétés-sûretés. En revanche, si la réalisation de l'attribution judiciaire n'est permise de manière effective que dans la phase liquidative à l'instar du droit français, alors il a tout de même respecté les objectifs poursuivis par les procédures collectives de règlement préventif et de redressement judiciaire.

SECTION 2. ASSIMILATION ET ALIGNEMENT AU RÉGIME DES SÛRETÉS RÉELLES CLASSIQUES

889. La différence de traitement entre créanciers selon la qualité et la nature de la garantie de créance pendant les procédures collectives est une incohérence imputable au droit des procédures collectives même si, celle-ci

[1416] Article L642-20-1 al. 2 dispose que « *le créancier gagiste même s'il n'est pas encore admis, peut demander au juge-commissaire, avant la réalisation, l'attribution judiciaire. Si la créance est rejetée en tout ou en partie, il restitue au liquidateur le bien ou sa valeur, sous réserve de montant admis de sa créance* ».

se répercutant sur le droit des sûretés se transforme en une incohérence d'ensemble du droit des sûretés. Ceci s'opère en dépit du fait que pratiquement, comme il a été démontré dans cette étude, sûretés réelles classiques et sûretés nouvelles basées sur la propriété, sont dotées d'attributs similaires et renferment les mêmes potentialités compte tenu de leurs techniques et finalité communes.

890. Toutefois, dans le droit français comme dans le droit OHADA, l'incohérence du droit des sûretés tient en partie et est renforcée par la différence de régime juridique entre ces deux catégories de sûretés réelles dans les procédures collectives. C'est pourquoi nous pensons qu'il est possible d'harmoniser le droit des sûretés par le biais d'une application uniformisée des règles impératives du droit des procédures collectives. Pour ce faire deux solutions s'offrent aux législateurs français et de l'espace OHADA : soit aligner purement et simplement le régime juridique des propriétés-sûretés sur celui des sûretés réelles classiques dans les procédures collectives en conséquence de l'acceptation non équivoque de leur nature identique de sûreté, ou soit, sous réserve de quelques différences, assimiler le sort des propriétés-sûretés à celui des sûretés réelles préférentielles pendant la mise en œuvre de certaines procédures collectives telles que la sauvegarde dans le droit français, règlement préventif pour le droit OHADA et le redressement judiciaire.

891. Ces deux solutions paraissent à première vue signifier la même chose mais si elles visent à produire le même effet juridique, il n'en demeure pas moins qu'il existe une nuance entre alignement et assimilation juridiques. Si le fait de s'aligner sur autrui se rapporte à l'action d'adopter un comportement identique[1417] et, ce, quelle que soit la nature semblable ou pas de cet autrui. L'assimilation quant à elle est un procédé technique, pour le législateur consistant à rattacher une situation juridique à une catégorie voisine en faisant abstraction de leurs différences, afin de soumettre, en tout ou en partie, l'élément assimilé au même régime juridique que la catégorie de rattachement[1418].

Dans les deux cas, il faut une méthode et quelques techniques juridiques. Ainsi, nous proposons d'abord une méthode d'alignement juridique des propriétés-sûretés sur le régime juridique des sûretés réelles classiques dans les procédures collectives (**Sous-section 1**) puis quelques techniques juridiques pour une assimilation efficace (**Sous-section 2**) du sort des propriétés-sûretés à celui des sûretés réelles pendant la procédure collective.

[1417] G. CORNU, *Vocabulaire juridique*, op. cit., p. 55.
[1418] Ibid. p. 91.

§1) Méthode d'alignement sur le régime juridique des sûretés réelles classiques

892. La meilleure méthode pour aligner les propriétés-sûretés sur le régime juridique des sûretés réelles préférentielles est la méthode législative, même si la jurisprudence pourrait jouer un rôle non négligeable permettant de provoquer à terme une consécration législative dans ce sens. En effet, la jurisprudence permet de découvrir à travers de nouvelles interprétations des textes existant, l'étendue et la portée des principes déjà consacrés. L'illustration récente en est la qualification de sûreté à part entière de la clause de réserve de propriété découverte par la jurisprudence grâce à l'interprétation de l'article 2329 du code civil. Mais, il est toujours convenable qu'il y ait une base légale comme fondement jurisprudentiel même si l'article 4 du Code civil oblige le juge à pallier une absence de texte.

Ainsi, puisque il s'agit de réussir l'alignement du régime juridique des propriétés-sûretés à celui des sûretés réelles classiques dans les procédures collectives. A l'appui de textes préexistant, il convient de trouver des moyens devant permettre une application extensive de la discipline collective aux créanciers titulaires de propriétés-sûretés (**A**). Et, autant que possible, il est nécessaire également d'intégrer dans cette dite discipline collective la suspension temporaire de l'exercice de toute action en revendication (**B**).

A) Les moyens d'extension de la discipline collective aux propriétés-sûretés

893. Dans une perspective d'alignement juridique, en tentant une nouvelle interprétation des textes existants, l'on pourrait découvrir que ces derniers pourraient parfaitement s'appliquer aux propriétés-sûretés tout comme ils s'appliquent aux autres catégories de sûretés réelles (**1°**). Ou encore, l'on pourrait découvrir que ces mêmes textes n'étant pas conçus pour intégrer les propriétés-sûretés, il s'avère nécessaire de les modifier de façon à étendre leur champ d'application aux propriétés-sûretés (**2°**).

1°) Prospective pour l'applicabilité des textes existants aux propriétés-sûretés

894. Les textes recèlent-ils un potentiel d'interprétation insoupçonné qui permettrait l'application des textes constitutifs de la discipline collective aux propriétés-sûretés aussi bien dans le droit français que dans le droit OHADA des procédures collectives ? On examinera ici dans le droit français (**a**) puis dans le droit OHADA (**b**) la substance des textes existants qui les rendraient en fait applicables aux propriétés-sûretés, selon une certaine interprétation sémantique et logique.

a) Étude prospective dans le droit français

895. L'interprétation qui va suivre soutenant l'applicabilité des textes constitutifs de la discipline collective aux propriétés-sûretés repose sur la neutralité de ces textes qui ne restreignent pas explicitement leur application aux seuls créanciers titulaires des sûretés réelles classiques ou préférentielles.

896. L'obligation de déclaration de créance. L'article L.622-24, al.1er du Code de commerce dispose que « *à partir de la publication du jugement, tous les créanciers dont la créance est née antérieurement au jugement d'ouverture, à l'exception des salariés, adressent la déclaration de leur créance au mandataire...* ». Ce premier alinéa du texte est très explicite : il s'adresse à tous les créanciers, qu'ils soient titulaires de propriétés-sûretés ou de sûretés réelles préférentielles, pourvu que la créance soit née avant la décision d'ouverture de procédure collective, exceptées les créances salariales. Ainsi, le seul critère explicite pour que le créancier soit soumis à l'obligation de déclaration de créance est cette antériorité. Aussi, les exceptions à cette obligation de déclaration de créance étant très restreintes puisque l'on n'en compte qu'une seule, à savoir les salariés, aucune raison ne justifie le fait de soustraire les créanciers titulaires de propriétés-sûretés dont la créance garantie est née avant le jugement d'ouverture, à l'obligation de déclarer leur créance. Les créanciers réservataires de propriété, tout comme les créanciers fiduciaires, crédit-bailleurs et même rétenteurs devraient par voie de conséquence, être obligés de déclarer leur créance à l'instar du droit OHADA. L'obligation de déclaration de créance rendrait, par ailleurs, publiques leur créance ainsi que leur sûreté, ce qui serait une forme opportune de publicité pour ces sûretés-propriétés -souvent réputées occultes - en cas de faillite du débiteur. La Cour de cassation pourrait donc valablement décider de la soumission de toutes les propriétés-sûretés consacrées dans le livre IV du Code civil à la règle impérative de déclaration de créance, en statuant au visa de l'article L.622-24, alinéa 1er du Code de commerce précité.

897. Le principe d'interdiction des poursuites individuelles. L'article L.622-21, I, du Code de commerce consacre le principe d'interdiction des poursuites individuelles en ces termes : « *Le jugement d'ouverture « interrompt » ou interdit toute action en justice de la part de tous les créanciers dont la créance « n'est pas mentionnée au I de l'article L.622-17 et tendant : 1°) A la condamnation du débiteur au paiement d'une somme d'argent ; 2°) A la résolution d'un contrat pour défaut de paiement d'une somme d'argent* ». Les dispositions du I, du texte précité adressent l'interdiction de toute action en justice, tendant au paiement d'une somme d'argent, indistinctement selon la qualité de la sûreté, à tous les créanciers dont la créance est née antérieurement au jugement d'ouverture. Ces dispositions n'écartent donc aucunement les créanciers titulaires de propriétés-sûretés. Ceci posé, il convient alors de voir si la défaillance du débiteur pousse les créanciers titulaires de propriétés garanties, à réclamer le paiement de leur créance en menaçant d'agir en justice et si le paiement exigé du débiteur s'analysait en une somme d'argent ?

898. Dans la pratique et dans l'état actuel du droit positif français, la mise en œuvre d'une procédure collective à l'encontre du débiteur rend exigible la créance garantie et provoque la demande de paiement notamment par exemple dans le cas d'une vente de marchandises sous clause de réserve de propriété au profit du vendeur, du prix des marchandises. A défaut de paiement du prix qui est une somme d'argent représentant la valeur des marchandises vendues, le créancier réservataire de propriété sur les marchandises pourrait revendiquer la propriété desdites marchandises et en demander la restitution. Cela pourrait alors s'analyser comme une condamnation du débiteur à payer une somme d'argent. Si les créanciers titulaires des propriétés-sûretés, notamment les réservataires de propriété, ou dans certaines mesures, les créanciers fiduciaires et crédit-bailleurs dans la procédure collective du débiteur, ont cette faculté d'exiger la créance garantie en demandant le paiement du prix, et en menaçant de mettre fin au contrat, cette modalité éventuelle de fin de contrat n'est pas pour autant analysée comme une cause de résolution du contrat. Cela pourrait parfaitement rentrer dans le 2° de l'article L.622-21, I, précité et permettre l'application de ce texte à eux. En revanche, on peut dire que la faillite du débiteur, du fait justement de ce droit des créanciers « propriétaires » d'exiger le paiement de la créance garantie sous peine d'exercer une action en revendication ou une demande de restitution du bien ou de l'ensemble de biens, objet de la sûreté, constitue en quelque sorte une échéance du contrat de la propriété-sûreté. Cela permettrait aux dispositions de l'article L.622-21, III, de s'appliquer aux créanciers titulaires de sûretés réelles basées sur la propriété. En effet, depuis l'ordonnance du 18 décembre 2008 réformant le droit des entreprises en difficulté, le III ajouté à l'article L.622-21 précité dispose que « *les délais impartis à peine de déchéance ou de résolution des droits sont en conséquence « interrompus »* ». En d'autres termes, conformément à ces dispositions et contrairement à ce qui est admis, à savoir que la faillite ou même l'insolvabilité du débiteur marquent d'une certaine manière une échéance devant permettre aux créanciers titulaires de propriété-sûreté notamment réservataires de propriété d'exiger le paiement de la créance garantie sous peine de revendication, ce terme (délai imparti) de déchéance de leurs droits pour les créanciers devrait également être interrompu après le jugement d'ouverture de procédure collective du débiteur commun.

899. Par conséquent, les créanciers titulaires de propriétés-sûretés n'étant aucunement exclus des dispositions de l'article L.622-21, I, II, et III, du Code de commerce ne devraient pas pouvoir exiger le paiement par le débiteur de leur créance garantie sous peine de violer lesdites dispositions. Ainsi, les juges de la Cour de cassation pourraient valablement se servir de ce texte comme visa pour soumettre les créanciers titulaires de propriétés-sûretés au principe de l'interdiction des poursuites individuelles et de demande de paiement du prix.

900. L'interdiction des paiements. Il faut d'abord souligner que l'article L.622-7 du Code commerce est le second texte après l'article L.622-21 précité à envisager l'interdiction de paiement, même si celle-ci est plus circonscrite, et à définir la nature des actions proscrites dans l'article L.622-21, I précité. De ce fait, l'on peut simplement retenir que c'est l'article L622-7 du Code de commerce qui consacre officiellement l'interdiction des paiements. Comme il a été souligné dans la première partie de cette étude, l'interdiction de paiements est un principe qui protège l'entreprise débitrice, par conséquent, elle s'analyse exclusivement du point de vue du débiteur. Il est donc interdit, dès le jugement d'ouverture, au débiteur de procéder au paiement des créances dues quand bien même celles-ci sont exigibles ou rendues exigibles par l'ouverture de la procédure collective. L'article L622-7, I du Code de commerce consacre donc l'interdiction des paiements de toutes les créances nées avant le jugement d'ouverture de la procédure collective mais également certaines créances nées postérieurement mais ne bénéficiant pas du privilège de procédure dont les conditions sont instituées à l'article L.622-17 du même code. Il faut tout de suite souligner que les dispositions de l'article L.622-7, I, précité ne font aucune distinction entre les créances nées antérieurement ou même postérieurement selon la qualité de leur garantie. En effet, rien ne dit de manière explicite que les créances visées par l'article L.622-7, I doivent exclusivement être garanties par des sûretés réelles préférentielles.

901. On peut donc affirmer sans naïveté, que l'interdiction des paiements concerne indistinctement toutes les créances nées antérieurement à la décision d'ouverture de la procédure collective et celles nées postérieurement mais non couvertes par l'article L.622-17 précité, qu'elles soient garantie par une sûreté personnelle ou réelle classique ou fondée sur la propriété. Donc, contrairement aux idées reçues, le domaine d'application de l'interdiction des paiements posée par l'article L.622-7, I, du Code commerce ne serait pas limité simplement aux créances garanties par les sûretés personnelles ou réelles classiques et l'interdiction pourrait être parfaitement applicable aux créances garanties par des propriétés-sûretés notamment nées avant l'ouverture de la procédure collective de l'entreprise débitrice. Sans nécessairement procéder à la modification de ce texte, la Cour de cassation pourrait éventuellement se baser sur cette logique objective d'interprétation des dispositions de l'article L.622-7, I, pour soumettre les propriétés-sûretés à l'interdiction des paiements afin de permettre à l'entreprise débitrice d'envisager sérieusement et efficacement la continuation et la sauvegarde de son activité ou de réaliser son redressement économique. Quoiqu'il en soit notons que les dispositions du texte précité recèlent bien le potentiel et tous les ingrédients nécessaires pour arriver à cette conclusion.

b) Dans le droit OHADA

902. Il faut d'abord noter que depuis la réforme de l'acte uniforme portant organisation des procédures collectives d'apurement du passif les principes constitutifs de la discipline collective notamment relatifs aux effets de la décision d'ouverture de procédure collective ne concernent plus que les procédures de redressement judiciaire et de la liquidation des biens[1419]. Dans le droit des affaires unifié de l'espace OHADA, la discipline collective est consacrée par les articles 72 à 78 de l'AUPC révisé. Mais, là également aucun texte ne distingue les créances concernées selon la qualité de leur garantie. D'ailleurs, devant cette absence de précision, toutes les créances nées antérieurement à la décision d'ouverture sont soumises sans différenciation à l'obligation de production de créance auprès du syndic[1420]. En principe, tous les créanciers constituant la masse sont soumis indistinctement aux règles impératives de la procédure collective dès le jugement d'ouverture. Conformément à l'article 72, alinéa 2 AUPC révisé, « *la masse est constituée par tous les créanciers dont la créance est antérieure à la décision d'ouverture* ». D'après ce texte, une créance même garantie par une propriété-sûreté telle que la clause de réserve de propriété tant qu'elle est née antérieurement à la décision d'ouverture de procédure collective visée constitue une créance dans la masse, et son bénéficiaire est un créancier composant la masse. Les créanciers titulaires d'une propriété-sûreté qu'elle soit la clause de réserve de propriété[1421], le transfert fiduciaire d'une somme d'argent[1422] ou une cession de créance à titre de garantie[1423], sont donc susceptibles d'être soumis à toutes les règles impératives constitutives de la discipline collective pas seulement à l'obligation de production de créance. En effet, à l'instar des dispositions de l'article 74, inchangé, de l'AUPC révisé, ni la lettre ni l'esprit des autres textes constitutifs de la discipline collective du droit des procédures collectives OHADA ne semblent écarter leur application aux créances garanties par les propriétés-sûretés et nées antérieurement à la décision d'ouverture. L'article 73, inchangé, du même acte uniforme (AU), dispose que « *la décision d'ouverture arrête le cours des inscriptions de toute sûreté mobilière ou immobilière* ». Ce texte qui consacre l'arrêt des inscriptions de toute sûreté réelle ne précise pas non plus la forme de sûreté concernée par le principe d'arrêt des inscriptions à partir du jugement d'ouverture. Ce principe pourrait donc être appliqué aussi bien aux sûretés réelles classiques qu'aux propriétés-sûretés. L'article 75 du même acte uniforme qui consacre le principe d'interdiction des poursuites individuelles et du paiement n'exclut pas non plus explicitement les propriétés-sûretés de son domaine

---

[1419] V. Articles 72, 73, 75, 75-1, 77 et 78 de l'AUPC révisé.
[1420] V. Article 78 AUPC révisé.
[1421] V. Article 72 et s. AUS révisé.
[1422] V. Article 80 et s. AUS révisé.
[1423] V. Article 87 et s. AUS.révisé.

d'application, même si le texte donne une certaine idée de l'assiette et des créanciers destinataires des actions, concernés par cette interdiction. En effet, l'article 75, alinéa 1er, modifié dispose que « *la décision d'ouverture de redressement judiciaire ou de la liquidation des biens interrompt ou interdit toute action en justice de la part de tous les créanciers composant la masse,..* ». Ce texte précise qu'il s'agit ici de la masse des créances portant sur les meubles et immeubles du débiteur. Cette précision n'exclut pas les créanciers bénéficiaires de propriétés-sûretés, sinon confusément. Car, dans le droit OHADA, même si le créancier titulaire d'une propriété-sûreté est toujours, en principe, le propriétaire d'origine du bien lors de la constitution de la sûreté réelle mobilière exclusive et garde cette qualité du moins par le titre, il n'en demeure pas moins que du seul fait du contrat conclu entre les parties, le débiteur tient des droits sur les biens meubles engagés desquels il a même ferme vocation à devenir propriétaire.

903. Par conséquent, s'il est tenu compte de la situation du débiteur dans le cadre d'une propriété-sûreté, le créancier titulaire devrait être également soumis au principe d'interdiction de poursuites individuelles et du paiement énoncé par l'article 75 de l'AUPC révisé précité. Enfin, l'article 77, modifié, AUPC révisé qui consacre le principe d'arrêt du cours des intérêts légaux et conventionnels ainsi que de tous intérêts et majorations dues aux retards de toutes les créances, qu'elles soient ou non garanties par une sûreté, est aussi très clair. Il s'applique indistinctement à tous les créanciers de la masse, c'est-à-dire tous les créanciers dont les créances sont nées après la décision d'ouverture de la procédure collective, quelle que soit la nature de la sûreté ou garantie de leur créance. Curieusement, ce principe n'est pas applicable aux créanciers composant la masse. Même disposé ainsi, jusque-là, ce texte n'était pas applicable aux créanciers titulaires de propriétés-sûretés par ce que ces derniers bénéficient d'une présomption d'être en dehors de la procédure collective. Pourtant, les dispositions de ce texte, ne semblent pas exclure nommément les créanciers titulaires de sûretés réelles exclusives.

2°) Une modification pour l'adaptabilité des textes existants aux propriétés-sûretés

904. En l'absence dans la substance même des textes d'un potentiel fondement devant permettre au juge de soumettre les propriétés-sûretés aux règles impératives de la discipline collective, ou bien lorsqu'il y a ambiguïté ou exclusion explicite de leur domaine d'application, le législateur pourrait toujours recourir à la modification de ces dits textes afin de les adapter aux propriétés-sûretés. Ainsi, pour réussir l'alignement juridique des propriétés-sûretés au régime des sûretés réelles classiques pendant les procédures collectives, dans le droit français comme dans le droit OHADA, la modification de certains textes est nécessaire afin d'écarter toute ambiguïté. Il peut s'agir notamment le cas de l'article L.632-1 du Code de commerce consacrant les nullités de la période suspecte pour le droit français (**a**) et de l'article 75 AUPC révisé dans le droit OHADA (**b**).

a) Pour l'adaptabilité de l'article L.632- 1 du Code de commerce

905. Pour éviter les fraudes entre la date de constatation de l'état de cessation des paiements et l'ouverture d'une procédure collective de redressement judiciaire, pendant cette période appelée période suspecte, l'article L.632-1 précité énumère nombre d'actes susceptibles d'être déclarés. Parmi ceux-ci figure tout transfert de biens ou de droits dans un patrimoine fiduciaire à moins que ce transfert ne soit intervenu à titre de garantie d'une dette concomitante[1424]. Issu de l'article 93 de la loi de sauvegarde des entreprises en difficulté de 2005[1425], l'article L.632-1 a été complété par la loi du 19 février 2007[1426] relative à la fiducie et par l'ordonnance de 2008[1427] réformant le droit des entreprises en difficulté pour tenir compte de tout acte de transfert de propriété notamment dans le cadre de la fiducie-sûreté[1428]. De même, depuis l'ordonnance de 2008, l'article L.622-23-1 du Code de commerce, interdit formellement toute cession ou transfert au profit du fiduciaire ou d'un tiers du seul fait de l'ouverture d'une procédure collective. Il serait intéressant de faire de même pour la clause de réserve de propriété dès l'ouverture d'une procédure collective.

906. Cependant, si le texte de l'article L.632-1 précité tient nommément compte de cette propriété-sûreté à savoir la fiducie-sûreté, il ne semble pas régir tout acte de transfert de propriété dans les propriétés-sûretés, en l'occurrence dans le cadre d'une clause de réserve de propriété. Ou alors, une ambiguïté y planant permet d'écarter d'autres propriétés-sûretés du domaine d'application du texte relatif aux nullités de la période suspecte. Et pour cause, la chambre commerciale de la Cour de cassation a pu décider dans un arrêt en date du 16 décembre 2008 que, « *la restitution au vendeur de marchandises impayées vendues sous clause de réserve de propriété ne peut s'analyser comme un procédé anormal de paiement soumis aux nullités de la période suspecte, en dépit de l'établissement d'un avoir pour régularisation comptable de l'opération*[1429] ». Ce dispositif de cassation permet de douter que les dispositions de l'article L.632-1 du Code de commerce précité couvrent également le transfert de propriété réservée à titre de garantie. Car, cette opération de transfert effectuée en guise de paiement n'a aucune différence qui le distingue d'un transfert fiduciaire pourtant proscrit pendant la période suspecte sous peine de nullité de

---

1424 Article L.632-1, 9° du Code de commerce.

1425 L. n° 2005-845 du 26 juillet 2005.

1426 L. n° 2007-211 du 19 février 2007, article 18.

1427 Ord. n° 2008-1345 du 18 décembre 2008, article 88.

1428 Article L.632-1, 9° et 10° du Code de commerce.

1429 Cass. com., 16 décembre 2008, *RJDA* 2009, n° 375 ; *Gaz. Pal.* 26-28 avril 2009, p. 30 obs. Roussel Galle.

l'opération. La chambre commerciale estime simplement que le procédé (c'est-à-dire la restitution qui n'est rien d'autre qu'un transfert de propriété d'un patrimoine à un autre) n'est pas anormal, sans davantage expliquer pourquoi le transfert de propriété effectué n'est pas anormal. Est-ce parce qu'il n'est pas prévu par les dispositions du texte ? La formulation choisie par le texte laisse, en effet, peu de place à une interprétation extensive. Elle pourrait même exclure dans le cadre même de la fiducie d'autres techniques fiduciaires que celle prévue dans les textes du code civil[1430].

907. Tout porte donc à croire que ce procédé qui en soi est un transfert de propriété est jugé « pas anormal » parce qu'il n'est codifié nulle part ni dans le texte ni ailleurs que là où il est question de la proscription du transfert de propriété dans le cadre d'une clause de réserve de propriété dans la période suspecte. Alors, l'on peut déduire que tout ce qui n'est pas interdit est admissible. Dès lors, il conviendrait de modifier les dispositions de l'article L.632-1 du Code de commerce afin de permettre son application non seulement à la clause de réserve de propriété mais également à toutes les propriétés-sûretés notamment à la cession de créances futures par bordereau Dailly à l'instar de la fiducie-sûreté[1431]. Envisager un tel verrouillage permettrait de lutter plus efficacement contre les fraudes et autres formes de fuites de fonds entre l'entreprise en difficulté et ses grands fournisseurs. Par conséquent, une formulation plus générale des 9° et 10° de l'article L.632-1 précité devrait interdire tout acte de disposition ou toute autre technique de transfert de propriété effectuée dans le cadre de contrats constituant une propriété-sûreté.

b) Pour l'adaptabilité de l'article 75 AUPC aux propriétés-sûretés

908. Nota Bene : Cette proposition a été faite avant la réforme de L'acte uniforme portant organisation des procédures collectives d'apurement du passif OHADA. Nous avons choisi de laisser ce travail dans le corps de la thèse même si compte tenu de la révision déjà faite, il perd tout intérêt, parce que le législateur nous aurait entendu : « Les dispositions (anciennes) de l'article 75 AUPC auraient pu parfaitement s'appliquer aux créanciers titulaires de propriétés-sûretés n'eut été l'ambiguïté de la formulation choisie. Même si elle n'est pas en mesure d'écarter totalement les créanciers « propriétaires » du principe de l'interdiction des poursuites individuelles et de paiement consacré dans ce texte, elle laisse planer un doute. En effet, la fin de la dernière phrase de l'alinéa 1er du texte précité qui dispose que « *la décision d'ouverture suspend ou interdit toutes les poursuites individuelles tendant à faire reconnaitre des droits et des créances ainsi que toutes les*

[1430] N. BORGA, « Regards sur les sûretés dans l'ordonnance du 18 décembre 2008 », *RD banc. Fin.* 2009, Etude 20, n° 13.
[1431] G. PODEUR, « Fiducie-sûreté et droit des procédures collectives : évolution ou révolution ? », *D.* 2007, *Chron.* 1359 ; G. PODEUR « Fiducie et procédure de sauvegarde, un nouvel équilibre », *RLDA* 2008, n° 27, p. 33.

voies d'exécution tendant à obtenir à en obtenir le paiement exercées par les créanciers composant la masse sur les meubles et immeubles du débiteur » sème le doute. En effet elle s'appuie sur de simples apparences pour identifier les biens appartenant au débiteur, comme si l'on pouvait distinguer d'emblée ce qui appartient à ce dernier de ce qui ne lui appartient pas, sans qu'on ait procédé à l'évaluation de l'actif et du passif du débiteur. Ainsi, cette phrase pose la question de savoir si l'on doit simplement retenir « *les créanciers composant la masse* » et s'arrêter là puisque cela fait déjà sens ou bien s'il faut tenir compte de toute la phase. Sachant que toute poursuite individuelle d'un créancier à l'encontre du débiteur portera forcément sur ses biens meubles ou immeubles, cette précision induit plus en erreur qu'elle n'a de sens. Or, pour aller jusqu'au bout de sa logique, comme il l'a fait avec l'obligation de production de créance applicable à tous les créanciers sans exception, le législateur communautaire africain de l'espace OHADA devrait soumettre tous les créanciers composant la masse sans exception, au principe d'interdiction des poursuites individuelles et de demande de paiement au débiteur, sous quelle forme que ce soit. Supprimer la dernière proposition de l'alinéa 1er de l'article 75 AUPC permettrait d'y parvenir. On ne retiendrait que ceci : « *la décision d'ouverture suspend ou interdit toutes les poursuites individuelles tendant à faire connaitre des droits et des créances ainsi que toutes les voies d'exécution tendant à obtenir le paiement, exercées par les créanciers composant la masse »*. En reformulant de la sorte, le législateur de l'espace OHADA réussirait à aligner les propriétés-sûretés sur le régime juridique des sûretés réelles préférentielles dans les procédures collectives. Cela règlerait non seulement la différence de traitement, discriminatoire, entre créanciers devant la procédure collective, inégalité à l'origine de la double incohérence du droit des sûretés et du droit des procédures collectives, mais également, cette solution permettrait à l'entreprise en difficulté d'envisager bien plus sereinement la sauvegarde et la continuation de son activité ou de son redressement économique et judiciaire car elle garderait temporairement tous les moyens matériels et financiers nécessaires à sa résilience économique ».

909. Le nouvel article 75 de l'AUPC révisé a levé cette ambiguïté sans pour autant préciser son applicabilité aux créanciers titulaires de propriétés-sûretés. Mais, en principe suivant la règle selon laquelle « *tout ce qui n'est pas interdit, est potentiellement permis* », l'on pourrait croire qu'il n y a plus d'obstacle pour étendre l'application des dispositions de l'article 75 de l'AUPC révisé à toutes les créances garanties par une propriété-sûreté.

B) Pour une suspension temporaire de toute action en revendication

910. Dans le droit français, la faculté d'exercice d'une action en revendication et/ou restitution des biens trois mois après la publication du jugement ouvrant la procédure collective de redressement judiciaire ou de liquidation[1432] a été reconnue, à l'origine, comme l'un des droits du vendeur de meubles[1433], avant d'être étendue à tout propriétaire[1434]. Ces dispositions présentent les ayants-droit non pas comme des créanciers mais plutôt comme « des propriétaires » reléguant au second plan la qualité principale des personnes concernées par ces actions qui est avant tout d'être créancier.

911. Dans le droit OHADA, les dispositions des articles 101 et suivants de l'AUPC révisé procèdent de la même façon, en étendant plus largement l'admissibilité des actions en revendication tout en soulignant à titre particulier les droits du vendeur de meubles[1435]. Or, au regard des objectifs poursuivis dans les procédures collectives de sauvegarde dans le droit français ou le règlement préventif dans le droit OHADA et de redressement judiciaire de l'entreprise en difficulté, permettre à certains créanciers les plus influents de l'entreprise, d'exercer une action en revendication des biens ou des marchandises en possession du débiteur est contradictoire. L'on ne peut pas raisonnablement tout à la fois prétendre poursuivre un objectif de redressement et dans le même temps dépouiller l'entreprise des moyens matériels et financiers nécessaires à cela. Cette manière de procéder qui ne convient pas aux entreprises en difficulté qui souhaitent se redresser, et qui n'est pas équitable vis-à-vis des autres créanciers, va à l'encontre de l'ordre public économique.

912. De plus, elle prête le flanc au développement de différentes formes de fraude, le risque à terme étant de voir des entreprises se constituer et se dissoudre sans fonds propres, au détriment de certains créanciers. Et, le droit de la faillite serait alors entièrement vidé de sa substance et de sa finalité qui est d'assainir le milieu des affaires en assurant une croissance économique saine et réelle. C'est pourquoi une entreprise sérieuse d'alignement juridique des propriétés-sûretés sur le régime juridique des suretés réelles classiques dans les procédures collectives devrait, pour la réussite des objectifs poursuivis, s'accompagner d'une suspension temporaire de toute action en revendication des créanciers « propriétaires » contre l'entreprise débitrice au moins pendant les phases de sauvegarde de l'activité et de redressement judiciaire.

Au-delà donc des raisons d'ordre public d'assainissement, de stratégie et d'orientation économiques, la suspension temporaire de toute action en revendication dans les procédures collectives pourrait valablement être justifiée par le principe d'égalité entre créanciers devant la loi et la procédure collective (**1°**) d'une part, et par l'intérêt général dans la réalisation des objectifs poursuivis (**2°**) dans la procédure collective.

[1432] V. L.624-9 du Code de commerce.

[1433] La série d'articles relatifs aux revendications et aux restitutions est consacrée par la section III intitulée « *Des droits du vendeur de meuble, des revendications et des restitutions* » du livre VI du Code de commerce relatif à « *Des difficultés des entreprises* ».

[1434] V. L.624-10 du Code de commerce.

[1435] V. Articles 104 et 105 AUPC.

1°) Une suspension temporaire justifiable par le principe d'égalité devant la procédure

913. En considération de la vocation impérative du droit des procédures collectives, la suspension temporaire de toute action en revendication et/ou restitution de certains créanciers pourrait être légitimée par le principe d'égalité de tous les créanciers devant la procédure. Mais pour ce faire, encore faudrait-il d'abord lever définitivement l'ambiguïté juridique[1436] tant décriée en posant très clairement les bénéficiaires comme des créanciers plutôt que des propriétaires. Primo : comme déjà montré plus haut, le créancier réservataire, ou fiduciaire, ou crédit-bailleur est créancier et non propriétaire. A ce titre, ayant le même statut juridique que les autres créanciers notamment titulaires des sûretés réelles préférentielles, il est susceptible d'être assujetti aux mêmes règles. Secundo : l'égalité ne résidant pas dans l'identité de situation conférée par la qualité de la sûreté contractée (celle-ci étant différente) mais bien dans celle que le partage d'un statut juridique identique, le créancier titulaire de propriété-sûreté est donc de ce fait juridiquement égal aux autres créanciers du débiteur. Ainsi, en effet, il serait plus facile d'assujettir aux mêmes contraintes des personnes ayant un même statut juridique de créancier que celles ayant un statut différent.

914. Toutefois, en l'état actuel des législations relatives aux actions en revendication et/ou en restitution dans les deux systèmes de droit français et africain de l'espace OHADA, la suspension temporaire proposée pendant certaines procédures collectives du débiteur ne serait envisageable que dans le respect des limites ou exceptions posées par la loi et les règlements sur les atteintes à la propriété et limites à l'exercice du droit de propriété.

2°) Une suspension temporaire justifiable par l'intérêt général

915. Considérant qu'une atteinte au droit, même à un droit de créance constitue en quelque sorte une atteinte portée au droit de propriété du créancier titulaire. Dès lors, même eu égard aux confusions subsistantes aussi bien dans le droit français que dans le droit OHADA, d'abord sur les notions de propriété utilisée à des fins de garantie et de propriété ordinaire puis corrélativement sur celles de créanciers et de propriétaires, la suspension temporaire de toute action en revendication pendant certaines procédures collectives du débiteur pourrait toujours être justifiée par des limites posées à l'exercice du droit de propriété, dont l'intérêt général. En effet, réputé être un terrain d'élection des intérêts et objectifs parfois contradictoires, le droit des entreprises en difficulté du fait même qu'une entreprise en difficulté cristallise l'intérêt général porté par l'activité

[1436] Elle consiste dans le fait de qualifier de « propriétaires » et non avant tout de « créanciers », les bénéficiaires de ces actions admises en dépit de la procédure collective. Cette qualification de propriétaire confère toute leur légitimité à ces actions. Or en vérité, comme montré plus haut, dans leur relation avec l'entreprise débitrice, et ce, jusqu'à l'échéance du terme de leur contrat, ils sont des créanciers et non des propriétaires.

professionnelle de l'entité économique, la préservation des emplois et la protection des créanciers, est considéré comme un droit d'ordre public interne et international. L'importance des enjeux notamment d'intérêt général en présence dans cette discipline justifie une suspension temporaire de l'action en revendication et/ou en restitution des biens conformément aux limites fixées par les dispositions de l'article 544 du Code civil et par la jurisprudence abondante et bien établie relative aux atteintes portées à la propriété en particulier dans le droit français.

916. Fondement tiré des limités fixées par l'article 544 du Code civil. Ainsi, très concrètement, le législateur peut restreindre l'exercice du droit de propriété par le propriétaire, à condition bien sûr que, cette loi ou ce règlement, par définition, réponde à un objectif d'intérêt général. En effet, si le législateur estime que l'intérêt général l'exige, des limitations telles que la suspension temporaire de toute action en revendication de biens pendant les procédures collectives de sauvegarde ou de redressement judiciaire sont donc envisageables. Il en va de même pour le législateur de l'espace OHADA, qui pourrait limiter l'exercice du droit de propriété des créanciers titulaires de propriétés-sûretés. Cependant, dans le droit OHADA comme dans le droit français, le but poursuivi par la loi limitant l'exercice du droit de propriété au nom de l'intérêt général ne doit pas être disproportionné par rapport à l'atteinte portée au droit de propriété. Un contrôle de proportionnalité est donc susceptible d'être exercé par le juge.

917. La proportionnalité entre le but poursuivi et l'atteinte occasionnée. Des dispositions législatives portant intérêt général passent généralement devant le contrôle de proportionnalité par le juge des atteintes portées au droit de propriété. En France, une jurisprudence judiciaire et constitutionnelle, existe sur ce contrôle de proportionnalité. Par exemple, en droit de la consommation, l'article L.331-3-2 du Code de la consommation animé par l'objectif d'intérêt général qui est de faciliter le traitement des situations de surendettement des particuliers, apporte des restrictions au droit de propriété des bailleurs. Ce texte suspend temporairement les mesures d'expulsion du débiteur de son logement. Ces atteintes ont été jugées proportionnées à l'objectif, dès lors que le prononcé de la suspension de la mesure d'expulsion est accompagné de garanties de fond et de procédure, définies par le législateur lui-même à travers ce dispositif législatif[1437]. De même qu'une mesure conservation d'incessibilité portant sur les droits sociaux des dirigeants de société a pu être justifiée par l'intérêt général[1438]. Il faut souligner que cette incessibilité porte atteinte au droit de propriété des dirigeants en les empêchant pour une durée déterminée de disposer de leurs droits ou de leurs biens. Abondant, dans le même principe, une limitation au

[1437] Cass. civ. 3e, 11 juillet 2012 : *Bull. civ.* III, n° 109. Dans cette décision issue d'une question prioritaire de constitutionalité posée par la troisième chambre civile de la Cour de cassation, a été retenu un non-lieu favorable à l'article L.331-3-2 du Code de consommation.

[1438] Cass. com. 12 juill. 2005, n° 1238 : RJDA 2/06 n° 169 ; n° 03-14.045 et 03-15.855 : *Bull. civ. IV*, n° 174, *Gaz. Pal.* 4-5 nov. 2005, obs. D. VOINOT.

nom de l'intérêt général consistant à imposer une suspension de toute action en revendication des créanciers titulaires de propriétés-sûretés pendant certaines procédures collectives du débiteur pourrait avoir plus de chance de passer l'épreuve de la constitutionnalité.

918. Ainsi, si en dépit des rapprochements tenant tant à la technique qu'à la finalité entre les sûretés réelles préférentielles et les propriétés-sûretés, l'on soutient toujours qu'il existe une quelconque différence entre ces deux catégories de sûretés réelles, différence susceptible d'empêcher tout alignement de régime juridique pendant les procédures collectives (notamment du fait de l'existence du droit à l'action en revendication et/ou restitution au profit des unes et non des autres), alors l'on peut toujours recourir à la méthode juridique d'assimilation pour à la fois normaliser les propriétés-sûretés et unifier le droit des sûretés par une autre forme de rattachement mais analogue quant à la finalité recherchée par la discipline collective du droit des procédures collectives.

§2) Quelques techniques juridiques pour une assimilation efficace

919. L'assimilation consiste à rattacher une situation juridique à une catégorie voisine en faisant abstraction de toute différence entre les éléments rattachés[1439]. Ainsi, alors que pour appliquer la discipline collective par de là la différence entre les créanciers, parmi les moyens juridiques les plus souvent utilisés par les législateurs du droit des procédures collectives, pour matérialiser les restrictions imposées, se trouvent les indisponibilités. Les indisponibilités du droit des procédures collectives[1440] revêtent plusieurs sens[1441] ou formes[1442] et sont utilisées soit pour défendre le patrimoine du débiteur, soit pour protéger les droits des créanciers. Que ce soit dans un sens ou dans l'autre, cela ne se fait pas sans sacrifice. Et, puisqu'il s'est avéré que la simple neutralisation des effets de certaines propriétés-sûretés, dans le droit français, telles que la fiducie-sûreté n'a pas suffi pour réduire la différence de traitement entre créanciers « propriétaires » et créanciers préférentiels. Une méthode d'assimilation juridique pourrait être trouvée à travers l'utilisation d'autres mécanismes juridiques tels que l'indisponibilité du bien ou d'un ensemble de biens en possession du débiteur (**A**) et l'intransférabilité ou l'incessibilité du bien ou de l'ensemble de biens (**B**) vers le créancier pendant certaines procédures collectives de l'entreprise débitrice afin de permettre à cette dernière d'envisager de façon plus sereine

---

[1439] G. CORNU, *Vocabulaire juridique*, op. cit. p. 80.

[1440] Ch. LEBEL, « Les indisponibilités du droit des procédures collectives », *RLDA* 4788 n° 86 / Octobre 2013, p. 68 et s.

[1441] F. PLANKEEL, « Les notions d'indisponibilité », *RLDA* 4787 n° 86/ Octobre 2013, p. 65 et s.

[1442] Ph. DELEBECQUE, « La constitution d'une sûreté sur un bien frappé d'une indisponibilité conventionnelle », *RLDA* 4793 n° 86/Octobre 2013, p. 85 et s.

la sauvegarde et la poursuite de son activité ou son redressement économique et judiciaire.

A) Une indisponibilité de bien(s) en possession du débiteur

920. Les législateurs français et de l'espace OHADA peuvent-ils recourir à la notion d'indisponibilité pour suspendre temporairement ou rendre sans effet l'exercice de toute action en revendication et /ou restitution de la part des créanciers titulaires de propriétés-sûretés pendant certaines procédures collectives du débiteur ? Si la réponse est affirmative, alors quelle forme d'indisponibilité serait-il plus adéquate d'utiliser et sur quel fondement ? La connaissance de la notion d'indisponibilité et de sa finalité en matière de procédures collectives (**1°**) permettra de préciser la forme d'indisponibilité qui serait adéquate (**2°**) pour conduire à la neutralisation temporaire de toute action de revendication et/ ou de restitution de bien ou d'un ensemble de biens en possession du débiteur.

1°) L'indisponibilité en procédures collectives : notion et finalité

921. Il n'est pas très aisé de trouver une définition unique de l'indisponibilité. D'une manière générale, l'indisponibilité est définie comme toute restriction légale, judiciaire ou conventionnelle du droit de disposer d'un bien. Cette présente définition identifie trois types d'indisponibilité : légale, judiciaire et conventionnelle. L'indisponibilité est dite légale quand l'acte qui l'institut est une loi ou tout autre acte règlementaire tel qu'une ordonnance ou un décret. Elle est dite judiciaire quand elle découle d'un acte judiciaire ou juridictionnel. Par exemple une indisponibilité peut être l'effet produit par un acte de saisie judiciaire[1443] ou par toute mesure conservatoire [1444]. Enfin, l'indisponibilité est dite conventionnelle quand elle découle d'une clause conclue par les parties d'un contrat, d'une convention ou de tout autre acte sous seing privé fait par écrit ou oralement. Par exemple les clauses d'inaliénabilité dans des contrats de société[1445] entrainent une indisponibilité temporaire ou permanente des biens visés jusqu'au terme prévu à cet effet. Ces clauses d'inaliénabilité destinées à rendre indisponible un bien ou un ensemble de biens déterminé(s) sont très souvent usitées dans des contrats de constitution de sûretés réelles [1446] généralement pour le compte du créancier.

[1443] M. LEFEBVRE, « La saisie des biens indisponibles en droit des affaires », *RLDA* 4790 n° 86/Octobre 2013, p.75 et s.

[1444] M. LAUGIER, « L'indisponibilité et les mesures conservatoires de la loi, dite *Pétroplus*, du 12 mars 2012 », *RLDA* 4789 n° 86/Octobre 2013, p. 71.

[1445] H. MOUBSIT, « Les clauses d'inaliénabilité en droit des sociétés », *RLDA* 4795 n° 86/ Octobre 2013, p. 91 et s.

[1446] J. ATTARD, « L'indisponibilité utilisée à titre de sûreté », *RLDA* 4794 n° 86/Octobre 2013, p. 88 et s.; Ph. DELEBECQUE, « La constitution d'une sûreté sur un bien frappé d'une indisponibilité conventionnelle », op. cit.

922. Choix d'une indisponibilité légale : De ces trois types d'indisponibilité, on retiendra ici seule l'indisponibilité légale c'est-à-dire celle qui découle de la volonté du législateur. Reste à déterminer alors quel sens donner à cette indisponibilité des biens devant permettre de faire échec à une action en revendication pendant certaines phases des procédures collectives ?

923. Le sens utilisé du terme juridique « *indisponibilité* » peut varier d'une matière à une autre. Dans le droit des affaires, l'indisponibilité est une notion polysémique [1447] et de source plurielle [1448] et pourrait être rapprochée[1449] d'autres notions juridiques similaires ou voisines telles que l'inaliénabilité, l'insaisissabilité, etc. On parle *des notions* de l'indisponibilité[1450]. Quoi qu'il en soit, l'indisponibilité telle qu'elle est employée dans le droit des sûretés [1451] et dans le droit des procédures collectives [1452] renvoie à l'action de rendre indisponible un bien ou un ensemble de biens[1453]. Cette action peut consister à suspendre l'exercice d'un droit de propriété sur un bien ou sur un ensemble de biens déclarés ou rendus indisponibles [1454]. En ce sens, un auteur distingue deux formes d'indisponibilité : une indisponibilité objective ou réelle et une indisponibilité subjective[1455]. La première se focalise sur le bien lui-même, l'affectant à son propriétaire [1456], tandis que la deuxième paralyse plus spécifiquement le droit de propriété[1457]. L'auteur en déduit que selon lui seule l'indisponibilité réelle fait obstacle à la saisie du bien par les créanciers[1458]. De manière générale, les indisponibilités utilisées en matière de sûretés réelles, souvent faites de manière conventionnelle, visent le plus souvent la protection des créanciers. En droit des procédures collectives, un auteur distingue deux types d'indisponibilités selon leurs finalités : les indisponibilités qui bénéficient à la procédure collective et celles qui s'y opposent[1459]. Les premières permettent au débiteur de rester propriétaire du

---

[1447] H. MOUBSIT, « Les clauses d'inaliénabilité en droit des sociétés », op. cit ; en ce sens voir également, M.-A. VANNEAUX, « Indisponibilités et actionnariat public majoritaire », *RLDA* 4796 n° 86 / Octobre 2013, p. 95 et s.; Ch. LEBEL, « Les indisponibilités du droit des procédures collectives », op. cit.

[1448] M. LEFEBVRE, « La saisie des biens indisponibles en droit des affaires », op. cit.

[1449] Ph. DELEBECQUE, « La constitution d'une sûreté sur un bien frappé d'une indisponibilité conventionnelle », op. cit.

[1450] F. PLANKEEL, « Les notions d'indisponibilité », op. cit.

[1451] J. ATTARD, « L'indisponibilité utilisée à titre de sûreté », op. cit ; Ph. DELEBECQUE, op. cit.

[1452] F. VAUVILLE, « La situation du conjoint *in bonis* face aux procédures collectives professionnelles », *RLDA* 4791 n° 86/Octobre 2013, p. 78 et s.

[1453] J. ATTARD, op. cit.

[1454] Ph. DELEBECQUE, op. cit.

[1455] F. PLANKEEL, op. cit.

[1456] Ibid.

[1457] Ibid.

[1458] Ibid.

[1459] Ch. LEBEL, « Les indisponibilités du droit des procédures collectives », op. cit.

bien frappé d'indisponibilité ou titulaire du droit, objet de l'indisponibilité[1460]. Les secondes, quant à elles, visent à protéger le débiteur de la procédure collective, en faisant échapper une partie de ses biens à la saisie collective des créanciers[1461]. En d'autres termes, les indisponibilités qui profitent à la procédure collective visent à protéger l'intérêt général des créanciers et de l'entreprise, celles qui sont opposables à la procédure collective protègent le patrimoine non affecté à l'activité professionnelle du débiteur, de la saisie collective. Alors, l'intérêt général des créanciers et de l'entreprise en difficulté constitue un fondement suffisant pour justifier la suspension temporaire de l'exercice de l'action en revendication et/ ou en restitution des biens en possession du débiteur pendant certaines procédures collectives.

924. Dans le droit des procédures collectives où les indisponibilités instituées sont généralement légales, elles sont en effet justifiées par l'intérêt général des créanciers et de l'entreprise en difficulté. Lorsque la procédure traite d'une manière curative les difficultés de l'entreprise comme c'est le cas dans les procédures de sauvegarde et de redressement judiciaire en droit français ou de règlement préventif et de redressement judiciaire dans le droit OHADA, l'indisponibilité pourrait, bien sûr, être justifiée par l'intérêt général. Car, elle aurait eu pour but de geler juridiquement les biens et les droits en possession du débiteur nécessaires à la procédure en vue de permettre l'exécution du plan de sauvegarde/concordat préventif ou du plan de redressement dans les meilleures conditions juridiques possibles[1462].

2°) Une indisponibilité légale affectant les biens ou indisponibilité réelle

925. Traditionnellement, l'effet réel de l'ouverture d'une procédure collective est de rendre indisponibles les biens et tout l'actif appartenant au débiteur ou en sa possession au moins temporairement pendant les procédures collectives de sauvegarde et de redressement judiciaire. C'est l'indisponibilité liée à la saisie collective des biens du débiteur. Mais à cette indisponibilité procédurale dérogent les actions en revendication et/ou restitution des créanciers titulaires de propriétés-sûretés. Celles-ci étant considérées comme étant des actions en dehors du domaine d'application des principes d'interdictions de poursuites individuelles des créanciers et du paiement de la part du débiteur, échappent de ce fait à la raison d'être de ces indisponibilités légales du droit des procédures collectives.

926. Pour remédier à cette incohérence, les législateurs français et de l'espace OHADA pourraient instituer une indisponibilité légale réelle devant porter temporairement sur tous les droits et biens en possession du débiteur afin de l'aider à réussir la sauvegarde/règlement préventif ou le redressement

---

1460 Ibid.
1461 Ibid.
1462 Ibid.

judiciaire de l'entreprise. Il s'agirait alors d'une indisponibilité qui aurait pour finalité de permettre au débiteur de rester propriétaire du bien ou d'être titulaire des droits[1463] aussi longtemps que nécessaire pour la procédure collective. Cette indisponibilité légale et objective[1464] en frappant tous les biens et droits en possession du débiteur permettrait ainsi à ce dernier de garder l'usage aussi bien des biens lui appartenant que ceux dont la propriété est contractuellement mise sous condition de transfert après paiement intégral de la créance due de la part du débiteur. En considération de l'intérêt général des créanciers et de l'entreprise et en prenant en compte les droits du débiteur tenus de ces contrats de propriétés-sûretés, une telle indisponibilité réelle sur les biens et droits susceptibles de revendication pourrait légitimement paralyser toute action en revendication et/ou restitution de la part de créanciers « propriétaires » dans la procédure collective de sauvegarde/règlement préventif ou de redressement judiciaire.

927. Il faut souligner que ce cas d'indisponibilité réelle en procédure collective est fréquemment utilisé par le tribunal de la procédure collective. C'est le cas de l'indisponibilité dite « judiciaire » consacrée par l'article L.626-14 du Code de commerce. En effet, ce texte permet au tribunal de décider de l'indisponibilité des biens qu'il estime indispensables à la continuation de l'entreprise pour une durée bien déterminée qu'il fixe par le jugement qui arrête le plan de sauvegarde ou de redressement judiciaire. Toutefois, la durée de l'inaliénabilité ne peut excéder celle du plan à exécuter. Il faut notamment préciser que ces biens rendus indisponibles le sont temporairement certes, mais indistinctement au nom de l'intérêt général. Indistinctement, c'est-à-dire que peu importe que ces biens soient de la propriété de l'entreprise débitrice ou non. Dès lors qu'ils sont jugés indispensables à la continuation de l'entreprise, ils peuvent être déclarés indisponibles par le tribunal.

928. Cependant, les dispositions de l'article L.626-14 précité ne peuvent pas mettre en échec l'application des dispositions de l'article L.624-9 et suivant du même code relatives à l'action en revendication et/ou restitution pendant la procédure collective. Elles ne peuvent non plus mettre en échec l'application des dispositions de l'article L622-7, II, alinéa 2 du Code de commerce.

929. D'ailleurs, ces deux potentiels obstacles à l'application de l'article L.626-14 du Code de commerce seraient même implicitement prévus par le texte lui-même à travers l'exception qu'il a prévue, à savoir l'autorisation. En effet, si le tribunal est saisi d'une demande d'autorisation d'aliéner un bien rendu inaliénable par l'application de l'article L.626-14 alinéa 1er, il est lié et doit par voie de conséquence statuer favorablement, sous peine de

---

[1463] Ch. LEBEL, « Les indisponibilités du droit des procédures collectives », op. cit.

[1464] F. PLANKEEL, « Les notions d'indisponibilité », op. cit.

nullité de sa décision [1465]. Or, pendant les procédures collectives de sauvegarde et de redressement judiciaire, il a été jugé indispensable que les biens en possession du débiteur soient la propriété du débiteur sous procédure[1466]. Cette décision pragmatique de la Cour d'appel de Colmar se veut réaliste car l'on ne peut pas prétendre réaliser les objectifs de sauvegarde ou de redressement de l'entreprise tout en la fragilisant par des possibles actions en revendication de certains créanciers. Il serait donc plus efficace d'instituer une indisponibilité légale qui frapperait d'office, sans qu'il ait besoin d'un jugement du tribunal, tous les biens et droits en possession du débiteur, au moins pendant les procédures collectives de sauvegarde/de règlement préventif et de redressement judiciaires. De cette manière, pendant toute la durée que nécessitent ces procédures collectives, il ne serait possible ni de revendiquer la propriété de certains biens ou droits en possession du débiteur, ni d'obliger ce dernier, à travers l'autorisation du juge commissaire, à payer une créance due, ni d'offrir une possibilité au créancier, à défaut d'être payé, de retour de biens ou de droits conformément à l'article L.622-7, II, al. 2 du code de commerce précité.

930. Si une telle indisponibilité légale objective ou réelle était instituée, elle pourrait se matérialiser concrètement selon la configuration actuelle des droits positifs français et de l'espace OHADA de façon variable. Dans le droit OHADA, cette indisponibilité légale réelle consisterait à retarder le droit pour le créancier titulaire d'une propriété-sûreté de recouvrer la libre disposition du bien. Dans le droit français, elle permettrait de rendre sans effet l'action en revendication et en restitution qui serait exercée par le créancier « propriétaire » puisque les biens deviendraient automatiquement et temporairement indisponibles. Toute tentative de réalisation devrait alors être vouée à l'échec. Les autorisations et les dérogations instituées respectivement par les articles L.622-7, II, al. 2 et L.624-9 et suivant du Code de commerce présentent un risque certain d'empêcher le débiteur de réaliser sereinement et efficacement le sauvetage de son entreprise ou le redressement économique et financier de celle-ci.

931. Mais afin de verrouiller toute gêne de la part des créanciers titulaires de propriétés-sûretés dans les procédures collectives, il conviendrait également de rendre impossible une quelconque forme d'exercice de droit de propriété à l'aide d'une indisponibilité légale affectant temporairement l'exercice du droit de propriété du créancier autrement appelée indisponibilité subjective [1467]. Il s'agirait aussi, par le moyen d'une incessibilité légale, d'éviter tout transfert de propriété devant déstabiliser ou compromettre le sauvetage économique de l'entreprise en difficulté.

[1465] V. Article L.626-14 al. 2 introduit par l'article 59 l'ordonnance n° 2008-1345 du 18 décembre 2008.

[1466] CA Colmar, 25 mars 1987, *JCP E* 1988, II, n° 15114, n° 9, obs. Cabrillac M. et Vivant M.

[1467] Ibidem.

B) Une incessibilité légale temporaire de bien(s) vers le créancier

932. Généralement dans le droit des procédures collectives, les indisponibilités frappent directement le droit de propriété du débiteur au bénéfice de la protection des intérêts des créanciers. Cette indisponibilité subjective plus radicalement produite par l'effet de l'ouverture de la procédure collective de liquidation judiciaire a pour conséquence, le dessaisissement total du débiteur de ses biens[1468]. En revanche, il est difficile de faire jouer l'indisponibilité subjective au profit de l'entreprise en difficulté en frappant les créanciers « propriétaires » dans l'exercice de leur droit de propriété. Cette indisponibilité viserait non objectivement mais subjectivement chaque créancier en restreignant individuellement l'exercice de leur droit de propriété. Cela est techniquement très difficile à mettre en œuvre non pas seulement en rapport avec la problématique de limitation du droit de propriété mais au fait de ne pouvoir légiférer de manière personnelle et subjective. Est-il malgré tout, juridiquement possible d'instituer une incessibilité légale devant paralyser temporairement l'exercice du droit de propriété des créanciers notamment des créanciers titulaires de propriétés-sûretés, de manière anticipée, en évitant tout acte de transfert de propriété pendant certaines procédures collectives du débiteur ? On ne parlerait même plus là, de restriction de droit de propriété car celui-ci serait, à ce stade, non effectif, l'incessibilité légale consistant ici à bloquer par avance tout acte de transfert de propriété du patrimoine du débiteur vers le patrimoine du créancier. En d'autres termes, cette incessibilité légale agirait en amont sur tous les contrats translatifs de propriété qui ont été conclus par le débiteur avant l'ouverture de la procédure collective en suspendant pendant une durée bien déterminée le transfert de propriété pour défaut de paiement intégral du prix de la part du débiteur failli. Ainsi, à la différence d'une indisponibilité légale subjective, qui agit sur l'exercice d'un droit propriété déjà acquis en le suspendant ou en le limitant, l'incessibilité légale porterait objectivement sur le ou les biens qu'elle rendrait indisponibles et éviterait en amont la réalisation effective du transfert de propriété et donc la naissance du droit de propriété du créancier. Alors que l'indisponibilité légale est dite subjective parce qu'elle porte atteinte directement au droit individuel à l'exercice du droit de propriété, l'incessibilité légale se rapproche plutôt de l'indisponibilité dite réelle ou objective. Si les deux notions ont la même finalité elles n'ont pas pour autant exactement le même sens. En effet, elles portent toutes deux sur le bien qu'elles rendent indisponibles.

933. Mais si l'indisponibilité réelle rend inaliénable le bien, elle ne peut pas pour autant empêcher les contrats de transfert de propriété de suivre leur cours normal d'exécution transférant la propriété du bien du débiteur vers le patrimoine du créancier, même si ce bien demeure indisponible entre les mains du débiteur. En effet, théoriquement, le bien rendu indisponible n'est plus la propriété du débiteur mais pratiquement il reste entre les mains de ce

---

[1468] V. Article L.641-9 du Code de commerce.

dernier parce qu'il est indisponible. L'incessibilité légale quant à elle, non seulement rend le bien indisponible mais bloque tout acte de transfert de propriété même d'une manière théorique. Dans cette dernière hypothèse, tous les biens seraient réputés appartenir au débiteur aucun transfert ne pouvant avoir lieu dans la période.

Il serait intéressant de voir dans quelles mesures une incessibilité légale serait un recours concevable, réalisable et efficace pour le sauvetage ou le redressement économique de l'entreprise en difficulté. Quelques illustrations pratiques de l'incessibilité légale (**1°**) pourraient mettre en exergue ses avantages pratiques et juridiques sur la technique d'indisponibilité légale dite réelle ou objective (**2°**).

1°) Quelques illustrations pratiques de l'incessibilité légale

934. En droit des procédures collectives, les cas d'incessibilité légale ne sont pas nombreux. Elle concerne traditionnellement et exclusivement les droits sociaux des dirigeants[1469]. Les droits sociaux des dirigeants sont principalement des parts sociales, des titres et valeurs mobilières donnant accès au capital social de la société. Ce sont donc tous les droits patrimoniaux attachés à la qualité d'associé de la société et représentant une fraction du capital social[1470]. Mais, seuls les associés dirigeants sont concernés. Dans le droit français, l'incessibilité légale est consacrée par l'article L.631-10 du Code de commerce et dans le droit OHADA, par l'article 57 al. 1er de l'AUPC révisé. En droit français elle concerne *directement ou indirectement* les dirigeants de droit comme de fait, rémunérés ou non. En effet, depuis l'ordonnance n° 2008-1345 du 18 décembre 2008[1471], et conformément à l'article L.631-10 du Code de commerce précité, l'incessibilité légale a vocation à s'appliquer à la personne dirigeante de droit ou de fait de la personne morale, même si le lien est à prouver et à établir à chaque fois qu'il y a un cas d'interposition de personnes[1472] ou de personne écran entre le dirigeant et la société qu'il dirige ou représente. Cette extension (aux personnes interposées ou écran) est déduite de la nouvelle formulation de l'article L631-10 par l'expression « *directement ou indirectement* ».

[1469] A. CERATI-GAUTHIER, « Procédures collectives : rôle du CE et représentant des salariés », *in Cahiers Lamy CE* 2007, n° 64 ; Ch. LEBEL, « Les indisponibilités du droit des procédures collectives », op. cit.

[1470] P.-M. LE CORRE, *Droit et pratique des procédures collectives,* Dalloz Action, 2014/2015, n° 463.23. et s. p. 1036 et s.

[1471] Ph. ROUSSEL GALLE, « Le dirigeant de société et le nouveau droit des entreprises en difficulté issu de la réforme du 18 décembre 2008 », *Rev. sociétés* 2/2009, pp. 249-272.; voir également, J.-P. LEGROS, « L'ordonnance réformant la loi de sauvegarde des entreprises, seconde partie : redressement, obligataires, liquidations et sanctions », *Rev. sociétés* avr. 2009, p. 13, n° 8.

[1472] P.-M. LE CORRE, *Droit et pratique des procédures collectives,* Dalloz Action, *édition* 2014/2015, op. cit.

935. Dans le droit OHADA, l'ancienne version de l'article 57 de l'AUPC visait aussi « *les dirigeants de droit ou de fait, apparents ou occultes, rémunérés ou non...* ». Depuis la réforme récente de l'AUPC, les termes « *apparents ou occultés* » ont été supprimés des nouvelles dispositions de l'alinéa 1er de l'article 57. Néanmoins, l'alinéa 2 de l'article 57 AUPC révisé précise que la juridiction compétente peut aussi prononcer l'incessibilité contre toute personne qui s'est immiscée dans la gestion de la personne morale. Mais plus qu'à l'étendue du domaine d'application de l'incessibilité légale instituée, il convient de s'intéresser à la finalité (**a**) et au fondement (**b**) de cette incessibilité consacrée dans le droit français comme dans le droit OHADA pour mieux en saisir l'esprit et l'opportunité.

a) La finalité de l'incessibilité légale instituée

936. Dans le droit français comme dans le droit OHADA, la finalité de cette incessibilité des droits sociaux des dirigeants de société est la même. Dans les deux droits, l'incessibilité légale des droits sociaux des dirigeants s'analyse comme une mesure conservatoire.

937. Une mesure conservatoire de droit de procédures collectives : Le but de la mesure d'incessibilité est principalement de contrôler les cessions des parts sociales ou actions des dirigeants de droit ou de fait afin de lutter contre des fraudes et d'éventuels abus de la part de ces derniers. En effet, les dirigeants pourraient être tentés d'organiser des cessions frauduleuses avec des « hommes de paille[1473] » sur lesquels ils auraient de l'influence afin de se protéger des conséquences souvent désastreuses de la faillite de leur entreprise. Ainsi, au-delà du souci d'assurer une certaine moralisation[1474] du droit des procédures collectives, il s'agirait aussi dans la perspective de redressement de l'entreprise d'éliminer toute influence des dirigeants[1475] qui pourrait compromettre la réalisation des objectifs et le succès du plan de redressement. Il ne s'agit pas pour autant de sanctions à l'encontre des dirigeants de l'entreprise pour leur conduite ayant mené l'entreprise à la faillite mais bien, pour des raisons de transparence, de leur faire emboîter le pas provisoirement, en premier, à la cessation de paiements.

938. Procédures collectives concernées : Dans le droit français, la mesure d'incessibilité légale des droits sociaux des dirigeants et d'une manière extensive de toute personne interposée dont l'immixtion dans la gestion de la personne morale en faillite peut être constatée[1476], s'applique uniquement à la procédure collective de redressement judiciaire, tandis qu'en

---

[1473] P.-M. LECORRE, *Droit et pratiques des procédures collectives*, Dalloz Action 2014/2015, op. cit.

[1474] J.-M. BERMONT DE VAULX, « Le sort des droits sociaux détenus par les dirigeants de société en redressement ou en liquidation judiciaire », *Rev. sociétés* 1990, 221 s..

[1475] P.-M. LE CORRE, *Droit et pratique des procédures collectives*, Dalloz Action, Edition 2014/2015, op. cit.

[1476] V. Article 57, al. 2 de l'AUPC révisé.

droit OHADA, depuis la révision de l'AUPC, elle est circonscrite aux procédures collectives de redressement judiciaire et de liquidation des biens conformément aux nouvelles dispositions de l'article 57 alinéa 1er précité.

b) Le fondement juridique de la mesure d'incessibilité des droits sociaux

939. La mesure d'incessibilité frappe les droits patrimoniaux des dirigeants. Elle agit directement sur le droit des dirigeants de l'entreprise de céder leurs parts sociales, titres et valeurs mobilières donnant accès au capital social de la société qu'ils dirigent ou représentent. Elle porte donc atteinte à l'exercice de leur droit de propriété. Or, comme tous les droits fondamentaux protégés, toute atteinte ou toute restriction portée à l'exercice du droit fondamental de la propriété doit être justifiée. En l'occurrence l'atteinte portée au droit de propriété des dirigeants d'une entreprise sociétaire se mesure à l'aune de l'intérêt général[1477]de l'entreprise et de ses créanciers. En effet, c'est la position de la Cour de cassation dans une décision de la chambre commerciale du 12 juillet 2005. Dans cette décision, la chambre commerciale de la Haute juridiction française de cassation a estimé que « *la mesure d'incessibilité des droits sociaux des dirigeants ne contrevient pas aux textes qui garantissent le respect du droit de propriété car elle est justifiée par l'intérêt général*[1478] ». L'incessibilité peut ainsi, au nom de l'intérêt général, être prononcée par le tribunal à chaque fois que la preuve de la qualité de dirigeant a été établie[1479].

2°) Des avantages pratiques et juridiques d'une incessibilité sur les biens du débiteur

940. Précision. Nous envisageons ici l'incessibilité légale comme une sorte d'« intransférabilité » temporaire de la propriété des biens et droits en possession du débiteur vers le patrimoine de ses créanciers notamment aux créanciers titulaires de propriétés-sûretés. Partant de ce point de vue, voici les avantages juridiques et pratiques que présenterait une incessibilité légale temporaire sur les biens et droits en possession du débiteur pendant les procédures collectives de sauvegarde ou de redressement judiciaire, par rapport à la mesure conservatoire d'incessibilité des droits sociaux des dirigeants ou bien par rapport à une indisponibilité légale subjective qui porterait sur ces mêmes biens et droits pour une durée bien précise.

941. Avantages pratiques et juridiques. Une incessibilité légale ou intransférabilité des biens et droits en possession du débiteur vers les

---

[1477] Ch. LEBEL, « Les indisponibilités du droit des procédures collectives », op. cit.

[1478] Cass. com. 12 juill. 2005, n° 1238 : *RJDA 2/06 n° 169 ;* n° 03-14.045 et 03-15.855 : *Bull. civ.* IV, n° 174, *Gaz. Pal.* 4-5 nov. 2005, obs. D. VOINOT.; *Bull. Joly, 2006*,p. 22 avis M.-A Lafortume et note B. Saintourens ; *RPC 2006*, p. 52, note Ch. Lebel.

[1479] Cass. com., 20 Octobre 2009, n° 08-18.942., *Gaz. Pal.* 8-10 janv. 2010, p. 22 note Ch. Lebel, *Bull. Joly societies* 2010, p. 282, note Ph. Pétel ; *Dr. sociétés* 2010, comm. 100, note J.-P. Legros.

créanciers présente l'avantage pratique d'éviter de porter atteinte à l'exercice du droit de propriété des créanciers, en empêchant, en amont, tout transfert de propriété qui aurait été occasionné par le défaut de paiement selon les termes du contrat de constitution de la propriété-sûreté. De cette manière, les biens et droits en possession du débiteur seraient réputés appartenir à l'entreprise débitrice dès l'ouverture d'une procédure collective. Les objectifs du droit des procédures collectives justifient valablement une telle disposition légale. Tant que le transfert de propriété est retardé pour les créanciers titulaires de propriétés-sûretés, c'est leur statut de créanciers qui prévaut sur celui de propriétaire. L'incessibilité temporaire aurait ainsi le mérite juridique de placer les créanciers titulaires de propriétés-sûretés dans la même situation de créanciers que les créanciers chirographaires ou titulaires de sûretés réelles préférentielles, et partant, permettrait une application uniforme des règles de la discipline collective du droit des procédures collectives.

CONCLUSION DU CHAPITRE I

942. L'une des conditions pouvant rendre possible une application extensive de la discipline collective du droit des procédures collectives aux propriétés-sûretés est la normalisation de cette catégorie de sûreté réelle. Normaliser les propriétés-sûretés revient à les démystifier. Car, la différence de traitement dont bénéficient les créanciers titulaires de propriétés-sûretés dans les procédures collectives au détriment des autres créanciers du débiteur repose certes sur un travestissement législatif de la propriété sur laquelle sont basées ces mêmes garanties réelles mais surtout sur une pratique qui contribue à entretenir une mystification des propriétés-sûretés ayant pour conséquence de les éloigner des autres sûretés réelles en l'occurrence préférentielles. Or, contrairement à ce que la pratique tend à accréditer, les propriétés-sûretés et les sûretés réelles classiques ont bien en commun la nature même de sûreté réelle mais elles présentent également des points de rapprochement fort aussi bien sur la technique utilisée que sur leur finalité. Ainsi, il a été mis en exergue, par-delà la consécration légale dans le droit français comme dans le droit OHADA de la qualification de sûreté des propriétés-sûretés, que celles-ci ont des attributs communs avec les sûretés réelles classiques.

943. L'exclusivité étant un nouvel attribut des sûretés réelles, constitue un degré supérieur de rupture d'égalité entre les créanciers entrainant entre eux un concours inégalitaire par exclusion. De même que les créanciers titulaires de sûretés réelles classiques peuvent s'attribuer le droit de propriété sur le bien, assiette de leur sûreté grâce à la conclusion d'un pacte commissoire ou par le juge en demandant l'attribution judiciaire. Tous ces rapprochements entre les propriétés-sûretés et les sûretés réelles préférentielles contribuent à démystifier les propriétés-sûretés et conduisent forcément à une remise en cause de la différence de traitement entre ces deux catégories de sûreté réelle dans les procédures collectives. Des solutions et des techniques juridiques devant permettre leur mise en œuvre, sont proposées dans cette étude. Elles pourraient selon nous, si elles étaient adoptées par les législateurs, non seulement remédier au déséquilibre et à l'incohérence créés par cette différence de traitement injustifiée entre les créanciers titulaires de sûretés réelles pendant la procédure collective du débiteur, mais également permettre de réaliser efficacement le sauvetage ou le redressement des entreprises en difficulté.

CHAPITRE 2

LA NÉCESSAIRE RATIONALISATION DES SÛRETÉS RÉELLES

944. Historique. Non répertoriée dans les dictionnaires juridiques[1480], la notion de rationalisation était à l'origine un terme du droit des finances publiques importé des Etats-Unis qui consistait à définir des objectifs et à quantifier les résultats. Mais, par la suite la notion de rationalisation est devenue un terme de droit constitutionnel[1481] caractéristique qui renvoie notamment à la notion de *défiance constructive* allemande qui vise une rationalisation parlementaire afin de lutter contre l'instabilité politique. C'est cette notion de rationalisation comme terme du droit constitutionnel qui a inspiré les auteurs de la Vème République française pour mettre fin aux problèmes d'instabilité connus sous les IIIème et IVème Républiques.

945. Ebauche d'une définition générale. Sortie de ces deux contextes traditionnels, la notion de rationalisation est définie comme l'action de rendre rationnel, rationaliser ou rendre conforme à la raison[1482]. En d'autres termes, la rationalisation pourrait donc être définie comme une quête raisonnée d'efficience c'est-à-dire de résultats par rapport à des objectifs préalablement fixés. Ainsi, la notion de rationalisation peut être employée à chaque fois qu'il va s'agir d'organiser un quelconque système de manière opérationnelle en se basant sur des principes rationnels à savoir identifier clairement des objectifs en vue d'obtenir des résultats efficients.

946. Application en matière de sûreté. Se rapportant au droit des sûretés, le terme de rationalisation est utilisé pour désigner le mouvement de simplification et d'assouplissement qui doivent servir de support pour assurer une plus grande libéralisation économique dans le milieu des affaires. En cela, la réforme de l'*article 9 of The Uniform Commercial Code* des Etats-Unis qui a procédé à la rationalisation et à la libéralisation des

---

[1480] La notion de rationalisation n'est pas du tout répertoriée dans G. CORNU *Vocabulaire juridique*. Quant au *Lexique des termes juridiques*, il renvoie le terme de rationalisation au terme de droit constitutionnel de « *défiance constructive* ».

[1481] *Lexique des termes juridiques* 2014/2015 op. cit. p. 822.

[1482] FOUQUET E. (Dir.) *Dictionnaire Encyclopédique de la langue française*, Hachette 2000.

sûretés réelles mobilières à travers une approche fonctionnelle et unitaire, tend à constituer un modèle pour d'autres systèmes étrangers de droit de sûretés réelles[1483]. Abondant dans ce sens, un auteur a déjà proposé de rationaliser le droit français des sûretés réelles mobilières en prenant le *security interest* américain comme modèle[1484]. En effet, face aux mêmes difficultés que celles qui ont conduit à la réforme de droit américain des sûretés mobilières et confrontés aux mêmes nécessités de rationaliser dans le cadre d'un objectif de libéralisation, le droit français et le droit OHADA des sûretés réelles devraient emprunter une des voies possibles de la rationalisation pour pouvoir simplifier et assouplir cette discipline de droit économique.

L'approche fonctionnelle et unitaire à l'américaine est une voie possible à la rationalisation des sûretés réelles (**SECTION 2**). Mais le maintien de la diversité des sûretés réelles à « la française » est également possible pourvu que des efforts puissent être consentis suivant une approche visant l'uniformisation par un régime juridique unique des sûretés réelles en procédure collective (**SECTION 1**).

SECTION 1. L'UNIFORMISATION DES SÛRETÉS RÉELLES

947. Précision. Il faut souligner que cette voie d'uniformisation est celle qu'on a entreprise tout au long de cette étude. Il s'agit de réconcilier les sûretés réelles en les soumettant à un même régime juridique pendant les procédures collectives à travers l'application uniforme de la discipline collective. Mais, pour arriver à ce résultat, il y a besoin nécessairement de restructurer ou de refondre le droit des sûretés réelles suivant une construction juridique plus rationnelle.

Après un bref diagnostic sur la cause et les conséquences de la multiplication des sûretés réelles (**Sous-section 1**), des techniques pour une restructuration d'ensemble du droit des sûretés réelles (**Sous-section 2**) seront proposées.

§1) La multiplication des sûretés réelles : Cause et conséquences

948. N'eut été le règlement collectif organisé par le droit des procédures collectives visant à désintéresser tous les créanciers suivant un ordre de classement bien déterminé, la multiplication des sûretés réelles ne causerait sans doute aucun problème puisque dans le droit français comme dans le droit OHADA, la diversité des sûretés réelles est l'option choisie. C'est au moment du paiement des créanciers après clôture de la procédure collective

---

[1483] Il a servi notamment de modèle au droit Québécois des sûretés réelles.

[1484] J.-F. RIFFARD, *Le security interest ou l'approche fonctionnelle et unitaire des sûretés mobilières : contribution à une rationalisation du droit français*, op. cit.

de liquidation à l'encontre du débiteur commun que la multiplication des sûretés réelles s'avère être néfaste pour les créanciers eux-mêmes. Beaucoup des difficultés surgissent à ce moment-là. Par exemple, l'actif de l'entreprise se trouve souvent absorbé par des créanciers privilégiés. Ou encore, des conflits liés au classement émergent à cause de la nature occulte de certaines sûretés réelles notamment les privilèges. C'est pourquoi la question de savoir la source de la multiplication des sûretés réelles est somme toute importante pour y remédier. Le nombre de sûretés légales instituées serait à l'origine de la frustration des créanciers et les pousserait à multiplier sans cesse les garanties pour espérer tirer son épingle de ce jeu totalement biaisé.

D'aucuns pointent le nombre exorbitant de privilèges institués (**A**), comme la cause directe de la prolifération des sûretés réelles et de toutes les difficultés qui en découlent (**B**) pour les créanciers. Il convient de voir comment cette accusation se justifie-t-elle.

A) Le nombre exorbitant des privilèges institués

949. Une étude des corrélations, devrait livrer des éléments permettant d'établir le lien de cause à effet de façon vraiment probante existant entre le nombre de privilèges institués et la multiplication de sûretés. Et, cette étude sera basée sur la nature et l'assiette (**1°**) ainsi que sur les effets (**2°**) des privilèges dans le droit français et dans le droit OHADA.

1°) La nature et l'assiette de privilège

950. Le privilège est une sûreté réelle de source légale, conformément à l'adage, « *pas de privilège sans texte* ». L'article 2324 du Code civil définit le privilège comme un droit que la qualité de créance donne à un créancier d'être préféré aux autres créanciers, même hypothécaires. C'est donc une rupture d'égalité entre les créanciers, voulue par le législateur. Cette rupture d'égalité opère à l'égard des créanciers chirographaires, hypothécaires[1485] et même entre privilégiés[1486]. Entre ces derniers, la préférence se règle par les différentes qualités des privilèges. L'octroi du privilège dépend de la « *qualité de la créance* », que, vu le caractère vague[1487] de la notion, seul le législateur a le pouvoir de l'apprécier. S'il ne la définit pas, le législateur fait tout de même entrer dans la notion de *qualité de la créance* diverses considérations telles que l'intérêt général ou encore le souci de protection du débiteur ou de telle ou telle catégorie de créanciers. Ainsi, partant de ces considérations, le législateur français et son homologue de l'espace OHADA ont institué de nombreux privilèges dont le recensement exhaustif est difficile à établir. Cette difficulté peut prouver, à elle seule, le caractère

---

[1485] V. Article 2324 du Code civil.

[1486] V. Article 2325 du Code civil.

[1487] Pour une approche critique de la notion de qualité de créance, voir, M. ROULAND, *La qualité de la créance*, Thèse Paris X Nanterre 2007.

exorbitant du nombre de privilèges institués par les législateurs. Mais, de manière non exhaustive, on peut en citer quelques-uns, des plus notoirement connus. Dans le droit français, certains privilèges sont dits de droit commun et relèvent des textes du Code civil. D'autres privilèges, institués par des textes spéciaux peuvent relever du Code Général des Impôts comme c'est le cas pour le privilège du Trésor[1488] et du fisc, du Code de la Sécurité Sociale pour le privilège et le super privilège des salariés[1489] par exemple ou encore des textes du Code de commerce pour les privilèges du droit des procédures collectives, comme le privilège des frais de justice[1490].

951. Dans le droit OHADA, les privilèges sont consacrés dans le seul acte uniforme des sûretés par les articles 179 à 189. Ainsi, existent de part et d'autres, des privilèges justifiés par l'intérêt général à savoir le privilège du Trésor, le privilège de la sécurité sociale[1491] appelé encore dans le droit OHADA, privilège de sécurité et de la prévention sociale et le privilège des frais de justice. Puis, il y a des privilèges qui sont justifiés par la protection du débiteur lui-même et sa famille pour lui permettre d'accéder facilement au crédit principalement dans le but de satisfaire les besoins de subsistance tels que les vêtements et la nourriture. Enfin, d'autres privilèges protègent certains créanciers parce que ceux-ci ont contribué soit à la continuation de l'activité de l'entreprise en difficulté, soit au bon déroulement de la procédure collective ou encore pour d'autres raisons d'ordre patrimonial par exemple parce qu'ils ont conservé, accru ou bien géré le patrimoine du débiteur, qui précisément constitue le gage commun de tous les créanciers pendant les procédures collectives. La principale particularité des privilèges par rapport aux autres sûretés réelles préférentielles, est leur caractère occulte, l'absence de publicité en constituant le principe. Cependant, dans le droit français comme dans le droit OHADA, quelques exceptions de publicité sont requises pour la validité et l'opposabilité de certains privilèges. Il s'agit, dans le droit français, de ceux qui portent sur l'immeuble et prévus aux articles 2377 et suivants du Code civil. Dans le droit OHADA, les privilèges généraux prévus à l'article 181 AUS révisé doivent être inscrits dans les six mois de l'exigibilité des créances qu'ils garantissent, sans quoi, ils ne pourront produire aucun effet.

952. Tous les privilèges affectent le patrimoine du débiteur. S'ils portent sur l'ensemble du patrimoine du débiteur, alors ils sont dits « généraux ».

[1488] V. Article 2327 du Code civil qui renvoie aux lois spéciales qui édictent ces privilèges dans le Code Général des Impôts.

[1489] Crée en 1935, le super privilège des salariés est aujourd'hui consacré par les articles L.3253-2 et L.3253-3 nouveaux du Code de travail.

[1490] Les frais de justice sont les frais de procédures collectives, avancés par certains créanciers au nom de l'intérêt général, ils constituent une créance postérieure. En cas de liquidation, ils sont payés prioritairement à une créance hypothécaire antérieure ; dans ce sens voir, Cass. com. 31 mars 1998 : *Bull. civ.* IV, n° 120 ; *D.* 1998. Somm. 327, obs. A. Honorat ; *JCP* 1998. II. 10105, rapport. J.-P. Rémery ; ibid. I. 149, n° 24, obs. DELEBECQUE.

[1491] V. Articles L.243-4 et L. 243-5 du Code de la Sécurité sociale.

S'ils affectent exclusivement un ou quelques-uns des biens mobiliers, alors ils sont désignés comme « privilèges spéciaux sur les meubles ». Et enfin s'ils ne concernent qu'un des biens immobiliers, ils sont appelés « privilèges spéciaux sur les immeubles ». Les privilèges institués ont donc tous pour assiette le gage commun des créanciers. Ceci est d'autant plus vrai qu'à défaut de mobilier, les créanciers titulaires de privilèges mobiliers peuvent s'imputer sur le prix d'un immeuble en concurrence avec les autres créanciers privilégiés et même primer sur ces derniers[1492].

2°) Les effets des privilèges institués

953. L'étude des effets des privilèges à l'issue des procédures collectives conformément à l'ordre et au classement des créanciers dans le droit français (**a**) puis dans le droit OHADA (**b**) devrait renseigner sur l'enjeu du rang et sur le rôle incitatif ou inhibiteur des privilèges.

a) L'ordre et le classement des créanciers dans le droit français

954. Le contexte de procédure collective affecte et complexifie l'ordre et le classement ordinaires des créanciers puisqu'il suppose de tenir compte de tous les privilèges consacrés par des textes spéciaux tels que le super privilège des salariés, le privilège des frais de justice, les privilèges du Trésor et de la sécurité sociale et des privilèges dits du droit des procédures collectives consacrés par les articles L.611-11 pour le privilège de conciliation, L.622-17 ou L.641-13 du Code de commerce pour le privilège de procédure concernant respectivement les procédures de sauvegarde, de redressement et de la liquidation judiciaire. Ainsi, au cours des procédures collectives de sauvegarde et de redressement judiciaire, les créanciers titulaires du privilège de conciliation sont payés prioritairement avant tout autre créancier. Puis viennent en deuxième position les créanciers bénéficiaires du privilège de procédure. Tous les autres créanciers, qui ne sont pas bénéficiaires du privilège de procédure doivent attendre, même s'ils sont titulaires de sûretés réelles préférentielles attachées à des créances nées indistinctement avant ou après l'ouverture de la procédure collective.

955. En dehors de cette hypothèse, le règlement collectif des créanciers devant solder le passif du débiteur par son actif disponible intervient pendant la procédure collective de liquidation judiciaire à l'initiative du liquidateur judiciaire, ou, à défaut d'initiative de la part du liquidateur pour une raison ou une autre sans qu'il n y ait eu clôture, lorsque les créanciers reprennent leurs droits de poursuites individuelles conformément aux dispositions de l'article L.643-2 du Code de commerce. En effet, le liquidateur a deux options possibles : soit il entreprend la liquidation des biens du débiteur et procède au paiement collectif des créanciers en suivant l'ordre et le

---

[1492] V. Article 2376 du Code civil.

classement préétablis pour la distribution, soit, il estime que l'actif du débiteur ne s'y prête pas, qu'il est insuffisant et il clôture la procédure collective. En dehors de ces deux cas de figure le texte précité prévoit que si le liquidateur n'a pas entrepris la liquidation des biens grevés, dans le délai de trois mois à compter du jugement qui prononce la liquidation judiciaire, les créanciers dont les créances sont déclarées admises ou pas peuvent exercer leur droit de poursuite. Dans cette dernière hypothèse, la distribution se fera conformément à l'article L.643-2 précité. Et, en cas de vente d'immeuble par les créanciers, la répartition du prix se fait suivant l'article L.643-4 et suivant du Code commerce. En principe, en dehors de ces cas d'exception, la distribution n'est normalement envisageable qu'à travers la liquidation qui suppose l'existence d'un actif disponible face au passif exigible.

956. Dans cette perspective, les créanciers sont désintéressés suivant l'ordre et le rang de priorité. Or, pour la distribution de biens meubles comme celle des biens immeubles du débiteur, les créanciers privilégiés occupent toujours les premiers rangs. Ils sont payés avant les créances nées antérieurement à l'ouverture de la procédure collective, avant les créances assorties d'une sûreté mobilière ou immobilière spéciale et même avant certaines créances postérieures[1493]. Parmi ces créanciers privilégiés, l'Etat avec ses créances privilégiées fiscales et sociales est le plus puissant. Puis viennent le super privilège des salariés, le privilège des frais de justice et le privilège des salaires qui sont tous à l'instar des premiers des privilèges généraux imputables sur l'ensemble des éléments constitutifs du gage commun des créanciers. Les données statistiques sur la part que représente généralement ces privilèges dans le passif montrent que, dans la plupart des cas, à eux seuls ces privilèges absorbent la plus grande partie de l'actif disponible[1494]. De tous les privilèges, dans la procédure collective, les passifs privilégiés du Trésor et de la Sécurité sociale sont prépondérants[1495]. Or, lorsqu'une entreprise en difficulté subit des procédures collectives généralement son passif est toujours supérieur à son actif disponible. Abondant dans ce sens, d'autres auteurs sont parvenus à cette conclusion en affirmant que les privilèges « *exercent une influence décisive sur l'évolution des sûretés mobilières conventionnelles car ils encouragent indirectement l'essor de celles qui peuvent en esquiver la primauté notamment par le jeu de la propriété ou de la détention* [1496]». En clair, le nombre exorbitant des privilèges accordés légalement incite les créanciers à monter à l'assaut d'autres garanties plus efficaces.

[1493] J.-F. RIFFARD, *Droit des sûretés,*. Lexifac-Droit, Bréal, 3e édition, 2014, p. 171.

[1494] [1494] P. SERLOOTEN, « L'entreprise en difficulté, le Trésor, la Sécurité Sociale et les autres », *Etudes Weill, Dalloz/Litec,* 1983, p. 495.

[1495]Ibid.

[1496] M. BOURRASSIN, V. BREMOND, M.-N JOBARD-BACHELIER, *Droit des sûretés,* op. cit. p. 534 et s.

b) Le classement des créanciers dans le droit OHADA

957. A l'instar du droit français, les privilèges généraux et spéciaux mobiliers dans le droit OHADA des sûretés sont nombreux. L'article 180 AUS révisé énumère six privilèges généraux, auxquels doivent être rajoutés les privilèges des créances fiscales, du Trésor public, de l'Administration des douanes et des organisations de sécurité et de prévoyance sociales[1497]. Ces derniers, à l'exception de la règle de la non-publicité des privilèges, doivent être inscrits dans les six mois de leur exigibilité, au RCCM, sous peine d'être réputés sans effet[1498]. Pendant les procédures collectives, le règlement collectif des créanciers se fait suivant l'ordre établi par les articles 166 et 167 de l'AUPC révisé, ordre auquel il faudra sans doute conjuguer avec celui qui est prévu par les articles 225 et 226 l'AUS révisé. Là également, on constate que suivant l'ordre de l'article 166 modifié de l'AUPC révisé relatif à la distribution des deniers provenant de la réalisation des biens immeubles du débiteur, les créanciers du privilège des frais de justice occupent le 2e rang après ceux titulaires du nouveau privilège *new money* des procédure collectives (1er rang) et avant les super privilégiés relégués au troisième rang. Concernant les créanciers munis d'un privilège général avec ou sans publicité, le nouveau 6° de l'article 166 précité renvoie à l'ordre des créanciers tel qu'il est prévu par l'AUS révisé. Concernant les deniers provenant des biens meubles, l'article 167de l'AUPC révisé classe les créanciers privilégies aux premiers rangs : les créanciers de frais de justice au deuxième rang après les titulaires du privilège du droit des procédures collectives, les créanciers titulaires du privilège de conservation du bien dans l'intérêt du créancier dont les titres sont antérieurs en date au 3° rang, les titulaires de super privilèges de salaires au 4° rang, puis les créanciers munis d'un privilège général soumis à publicité au 5° rang et ceux munis d'un privilège spécial au 6° rang. Cet ordre est identique à celui de l'article 226 de l'AUS révisé.

958. Globalement, à l'instar du droit français, les créanciers privilégiés publics comme privés occupent les rangs des plus confortables au détriment des créanciers titulaires d'autres sûretés préférentielles telles que le gage, le nantissement et l'hypothèque. Ainsi, après le paiement des créanciers titulaires de droit de rétention et ceux d'un droit exclusif, seuls créanciers qui priment sur eux[1499], le passif des créanciers privilégiés doit être préalablement épongé avant de désintéresser les autres créanciers[1500].

959. Cependant, l'ensemble du passif privilégié ne s'éponge pas uniquement sur l'assiette de biens meubles. Il résulte de ce constat que le passif privilégié devant affecter directement l'hypothèque générale des créanciers ou l'actif disponible est très important voire prépondérant. Il faut

---

[1497] V. Article 181 AUS.
[1498] V. Al. 2 de l'article 181 AUS précité.
[1499] V. Al. 1er de l'article 226 AUS.
[1500] V. Article 226 AUS.

également souligner l'absence de mention explicite par les dispositions qui fixent l'ordre des créanciers pour la distribution des deniers provenant des réalisations de biens meubles et immeubles du débiteur, des privilèges des créances fiscales, de l'administration, du Trésor et des organisations de sécurité et de prévention sociales. Même si ces privilèges importants de l'Etat sont dissimulés dans le quatrième rang des articles 225 et 226 de l'AUS révisé et au cinquième rang des articles 166 et 167 de l'AUPC révisé au titre de privilège général soumis à la publicité, il demeure, qu'à l'instar des privilèges du Trésor et de la sécurité sociale du droit français[1501], ces privilèges constituent également dans le droit OHADA, un gouffre important pour le passif privilégié en concurrence des autres créanciers.

960. En définitive, dans le droit français comme dans le droit OHADA, il existe bien un lien direct de cause à effet entre le nombre exorbitant de privilèges accordés et l'accroissement du nombre global des sûretés réelles conventionnelles. Les créanciers privilégiés en se faisant payer prioritairement tous, les uns après les autres suivant la qualité de la créance, affaiblissent de manière drastique la position des autres créanciers titulaires d'autres sûretés réelles préférentielles et chirographaires et réduisent par la même occasion la chance de ces derniers d'être désintéressés faute d'actif. C'est face à cette réalité frustrante que les créanciers font recours à d'autres mécanismes qui puissent garantir plus efficacement leur créance.

B) Autres difficultés liées à la prolifération des sûretés réelles

961. La prolifération des sûretés réelles en l'occurrence des privilèges, en premier, engendre plusieurs autres difficultés (que les problèmes de rang) pendant les procédures collectives. D'une manière globale, ces difficultés peuvent être classées selon deux ordres, conjoncturel et structurel.

1°) Les difficultés d'ordre conjoncturel

962. En France comme au Québec, il a été déjà reconnu que les privilèges produisent des effets néfastes sur les procédures collectives[1502]. Mais si après ce constat, des solutions ont été apportées avec succès pour le droit des sûretés québécois, dans le droit français ces effets bien qu'identifiés sont restés sans remèdes. Ces difficultés auxquelles les créanciers sont confrontés, sont d'ordre conjoncturel, bien que leur source, elle, soit d'ordre structurel. Surgissant de manière ponctuelle au moment du règlement collectif des créanciers, ces difficultés se caractérisent par des conflits liés au

---

[1501] P. SERLOOTEN, « L'entreprise en difficulté, le Trésor, la Sécurité Sociale et les autres », op. cit.

[1502] J.-F. RIFFARD, *Le security interest ou l'approche fonctionnelle et unitaire des sûretés mobilières : contribution à une rationalisation du droit français*, op. cit. p. 191.

rang (**a**) du fait notamment du caractère occulte[1503] de certaines sûretés réelles et conséquemment des difficultés de paiement (**b**) lors de la répartition des deniers du débiteur commun suite à la procédure collective de liquidation judiciaire des biens.

a) Les conflits de rang

963. Si elle n'en est pas la source directe, la multiplication des sûretés réelles légales et conventionnelles alimente néanmoins les problèmes liés aux conflits entre les créanciers. Ces conflits étant essentiellement des conflits de rang relatif à l'affectation ou à l'assiette des sûretés réelles. En effet, du fait de l'absence de publicité pour bien des sûretés réelles notamment des privilèges, dans le droit français notamment, beaucoup de créanciers découvrent au moment du règlement des créanciers qu'ils n'étaient pas les seuls à avoir une sûreté sur tel ou tel bien du débiteur commun mais que d'autres garanties ont été grevées sur les mêmes biens. Il y a donc à la base un problème de transparence et d'information envers les créances frappant le patrimoine du débiteur. Lequel problème n'est pas réglé par le classement et l'ordre préétablis. Les créanciers sont simplement soumis au classement, et mis devant un fait accompli auquel ils sont obligés de se plier au moment de la répartition des deniers à l'issue de la procédure collective de liquidation.

964. Mais, la soumission par les créanciers à cet ordre préétabli ne résout pas pour autant tout le problème des conflits entre les créanciers[1504]. Quand on parle de conflits de rang, on renvoie souvent aux conflits de droit de préférence générés par les privilèges ainsi qu'aux règles prévues par les dispositions du Code civil pour les solutionner. Or, les conflits liés au caractère occulte de certaines sûretés réelles vont au-delà des privilèges généraux et spéciaux confondus et des règles prévues pour leur règlement. Et, dans le cadre particulier des procédures collectives, le classement de droit commun n'est pas toujours le plus approprié pour résoudre les conflits entre les créanciers. En outre, il peut s'agir par exemple non pas d'un conflit qui oppose des créanciers privilégiés entre eux mais un créancier privilégié et un autre créancier titulaire d'une autre sûreté réelle conventionnelle[1505], telle que le gage, le nantissement ou l'hypothèque née antérieurement au privilège.

[1503] Principalement, les privilèges sont des sûretés réelles occultes puisque la publicité n'est qu'à titre d'exception. Mais, cette difficulté n'est pas seulement propre qu'aux privilèges puisque l'absence de publicité est également la règle pour les sûretés réelles fondées sur la propriété. Il résulte de cette opacité d'information sur le caractère disponible du patrimoine du débiteur beaucoup de conflits pour les créanciers.

[1504] P.-M. LECORRE, « Le sort des créanciers. Quel état des lieux ? », *Droit et Patrimoine – 2013* n° 223.

[1505] S. PIEDELIEVRE, *Droit des sûretés,* Ellipses 2009, p. 306.

965. Toutefois, en l'absence de tout texte même de droit commun, le règlement des conflits se fait au cas par cas. Par exemple en cas de conflit entre une sûreté conventionnelle telle qu'un nantissement du fonds de commerce et d'un privilège général du Trésor, ce dernier l'emporte[1506], tandis qu'avec d'autres privilèges du Trésor de second rang, c'est le nantissement du fonds de commerce qui l'emporte[1507]. Ou encore, dans d'autres cas, des privilèges de douane pourtant de second rang, l'emportent sur le nantissement de fonds de commerce[1508]. L'absence de règles générales claires et précises de règlement des conflits par le droit des procédures collectives laisse les créanciers face à leur sort. Et, face à cette difficulté, certains d'entre eux sont même amenés à contester le rang de privilèges[1509].

b) Les difficultés liées au règlement des créanciers

966. Dans le droit français comme dans le droit OHADA, l'apurement du passif du débiteur commun suit l'ordre de classement des créanciers selon que les deniers à repartir proviennent de la réalisation des biens meubles ou immeubles. Mais, très souvent face à un passif total exigible trop lourdement supérieur à l'actif disponible, certains créanciers ne seront pas payés. Or, cette difficulté est plus redoutable pour les créanciers privés que pour les créanciers publics. Généralement, les créanciers publics c'est-à-dire l'Etat à travers l'administration judiciaire, le Trésor public, l'administration fiscale et la sécurité sociale s'en sortent toujours bien. Les frais de justice sont d'emblée payés par les créanciers privés et au nom de leur intérêt collectif. Puis grâce, d'une part, à la position de force et de prérogative de puissance publique de leurs privilèges, les créances du Trésor public, les créances fiscales et celles de la sécurité sociale sont pratiquement toujours payées même au-delà des procédures collectives. Les créanciers privés en revanche, même titulaires de sûretés réelles préférentielles ou spéciales ne bénéficiant ni d'égale priorité de paiement ni de moyens de poursuites particuliers après les procédures collectives à l'encontre du débiteur, voient leurs créances éteintes. Il en résulte, alors en effet, une grande frustration pour les créanciers privés.

2°) Les différentes difficultés d'ordre structurel

967. Elles résultent de logiques de structure c'est-à-dire inhérentes aux deux systèmes juridiques. Elles ont pour source en partie, l'institutionnalisation des privilèges, car elles découlent d'une part de la règle de non publicité de certaines sûretés réelles dont les privilèges (**a**) et de la problématique des créances privilégiées de l'Etat, du rapport entre

---

[1506] CA Nîmes, 18 novembre 1992, *JCP, éd. E*, 1993 I 300, obs. Delebecque.
[1507] T. civ., Seine, 23 février 1957, *JCP,* 1957 II 10921, note E. Becqué.
[1508] Cass. Com., 13 avril 1972, *Bull. civ.*, IV, n° 102.
[1509] CA Nîmes, 2e ch. Com. B. 23 oct. 2014, n° RG : 13/03380.

l'Administration d'une manière générale et l'entreprise en difficulté (**b**) d'autre part.

a) La problématique de l'absence publicité des privilèges

968. L'absence de publicité pour certaines sûretés réelles, en l'occurrence les privilèges, pose un problème de transparence et d'information sur l'étendue du patrimoine du débiteur. Dans le droit français des sûretés, les sûretés réelles fondées sur la propriété, comme la plupart des privilèges, ne sont pas soumis à l'obligation de publicité. En matière de privilège, mises à part quelques exceptions, la règle de non publicité des privilèges est de principe. En droit français, ces exceptions concernent les privilèges immobiliers conformément à l'article 2377 du Code civil.

969. Pour le droit OHADA, seuls les privilèges des créances fiscales, douanières et des organismes de sécurité et de prévoyance sociale sont soumis à l'obligation d'inscription pour produire leurs effets conformément à l'article 181 al.2 de l'AUS révisé. En dehors, de cette hypothèse, les privilèges demeurent les seules sûretés réelles non soumises à l'obligation de publicité dans le droit OHADA. Généralement, la règle de non publicité est justifiée par l'idée de confidentialité et de protection du débiteur, afin que celui-ci ne rencontre pas de difficultés pour accéder au crédit.

970. Dans le droit français la question de savoir s'il faut maintenir ou supprimer l'inscription du privilège du Trésor, est toujours d'actualité. Car, l'on estime que le fait d'inscrire les créances fiscales et du Trésor d'une entreprise et de les rendre publiques défavorise l'entreprise en question ceci pouvant dissuader les établissements de crédit et réduire les chances d'accéder au crédit. En clair, l'inscription du privilège aurait donc un effet néfaste sur la capacité des entreprises notamment les petites et moyennes entreprises à emprunter et à investir. C'est ce qu'a conclu le groupe de travail pour les assises de la fiscalité : « *...du fait de ce privilège du Trésor, exception française, les partenaires financiers ne se satisfont pas de garanties personnelles que leur proposent les PME et sont moins enclins à financer les PME dans leurs projets de développements, notamment lorsqu'ils comportent certains risques* [1510]». Le groupe de travail propose de supprimer l'inscription du privilège de Trésor[1511]. Cela n'éradique pas pour autant le problème qui se trouve juste déplacé à un autre niveau, celui de non transparence et de l'opacité financière des entreprises. Même si pour nous, le problème ne réside pas forcément dans la publicité ou non de ces privilèges mais plutôt dans l'existence même de ces privilèges, la non publicité de ces sûretés réelles reste un facteur aggravant. C'est pourquoi, la proposition faite

---

[1510] « Assises de la fiscalité des 11 février et 24 mars 2014 : 15 propositions pour améliorer les relations entre l'Administration et les entreprises », *Les Nouvelles fiscales, n° 1136, 15 juin 2014.*

[1511] Ibid.

par le groupe de travail nous parait vaine dans la mesure où elle ne changera rien sur la méfiance des créanciers privés à cet égard.

971. La publicité en soi ne représente aucun inconvénient. Au contraire, au-delà de l'opposabilité envers les tiers qu'elle favorise et légitime, la publicité apporte aux créanciers l'information nécessaire à leur engagement. La transparence qu'elle favorise permet d'établir la confiance des créanciers vis-à-vis de l'entreprise débitrice. Enfin, la publicité pourrait définitivement mettre fin aux conflits entre les créanciers. Par ailleurs, la proposition de supprimer l'inscription du privilège de Trésor est même en contradiction totale avec une autre du même groupe de travail, qui consiste « *à renforcer la concertation entre l'administration fiscale et les entreprises en vue de simplifier le droit fiscal* ». Pour atteindre cet objectif, il recommande au gouvernement de « *s'engager à publier des statistiques précises sur le rendement des différents impôts, par secteur d'activité et par taille de l'entreprise*[1512] ». C'est bien pour parvenir à cette transparence que certains auteurs avaient déjà proposé que le privilège soit inscrit au greffe du tribunal de commerce dès que les sommes dues au Trésor atteignent un certain montant[1513].

972. En attendant la suppression totale ou la réduction des privilèges, il convient selon nous, de rendre publics tous les privilèges dans le droit français comme dans le droit OHADA pour des raisons similaires de transparence et d'information des créanciers.

b) La problématique des créances privilégiées de l'Etat

973. Dans le droit français comme dans le droit OHADA, les privilèges accordés aux créances de l'Etat, sont un choix systémique. Toutes les difficultés qui découlent de cette base peuvent être qualifiées de difficultés structurelles. Or, il a été constaté plus d'une fois que les créances de l'Etat sont dangereuses pour les entreprises en difficulté[1514]. Elles sont dangereuses tout d'abord parce qu'elles bénéficient pour la plupart de privilèges des premiers rangs. Par exemple dans le droit français, selon les textes fiscaux, le privilège du Trésor prend le premier rang[1515], même si ces textes sont en contradiction[1516] avec les dispositions du Code civil qui indiquent que le privilège du Trésor ne peut obtenir préférence au préjudice des droits antérieurement acquis. Selon l'interprétation donnée par la Cour de cassation à l'article 2327 al. 2 du Code civil, « *la création de privilèges nouveaux au profit du Trésor public ne fera pas échec à la règle de la non-rétroactivité*

[1512] Ibid.
[1513] P. ANCEL, *Droit des sûretés*, LexiNexis 7e éd., 2014, p. 125 et s.
[1514] P. SERLOOTEN, « L'entreprise en difficulté, le Trésor, la Sécurité Sociale et les autres », op. cit.
[1515] V. Article 1920 CGI.
[1516] M. MIGNOT, *Droit des sûretés*, Montchrestien, Lextenso éditions 2010, p. 495.

des lois qui sauvegarde des droits acquis avant leur promulgation [1517]». Cela veut dire que s'il existe des droits antérieurs au privilège du Trésor, ceux-ci priment sur le privilège mais dans le cas contraire, le privilège prend le premier rang. Les créances de l'Etat sont également dangereuses par ce qu'elles s'accroissent vite du fait des pénalités qui s'y ajoutent en lien avec les délais largement accordés facilement aux entreprises en difficulté. Et, enfin, dangereuses parce que les créances de l'Etat ne restent jamais impayées. Ainsi endettées, l'accumulation du passif fiscal et social privilégié compromet les chances de redressement économique des entreprises en difficulté. Tous ces risques et difficultés inhérents aux privilèges étatiques qui s'appliquent au détriment des autres créanciers privés des entreprises en difficulté, ont permis à un auteur d'affirmer que le droit des procédures collectives tel qu'il est institué, est inadapté et inutile[1518]. Plus tard comme pour y remédier, des assises de la fiscalité ont été tenues, en France, les 11 février et 24 mars 2014 en vue d'améliorer les relations entre l'Administration fiscale et les entreprises[1519]. Parmi les quinze propositions retenues par le groupe du travail à l'issue de ces assises, il était prévu d'accroitre les garanties des entreprises en matière de pénalités, de permettre que le sursis au paiement puisse être accordé par l'administration sans constitution de garanties et d'encadrer le recours à la rétroactivité fiscale[1520].

974. Ainsi, pour éviter les dérives de l'administration fiscale, le groupe de travail a recommandé que les pénalités pour manquement délibéré au paiement de ces créances majorées ne puissent être appliquées qu'après un entretien entre l'entreprise contribuable et le chef de brigade. De la sorte, l'accumulation des dettes liées aux pénalités et au délai de paiement pourrait être contrôlé et atténué. Mais, toutes ces mesures qui ne concernent pas d'ailleurs que les entreprises en difficulté ne sont que des mesures de précaution et de prévention contre l'endettement ou le surendettement des entreprises.

975. Pour endiguer les difficultés liées aux effets néfastes des privilèges de l'Etat d'une manière générale, il faut aller à la source et concevoir de nouveau d'autres formes de garantie de ces créances ainsi que leur rang par rapport au classement général des créanciers pendant les procédures collectives. Dans le droit OHADA également un tel travail serait nécessaire, les créanciers publics OHADA étant aussi redoutablement favorisés que dans le droit français.

[1517] Cass. Civ., 27 juillet 1925, *DH* 1925, p. 648 ; *DP* 1927, 1, p. 110, concl. Lescouvé ; *S.* 1925, 1, p. 227.

[1518] P. SERLOOTEN, op. cit. p. 498.

[1519] « Assises de la fiscalité des 11 février et 24 mars 2014 : 15 propositions pour améliorer les relations entre l'Administration et les entreprises », *Les Nouvelles fiscales,* op. cit.

[1520] Ibid.

§2) Nécessaire restructuration des sûretés réelles

976. Au vu de tout ce qui a été exposé précédemment, il est indéniable que les droits français et OHADA des sûretés réelles ne sont pas harmonieux. Aux problèmes de cohérence et de bonne articulation avec les droits des procédures collectives dans les deux systèmes de droit, s'ajoutent les difficultés auxquelles sont confrontées les entreprises et certains de leurs créanciers. Ces difficultés sont causées par la prolifération des sûretés réelles légales et conventionnelles qui, elle-même résulte d'une certaine frustration des créanciers. Or, diversité des sûretés ne veut pas dire forcément multiplication, et inversement.

Pour remédier à ces imperfections, une restructuration du droit des sûretés apparait nécessaire. Ce faisant deux techniques sont possibles : la refonte par catégorie de biens portant sûretés réelles (**A**) et la suppression ou le déclassement de certains privilèges (**B**).

A) La refonte par catégorie de biens portant les sûretés réelles

977. La pluralité des sûretés réelles *à la française* ne peut être maintenue de manière viable et pérenne que si elle est rationnellement structurée. Atteindre cet objectif suppose de sortir de la situation actuelle du droit des sûretés marqué par une tendance anormale à la prolifération des sûretés réelles. Ce phénomène pas assez contrôlé dont on connait maintenant la cause, et les conséquences aussi bien sur la discipline et son articulation avec le droit des procédures collectives que sur l'entreprise débitrice et ses créanciers, est largement constaté dans le droit français et à certains égard dans le droit OHADA. Il apparait plus que jamais urgent de refonder le droit des sûretés, dans les deux systèmes juridiques, afin de redonner à cette discipline de nouvelles bases plus solides raisonnablement et juridiquement simplifiées. Pour être efficace et efficiente, cette refonte proposée du droit des sûretés réelles doit être basée sur les grandes catégories de biens que peuvent grever les sûretés réelles et retenir la plus notoire dans chaque catégorie de biens, comme modèle juridique pour les autres.

978. La *summa diviso* des sûretés réelles, qui distinguait traditionnellement les sûretés mobilières d'une part et les sûretés immobilières d'autre part est aujourd'hui dépassée par la constitution de sûretés réelles sur des biens immatériels ou incorporels comme par exemple le nantissement. Il convient donc désormais de retenir ces trois catégories. Selon la conception institutionnelle du droit des sûretés dans chaque système de droit, la refonte pourrait consister à ériger le régime juridique de la sûreté modèle comme référence de toutes les autres sûretés existantes dans la catégorie. Il s'agirait donc de prendre l'hypothèque, le gage et le nantissement pour modèle respectivement pour chacune de ces trois catégories. Ainsi, quelle que soit la forme de rupture d'égalité entre les créanciers qu'entraine la sûreté réelle le régime juridique, notamment pendant la mise en œuvre des procédures collectives à l'encontre du débiteur commun, serait identique et unifié dans chaque catégorie de biens.

979. Il s'agirait par exemple d'appliquer le régime juridique propre à l'hypothèque en temps ordinaire, c'est-à-dire en dehors des procédures collectives, comme dans le cadre des procédures collectives, à toutes les sûretés réelles portant sur les biens immobiliers quelle que soit la forme de rupture d'égalité qu'elles engendrent. Il en irait de même pour le gage concernant toutes les sûretés réelles portant sur les biens meubles du débiteur et de même pour le nantissement pour les sûretés portant sur les biens incorporels ou fiduciaires du débiteur commun. De la sorte, on classerait tous les créanciers selon les catégories de biens assiette de leurs sûretés réelles. Le classement en cas de paiement collectif s'en trouverait équilibré. En revanche, cela ne changerait rien sur les droits assortis à chaque sûreté réelle, lesquels droits pourraient toujours faire la différence lors du paiement, qu'il soit collectif après la liquidation ou individuel pendant les procédures collectives de sauvegarde pour le droit français, du règlement préventif pour le droit OHADA, et de redressement judiciaire selon le mérite et la priorité accordés à chaque créancier.

Quels sont les avantages et les inconvénients de cette proposition de refonte du droit des sûretés réelles ?

980. Les avantages. Une telle refonte résoudrait bien des problèmes du droit des sûretés actuel. En plus de favoriser la simplification et la prévisibilité de la matière, cette proposition permettrait une meilleure articulation entre le droit des sûretés et le droit des procédures collectives. Car, en uniformisant le régime juridique propre à chaque catégorie de biens, on mettrait non seulement fin au problème de l'inégalité de traitement entre les sûretés réelles préférentielles et les nouvelles sûretés réelles fondées sur le droit de propriété pendant les procédures collectives, mais également, à la confusion consistant à instrumentaliser le droit de propriété et à l'ériger comme un critère de différenciation entre les deux formes de sûretés réelles. Enfin, cela permettrait une application uniforme de la discipline collective du droit des procédures collectives, égale entre tous les créanciers, sans exacerbation de la différence de traitement fondée sur l'extranéité supposée des biens greffés par les sûretés réelles basées sur le droit exclusif en rapport avec le patrimoine du débiteur commun.

981. Les inconvénients. Que pourrait-on objecter à cette proposition, sinon, de lui reprocher d'avoir démystifié les sûretés réelles et mis à nu la confusion faite autour de la propriété ? On pourrait objecter qu'elle sera difficile à mettre en œuvre concrètement. Mais de fait, il sera toujours moins complexe de gérer la pluralité des sûretés réelles dans des régimes juridiques unifiés que dans la multitude de régimes juridiques en concurrence comme c'est le cas actuellement. On pourrait aussi dire qu'elle ne favoriserait pas l'octroi et l'accès au crédit et à l'investissement pour les entreprises qui en ont vraiment besoin. Là également, on peut répondre qu'un tel argument n'est ni solide ni vraisemblablement crédible. En effet, l'efficacité de la sûreté va dépendre de la rupture d'égalité qu'elle va engendrer et non au nom d'un favoritisme lié au régime juridique qui lui serait forgé en propre. Par exemple, une sûreté réelle portant sur les biens immeubles et qui octroie à son titulaire un droit exclusif pourrait être plus efficace que celle qui ne confère qu'un droit de préférence sur les mêmes biens immeubles, et, ce, alors même qu'on applique un même régime juridique, celui qui est propre à l'hypothèque et qu'on aurait pris pour modèle pour cette sûreté réelle. En appliquant le même régime juridique aux deux créanciers on donnerait plus de choix aux créanciers pour constituer des sûretés réelles portant sur les biens immeubles du débiteur mais aussi on garderait les mêmes chances pour le débiteur d'obtenir du crédit.

B) La suppression ou le déclassement de certains privilèges

982. Trop de privilège tue les sûretés. Face au nombre exorbitant des privilèges institués et aux effets néfastes induits pendant les procédures collectives, certaines voix ont proposé la suppression totale des privilèges dans le droit français[1521]. Mais cette vieille proposition doctrinale, que d'aucuns ont pu juger irréaliste et utopique[1522], n'a jamais été entendue ni par la chancellerie, ni par le législateur. Se basant sur une certaine idée de l'égalité des créanciers, ses défenseurs ont estimé qu'aucun privilège ne serait ni utile ni justifié. Cependant, nul doute que faire aboutir une telle position est une entreprise d'autant plus difficile qu'elle s'attaque aux intérêts du premier bénéficiaire de ces privilèges, l'Etat. Si l'abolition totale des privilèges semble donc impossible à réaliser, même pour ceux qui ont tenté l'expérience comme les juristes Québécois[1523], du fait notamment de la nécessité de protection de la partie faible ou de l'intérêt général et de l'utilité des privilèges en tant que mécanismes régulateurs[1524] du système, il apparait néanmoins nécessaire d'en supprimer quelques-uns devenus inopportuns et désuets (**1°**). Aussi, afin de maitriser le droit des privilèges et éviter que le passif privilégié n'absorbe tout l'actif disponible du débiteur notamment pendant les procédures collectives, il conviendrait de déclasser les privilèges les plus emblématiques et maintenus par nécessité publique (**2°**) de manière à équilibrer la répartition des deniers entre les créanciers.

[1521] H. ROSSIGNOL, Rapport au XVII congrès des syndics, *Gaz. Pal.* 1978, p. 613 s.

[1522] J.-F. RIFFARD, *Security interest ou l'approche fonctionnelle et unitaire des sûretés mobilières...* op. cit.

[1523] En 1975, les juristes de l'Office de Révision du Code Civil Québécois (O.R.C.C.Q) ont entrepris de réformer le droit des sûretés notamment en visant l'abolition générale des privilèges. Mais finalement, ils se sont aperçus qu'ils ne pouvaient pas procéder à la suppression totale de tous les privilèges. Ils ont ainsi fini par concéder *certaines* priorités.

[1524] J.F. RIFFARD, op. cit. Cet auteur estime que *« les privilèges apparaissent comme des mécanismes régulateurs visant à corriger les abus et imperfections du système »*, n°558.

1°) Suppression des privilèges devenus inopportuns et désuets

983. Tous les privilèges institués ne sont pas pertinents ni en phase avec leur temps. C'est pourquoi, la suppression de certains d'entre eux ne devrait poser aucun problème dans la théorie comme dans la pratique. Quand les privilèges sont en doublon avec d'autres sûretés réelles conférant un droit exclusif de rétention, qu'ils résultent du gage fictif ou du gage avec dépossession, ils n'ont plus aucune pertinence. Et, pourtant il existe encore des privilèges, notamment mobiliers, qui offrent à leurs créanciers titulaires d'autres moyens efficaces pour se faire payer en les exerçant directement sur le bien. C'est notamment le cas de tous les privilèges fondés sur la notion de gage (**a**) et de ceux basés sur la gestion et la conservation (**b**) du bien. Certains privilèges immobiliers pouvant être reconvertis en hypothèques légales, leur suppression a été aussi proposée par la doctrine (**c**). Enfin, il n'y aura pas de difficulté à supprimer tous les privilèges tombés en désuétude (**d**).

a) La non pertinence des privilèges fondés sur la notion de gage

984. La raison principale qui sous-tend l'octroi de ces privilèges, est le gage c'est-à-dire le fait d'avoir le bien en sa possession ou en détention réelle. C'est ainsi qu'il a été décidé d'octroyer le privilège d'être payé en priorité aux bailleurs d'immeuble et aux hôteliers[1525]. Ce privilège est octroyé pour le paiement des créances de loyers ou autres prestations se rapportant à l'immeuble, sur les meubles appartenant au locataire ou au client considérés comme meubles garnissant les lieux loués. Les privilèges de bailleur et d'hôtelier, reposent sur le rapport entre contenant et contenu.

985. L'idée du gage découle de l'emprise du propriétaire sur le bien immobilier loué et de la connexion entre ce bien immeuble et les biens meubles appartenant au locataire ou au client, selon qu'il s'agit du bailleur ou de l'hôtelier. Ce raisonnement de base est aussi valable pour les privilèges du transporteur et du commissionnaire. Le transporteur jouit d'un privilège sur les marchandises transportées ainsi que sur les documents s'y rapportant[1526]. Ce privilège lui garantit le paiement prioritaire de toutes les créances de transport qui lui sont dues et ce privilège s'ajoute donc à son droit de rétention sur les marchandises et documents qui s'y rapportent. Il en va de même pour le privilège du commissionnaire qui est la personne qui organise le transport sans l'exécuter. Le privilège lui garantit le paiement des sommes dues au titre de ses commissions[1527]. Pourquoi mobiliser cette notion de gage aussi pour le commissionnaire ? C'est sans doute le fait que même s'il ne transporte pas les marchandises sur lesquelles il touche des commissions, celles-ci transitent par lui. Donc, commissionnaire et

---

[1525] V. Article 2332 1° al. 1er du Code civil.
[1526] V. Article L.133-7 du Code de commerce.
[1527] V. Article L. 132-2 du Code de commerce.

transporteur sont nécessairement liés[1528]. En effet, dans son arrêt du 15 mai 1997, la Cour d'Appel de Montpellier a décidé que « *ne peut pas invoquer le privilège celui qui se prévaut d'une licence de commissionnaire de transport et de deux factures de transport qui ne permettent pas d'établir qu'il a agi en organisateur du transport* [1529]». Commissionnaire et transporteur c'est-à-dire organisateur et exécutant du transport étant souvent étroitement liés, il y a aussi de ce fait, une connexion juridique et matérielle entre les créances dues au titre de commissions et les marchandises transportées. Ceci permet au commissionnaire de faire valoir également un droit de rétention. Ainsi, tous ces privilèges octroyés ont pour dénominateur commun, l'idée du gage qui les sous-tend. Le privilège vient donc renforcer ou doubler une sûreté réelle déjà existante, le gage ou la rétention.

986. Or, dans le droit français depuis l'ordonnance du 23 mars 2006, l'article 2286 du Code civil confère le droit de rétention à toute personne à qui la chose a été remise jusqu'au paiement de sa créance, à celui dont la créance impayée s'inscrit dans un contrat qui l'oblige à livrer la chose et à celui dont la créance impayée est née à l'occasion de la détention de la chose. Ce qui fait que ce soit le bailleur, l'hôtelier, le transporteur et le commissionnaire, tous sont élus pour le bénéfice d'un droit de rétention sur les biens meubles détenus ou contenus au titre d'un contrat. Et, depuis la loi du 04 août 2008, le droit de rétention est octroyé à toute personne qui bénéficie d'un gage sans dépossession, donc *a priori* à toute personne bénéficiaire d'un gage de manière générale.

987. Il en est de même dans le droit OHADA ou l'article 67 AUS révisé dispose que « *le créancier qui détient légitiment un bien mobilier de son débiteur peut le retenir jusqu'au paiement de ce qui lui est dû, indépendamment de toute sûreté* ». En d'autres termes ce texte concède le droit de rétention à tout créancier détenant légitimement le bien meuble de son débiteur, et ce indépendamment de tout bénéfice d'une autre sûreté. L'élément important sous-entendu par l'article 67de l'AUS révisé précité est qu'il existe un lien de connexité entre la chose et la créance. Or, cet élément figure pratiquement dans toutes les hypothèses où le privilège est octroyé. La seule différence est qu'il est dit implicitement ou explicitement selon les cas. Par exemple dans l'article 185 de l'AUS révisé l'élément de connexité est explicite et même érigé en condition : « *le transporteur terrestre a un privilège sur la chose transportée, pour tout ce qui lui est dû à condition qu'il y ait un lien de connexité entre la chose transportée et la créance* ». Ce qui veut dire qu'ici le privilège, comme toute autre sûreté réelle qui serait portée sur le même bien, se révèle non pertinent (e) car il -ou elle, la sûreté-est susceptible de ne pas être opérationnel(le) et donc d'être inutile. De manière similaire, par ailleurs, le privilège du vendeur sur le meuble

---

[1528] C A. Montpellier, 15 mai 1997, *DMF* 1997.885 note Tassel.
[1529] CA Montpellier, 15 mai 1997, *DMF* 1997.885, op. cit.

vendu[1530] du droit OHADA n'a pas lieu d'exister dès lors que ce même vendeur peut choisir la clause de réserve de propriété, désormais instituée, pour garantir la créance restée impayée alors que le bien est en possession du débiteur. Ce dernier privilège est d'un autre ressort, certes, mais là également l'octroi du privilège par le législateur n'est pas pertinent.

988. Par conséquent, à l'instar des privilèges équivalents dans le droit français, les privilèges de bailleur d'immeuble[1531], du commissionnaire[1532], du transporteur terrestre[1533] reposant tous sur l'idée du gage ou de la détention sont tous inopportuns en ce sens qu'ils font tous doublon au droit de rétention. En effet, le seul exercice du droit de rétention par le créancier peut suffire pour le paiement efficace de la créance. Que ce soit pendant ou en dehors des procédures collectives, le droit de rétention prime toujours sur le privilège.

989. Par ailleurs, selon les circonstances, le créancier peut demander une autre sûreté conventionnelle en substitution de son droit de rétention. En définitive, puisque ces privilèges sont inopportuns pour les raisons ci-évoquées dans le droit français comme dans le droit OHADA, il conviendrait de les supprimer, sans préjudice aucun. Cela participerait à simplifier et à rationaliser les droits des sûretés dans les deux systèmes juridiques.

b) L'inopportunité des privilèges basés sur conservation ou gestion d'un bien…

990. Là également, sans être exhaustif, même si ces privilèges sont justifiés par le fait que la créance a été utile pour la collectivité des créanciers parce qu'elle aura permis la conservation du bien[1534] en question ou la meilleure gestion d'un bien[1535] ou du patrimoine du débiteur[1536], gage commun ou hypothèque générale des créanciers, il n'en demeure pas moins vrai que le créancier peut disposer d'une autre sûreté réelle pour garantir efficacement le paiement de la créance née des frais avancés par lui, contre le débiteur. En effet, il est toujours possible pour lui d'évoquer un droit de rétention ou une autre sûreté réelle de substitution sur un bien ou un

---

[1530] L'article 183 AUS révisé dispose que « *le vendeur a, sur le meuble vendu, un privilège pour garantie du paiement du prix non payé, s'il est encore en la possession du débiteur ou sur le prix encore dû par le sous-acquéreur* ».

[1531] L'article 184 al. 1er AUS révisé dispose que « *le bailleur d'immeuble a un privilège sur les meubles garnissant les lieux loués* ».

[1532] L'article 188 AUS révisé dispose que « *le commissionnaire a sur les marchandises qu'il détient pour le compte du commettant un privilège pour garantir ses créances nées du contrat de commission* ».

[1533] L'article 185 AUS révisé dispose que « *le transporteur terrestre a un privilège sur la chose transportée* ».

[1534] V. Article 2332 3° du Code civil.

[1535] Il s'agit du privilège du syndic de copropriété créé par la loi du 21 juillet 1994 pour garantir le paiement des charges de copropriété, et le privilège des architectes consacré à l'article 2374 4° du Code civil.

[1536] Il s'agit du privilège des copartageants et du privilège pour réparation de patrimoine.

ensemble de biens qu'il conserve donc détient ou qu'il gère. Par ailleurs, le créancier dispose encore d'autres moyens juridiques pour se faire rembourser des frais de conservation avancés, comme se faire payer les charges de copropriété par exemple, sans que ce soit nécessairement un privilège. Il est donc inutile de justifier le privilège par l'intérêt collectif des créanciers ou par l'utilité à la collectivité que représente la créance née des frais de conservation ou de gestion d'immeuble. D'autant plus que, très généralement, la naissance de telles créances n'est pas nécessairement occasionnée par un service rendu à la collectivité des créanciers du débiteur. Ces privilèges sont donc tout simplement inopportuns.

c) Les privilèges assimilables à des hypothèques légales

991. Il s'agit exclusivement des privilèges immobiliers. Il faut rappeler qu'en droit OHADA les privilèges étant exclusivement mobiliers, ce cas de figure ne concerne donc que le droit français. Il faut également souligner que n'existant plus de privilèges généraux portant sur le seul patrimoine immobilier du débiteur, en droit français, seuls subsistent donc les privilèges spéciaux immobiliers. Consacrés aujourd'hui par l'article 2374 du Code civil, leur nombre (8) reste encore important malgré la limitation opérée par le décret du 4 janvier 1955. Il s'agit des privilèges du vendeur d'immeuble, du prêteur de deniers, des cohéritiers, des architectes etc.[1537]. Quel que soit le motif avancé, la qualité de créance élevée par ces privilèges reste cependant inopportune.

992. D'ailleurs, la majorité de la doctrine estime qu'ils ne sont en fait rien d'autres que des hypothèques légales[1538]. Certains auteurs sont même allés plus loin en proposant de les supprimer ou de les transformer en hypothèques [1539]. Selon nous, cette proposition est tout à fait juste et réalisable. Elle est juste parce que les motifs ayant été avancés pour certains d'entre eux restent insuffisants voire inopportuns. Elle est réalisable parce que les créanciers peuvent bénéficier d'autres moyens de garantie notamment l'hypothèque. Par exemple, il est tout aussi absurde et inopportun d'octroyer un privilège au vendeur d'immeuble sous prétexte qu'il aurait, soi-disant, « *participé à l'enrichissement du patrimoine de l'acquéreur* » ! Ce privilège n'a pas de sens, dans une opération de vente, le vendeur tout autant que l'acheteur trouvant son intérêt. L'opération de vente étant nécessairement utile pour l'un comme pour l'autre, pourquoi n'octroierait-on pas alors, le privilège à l'acheteur de meuble ou d'immeuble pour avoir enrichi le vendeur dans ses affaires ? Cette question reflète l'absurdité du privilège du vendeur qui, à notre sens, relève d'une considération inopportune. De même, le motif qui a conduit à l'octroi du privilège de prêteur de deniers nous semble tout autant irrecevable. En effet,

---

[1537] V. Article 2374 1° à 8° du Code civil.
[1538] M. BOURASSIN, V. BREMOND, M.-N. JOBARD-BACHELLIER, op. cit.
[1539] Ph. SIMLER, Ph. DELEBECQUE, op. cit.

les banques et les établissements de crédits n'assortissent-ils pas systématiquement l'octroi d'un prêt de garanties réelles et d'assurance garantissant le remboursement ainsi que le coût du prêt ? Il est donc totalement possible de supprimer ces différents privilèges spéciaux de l'article 2374 du Code civil.

d) Les privilèges désuets

993. Certains privilèges subsistent encore dans le droit français et dans le droit OHADA alors qu'ils ne sont plus adaptés aux situations, devraient être également supprimés. Ce sont par exemple les privilèges de fourniture de subsistance, des frais de dernière maladie et des frais funéraires qui sont totalement suppléés de nos jours par des organismes d'assurance et de sécurité sociale. Ainsi, ces privilèges peuvent être supprimés dans le cadre d'une distribution des deniers suite à une procédure collective de liquidation.

2°) Le déclassement des privilèges des créances publiques

994. Réduire le nombre des privilèges est important, mais il est crucial également que le passif privilégié ne soit pas plus important sur le passif total des créanciers. Or, comme déjà mentionné plusieurs études ont montré que certains privilèges absorbent en général la presque totalité de l'actif du débiteur[1540], ce qui est à l'origine d'un déséquilibre certain dans la répartition des deniers entre les créanciers. Il convient donc de trouver une façon de réduire le passif privilégié.

995. Aborder cette question suppose de comprendre au préalable la composition du passif privilégié. Les mêmes études ont élucidé que le passif privilégié est composé majoritairement de créances du Trésor, du fisc et de la sécurité sociale. Le montant excessivement élevé du passif privilégié résulterait donc d'une attitude conjointe de l'entreprise et de l'administration. Une solution idoine consisterait à faire en sorte d'éviter l'accroissement démesuré des dettes de cette nature (dettes fiscales et pénalités de retard de paiement) à l'encontre de l'entreprise en difficulté déjà affaiblie, quitte à sanctionner l'administration en lui faisant porter une part de la responsabilité de l'endettement.

996. Abondant dans ce sens, le groupe de travail sur la fiscalité a proposé que le gouvernement permette à l'administration d'être plus transparente en obligeant cette dernière, passé un certain montant[1541], à faire enregistrer les créances fiscales au greffe.

997. Aussi, pour trouver un équilibre dans la répartition des deniers entre créanciers publics et créanciers privés par rapport au passif total exigible,

[1540] P. SERLOOTEN, « L'entreprise en difficulté, le Trésor, la Sécurité sociale et les autres », op. cit., J.F. RIFFARD, *Le Security Interest ou l'approche fonctionnelle et unitaire des sûretés mobilières,* op. cit. n° 564 et s.

[1541] LES NOUVELLES FISCALES, « Assises de la fiscalité *2014*, op. cit.

certains auteurs, ont proposé de réduire l'assiette des privilèges généraux. Mais, cette solution est difficile à mettre en œuvre d'autant plus qu'elle conduirait à transformer ces privilèges généraux en privilèges spéciaux[1542] et ne résoudrait pas l'autre difficulté consistant à déterminer cette même assiette souhaitée.

998. D'autres pensent qu'il faut limiter le privilège dans le temps de manière à contraindre les créanciers publics à recouvrer leur créance dans le délai raisonnablement nécessaire afin d'éviter l'accumulation [1543]. Concrètement, une telle solution exige la publication préalable ou l'enregistrement des privilèges, ce qui pourrait déterminer la durée de leur opposabilité vis-à-vis des tiers. Sans cette précaution, cette solution serait irréalisable. Car, il faut toujours un moyen de sanction ou de dissuasion pour qu'elle soit efficace. Alors la négligence dans le temps de recouvrement ou un oubli d'enregistrement pourrait suffire à rendre le privilège sans effet.

999. Mais, la difficulté pour sa mise en œuvre consistera à réussir à rompre avec le caractère traditionnellement occulte des privilèges dans le droit français. Une autre limite éventuelle à cette solution est, sauf si son effet sanction est en parfait accord avec l'ordre de classement des créanciers pour la distribution des deniers, de n'être opérationnelle que dans un temps bien déterminé.

1000. C'est pourquoi, nous préconisons le déclassement systématique des privilèges des créances publiques ou de l'Etat pendant le règlement collectif des créanciers lors de la procédure collective de liquidation. Il s'agirait d'attribuer aux privilèges des frais de justice, du Trésor, des créances fiscales et de la sécurité sociale pour le droit français, les privilèges des créances fiscales, douanières et des organismes de sécurité et de prévoyance sociales concernant le droit OHADA, un rang inférieur à celui des autres créanciers privés qu'ils soient privilégiés ou titulaires de sûreté ordinaire ou spéciale. De la sorte, on corrigerait plus efficacement les abus de l'administration qui contribuent à alourdir financièrement les difficultés de l'entreprise au détriment de ses autres créanciers. Enfin, on inverserait la tendance des créances restées impayées pour insuffisance d'actif.

[1542] J.F. RIFFARD, *Le Security Interest ou l'approche fonctionnelle et unitaire des sûretés mobilières,* op. cit., n°566 et s.

[1543] P. SERLOOTEN, op. cit. p. 306, cité par J.F. RIFFARD, op. cit. Ce dernier approuve cette proposition et ajoute que « *Bien entendu, si le Trésor décide d'octroyer à son débiteur des délais de paiement, il pourra, s'il le souhaite, se faire accorder des sûretés particulières suivant le droit commun* ». Nous souscrivons à cet argument car, en effet, rien n'oblige le créancier public à demander la constitution d'une sûreté réelle préférentielle autre que le privilège pour garantir ses dettes.

SECTION 2. L'UNIFICATION DES SURETES REELLES

1001. Précision. Pour lever toute ambiguïté avec la technique d'uniformisation des sûretés réelles précédemment proposée, il convient de souligner que l'unification est une autre option de rationalisation consistant à créer les conditions d'une sûreté réelle unique valable à la fois pour les biens meubles et pour les biens immeubles.

1002. Du clivage existant dans la tradition du droit continental, entre les pays dits « *latins ou de droit civil* » et les autres[1544], est né un sentiment de particularité juridique jalousement gardé qui rendrait toute interconnexion et échange sinon impossibles du moins très difficiles. A telle point que, l'adoption d'une telle option unifiée de sûreté par les législateurs français et OHADA changerait non seulement le modèle de diversité de sûretés prôné jusque-là mais également par la même occasion ferait rupture avec la dite tradition civiliste spécifique à la France, en matière de sûretés. Cet héritage historique a bien souvent constitué un obstacle à la modernisation, à la simplification et à la standardisation du droit français des sûretés. Or, la confrontation avec les droits étrangers[1545] est parfois nécessaire pour la revitalisation du droit. Alors, même si une petite ouverture s'est déjà amorcée en France à travers l'institution anglaise de *Trust* sous l'adaptation de fiducie-sûreté[1546], le législateur et les juristes français restent encore réfractaires à l'importation de modèle juridique étranger.

1003. Pourtant, des études de droit comparé[1547] ont montré des modèles d'unification des sûretés bien réussis et déjà proposé quelques-uns comme modèle au droit français[1548]. Mais, aucune de ces différentes propositions n'a trouvé un écho favorable. Pourtant certains arguments d'opposition en apparence recevable sont en réalité trompeurs.

1004. Des arguments défavorables trompeurs. Il est opposé à l'idée de créer une sûreté unique, deux principaux arguments. Le premier argument consiste à dire que le droit français est de tradition civiliste[1549] et donc, à ce titre, ne saurait s'aligner sur le droit de pays anglo-saxons dont la tradition est celle du *common law*. Et, le second argument est de dire qu'imposer une

---

[1544] M. BUSSANI, « Rapport conclusif, Le droit comparé des sûretés réelles et l'intégration juridique », *Droit et Patrimoine* – 2001, n° 94. En disant, les autres, nous pouvons comprendre que l'auteure fait allusion aux pays de la *Common Law* ou de droit anglo-saxon.

[1545] A. AYNES, « Propos conclusifs », Dossier ; réforme des sûretés : premier bilan, *Droit & Patrimoine,* 2012, n° 213.

[1546] Ibid.

[1547] A.-M. MORGAN DE RIVERY-GUILLAUD, « Le droit nord-américain des sûretés mobilières, Article 9 du Uniform Commercial Code des États-Unis et Personal Property Security Act de la province canadienne de la Saskatchewan », *Revue Internationale de droit comparé, 1991, Vol. 43, N°2, p. 502.*
; J.-F. RIFFARD, *Le Security Interest ou l'approche fonctionnelle et unitaire des sûretés mobilières,* op. cit.; M. BUSSANI, « Rapport conclusif, Le droit comparé des sûretés réelles et l'intégration juridique », op. cit.

[1548] J.-F. RIFFARD, op. cit.

[1549] Ibid.

sûreté unique porterait atteinte à l'autonomie de la volonté et à la liberté individuelle des parties en matière des sûretés. Or, comme il sera démontré dans cette étude, aucun de ces deux arguments ne semble recevable car pas solidement fondé.

Il y a deux manières de procéder à l'unification des sûretés réelles tout en étant en conformité avec l'autonomie de la volonté individuelle des parties. Cela va consister soit, à imposer une sûreté réelle nouvelle ou ancienne comme une sûreté unique assortie de son régime juridique à toutes les parties (**Sous-section 1**), soit à instituer des règles communes de constitution, d'opposabilité et de réalisation applicables à toute convention ayant pour finalité une sûreté (**Sous-section 2**).

§1) Imposition d'un cadre légal et juridique de sûreté unique

1005. Il va s'agir d'imposer un modèle unique de sûreté réelle qui sera susceptible de porter à la fois sur les biens corporels et incorporels. Si compte tenu de la traditionnelle distinction entre sûretés réelles mobilières et immobilières envisager une telle réforme bouleverserait les esprits, cela ne serait pas pour autant utopique. Car ce modèle est parfaitement réalisable puis qu'il a déjà été réalisé à titre expérimental à l'étranger.

Ainsi, en étudiant l'exemple de sûreté réelle unique québécoise (**A**), un système de droit civil de tradition bien établie, cela permet de démentir, en partie, la supposée non-conformité de cette forme d'unification à la fois avec un pays ou un système de droit de tradition civiliste et avec l'autonomie de la volonté et le respect de la liberté individuelle des parties (**B**).

A) Sûreté réelle unique dans un système de droit civil : l'hypothèque québécois

1006. Confronté aux difficultés liées à la multiplication des sûretés réelles et à un très grand nombre de privilèges institués, une réforme a dû être menée au Québec pour rationaliser et simplifier le droit des sûretés. La réforme avait pour objectif également de corriger le caractère disparate du droit des sûretés québécois et tous ses travers d'antan unifiant des règles juridiques plutôt qu'en les uniformisant simplement. « *Le projet de réforme proposé par l'Office des Réformes du Code Civil (O.R.C.C.) préconisait la réduction à une seule sûreté, l'hypothèque, toutes les formes de sûretés légales ou conventionnelles existantes*[1550] ». Il faut souligner que le Québec, bien qu'il soit en réalité, à cheval sur les deux traditions de *Civil Law* et de *Common Law,* est réputé appartenir au système de droit civil de tradition

[1550] Office de Révision du Code Civil du Québec (O.R.C.C.), Comité des sûretés : *Rapport jaune sur les sûretés réelles*, 1973, p. 6-7, cité par J.-F. RIFFARD, *Security interest...*, op. cit.

solide[1551]. Cette réforme entamée en 1973 a été inspirée par les différentes réformes du droit des sûretés des provinces anglophones du Canada introduites par des *Personal Property Security Acts* qui, elles-mêmes se sont directement inspirées du Livre IX de l'*Uniform Commercial Code* américain [1552]. Ce livre IX instituant la sûreté unique mobilière sous l'appellation de *Security Interest* a aussi directement inspiré les rédacteurs du Livre VI, titre III, du Nouveau Code civil du Québec[1553]. Mais, sans doute, pour des raisons de commodités et de convenance juridique[1554], elle n'est entrée en vigueur qu'en 1994[1555].

1007. Toutefois, les juristes à l'origine de cette réforme et le législateur québécois étaient convaincus que c'était la seule solution face aux problèmes rencontrés. Dès lors, peu importait la source juridique qui l'avait inspiré, pourvu que la solution régla efficacement les maux dont souffrait alors le droit québécois des sûretés réelles. En effet, si l'aboutissement de la réforme a pris autant de temps, c'est qu'elle a occasionné beaucoup de tractations et des amendements au moment de l'adoption par le législateur. La dualité des traditions en présence et leur caractère parfois antagoniste étaient au cœur des critiques juridiques dressées contre certaines propositions des juristes de l'Office des Réformes du Code Civil du Québec[1556]. Mais, il fallait un droit des sûretés rénové, homogène, efficace et qui convienne aux attentes de la pratique. L'unification des sûretés n'est pas l'apanage d'une tradition juridique, il a fallu du temps pour faire accepter cette réalité. Il fallait également veiller à ce que les atteintes portées à la liberté contractuelle des parties ne soient pas trop importantes au risque de voir la réforme être trop contraignante et trop rigide aux yeux des praticiens et des fournisseurs de fonds, banques et établissements de crédit. Mais aussi puis qu'il ne fallait pas non plus trop libéraliser cette matière de droit économique.

B) Compatibilité avec l'autonomie de la volonté et la liberté contractuelle

1008. Plus que toute autre critique sur la réforme québécoise des sûretés réelles, celle qui l'avait accusée de porter atteinte au principe du consensualisme a été prise au sérieux par le législateur. Transcendant le clivage des traditions juridiques, les juristes rédacteurs du livre VI du Code

---

[1551] M. BUSSANI, « Rapport conclusif, Le droit comparé des sûretés réelles et l'intégration juridique », op. cit.

[1552] Ibid.

[1553] Ibid.

[1554] R. A. MACDONALD, « Le droit des sûretés mobilières et sa réforme : principes juridiques et politiques législatives », *in* P. Legrand, *Common Law : d'un siècle à l'autre,* Cowansville, éd. Yvon Blais, 1992, p. 423.

[1555] Les dispositions du livre VI, titre III, du Nouveau Code civil du Québec issues de la réforme sont entrées en vigueur le 1er janvier 1994.

[1556] Office de Révision du Code Civil du Québec (O.R.C.C.Q), Comités des sûretés, *Rapport jaune sur les sûretés réelles,* 1973, p. 6-7, cité par J.-F. RIFFARD, *in* thèse, op. cit

civil du Québec, comme le législateur, ont prêté une attention particulière au respect de la liberté contractuelle des parties. Même si, de manière générale, en matière de sûreté, très peu de place est laissée véritablement à la volonté individuelle des parties[1557]. En effet, afin d'éviter les abus et les mécanismes de contournement que les parties pourraient imaginer, un cadre légal et juridique en matière de sûreté a été imposé pour assurer la sécurité et la protection des parties elles-mêmes. En France, la dépérissante règle du *numerus clausus* des sûretés réelles répondait à ce souci fondamental de sécurité, de protection et de maîtrise de cette discipline de droit économique. Ainsi, on pourrait affirmer, à l'image de l'adage « *pas de privilège sans texte* » que globalement en matière de droit des sûretés, il n'y a pas de sûreté accordée sans texte qui lui confère un cadre légal et juridique. Dans ce sens, rien n'empêche d'imposer à la pratique une sûreté unique pourvu qu'on donne aux parties la latitude de déterminer du sens et du contenu liés aux modalités pratiques de la sûreté.

1009. Au départ pour imposer l'hypothèque comme sûreté réelle mobilière et immobilière unique, l'article 281 du Livre intitulé « *Des biens* » du projet de réforme de Code civil québécois, consacrait le principe dit de " *présomption d'hypothèque*", en ces termes : « *nul ne peut prétendre à un droit sur un bien pour assurer le paiement d'une obligation si ce n'est par hypothèque. Toute stipulation à l'effet de conserver ou de conférer un droit dans ou sur un bien pour assurer le paiement d'une obligation est une stipulation d'hypothèque. Elle ne peut conserver ou conférer qu'une hypothèque en faveur du créancier, sous réserve des formalités requises pour la constitution et la publication de l'hypothèque* ». Ce texte proposait de conférer une présomption d'hypothèque à toute convention conclue entre les parties ayant pour finalité de garantir le paiement d'une obligation.

1010. La solution proposée était donc une assimilation systématique de toute convention conférant un droit de préférence sur un bien à une hypothèque. On redoutait qu'une telle disposition, en plus d'être une restriction à la liberté des parties, ne laisse pas libre cours à l'usage du droit de propriété à des fins de garantie[1558] par les parties. Très fortement critiquée, cette présomption d'hypothèque a été finalement abandonnée par le législateur québécois au profit d'un autre principe dit de "*l'essence de l'opération*"[1559] inspiré de l'article 9 UCC. Ce principe prévoit que la qualification de la convention en hypothèque par le juge dépend de l'essence de l'opération c'est-à-dire que la volonté des parties sera prise en compte à travers l'examen de la finalité ou de l'orientation qu'elles donnent à l'opération. La qualification d'hypothèque n'est donc plus faite automatiquement au moment de la conception des contrats[1560]. Elle n'a lieu

[1557] Ph. DUPICHOT, Thèse, op. cit.
[1558] J.-F. RIFFARD, op. cit.
[1559] Ibid, n° 601 et s, op.cit.
[1560] J.F. RIFFARD, op. cit.

que dans les conditions et suivant les formes autorisées par la loi. Elle est conventionnelle ou légale [1561]. D'ailleurs, les parties peuvent toujours librement constituer des garanties sans qu'elles ne soient obligatoirement assimilées à l'hypothèque[1562] notamment quand il s'agit d'une propriété-sûreté ou d'une priorité[1563].

1011. L'article 2647 du Code civil du Québec (C.civ. Q) dispose que « *les causes légitimes de préférence sont les priorités et les hypothèques* ». Il ressort des dispositions de ce texte que finalement, l'hypothèque n'est pas nécessairement l'unique sûreté au Québec[1564]. Néanmoins, la réforme a permis de réduire considérablement le nombre des privilèges dont certains sont devenus des priorités[1565]. Elle a également contribué à la simplification en hypothèque pour toute sûreté conférant un droit de préférence aussi bien sur les biens meubles[1566] que sur les biens immeubles[1567]. En définitive, même si elle reste perfectible, la réforme du droit des sûretés au Québec[1568] a permis de mettre fin à la prolifération des sûretés réelles et à ses nombreux effets néfastes. De plus, par un esprit d'ouverture et de pragmatisme, les rédacteurs du Nouveau Code civil, ont contribué à décloisonner le droit des affaires en dépassant le clivage idéologique des traditions juridiques.

1012. Ebauche d'une nouvelle théorie de sûreté réelle unique. Au Québec, l'hypothèque est donc choisie pour être la sûreté réelle unique de référence pouvant à la fois porter sur les biens meubles et sur les biens immeubles[1569] pour assurer le paiement des obligations présentes, futures

---

[1561] V. Article 2664 du C. civ. Q.

[1562] Ibid.

[1563] D. PRATTE, « Priorités et hypothèques » *Les Editions Revue de droit de l'Université de Sherbrooke*, 3è. Ed. 2012. Selon cette auteure, la réforme de sûretés du Québec n'aurait fait que changer de vocable et les privilèges ne seraient pas pour autant réduits. En effet, la définition donnée aux priorités par l'article 2650 du Code civil du Québec et le rang qui leur est accordé par l'article 2651 C.civ. Q, le montrent effectivement. La réforme a déplacé le problème en le renommant. Toutefois, il y a une petite nuance, dans le fait que même une créance hypothécaire peut prendre la qualité d'une créance prioritaire. L'article 2650 C.civ. Q., donne la définition suivante des priorités : « *Est prioritaire la créance à laquelle la loi attache, en faveur d'un créancier, même hypothécaire, suivant la cause de sa créance* ».

[1564] J. DESLAURES, *Précis de droit des sûretés*, Montréal, *Wilson & Lafleur*, 1990.

[1565] D. PRATTE, « Des privilèges aux priorités : plus qu'un changement de vocabulaire », *Revue de droit de l'Université de Sherbrooke*, 1992, 23, p. 175.

[1566] D. DIONNE, « Hypothèque mobilière », *in Barreau du Québec*, Congrès annuel du Barreau du Québec (1992), Montréal, Barreau du Québec, 1992, p. 1059.

[1567] L. LACHAPELLE, « Ecueils à éviter en matière de sûretés réelles », *in* Développements récents en droit immobilier, Service de la formation permanente, Barreau du Québec, n° 103, *Cowansville*, éd. Yvon Blais, 1998, p. 6.

[1568] P. CIOTOLA, « La réforme des sûretés sous le Code civil du Québec », *in Réforme du Code civil. t.3.*, Sainte-Foy, (Québec): Presses de l'Université Laval, 1993(?), pp. 307-442.

[1569] L'article 2660 du C. civ. Q., dispose que « *L'hypothèque est un droit sur un bien, meuble ou immeuble, affecté à l'exécution d'une obligation, elle confère au créancier le droit de suivre le bien en quelques mains qu'il soit, de le prendre en possession ou en paiement, de le vendre ou de le faire vendre et d'être alors préféré sur le produit de cette vente suivant le rang fixé dans le présent code* ».

même non identifiées[1570], et ce, malgré l'ambiguïté de l'article 2665 alinéa 2 du Code civil du Québec qui dispose que « *lorsqu'elle (l'hypothèque mobilière) a lieu avec dépossession, elle est aussi appelée gage* ».

1013. Dans le droit français comme dans le droit OHADA, l'hypothèque est exclusivement connue pour être une sûreté immobilière et le gage, une sûreté mobilière. Dans ce contexte, il est difficile de prendre l'expérience québécoise comme modèle en adoptant l'hypothèque comme sûreté réelle unique, la pratique étant déjà habituée à la distinction entre l'hypothèque et le gage. Néanmoins, il est possible pour les législateurs français et OHADA de s'en inspirer et d'instituer une nouvelle sûreté réelle unique, pouvant avoir comme assiette à la fois des biens meubles et immeubles, et assortie d'un régime juridique unique. A l'image de la sûreté personnelle appelée « garantie autonome », nous proposons de nommer cette nouvelle sûreté unique « ***garantie réelle*** » pour éviter toute confusion. Enfin, pour donner la place à la liberté individuelle des parties, il conviendrait également de considérer toute convention conclue entre les parties et qui confère un droit de préférence ou un droit exclusif sur un bien meuble ou immeuble, présent ou futur pour garantir le paiement d'une obligation de créance, comme constitutive de cette sûreté réelle unique ou susceptible d'être requalifiée comme telle.

§2) Institution des règles communes à toute convention à titre de garantie

1014. Il est une autre manière d'unifier les sûretés qui consiste non pas à imposer une sûreté unique nommément identifiée comme l'a fait le législateur québécois mais à instituer un régime juridique type uniforme c'est-à-dire un ensemble de règles communes de constitution, d'opposabilité et de réalisation applicables à toute convention ayant pour finalité de constituer une sûreté. L'exemple le plus accompli de cette technique d'unification est donné, comme nous le verrons, par le droit américain des sûretés réelles mobilières. Nous verrons ensuite comment la Commission des nations unies pour le commerce international (CNUDCI) tente d'utiliser ce mécanisme pour créer notamment une standardisation d'envergure internationale des règles juridiques relatives aux garanties mobilières dans le cadre de l'élaboration du projet de loi type CNUDCI relative aux opérations de garanties mobilières.

L'analyse va porter sur le modèle d'unification du droit des sûretés entrepris par le législateur américain (**A**), d'abord, afin de voir si une adaptation de ce modèle est possible dans les droits français et OHADA des sûretés (**B**).

[1570] J. AUGER, « L'hypothèque garantissant des obligations futures non identifiées : l'hypothèque volante ! », *Revue du Notariat* 1997, p. 449.

A) Le modèle d'unification des sûretés mobilières de l'article 9 UCC Américain

1015. Deux raisons ont sous-tendu la réforme américaine qui a donné naissance au modèle de sûreté unitaire « *Security Interest* » consacré par le livre IX du Code Commercial Uniforme (*Uniform Commercial Code, article 9*). Il s'agit, d'une part, de mettre de l'ordre dans la diversité des sûretés qui prévalait avant la réforme en reliant ces dernières à un dénominateur commun rationalisé et modernisé et d'autre part, d'intégrer par une harmonisation juridique, les sûretés réelles mobilières entre les différents Etats fédérés (**1°**). L'analyse de ces deux principales raisons doit précéder celle de la nature de l'unification et de son champ d'application (**2°**) afin de mieux comprendre et de cerner le choix qui a été effectué dans le droit américain des sûretés, lequel choix lui a valu d'être un modèle d'envergure internationale.

1°) La diversité préexistante des sûretés réelles

1016. Comprendre la situation qui prévalait avant la réforme des sûretés introduite par l'*article 9 UCC* permet de rapprocher cet état de droit aux situations actuelles du droit de sûretés en France et dans l'espace OHADA. Ainsi l'œuvre d'unification effectuée par le législateur étatsunien n'est pas l'apanage d'une quelconque tradition particulière du droit mais plutôt relève-t-elle du pragmatisme juridique et de la nécessité de rationaliser et de simplifier le droit des sûretés. Avant la réforme intervenue dans les années 1950[1571], la situation du droit américain des sûretés était complexe et plurielle[1572]. Plusieurs formes de sûretés réelles gravitaient autour d'un socle fondé sur la distinction classique entre le gage mobilier avec dépossession ou *Pledge* et l'hypothèque immobilière ou *Mortgage.* Sous la pression d'influents opérateurs économiques, des lois validaient et règlementaient d'autres extensions notamment l'hypothèque mobilière appelée *chattel mortgage*[1573]. Ainsi, les parties pouvaient créer des sûretés mobilières conventionnelles à l'envie et à l'emporte pièces telles que des gages (*Pledge*), hypothèques mobilières (*Chattel Mortgage*), transport en

---

[1571] P. SUMEIERE, *L'étude comparative, instrument de réforme du droit français des sûretés réelles,* Thèse Aix-Marseille III, 1987, p. 539 ; I. JUVET, *Des sûretés mobilières conventionnelles en droit international privé*, Peter Lang, Coll. Europäische Hochschulschriften / European University Studies / Publications Universitaires Européennes - volume 991 1990, p. 25 ; A.-M. MORGAN DE RIVERY-GUILLAUD, *Le droit nord-américain des sûretés mobilières*, L.G.D.J., 1998 ; J.-F. RIFFARD, *Le security interest... op. cit.*; A.-M. TOLEDO, Thèse op. cit., p. 384 ; F. RONGEA-OUDIN, *L'efficacité internationale des sûretés mobilières et l'unification du droit privé*, Thèse Paris XI, 1999, p. 88 ; E. CHVIKA, « Du security interest sur les marchés de gré à gré soumis au droit français », *Bull. Joly Bourse*, n° 1, p. 16.

[1572] B. TESTON, « Garanties et sûretés internationales : les sûretés réelles mobilières anglo-saxonnes », *Droit et Patrimoine*. 2001, n° 94. p. 69-76.

[1573] Ibid.

fidéicommis (*Chattel trust*), emprunts fiduciaires sur outillage (*Equipement trust*), actes de fiducie (*Trust deed*) etc. Cette diversité et cette dispersion des sûretés mobilières conventionnelles se retrouvaient d'un Etat à un autre[1574]. Parfois, selon les législations de chaque Etat, les sûretés conventionnelles pouvaient être différentes, d'où la recherche d'une intégration juridique comme second objectif de la réforme.

1017. La nécessité d'une intégration juridique. Cette évolution du droit des sûretés américain se rapproche à certains égards, de celle du droit des sûretés des Etats africains aujourd'hui membres de l'espace OHADA. En effet, avant la réforme, à l'instar des autres domaines du droit des affaires, le droit des sûretés avait connu des développements disparates et autonomes d'un Etat à l'autre voire même parfois, au sein d'un même Etat fédéré[1575]. Ce désordre législatif, source d'incertitude juridique, constituait un risque non négligeable pour les affaires auquel il fallait remédier par une harmonisation des lois étatiques. C'est ainsi que l'harmonisation du droit des sûretés par le livre IX du Code de commerce uniforme a été inscrite dans le mouvement d'ensemble d'intégration juridique du droit des affaires[1576] entamé depuis 1896 date de la première loi uniforme relative aux effets de commerce, *The uniform negotiable instrument act*[1577]. L'intégration juridique a permis l'élaboration du Code de commerce uniforme qui couvre l'essentiel des sujets du droit des affaires notamment le droit des sûretés réelles unifié[1578].

1018. En définitive, la réforme du droit des sûretés a non seulement réussi à harmoniser les législations relatives aux sûretés réelles mobilières dans les cinquante un Etats américains mais également à fondre la pluralité des sûretés mobilières conventionnelles existantes dans un modèle unifié ou plutôt unitaire en la notion de « *security interest* ».

[1574] M. BUSSANI, « Rapport conclusif : le droit comparé des sûretés et l'intégration juridique », *Droit et Patrimoine*, 2001, n° 94. p.82-90.

[1575] B. TESTON, « Garanties et sûretés internationales : les sûretés réelles mobilières anglo-saxonnes », op. cit.

[1576] D. B. KING, & CO, *Commercial Transactions Under the Uniform Commercial Code and other Laws*, Matthew Bender, 1997 ; W. HAWKLAND, *Uniform Commercial Code Series*, Clark, Boardman, Callaghan, Publishers 1995 ; J.-J. WHITE, R.S. SUMMERS, *The Uniform Commercial Code*, Hornbook Series, 4th ed., 1995.

[1577] Ibid.

[1578] Ibid ; voir aussi dans ce sens, B. TESTON, « Garanties et sûretés internationales : les sûretés … » op. cit. Cet auteur dresse la liste suivante des sujets du droit des affaires couverts par le *Uniform Commercial Code :* les Ventes (*« Sales » art. 2*), les Effets de commerce (*« Commercial Paper » art. 3*), les Dépôts bancaires (*« Bank Deposits and Collection » art. 4*), les Lettres de crédit (*« Letters of credit » art. 5*), les Transferts en gros (*Bulk transfers », art. 6*), les Warrants et connaissements (*« Warehouse Receipts, Bills of lading and others documents of title » art. 7*), les Titres (*« Investment securities » art.8*) et les Sûretés réelles (*« Secured Transactions »*).

2°) La notion de Security Interest

1019. Le *security interest* n'est pas une sûreté réelle unique. Il constitue plutôt un modèle unitaire de règles communes applicables à toutes les sûretés réelles mobilières conventionnelles. Il ne supprime pas les sûretés réelles mobilières conventionnelles préexistantes à son avènement, il les renferme toutes en son sein. Aussi, grâce à l'approche unitaire et fonctionnelle qui la caractérise (**b**), cette notion est également susceptible de couvrir toute autre forme de convention future ayant une finalité de sûreté et rentrant dans son domaine d'application (**a**).

a) Le domaine d'application du Security Interest

1020. Est susceptible de rentrer ou d'être qualifiée de *Security Interest* toute convention conclue entre les parties ayant pour finalité de créer une sûreté portant sur un bien meuble (*Personal property*) ou sur un immeuble par destination (*fixtures*) afin de garantir le paiement ou l'exécution d'une obligation[1579]. Concrètement les biens meubles concernés par la sûreté sont essentiellement des meubles corporels (*Goods*) et quelques biens incorporels ou droits. Il s'agit principalement des droits incorporels tels que des titres de propriété (*documents of title)*, des connaissements (*Bills of lading)*, des droits d'auteurs (*Copyrights)*, des effets négociables (*Instruments)*, des marques (*Tradmarks)*, des documents commerciaux (*Chattel papers)* et des créances (*accounts)*[1580]. Cette précision est importante en effet car les dispositions du livre IX de l'*UCC* ne couvrent pas toutes les sûretés portant notamment sur des biens meubles incorporels, c'est le cas par exemple, de celles qui portent sur des valeurs mobilières[1581]. Ces dernières sont consacrées par le livre VIII de l'*UCC*. Outre, les meubles corporels et quelques biens meubles incorporels ou droits, le *security interest* couvre également toute convention de sûreté portant sur un bien pouvant être qualifié de *Fixtures* c'est-à-dire considéré comme un immeuble par destination. Il résulte donc des dispositions du Livre IX de l'*UCC* que la sûreté unitaire ainsi consacrée est exclusivement mobilière et conventionnelle.

b) Une approche fonctionnelle et unitaire

1021. Elle est d'abord fonctionnelle car l'essentiel est axé sur la fonction de sureté que vise à remplir la convention et unitaire en cela que des règles juridiques communes la rapprochent de toute convention portant la même

---

[1579] V. Section 9-109. Scope : (…) "*This article applies to : (...) (1) any transaction, regardless of its form, that creates a security interest in personal property or fixtures by contract".*

[1580] B. TESTON, « Garanties et sûretés internationales : les sûretés réelles mobilières anglo-saxonnes », op. cit.

[1581] Idid.

finalité. Mais, dans le même temps il faut reconnaitre qu'exclusivement conventionnel, le *security interest* permet l'expression et le respect de la volonté des parties.

1022. La finalité comme donnée essentielle de la qualification. La qualification de *security interest* dépend essentiellement de la finalité qui est assignée à la convention. Ainsi, toute opération par laquelle les parties ont attaché la finalité de produire les effets d'une sûreté mobilière entre elles pour garantir le paiement d'une créance ou d'une obligation est réputée être un *Security interest.* A ce titre, il a vocation à être couvert par les dispositions de l'article 9 du Code de commerce uniforme. L'application des dispositions du livre *IX UCC* à toute convention dont la fonction de sûreté est caractérisée matérialise ensuite le caractère unitaire du *Security Interest.*

1023. Institution des règles communes. L'approche unitaire du *security interest* a consisté à consacrer des règles communes de constitution, d'opposabilité et de réalisation pour une application uniforme à toute convention entre les parties ayant qualification de *security interest.* Les règles communes relatives à la constitution ou à la création de la sûreté réelle correspondant à la phase appelée *attachment*, posent les conditions de validité du *security interest.* Les dispositions du livre IX de l'*UCC* ont laissé une large place à l'autonomie de la volonté des parties dans le sens où elles présentent peu de contraintes liées au formalisme et au contenu de la sûreté. Les parties sont libres de donner la forme et le contenu qu'elles souhaitent pourvu que la convention indique clairement l'intention des parties de constituer une sûreté[1582]. Elle doit également déterminer les biens et les droits affectés à l'assiette de la garantie afin de les identifier[1583]. Enfin, pour que la sûreté soit valablement constituée le débiteur constituant doit pouvoir disposer du bien concerné mais aussi, la garantie ainsi octroyée doit représenter la contrepartie d'une valeur reçue du créancier[1584].

1024. Concernant les règles relatives à l'opposabilité du *security interest* le Livre IX de l'*UCC* distingue deux formes d'opposabilité auxquelles sont attachés des effets propres à chacune. La première opposabilité concerne les effets de la convention entre les deux parties. La seconde opposabilité est celle qui produit les effets de la sûreté vis-à-vis des tiers. Pour la première

---

[1582] V. Section 9-102 (1) UCC, Commentaire officiel 1 : (…) "*This article applies (..) to any transaction (regardless of its form) which is intented to create a security interest*". Un texte cité également par R.-F. Riffard, thèse. op. cit. n° 634.

[1583] V. Section 9-108 UCC. *Sufficiency of description : "a description of personal or real property is sufficient, whether or not specific, if it reasonably identifies what is described... "*.

[1584] V. Section 9-203.b UCC. *Attachment and enforceability of security interest (...).* "*A security interest is enforceable against the debtor and third parties with respect to the collateral only if : (1) a value has been given ; (2) the debtor has rights in the collateral or the power to transfer rights in the collateral to a secured party ; (3) one of the following conditions is met : (A) the debtor has authenticated a security agreement that provides a description of the collateral (...)*". Then a value must have been given by the creditor to the debtor ! Ceci pourrait bien correspondre à la contrepartie à l'origine du droit personnel de créance dont la garantie assure le paiement.

c'est la notification du document portant l'existence de l'*attachment*, et pour la seconde c'est la *perfection*. Comment perfectionner le *security interest* ? D'une manière générale, l'opposabilité aux tiers ou *perfection* est conditionnée par la publicité du *security interest*. Cette publicité se matérialise par une formalité d'enregistrement (*filing*) de la sûreté. Il s'agit de procéder à une notification appelée « *financing statement* ». Ce document doit mentionner les biens affectés par la sûreté et l'identité des parties. Depuis l'avènement de la nouvelle version de l'article *9 UCC* issue de la modification en date du 1er juillet 2000, l'enregistrement se fait au registre unique de l'Etat où réside le débiteur[1585].

1025. Toutefois, dans certains cas, la sûreté peut être opposable aux tiers ou perfectionnée sans qu'aucune formalité ne soit requise. C'est le cas lorsqu'il y a eu dépossession du bien objet de la sûreté. Enfin, la formalité n'est pas non plus nécessaire lorsque la perfection peut se faire de manière automatique ou lorsqu'il y a le contrôle du créancier. La perfection est automatique dans deux cas de figure. Le cas le plus courant est lorsque la garantie porte sur des biens vendus aux consommateurs afin d'assurer le paiement du prix d'achat ou du crédit consenti pour financer l'achat. Elle s'opère automatiquement aussi pour d'autres types de financement dont les périodes de remboursement sont très courtes. Le contrôle est une nouvelle méthode de perfectionnement de la sûreté réelle[1586]. La notion du contrôle a eu diverses acceptions dans la doctrine. Selon Teston, il correspond à l'existence d'un droit de véto du créancier sur le transfert du bien, le transfert ne pouvant être effectué sans son accord[1587]. D'après K. L. Farell, le contrôle est assuré lorsque la partie en possession du collatéral exécutera les instructions du créancier sans que le consentement du débiteur ne soit nécessaire[1588]. Pour Schroeder, le contrôle signifie que le créancier a la possibilité de vendre le bien sans qu'aucune action supplémentaire du débiteur ne soit requise[1589]. En définitive, la perfection par le contrôle suppose toujours que le créancier garde la main sur les biens incorporels, assiette de la sûreté même si ces derniers sont entre les mains d'un tiers. Par exemple le créancier peut avoir un contrôle sur des sommes fiduciaires placées dans un compte de dépôt[1590]. D'ailleurs, certains auteurs comparent le contrôle sur des biens incorporels à la possession en matière de biens corporels[1591]. Le système d'opposabilité mis en place par les dispositions de

---

[1585] V. Section 9-307. UCC. *Location of debtor.*

[1586] V. Section 9-314. UCC. *Perfection by control.* Ce texte est issu de la dernière modification en date 9 juillet 2000.

[1587] B. TESTON, Garanties et sûretés internationales… op. cit.

[1588] K. L. FARREL, *Law & Banking Principles,* American Bankers Association, 4e éd., 2000, p. 150.

[1589] M. R. SCHROEDER, *The Law and Regulation of Financial Institutions*, t. 3, A.S. Pratt & Sons, Thomson Financial, 2000, p. 20-97.

[1590] B. TESTON, Garanties et sûretés internationales… op. cit.

[1591] J.J. WHITE, R. S. SUMMERS, *Uniform Commercial Code,* West Group, St. Paul, Minn., 2000, 5e éd., p. 757.

l'article 9 en l'occurrence la règle de priorité dite «*first in time, first in right*» aura permis d'éviter efficacement les conflits de créanciers[1592] pendant la réalisation du *Security Interest.*

1026. Enfin, des règles communes fixent la réalisation ordinaire, c'est-à-dire en dehors des procédures collectives, du *Security Interest.* Conformément à l'article 9, il appartient au créancier, en vertu de ses droits issus de la convention de sûreté, de choisir le mode de réalisation. Généralement, la réalisation en dehors des procédures collectives se fait par attribution ou par mise en disposition des biens au créancier. Elle peut aussi être effectuée par voie judiciaire. Pendant les procédures collectives, les règles du droit de la faillite qui relèvent de la seule compétence de l'Etat Fédéral devraient primer sur les règles ordinaires de réalisation de la sûreté[1593].

B) L'adaptabilité du modèle américain en droits français et OHADA des sûretés

1027. Alliant modernité et simplicité dans la création, l'opposabilité et la réalisation, le *security interest* est un modèle d'unification de sûretés réelles conventionnelles presque parfait. Il a influencé beaucoup de droits, de système et de traditions juridiques dans le monde. En France, plusieurs auteurs ont déjà proposé de s'inspirer du modèle américain de « sûreté unique » pour rationaliser le droit des sûretés[1594].

1028. Mais, pour l'heure aucune des voix autorisées en la matière n'est encore entendue par le législateur français. Même si par souci de pragmatisme et de modernisation ce dernier a entamé depuis 2007 une timide ouverture vers le droit étranger, notamment de tradition anglo-saxonne, il garde néanmoins toujours un esprit conservateur sur la tradition juridique française et sa singularité. Peut-être pour être davantage entendu, le problème mérite-t-il d'être abordé à nouveau en se demandant dans quelle mesure l'adaptation au modèle d'unification américain est possible en France et quels seraient les obstacles systémiques ou pratiques à éviter dans cette adaptation ? Si le modèle américain peut être une source évidente d'inspiration pour les législateurs français et de l'espace OHADA (**2°**) c'est à la condition qu'ils dépassent toutes les limites aussi exogènes qu'inhérentes au *security interest* (**1°**).

[1592] M.-D. POISSON-SCHÖDERMEIER, « L'efficacité des sûretés mobilières dans les conflits entre créanciers en droit américain », *RDAI/IBLJ*, n° 1, 1990.

[1593] V. nos développements précédents sur la primauté du droit de la faillite sur le droit commun des sûretés aux Etats-Unis et au Québec. Selon nous dans ces deux exemples le droit de la faillite relevant de la compétence fédérale s'impose au droit national des Etats fédérés ou provinciaux.

[1594] J.-F. RIFFARD, Thèse, op. cit.

1°) Les limites exogènes et inhérentes au Security interest

1029. L'argument du supposé non-respect de l'autonomie de la volonté des parties ayant été écarté, le seul argument qui fait obstacle à l'adoption du modèle américain d'unification des sûretés réelles reste celui qui renvoie au conservatisme idéologique (**a**) Les limites propres au *security interest*, loin d'être techniques, relèvent exclusivement de son domaine d'application (**b**). Mais ce dernier pouvant être modulable, pourrait parfaitement être étendu pour l'adapter aux objectifs respectifs des législateurs français et de l'espace OHADA.

a) Le conservatisme idéologique

1030. L'argumentaire qui renvoie au clivage des traditions juridiques souvent brandi par le législateur et certains juristes français traduit ce conservatisme idéologique. Mais, cette attitude n'est-elle pas à réinterroger à l'ère de la standardisation des normes juridiques et des exigences concurrentielles du marché mondialisé qui suppose pour s'y adapter un certain pragmatisme juridique ? La réforme québécoise du droit des sûretés en est une parfaite illustration. La Commission des nations unies pour le droit du commerce international s'est également largement inspirée du modèle américain d'unification pour l'élaboration du projet de loi type CNUDCI relative aux opérations de garanties mobilières[1595]. Cette dernière participera de la standardisation internationale des principes directeurs relatifs à la création de garanties réelles portant sur des meubles corporels et incorporels. Ses directives, même si elles n'ont aucun effet obligatoire sur les Etats, permettront d'amenuiser le clivage entre les deux grandes traditions juridiques au profit de la modernisation et du pragmatisme. Le législateur communautaire de l'espace OHADA a identifié et compris très tôt cette tendance vers la standardisation des règles juridiques déjà entamé par le guide législatif CNUDCI. En effet, pour asseoir un droit des affaires moderne, qui réponde aux exigences du marché international[1596], le droit OHADA, hybride, s'est inspiré de sources et traditions juridiques différentes. Le droit de l'espace juridique OHADA et le droit des sûretés du Québec prouvent bien que le conservatisme idéologique, frein à l'ouverture et à l'échange des règles juridiques est plutôt une affaire franco-française que francophone !

[1595] J.-F. RIFFARD, « La loi type de la CNUDCI sur les opérations garanties », *RLD civ.* septembre 2014, n°118, p. 32-36.

[1596] L. Y. BLACK, « Enjeux économiques de la réforme de l'Acte uniforme OHADA portant organisation des sûretés : un atout pour faciliter l'accès au crédit », *Droit et Patrimoine*, 2010, n° 197, dossier : « Bientôt un nouveau droit des sûretés dans l'OHADA ».

b) Les limites inhérentes au *Security interest*

1031. Le *Security interest* est limité par son champ d'application : il ne concerne que les sûretés mobilières et exclusivement conventionnelles. Donc pour une unification qui inclurait à la fois des biens meubles et immeubles devant être grevés par des sûretés aussi bien conventionnelles, légales que judiciaires, il faudrait que les législateurs français et africain de l'espace OHADA innovent.

1032. Néanmoins, les législateurs peuvent tout à fait s'inspirer à la fois du mécanisme du *Security interest* et du modèle type d'hypothèque québécoise pour atteindre ce but.

2°) Une source incontestable d'inspiration : esquisse d'une sûreté réelle unitaire

1033. Il s'agirait de s'inspirer de l'approche unitaire et fonctionnelle du *Security interest* en adoptant des règles communes de constitution, d'opposabilité et de réalisation de la future sûreté réelle unique. Une sûreté mobilière et immobilière unique qui pourrait être constituée conventionnellement par les parties, ou créée par attribution légale ou judiciaire sur les biens meubles ou immeubles du débiteur selon les circonstances. Aussi, pour préserver les particularités juridiques des systèmes français et de l'espace OHADA, cette sûreté réelle unique pourrait, selon la nature de son assiette et la qualité de la créance garantie, être assortie d'un droit de préférence privilégié ou ordinaire, et/ou d'un droit exclusif. Il conviendrait enfin de rendre la publicité obligatoire pour plus de transparence et de prévisibilité. Cette sûreté réelle unitaire aurait pu être le gage ou l'hypothèque qui aurait eu pour assiette à la fois des biens meubles et des biens immeubles, mais compte tenu du poids dans la mémoire collective des juristes et praticiens français et de l'espace OHADA, une telle option serait très brutale. C'est pourquoi, nous avons proposé le terme générique de **« *garantie réelle unique* ».**

CONCLUSION DU CHAPITRE 2

1034. L'autre condition devant permettre l'application extensive de la discipline collective du droit des procédures collectives à tous les créanciers, est la rationalisation des sûretés réelles. Mais pour rationaliser les sûretés réelles, les législateurs français et africain de l'espace OHADA ont deux techniques juridiques qui s'offrent à eux. La première technique est l'uniformisation par catégorie de sûreté réelle. La catégorie renvoie ici à la nature de biens constituant l'assiette, par exemple les biens meubles corporels, les biens meubles incorporels et les biens immobiliers. Elle permettrait, tout en maintenant l'option de diversité des sûretés réelles de les réduire, notamment par la suppression de certains privilèges devenus inutiles et désuets et de les simplifier en les classant par catégorie de sûreté réelle. Etant entendu que chaque catégorie de sûreté réelle dispose d'une sûreté-référence et d'un régime juridique sur lesquels toutes les autres sûretés de même catégorie pourraient être alignées. La seconde technique de rationalisation est l'unification de toutes les sûretés réelles en une sûreté réelle unique. Suivant cette voie, et d'après l'étude des expériences du *Security interest* américain et de l'hypothèque unique québécoise, il y a deux manières de procéder à cette unification. Il s'agit pour le premier exemple, qui a d'ailleurs servi de source d'inspiration pour le second et pour beaucoup d'autres droits étrangers, d'instituer des règles communes de constitution, d'opposabilité et de réalisation applicables à toute convention ayant pour finalité de créer une sûreté entre les parties. C'est le modèle américain. Et, pour le second, le modèle québécois, il s'est agi d'imposer une sûreté unique pouvant porter aussi bien sur les biens meubles que sur les biens immeubles.

1035. Toutefois, ces deux modèles ne pouvant être qu'une source d'inspiration relativement limitée par rapport à la situation propre à chaque système de droit, des efforts d'adaptation et d'innovation sont nécessaires. Aussi, face à cette nécessité de rationalisation des sûretés réelles devant permettre une meilleure articulation du droit des sûretés avec le droit des procédures collectives, les législateurs français et africain de l'espace OHADA pourraient, sans se laisser enfermer dans le conservatisme idéologique, choisir la technique la plus appropriée afin de trouver non seulement la cohésion et l'équilibre entre ces deux disciplines de droit économique mais également de les rendre plus dynamiques et de les moderniser.

CONCLUSION DU TITRE 2

1036. Gage d'équilibre, d'égalité de traitement et de justice entre les créanciers de l'entreprise en difficulté, l'application extensive de la discipline collective aux propriétés-sûretés est possible et concevable à deux conditions. L'étude démontre que pour y parvenir, il faut d'une part normaliser les propriétés-sûretés et d'autre part rationaliser les sûretés réelles. Débarrassée de toute confusion conceptuelle, la propriété-sûreté peut être ensuite normalisée. La normalisation des propriétés-sûretés passe nécessairement par leur démystification qui permet de restituer leur vraie nature de sûreté réelle. Ce processus est d'autant plus nécessaire que malgré la consécration légale et jurisprudentielle de leur qualification de sûreté réelle à part entière, les propriétés-sûretés restent toujours dans l'imaginaire d'un grand nombre de juristes et praticiens de droit, des garanties réelles pas comme les autres et bénéficient par voie de conséquence d'un traitement plus que privilégié pendant le traitement curatif des difficultés de l'entreprise débitrice. En mettant en exergue que les propriétés-sûretés se rapprochent des sûretés réelles préférentielles aussi bien par la technique que par la finalité, l'analyse démystificatrice des propriétés-sûretés a prouvé que cette différence de traitement est injustifiée, les propriétés-sûretés ayant au bout du compte quasiment les mêmes attributs que les sûretés réelles classiques.

1037. L'exclusivité n'étant pas propre à la propriété-sûreté, apparaît plutôt avec cette dernière comme une nouvelle forme de rupture d'égalité caractéristique de la sûreté réelle. Ces rapprochements se vérifient aussi bien dans le droit français que dans le droit de l'espace OHADA. Dans le droit français, le contournement de la discipline collective au profit des propriétés-sûretés rappelle même la trajectoire historique des sûretés réelles préférentielles vis-à-vis du droit des procédures collectives. La démystification mettant à nu les propriétés-sûretés, rend concevable voire possible la perspective de leur assimilation ou de leur alignement sur le régime juridique applicable aux sûretés réelles classiques pendant les procédures collectives. A la lumière du droit positif, cette étude propose des techniques juridiques devant permettre l'application extensive de la discipline collective aux propriétés-sûretés soit par assimilation soit par alignement juridiques sur les sûretés réelles préférentielles dites classiques. Ces ajustements peuvent être imaginés dans une réforme d'ensemble de rationalisation des sûretés réelles.

1038. La rationalisation des sûretés réelles est doublement nécessaire. D'abord, elle permettrait de simplifier, de réduire le nombre des sûretés et d'aplanir les difficultés engendrées par la multiplication de sûretés et la prolifération de régimes juridiques épars et complexes. Ensuite, en permettant l'uniformisation ou l'unification de toutes les sûretés réelles classiques et nouvelles, elle pourrait constituer un bon instrument juridique pour étendre l'application de la discipline collective du droit des procédures collectives et ainsi corriger d'une manière définitive la différence de traitement mal justifiée existant entre ces deux formes de sûreté réelle dans le droit français et dans le droit des procédures collectives de l'espace OHADA.

CONCLUSION DE LA SECONDE PARTIE

1039. L'application inégalitaire des règles impératives du droit des procédures collectives sur les sûretés et garanties réelles pendant la mise en œuvre des procédures collectives crée un déséquilibre significatif entre les créanciers. Or, cette différence de traitement repose essentiellement sur un contournement bien orchestré de la discipline collective. Dans le droit français comme dans le droit OHADA, ce contournement a été rendu possible grâce à une interprétation confuse et erronée de la propriété-sûreté à l'aune de la propriété. En France, cette conceptualisation de la propriété a pris forme dans le temps par l'action d'influents groupes de pression de créanciers intervenant tant sur le plan législatif que jurisprudentiel. Dans le droit OHADA, tout porte à croire qu'elle a été directement inspirée par le droit français. Il a résulté de cette conceptualisation erronée de la propriété que, dans les deux systèmes juridiques, les créanciers bénéficiaires de propriétés-sûretés n'ont plus été vus comme des simples créanciers mais comme des propriétaires au détriment des autres créanciers alors même que ces propriétés-sûretés sont reconnues comme étant des sûretés réelles à part entière.

1040. Cette contradiction révèle de part et d'autre l'incohérence et le montage artificiel de ce mécanisme de garantie. Bien que la propriété soit présumée être l'accessoire de la créance, elle détermine fondamentalement le régime juridique de la propriété-sûreté et place cette dernière en dehors de l'emprise des règles impératives du droit des procédures collectives.

1041. L'étude critique du contournement de la discipline collective en faveur des créanciers titulaires des propriétés-sûretés a montré le caractère erroné de cette interprétation de la propriété qui ne tient pas compte des droits contractuels du débiteur. Partant de cette base, elle soutient d'une manière prospective l'application extensive de la discipline collective à toutes les sûretés réelles. Il en découle qu'aussi bien au regard des objectifs fixés par le droit des procédures collectives qu'au regard de la nature véritable des propriétés-sûretés, l'application extensive de la discipline collective s'avère parfaitement concevable. Toutefois, pour rendre possible l'application extensive de la discipline collective, il faut au préalable rétablir les propriétés-sûretés à leur juste qualification de sûreté réelle en acceptant l'exclusivité non pas comme un attribut du droit de propriété mais plutôt comme une nouvelle cause de rupture d'égalité entre les créanciers.

CONCLUSION GÉNÉRALE

1042. Notre objectif était focalisé sur les sorts des créanciers titulaires des sûretés réelles au regard des finalités poursuivies par le droit des procédures collectives. Il ne s'agissait pas simplement d'examiner les sorts respectifs de ces créanciers dans les procédures collectives mais d'identifier la justification de ce(s) sort(s) ou de différences de traitement existant entre les créanciers conformément aux finalités et aux principes directeurs de cette discipline de droit économique. Et, enfin, il s'agissait de trouver des voies et moyens susceptibles de permettre une meilleure articulation entre le droit des sûretés réelles et le droit des procédures collectives.

1043. Nous avons constaté des incohérences et beaucoup de contradictions sur le traitement des sûretés réelles dans les procédures collectives. Les règles impératives constitutives de discipline collective du droit des procédures collectives s'appliquent aux créanciers de manière inégalitaire selon deux poids, deux mesures, quand elles ne sont pas écartées, tout bonnement.

1044. Nous avons tout d'abord montré, dans les deux systèmes de droit, comment l'emprise du droit des procédures collectives sur les sûretés réelles est légitime et justifiée par le caractère spécial et d'ordre public et par les finalités de la première discipline. Nous avons montré d'autre part, que le traitement des créanciers titulaires de sûretés réelles classiques est différent de celui réservé aux créanciers titulaires de nouvelles sûretés basées sur l'utilisation de la propriété à titre de garantie. Nous avons voulu interroger les fondements juridiques de cette différence de traitement entre créanciers aussi bien au regard des finalités et principes fondateurs, dont le principe d'égalité, qui président à la discipline collective des procédures collectives qu'à la lumière des règles élémentaires de la construction juridique bien ordonnancée.

1045. Beaucoup de facteurs ont pu contribuer à cette évolution ou à cette conceptualisation du rapport entre le droit des sûretés réelles et le droit des procédures collectives. Dans le droit de l'espace OHADA, même si ces facteurs n'ont pas connu la même trajectoire que dans le droit français - où un processus d'évolution législatif et jurisprudentiel a conduit à cet aboutissement - ces facteurs demeurent similaires et produisent les mêmes solutions problématiques sur la conception du rapport entre ces deux disciplines de droit économique. Ceci a donné un caractère inachevé à l'articulation actuelle entre ces deux disciplines dans les deux systèmes juridiques français et de l'espace OHADA. Deux séries de facteurs ont concouru à cet état d'inachèvement ou de mauvaise articulation. D'une part, le morcellement du droit des sûretés réelles résultant de montages juridiques artificiels fondés notamment sur la confusion entre les notions de propriété et de sûreté réelle, a conduit à l'acceptation de régimes juridiques spéciaux de certaines sûretés réelles distincts du régime de droit commun des sûretés. D'autre part, l'assouplissement et la contractualisation consécutifs aux règles impératives du droit des procédures collectives ont entrainé la catégorisation des créanciers et le recul de l'égalité des créanciers devant la procédure collective. Par effet d'entraînement, en raison du lien étroit existant entre le droit des sûretés et le droit des procédures collectives, les problèmes créés par les uns dans l'un, jamais ou mal solutionnés, se sont répercutés à travers les autres dans l'autre. Ces deux nouveaux phénomènes ont entraîné deux conséquences juridiques majeures qui, si rien n'est fait, pourraient finir par vider le droit des procédures collectives de toute substance en remettant en cause l'existence même de cette discipline de droit économique. Face à ces différentes problématiques, cette présente étude a tenté d'apporter une contribution en proposant quelques solutions.

1046. Assouplissement voire recul des principes de la discipline collective. Le phénomène de la contractualisation du droit des procédures collectives constaté dans les deux systèmes juridiques France/OHADA a entraîné le recul de certains principes fondamentaux constitutifs de la discipline collective dont le caractère collectif de la procédure et le principe d'égalité des créanciers devant la procédure collective. Censée faciliter la poursuite de l'activité et la réalisation des objectifs poursuivis, la contractualisation a permis la justification de multiples dérogations. Cette pratique, employée à outrance, a normalisé la hiérarchisation des créanciers par catégorie plus ou moins privilégiée ou méritante. C'est par le droit des procédures collectives lui-même que la rupture d'égalité entre les créanciers s'est ainsi trouvée légitimée. A force d'instituer des procédures collectives ou semi-collectives spéciales, cette pratique tend à réduire le droit spécial des procédures collectives à un droit commun. Tout ceci a pu contribuer ainsi à l'effritement de la discipline collective et à la banalisation de ses principes fondamentaux.

1047. Pour régler cette ambiguïté, il convient de mettre cette contractualisation au service effectif des objectifs poursuivis et au crédit des principes fondamentaux du droit des procédures collectives. Ainsi, une dérogation devrait nécessairement représenter une contrepartie clairement justifiée au regard des dits principes fondamentaux et objectifs poursuivis.

1048. Le contournement des règles de la discipline collective. Seconde source de différence de traitement entraînant un déséquilibre entre les créanciers pendant les procédures collectives et d'effritement de l'emprise du droit des procédures collectives sur les sûretés, ce phénomène de contournement a été fondé sur la mystification des propriétés-sûretés et sur l'ambiguïté maintenue de leur qualification de sûreté réelle à part entière. Ainsi, dans le droit OHADA, même si le législateur a, sans équivoque, qualifié les propriétés-sûretés de sûreté, celui-ci n'a pas pour autant tiré les conséquences juridiques d'une telle qualification qui auraient consisté à soumettre celles-ci indistinctement au même régime juridique que les sûretés réelles classiques pendant les procédures collectives. De même que dans le droit français, malgré la reconnaissance ultérieure par le législateur et par la jurisprudence de la qualification de sûreté des propriétés-sûretés, ces dernières sont restées des garanties différenciées des sûretés réelles préférentielles. A ce titre, elles échappent à la rigueur des règles impératives de la discipline collective du droit des procédures collectives.

1049. Or, dans cette étude, il a été démontré que ce mécanisme de la propriété utilisée à titre de garantie de créance repose premièrement sur une interprétation fausse et confuse de la propriété et deuxièmement sur le déni des droits et obligations du débiteur tirés du contrat qui l'établit. Le premier fondement du mécanisme a permis au créancier de bénéficier des effets de la propriété pleine et principale malgré le caractère accessoire et l'aliénation dont elle fait l'objet. Tandis que le second fondement a permis de considérer que les biens, objets de la propriété utilisée à titre de garantie, se trouvent en dehors du patrimoine du débiteur et à ce titre, ne sont pas appréhendés par la mise en œuvre d'une procédure collective à l'encontre de ce dernier.

1050. Les conséquences d'un tel détournement des règles de la discipline collective peuvent être désastreuses. Non seulement le phénomène pourrait mener à la disparition des sûretés réelles classiques, qui seraient abandonnées par les créanciers puisque faisant seules l'objet de soumission aux règles du droit des entreprises en difficulté et susciter la quête effrénée de garanties efficaces, mais encore, il viderait cette discipline de son essence, des entreprises risquant de se voir sans fonds propres. C'est pourquoi, il convient de corriger le mécanisme de la propriété retenue, cédée ou réservée à titre de garantie. Dans cette perspective, cette étude propose de reconsidérer juridiquement le caractère accessoire de la propriété utilisée à titre de sûreté en acceptant l'exclusivité non comme un corolaire propre de la propriété mais comme un nouvel attribut de sûreté réelle et constitutive d'une nouvelle cause légitime de préférence entre les créanciers. Cela nécessite également de redéfinir les droits et les obligations du débiteur tirés du contrat notamment dans le cadre de la propriété réservée de manière à intégrer les biens contractualisés dans le patrimoine de ce dernier.

1051. Sûreté particulière, le droit de rétention pose également un problème similaire pendant les procédures collectives dans les deux systèmes de droit. Cette sûreté présente toujours un risque de blocage. Cette difficulté relève également d'un problème de qualification de sûreté. Malgré les efforts fournis de part et d'autre par les législateurs africain et français, le droit de rétention reste toujours opposable *erga omnes* à la procédure collective et jamais « civilisé ». Ceci rend donc tout aménagement de cette sûreté réelle par le droit des procédures collectives, œuvre impossible. Dès lors, il convient, à l'instar des propriétés-sûretés, de normaliser le droit de rétention afin de permettre la primauté et l'application sans encombre des règles impératives du droit des procédures collectives. Dans le cadre de cette étude, il a été proposé de redéfinir le droit de rétention qui en soi, selon nous, ne constitue pas la sûreté mais l'effet ou l'attribut de celle-ci. Considérer le droit de rétention classique comme l'attribut de la détention réelle qui, elle, constitue la véritable sûreté réelle, permettrait de l'aligner sur le régime juridique du gage avec dépossession dans les procédures collectives. Alors, le droit de rétention ou droit exclusif issu de la détention réelle, comme le droit de préférence, sera considéré comme une cause légitime de préférence caractéristique d'une sûreté réelle dont l'application régulière ne devrait pas faire obstacle à celle des règles d'ordre public du droit des procédures collectives.

1052. En définitive, nous pensons que pour remédier aux incohérences et contradictions actuelles sur le traitement des sûretés réelles et à l'application selon deux poids, deux mesures des règles impératives de la discipline collective dans les procédures collectives, il faut redonner aux principes fondateurs du droit des procédures collectives leur véritable sens et en faire le dénominateur commun. Cette proposition doit être combinée avec une approche fonctionnelle de toutes les sûretés réelles. Ce faisant, il conviendrait encore d'étendre l'emprise du droit spécial et d'ordre public des procédures collectives à toutes les sûretés réelles basées sur la propriété. Par conséquent, il nous semble évident que toute solution doit procéder d'une réforme coordonnée et bien articulée des deux disciplines de droit économique.

1053. Ainsi, à l'issue de cette thèse, il nous apparaît souhaitable de voir autrement le rapport entre le droit des procédures collectives et le droit des sûretés. Etroitement liées, ces deux disciplines doivent nécessairement trouver un équilibre devant permettre à chacune d'exprimer sa raison d'être. Branches du droit économique, elles concourent toutes deux à la protection du crédit : le droit des sûretés assure l'accès au crédit et le droit des procédures collectives sauve le crédit et assainit le milieu des affaires. Toutefois, elles ne sont pas d'égale importance. C'est pourquoi, il convient de faire respecter un ordre naturel de priorité eu égard à l'essence de chacune d'entre elle au regard notamment de l'intérêt général en jeu. Rendre effectif l'application du principe de primauté du droit des procédures collectives sur l'ensemble des sûretés notamment en soumettant les sûretés réelles exclusives à la discipline collective nous semble être le meilleur ordre de priorité devant permettre l'articulation entre ces deux disciplines de droit économique.

BIBLIOGRAPHIE

OUVRAGES GÉNÉRAUX, MANUELS & TRAITÉS

France

ANCEL P., *Droit des sûretés,* Paris, LexisNexis, 7ème éd., 2014.

ATIAS Ch., *Droit civil : Les biens,* LexisNexis, 12ème éd. 2014

AYNES L. et CROCQ P.., *Les sûretés, la publicité foncière,* L.G.D.J., Lextenson éd., 8ème éd., 2014.

BERGEL J.-L., *Méthodologie juridique,* PUF, 2001.

BOLZE A., *Procédures collectives et sûretés,* Dyna' Sup Droit, Vuibert, 2005.

BOURASSIN M., BREMOND V., JOBARD-BACHELLIER M.-N., *Droit des sûretés*, Sirey, 5ème éd., 2012.

BRENNER C., *Voies d'exécution*, Dalloz, 6ème éd., 2011.

BUFFELAN-LANORE Y. et LARRIBAU-TEMEYRE V., *Droit civil : Introduction Biens, Personnes et Famille,* Dalloz, 18ème éd., 2013.

CABRILLAC M., MOULY Ch., CABRILLAC S. et PETEL Ph., *Droit des sûretés*, Litec, 10ème éd., 2015.

CARBONNIER J., *Introduction Générale – Les personnes,* Thémis, t. 1, 11ème éd., 1977.

CARBONNIER J., *Droit civil, Introduction – les personnes,* PUF., Coll. Thémis, 1984.

CARBONNIER J., *Les biens, les obligations,* Quadrige/PUF, 1ère éd., 2004.

CARON Ch. et LECUYER H., *Le droit des biens,* Dalloz, 2002.

CATALA P., *Famille et patrimoine*, PUF, 2000.

CHAPUT Y., *Le droit au défi de l'économie,* Publications de la Sorbonne, 2002.

CHEYNET DE BEAUPRE, *Droit des biens*, Vuibert, 2011.

CORNU G., *Droit civil – Introduction – Les personnes – Les biens*, éd. Montchrestien, 1980.

CORNU G., *Linguistique juridique*, Domat droit privé, Montchrestien, 3ème éd., 2005.

CROCQ P.., *Propriété et garantie,* préf. M. GOBERT, L.G.D.J., 1995.

DABIN J., *Théorie générale du droit*, Dalloz, 1969.

DAGOGNET F., *Philosophie de la propriété, l'avoir,* PUF, 1992.

DE LEYSSAC C. L. et PARLEANI G., *Droit du marché*, PUF, Themis, 1ère éd., 2002.

DESROCHES NOBLECOURT Ch., *Le fabuleux héritage de l'Egypte,* Editions SW – Télémaque, Paris Pocket. 2011.

DONNIER M. et J.-B., *Voies d'exécution et procédures de distribution*, Litec, 8ème éd., 2008.
DROSS W., *Droit des biens*, L.G.D.J. Montchrestien, 2012.
ENCINAS DE MUNAGORRI R., LHUILLIER G., *Introduction au droit,* Flammarion, 2002.
FARJAT G., *L'ordre public économique,* L.G.D.J., coll. Bibl. de droit privé, 1963.
GAVALDA C., PARLEANI G., *Droit des affaires de l'Union européenne*, Litec, 4ème éd., 2002.
HILAIRE J., *Introduction historique au droit commercial*, PUF, 1986.
JACQUEMONT A., *Droit des entreprises en difficulté,* Litec, 7ème éd., 2011.
JEANTIN M., *Droit commercial, Instruments de paiement et de crédit, Entreprises en difficulté,* Précis Dalloz, 4ème éd., 1995.
JEANTIN M. et LE CANNU P., *Droit commercial, Entreprises en difficulté,* Dalloz, 2006.
JORGE M., *Droit des affaires,* Armand Colin Paris, Coll. Compact, 2ème éd., 2001.
LARROUMET Ch., *Droit civil : Les Biens, Droits réels principaux*, Economica, Tome II, 5ème éd., 2006.
LEBORGNE A., *Droit de l'exécution : voies d'exécution et procédures de distribution,* 2ème éd. Dalloz.
LE CORRE-BROLY E., *Droit des entreprises en difficulté,* Dalloz. 2001.
LE CORRE P-M., *Droit des entreprises en difficulté*, Dalloz, 5ème éd., 2013.
LE CORRE P.-M., LE CORRE-BROLY E., *Droit des entreprises en difficulté,* Sirey, 2ème éd., 2006.
LE CORRE P.-M., *Droit et pratique des procédures collectives,* Dalloz Action, 8ème éd., 2015/2016.
LE GALLOU C., *Droit des sûretés et droit des procédures collectives*, Editions Larcier, 2012.
LEGEAIS D., *Sûretés et garanties du crédit,* L.G.D.J., 9ème éd., 2013.
MALAURIE Ph. et AYNES L., *Les biens*, Defrénois, 5ème éd., 2013.
MALAURIE Ph., AYNES L., STOFFEL-MUNCK Ph., *Les obligations*, L.G.D.J., 6ème éd., 2013.
MALAURIE Ph., AYNES L. et CROCQ P.., *Droit civil, Les sûretés, La publicité foncière,* L.G.D.J., 8ème éd., 2014.
MALINVAUD Ph., FENOUILLET D. et MEKKI M., *Droits des obligations*, LexisNexis, 2014.
MARTIN J.-F., LEYRIE S., *Droit des procédures collectives,* ed. Masson, coll. Expertise comptable, 1991.
MAZEAUD H., L. et J., CHABAS F., PICOD Y., *Sûretés, Publicité foncière*, Montchrestien, 7ème éd., 1999.
MERCADAL B., *Droit commercial,* Ed. Francis Lefebvre, 2014.
MESTRE J., PUTMAN E. et BILLIAU M., *Traité de droit civil : Droit commun des sûretés réelles, Théorie générale,* L.G.D.J., 1996.
MIGNOT M., *Droit des sûretés*, Montchrestien, Lextenso éditions, 2010.
REVILLOUT E., *Les origines égyptiennes du droit civil romain,* Paris, Librairie Paul Geuthner, 1912.
PEROCHON F., R. BONHOMME., *Entreprises en difficulté : instruments de crédit et de paiement*, L.G.D.J., 7ème éd., 2006.
PIEDELIEVRE S., *Droit des sûretés,* Ellipses, 2009.
PEROCHON F., *Entreprises en difficulté* L.G.D.J., Coll. Manuels, 10ème éd., 2014.

PEROCHON F. et BONHOMME R., *Entreprises en difficulté, instruments de crédit et de paiement,* L.G.D.J. 7ème éd., 2008.
PETEL Ph., *Procédures collectives*, Dalloz, 8ème éd., 2014.
PICOD Y., *Droit des sûretés,* PUF, Thémis, 2ème éd., 2011.
PIETTE G., *Droit des sûretés,* Gualino, Lextenso editions, 7ème éd. 2013-2014.
RIFFARD J.-F., *Droit des sûretés,* Lexifac-Droit, Bréal, 3ème éd., 2014.
RIPERT G. et BOULANGER J., *Traité élémentaire de droit civil de Planiol,* L.G.D.J., t. 2, 4ème éd., 1952.
RIPERT G., ROBLOT R., par DELEBECQUE Ph., et GERMAIN M., *Traité de droit commercial : effets de commerce, banque, contrats commerciaux, procédures collectives,* Tome 2, L.G.D.J. 17ème éd., 2004.
SAINT-ALARY-HOUIN C., *Droit des entreprises en difficulté,* Montchrestien, Coll. Précis-Domat, 2011.
SAINT-ALARY-HOUIN C., *Droit des entreprises en difficulté,* L.G.D.J.-Lextenson éditions, 9ème éd., 2014.
SEUBE J.-B., *Droit des sûretés,* Dalloz, coll. « Cours », 3ème éd., 2006.
SIMLER Ph. et DELEBECQUE Ph., *Droit civil. Les sûretés. La publicité foncière,* Précis Dalloz, 6ème éd., 2012.
SOINNE B., *Traité des procédures collectives, Commentaires des textes, formules,* Litec, 1995.
STARCK B., ROLAND H. et BOYER L., *Obligations,* t.III, Régime général, Litec, 6ème éd., 1999.
SZRAMKIEWICS R., *Histoire du droit des affaires*, Montchrestien, Coll. Précis-Domat, 1989.
SZRAMKIEWICZ R. et DESCAMPS O., *Histoire du droit des affaires,* L.G.D.J., Coll. Précis Domat, 2ème éd., 2013.
TERRE F., SIMLER Ph., et LEQUETE Y., *Droit civil, les obligations,* Dalloz, 9ème éd., 2005.
THALLER E., *Traité élémentaire de droit commercial*, Arthur Rousseau Editeur, Paris, 3ème éd., 1904.
THERY Ph., *Sûretés et publicité foncière,* PUF, 2ème édition, 1998.
VILLEY M., *Critique de la pensée juridique moderne, RHD,* 1946-1947, 201, 1976, rééd. Dalloz, 2009.
VOINOT D., *Droit économique des entreprises en difficulté*, L.G.D.J., 2007.
VOINOT D., *Procédures collectives,* Montchrestien, Lextenso éditions, 2011.
VOINOT D., *Procédures collectives,* L.G.D.J., 2ème éd., 2013.
VOIRIN P. et GOUBEAU G., *Droit civil : introduction au droit des personnes – Famille Personnes protégées, Biens – Obligations Sûretés*, L.G.D.J., t. 1, 34ème éd., 2013.
ZENATI CASTAING F. et REVET Th., *Les biens*, PUF, 3ème éd., 2008.

Ohada

KALIEU ELONGO Y. R., Droit et pratique des sûretés réelles OHADA, P.U.A, Coll. Droit uniforme, Cameroun, 2010.
MARTOR B., N. PILKINGTON, D. SELLERS, S. THOUVENOT, *Le droit uniforme africain des affaires issu de l'OHADA,* Litec, 2ème éd., 2009.
NTAMPAKA C., *Introduction aux systèmes juridiques africains,* Presse Universitaire de Namur, 2005.

POUGOUE P.G., *Présentation générale et procédure en OHADA*, PUA, 1998.
VANDERLINDEN J., *Les systèmes juridiques africains,* PUF, Coll. Que sais-je ?, 1ère éd., 1983.
ERNST & YOUNG International. *Actes uniformes OHADA*, Les études pratiques de Ernst & Young en Afrique, Editions FFA, 1ère éd., oct. 2006.
SAWADOGO F. M., *OHADA – Droit des entreprises en difficulté*, Bruylant, 2002.
AUTRE (droit international, anglo-saxon etc.)
DESLAURES J., *Précis de droit des sûretés,* Montréal, Wilson & Lafleur, 1990.

OUVRAGES SPÉCIAUX, THÈSES & MONOGRAPHIES

France

ANTONMATTEI P.-H., RAYNARD J., *Droit civil : Contrats spéciaux*, LexisNexis, 7ème éd., 2013.
AYNES A., *Le droit de rétention, unité ou pluralité,* préf. Ch. LARROUMET, Economica, 2005.
BICHERON F., *La dation en paiement*, Thèse Paris II Assas, 2006.
BILLIAU M. et LOISEAU G., J. GHESTIN, *Le régime des créances et des dettes,* L.G.D.J., coll. Traité, 2005.
BLANLUET G., *Essai sur la notion de propriété économique, recherche au confluent du droit fiscal et du droit civil,* L.G.D.J., 1999.
BOSCO D., *L'obligation d'exclusivité,* Bruylant. 2008.
BOUGEROL-PRUD'HOMME L., *Exclusivité et garanties de paiement*, Thèse, Paris II Assas, 2010.
BUFNOIR C., *Propriété et contrat. Théorie des modes d'acquisition des droits réels et des sources d'obligations,* éd. A. Rousseau, 1900.
BUSSY-DUNAUD F., *Le concours d'actions en justice entre les mêmes parties : l'étendue de la faculté de choix du plaideur*, préf. J. GHESTIN, L.G.D.J., Coll. Bibliothèque de droit privé, 1988.
CAFFIN-MOI M., *Cession des droits sociaux et le droit des contrats,* Thèse éd. Paris Economica, 2009.
CHAUVIRE Ph., *L'acquisition dérivée de la propriété : le transfert volontaire des biens,* L.G.D.J., 2013.
CHAPUT (Dir.), *L'apurement des dettes,* Creda, 1998.
CROCQ P.., *Propriété et garantie,* L.G.D.J., 1995.
DELEGOVE S., Le droit commun et le droit spécial, Thèse Paris II Assas, 2011.
F. DERRIDA, P. GODE, J.-P. SORTAIS, *Redressement et liquidation judiciaires des entreprises,* avec la collab. de A. HONORAT, Dalloz, 3ème éd., 1997.
DIALLO Y., *Faut-il étendre la clause attributive de juridiction à tous les professionnels ?*, mémoire de Master II recherche, Université Paris Ouest Nanterre La Défense, 2009.
DUGUIT L., *Les transformations générales du droit privé depuis le Code Napoléon*, F. Alcan, 1ère éd, 1920, rééd. La mémoire du droit, 2008.
DUPICHOT Ph., *Le pouvoir des volontés individuelles en droit des sûretés,* Thèse Paris II, 2003.
DURAND J.F., *Le droit de rétention,* Thèse, Paris II Assas, 1979.
ERESEO N., *L'exclusivité contractuelle,* Litec, Bibl. dr. de l'entreprise, t. 79, 2008.

FARHI S., *La fiducie-sûreté et le droit des entreprises en difficulté,* Thèse., Nice, 2013.
GAMALEU Ch., *L'implication du créancier dans les procédures collectives,* Thèse Perpignan 2013.
GHESTIN J., HUET J., DECOCQ G., GRIMALDI C., LECUYER H., *Les principaux contrats spéciaux*, L.G.D.J., 3e éd. 2012.
GIJSBERS Ch., *Sûretés réelles et droit des biens,* Thèse Paris II, 2012.
GOLDIE-GENICON Ch., *Contributions à l'étude des rapports entre le droit commun et le droit spécial des contrats,* L.G.D.J., Lextenso éditions, 2009.
GOURDON P., *L'exclusivité*, préf. P. LE CANNU, L.G.D.J., Bibl. de dr. privé, t. 455, 2006.
GOYET Ch., *Le louage et la propriété à l'épreuve du crédit-bail et du bail superficiaire*, L.G.D.J., Bibl. de dr. privé, t. 180, 1983.
JOBARD-BACHELIER M.-N., *Droit civil : Sûretés, publicité foncière*, Dalloz, Mémento, 15ème éd., 2007.
LAMBOLEY A. et M.-H., *Droit des régimes matrimoniaux,* Litec, Coll. « Objectif droit », 6ème éd., 2011.
LE CANNU P., LUCHEUX J-M., PILTRON M. et SENECHAL J-P., *Entreprises en difficulté : prévention, redressement et liquidation judiciaires,* Joly Editions, Coll. Pratiques des affaires, 1995.
LECLERC F., *Droits des contrats spéciaux*, L.G.D.J., 2ème éd., 2012.
LEGEAIS D., *«* Les nouvelles fonctions de la propriété *»*, Ed. Société de législation comparée, coll. *Travaux de l'Association Henri Capitant*, « *La propriété* » t. L III.2006.
LUCAS-PUGET A.-S., *Essai sur la notion d'objet du contrat,* th. Nantes, préf. M. FABRE-MAGNAN, L.G.D.J., 2005.
MALAURIE Ph., *Les contrats contraires à l'ordre public. Etude de droit civil comparé : France, Angleterre,* Thèse Paris, 1951.
MALAURIE Ph., AYNES L. et CROCQ P.., *Les sûretés : la publicité foncière,* Defrénois 6ème éd, 2012.
MALAURIE Ph., AYNES L., *Les sûretés, La publicité foncière,* L.G.D.J., 8e éd. 2014.
MAURY J., *Droit des successions,* Litec, coll. Objectif droit, 7ème éd., 2012.
RAVENNE S., *Les propriétés imparfaites, contribution à la théorie de la structure du droit de propriété,* Thèse Paris Dauphine, 2007.
RIFFARD J.-F., *Le security interest ou l'approche fonctionnelle et unitaire des sûretés mobilières. Contribution à une rationalisation du Droit français,* L.G.D.J., PU Clermont-Ferrand, 1997.
RIZZI A., *La protection des créanciers à travers l'évolution des procédures collectives : contribution à l'étude de la notion de protection comme élément identitaire du droit des procédures collectives*, Thèse, Perpignan, 2003.
RONGEA-OUDIN F., *L'efficacité internationale des sûretés mobilières et l'unification du droit privé*, Thèse Paris XI, 1999.
ROULAND M., *La qualité de la créance,* Thèse Paris X Nanterre 2007.
ROUSSEL GALLE Ph., *Les contrats en cours dans le redressement et la liquidation judiciaires,* Thèse Dijon 1997.
ROUSSEL GALLE Ph., *Réforme du droit des entreprises en difficulté par la loi de sauvegarde des entreprises du 26 juillet 2005,* Litec, 2005.

SAINTOURENS B., *Essai sur la méthode législative : droit commun et droit spécial*, Thèse Bordeaux, 1987.
SALVAGE Ph., *La rétention*, Thèse, Grenoble, 1968.
SENECHAL M., *L'effet réel de la procédure collective*, Thèse, Toulouse 2001.
SUMEIERE P., *L'étude comparative, instrument de réforme du droit français des sûretés réelles*, Thèse Aix-Marseille III, 1987.
TOLEDO A. M., *Notion de sûreté ; Recherche sur les sûretés dans le droit du commerce international*, Thèse Paris 1, Ronéo 1997.
VALLENS J.-L., *L'insolvabilité des entreprises en droit comparé*, Joly Editions, Pratique des affaires, 2011.
ZENATI F., *Essai sur la nature juridique de la propriété. Contribution à la théorie juridique du droit subjectif*, Thèse, Lyon 1981.

Ohada

ALGADI A. S., *Contrats et Droit OHADA des procédures collectives : étude à la lumière du droit français*, L'Harmattan Paris, 2009.
KUPER, H. and KUPER L. (eds.), *African Law : Adaptation and Development*, Berkeley, University of California Press, 1965.
NGUEBOU J., *Le droit commercial général dans l'acte uniforme OHADA*, PUA, Coll. droit uniforme, Yaoundé, 1998.
POUGOUE P.-G., KALIEU Y. R, *L'organisation des procédures collectives d'apurement du passif OHADA*, PUA, coll. Droit. Uniforme, 1993.
KWEMO S., *L'OHADA et le secteur informel*, Thèse Paris 1 Panthéon-Sorbonne, 2012.
REYMOND DE GENTILLE M. J., *Le principe d'égalité entre les créanciers chirographaires et la loi du 13 juillet 1967*, Thèse Paris, Sirey, 1973.
SAWADOGO F.M., *OHADA – Droit des entreprises en, difficulté*, Bruylant, Bruxelles, Coll. Droit uniforme africain, 2002.
SOUPGUI E., *Les sûretés conventionnelles à l'épreuve des procédures collectives dans l'espace OHADA*, Thèse Université de Yaoundé II, 2008.
TIGER Ph., *Le droit des affaires en Afrique OHADA*, PUF, Coll. Que sais-je ?, 2001.

Autre (droit international, anglo-saxon etc.)

FARREL K. L., *Law & Banking Principles*, American Bankers Association, 4ème éd., 2000.
HAWKLAND W., *Uniform Commercial Code Series*, Clark, Boardman, Callaghan, Publishers 1995.
MORGAN DE RIVERY-GUILLAUD A.-M., *Le droit nord-américain des sûretés mobilières*, L.G.D.J., 1998.
KING D. B., & CO, *Commercial Transactions Under the Uniform Commercial Code and other Laws*, Matthew Bender, 1997.
SCHROEDER M. R., *The Law and Regulation of Financial Institutions*, A.S. Pratt & Sons, Thomson Financial,, t. 3, 2000.
WHITE J.-J., SUMMERS R.S., *The Uniform Commercial Code*, Hornbook Series, 4th ed., 1995.

ARTICLES, CHRONIQUES, CHAPITRES D'OUVRAGES, ACTES DE COLLOQUES

France

ANCEL P., « Force obligatoire et contenu obligationnel du contrat »,*RTD civ*. 1999, p. 771, n° 17.

ANSALONI G., « Coup de tonnerre sur le droit des sûretés ? », *Rev. Banque* 2013, p. 58 et s.

ANSAULT J.-J., « Fiducie-sûreté et sûretés réelles traditionnelles : que choisir ? », *Droit & Patrimoine,* 2010, n° 192, Dossier « quel avenir pour la fiducie ? ».

ATIAS Ch., « Destins du droit de propriété », *Revue Droits* 1985, n°1, p. 4 et s.

ATTARD J., « L'indisponibilité utilisée à titre de sûreté », *RLDA* 4794 n° 86/Octobre 2013, p. 88 et s.

D'AVOUT L., DANOS F., « Collisions de régimes juridiques en matière de sûretés réelles », *Droit & Patrimoine*, 2013, n° 227, pp. 24-34.

AUBERT F., « Les finalités des procédures collectives », *Prospectives du droit économique, Dialogues avec M. Jeantin, D.,* 1999.

AYNES L., « Rapport de synthèse », *Les garanties de financement,* 82ème Congrès des Notaires, Nice, Defrénois 1986, 909, n° 1 et 2.

AYNES A., « La consécration légale des droits de rétention »,*D.* 2006, 1301.

AYNES A., « L'extension du droit de rétention dans le projet de réforme des procédures collectives », *JCP* 2008, Act., 300.

AYNES L. et. DUPICHOT Ph., « Les grandes lignes d'un nouveau visage » *Droit & Patrimoine* n°166 janvier 2008, p.82 et s.

AYNES A., « Propos conclusifs », Dossier « Réforme des sûretés : premiers bilan », *Droit & Patrimoine,* 2012, n° 213.

AYNES A. et Ph. DUPICHOT, « Janvier-Juillet 2014 : Désordre législatif, cohérence jurisprudentielle », *Droit & Patrimoine* n° 241, novembre 2014, p. 108.

BAC A., « Le point de vue des établissements de crédit sur l'ordonnance », *RLDA* supplément n°7, p.38.

BECQUE-ICKOWICZ S., La loi de sauvegarde article par article (1ère partie), *LPA* 8 févr. 2006, p. 43.

BELLAMY M., « Malaise et déséquilibre du droit du crédit en France », *JCP* 1974, I, 2650. BERGEL J.-L, « Méthodologie fondamentale : Méthodes et principes de coordinations des règles juridiques », *Méthodologie juridique,* PUF, 2001, p 190.

BERMONT DE VAULX J.-M., « Le sort des droits sociaux détenus par les dirigeants de société en redressement ou en liquidation judiciaire », *Rev. sociétés* 1990, 221 s.

BEY E.M., « La propriété : le crédit-bail envisagé comme une sûreté », *L'évolution du droit des sûretés*, *RJ com.* 1982, n° spécial 32, p. 48 et s.

BLANLUET G., « Brèves réflexions sur la propriété économique », *Droit & Patrimoine,* n°91, mars 2001, p. 80.

BONHOMME R., « Action en extension de procédure et rôle des contrôleurs », *RPC,* n° 4, juillet-août 2013, p.13 et s.

BONNEAU Th., « Les fonds communs de placement, les fonds communs de créances et droit civil », *RTD civ*. 1991, p. 1

BORGA N., « Regards sur les sûretés dans l'ordonnance du 18 décembre 2008 », *RD banc. Fin.* 2009, *Etude* 20, n° 13.

BOULOC B., « Action en revendication en procédure de redressement judiciaire », *RTD com.*1991, 638.
BRILL J.-P., « L'incidence de la réforme des sûretés sur le droit des procédures collectives », actes du colloque du Centre de Droit de l'Entreprise, 22 septembre 2006, université de Strasbourg.
BUSSANI M., « Rapport conclusif. Le droit comparé des sûretés réelles et l'intégration juridique », *Droit & Patrimoine,* 2001, n° 94.
CABRILLAC M., « Les ambiguïtés de l'égalité entre les créanciers », *Mélanges A. Breton et F. Derrida,* Dalloz, 1991, p.31 et s.
CABRILLAC M., PETEL Ph., « Juin 1994, le printemps des sûretés réelles », *D.* 1994, Chron, p. 243.
CAGNOLI P., « Réflexions critiques sur les restrictions jurisprudentielles au pouvoir juridictionnel du juge-commissaire en matière de vérification des créances », *RPC,* 2009, Etude 23.
CARBONNIER J., L'influence du paiement du prix sur le transfert de la propriété dans la vente, *Travaux et Conférences de l'Université de Bruxelles* VIII 1960, p. 127 et s.
CARBONNIER J., « La supériorité de la norme spéciale sur la norme générale », *RTD Civ.*1961, p. 332 n° 1.
CATALA N., « De la nature juridique du droit de rétention », *RTD civ.*1967, p.9.
CERATI-GAUTHIER A., « Procédures collectives : rôle du CE et représentant des salariés », *Cahiers Lamy CE* 2007, n° 64.
CHAMPAUD Cl., « La responsabilité commerciale de Colbert à Badinter », *Mélanges A. Decoq*, Paris, Litec, 2004.
CHARTIER Y., Rapport de synthèse*, L'évolution du droit des sûretés : RJ Com.,.*n° spéc. févr. 1982.
CHAZAL J.-P., « Propriété et entreprise : le Conseil constitutionnel, le droit et la démocratie », *Recueil Dalloz* 2014 p. 1101 et s.
CHEROT J.-Y., « La protection de la propriété dans la jurisprudence du Conseil constitutionnel », *Mélanges Ch. Mouly*, Litec. 1998, p. 415.
CHVIKA E., « Du security interest sur les marchés de gré à gré soumis au droit français », *Bull. Joly Bourse*, n° 1, p. 16.
COLLECTIF, *Droit et Economie, APD*, t. 37, Sirey, 1992.
COQUELET M.L. et B. THUILLIER, article 12, du dossier consacré au colloque 25 nov. 2011 université de Nanterre « *Que reste-t-il des principes traditionnels des procédures collectives face au morcellement du traitement de la défaillance* », *RPC* Mai-Juin 2012.
COUDERT J.-L., « Les procédures collectives, l'égalité des créanciers est-elle un mythe ou une réalité ? », *LPA* 26 août 1992, n° 103, p. 12 et s.
CROCQ P.., « Propriété garantie. Réserve de propriété, feu l'accord des volontés ou un nouvel et malheureux épisode de « la jurisprudence combattue par la loi », *RTD civ*. 1996, 675.
CROCQ P.., « L'évolution des garanties de paiement : de la diversité à l'unité », *Mélanges Ch. Mouly,* t. 2, Litec, 1998, p. 317 et s., spéc., n° 12 et s.
CROCQ P.., « Dix ans après : l'évolution récente des propriétés-garanties », *Mélanges M. Gobert*, Economica, 2004, p. 347.
CROCQ P.., « La réforme des procédures collectives et le droit des sûretés », *D.* 2006, Chron, p. 1306 et s.
CROCQ P.., « La réserve de propriété », *JCP* G 2006, Suppl., n° 20, p. 23.

CROCQ P.., « La réforme des sûretés mobilières », *Le droit des sûretés à l'épreuve des réformes*, Editions juridiques et techniques, 2006, n° 34.
CROCQ P.., « Les sûretés fondées sur une situation d'exclusivité et le projet de l'acte uniforme portant organisation des sûretés », *Droit & Patrimoine*, 2010, n° 197, p. 78-85.
CROCQ P.., « Les incidences de la réforme du droit des procédures collectives sur le droit des sûretés », *RLDC* Décembre 2014, supplément au n° 121, p. 22.
CUIF P. F., « L'attribution judiciaire de l'immeuble hypothéqué : spécificité et efficacité », *RLD civ.*, 2010, n° 69.
DAMMANN R., « La réforme des sûretés mobilières : une occasion manquée », *D.*, 2006, p. 1298.
DAMMANN R. et PODEUR G., « Fiducie-sûreté et droit des procédures collectives : évolution ou révolution ? », *D.* 2007, Chr. p. 1359.
DAMMANN R. et PODEUR G., « Les sûretés-propriété face au plan de sauvegarde », *D.*2008, p. 928 s.
DAMMANN R et PODEUR G., « Le rééquilibrage des pouvoirs au profit des créanciers résultant de l'ordonnance du 12 mars 2014 », *Recueil Dalloz*, 27 mars 2014, n° 12, 752 et s.
DANET D., « La science juridique, maîtresse de la science économique ?», *RIDE*, 1993, n°1.
DELEBECQUE Ph., « L'attribution du bien, l'originalité du gage commercial », *RJ com*, 1994, n° spécial, n° 3, p. 125.
DELEBECQUE Ph., « Le régime des hypothèques », *Commentaire de l'ordonnance du 23 mars 2006 relative aux sûretés*, *JCP G* 2006, I, n° 23.
DELEBECQUE Ph., « La constitution d'une sûreté sur un bien frappé d'une indisponibilité conventionnelle », *RLDA* 4793 n° 86, Octobre 2013, p. 85 et s.
DELEBECQUE Ph., « Réserve de propriété : une sûreté réelle atrophiée ? », *JCP Entreprise et Affaire*, N° 49 -5 Décembre 2013, 1679 Chronique Affaires, p. 46.
DELENEUVILLE J.M., « Compétence du juge-commissaire », *RPC* 1995, p.391.
DE ROUX X., « La création d'un patrimoine d'affectation », *RLDA*, juin 2010, p. 50.
DERRIDA F., « La dématérialisation du droit de rétention », *Etudes Voirin*, L.G.D.J., 1967, p. 177 et s.
DERRIDA F., « Clause de réserve de propriété et le droit des procédures collectives », *D.* 1980, Chr. 293.
DERRIDA F., « Le crédit et le droit des procédures collectives », *Mélanges* R. Rodière, Dalloz, 1982. p. 67 et s.
D'HOIR-LAUPRETRE C., « L'EIRL, un patrimoine affecté voué à …une désaffectation certaine ! », *LPA*, 14 janv. 2011, p. 3.
DROSS W., « La revendication dans les procédures collectives : une imposture ? », *Droit & Patrimoine*, 2011, 199, pp. 30-40.
DROSS W., « Les conditions de la revendication dans les procédures collectives sont-elles contraires au droit fondamental de propriété ? », commentaire, Cass. com. 1er avril 2014, *RTD civ.*, 2014, 680.
DUMONT-LEFRAND M.-P, « Gage sur stock *versus* gage sans dépossession de droit commun », *Gaz. Pal.* Edition généraliste, Mercredi 20, jeudi 21 mars 2013, n° 79 à 80.
DUPICHOT Ph., « Efficience économique du droit des sûretés réelles », *LPA,* 16 avril 2010, n° 76, p. 7, spéc. n° 3.

DUTOIT B., MAJOROS F., « Le lacis des conflits de conventions en droit privé et leurs solutions possibles », *RC. DIP.*, 1984, p.565 et s.
FABRE MAGNAN M., « Propriété, patrimoine et lien social », *RTD civ,* 1997, p. 583 et s.
FARGE M. et GOUT O., « L'impact du nouveau droit des entreprises en difficulté sur le droit des sûretés », *RLDC*, 2009, n° 58, p.25-33.
FRISON-ROCHE M.A., *Le caractère collectif des procédures collectives, R. J. Com.*, 1996, p. 294.
FRISON-ROCHE M.A., « La cohérence juridique de la loi du 10 juin 1994 », *Le nouveau droit des défaillances d'entreprises,* Dalloz 1995, coll. Thèmes et commentaires, p. 23 et s.
GALLET Ch.-H., « La demande de contestation de la résiliation d'un bail commercial par saisine du juge des référés et du juge-commissaire », *Revue des loyers, 2007, n°878.*
GARAUD E., « Sûretés et procédures collectives : l'articulation des réformes », *PA*, 17 juin 2009 n° 120, p. 4 et s.
GASSIN R., « Lois spéciales et droit commun », *D.,* 1961, I, 91 et s.
GHESTIN J., « Réflexions d'un civiliste sur la clause de réserve de propriété », *D.* 1981, chron., p. 1 et s.
GHOZI A., Nature juridique de la production des créances dans les procédures collectives de règlement de passif, *RTD.Com.,* 1976, p. 1 et s.
GHOZI A., « Sur la dualité du droit de rétention », *Etudes P. Catala,* Litec, 2001, p. 719.
GIJSBERS Ch., « L'exclusion du droit commun du gage par le régime spécial du gage des stocks », *RLDC* 2013, n° 103, p. 26-31.
GINESTET C., « La qualification des sûretés », *Defrénois* 1999, art. 36927 et 369940.
GIRAUD E., « Sûretés et procédures collectives : l'articulation des réformes », *LPA,* 17 juillet 2009, n° 120, p. 4 et s.
GOUT O., « Quel droit commun pour les sûretés réelles ? », *RTD Civ.* 2013, p. 255.
GREAU F., « Pour un véritable privilège de procédure », *LPA* 12 juin 2008.
GRELLIERE V., « Les procédures instaurées par la loi du 25 janvier 1985 sont-elles des procédures collectives de paiement ? », *LPA*, 1987, n° 81 et s.
GRIMALDI M., « Orientations générales de la réforme », *Droit & Patrimoine* 2005, n° 140, p. 50 et spéc. p. 52.
HANNEQUART A., « Droit et économie », *Encyclopédie économique,* éd. X. Greffe, J. Mairesse, J.-L. Reiffers, Economica, 1990.
HENRY L.-C., « La notion de procédure dans la loi de sauvegarde », *RPC* 2008, Etude 15.
HOUIN R., « L'introduction de la clause de réserve de propriété en droit français de la faillite », *D.* 1980, Chr. 293.
HOUIN R., « De la grande illusion des sûretés », *L'évolution du droit des sûretés, RJ Com.* 1982, n° spécial, p. 11.
JADAUD B., « Le régime juridique de la fiducie », *PA*, 10 juin 2009, n° 115, p. 4 et s.
JAZOTTES M : « Le privilège des créanciers postérieurs. Quel périmètre ? », *RLDA,* suppl. au n° 80, mars 2005, p. 132, spéc. p. 135.
JEANTIN M., « Généralités sur le redressement et la liquidation judiciaires », *JCl. Com.,* fasc. 2150, par.35.

JOURDAIN P., « Quelques réflexions sur la notion de garantie en droit privé », *Mélanges Malinvaud*, Litec, 2007.

LABRUSSE-RIOU C., « L'évolution du droit français depuis le Code de commerce », R. RODIERE (Dir.), *Faillites*, Dalloz, 1970, p.5 et s.

LARDEUX G., *« Qu'est-ce que la propriété ? Réponse de la jurisprudence récente éclairée par l'histoire », RTD Civ.* N°4, 2013 p. 741 et s.

LASSERRE CAPDEVILLE J., « L'évolution du droit concernant les créanciers financiers : l'influence du droit économique », *Les Dossiers de la RIDE* n°5, Hors-série 2012.

LAUGIER M., « L'indisponibilité et les mesures conservatoires de la loi, dite *Pétroplus*, du 12 mars 2012 », *RLDA* 4789 n° 86/Octobre 2013, p. 71.

LAVIALLE Ch., « La condition juridique de la monnaie fiduciaire », *RFDA* 2009, p. 669.

LEBEL Ch., « Les indisponibilités du droit des procédures collectives », *RLDA* 4788 n° 86/Octobre 2013, p. 68 et s.

LE CORRE P.-M., « L'invincibilité du droit de rétention dans les procédures collectives », *D.* 2001.Chron. 2815.

LE CORRE P.-M., « Les nouvelles règles de fixation du passif », *GP* 9 sept. 2005, n° 20. p. 20.

LE CORRE P.-M., « La mesure de l'efficacité des gages sans dépossession dans les procédures collectives », *JCP* E 2009, 1204.

LE CORRE P.-M., « La taxe foncière, une créance postérieure méritante ? », *Gaz. Pal.* 15-16 oct.2010, n°288 à 289, p. 12.

LE CORRE P.-M., « L'avènement d'une procédure semi-collective », Gaz. Pal. 15-16 oct 2010, p.3.

LE CORRE P.-M., « Le sort des créanciers : quel état des lieux ? » *Droit & Patrimoine*, 2013, 223, Dossier « La loi de sauvegarde à l'âge de raison ».

LE CORRE P.-M., « En avant pour une réforme de la loi de sauvegarde des entreprises !», *LPA,* 09 décembre 2013, n°245.p.3 et s.

LE CORRE P.-M., « Premiers regards sur l'ordonnance du 12 mars 2014 réformant le droit des entreprises en difficulté », *Recueil Dalloz,* 27 mars 2014, n°12.ss. 733 et s.

LEFEBVRE M., « La saisie des biens indisponibles en droit des affaires », *RLDA* 4790 n° 86/Octobre 2013, p.75 et s

LEGEAIS D., « La réforme du droit des garanties ou l'art de mal légiférer », *Mélanges Ph. Simler*, Litec-Dalloz 2006, p. 367 et s.

LEGEAIS D., « La réforme des sûretés, la fiducie et les procédures collectives », *Revue Sociétés* 2008, p.607.

LEGEAIS D., « La distinction des sûretés civiles et commerciales », *Mélanges, P. Didier*, Economica 2008.

LEGEAIS D., « Le gage sur le stock est exclusif du gage sans dépossession de droit commun », *JCP Entreprise et Affaire*, n° 12-21 Mars 2013, 1173, p. 45 et s.

LEGROS J.-P., « L'ordonnance réformant la loi de sauvegarde des entreprises, seconde partie : redressement, obligataires, liquidations et sanctions », *Revue sociétés* avr. 2009, p. 13, n° 8.

LEPELTIER D., « Le nouveau droit d'hypothèque », *Droit & Patrimoine*, Dossier spécial « Le nouveau droit de l'hypothèque », 2007, n°159, spéc. p. 60.

LE POMMELEC A., « La signification de l'ordre public en droit des obligations », *L'Ordre public*, Actes du colloque, 15 et 16 décembre 2011, Centre Michel de l'Hôpital de l'Université d'Auvergne, Editions Cujus, 2012.

LES NOUVELLES FISCALES, « Assises de la fiscalité des 11 février et 24 mars 2014 : 15 propositions pour améliorer les relations entre l'Administration et les entreprises », *Les Nouvelles fiscales, n° 1136, 15 juin 2014.*

LIENHARD A., « Le nouveau privilège de procédure : entre restauration et éclatement », *Mélanges Ph. Simler,* Litec-Dalloz, 2006, p. 475.

LUCAS F.-X., « Caractère collectif de la procédure et sauvegarde financière accélérée », *RPC* Mai-Juin 2012, article 18 du dossier consacré au colloque 25 nov. 2011, université de Nanterre « *Que reste-t-il des principes traditionnels des procédures collectives face au morcellement du traitement de la défaillance* ».

LUCAS F.-X., « Caractère collectif de la procédure et entrepreneur individuel à responsabilité limitée (EIRL) », in *RPC* Mai-Juin 2012, article 19 du dossier consacré au colloque 25 nov. 2011 université de Nanterre « *Que reste-t-il des principes traditionnels des procédures collectives face au morcellement du traitement de la défaillance* ».

LUCAS F.-X., « Vers un droit négocié de l'entreprise en difficulté, Propos conclusifs », *Les dossiers de la RIDE*, n° 5 Hors-Série 2012, p.109 et s.

MACDONALD R. A., « Le droit des sûretés mobilières et sa réforme : principes juridiques et politiques législatives », P. Legrand, *Common Law : d'un siècle à l'autre,* Cowansville, éd. Yvon Blais, 1992, p. 423

MARTIAL-BRAZ N., « L'inévitable caractère exclusif du gage sur stock ou les conséquences des errements du législateur de 2006 », *JCP G*, n° 19-20, 6 mai 2013, 539, p. 931.

MARRAUD DES GROTTES G., « Reste-t-il un intérêt à conclure un gage sans dépossession », *RLDC* 2009, n° 3302.

MARTIN L. M., « Suretés traquées : crédit détraqué », *Banque* déc.1975, p. 1133.

MARTIN D. R., « La propriété de haut en bas », *Recueil Dalloz,* 2007, n°28, p. 1977.

MARTIN-SERF A., « Une instance en référé n'est pas une instance en cours interrompue par le jugement d'ouverture », *RTD com.,* 2010.

MARTIN-SERF A., « Revendication. Délai de trois mois conforme à la CEDH », *Sauvegarde, redressement et liquidation judiciaires,* Chron. Entreprises en difficulté, *RTD Com.* juillet-septembre 2014, p. 692-693.

MAZEAUD D., La manière du contrat, *Les concepts contractuels français à l'heure du droit européen des contrats, D.*, 2003, p.81.

MAUCLAIR S., « La force normative de l'adage *specialia generalibus derogant* », *La force normative, naissance d'un concept,* L.G.D.J.-Bruylant, 2009, p.227.

MENJUCQ M., « Modification du règlement insolvabilité : dernière étape avant l'harmonisation des droits nationaux des procédures collectives ? », *RPC civiles et commerciales,* n° 1, janvier-février 2013 – 8ème année.

MESTRE J. et J-L., « Eclairage historique pour l'application d'une loi récente (loi du 12 mai 1980 sur les effets de la clause de réserve de propriété) », *Recueil de mémoires et travaux,* Société d'histoire du droit, fasc. XII, faculté de droit de Montpellier, 1983, p. 123 et s.

MESTRE. J., « L'ordre public dans les relations économiques », *L'ordre public à la fin du XXème siècle,* Th. REVET (Dir.). D., 1996.

MOLFESSIS N., « Entreprise et patrimoine : évolution ou révolution ? », *Gaz. Pal,* 19 mai 2011 n° 139, p. 63.
MOUBSIT H., « Les clauses d'inaliénabilité en droit des sociétés », *RLDA* 4795 n° 86/ Octobre 2013, p. 91 et s.
MOULY Ch., « Procédures collectives : assainir le régime des sûretés », *Mélanges*, R. Roblot, L.G.D.J.. 1984, p. 560.
OPPETIT B., « Les tendances régressives dans l'évolution du droit contemporain », *Mélanges D. Holleaux*, Litec, 1990, p. 227 et s, note 235.
OPPETIT B., « Droit et économie », *Droit et modernité,* PUF Doctrine juridique, 1998.
PAILLUSSEAU J., « Du droit des faillites au droit des entreprises en difficulté », *Etudes offertes à Roger HOUIN,* Dalloz, 1985, p. 109.
PAILLUSSEAU J., « Du droit des faillites au droit des entreprises en difficulté, *Mélanges*, Centre de droit des affaires, université Rennes 1, p. 109 et s.
PEDAMON M., « La réserve de propriété en droit français et en droit allemand », *L'évolution du droit des sûretés, RJ com.* 1982, n° spécial, p. 57 et s.
PEROCHON F., « Régime issu de la loi du 10 juin 1994 », *D.*1994. *Chron.* 251.
PEROCHON F., « Le droit de rétention accessoire de la créance », *Mélanges M. Cabrillac,* Litec, 1999, p. 379
PEROCHON F., « Dernières évolutions jurisprudentielles », *LPA* 13 févr. 2002.
PEROCHON F., « Les créanciers postérieurs et la réforme du 26 juillet 2005 *Gaz. Pal.* 7-8sept. 2005, p. 57, n° 20.
PEROCHON F., « Les interdictions de paiement et le traitement des sûretés réelles », *D.* 2009. Chron. 651, n°35.
PEROCHON F., « Le périmètre de la règle de l'arrêt des voies d'exécution », *Mesures d'exécution et procédures collectives*, P.M.l Le Corre (Dir.), Ed. Brulant 2012, p. 9 et s.
PEROCHON F., « Le choix des garanties efficaces », *JBE*-2012-0164, 01 sept. 2012 n°5, p. 321 et s.
PETEL Ph., « Le nouveau droit des entreprises en difficulté », *JCP E* 2005, n° 42, p.1730, spec. n° 83.
PETEL Ph., « Les créances postérieures » *RPC*, 006.
PETEL Ph., « La réforme des sûretés réelles à l'épreuve des procédures collectives », *Evolution des sûretés réelles : regards croisés Université – Notariat*, Litec 2008, p. 109 et s.
PETEL Ph., « Le nouveau droit des entreprises en difficulté : acte II – commentaire de l'ordonnance n° 2009-1345 du 18 décembre 2008 », *JCP E* 2009, 1049.
PIETRANCOSTA A., VERMEILLE S., « Le droit des procédures collectives à l'épreuve de l'analyse économique du droit Perspective d'avenir ? », RTDF n° 1, 2010.
PIETTE G., « De l'art de faire n'importe quoi : l'œuvre législative en droit des sûretés », *Lexbase Hebdo*, Ed. Affaires, septembre 2014, n° 394.
PIZZIO-DELAPORTE C., L'action paulienne dans les procédures collectives, *RTD com.* (4), octobre-décembre 1995, p.716.
PLANKEEL F., « Les notions d'indisponibilité », *RLDA* 4787 n° 86/ Octobre 2013, p. 65 et s.
PODEUR G., « Fiducie-sûreté et droit des procédures collectives : évolution ou révolution ? », *D.* 2007, Chron. 1359.

PODEUR G. « Fiducie et procédure de sauvegarde, un nouvel équilibre », *RLDA* 2008, n° 27, p. 33.

POLLAUD-DULIAN F., « Cette procédure collective égalitaire est applicable au seul créancier commerçant », *JCP* G 1998. I. 138, n° 23.

POLLAUD-DULIAN F., « Du droit commun au droit spécial – Et retour », *Aspects actuels du droit des affaires, Mélanges en l'honneur de Yves Guyon,* Dalloz., 2003 p.925 et s.

PORTALIS J. E. M., « Exposé des motifs du préliminaire du Code Napoléonien », *Ecrits et discours juridiques et politiques,* PUAM, 1988, p.78.

POURQUIER C., Le mythe de la perpétuité de la propriété, *Himeji International forum of Law and Politics,* n°2, 1995, 107 s.

PROVENS P., « La clause de réserve de propriété en matière immobilière », *Gaz. Pal.* 01 oct. 2003, p. 1593.

REYGROBELLET A., « Caractère collectif et traitements du surendettement des particuliers », *RPC* Mai-Juin 2012, article 20 du dossier consacré au colloque 25 nov. 2011, université de Nanterre *: « Que reste-t-il des principes traditionnels des procédures collectives face au morcellement du traitement de la défaillance ?* ».

RIFFARD J.-F., « Quel avenir pour les sûretés sectorielles en matière agricole et commerciale : requiem ou statu quo ? », *RD Rur.* 2009, n° 372, Dossier, 25.

RIFFARD J.-F., « La loi type de la CNUDCI sur les opérations garanties », *RLD Civ.* septembre 2014, n°118, p. 32-36.

RIPERT G., « L'ordre public et la liberté contractuelle », *Mélanges,* F. Gény, Sirey, 1935, t. II.

RONTCHEVSKY N., « Gage sur stocks (C. Com., art. 527-1) – Application impérative des dispositions du Code de commerce », comm. Cass. com., 19 février 2013, *Banque & Droit* n°148 mars-avril 2013, p. 52.

ROSSIGNOL H., Rapport au XVII congrès des syndics, *Gaz. Pal.*1978, p. 613 s.

ROUSSEL GALLE Ph., « Le dirigeant de société et le nouveau droit des entreprises en difficulté issu de la réforme du 18 décembre 2008 », *Revue sociétés* 2/2009, pp. 249-272.

ROUSSEL GALLE Ph., « Finalités des procédures collectives en QPC », *LPA*, 29 septembre 2011, n°194, p.66.

ROUSSEL GALLE Ph., « OHADA et difficultés des entreprises. Etude critique des conditions et effets de l'ouverture de la procédure de règlement préventif », *RJ Com.,* février-mars 2001, p. 9 à 19 et p. 62 à 69.

SAINT-ALARY-HOUIN C., « De la faillite au droit des entreprises en difficulté. Regards sur les évolutions du dernier quart de siècle », *Regards sur quelques évolutions récentes du droit,* Travaux de l'IFR, Mutations des normes juridiques, PU Toulouse I, 2005, p. 299.

SAINT-ALARY-HOUIN C., « La modernisation du droit des faillites. Du doit des faillites au droit des entreprises en difficulté », *La modernisation du droit des affaires,* G. JAZOTTES (Dir.), Litec, coll. Colloques, 2007, p. 77.

SAMB V. M., « Droit de rétention », *Encyclopédie du droit OHADA,* 2012, p.717 et s.

SENECHAL M. et COUTURIER G., « Créanciers antérieurs : l'égalité a-t-elle vécu ? », *BJE* sept. 2012, N°5 p. 328.

SERLOOTEN P., « L'entreprise en difficulté, le Trésor, la Sécurité Sociale et les autres », *Etudes Weill,* Dalloz/Litec, 1983, p. 495.

SIMLER Ph., DELEBECQUE Ph., « Gage du stock ou gage de droit commun : peut-on choisir ? », *JCP G* n° 21-20 mai 2013.

SOINNE J., « La publicité des garanties financières de l'entreprise : gage d'efficacité », *Petites Affiches*, du 26 mai 2005, n°104, p.19.

SORTAIS J.-P., « La situation des créanciers titulaires de sûretés et de privilèges dans les procédures collectives », *RTD Com.* 1976. 269.

SUEL M., « L'énigme de l'article 17 DDHC sur le droit de propriété », *RDP,* 1974, 1300.

TEBOUL G., « Le casse-tête des créances utiles méritantes : une tentative d'éclaircissement », *Gaz. Pal.28 août -1er sept. 2011, p. 7 et s.*

TEBOUL G., « L'ordonnance du 12 mars 2014 sur la réforme du droit des entreprises en difficulté : un duel créanciers / débiteurs à armes égales ? », *GP* – éd. Généraliste, mer. 26. Jeu. 27 mars 2014, p. 6 et s.

TERRE F., « L'évolution du droit de propriété depuis le Code civil », *Revue Droits* 1985, n° 1, p. 33 et s.

TESTON B., « Garanties et sûretés internationales : les sûretés réelles mobilières anglo-saxonnes », *Droit & Patrimoine*, 2001, n° 94. p. 69-76.

THERON J., « Réflexions sur la nature et l'autorité des décisions rendues en matière d'admission de créances », *RTD com.* 4, 2011, p. 635-651.

THERY Ph., « La différenciation du particulier et du professionnel : un aspect de l'évolution du droit des sûretés », *Droit & Patrimoine,* 2001, n° 92, p. 53 et s.

VALLANSAN J., « Que reste-t-il de la cessation des paiements ? », *RPC* Dossier, Mai-juin 2012, p. 77 et s.

VALLENS J.-L., « La réforme des procédures collectives, du bon usage du droit comparé », *LPA* 18 sept. 1998, n° 112, p. 14 s.

VALLENS J.-L., « Les modifications apportées par l'ordonnance sur les sûretés au droit des procédures collectives », *RLDA* 2006, n°7 juillet, p.75 et s.

VALLENS J.-L., « Les « effets pervers » de la loi de sauvegarde des entreprises », *RTD com. 2007, 604.*

VALLENS J.-L., « L'arrêt des poursuites individuelles est d'ordre public international », *RTD com.* 2010.

VALLENS J.-L., « La sauvegarde financière accélérée est-elle une procédure collective ? », *RTD com. 2011, 644.*

VALLENS J.-L., « Une réforme efficace et mesurée du livre VI du code de commerce », *RLDA -2014, n° 93.*

VANNEAUX M.-A., « Indisponibilités et actionnariat public majoritaire », *RLDA* 4796 n° 86 / Octobre 2013, p. 95 et s.

VASSEUR M., « Le crédit menacé. Brèves réflexions sur la nouvelle législation relative aux entreprises en difficulté », *JCP G*, 1985, I, 3201

VAUTROT-SCHWARZ Ch., « L'ordre public économique », *L'Ordre public*, Actes du colloque des 15 et 16 décembre 2011, Centre Michel de l'Hôpital de l'Université d'Auvergne, Editions Cujus, 2012.

VAUVILLE F., « La situation du conjoint *in bonis* face aux procédures collectives professionnelles », *RLDA* 4791 n° 86/Octobre 2013, p. 78 et s.

VOINOT D., « Refus par l'acheteur de la clause de réserve de propriété en droit des procédures collectives : à propos de l'article 9 de la loi n° 96-588 du 1re juillet 1996 sur la loyauté et l'équilibre des relations commerciales modifiant l'article 121 de la loi du 25 janvier 1985 », *D.* 1997, chron. 312.

VOGEL L., « L'économie, serviteur ou maître du droit ? », *Mélanges A. Decocq*, Litec 2004.

ZATTARA-GROS A.-F., « Conv. EDH, Protocole 1er : droit de propriété », Commentaire, *Répertoire de droit européen*, mars 2014, parag. 37.

ZATTARA-GROS A.-F., Commentaire de jurisprudence relative à l'article 1er du Protocole Conv. EDH : droit de propriété, *Répertoire de droit européen*, Mars 2014.

ZENATI F., « Pour une rénovation de la théorie de la propriété », *RTD civ.* 1993, 305.

Ohada

ABARCHI D., « Problématique des réformes législatives en Afrique : le mimétisme juridique comme méthode de construction du droit », *Recueil Penant,* n° 842, janvier-mars 2003, p. 59 et s.

ADJITA A. S., « Le droit de rétention comme sûreté en droit uniforme OHADA », *Penant,* n°844, juillet-septembre 2003, p. 279.

BENKEMOUN L., « Sécurité juridique et investissements internationaux », *Penant,* n° 855, Avril-juin 2006, p.193, Ohadata J.06.52.

BLACK L.Y : « Les enjeux de la réforme de l'acte uniforme OHADA portant organisation des sûretés : un atout pour faciliter l'accès au crédit », *Droit & Patrimoine*, 2010, n°197, dossier : « Bientôt un nouveau droit des sûretés dans l'OHADA ».

BLACK L. Y., « Enjeux économiques de la réforme de l'Acte uniforme OHADA portant organisation des sûretés : un atout pour faciliter l'accès au crédit », *Droit & Patrimoine*, 2010, n° 197, dossier : « Bientôt un nouveau droit des sûretés dans l'OHADA ».

BLANC G., « Prévenir et traiter les difficultés », *Actes du colloque « La sécurisation des investissements des entreprises en Afrique francophone : le droit O.H.A.D.A »,* organisé le 20 mars 2009, Université Aix-Marseilles III Centre de Droit Economique, sous les auspices Louis-Daniel Muka Tshibende, Ed. PUAM, 2009.

BRIZOUA-BI M., « L'attractivité du nouveau droit OHADA des hypothèques », *Droit & Patrimoine*, 2010 n° 197, novembre 2010, Dossier « Bientôt un nouveau droit des sûretés dans l'OHADA » p. 45 et s.

CROCQ P.., « Les grandes orientations du projet de réforme de l'acte uniforme portant organisation des sûretés », *Droit & Patrimoine,* 2010, n°197 p.52.

DIAKHATE M., « Les procédures simplifiées et les voies d'exécution : la difficile gestation d'une législation communautaire », *Revue sénégalaise du droit des affaires*, Dakar, n°2-3-4 2003-2004, p.11.

D'ARBOUSSIER G., « L'évolution de la législation dans les pays africains d'expression française et à Madagascar », *African Law : Adaptation and Development,* Berkeley, Kuper, H. and Kuper L. (eds.), University of California Press, 1965, p.165 et s.

DOOH COLLINS R., « Rapport général sur l'acte uniforme révisé OHADA portant organisation des sûretés », *Actes* du Colloque annuel parisien du DIU Juriste OHADA, Dossier spécial *LPA-25* septembre 2015-n° 192, p. 23.

GOMEZ J-R., « Entreprises en difficulté : Lecture de l'Acte Uniforme de l'OHADA portant organisation des procédures collectives d'apurement du passif à la

lumière du droit français », *Revue d'Analyses et de Prospectives Africaines*, Ed. Bajag-Meri, 2003 pp.13. 19 et 20.
ISSA-SAYEGH J., « Le nouveau droit des garanties de l'OHADA », Communication au 1er colloque national de l'association ivoirienne Henri Capitant, Abidjan, 2 avril 2001*, Ohadata D-02-15*., p. 161.
ISSA-SAYEGH J., Commentaire sous l'article 67 AUS r, *Code Vert OHADA : Traité et actes uniformes commentés et annotés*, Juriscope, 2012, p.896.
ISSA-SAYEGH J., Commentaire sous l'article 68 AUS r, *Code Vert OHADA* : *Traité et actes uniformes commentés et annotés*, Juriscope, 2012, p.897.
ISSA-SAYEGH J., Commentaire sous l'article 69 acte AUS r, *Code Vert Ohada : Traité et actes uniformes commentés et annotées,* Juriscope 2012.
KALIEU ELONGO Y. R., « Notion de procédure collective », *Encyclopédie du droit OHADA*, P.G. POUGUE (Dir.), Lamy, 2011 p. 1257.
KALIEU ELONGO Y. R., « Hypothèque », *Encyclopédie de droit OHADA*, P.G. POUGUE (Dir.), Lamy 2011.
KALIEU ELONGO Y. R., « Réflexions à partir du droit des entreprises en difficulté », *Droit et attractivité économique : le cas de l'OHADA,* Actes du Colloque international du 20 juin 2013 de l'Association pour l'efficacité du droit et de la Justice (AEDJ) dans l'espace OHADA, L. Cadiet (Dir.), Coll. Bibliothèque de l'IRJS André Tunc. 2013, p.92.
KIRSH M., Dixième anniversaire de la signature du traité concernant l'harmonisation du droit des affaires en Afrique*, Penan*t, Paris, Editions Juris Africa, n°845, oct-déc., 2003, p.845,.
MAHOVE M., « Le système pénal OHADA ou l'uniformisation à mi-chemin » *Penant : Revue de droit des pays d'Afrique* n°846, janvier-mars 2004, Paris Edition Africa, p.87.
MASAMBA R., « OHADA et le climat d'investissement en Afrique », *Penant : Revue de droit des pays d'Afrique*, Paris, Juris Africa, Avril-juin 2006, n° 855, p.137 – 150.
MASAMBA R., POUGOUE P-G., « Attractivité économique du droit OHADA », *Encyclopédie du droit OHADA,* 2012, p. 377 et s.
MBAYE K., in Avant- propos, *Penant,* Numéro spécial OHADA, n° 827, mai-aout 1998, Ediéna, Le Vésinet, 1998. p.126.
MBAYE K., « L'histoire et les objectifs de l'OHADA », *Petites Affiches,* n° 205, 13 octobre 2004.
MEYER P., « La sécurité juridique et judiciaire dans l'espace OHADA », *Penant : Revue de droit des pays d'Afrique*, Paris,Juris Africa, 2006 n° 855, p.151-175.
MUKA TSHIBENDE L.-D., « Harmonisation et simplification du droit francophone africain des affaires », *Recueil d'études sur l'OHADA et l'UEMOA,* Ed. PUAM, Coll. Horizons Juridiques Africains, 2013, Vol 1.
MUKA TSHIBENDE L-D., « La sécurisation juridique et judiciaire issue du droit OHADA », *Recueil d'études sur l'OHADA et l'UEMOA*, éd. PUAM., Coll. Horizons Juridiques Africains, Vol.1, 2013.
NANDJIP MONEYANG S., « Réflexion sur l'égalité des créanciers dans les procédures collectives OHADA », *RPC - juillet-août 2010*, n° 22, p. 25 et s.
NDAW I., « La coordination de souverainetés dans l'espace OHADA », *Revue juridique des pays d'Afrique francophone Penant* 878 janv.-mars 2012, p.71.
NSIE N., « Les remises de dettes consenties aux débiteurs en difficultés », *RPC,* 1998, p. 138.

OTOUMOU J.-C., « Le droit de rétention en droit OHADA », *Penant*, n° 838, p.75.
PAILLUSSEAU J., « Une révolution juridique en Afrique, l'OHADA », *Dialogues avec Michel Jeantin, Prospectives du droit économique*, D., Coll. Etudes, mélanges, travaux, 1999.
PAILLUSEAU J., « Le droit OHADA, un droit très important et original », *JCPE, Cahiers de droit de l'entreprise, supplément* n°5, 2004, p.3.
POUGOUE P.G., « Régime général des sûretés », *Encyclopédie du droit OHADA*, Lamy, 2012. p.1481 et s.
ROCHER A., « L'évaluation de l'Organisation pour l'Harmonisation en Afrique du Droit des affaires (OHADA) par le *Doing Business* », *Revue du Droit des affaires en Afrique (RDAA),* mai 2015.
SAMB M., « Droit de rétention », *Encyclopédie du droit OHADA,* Lamy, 2012, p. 720.
SAWADOGO F. M., « L'application judiciaire du droit des procédures collectives en Afrique francophone, à partir de l'exemple du Burkina », *Revue Burkinabe de Droit,* n°26 juillet 1994, p. 191 à 248.
SAWADOGO F.-M., Propos introductifs au commentaire de l'AUPC, *Code Vert OHADA*, 2012, pp. 1128 -1133.
SAWADOGO F.M., « La problématique de la cohabitation des ordres juridiques OHADA, UEMOA, CEDEAO », *Actes du Colloque sur la mise en cohérence des processus d'intégration économique et juridique,* Ouagadougou, 8, 9, 10 janvier 2007, non publié mais repris dans *OHADA Traités et Actes uniformes commentés et annotés*, 4ème éd. Juriscope, 2012.
SAWADOGO F.M., Commentaire sous l'article 9 AUPCAP, *Code vert OHADA : traité et actes uniformes commentés*, éd.2012.
SAWADOGO F. M., Commentaire sous l'article 117 de l'Acte uniforme du 10 avril 1998 portant organisation des procédures collectives d'apurement du passif, *Code Vert OHADA* : *traité et actes uniformes commentés*, éd.2012, 1242.
SAWADOGO F. M., « Période suspecte : inopposabilités », *Encyclopédie du droit OHADA*, Lamy 2012.
SOUPGUI E., BATOUAN BOUYOM J.A., obs. sur CCJA, 30 novembre 2004, *Les grandes décisions de la CCJA,* L'Harmattan,2010, p. 237.
YOUMSI J., « L'OHADA : un instrument pour le développement des investissements dans un climat de sécurité juridique et judiciaire », *Juridis Périodique* n°30, avril-mai-juin 1997, p.98 et s.
ZATTARA-GROS A.-F., « La contractualisation du droit des entreprises en difficulté », *Mélanges Daniel Tricot*, Dalloz, 2011, p.623 et s.
ZERBO Z., « Le droit de rétention dans l'acte uniforme portant organisation des sûretés de l'OHADA *», Penant N°836,* mai-août 2001, p.125.

Autre (droit international, droit comparé)

AUGER J., « L'hypothèque garantissant des obligations futures non identifiées : l'hypothèque volante ! », *Revue du Notariat* 1997, p. 449.
BLAUROCK U., « Les opérations fiduciaires en droit allemand », *Les opérations fiduciaires*, Colloque de Luxembourg des 20 et 21 septembre 1984, FEDUCI, L.G.D.J., 1985, p.223 et s.

CIOTOLA P., « La réforme des sûretés sous le Code civil du Québec », *Réforme du Code civil.* t.3., Sainte-Foy, (Québec): Presses de l'Université Laval, 1993(?), pp. 307-442.
DELZANT E., « Les sûretés fiduciaires en droit allemand », *Insolvabilité et restructuration en Allemagne,* Schultze, Braun & Faz, 2010.
DIONNE D., « Hypothèque mobilière », *Barreau du Québec*, Congrès annuel du Barreau du Québec (1992), Montréal, Barreau du Québec, 1992, p. 1059.
ELLAND-GOLDSMITH M., « Les sûretés réelles mobilières du droit anglais », *RDAI,* n° 2. 1995.
JIOGUE G., « Le droit de rétention conventionnel, étude de droit français et de droit OHADA », *RRJ* 2007, 1765.
JUVET I., « Des sûretés mobilières conventionnelles en droit international privé », Peter Lang, Coll. Europäische Hochschulschriften / European University Studies / Publications Universitaires Européennes - volume 991 1990, p. 25.
LACHAPELLE L., « Ecueils à éviter en matière de sûretés réelles », *Cowansville « *Développements récents en droit immobilier », Service de la formation permanente, Barreau du Québec, éd. Yvon Blais, n° 103, 1998, p. 6.
MORGAN DE RIVERY-GUILLAUD A.-M., « Le droit nord-américain des sûretés mobilières, Article 9 du Uniform Commercial Code des États-Unis et Personal Property Security Act de la province canadienne de la Saskatchewan », *Revue Internationale de droit comparé,* 1991, Vol. 43, N°2, p. 502.
POISSON-SCHÖDERMEIER M.-D., « L'efficacité des sûretés mobilières dans les conflits entre créanciers en droit américain », *RDAI/IBLJ*, n° 1, 1990.
PRATTE D., « Des privilèges aux priorités : plus qu'un changement de vocabulaire », *Revue de droit de l'Université de Sherbrooke*, 1992, 23, p. 175.

JURISPRUDENCE, NOTES & OBSERVATIONS

France

Liste chronologique des décisions jurisprudentielles

Cass. Req., 28 août 1871, *DP* 1874, 1.
Cass. Req. 17 juillet 1895.
Cass. Req. 21 juillet 1897, *D.P.* 1898 I 272.
Cass. Req. 21 juillet 1897, *D.* 1898, I, 269.
Cass. civ. 9 janvier 1905 : *S.* 1907. 1. 115.
Cass. req., 13 juillet 1910, journal des faillites, p. 385.
Cass. Req. 10 mars 1915 : *S.* 1916. 1. 5.
Cass. civ., 4 déc. 1923.
Cass. Civ., 27 juillet 1925, *DH* 1925, p. 648 ; *S.* 1925, 1, p. 227.
Cass. civ. 28 mars 1934.
Cass.civ., 22 octobre 1934, *DP.* 1934, *Jur.* p. 151.
T. civ. Seine, 1er juin 1949.
Cass. com. 17 janvier 1956 : *Bull.* n° 27.
T. civ., Seine, 23 février 1957, *JCP,* 1957 II 10921.
Cass. com. 19 février 1958, *Bull. civ. IV,* n°82.
Cass. com. 8 février 1962 : *Bull. civ.* III, n° 72.
Cass civ. 1re, 15 juin 1962, *Bull. civ.* I, n° 303.

Cass. civ. 1re, 7 oct. 1964 : *JCP* 1964, II. 13944.
CE, 20 juillet 1971.
Cass. Com., 13 avril 1972, *Bull. civ.*, IV, n° 102.
Cass. Ass. Plénière, 23 juin 1972.
Cass. com., 24 janvier 1973, *Bull. civ.* IV, n° 42.
Cass. crim.5 avr. 1973, *Bull.crim.,* n°177.
Cass. civ. 3e, 16 avril 1973 : Bull. civ.III, n° 297.
Cass. com. 11 juin 1974 : *Bull. civ. IV,* n° 190 *; Banque* 1975, 92.
Cass. ass. Plén., 13 février 1976, *Bull. des arrêts Ass. Plénière*, n° 3.
Cass. com., 11 fév. et 16 déc. 1976.
Cass. com., 10 janvier 1983.
Cass. civ. 3ème, 22 juin 1983.
Cass. com., 3 novembre 1983, n° 82-13.297.
Cass. civ. 3e, 19 déc. 1983, n° 82-11.205, *Bull. civ.* III, n° 265.
Cass. com., 19 avril 1985 : *Bull.* n° 120.
Cass. civ. 1re, 9 oct. 1985.
CEDH 26 juin 1986, req. n° 8574/79, 8674/79, 8685/79.
CA Colmar, 25 mars 1987, *JCP E* 1988, II, n° 15114, n° 9.
CA Rennes, 28 juillet 1987.
Cass. com. 14 juin 1988, *Bull. civ.IV,* n° 199 ;
Cass. 1re civ, 8 mars 1988, n° 86-12. 015, *Bull.civ I,* n° 65.
Cass. Com. 13 juin 1989, *Bull. civ.* IV, n° 186.
CA Angers, 27 nov. 1989.
Cass. com. 13 nov. 1990, n°88-17734, *Bull.* 277.
Cass. civ. 1re, 15 janvier 1991, *Bull. civ.* I, n° 9.
Cass. com. 11 mars 1991 : *Bull. civ.* IV, n° 70 ; *D. Affaires* 1997, 510.
Cass. com., 19 mars 1991.
Cass. com., 27 nov. 1991 : *Bull.civ.*1991, IV, n°362.
Cass. civ. 3e, 26 juin 1991, n° 90-11.948, *Bull. civ.* III, n° 193.
Cass. com., 3 décembre 1991.
Cass. com. 10 décembre 1991, *JCP* 1991, éd. E. I. 201.
Cass. com. 7 janv. 1992, *Bull. civ.I,* n°10.
Cass. Civ. 1re 7 janvier 1992, *Bull.civ.* I, n°4.
Cass. civ. 1re, 4 févr. 1992, n° 90-12569, Bull. n°38.
Cass. civ. 1re, 4 févr. 1992, n° 90-12569, *Bull.* n°38
Cass. civ. 1re, 4 février 1992, n°90-12569 : *Bull. civ.*, II, n°38.
CE, 15 mai 1992.
Cass. com. 20 oct. 1992.
CA Nîmes, 18 novembre 1992, *JCP, éd. E*, 1993 I 300.
CA. Douai, 17 décembre 1992.
CA. Versailles, 28 janvier 1993.
Cass.com., 25 janvier 1994, n° 91-16.776, *Bull. civ.* IV, n° 36.
Cass. com., 5 avril 1994, *Bull. civ.* IV, n° 142.
Cass. com., 14 juin 1994, n°92-15.217.
Cass. Com., 09 mai 1995, n° 92-20.811, non publié au Bulletin.
Cass. com., 11 juillet 1995, deux espèces, *Bull. civ.*IV, n° 211 et 213.
Cass. com., 24 oct. 1995, *Bull. civ.* IV, n° 252.
CEDH 20 nov. 1995, req. n° 1784/91, série A, n° 332, § 52.
Cass. com., 19 déc. 1995, *BRDA* 96-4.

Cass. com., 6 février 1996.
Cass.com., 20 février 1996, n° 93-18.713, 93-19.368 et 93-19.672, *Bull. civ.* IV, n° 57.
Cass. com., 5 mars 1996, n° 93-12.818, *Bull. civ.* IV, n° 72.
DC n° 96-373 du 09 avril 1996.
Cass. Com. 28 mai 1996, *Bull.* 151.
Cass. Civ. 1ère, 10 juillet 1996, *Bull. civ.* I, n°312.
Cass. com., 3 décembre 1996, *Bull. civ.* IV, n° 299.
Cass. Com. 3 décembre 1996, deux espèces ; *Bull. civ.* IV, n° 301 et, *Bull. civ. IV,* n° 300.
C A. Montpellier, 15 mai 1997, *DMF* 1997.
Cass. com., 25 mars 1997, n° 94-18.337, *Bull civ. IV*, n° 84.
Cass. com., 6 mai 1997.
Cass.com., 20 mai 1997, *Bull.civ.* IV, n°141.
Cass. com., 12 nov. 1997, *RJDA* 1998/3, n° 313.
Cass. com., 25 nov. 1997, *Bull.civ.*IV, n°301.
Cass. com. 31 mars 1998, *Bull. civ.* IV, n° 120.
Cass.com., 26 mai 1998, n° 96-12.484, *AJDI* 2000.
Cass. com. 7 avril 1998, *Bull.civ.IV,* n° 123.
Cass. com., 20 janvier 1998.
Cass.soc., 13 janv. 1999, *Act.proc.coll.* 1999/4, n° 57. (p. 178).
Cass.com., 19 janvier 1999, n°96-18772.
Cass. com., 8 juin 1999, *Act.proc.coll.*1999/16, n° 217.
Cass.com. 1er février 2000 : RJDA 4/00 n° 445.
CA Paris, 15 février 2000.
Cass. com. 30 oct. 2000 : *Bull. civ.* IV, n° 169.
Cass. Com. 11 juill. 2000, *Bull.* 14.
Cass. com., 23 janvier 2001, *Bull. civ.* IV, n° 23.
Cass. com., 23 janvier 2001, *D.* 2001, 702.
Cass. com. com., 3 mai 2011, n° 10-16.758.
Cass. com., 29 mai 2001.
Cass. com., 10 juillet 2001, n° 99-10.397.
Cass. com., 2 oct. 2001, *Bull. civ.* IV, n° 155.
Cass. crim. 21 novembre 2001, n° 00.88.103, arrêt n°7350.
Cass. com. 22 janvier 2002, n°°99-14.445.
Cass. com. 19 févr. 2002 : *Bull. civ. IV,* n° 39.
Cass. com. 5 mars 2002 : *Bull. civ. IV,* n° 48.
Cass. com. 24 sept. 2002 n° 98-22.280 : RJDA 6/03, n°602.
CEDH 22 oct. 2002, n° 48939/99.
Cass.com., 9 juillet 2003, n° 01-44.196.
Cass. com., 19 nov. 2003, n° 01-01.137, *Bull. Civ.* VI. N° 174.
Cass. com. 5 mai 2004 : RJDA 11/04 n° 1238.
Cass. Com., 7 déc. 2004.
Cass. com. 15 mars 2005 : *Bull. civ.* IV, n° 60.
Cass. com., 30 mars 2005.
Cass. com. 12 juill. 2005, n° 1238, *RJDA* 2/06 n° 169 ; n° 03-14.045 et 03-15.855 : *Bull. civ. IV,* n° 174.
Cons. const., 22 juillet 2005, n° 2005-522 DC : JO 27 juillet 2005, p. 12225.
Cass. com., 2 nov. 2005, n°04- 16.232.

Cass. com., 24 janvier 2006, n° 02-11.989, *Bull. civ.* IV, n° 15.
Cass Com. 31 janv. 2006, n° 04-15315, *Bull.*18 et rapp.
Cass. com. 21 févr. 2006.
Cass. com. 3 mai 2006, *JCP* 2006. I. 195, n°15.
Cass. com., 3 oct. 2006, n° 04-13.987, NP, n° 1081 F-D.
Cass. com., et fin., 07 novembre 2006, n° 05.17.112, arrêt n° 1214
Cass. com., 19 déc. 2006, n° 05-19-257.
Cass. com, 19 déc. 2006, n° 04-643.
Cass.com., 13 mars 2007, n° 05-21.117.
Cass. crim,10 mai 2007, n° 06-88.053, Lamyline.
Cass. com. 19 juin 2007 : *Bull. civ. IV*, n° 166.
Cass. com., 13 nov. 2007 : *Bull. civ.* IV, n° 241.
Cass. Soc. 13 févr. 2008, n° 06-44234.
Cass. com., 16 décembre 2008*, RJDA* 2009, n° 375.
Cass. civ., 12 févr. 2009, n°08-13459
Cass. civ. 1re, 6 mai 2009, n°08-10281, *Bull. civ*. I, n°86
Cass. com., 12 mai 2009, n° 08-11421, *Bull. civ*. IV, n° 68.
Cass. com., 6 oct. 2009, n° 08-12.416.
Cass. com., 6 oct. 2009, n° 08-15.048, *Bull. Civ.* IV, n° 122.
Cass. com., 12 janv. 2010 : *Bull.civ.*IV, n° 6.
Cass. com. 12 janv. 2010, n° 08-20241.
Cass. com., 12 janvier 2010, *Bull. civ.* IV, n° 1, *D.* 2010.
Cass. com. fin. et éco, 13 avr. 2010, n° 09-11, 851.
Cass. Com 8 juin 2010.
T. Com. Paris, 25 juin 2010.
Cass. Civ. 2e 16 septembre 2010.
Cass. Com. 21 sept. 2010, n°08-21030, *Bul.* 140.
Cass. Com. 3 nov. 2010, n° 09-69.533, *Bull. Civ. IV,* n° 167, n° 1088 F-P+B.
Cass. com., 30 novembre 2010.
Cass.com 1er février 2011, n° 10-10.161.
Cass. com., 04 févr. 2011, n° 09-14619.
Cons. Const., du 11 févr. 2011, ° 2010/101 QPC *BJE* mai 2011, p.128.
Cass. com., 15 févr. 2011.
CA Paris, pôle, Ch. 8, du 3 mai 2011, n° RG : 10/13656.
Cass. com., 12 juillet 2011, n° 09-71.113, P+P+R+I.
Cass. com. 15 juin 2011 : *Bull. civ.* IV, n° 99.
Cass. com., 13 décembre 2011, n° 11-40.079, *D.* 2012, 88.
Cass. Com. 11 avril 2012, n° 09-12431.
Cass. com., 12 avril 2012, n° 12-40003.
Cass. civ. 3e, 23 mai 2012, 11-13.202.
Cass. com., 03 juillet 2012, n°11-18026.
Cass.com., 18 sept. 2012, n° 11-18.353 et n° 11-18, 315.
Cass. com., 8 oct. 2012, n° 12-40060.
Cass. com., 15 oct. 2013, n° 13-10.463, JurisData n° 2013-022742.
Cass. civ. 3e, 11 juillet 2012, *Bull. civ.* III, n° 109.
Cass. civ. 3e, 31 octobre 2012, n° 11-16.304.
Cass. com. 13 nov. 2012, n° 11-25035.
Cass. com., 19 fév. 2013, n° 11-21.763.
Cass. com. 26 mars 2013, n°12- 12204.

Cass. civ. 1re, 11 sept. 2013, n°11-17.201, Bull..civ. I, n° 161.
Cass.com., 15 octobre 2013, n° 12-25.993.
Cass. com., 15 octobre 2013, n° 13-10.463.
CA Lyon, 3ème ch. 9 janv. 2014.
Cass. com. 14 janvier 2014, n°12-23.225.
CA Paris, 16 janvier 2014.
CA. Aix-en-provence, 8e ch, du 20 février 2014.
Cass. 2e civ., 27 février 2014, n° 13-10. 891, *Bull. civ.* II, n° 59.
CA Paris, 27 févr. 2014, RG n° 13/03840.
Cass. com. 1er avril 2014, n° 13-13.574, *RTD civ.* 2014. 680, FS-P+B.
CA Nîmes, 2e ch. Com. B. 23 oct. 2014, n° RG : 13/03380.
Cass.com., 18 nov. 2014, n° 13-24.007.
Dc° C. constit., 6 février 2015, n° 2014-447.
Cass. Ass. Plén., 7 déc. 2015 : (14-18.435), arrêt n° 627.

Jurisprudence commentée

ALIBIGÈS C., obs. sur Cass. com., 19 fév. 2013, *Gaz. Pal.* 21 mars 2013, p. 15.
D'AVOUT L., note sous Cass. civ. 3e, 23 mai 2012, *D.*2012, 1934.
D'AVOUT L ET MALLET-BRICOUT B., note sous Cass. civ. 3e, 31 octobre 2012, *D.* 2013.
ARBELLOT F., obs. sur Cass. com., 30 novembre 2010, *D.* 2011, chron. C. cass. 1178.
M. AYNÈS A., obs. sur Cass. com., 19 fév. 2013, *Droit & Patrimoine* 2013, n° 227, p. 94.
AYNES A. ET DUPICHOT PH., comm. sur Cass. 2e civ., 27 février 2014, *Droit & Patrimoine* n° 241, novembre 2014, p. 108.
BECQUE E., note sous T. civ., Seine, 23 février 1957, *JCP,* 1957 II 10921.
BEIGNIER B., obs. sur CA Paris, 15 février 2000 : *Droit de la famille* 2001, n°9.
BERGEL J.-L., obs. sur Cass. civ. 3e, 31 octobre 2012, *RDI* 2013. 80.
BERTHELOT G., obs. sur Cass. com., 15 févr. 2011, *Leden* avr. 2011.
BIRSAN C., obs. sur CEDH 22 oct. 2002, *D.* 2002. Somm. 2568.
BONHOMME (JUAN) R :
- obs. sur Cass. com 03 juillet 2012, *Bulletin Joly entreprises en difficulté,* 01 septembre 2012, n°5.
- note sous Cass. Com. 11 avril 2012, *BJE* juill. 2012 n° 117, p. 228.
- obs. sur Cass Com. 31 janv. 2006, *GPC* 30 avr. 2006, p. 47.
- obs. sur Cass. com., 12 janvier 2010, *Gaz. Pal.*16-17 avril 2010, p. 36.
- obs. sur Cass. com., 11 juillet 1995, *JCP* éd. E. 1996, I, n° 523, n° 10.
BONNEAU T., obs. sur Cass. com., 12 janvier 2010, *Banque et Droit* mai-juin 2010.17.
BORGA N. et DANIEL J., comm. sur Cass. civ. 1re, 11 sept. 2013, *D.* 2013, p. 2891.
BOULOC B :
- obs. sur Cass. civ. 1re, 15 janvier 1991, *Bull. civ.* I, n° 9.
- note sous Cass. com., 3 décembre 1996, *RTD. com.* 1997, 500.
BRAULT Ph. H., note sous Cass. civ. 3e, 26 juin 1991, *Loyers et copr..* 1991, n° 433.
BREMONT V., obs. sur Cass. com. 30 oct.. 2000, *D.* 2001, 1612.
BULTE H., note sous Cass. civ. 1re, 7 oct. 1964, *JCP 1964, II. 13944.*

CABRILLAC M :
- obs. sur Cass. com. 30 oct. 2000, *JCP* 2001, I, 298, n° 7.
- obs. sur Cass. com., 23 jan 2001, *JCP G,* 2001, I, 321, n° 13
- obs. sur Cass. com., 19 nov. 2003, *JCP G* 2004, I, 153, n°13.
- obs. sur Cass. Com 8 juin 2010, *CP* E 2010, n°3.
- obs. sur Cass. com., 13 nov. 2007, *JCP E* 2008, 1432, n° 11.
- obs. sur Cass. Com. 12 janv. 2010, *JCP* E 2010, 1296, n° 3.
- obs. sur Cass. com., 12 janvier 2010 ; *D.* 2010. *JA* 264 ; *JCP E* 2010.1296, n° 3
- obs. sur Cass. com., 29 mai 2001, *JCP* E 2001, n°2, p. 1423.
- obs. sur Cass. com., 5 mars 1996, *JCP* G 1996, I, 3960, n° 11.
- obs. sur Cass. com., 23 janvier 2001, *JCP E* 2001, 755, n° 13.

CABRILLAC M. et PETEL Ph :
- obs. sur Cass. com., 5 avril 1994, *JCP* E 1994, I, 397, n°20.
- obs. sur Cass. com., 16 avr. 1991 : *JCP* E 1991, I, 73, n°22.
- obs. sur Cass. com. 5 mars 2002 *CP E* 2002, n° 39 p. 1525.

CABRILLAC M. et VIVANT M., obs. sur CA Colmar, 25 mars 1987, *JCP E* 1988, II, n° 15114, n° 9.

CAGNOLI P., obs. sur Cass. QPC, 14 sept. 2010, *Act.proc.coll.*2010, n° 226.

CALENNDINI J-M., note sous CA Angers, 27 nov. 1989, *RJ com.* 1990, 344, première espèce.

CARON Ch., Obs. sur Cass. com., 19 nov. 2003, *JCP G* 2004, I, 113, n°1.

CERLES A., obs. sur CA Paris, pôle, Ch. 8, du 3 mai 2011, *RD. Bancaire et fin.* 2011, n° 5, p. 38 et s.

CLAVEL-THORAVAL J., note sous Cass. com., 19 fév. 2013, *RLDA* 2013/80, p. 61.

COHET-CORDEY F., obs. sur Cass. civ. 3e, 31 octobre 2012, *AJDI* 2013. 540, obs.

CREDOT F., SAMIN T., obs. sur Cass. com., 12 janvier 2010, *RD bancaire fin.* 2010, n° 36.

CROCQ P.:
- obs. sur Cass. com., 9 mai 1995, *RTD civ. 1996,*
- obs. sur Cass. com., 23 jan 2001, *RTD civ.* 2001, p. 399 et s.
- obs. sur Cass.com., 29 mai 2001, *RTD civ.* 2001.
- obs. sur Cass. Com. 28 mai 1996, *RTD* civ. 1996. 671.
- obs. sur Cass. Civ. 1ère, 10 juillet 1996, *RTD Civ.* 1996, p. 955.
- obs. sur Cass. com., 5 mars 1996, *RTD civ.* 1996, p. 443.
- obs. sur CA Paris, pôle, Ch. 8, du 3 mai 2011, *RTD civ.* 2011, p. 785.
- obs. sur CA Paris, 27 févr. 2014, *D.* 2014, 1613.
- obs. sur Cass. com., 9 mai 1995 : RTD civ. 1996, 441.
- obs. sur Cass. com., 9 mai 1995, *RTD* civ. 2001, 398.

CLAY T., obs. sur Cass. civ. 1er, 6 mai 2009, *Pan.* 2959.

DAMMANN R. ET PODEUR G., obs. sur Cass. com., 19 fév. 2013, *D.* 2013, p.493.

DERRIDA F :
- note sous Cass. ass. Plén., 13 février 1976, *D.* 1976.
- obs. sur Cass. civ. 1er, 6 mai 2009, AJ 1422.

DELPECH X., note sous Cass. civ. 1re, 6 mai 2009, *D.* 2009, 1422.

DELEBECQUE Ph :
- obs. sur CA Paris, 27 févr. 2014, *RLDC* 2014, n° 117, 38.
- obs. sur Cass. com., 15 octobre 2013, *JCP Entreprise et Affaire*, n° 49 -5 Décembre 2013, 1679 Chronique Affaires, p. 46.

- obs. sur Cass. com., 24 janvier 2006, n° 02-11.989, *JCP G* 2006, I, n° 131, n° 15.
- obs. sur Cass. com. 31 mars 1998, *JCP* 1998, I. 149, n° 24.
- obs. sur CA Nîmes, 18 novembre 1992, *JCP, éd. E*, 1993 I 300.

M.DROSS W :
- note sous Cass. civ. 3e, 23 mai 2012, *JCP* 2012.930.
- obs. sur Cass. civ. 3e, 31 octobre 2012, *RTD civ*. 2013. 141.
- obs. sur Cass. com. 1er avril 2014, *RTD civ*. 2014, 680.

DUMONT-LEFRAND M.P :
- note sous Cass. Com. 3 nov. 2010, *RPC*Mars/avr. 2011, 76, p. 75.
- note sous Cass. com., 19 fév. 2013, *Gaz. Pal.* 20 mars 2013, p. 22.
- obs. sur CA Paris, pôle, Ch. 8, du 3 mai 2011, *Gaz. Pal.* 22 décembre 2011, 18207 p. 21.

ESMEIN P., note sous Cass. civ. 28 mars et 22 oct. 1934, *S.* 1935, I, p. 336.

FLAUSS J.-F., obs. sur CEDH 22 oct. 2002, AJDA 2002. 1277.

FORGUES F., note sous Cass com. 13 nov. 2002 : *JCP E 2003,* n° 17-18, p. 764.

FRANCOIS J., note sous Cass. com. 25 nov. 1997, *D.* 1998. 232.

GALLET Ch. H :
- note sous Cass.com., 20 février 1996, *Rev. des loyers* 1997, p. 105.
- note sous Cass.com., 10 juillet 2001, *Revue des loyers,* 2002, n° 823.
- comm. sous Cass.com., 13 mars 2007, *Revue des loyers* 2007, n°878.

GAUTIER P.Y., obs. sur Cass. Civ. 1re 7 janvier 1992, *RTD civ.*1992.586.

GAVALDA Ch :
- note sous Cass. ass. Plén., 13 février 1976, *JCP* 1977, II, 18518.
- note sous Cass. com., 11 février et 16 décembre 1976, *JCP* 1977, II, 16704.

GIBIRILA D., obs. sur Cass. com., 12 janvier 2010, *RLDA* juin 2010.27.

GIJSBERS CH.:
- note sous Cass. com., 19 fév. 2013, *RLDC* 2013/103, n° 5047, p. 26.
- obs. sur CA Paris, 27 févr. 2014, *D.* 2014, 924.

GIVERDON C., obs. sur Cass. civ. 3ème, 22 juin 1983 : *Gaz. Pal.* 1983, 744.

GORRIAS S., obs. sur Cass. com., 30 novembre 2010, *Leden* févr. 2011.

GOUBEAUX G. et JEGOUZO Y., obs. sur Cass. Ass. Plénière, 23 juin 1972, *Semaine juridique* 1973, I, 17331.

GUILLOT J.-L. et BOCCARA M :
- obs. sur Cass. com., 19 fév. 2013, *Banque* 2013, p. 86.
- obs. sur T. Com. Paris, 25 juin 2010, *Banque* 2010, p. 84 et s.

GUILLOU H :
- obs. sur Cass. com. 15 juin 2011*, D. 2011. Chron. C. cass. 2691.*
- obs. sur Cass. com., 19 fév. 2013, *D.* 2013, Chron. Cass. com., n°5, p. 1176.

HENRY C., obs. sur Cass. QPC, 14 sept. 2010, *LPA*, 20 déc. 2010.

HONORAT A :
- obs. sur Cass. ass. Plén., 13 février 1976, *D.* 1976.
- obs. sur Cass. com. 30 oct. 2000, *D.* 2001, somm. 620.
- obs. sur Cass. com., 10 janvier 1983, *D.* 1983.
- obs. sur Cass. com., 5 avril 1994, *D.* 1995, somm. p. 215.
- obs. sur comm. sous Cass. com., 6 février 1996, *D.* 1997.
- obs. sur Cass. com. 31 mars 1998, *D.* 1998. Somm. 327.

LABOUTEILLE ET CABANES, chron. sur CE, 20 juillet 1971 : *AJDA*. 1971, 547.

LAFORTUME M.-A., avis sur Cass. com. 12 juill. 2005, *Bull. Joly, 2006*,p. 22

LE BRAS A.-C., GUILLOU H. et ARBELLOt F., obs. sur Cass. com., 1er avril 2014, *D.* 2014, 1010, chron.
LEBEL Ch :
- note sous Cass. Com. 3 nov. 2010, *JCP E* 2011, 1002.
- note sous Cass. com. 12 juill. 2005, *RPC2006*, p. 52.
- note sous Cass. com., 20 Octobre 2009, *Gaz. Pal.* 8-10 janv. 2010.
LECORRE-BROLY E :
- obs. sur Cass. com., 15 févr. 2011, *Gaz. Pal. 1er avr. 2011*, p.32.
- obs. sur Cass. com., 30 novembre 2010 *Gaz. Pal.* 1er-2 avr. 2011.
- obs. sur Cass. Com 8 juin 2010, *Gaz. Pal.* 15-16 oct. 2010.
- obs. sur Cass. com., 12 janv. 2010, *Gaz. Pal.* 16-17 avr.2010.
- note sous Cass. com. 19 juin 2007, *D.* 2007, 2363.
LEGEAIS D :
- note sous Cass. com., 19 mars 1991, *JCP E* 1991, II, 174.
- note sous Cass. com., 6 mai 1997 : *JCP* E 1997, II, 996.
- note sous Cass. com., 19 fév. 2013, *JCP E* 2013, 1173, p. 45.
LEGROS J.P :
- note sous Cass. com. 1er fév.2011, *JCP E* 2011, n° 1193.
- note sous Cass. com., 20 Octobre 2009, *Dr. sociétés* 2010, comm. 100.
LESCOUVÉ, Concl. Cass. Civ., 27 juillet 1925, *DP* 1927, 1, p. 110.
LIBACHABER R., obs. sur Cass. civ. 3e, 31 octobre 2012, *RDC* 2013, 584.
LIENHARD A :
- obs. sur Cass. com., 15 févr. 2011, *D.* 2011, Actu.673.
- obs. sur Cass. com., 30 novembre 2010, *D.* 2010, Actu. 2904.
- obs. sur Cass. com., 3 mai 2011, *D.* 2011, Actu.
- obs. sur Cass. com., 12 janvier 2010, *D.* 2010, *act.jurispr.*
- obs. sur Cass. com., 6 oct. 2009, *D.* 2009, JA 2485.
- note sous Cass. Com. 21 sept. 2010, *D.* 2010, 2221.
- obs. sur Cass. Com. 3 nov. 2010, *AJ* 2644.
- obs. sur Cass. com., 3 mai 2011, *D.* Actu., 11 mai 2011.
- obs. sur Cass. com. 15 juin 2011, Actu. 1677
- obs. sur Cass. com. 21 févr. 2006, *D.* 2006, AJ. 718.
- obs. sur Cass. com. 5 mars 2002, *D. 2002. AJ 1139.*
- obs. sur Cass. com., 1er avril 2014, *D.* 2014, 870.
- obs. sur Cass. com. 15 mars 2005, *D.* 2005, *AJ* 890.
- obs. sur Cass. com., 6 oct. 2009, *D.* 2009, p. 2482.
- obs. sur Cass. com., 2 oct. 2001, *D.* 2001-AJ 3043.
- obs. Cass. com., 23 janvier 2001 : *D.* 2001, 702.
- obs. sur Cass. com., 15 oct. 2013, *D.* 2013, p. 2462.
LUCAS F.-X., obs. sur Cass. com., 6 oct. 2009, *D.* 2010, p. 1822.
MAINGUY D :
- obs. sur Cass. com. 5 mars 2002, *Act.proc.coll.* 2002, n° 115.
- note sous Cass. com., 11 juillet 1995, *JCP* 1996, II, n° 22583.
MALLET-BRICOUT B. ET REBOUL-MAUPIN N :
- note sous Cass. civ. 3e, 23 mai 2012 *D.* 2012, 2128.
- obs. sur Cass. civ. 3e, 31 octobre 2012, *D.* 2013, 2123
MARTIAL-BRAZ N., note sous Cass. com., 19 fév. 2013, *JCP G* 2013, 539, p. 930.
MARTIN- SERF A :
- obs. sur Cass. com., 12 janv. 2010, *RTD com.* 2010, 606.

- obs. sur Cass. com., 13 nov. 2007, *RTD com.* 2008, 179.
- note sous Cass. com., 19 mars 1991, *RTD com.* 1991, p.542.
- obs. sur Cass. com. 15 juin 2011, *RTD com*. 2011, 640.
- obs. sur Cass. com. 21 févr. 2006, *RTD com*. 2006, 659.
- obs. sur Cass. com. 5 mars 2002 *RTD com. 2002, 544.*
- note sous Cass. com., 25 mars 1997, *RTD com*. 1998, p. 423.
- obs. sur Cass. com., 6 oct. 2009, *RTD com*. 2010, p. 201.

MARTIN D. R :
- note sous Cass. civ. 2e, 27 février 2014, *D.* 2014, 1081.
- note sous Cass. com., 25 mars 1997, *D.* 1997, n° 36, p. 481.
- obs. sur CA Paris, pôle, Ch. 8, du 3 mai 2011, *D.* 2012, p. 1908.

MASSART X., note sous CA Rennes, 28 juillet 1987, *Gaz.Pal.*1987, II, 615.

MASTRULLO T., obs. sur Cass. civ. 1er, 6 mai 2009, *Act.proc.coll.* 2009, n° 12, n° 182.

MELIN F., note sous Cass. civ. 1er, 6 mai 2009, *Gaz. Pal. 26-28* juillet 2009.

MESTRE J., note sous Cass. com., 3 novembre 1983, *JCP G* 1984, II, n° 20.234.

MESTRE J. et FAGES B., obs. sur Cass. com. 30 oct. 2000, *RTD* civ. 2001.

MIGNOT M., obs. sur Cass. com., 19 fév. 2013, Gaz. Pal. 27 mars 2013, p. 9.

MONTREDON J.F., note sous Cass. com., 19 mars 1991, *JCP G* 1991, II, 21726.

PAINCHAUX M :
- note sous Cass. civ. 3e, 23 mai 2012, *RTDI* 1/2013, 4.
- note sous Cass. civ. 3e, 31 octobre 2012, *RTDI* 1/2013, 4.

ORSINI, obs. sur Cass. com., 6 oct. 2009, *D.* 2009, p. 2582.

PARACHKEVOVA I., obs. sur Cass. com., 12 janvier 2010, *Leden* mars 2010, p. 2.

PENNEAU, note sous. Cass. civ. 1re, 9 oct. 1985, *D.*1986. 417

PERDRIAU A. et DERRIDA F., note sous Cass. com. 19 févr. 2002, *D.* 2002. 2523.

PERINET-MARQUET H :
- note sous Cass. civ. 3e, 23 mai 2012, *JCP* 2012, 1186, n° 2.
- note sous Cass. civ. 3e, 31 octobre 2012, *JCP* 2013, 429, n° 12.

PÉROCHON F.:
- obs. sur Cass. com. 20 oct. 1992, *D.* 1993, Somm. 288.
- obs. sur Cass. com. 15 mars 2005 *Act. Proc. Coll.* 2005, n° 102.
- obs. sur Cass. com., 11 juillet 1995, *D.* 1996, Somm. p. 212.

PETEL Ph.:
- obs. sur Cass. QPC, 14 sept. 2010 : *JCP E* 2011.1030, n° 3.
- obs. sur Cass. Com., 7 déc. 2004, *JCP E* 2005, 639, n° 4.
- obs. sur Cass. Civ. 2e 16 septembre 2010, *JCP E* 2011-1030, n°11, p. 49.
- obs. sur Cass. com. 15 juin 2011, JCP E 2011. 1596, n° 12.
- obs. sur Cass. com., 11 juillet 1995, *JCP* 1996, I, n° 3896, n° 12.
- note sous Cass. com., 20 Octobre 2009, *Bull. Joly societies* 2010, p. 282.

PIEDLIEVRE S., note sous Cass. com., 12 mai 2009, *D.* 2009, 1414 ; *RD bancaire et fin.* 2009, comm. n°131.

PIERRE S., note sous Cass. com. 30 oct.. 2000, *D.* 2001, 1527.

PISONI P., obs. sur Cass. com. 30 oct.. 2000, *D.* 2000. *AJ* 430.

POUGOUE P.G., commentaire sur ordonnance n°90/003, 27 avr. 1990, *Juris Info,*n° 3 spécial, 1990.

RAMAROLANTO-RATIARAY, note sous Cass. Civ. 1re 7 janvier 1992, *JCP* 1992.II. 21971

REGNAULT-MOUTIER C :
- obs. sur Cass. com., 12 janvier 2010, *Act. Proc. Coll.*2010, n° 73.
- obs. sur Cass. Com., 7 déc. 2004, *Act.proc.coll.* 2005-2, n° 17.
- obs. sur Cass. com., 30 mars 2005, *Act.proc.coll.* 2005-8.
RÉMERY J.-P., rapport sur Cass. com. 31 mars 1998, *JCP* 1998, II. 10105.
RETIF S., note sous Cons. Const., n° 2010/101 QPC, 11 févr. 2011, *BJE* mai 2011, p.128, n° 71n.
REVET Th.:
- obs. sur Cass. com.3 mai 2006, *RTD civ.*2006.584.
- obs. sur CEDH 22 oct. 2002, *RDT civ.* 2005, 422.
- obs. sur Cass. civ. 3e, 23 mai 2012, *RTD* civ 2012. 553.
RIPERT G., note sous T. civ. Seine, 1er juin 1949, *D.* 1949.550.
ROLAND H :
- obs. sur Cass. QPC, 14 sept. 2010, *Procédures* 2010, n° 408
RONTCHEVSKY N :
- obs. sur Cass. com., 19 fév. 2013, *Banque et droit* mars-avril 2013, 52.
- obs. sur CA Paris, 27 févr. 2014, *Banque & Droit*, mai-juin 2014, 58.
ROUSSEL GALLE Ph :
- obs. sur Cass. com., 30 novembre 2010, *Revue des societies* 2011, 195.
- obs. sur Cass. com., 12 janv. 2010, *Rev. societies* 2010. 196.
- note sous Cass. Com. 3 nov. 2010, *Gaz. Pal.* Ed. spéc. Dr. entr. en diff., 7 et 8 janv. 2011, p. 35.
- obs. Cass. Civ., 12 févr. 2009, *GPC* 2009-2, p.28.
- obs. sur Cass. com., 16 décembre 2008, *Gaz. Pal.* 26-28 avril 2009, p. 30.
SAINTOURENS B., note sous Cass. com. 12 juill. 2005, *Bull. Joly, 2006*, p. 22.
SEUBE J.-B., obs. sur Cass. civ. 3e, 31 octobre 2012, 627.
SIMLER Ph., et DELBECQUE Ph :
- obs. sur Cass. Civ. 1ère, 10 juillet 1996, *JCP G* 1997, I, n° 3991, spec. n°22.
- obs.sur Cass. com., 19 fév. 2013, *JCP G* 2013, 585, n° 16.
SOINNE B., obs. sur Cass. com. 20 oct. 1992 : *Rev.proc. coll.* 1992. 425.
STAES O., obs. sur Cass. com., 12 janv. 2010, *Actu.proc.coll.* 2010, n° 69.
STOUFFLET J., note sous Cass. com. 14 juin 1988, *JCP 1998. 1143,*
TADROS A., obs. sur Cass. civ. 3e, 31 octobre 2012, *D.* 2013. 53.
TASSEL Y., note sur C A. Montpellier, 15 mai 1997, *DMF* 1997, 885.
TESTU F.-X., note sous Cass. civ. 3e, 31 octobre 2012, *JCP* 2012, 1400.
TEYSSIE B., note sous Cass. com., 3 décembre 1991, *JCP com,* 1992, 423.
THALIER note sous Cass. Req. 17 juillet 1895, *D.* 1896. I. 57.
TRANCHANT L., note sous Cass. civ. 3e, 31 octobre 2012, *Defrénois*, 2013, 12.
VALLANSAN J :
- obs. sur Cass. com. 30 oct. 2000, *Act. Proc. coll.* 2000, n° 242.
- note sous Cass. com., 11 juillet 1995, *JCP* éd. E. 1996, II, n° 779.
VALLENS J.-L :
- obs. sur Cass.com., 18 sept. 2012, *RTD com.* 2013, n°1, p. 153.
- obs. sur Cass. com. 27 oct. 1998, *RTD* com. 2000, 191.
VANDAMME J., note sous Cass. civ. 28 mars et 22 oct. 1934 ; *D.P.* 1934, I, p. 151.
VOINOT D., obs. sur Cass. com. 12 juill. 2005, *Gaz. Pal. 4*-5 nov. 2005.
SCHMELK R., concl sur Cass. ass. Plén., 13 février 1976, *D.* 1976.
SENECHAL M., obs. sur Cass. com. 30 oct. 2000, *Defrénois* 2001, 364.

ZATTARA-GROS A.F., note sous Cass. Com. 3 nov. 2010, *LPA* 29 avr. 2011, n 85, p. 5.

Ohada

Liste chronologique des décisions jurisprudentielles

CA Ouagadougou, 8 oct. 1998, ordonnance n°74/98.
CA Dakar 9 sept 2000, n°450.
CA Dakar, Chambre civ. et com 1, 9 sept 2000, n° 397
CA Abidjan, 7 mars 2000, n° 321.
TRHC Dakar, 15 mars 2001, ord. n° 319.
TRHC Dakar, 27 août 2001 : *Ohadata*, J-03-101.
TRHC Dakar, com, 6 mars 2002, n° 422 SDV *Ohadata* J-05-47.
TGI Ouagadougou, 26 juin 2002, n° 701, *Ohadata* J-04-42.
TPI Cotonou, C. com. 21 octobre 2002, jugement contradictoire n°034/1e.
CA Abidjan, 8 nov. 2002, n° 1129, *Ohadata*, J-03-291.
CCJA 27 juin 2002, n°16/2002.
CA Abidjan, 14 février 2003, n° 141.
CA. Abidjan, 22, juil. 2003, n° 1030, *Le Juris Ohada* n° 1/2005, janvier-mars 2005.
CA Bobo-Dioulasso, ch. civ. & com., 17 mars 2003, n° 48, *Ohadata* J-04-194.
CA Bobo-Dioulasso, ch. civ. & com., 17 mars 2003, n° 48, *Ohadata* J-04-194.
CA Abidjan, 24 octobre 2003, n°1164.
TRHC Dakar, 9 janv. 2004, n° 6 *Ohadata* J-04-259.
CA Ouagadougou, ch. Civ. & com., n° 10, 16 janv. 2004, *Ohadata* J-09-13.
TGI Ouagadougou, 25 mai 2004, *Ohadata* J-05-249.
CA Abidjan, Chambre civ. et com., 11 juin 2004, n° 633.
CCJA, 30 novembre 2004, n° 30.
CA Daloa, 2e ch. Civ. & com., 23 fév. 2005, n° 53, Le *Juris-Ohada*, n° 1/2006, p. 33.
TRHC Dakar, 8 avril 2005, n° 847.
TGI Bobo-Dioulasso (Burkina Faso), 9 août 2006, n°244 : Ohadata J-09-92.
TGI Bobo-Dioulasso (Burbina Faso), n° 308, 22, nov. 2006 : *Ohadata* J-09-85.
TGI Moungo (Cameroun), n°/CIV, 08 mai 2007, *Ohadat*a J-07-146.
CCJA, 31 mai 2007, n° 022/2007.
CCJA 31 mai 2007, n° 022/2007.
CA Lomé, Chambre civ., 2 sept 2008, n° 176/08, *OHADA J*-10-160.
CCJA, n°006/2008.
CCJA, 1re ch., 24 avril 2008, n° 018.
CA de Lomé, 20 avril 2009, n° 066/09.

Jurisprudence commentée

ANONYME :
- note sous CCJA 24-4-2008, *Le juris-Ohada* n°2, avril – juin 2008, p. 21.
- note sous Le recueil de jurisprudence de la CCJA, n°11, janvier-juin 2008, p. 51.
- note sous Ohadata J-09-32.

- note sous Ohadata J-09-315.
- note sous Actualités juridiques, n° 60-61, p. 427.
BROU KOUAKOU M., note sous CCJA, 30 novembre 2004, arrêt n° 30, *Le Juris-Ohada* n°4/2004, oct.-déc. 2004, p. 20.
DIOUF N., obs. sur TRHC Dakar, ord. n° 319, 15 mars 2001, *Ohadata* J-03-266.
KALIEU Y.R., note sous TGI Moungo (Cameroun), 08 mai 2007, n°/CIV, *Ohadata* J-07-146.
NGNINTEDEM J.C., obs. sur CCJA, arrêt n°006/2008, E-V Côte d'Ivoire, *Les grandes décisions de la CCJA,* L'Harmattan, 2010, p. 203.
ONANA ETOUNDI F., note sous CCJA, 30 novembre 2004, arrêt n° 30, *Recueil de jurisprudence de la CCJA,* octobre 2005, n°1, p. 34.
SAWADOGO F.M :
- note sous TGI Ouagadougou, 25 mai 2004, *Revue burkinabé de droit*, n°45.
- obs. sur CA Dakar, Chambre civ. et com 1, 9 sept 2000, n° 397, *Code Vert OHADA,* Ed. 2012.
- obs. CA Dakar, Chambre civ. et com., arrêt n° 594, 29 juillet 2010, *Code Vert OHADA.* Ed. 2012.
SOUPGUI E., BATOUAN BOUYOM J.A., obs. sur CCJA, 30 novembre 2004, *Les grandes décisions de la CCJA,* L'Harmattan,2010, p. 237.

Autres

CEDH, 22 sept. 2011, arrêt n° 60983/09, Affaire Têtu c/ France.
Amdura Corp., 75 F. 3d at 1451 (10th Cir. 1996) Case Parks v FIA Card Servs.
N.A. In re Marshall, 550 F. 3d 1251, (10th Cir. 2008).
Case Hamilton v. State Farm Dire & Casualty, 270 F. 3d 778 (2001).

CODES, LOIS, ORDONNANCES, ACTES UNIFORMES, TRAITÉS, RÈGLEMENTS

France

Code de commerce.
Code civil
Code monétaire et financier
Code de procédure civile
DDHC

Ohada

Traité de Port Louis du 17 octobre 1993.
Code Vert OHADA : Traité et actes uniformes commentés et annotés, Juriscope 2012.
Traité du 17 octobre 1993 relatif à l'harmonisation du droit des affaires en Afrique.
Règlement de Procédure devant la Cour Commune de Justice et d'Arbitrage.
AUSCGIE, adopté le 17 avril 1997, *JO OHADA*, n° 2, 01/10/97.
AUS, adopté le 17 avril 1997, *JO OHADA*, n° 7, 01/07/98

AUPCAP, adopté le 10 avril 1998, *JO OHADA*, n° 7, 01/07/98.
AUPSRVE, adopté, le 10 avril 1998, *JO OHADA*, n° 6, 01/06/98.
AUA, adopté, 11 mars 1999, *JO OHADA*, 15/05/99.
AUCE, adopté, le 24 mars 2000, *JO OHADA*, n° 10, 20/11/00.
AUCTMR, adopté, le 22 mars 2003, *JO OHADA*, n° 13, 31/07/03.
AUDSC, adopté, le 15 décembre 2010, *JO OHADA*, n° 23, 15/02/11.
AUDCG révisé le 15 décembre 2010, *JO OHADA* n° 23, 15/02/11.
AUS révisé le 15 décembre 2010, *JO OHADA*, n° 22, 15/02/11.
AUVE adopté le 10 avril 1998, Acte uniforme portant organisation des procédures simplifiées de recouvrement et des voies d'exécution (AUVE)

DICTIONNAIRES, RAPPORTS, EXPOSÉS DES MOTIFS, PRESSE, SITES OFFICIELS

ARCHER J.Y., « Défaillances d'entreprises : chiffres en trompe-œil », *Le Cercle-Les Echos*, 13 août 2014. http://www.lesechos.fr/idees-debats/cercle/cercle-107306-defaillances-dentreprises-chiffres-en-trompe-loeil-1032765.php

BANQUE DE FRANCE, « Défaillance d'entreprises », Rapport mai 2015, *www.banque-france.fr*

BELLOIR-CAUX B., *Dictionnaire de droit des biens*, Ellipses. 2014.

CABRILLAC R. (Dir.), *Dictionnaire du vocabulaire juridique 2015,* LexisNexis, 6e édition, 2014.

bCORNU G. (Dir.), *Vocabulaire juridique,* Association Henri Capitant, 8e édition PUF Quadrige, 2010.

DELOITTE-ALTARES, « L'entreprise en difficulté en France », rapport annuel 10e édition, mars 2015. http://www2.deloitte.com/fr/fr/pages/presse/2015/62600-defaillances-d-entreprises-en-France-en-2014-dans-l-antichambre-de-la-reprise.html

DELMOTTE Ph., « Le principe d'égalité dans les procédures collectives n'est plus prépondérant », *L'égalité, rapport 2003 de la Cour de cassation*, ed. La Documentation Française. https://www.courdecassation.fr/IMG/pdf/Rapport_2003_optimise.pdf

FOUQUET E. (Dir.) *Dictionnaire Encyclopédique de la langue française*, Hachette 2000.

GROUPE DE LA BANQUE MONDIALE, « Au-delà de l'efficience », rapport *Doing Business 2015, 29 octobre 2014.* http://francais.doingbusiness.org/reports/global-reports/doing-business-2015

GROUPE DE LA BANQUE MONDIALE, « Mesure de la qualité et Efficacité du Cadre règlementaire », *rapport Doing Business 2016,* 27 octobre 2015, http://francais.doingbusiness.org/reports/global-reports/doing-business-2016

GUILLIEN R. et VINCENT J., *Lexique des termes juridiques*, 17e éd. Dalloz, 2010.

GUINCHARD S., T. DEBARD, *Lexique des termes juridiques 2014-2015*, Dalloz, 22e édition, 2014

ISSA-SAYEGH J., Répertoire quinquennal OHADA, 2000-2005.

KLING D., Projet d'ordonnance portant diverses propositions en faveur du droit des entreprises en difficulté, Rapport Observations de la CCIP, 22 mai 2008, spéc.p. 27.

Office de Révision du Code Civil du Québec (O.R.C.C.), Comité des sûretés : *Rapport jaune sur les sûretés réelles*, 1973, p. 6-7.

SOSSA D. C., « OHADA : 22 ans déjà et la marche continue », Message du Secrétaire Permanent à l'occasion du 22e anniversaire de l'Organisation pour l'Harmonisation en Afrique du Droit des Affaires (OHADA), 21 octobre 2015. http://ohada.org/secretariat-permanent/fr/content/default/3840,22eme-anniversaire-de-lohada-message-du-secretaire-permanent.html

INDEX ALPHABÉTIQUE

(*Les numéros indiqués renvoient aux numéros de paragraphes*)

E

F

G

H

I

J

L

TABLE DES MATIÈRES

DROIT

AUX ÉDITIONS L'HARMATTAN

Dernières parutions

LE RAPPORT DU DROIT ADMINISTRATIF NATIONAL AUX DROITS ADMINISTRATIFS ÉTRANGERS

Les cas de la France et de l'Espagne

Anna Neyrat

Préface de Fabrice Melleray

Les droits administratifs français et espagnol sont souvent présentés comme des idéaux types opposés dans leur rapport aux droits administratifs étrangers. Comme exportateur, le droit administratif français considère ses homologues étrangers comme un réceptacle de son influence ; comme importateur, le droit administratif espagnol les envisage comme source de son enrichissement. Si une telle présentation repose sur des raisons temporelles et culturelles qui ont fait du droit administratif français un modèle et de l'espagnol un imitateur, elle se révèle partiellement inexacte. Elle est notamment dépassée à l'heure de la globalisation. Cette recherche invite à poser un regard différent sur ces présupposés.

(Coll. Logiques Juridiques, 680 p., 49 euros)

ISBN : 978-2-343-16682-7, EAN EBOOK : 9782140114588

DROITS FONDAMENTAUX ET CRISE(S) DES SOLIDARITÉS

Fabien Bottini

La solidarité renvoie aux liens sociaux qui font le ciment d'une communauté. Si c'est pourquoi il semble plus juste de parler de solidarités au pluriel, l'Etat a pendant longtemps été leur garant au travers des droits sociaux fondamentaux. Mais le constat s'impose : des débats qui ont agité la réforme du droit du travail à ceux qui portent sur les régimes de retraites en passant par la crise des migrants ; des hésitations sur la place des territoires et de l'Union européenne dans la mise en oeuvre des politiques sociales à l'apparition d'un droit constitutionnel économique... Les interrogations ne manquent pas quant à savoir si ces droits fondamentaux parviennent encore à faire la solidarité. Si crises il y a, signent-elles la fin de l'âge d'or de la solidarité ou sa mutation ?

(Coll. Le Droit aujourd'hui, 276 p., 28,5 euros)

ISBN : 978-2-343-16201-0, EAN EBOOK : 9782140114274

DÉCLARATION DES DROITS DE L'HOMME ET DU CITOYEN

Postérité et actualité

Remi Puigventos

Responsables scientifiques : Jimmy Meersman et Rémi Puigventos

Le 26 août 1789, l'Assemblée constituante adopte les derniers articles du texte de la Déclaration des droits de l'homme et du citoyen qui, traversant les siècles, deviendra l'un des textes fondamentaux de la Cinquième République. Si la Déclaration de 1789 est l'une des pierres angulaires de la garantie des droits de l'homme, l'étude de sa postérité et de son actualité interroge. Le présent ouvrage contribue à en dévoiler les éléments les plus essentiels au travers d'une douzaine de contributions.

(Coll. Droit privé et sciences criminelles, 238 p., 25 euros)

ISBN : 978-2-343-16359-8, EAN EBOOK : 9782140112164

ANNUAIRE DES ENGAGEMENTS INTERNATIONAUX AYANT FAIT L'OBJET D'UNE LOI D'AUTORISATION SOUS LA VE RÉPUBLIQUE

Didier Jamot

Au cours de la Ve République, près de 2000 engagements internationaux ont fait l'objet d'une loi d'autorisation. Dans les années 1960, seulement 22% des lois votés par le Parlement avaient pour objet la ratification ou l'approbation de tels engagements, alors que désormais 40% des lois visent un tel objectif. Par conséquent, le nombre de normes internationales intégrées au droit interne est considérable. Mais leur importance n'est pas seulement quantitative : tout engagement international régulièrement ratifié et publié s'impose au législateur. Aucune loi ne peut ainsi lui être contraire. Par ailleurs, les conventions internationales embrassant l'ensemble des matières juridiques, plus aucune activité humaine n'échappe aux droits et obligations prévus par les conventions. Cet annuaire recense enfin ces engagements internationaux avec des index thématiques et par pays signataire.

(Coll. Logiques Juridiques, 432 p., 42 euros)

ISBN : 978-2-343-16237-9, EAN EBOOK : 9782140112089

LES TITRES DE NOBLESSE DE LA VICTIME DEVANT LA COUR PÉNALE INTERNATIONALE

Guy David Mbara A Betsem

Préface de Gilbert Bitti - Avant-propos de Jean Claude Tcheuwa

La victime a longtemps été tenue à l'écart du procès devant les juridictions pénales internationales d'avant le début du XIXè siècle. Depuis l'avènement de la Cour pénale internationale (CPI), la victime est désormais admise dans le procès pénal. Ces droits, qui ne sont autres que des titres de noblesse, confèrent donc des privilèges permettant à la victime d'accéder à une justice pénale internationale très sélective, mais surtout réservée à une certaine catégorie de personnes. La CPI pose la problématique du rôle de l'État dans la mise en oeuvre des droits des victimes.

(242 p., 25,5 euros)

ISBN : 978-2-343-16718-3, EAN EBOOK : 9782140111631

MÉDIATION ET ENTREPRISES

Regards croisés Droit et Gestion

Responsables scientifiques : Gulsen Yildirim, Isabelle Sauviat et Romain Dumas. Textes réunis par Romain Dumas

La médiation, mode alternatif de résolution des différends, est un mécanisme désormais bien connu en Droit. L'entreprise apparaît comme l'un des lieux privilégiés de son application et ce, qu'il s'agisse d'aplanir un différend tant dans ses relations internes qu'externes. Toutefois, à la différence du Droit, le concept de médiation apparaît beaucoup moins familier en Sciences de gestion. C'est cette interaction singulière entre Droit et Gestion qui permet de mesurer la place réelle de la médiation dans les entreprises et les organisations. Entre acclimatation à parfaite et hostilité, un équilibre est possible afin qu'elle devienne un outil efficace.

(Coll. Droit privé et sciences criminelles, 142 p., 16,5 euros)

ISBN : 978-2-343-16643-8, EAN EBOOK : 9782140111556

PHÉNOMÈNE DISCIPLINAIRE DANS LE DROIT PUBLIC HELLÉNIQUE CONTEMPORAIN

Sotirios Lytras

Attachée constamment à l'idée que la notion de discipline concernait en principe les relations entre les ensembles organisés et leurs agents, la théorie traditionnelle du droit public a laissé hors de son attention des domaines entiers de la vie publique. Parue en grec en 1989, cette étude a pu montrer qu'en droit positif hellénique le phénomène disciplinaire a manifesté sa présence forte dans des relations entre ensembles publics et des personnes physiques ou morales y étant rattachées. A travers ce phénomène, l'activité publique s'avère décisivement élargie.

(Coll. Logiques Juridiques, 262 p., 27 euros)

ISBN : 978-2-343-16125-9, EAN EBOOK : 9782140111310

RECEL ET BLANCHIMENT

Nouvelles sources de cumul de qualifications

Théo Touzeau

Préface de Gildas Roussel

A la lumière de la jurisprudence, la question de l'impossible cumul de l'infraction d'origine avec celle du recel de choses concernant un même auteur mérite de nouveau d'être posée. C'est que les juges de la Chambre criminelle, malgré leur opposition à ce cumul, ont depuis admis la condamnation d'un individu tant pour une première infraction que pour le blanchiment subséquent. Cette différence de traitement des deux infractions interroge nécessairement. Cet ouvrage, dressant le constat de la possibilité de dépasser les arguments qui fondent le rejet de « l'auto-recel », invite le lecteur à mettre de côté ses certitudes et à prendre position : rien ne semble s'opposer à l'admission du cumul de l'infraction d'origine et du recel de choses.

(Coll. Bibliothèques de droit, 138 p., 15,5 euros)

ISBN : 978-2-343-16624-7, EAN EBOOK : 9782140110962

LES LIENS ENTRE ÉTHIQUE ET DROIT

L'exemple de la question animale

Sous la direction de Lucille Boisseau-Sowinski et Delphine Tharaud

A priori distincts, le droit renvoyant à la régulation des comportements par la loi et l'éthique à la distinction entre bien et mal, ces deux domaines s'interpénètrent et se nourrissent, particulièrement sur la question animale. La réflexion sur l'éthique animale s'est amplifiée ces cinquante dernières années et a conduit à une prise en compte des intérêts et de la qualité d'êtres vivants des animaux. Le droit s'en est fait l'écho. Pour autant, cette dynamique n'est pas si évidente : quelles théories peuvent inspirer le droit ?

(Coll. Le Droit aujourd'hui, 176 p., 18,5 euros)

ISBN : 978-2-343-16449-6, EAN EBOOK : 9782140109553

CORRUPTION ET DROIT PÉNAL

Sous la direction de Jean-Paul Céré et Carlos Eduardo Japiassu

Le thème de la corruption a traversé le temps. L'intérêt du droit pénal est cependant renouvelé par les nombreuses affaires médiatisées qui gangrènent la vie politique et le monde des affaires dans de nombreux pays. L'arsenal législatif interne cherche à s'adapter sous l'effet des multiples textes qui ont vu le jour à l'échelle internationale et régionale. Une nette tendance à l'harmonisation des législations criminelles anti-corruption est perceptible. Cet ouvrage permet de saisir la diversité du phénomène dans sa dimension criminologique et juridique.

(Coll. Comité international des pénalistes francophones, 238 p., 24,5 euros)

ISBN : 978-2-343-16153-2, EAN EBOOK : 9782140109850

JUSTICE CONSTITUTIONNELLE ET SUBSIDIARITÉ

L'apport de l'expérience canadienne pour la construction européenne

Claire Aguilon

La précision des critères d'application de la subsidiarité et le développement de son contrôle par l'Union européenne constituent un progrès vers un plus grand respect du principe selon lequel l'UE, lorsqu'elle intervient dans une compétence partagée avec les Etats-membres, doit établir la plus-value d'une action à son niveau pour atteindre l'objectif visé. L'étude de la jurisprudence de la Cour de justice de l'UE montre ses réticences à un contrôle allant au-delà de la recherche d'une motivation formelle de la nécessité de l'intervention européenne. En droit canadien, la subsidiarité éclaire sous un jour nouveau la clause de commerce ou la doctrine de l'intérêt national.

(Coll. Logiques Juridiques, 460 p., 40 euros)

ISBN : 978-2-343-15311-7, EAN EBOOK : 9782140109522

UN COMBAT POUR LA PAIX

Récit

Nouvelle édition revue et augmentée

Daniel Lagot

Alors qu'il s'est refusé jusque-là à tout engagement devant la fragilité des choses humaines, un homme découvre l'amour et s'engage, avec la femme à ses côtés, dans un combat pour le droit, la justice et la paix. Après l'enthousiasme initial, les tensions et dilemmes vont se développer, en particulier lors des guerres en Libye et en Syrie. Comme dans une tragédie grecque, ces tensions conduiront les personnages à leur destin. Le récit est en partie romancé, mais est directement inspiré d'histoires et de faits réels. Face aux drames et menaces pesant sur l'humanité, doit-on céder au pessimisme ou conserver l'espoir ?

(Coll. Les Impliqués, 152 p., 16,5 euros)

ISBN : 978-2-343-16114-3, EAN EBOOK : 9782140109409

LES SENS DE LA PEINE

Hugo Cappadoro

Préface de Muriel Giacopelli

Quelle est la raison d'être de la peine ? C'est autour de cette question que se sont cristallisés, au temps des Lumières, les paradigmes punitifs modernes. Du fait des bouleversements que connait aujourd'hui notre droit répressif et de la crise du milieu carcéral, auquel la pénalité est identifiée, le législateur, les acteurs et penseurs pénaux sont amenés à s'interroger une nouvelle fois sur l'acte de punir. Cet ouvrage aborde ainsi les évolutions pénales et propose une réflexion mettant en évidence la difficulté pour la pénalité actuelle d'avoir un sens intelligible et pluriel, tant pour le condamné, que pour la victime et la société.

(Coll. Bibliothèques de droit, 212 p., 21,5 euros)

ISBN : 978-2-343-16461-8, EAN EBOOK : 9782140108945

SUR LA COUR EUROPÉENNE DES DROITS DE L'HOMME

Rétrospective d'un initié (1998-2016)

Bostjan M. Zupancic

La Convention européenne des droits de l'homme, prétendant expliciter ce que sont ces droits, est un court texte abstrait. Quatre-vingt-dix-neuf pourcent de ces droits seront concrétisés par les précédents prononcés en flux continu, autoréférentiel, par la Cour européenne des droits de l'homme (CEDH). En somme, les droits de l'homme sont simplement ce que la CEDH déclare qu'ils sont ou ne sont pas. Quarante-sept Etats signataires sont liés à cette jurisprudence de Strasbourg. Or, l'approche jurisprudentielle du stare decisis est étrangère au formalisme juridique européen. A l'autre extrême, l'auteur apporte une explication métaphysique du sens de la justice. Il présuppose le plus haut niveau d'autonomie morale et de raisonnement juridique.

(Coll. Logiques Juridiques, 452 p., 45 euros)

ISBN : 978-2-343-15739-9, EAN EBOOK : 9782140108808

GOUVERNANCE D'ENTREPRISE, RESPONSABILITÉ SOCIÉTALE EN DROIT MALIEN

Issiaka Cissé

Cet ouvrage interroge le droit positif malien dans l'appréhension des concepts de la gouvernance d'entreprise (GE) et de la responsabilité sociétale des entreprises (RSE). L'étude met en évidence le décalage du droit malien dans la construction évolutionniste de l'entreprise. Elle révèle que l'environnement juridique des entreprises maliennes n'évolue pas dans une économie pourtant en pleine mutation. Des contraintes liées à l'application des principes de ces deux concepts créent un déséquilibre en termes de compétitivité au plan national voire régional ou international.

(Coll. Études africaines, 390 p., 38 euros)

ISBN : 978-2-343-15230-1, EAN EBOOK : 9782140108464

POUR UNE NOUVELLE ÉDUCATION JURIDIQUE

Sous la direction de Massimo Vogliotti

Depuis quelques années, nous assistons en Europe à une floraison de réflexions et d'expériences novatrices relatives à la formation juridique. Ce phénomène peut être interprété comme le signe annonciateur d'une révolution de notre façon de concevoir l'enseignement du droit, encore liée au cadre théorique et mythologique du paradigme juridique moderne. Cet ouvrage met en avant la nécessité d'un renouvellement en profondeur de notre modèle traditionnel d'enseignement du droit.

(Coll. Logiques Juridiques, 228 p., 24,5 euros)

ISBN : 978-2-343-10744-8, EAN EBOOK : 9782140108426

Structures éditoriales du groupe L'Harmattan

L'Harmattan Italie
Via degli Artisti, 15
10124 Torino
harmattan.italia@gmail.com

L'Harmattan Hongrie
Kossuth l. u. 14-16.
1053 Budapest
harmattan@harmattan.hu

L'Harmattan Sénégal
10 VDN en face Mermoz
BP 45034 Dakar-Fann
senharmattan@gmail.com

L'Harmattan Cameroun
TSINGA/FECAFOOT
BP 11486 Yaoundé
inkoukam@gmail.com

L'Harmattan Burkina Faso
Achille Somé – tengnule@hotmail.fr

L'Harmattan Guinée
Almamya, rue KA 028 OKB Agency
BP 3470 Conakry
harmattanguinee@yahoo.fr

L'Harmattan RDC
185, avenue Nyangwe
Commune de Lingwala – Kinshasa
matangilamusadila@yahoo.fr

L'Harmattan Congo
67, boulevard Denis-Sassou-N'Guesso
BP 2874 Brazzaville
harmattan.congo@yahoo.fr

L'Harmattan Mali
Sirakoro-Meguetana V31
Bamako
syllaka@yahoo.fr

L'Harmattan Togo
Djidjole – Lomé
Maison Amela
face EPP BATOME
ddamela@aol.com

L'Harmattan Côte d'Ivoire
Résidence Karl – Cité des Arts
Abidjan-Cocody
03 BP 1588 Abidjan
espace_harmattan.ci@hotmail.fr

L'Harmattan Algérie
22, rue Moulay-Mohamed
31000 Oran
info2@harmattan-algerie.com

L'Harmattan Maroc
5, rue Ferrane-Kouicha, Talaâ-Elkbira
Chrableyine, Fès-Médine
30000 Fès
harmattan.maroc@gmail.com

Nos librairies en France

Librairie internationale
16, rue des Écoles – 75005 Paris
librairie.internationale@harmattan.fr
01 40 46 79 11
www.librairieharmattan.com

Librairie l'Espace Harmattan
21 bis, rue des Écoles – 75005 Paris
librairie.espace@harmattan.fr
01 43 29 49 42

Lib. sciences humaines & histoire
21, rue des Écoles – 75005 Paris
librairie.sh@harmattan.fr
01 46 34 13 71
www.librairieharmattansh.com

Lib. Méditerranée & Moyen-Orient
7, rue des Carmes – 75005 Paris
librairie.mediterranee@harmattan.fr
01 43 29 71 15

Librairie Le Lucernaire
53, rue Notre-Dame-des-Champs – 75006 Paris
librairie@lucernaire.fr
01 42 22 67 13

www.ingramcontent.com/pod-product-compliance
Lightning Source LLC
LaVergne TN
LVHW011223061026
849535LV00001BA/155

* 9 7 8 2 3 4 3 1 5 2 2 2 6 *